龙航资产
Long Hang Assets

浙江龙航资产管理有限公司

□公司文化

龙航资产管理有限公司（简称"龙航资产"）成立于2018年3月，核心团队拥有海内外证券市场18年投资经验，专注A股流通股的投资。龙航资产在中基协的备案号为：P1069197。

龙航资产秉持价值投资理念，以"发现并投资确定的低估值成长公司"作为投资研究的第一目标，通过对宏观经济、行业和公司基本面的前瞻性研究，把握相对确定的投资机会。实现管理资产净值的长期、持续和复利增长。

对于投资标的的选择，龙航资产倾向于易于理解、易于经营和不易被颠覆的商业模式，稳定的需求、具有宽广护城河的业务，较高的ROE，优秀、勤勉的管理团队，专注主业、不任意损害大小股东利益和值得信任的管理层。

龙航资产在目标公司内在价值超出其市值时买入并长期持有，相对集中地持股，不把鸡蛋放进一个篮子里，也不把鸡蛋放进一百个篮子里。

□投研团队

蔡英明
董事长兼投资总监

复旦大学工商管理硕士（IMBA），18年专业证券投资研究经验。2002年师从复旦大学知名证券业教授谢百三先生，2004~2007年就职于景林资产管理有限公司，2008年后创立上海龙安资产管理有限公司和浙江龙航资产管理有限公司。

王宇
执行董事合伙人

复旦大学经济学硕士，16年专业证券投资经验。曾就职于浙江南都集团投资部投资经理，金英证券中国业务部门，2018年作为股东创立浙江龙航资产管理有限公司。熟悉资本市场各种金融工具，擅长权益资产估值与投资。

闫玉林
风控总监

上海交通大学化学工程博士、工商管理硕士，曾担任上海交通大学讲师，上海三爱新材料股份有限公司研发专员，上海卡博特投资有限公司投资专员，上海红象投资风控专员，2018年1月加入龙航资产担任风控主管。

金天裕
研究主管

诺丁汉大学国际传播专业硕士，曾就职于中财招商投资集团有限公司投资部门，2018年1月加入龙航资产管理有限公司，从事研究主管工作。

吴林峰
研究主管

上海对外经贸大学本科，中国社会科学院在职研究生。曾就职于上海应顺投资有限公司担任研究员，后在上海淳德投资管理中心担任高级行业研究员，擅长医疗、轻工、家电研究，所控资金都获得绝对收益。

姚凯峰
研究员

上海立信会计学院经济系本科毕业，曾就职于上海锋凯投资管理有限公司、北京中和应泰财务顾问有限公司上海分公司等担任研究员等职。

泰山基金论坛

服务范围

学术交流
人才培养
智库建设
知识普及
国际合作
成果出版
科技成果转化
决策咨询
基金研究
基金业务咨询等

致力于打造国内一流基金服务平台

《祖国》杂志

聚焦改革　关注社会

国内统一刊号：CN11-5569/c　国际标准刊号：ISSN1673-8500

　　《祖国》杂志社是由中央机构编制委员会批准登记的国家事业单位。《祖国》杂志是经中华人民共和国新闻出版总署批准海内外公开发行的大型时政财经综合类期刊。

　　《祖国》杂志是由李德生、王光英、杨汝岱、顾秀莲、张克辉、周铁农、阿不来提·阿不都热西提等党和国家领导人提议创办的，并有数十位副部级以上领导参与办刊。法人代表：宋瑞祥(原地矿部部长)；编委会主任：胡彦林上将（中国人民解放军海军原政委）；编委会执行主任：李和平(北京市于若木慈善基金会理事长)；副主任：肖东升(中国记者协会书记处原书记)、赵德润(国务院参事室新闻顾问、光明日报原副总编)、江永红(解放军报原副总编、少将)。

　　《祖国》为半月刊，国际标准版本。创刊至今，树立起了国家级媒体的良好形象，在社会各界和海内外读者中产生了重要而广泛的影响力。

Http://www.zgzzs.com.cn　E-mail:zgzzs2009@163.com

新闻热线：010-63878399　63878355　传真：010-63875226

面向世界 报道祖国

祖国网——《祖国》杂志社官方网站

欢迎关注祖国网

www.zgzzs.com.cn

电话：010-63871709 传真：010-63875226

E-mail:zgzzs2009@163.com

中国
私募基金
年鉴
（2018）

CHINA
PRIVATE
FUNDS
YEARBOOK

胡安泰 主编

经济管理出版社
ECONOMY & MANAGEMENT PUBLISHING HOUSE

图书在版编目（CIP）数据

中国私募基金年鉴（2018）/胡安泰主编 . —北京：经济管理出版社，2019.6
ISBN 978 - 7 - 5096 - 6699 - 9

Ⅰ.①中… Ⅱ.①胡… Ⅲ.①投资基金—中国—2018—年鉴 Ⅳ.①F832.51 - 54

中国版本图书馆 CIP 数据核字（2019）第 124987 号

组稿编辑：王光艳
责任编辑：李红贤
责任印制：黄章平
责任校对：张晓燕

出版发行：经济管理出版社
　　　　　（北京市海淀区北蜂窝 8 号中雅大厦 A 座 11 层　100038）
网　　　址：www. E - mp. com. cn
电　　　话：（010）51915602
印　　　刷：北京晨旭印刷厂
经　　　销：新华书店
开　　　本：880mm×1230mm/16
印　　　张：39.5
字　　　数：1033 千字
版　　　次：2019 年 8 月第 1 版　2019 年 8 月第 1 次印刷
书　　　号：ISBN 978 - 7 - 5096 - 6699 - 9
定　　　价：980.00 元

目　录

第一章
中国私募基金概述

第一节 私募基金基础

一、私募基金定义

私募基金（Private Fund）是指以非公开方式向特定投资者发售基金份额，并将其资金集中起来，形成独立财产，由基金托管人托管，基金管理人管理，按中国证券投资基金业协会备案的投资范围，以投资组合的方式进行投资的一种利益共享、风险共担的集合投资方式。

二、私募基金类型

中国证券投资基金业协会（以下简称中基协）于 2016 年 9 月 8 日正式上线运行"资产管理业务综合管理平台"，发布了《有关私募投资基金"业务类型/基金类型"和"产品类型"的说明》，重新明确了各类私募投资基金业务类型和产品类型（如表 1-1 所示）。2018 年 8 月 29 日，中基协发布《私募基金登记备案相关问题解答（十五）》，明确了第四类私募基金管理人即"私募资产配置基金管理人"的登记、变更及私募资产配置基金的备案要求。

表 1-1 各类私募投资基金业务类型和产品类型

管理人类型（仅单选）	私募产品类型	基金类型（可多选）	定义	产品类型
私募证券投资基金管理人	私募证券投资基金	私募证券投资基金	主要投资于公开交易的股份有限公司股票、债券、期货、期权、基金份额以及中国证监会规定的其他证券及其衍生品种	权益类基金、固收类基金、混合类基金、期货及其他衍生类基金、其他类基金
		私募证券类 FOF 基金	主要投向证券类私募基金、信托计划、券商资管、基金专户等资产管理计划的私募基金	——

续表

管理人类型（仅单选）	私募产品类型	基金类型（可多选）	定义	产品类型
私募股权、创投投资基金管理人	私募股权投资基金	私募股权投资基金	除创业投资基金以外主要投资于非公开交易的企业股权	并购基金、房地产基金、基础设施基金、上市公司定增基金、其他类基金
		私募股权投资类FOF基金	主要投向股权类私募基金、信托计划、券商资管、基金专户等资产管理计划的私募基金	——
		创业投资基金	主要向处于创业各阶段的未上市成长型企业进行股权投资的基金（新三板挂牌企业视为未上市企业）	——
		创业投资类FOF基金	主要投向创投类私募基金、信托计划、券商资管、基金专户等资产管理计划的私募基金	——
其他私募基金管理人	其他类投资基金	其他私募投资基金	投资除证券及其衍生品和股权以外的其他领域的基金	红酒、艺术品等商品基金
		其他私募投资类FOF基金	主要投向其他类私募基金、信托计划、券商资管、基金专户等资产管理计划的私募基金	——
私募资产配置类管理人	私募资产配置基金	主要采用基金中基金的方式，可以跨越多种底层资产，实现大类资产配置	私募资产配置基金初始规模不得低于5000万元，封闭存续期不得少于两年，且80%以上的已投基金资产应当投资于已备案的私募基金、公募基金或者其他依法设立的资产管理产品，投资于单一资产管理产品或标的比例不得超过该基金资产规模的20%	——

　　根据上述分类，私募基金管理人分为私募证券投资基金管理人、私募股权、创投投资基金管理人、其他私募基金管理人、私募资产配置类管理人。根据私募基金管理人的分类，分别对私募证券投资基金、私募股权、创业投资基金、其他私募投资基金、私募资产配置基金进行介绍。

　　（一）私募证券投资基金

　　1. 私募证券基金定义
　　私募证券投资基金是相对于我国政府主管部门监管的，向不特定投资人公开发行受益凭证的证券投资基金而言的，是指通过非公开方式向少数机构投资者和富有的个人投资者募集资金而设立的基金（如表1－2所示），它的销售和赎回都是基金管理人通过私下与投资者协商进行的。在这个意义上，私募证券投资基金也可以称为向特定对象募集的基金。
　　2. 私募证券投资基金特征
　　与公募证券投资基金相比，私募证券投资基金具有以下显著特征：
　　（1）募集对象确定，投资者有限。私募证券投资基金严格限定投资者的范围，其范围限定为一些大的机构投资者和具有一定投资知识和投资经验富有的个人。
　　（2）非公开募集。私募证券投资基金不同于公募证券投资基金的公开募集方式，它是通过非公开的方式募集资金。对非公开的界定是通过对投资者的人数和发行方式两个方面进行的。

表1-2 私募基金主要投向及定义

基金名称	投向	定义
私募证券投资基金	权益类基金	根据合同约定的投资范围，投资于股票或股票型基金的资产比例高于80%（含）的私募证券基金
	固收类基金	根据合同约定的投资范围，投资于银行存款、标准化债券、债券型基金、股票质押式回购以及有预期收益率的银行理财产品、信托计划等金融产品的资产比例高于80%（含）的私募证券基金
	混合类基金	合同约定的投资范围包括股票、债券、货币市场工具但无明确的投资方向的私募证券基金
	期货及其他衍生品类基金	根据合同约定的投资范围，主要投资于期货、期权及其他金融衍生产品、现金的私募证券基金

（二）私募股权、创业投资基金

1. 私募股权投资基金定义

私募股权投资基金是从事私人股权（非上市公司股权）投资的基金。主要包括投资非上市公司股权或上市公司非公开交易的股权两种（如表1-3所示）。

表1-3 私募股权投资基金主要投向及定义

基金名称	投向	定义
私募股权投资基金	并购基金	主要对处于重建期企业的存量股权展开收购的私募股权基金
	房地产基金	从事一级房地产项目开发的私募基金，包括采用夹层方式进行投资的房地产基金
	基础设施基金	投资于基础设施项目的投资基金，包括采用夹层方式进行投资的基础设施基金
	上市公司定增基金	主要投资于上市公司定向增发的私募股权投资基金
私募创业投资基金	处于创业各阶段的未上市成长型企业	主要投资于处于创业各阶段的未上市成长型企业，新三板挂牌企业视为未上市企业等

创业投资基金侧重于投资处于创业各阶段的未上市成长性企业的股权。追求的不是股权收益，而是通过上市、管理层收购和并购等股权转让路径出售股权而获利。

在中国当前的法律和监管规则下，私募股权投资基金是以非公开方式募集的，一般所称的"私募股权投资基金"准确含义应为"私募类私人股权投资基金"。

2. 私募股权投资基金的特点

私募股权投资基金作为一种重要的私募基金有以下特点：

（1）投资期限长，流动性较差。由于私募股权投资基金主要投资于未来上市企业股权或上市企业的非公开交易股权，通常需要3~7年才能完成投资的全部流程，并实现退出，因此私募股权投资基金被称为"有耐心的资本"。此外，私募股权投资基金的基金份额流动性较差，在基金清算前，基金份额的转让或投资者的退出都有一定难度。

（2）投资后管理投入资源较多。私募股权投资是"价值增值型"投资。基金管理人通常需要在投资后的管理阶段投入大量资源。首先，要向投资对象提供各种商业资源和管理支持；其次，通过参加投资对象的财务、股东会、董事会等形式对投资对象进行有效监控，以应对投资对象信息不对称和企业管理层道德风险。

（3）专业性较强。私募股权投资基金的投资决策与管理涉及企业管理、资本市场、财务、行业、法律等多方面，其高收益与高风险的特征也要求基金管理人必须具备很高的专业水准。特别是要有善于发现潜在投资价值的独到眼光，具备帮助被投资企业创立、发展、壮大的经验和能力。因此，私募股权投资基金对专业性的要求较高，需要更多的投资经验积累、团队培育和建设，体现出较明显的智力密集型特征，人力资本对私募股权投资基金的成功运作发挥了决定性作用。

（4）收益波动性较高。在整个金融资产类别中，私募股权投资基金属于高风险、高期望收益的资产类别。高风险主要体现为投资项目的收益呈现出较大的不确定性。创业投资基金通常投资处于早期与中期的成长性企业，投资项目的收益波动性更大，有的投资项目会发生本金亏损，有的投资项目则可能带来巨大收益。并购基金通常投资陷入困境而价值被低估的重建期企业，投资项目的收益波动性也有较大的不确定性。高期望收益主要体现为在正常的市场环境中，私募股权投资基金作为一个整体，其能为投资者实现的投资回报率总体上处于一个较高的水平。

（三）其他私募投资基金介绍

1. 其他私募投资基金定义

其他私募投资基金，也称为非主流投资，是指在股票、债券及期货等公开交易平台之外的投资方式，包括红酒、艺术品等商品基金，其他类私募基金、信托计划、券商资管、基金专户等资产管理计划（如表1-4所示）。

表1-4　其他私募基金主要投向及定义

基金名称	投向	定义
其他私募投资基金	红酒、艺术品等商品投资基金	以艺术品、红酒等商品为投资对象的私募投资基金

其他私募投资基金投资运作的一个根本观点是市场未必一定有效率。许多企业、项目的价格没有体现其内在价值，因而离公共交易平台越远，价格与价值之间的偏差可能越高。其他私募投资基金投资的重点要放在没有上市、但具有包装潜力的企业和项目上，通过购买、重组、包装、套现，将收购的企业或项目的价值体现出来。

2. 其他私募投资基金的特点

其他私募投资基金具有以下特点：

（1）缺少流动性。其他私募投资基金因为不在公共交易平台上运作，其一个重大特点便是缺少流动性。一个项目从购入到套现通常需要几年的时间，于是，这类投资基金一般设有5年、10年的锁定期，中途赎回很困难。

（2）可投资非标债券。能够投资非标债券是其他类私募基金区别于另外两类私募基金的最大特点。

（3）投资标的的种类丰富。其他类投资标的很多，包括影视、文化创意、基础设施建设、养老地产、海外资产配置等，甚至包括红酒、艺术品等偏门的投资。

（4）审核更加严格。中基协对备案项目所有材料审核要求更高，流程更长，反要求比较多。目前除了中基协发布的通用类规则外，对于其他类私募基金并没有专门规定。大多数私募非标债权产品都是通道类业务，不具有主动管理能力。

（四）私募资产配置基金

资产配置是指以资产类别的历史表现与投资者的风险偏好为基础，决定不同资产类别在投资组合中所占的比重，通常是将资产在低风险、低收益与高风险、高收益之间进行分配，消除投资者对收益所承担的不必要的额外风险。

2018 年 8 月 29 日，中基协发布《私募基金登记备案相关问题解答（十五）》，正式推出私募资产配置基金管理人。申请机构应当符合《证券投资基金法》《私募投资基金监督管理暂行办法》《私募投资基金管理人登记和基金备案办法（试行）》及相关法律法规和自律规则的规定。外商独资和合资的申请机构还应当符合《私募基金登记备案相关问题解答（十）》的相关规定。自 2018 年 9 月 10 日起，拟申请私募资产配置基金管理人的机构，可以通过资产管理业务综合报送平台（https://ambers.amac.org.cn）在线提交相关申请材料。

私募资产配置基金主要采用基金中基金的方式，私募资产配置基金初始规模不得低于 5000 万元，封闭存续期不得少于两年，且 80% 以上的已投基金资产应当投资已备案的私募基金、公募基金或者其他依法设立的资产管理产品，投资单一资产管理产品或标的比例不得超过该基金资产规模的 20%。

三、私募基金组织形式

私募基金的组织形式包括契约型基金、公司型基金、有限合伙型基金三种类型。

（一）契约型基金

契约型基金是依据基金合同而设立的。基金合同是规定基金当事人之间权利义务的基本法律文件。在我国，契约型基金依据基金管理人、基金托管人之间所签署的基金合同设立，基金投资者自取得基金份额后即成为基金份额持有人和基金合同的当事人，依法享受权利并承担义务。

（二）公司型基金

公司型基金是指私募投资基金以股份公司或有限责任公司形式设立。公司型私募投资基金通常具有较为完整的公司结构，运作方式规范和正式。为公司型私募投资基金的投资者一般享有股东的一切权利，并且和其他公司的股东一样，以其出资额为限承担有限责任。在公司型私募投资基金当中，通常基金管理人或者作为董事，或者作为独立的外部管理人员参与私募股权投资项目的运营。与有限合伙制不同，公司型的基金管理人会受到股东的严格监督管理。

（三）有限合伙型基金

目前，有限合伙型投资基金是最主要的运作方式，其合伙人由有限合伙人（limitedpartner）和普通合伙人（generalpartner）构成。在有限合伙制当中，主要由普通合伙人代表整个私募股权投资基金对外行使各种权利，对私募股权投资基金承担无限连带责任，收入来源是基金管理费和盈利分红；有限合伙人负责出资，并以其出资额为限，承担连带责任。在中国，通常由基金管理人员担任普通合伙人的角色。

有限合伙型私募基金所有权和管理权分立，使得 LP 的资金优势和 GP 的专业管理能力优势结合，具有融资结构灵活、有效的激励机制和约束机制、避免双重纳税等优势。

第二节　2018 年私募基金发展情况

2014 年 1 月 17 日，中基协发布的《私募投资基金管理人登记和基金备案办法（试行）》初步构建了中国私募基金市场化的自律管理体制，推动了中国各类私募基金的健康规范发展，发挥了私募基金对经济结构调整和转型升级的支持作用。

根据中基协数据显示，截至 2018 年 12 月 31 日，已登记私募基金管理人为 24448 家，较 2017 年存量机构增加了 2002 家，同比增长 8.92%（如表 1 - 5 所示）；已备案私募基金 74642 只，较 2017 年在管私募基金数量增加了 8224 只，同比增长 12.38%；管理基金规模为 12.78 万亿元，较 2017 年增加了 1.68 万亿元，同比增长 15.12%（如表 1 - 6 所示）；私募基金管理人员工总人数为 24.57 万人，较 2017 年增加 7422 人，同比增长 3.12%。

表 1 - 5　2018 年私募基金管理人数量增长情况　　　　　　　　单位：家

2017 年		2018 年		增长率（%）
管理人数量合计	22446	管理人数量合计	24448	8.92
证券类管理人	8467	证券类管理人	8989	6.17
股权类管理人	13200	股权类管理人	14683	11.23
其他类管理人	779	其他类管理人	776	- 0.39

资料来源：由中基协发布的相关数据整理。

表 1 - 6　2018 年私募基金管理规模分类增长情况　　　　　　　　单位：万亿元

2017 年		2018 年		增长率（%）
管理规模总计	11.1003	管理规模总计	12.7783	15.12
证券类管理人	2.2858	证券类管理人	2.1267	- 6.96
股权类管理人	7.0913	股权类管理人	8.765	23.6
其他类管理人	1.7232	其他类管理人	1.8865	9.48

资料来源：由中基协发布的相关数据整理。

与 2017 年相比，2018 年新增备案基金管理人的增速明显下降，已备案基金新增数量出现明显放缓，全年新增管理人数量 2002 家，新增备案基金数量 8224 只。基金产品注销清盘数量远多于以往年份，达到 877 只（如表 1 - 7 所示）。

2018 年整体来看私募基金管理人和备案基金数量是增加的（如图 1 - 1 所示），但是月度来看规模和数量的增长率是呈逐月递减趋势的（如图 1 - 2 所示）。2018 年私募投资管理规模相比于 2017 年底，增加了 1.68 万亿元，基本是上半年的增加量，而下半年则处于横盘状态。

表1-7　2013～2018年私募基金备案数量变化

单位：只

年份	基金管理人总数（家）	增长比例（%）	新增备案基金	注销基金	年末基金数量
2018	24448	8.9	22525	877	103405
2017	22446	28.70	28036	836	81757
2016	17432	-29.30	28979	102	54557
2015	24669	393.00	18220	0	25680
2014	5000	9900	7459	0	7460
2014.3.17	50	—	1	0	1

资料来源：由中基协发布的相关数据整理。

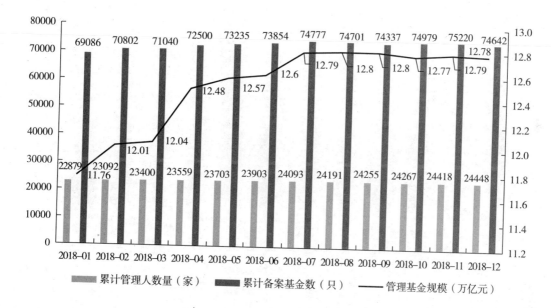

图1-1　2018年私募基金备案情况

资料来源：由中基协发布的相关数据整理。

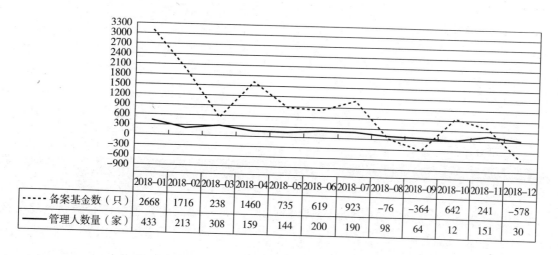

图1-2　2018年私募基金月度备案情况

资料来源：由中基协发布的相关数据整理。

上述是 2018 年私募投资所有类型的数据情况，但是细分到私募证券基金和私募股权基金来看则表现出不同的发展趋势。

截至 2018 年 12 月 31 日，已登记私募证券投资基金管理人为 8989 家，较上年增加 522 家，已备案私募证券投资基金为 35688 只，基金规模为 2.24 万亿元；私募股权、创业投资基金管理人为 14683 家，较上月增加 1483 家，已备案私募股权、创投投资基金为 33684 只，基金规模为 8.6 万亿元；其他私募投资基金管理人为 776 家，已备案基金为 5270 只，基金规模为 1.94 万亿元（如图 1 - 3 所示）。

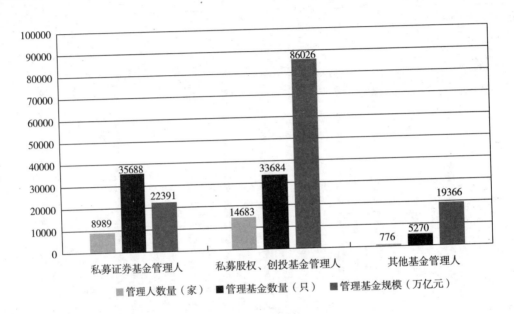

图 1 - 3　不同机构类型私募基金管理人规模

资料来源：由中基协发布的相关数据整理。

一、私募基金区域分布

（一）私募基金地域分布总体情况

由中基协最新公布的私募基金地域分布数据显示，截至 2018 年 12 月 31 日，已登记私募基金管理人从注册地分布来看（按 36 个辖区），集中在上海、深圳、北京、浙江（除宁波）、广东（除深圳），管理人数量总计占比达 71.68%，其中，上海、深圳、北京、浙江（除宁波）、广东（除深圳）数量占比分别为 19.66%、18.93%、17.82%、8.47%、6.80%；管理基金数量总计占比达 77.7%，其中，上海、深圳、北京、浙江（除宁波）、广东（除深圳）管理基金数量占比分别为 35.39%、23.32%、23.38%、10.5%、7.41%；管理基金规模总计占比达 69.13%，其中，上海、深圳、北京、浙江（除宁波）、广东（除深圳）管理基金规模占比分别为 21.43%、14.05%、23.43%、5.82%、4.4%。

截至 2018 年 12 月 31 日，已备案合伙型、公司型私募基金数量从注册地分布来看（按 36 个辖区），集中在浙江（除宁波）、深圳、宁波、上海和江苏，总计占比达 54.41%，其中，浙江（除宁波）3567 只、深圳 3232 只、宁波 2895 只、上海 2612 只、江苏 2483 只，数量占比分别为 13.12%、11.89%、10.65%、9.61%、9.14%。

（二）私募证券投资基金区域分布

截至 2018 年 12 月 31 日，已登记私募证券基金管理人数量总计 8884 家，从注册地分布来看（按 36 个辖区），集中在上海、深圳、北京、浙江（除宁波）、广东（除深圳），总计占比达 80.12%。

（三）私募股权、创投基金区域分布

截至 2018 年 12 月 31 日，已登记私募股权、创业投资基金管理人数量总计 14536 家，从注册地分布来看（按 36 个辖区），集中在上海、深圳、北京、浙江（除宁波）、广东（除深圳），总计占比达 66.19%。

（四）其他类私募基金区域分布

截至 2018 年 12 月 31 日，已登记其他私募基金管理人数量总计 764 家，从注册地分布来看（按 36 个辖区），集中在上海、深圳、北京、浙江（除宁波），总计占比达 75.52%。

二、私募基金管理人发展情况

（一）按机构类型分类情况

截至 2018 年 12 月 31 日，中基协登记的私募基金管理人共有 24448 家，其中私募股权、创业投资基金管理人为 14683 家，占比 60.06%；私募证券投资基金管理人有 8989 家，占比 36.77%；其他私募基金管理人 776 家，占比 3.17%（如图 1-4 所示）。

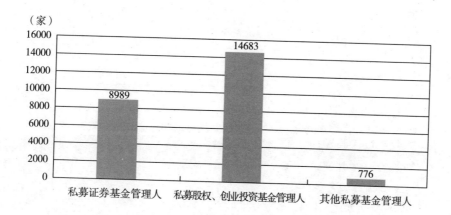

图 1-4 私募机构管理人分类情况

资料来源：由中基协发布的相关数据整理。

（二）按企业性质分类情况

在 24448 家私募基金管理人中，内资企业为 24175 家，占比 98.88%；中外合资企业为 102 家，占比 0.42%；外商独资企业为 168 家，占比 0.69%；其他性质企业 3 家，占比 0.01%（如图 1－5 所示）。

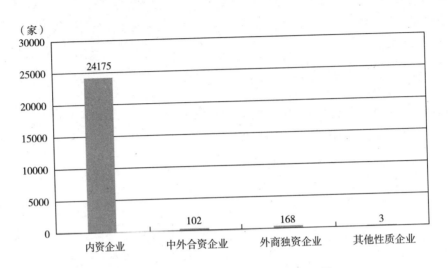

图 1－5　按企业性质划分私募基金管理人情况

资料来源：由中基协发布的相关数据整理。

（三）按组织形式分类情况

在 24448 家私募基金管理人中，有限公司为 22665 家，占比 92.71%；合伙企业为 1774 家，占比 7.26%；其他组织形式为 9 家，占比 0.04%（如图 1－6 所示）。

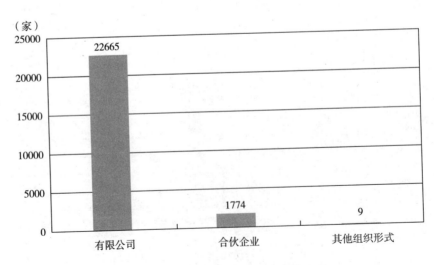

图 1－6　按组织形式划分私募基金管理人情况

资料来源：由中基协发布的相关数据整理。

（四）年度登记管理人数量

2014年登记私募基金管理人为5000家，2015年登记私募基金管理人为19669家，2016年为4146家，2017年为5979家，2018年为2803家（如图1-7所示）。

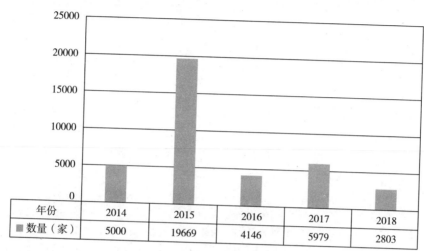

年份	2014	2015	2016	2017	2018
■数量（家）	5000	19669	4146	5979	2803

图1-7　年度登记私募管理人数量

资料来源：由中基协发布的相关数据整理。

（五）月度登记管理人数量

近年来，私募基金行业监管日渐严格，其疯狂增长阶段已经过去，2018年每月新增管理人数量连续5个月低于200家（如图1-8所示）。

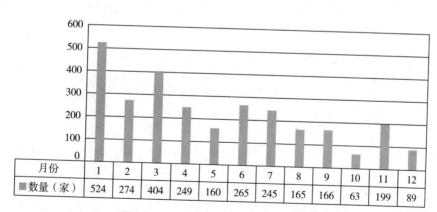

月份	1	2	3	4	5	6	7	8	9	10	11	12
■数量（家）	524	274	404	249	160	265	245	165	166	63	199	89

图1-8　2018年月度登记管理人数量

资料来源：由中基协发布的相关数据整理。

（六）月度注销与撤销管理人数量

因监管合规成本、运营成本、人员成本以及近两年市场不稳定等原因，注销与撤销或转让的私募基金管理人越来越多（如图1-9所示）。

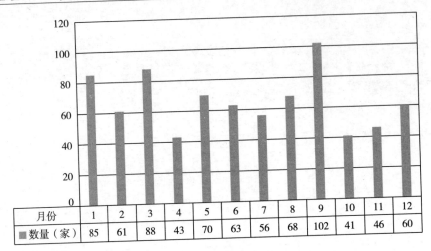

图1-9 2018年月度注销与撤销管理人数量

资料来源：由中基协发布的相关数据整理。

（七）私募基金管理人管理规模发布

截至2018年12月31日，已登记私募基金管理人管理基金规模在100亿元及以上的有234家，其主要集中在私募股权类管理人。管理基金规模在50亿～100亿元的有274家，管理基金规模在20亿～50亿元的有671家，管理基金规模在10亿～20亿元的有801家，管理基金规模在5亿～10亿元的有1155家，管理基金规模在1亿～5亿元的有4308家，管理基金规模在0.5亿～1亿元的有2332家。并且已登记的私募基金管理人有管理规模的共21381家，平均管理基金规模为5.98亿元。与2017年数据相比，2018年私募基金管理人的规模分布相对稳定，管理规模在5亿元以下的占比为67.93%，仍占多数；证券类私募基金管理人规模多集中在1亿元以下（如图1-10所示）。

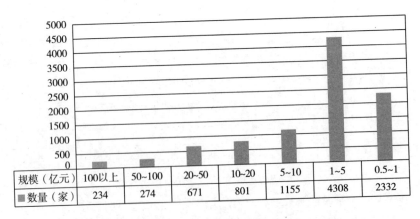

图1-10 私募基金管理人管理基金规模分布情况

资料来源：由中基协发布的相关数据整理。

关于私募基金管理规模的细分情况，如表1-8～表1-12所示。

表1-8 私募证券基金（自主发行）管理规模分布

管理规模（亿元）	数量（家）	占比（%）
证券基金（自主发行）0~1	7122	82.53
证券基金（自主发行）1~10	1231	14.26
证券基金（自主发行）10~20	131	1.52
证券基金（自主发行）20~50	99	1.15
证券基金（自主发行）50以上	46	0.53
合计	8629	100

资料来源：由中基协发布的相关数据整理。

表1-9 私募证券基金（顾问管理）管理规模分布

管理规模（亿元）	数量（家）	占比（%）
证券基金（顾问管理）0~1	442	53.64
证券基金（顾问管理）1~10	268	32.52
证券基金（顾问管理）10~20	49	5.95
证券基金（顾问管理）20~50	42	5.10
证券基金（顾问管理）50以上	23	2.79
合计	824	100

资料来源：由中基协发布的相关数据整理。

表1-10 私募股权基金管理规模分布

管理规模（亿元）	数量（家）	占比（%）
私募股权0~20	9734	92.76
私募股权20~50	436	4.15
私募股权50~100	183	1.74
私募股权100以上	141	1.34
合计	10494	100

资料来源：由中基协发布的相关数据整理。

表1-11 私募创投基金管理规模分布

管理规模（亿元）	数量（家）	占比（%）
创业投资0~2	2753	76.53
创业投资2~5	510	14.17
创业投资5~10	160	4.44
创业投资10以上	175	4.86
合计	3598	100

资料来源：由中基协发布的相关数据整理。

表1-12 其他私募基金管理规模分布

管理规模（亿元）	数量（家）	占比（%）
其他私募0~2	526	50.43
其他私募2~5	143	13.71
其他私募5~10	101	9.68
其他私募10以上	273	26.17
合计	1043	100

资料来源：由中基协发布的相关数据整理。

三、私募基金产品发展情况

（一）私募基金产品类型

私募基金产品类型根据狭义的划分标准可以分为证券投资基金、股权投资基金、创业投资基金和其他投资基金。

截至2018年正在运营的私募基金有74642只（如图1-11所示）。

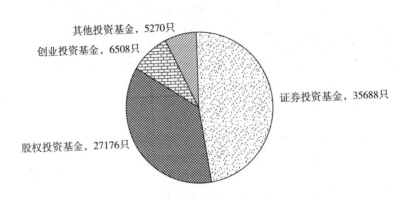

图1-11　2018年在运营私募基金数量（只）

资料来源：由中基协发布的相关数据整理。

（二）私募基金产品月度备案数量

2018年，月度新增私募基金备案数量呈现震荡下降趋势，1月新增3185家，12月新增仅1372家，新增备案基金产品减少了近1/3（如图1-12所示）。

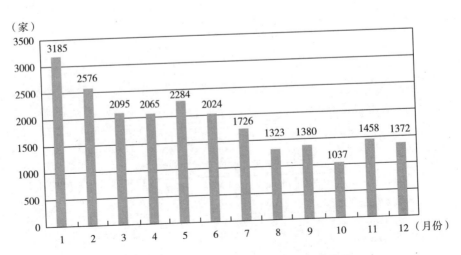

图1-12　2018年月度新增私募基金备案情况

资料来源：由中基协发布的相关数据整理。

（三）私募基金历年备案数量

从整体来看，私募基金产品备案在2016年增长迅速，达到了28979只，2017年以后逐渐降低，2018年全年私募基金产品备案为22525只，具体情况如图1-13所示。

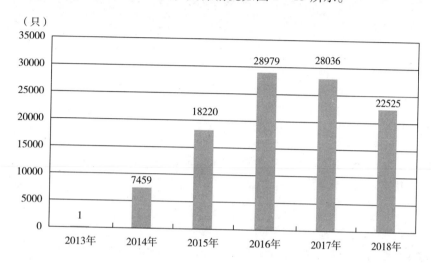

图1-13　年度新增备案基金情况

资料来源：由中基协发布的相关数据整理。

（四）私募证券投资基金发行清算统计情况

这里只统计私募证券投资基金的发行清算数量。2014～2018年5年间，私募基金发生了翻天覆地的变化，私募证券投资产品发行数量也上升了好几个等级。但近三年，产品发行数量出现了一定幅度的下滑，结束了2016年的野蛮生长。2018年，私募证券投资基金共发行10956只产品，私募产品发行数量年内月均在800～900只。在产品清算方面，2018年私募证券投资基金清算产品数量累计5669只，其中以股票策略为主，具体情况如图1-14、图1-15所示。

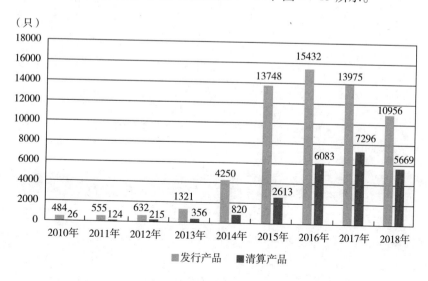

图1-14　历年中国私募证券投资基金发行清算数量

资料来源：由中基协发布的相关数据整理。

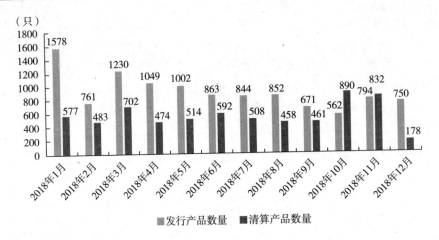

图1-15　2018年中国私募证券投资基金发行清算数量

资料来源：由中基协发布的相关数据整理。

四、私募基金从业人员情况

截至2018年12月31日，私募基金从业人员为336167人，包括法定代表人、高管人员及员工。其中，法定代表人为24448人，高管为66040人，员工为245679人（如图1-16所示）。

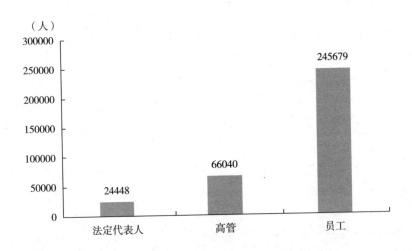

图1-16　2018年私募基金从业人员整体情况

资料来源：由中基协发布的相关数据整理。

在全部从业人员中，从事私募证券的人数为116326人，占比34.6%；从事股权、创业的人数为199130人，占比59.24%；从事其他类私募的人数为15762人，占比4.69%；有4949人待定（如图1-17、图1-18、图1-19、图1-20、图1-21、图1-22所示）。

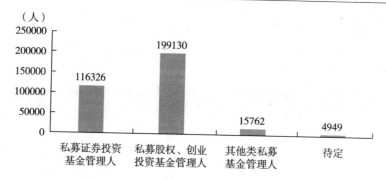

图 1-17 2018 年不同类别私募基金从业人员情况

资料来源：由中基协发布的相关数据整理。

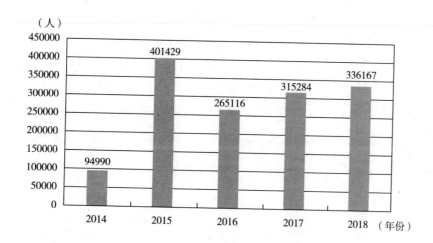

图 1-18 各年末从业人员数量

资料来源：由中基协发布的相关数据整理。

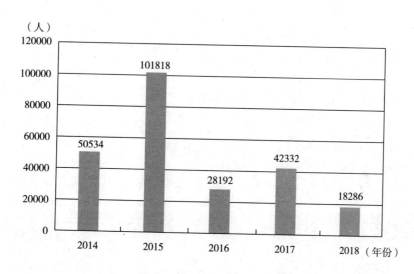

图 1-19 年度新登记的从业人员数量

资料来源：由中基协发布的相关数据整理。

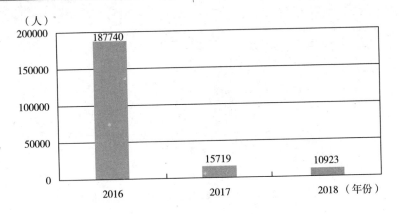

图 1-20　年度注销好撤销的从业人员数量

资料来源：由中基协发布的相关数据整理。

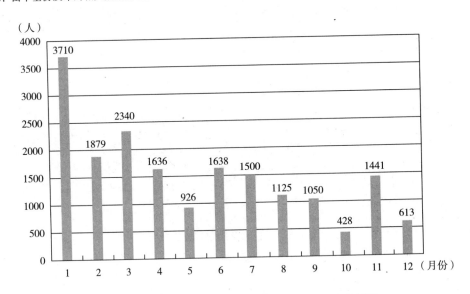

图 1-21　2018 年月度跟随管理人登记的从业人员数量

资料来源：由中基协发布的相关数据整理。

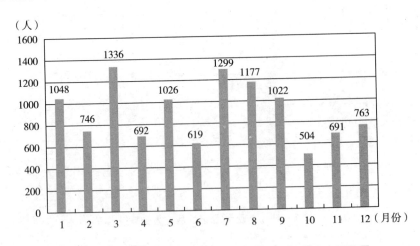

图 1-22　2018 年月度跟随管理人注销和撤销的从业人员数量

资料来源：由中基协发布的相关数据整理。

五、私募资产配置管理人推出

2018 年 8 月 29 日，中基协发布《私募基金登记备案相关问题解答（十五）》，正式推出了私募资产配置基金管理人制度。对已在协会登记的私募基金管理人，可申请变更登记为私募资产配置基金管理人。但是，私募资产配置基金管理人申请的门槛较高，截至 2018 年 12 月 31 日并没有申请成功的案例。随着私募行业的不断发展和私募管理人策略的不断丰富，相信资产配置基金管理人终会有一席之地。

第三节　中国香港、中国台湾私募基金概述

一、中国香港私募基金发展情况

中国香港的私募基金业属于高度外向型产业，大部分的区域型私募基金均是以中国香港为基地的。

2018 年 6 月底，中国香港私募基金资产管理规模已达 1520 亿美元，成为亚洲第二大私募基金中心。作为卓越的人民币离岸中心，中国香港的监管架构完善，专业知识精湛，产品开发成熟，处于国际金融市场前列。

在中国香港，对私募基金的基金管理人是进行规范管理的，参与人员要取得相应的执照，可以从事与证券交易、证券投资咨询、期货合约投资咨询、资产管理相关的业务和服务。根据香港法项下的《证券及期货条例》的规定，不同类别的受规管活动需要向中国香港证券及期货事务监察委员会（以下简称 SFC）申请不同类型的金融牌照。金融牌照有 1~10 种，其中 9 号牌照是中国香港证监会发布执行的《证券及期货条例》第 9 类受规管业务资格牌照，即资产管理牌照。若已获得 9 号牌照，在从事资产管理业务时衍生出其他类相关业务，如第 1 类证券交易、第 2 类期货合约交易、第 4 类就证券提供意见、第 5 类就期货合约提供意见，只要这些衍生业务在操作中纯粹是为了达到资产管理的目的，即可豁免申请相关牌照。在中国香港申请设立有限合伙型基金的步骤如下：

第一，设立中国香港公司或在中国香港注册境外公司作为申请主体。

第二，申请人向 SFC 申请相关牌照。

第三，申请牌照的同时，以申请人作为普通合伙人，与第三方设立有限合伙框架。

第四，取得牌照后，召集投资者，通过投资换取有限合伙人的权益。

中国香港对基金业的监管采取政府准入监管和行业自律相结合的方式。基金监管机构奉行积极不干预的、以行业自律监管为主的政策。中国香港基金市场的行业性组织在基金市场的监管上扮演着重要角色，其投资基金的行业性组织是香港投资基金公会。

二、中国台湾私募基金发展情况

（一）私募证券基金市场概况

由图 1-23 所示的资产规模数据可发现，2006 年，中国台湾私募证券基金规模达到高点 524 亿元后开始逐年下滑，在 2011 年接近低点 135 亿元，经历了 5 年低潮，在 2016 年出现了复苏，资产规模大幅回升到 334 亿元，2018 年底私募证券基金资产规模为 376 亿元。

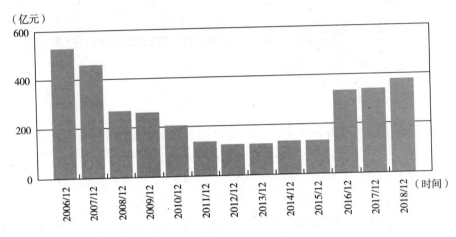

图 1-23　中国台湾私募证券基金资产规模

由图 1-24 所示的私募证券基金文件数据资料可发现，2006 年，中国台湾私募证券档数达到高点 164 档后，基金数量持续下滑，到 2015 年，私募基金档数只剩 46 档，2018 年底私募基金档数为 56 档。

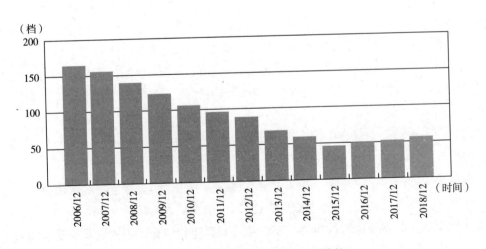

图 1-24　中国台湾私募证券基金档数

中国台湾行政院 2017 年发布《证券投资信托及顾问法》修正草案，大幅松绑私募基金相关规定：

第一，放宽私募基金限制，应募人总数由35人扩大到99人，提升私募基金弹性及操作效率，扩大投信资产管理规模。

第二，建立破产隔离机制，投信以自己名义为投资人取得资产，应与投信事业自有资产独立，投信有纠纷不应该危及投资人。

第三，强化投信投顾人员监理，增订所谓"盈正条款"，为防范投信投顾内部人员利用职务之便牟利，坑害投资人，这次修法刑责加重3年以上、10年以下有期徒刑，并同时处1000万元以上、2亿元以下罚金。

（二）私募股权基金市场概况

中国台湾市场不同形态的私募股权基金有以投资企业股权、协助提升企业价值，达成利润极大化的传统型私募基金；赚取稳定收益的基础建设型私募基金；作为产业与融资界桥梁之产业型私募基金；由政府主导、协助本土企业升级转型的政府基金；部分企业协助其他企业进行整并或扩张的私募基金。

2017年，私募股权基金参与中国台湾市场的程度相较于其他地区仍然偏低，不过在被投资企业交出亮眼成绩单以及市场对于私募股权基金的运作有较多认识后，业界及主管机关对于私募股权基金的态度逐渐开放。不少国际的大型私募股权基金都锁定了中国台湾有优势、估值偏低或有转型需求的企业进行调研，其中，包括2018年7月KKR收购李长荣化工私有化案，交易金额达478亿元台币，为9年来台湾规模最大的私募并购案。2018年私募股权基金在中国台湾交易金额达19亿美元，突破2009年的交易总额。近几年中国台湾私募基金投资案如表1-13所示。

表1-13　中国台湾近年私募基金投资案

投资年份	投资基金	投资企业	产业	交易金额（百万美元）	案件进程
2018	KKR	李长荣化工	工业	1595	完成
2018	NexusPoint	台湾汉堡王	民生消费	11	完成
2018	Morgan Stanley	百略	生技医疗	311	完成
2017	新加坡淡马锡	振桦	科技媒体电信	152	完成
2017	东博资本	友通	科技媒体电信	52	完成
2017	新加坡淡马锡等	睿能创意	科技媒体电信	300（注）	完成
2017	日本软银等	沛星互动科技	科技媒体电信	33	完成
2017	欧力士亚洲资本	龙岩	民生消费	104	完成

注：交易金额3亿美元系为包含淡马锡四家投资人之投资总额。

资料来源：勤业众信联合会计师事务所．台湾私募基金白皮书［M］．中国台湾，2018．

由图1-25所示的私募股权基金在中国台湾投资金额资料可发现，2009年前投资金额及案件数相对较多，之后投资案件量下滑，投资金额相较于其他地区更低，直到2018年投资金额才出现显著反弹。

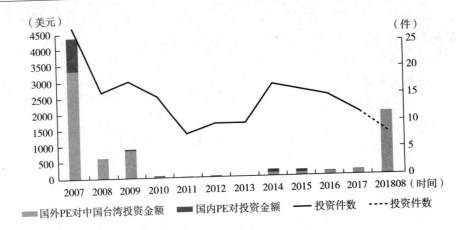

图 1-25　中国台湾私募股权基金投资金额及件数（2007~2018 年）

注：2018 年前 8 个月投资金额包含 Bloomberg 资料库中已宣告但尚未完成的案件。

资料来源：Thomson One，Bloomberg，德勤财报整理。

说明：鉴于中国澳门地区私募基金发展迟缓，本年鉴暂不收录。

第二章
中国私募基金生态圈

第一节 私募基金生态圈概述

基金的运作包括基金的募集、基金的投资管理、基金资产的托管、基金份额的登记交易、基金的估值与会计核算、基金的信息披露以及其他运作活动在内的所有相关环节。基金的运作活动从基金管理人的角度看，可以分为基金的市场营销、基金的投资管理与基金的后台管理三大部分。基金的市场营销主要涉及基金份额的募集与客户服务，基金的投资管理体现了基金管理人的服务价值，而基金份额的注册登记、基金资产的估值、会计核算、信息披露等后台管理服务则对保障基金的安全起着重要的作用。

在基金市场上，存在许多不同的参与主体。依据所承担的职责与作用的不同主要可以分为四大类，即基金当事人、基金市场服务机构、基金监管机构和自律组织及外围服务机构。基金当事人分别是基金投资者、基金管理人、基金托管人。基金市场服务机构主要包括基金销售机构、销售支付机构、份额登记机构、估值核算机构、投资顾问机构、评价机构、信息技术系统服务机构以及律师事务所、会计师事务所等；外围服务机构包括数据服务商、门户网站、研究机构等。

一、私募基金当事人

我国的证券投资基金依据基金合同设立，基金投资者、基金管理人与基金托管人是基金合同的当事人，简称基金当事人。

（一）基金投资者

基金投资者是基金的出资人、基金资产的所有者和基金投资回报的受益人。按照《中华人民共和国证券投资基金法》（以下简称《证券法》）的规定，我国基金份额持有人享有以下权利：分享基金财产收益，参与分配清算后的剩余基金财产，依法转让或者申请赎回其持有的基金份额，按照规定要求召开基金份额持有人大会，对基金份额持有人大会审议事项行使表决权，查阅或者复制公开披露的基金信息资料，对基金管理人、基金托管人、基金销售机构损害其合法权益的行为依法提出诉讼以及基金合同约定其他权利。

（二）基金管理人

基金管理人是基金产品的募集者和管理者，其最主要职责就是按照基金合同的约定，负责基金资产的投资运作，在有效控制风险的基础上为基金投资者争取最大的投资收益。基金管理人在基金运作中具有核心作用，基金产品的设计、基金份额的销售与注册登记、基金资产的管理等重要职能主要由基金管理人或基金管理人选定的其他服务机构承担。在中国，基金管理人只能由依法设立的基金管理公司担任。

根据私募基金投资标的不同，私募基金管理人登记备案类型分为私募证券投资基金管理人、私募股权投资基金管理人和其他类投资基金管理人。

（三）基金托管人

为了保证基金资产的安全，《证券投资基金法》规定，基金资产必须由独立于基金管理人的基金托管人保管，从而使基金托管人成为基金的当事人之一。基金托管人的职责主要体现在基金资产保管、基金资金清算、会计复核以及对基金投资运作的监督等方面。基金托管人只能由依法设立并取得基金托管资格的商业银行或其他金融机构担任。

托管业务主要内容有保管客户资产、资产估值、净值复核和会计核算、开立和管理资产托管账户、办理与资产托管活动相关的信息披露事宜、权益登记、出具资产托管报告执行投资指令、办理结算交割、报告资产托管业务档案资料、监督投资运作、法律行政法规以及中国证监会规定或资产托管协议约定的其他事项。

根据中基协私募基金服务机构公示系统显示，截至2018年12月私募基金托管人包括商业银行、证券公司及其他金融机构共43家，其中，商业银行27家，证券公司15家，其他金融机构1家（如表2-1所示）。

表2-1　机构托管私募基金数量情况　　　　　　　　　单位：家

托管人名称	托管基金数量	在运行数
中国工商银行股份有限公司	2456	1189
中国农业银行股份有限公司	692	488
中国银行股份有限公司	952	654
中国建设银行股份有限公司	1480	1150
交通银行股份有限公司	590	436
华夏银行股份有限公司	306	282
中国光大银行股份有限公司	1773	1063
招商银行股份有限公司	4898	3517
中信银行股份有限公司	3266	2704
中国民生银行股份有限公司	1185	816
兴业银行股份有限公司	1954	1316
上海浦东发展银行股份有限公司	3528	2952

续表

托管人名称	托管基金数量	在运行数
北京银行股份有限公司	191	161
平安银行股份有限公司	2386	1825
广发银行股份有限公司	472	286
中国邮政储蓄银行股份有限公司	216	171
上海银行股份有限公司	2888	2208
渤海银行股份有限公司	403	346
宁波银行股份有限公司	428	210
浙商银行股份有限公司	412	352
徽商银行股份有限公司	231	222
包商银行股份有限公司	220	125
恒丰银行股份有限公司	1216	831
广州农村商业银行股份有限公司	127	94
南京银行股份有限公司	405	366
杭州银行股份有限公司	460	383
江苏银行股份有限公司	277	244
国信证券股份有限公司	6805	3285
招商证券股份有限公司	12408	8601
广发证券股份有限公司	3184	2037
国泰君安证券股份有限公司	7816	5356
海通证券股份有限公司	1820	1141
中国银河证券股份有限公司	1110	742
华泰证券股份有限公司	2447	1742
中信证券股份有限公司	5693	3957
兴业证券股份有限公司	1494	1047
中信建投证券股份有限公司	2155	1312
恒泰证券股份有限公司	1318	850
中泰证券股份有限公司	965	686
国金证券股份有限公司	349	288
中国证券登记结算有限责任公司	32	26
中国证券金融股份有限公司	4	1
中国国际金融股份有限公司	614	425

资料来源：根据中基协相关数据，由作者整理。

二、私募基金服务机构

　　基金管理人、基金托管人既是基金的当事人，又是基金的主要服务机构。除基金管理人与基金托管人外，基金市场还有许多为基金提供各类服务的其他机构。这些机构主要包括基金销售机构、销售支付机构、份额登记机构、估值核算机构、评价机构、信息技术系统服务机构、律师事务所和会计师事务所、投资顾问机构等。

（一）基金销售机构

根据《基金业务外包服务指引（试行）》相关问题解答（一），基金销售是指以基金宣传推介、基金份额发售或者基金份额的申购赎回及收取为基础的基金交易（含开户）活动。基金销售机构是指从事基金销售业务活动的机构，包括基金管理人以及经中国证券监督管理委员会（以下简称中国证监会）认定的可以从事基金销售的其他机构。目前可申请从事基金代理销售的机构主要包括商业银行、证券公司、保险公司、证券投资咨询机构、独立基金销售机构。

根据现有法规规定，私募基金的销售主体主要有两类：一是在中基协进行登记的私募基金管理人；二是在中国证监会注册取得基金销售业务资格，并已成为中基协会员的机构。

1. 申请基金销售业务资格具备的条件

《证券投资基金销售管理办法》第9条规定，商业银行、证券公司、证券投资咨询机构、独立基金销售机构以及中国证监会规定的其他机构申请基金销售业务资格应当具备下列条件：

（1）具有健全的治理结构、完善的内部控制和风险管理制度，并得到有效执行。

（2）财务状况良好，运作规范稳定。

（3）有与基金销售业务相适应的营业场所、安全防范设施和其他设施。

（4）有安全、高效的办理基金发售、申购和赎回等业务的技术设施，且符合中国证监会对基金销售业务信息管理平台的有关要求。基金销售业务的技术系统已与基金管理人、中国证券登记结算公司相应的技术系统进行了联网测试，测试结果符合国家规定的标准。

（5）制定了完善的资金清算流程，资金管理符合中国证监会对基金销售结算资金管理的有关要求。

（6）有评价基金投资人风险承受能力和基金产品风险等级的方法体系。

（7）制定了完善的业务流程、销售人员执业操守、应急处理措施等基金销售业务管理制度，符合中国证监会对基金销售机构内部控制的有关要求。

（8）有符合法律法规要求的反洗钱内部控制制度。

（9）中国证监会规定的其他条件。

2. 私募基金销售程序

私募基金销售应当履行下列程序：

（1）特定对象确定。向投资者推介私募基金之前，应当履行特别对象确定程序，对投资者的风险识别能力和风险承担能力进行评估。

（2）投资者适当性匹配。根据私募基金的风险类型和评级结果，向投资者推介与其风险识别能力和风险承担能力相匹配的私募基金。

（3）基金风险揭示。在投资者签署基金合同之前，募集机构应当向投资者说明有关法律法规，说明投资冷静期、回访确认等程序性安排以及投资者的相关权利，重点揭示私募基金风险，并与投资者签署风险揭示书。

（4）合格投资者确认。募集机构应当要求投资者提供必要的资产证明文件或收入证明，合理审慎地审查投资者是否符合私募基金合格投资者标准。

（5）投资冷静期。基金合同应当约定给投资者设置不少于 24 小时的投资冷静期，募集机构在投资冷静期内不得主动联系投资者。

（6）回访确认。募集机构应当在投资冷静期满后，指令本机构从事基金销售推介业务以外的人员以录音电话、电邮、信函等适当方式进行投资回访。回访过程不得出现诱导性陈述。募集机构在投资冷静期内进行的回访确认无效。

根据中基协公布的数据显示，截至 2018 年 12 月 31 日，具有私募基金代销资格的基金代销机构共有 366 家，其中银行 135 家，保险机构 8 家，期货机构 8 家，证券机构 100 家，其他基金销售机构 115 家（证券投资咨询机构、独立基金销售机构等）。

（二）基金销售支付机构

根据《基金业务外包服务指引（试行）》相关问题解答（一），基金销售支付是指为基金销售机构提供支付结算服务的机构，包括从事基金销售支付业务活动的商业银行或者支付机构。基金销售支付机构从事销售支付活动的，应当取得中国人民银行颁发的《支付业务许可证》（商业银行除外），并制定完善的资金清算和管理制度，能够确保基金销售结算资金的安全、独立和及时划付。基金销售支付机构从事公开募集基金销售支付业务的，应当按照中国证监会的规定进行备案。

根据中基协私募基金服务机构公示系统显示，截至 2018 年 12 月 31 日，登记备案的私募基金销售支付机构有 10 家：汇付数据、通联支付、银联电子、易宝支付、财付通、快钱支付、支付宝、北京新浪支付科技有限公司、南京苏宁易付宝网络科技有限公司、上海得仕企业服务有限公司。

（三）基金份额登记机构

根据《基金业务外包服务指引（试行）》相关问题解答（一），基金份额登记是指基金份额登记机构从事基金份额登记过户、存管、结算等活动，其基本职责包括建立并管理投资人的基金账户、负责基金份额的登记及资金结算、建立并保管基金份额持有人名册、基金认（申）购及赎回等交易确认、代理发放红利以及法律法规或外包协议规定的其他职责。基金管理人可以办理其募集基金的份额登记业务，也可以委托基金份额登记机构代为办理基金份额登记业务。

根据中基协私募基金服务机构公示系统显示，截至 2018 年 12 月 31 日，登记备案的私募基金份额登记机构有 37 家。其中，证券公司有 20 家，商业银行 7 家，基金管理公司 8 家，独立外包机构 2 家：招商证券股份有限公司、国信证券股份有限公司、国泰君安证券股份有限公司、华泰证券股份有限公司、中国银河证券股份有限公司、第一创业证券股份有限公司、兴业证券股份有限公司、中信建投证券股份有限公司、长江证券股份有限公司、广发证券股份有限公司、海通证券股份有限公司、长城证券有限责任公司、东兴证券股份有限公司、光大证券股份有限公司、申万宏源证券有限公司、太平洋证券股份有限公司、中泰证券股份有限公司、中银国际证券股份有限公司、东方证券股份有限公司、东吴证券股份有限公司、中国工商银行股份有限公司、招商银行股份有限公司、中国建设银行股份有限公司、平安银行股份有限公司、上海银行股份有限公司、渤海银行股份有限公司、宁波银行股份有限公司、财通基金管理有限公司、华夏基金管理有限公司、招商基金管理有限公司、长安基金管理有限公司、创金合信基金管理有限公司、广发基金管理有限公司、工银瑞信基金管理有限公司、金鹰基金管理有限公司、国金道富投资服务有限公司、中信中证投资服务有限责任公司。

（四）基金估值核算机构

基金估值核算是指基金会计核算、估值及相关信息披露等业务活动。基金估值核算机构是指从事基金估值核算业务活动的机构。基金管理人可以自行办理基金估值核算业务，也可以委托基金估值核算机构代为办理基金估值核算业务。基金估值核算机构拟从事公开募集基金估值核算业务的，应当向中国证监会申请注册。

根据中基协私募基金服务机构公示系统显示，截至2018年12月31日，登记备案的私募基金估值核算机构有40家。其中，证券公司有20家，商业银行7家，基金管理公司8家，独立外包机构4家，IT公司1家：招商证券股份有限公司、国泰君安证券股份有限公司、国信证券股份有限公司、华泰证券股份有限公司、中信建投证券股份有限公司、中国银河证券股份有限公司、长江证券股份有限公司、海通证券股份有限公司、广发证券股份有限公司、第一创业证券股份有限公司、兴业证券股份有限公司、长城证券有限责任公司、东兴证券股份有限公司、光大证券股份有限公司、申万宏源证券有限公司、太平洋证券股份有限公司、中泰证券股份有限公司、东方证券股份有限公司、中银国际证券股份有限公司、东吴证券股份有限公司、中国工商银行股份有限公司、招商银行股份有限公司、中国建设银行股份有限公司、平安银行股份有限公司、上海银行股份有限公司、渤海银行股份有限公司、宁波银行股份有限公司、华夏基金管理有限公司、财通基金管理有限公司、招商基金管理有限公司、长安基金管理有限公司、创金合信基金管理有限公司、广发基金管理有限公司、工银瑞信基金管理有限公司、金鹰基金管理有限公司、国金道富投资服务有限公司、中信中证投资服务有限责任公司、上海金融期货信息技术有限公司、上海元年金融信息服务有限公司、北京海峰科技有限责任公司。

（五）基金评价机构

基金评价是指对基金投资收益和风险或者基金管理人管理能力进行的评级、评奖、单一指标排名或者中国证监会认定的其他评价活动。评级是指运用特定的方法对基金的投资收益和风险或者基金管理人的管理能力进行综合性分析，并使用具有特定含义的符号、数字或者文字展示分析的结果。基金评价机构是指从事基金评价业务活动的机构。基金评价机构是从事公开募集基金评价业务并以公开形式发布基金评价结果的，应当向中基协申请注册。基金评价机构及其从业人员应当客观公正，依法开展基金评价业务，禁止误导投资人，防范可能发生的利益冲突。

根据中基协私募基金服务机构公示系统显示，截至2018年12月31日，登记备案的私募基金评价机构有10家：晨星资讯（深圳）有限公司、天相投资顾问有限公司、北京济安金信科技有限公司、中国银河证券股份有限公司、海通证券股份有限公司、上海证券有限责任公司、招商证券股份有限公司、中国证券报社、上海证券报社、证券时报社。

（六）基金信息技术系统服务机构

基金信息技术系统服务是指为基金管理人、基金托管人和基金服务机构提供基金业务核心应用软件开发、信息系统运营维护、信息系统安全保障和基金交易电子商务平台等的业务活动。从事基金信息技术系统服务的机构应当具备国家有关部门规定的资质条件或者取得相关资质认证，具有开展业务所需要的人员、设备、技术、知识产权等条件，其信息技术系统服务应当符合法律法规、中国证监会以及行业自律组织等的业务规范要求。

根据中基协私募基金服务机构公示系统显示，截至2018年12月31日，登记备案的私募基金信息技术机构有5家：深圳证券通信有限公司、深圳市金证科技股份有限公司、深圳市赢时胜信息技术股份有限公司、杭州恒生网络技术服务有限公司、上海金融期货信息技术有限公司。

（七）私募律师事务所和会计师事务所

律师事务所和会计师事务所作为专业、独立的中介服务机构，能够为基金提供法律、会计服务。

私募律师事务所是专注于以私募股权融投资为核心的资本市场业务领域，致力于打造资本市场法律服务领域的专业化律师事务所，其定位于私募领域法律顾问，以公司化管理机制，依照市场规律运作的事务所，力求实现产权股份化、经营市场化、产品标准化、服务品牌化和发展产业化，并以私募股权融投资法律服务为核心，以证券发行和上市（IPO）、上市公司的再融资、并购重组、产权交易和"新三板"等法律服务为延伸的资本市场法律服务体系。

2016年7月1日，中基协发布了《关于选取专业中介服务机构开展私募投资基金管理人入会核查等工作的通知》，向社会公开选取律师事务所、会计师事务所参加入会核查，并欢迎专业机构积极参与私募基金行业自律管理服务工作。公告称，根据合法合规和诚信记录等专业机构选取条件以及首批145家入会核查机构分布情况，中基协对律师事务所和会计师事务所分别排序，按照价格由低至高、从事基金业务规模从大到小、地理位置由近及远等标准，第一批选取4家专业机构参与入会核查，同时，聘请4家机构参加专项核查。

入会核查专业机构名单：北京市金杜律师事务所；上海市锦天城律师事务所；北京市汉坤律师事务所；一会会计师事务所。

专项核查专业机构名单：普华永道中天会计师事务所；毕马威华振会计师事务所；德勤华永会计师事务所；北京市金杜律师事务所。

根据相关规定，为私募基金提供销售、销售支付、份额登记、估值核算、信息技术系统等业务的所有外包服务机构应到中基协办理备案。

截至2018年12月31日，私募基金管理人备案，签署法律意见书排名前10的律师事务所如表2-2所示。

表2-2 私募基金备案数量排名前10律师事务所

单位：家

律师事务所	总通过数量	股权类	证券类	其他类
上海市锦天城律师事务所	491	294	179	14
广东华商律师事务所	307	166	133	8
北京盈科（上海）律师事务所	277	133	135	9
国浩（上海）律师事务所	206	145	54	5
北京市中伦律师事务所	198	169	25	4
北京大成律师事务所	196	165	28	3
北京市盈科（深圳）律师事务所	190	107	79	4

续表

律师事务所	总通过数量	股权类	证券类	其他类
北京德恒律师事务所	168	123	35	10
北京市兰台（前海）律师事务所	159	54	103	2
北京市盈科律师事务所	132	89	33	10

资料来源：根据中基协、尽调宝相关数据由作者整理。

（八）基金投资顾问机构

基金投资顾问是指按照约定向基金管理人、基金投资人等服务对象提供基金以及其他中国证监会认可的投资产品的投资建议，辅助客户做出投资决策，并直接或者间接获取经济利益的业务活动。基金投资顾问机构是指从事基金投资顾问业务活动的机构。基金投资顾问机构提供公开募集基金投资顾问业务的应当向工商登记注册地中国证监会派出机构申请注册。未经中国证监会派出机构注册，任何机构或者个人不得从事公开募集基金投资顾问业务。基金投资顾问机构及其从业人员提供投资顾问服务应当具有合理的依据，对其服务能力和经营业务进行如实陈述，不得以任何方式承诺或者保证投资收益，不得损害服务对象的合法权益。

三、私募基金监管机构

中国证监会为国务院直属正部级事业单位，依照法律、法规和国务院授权，统一监督管理全国证券期货市场，维护证券期货市场秩序，保障其合法运行。

中国证监会设在北京，设主席1名，纪检组长1名，副主席4名；会机关内设20个职能部门，1个稽查总队，3个中心；根据《证券法》第14条规定，中国证监会还设有股票发行审核委员会，委员由中国证监会专业人员和所聘请的会外有关专家担任。中国证监会在省、自治区、直辖市和计划单列市设立36个证券监管局以及上海、深圳证券监管专员办事处。

其中，由证券基金机构监管部拟订证券期货经纪、证券承销与保荐、证券期货投资咨询、证券财务顾问、证券自营、融资融券、资产管理、资产托管、基金销售等各类业务牌照管理及持牌机构监管的规则、实施细则；依法审核证券、基金、期货各类业务牌照资格及人员从事证券、基金、期货业务的资格，并监管其业务活动；拟订公开募集证券投资基金的监管规则、实施细则；依法审核公开募集证券投资基金募集注册申请；拟订合格境外机构投资者的规则、实施细则；依法审核合格境外机构投资者资格并监管其业务活动；依法审核境外机构在境内设立从事证券、基金、期货经营业务的机构并监管其业务活动；牵头负责证券、基金、期货机构出现重大问题及风险处置的相关工作；拟订及组织实施证券、基金、期货行业投资者保护的规则、实施细则；指导相关行业协会开展自律管理等。

四、私募基金自律组织

中基协成立于2012年7月10日，是依据《中华人民共和国证券投资基金法》和《社会团体登记管理条例》，经国务院批准，在国家民政部登记的社会团体法人（如表2-3所示），其是证券投资基金行业的自律性组织，接受中国证监会和国家民政部的业务指导和监督管理。根据《证券法》的规定，基金管理人、基金托管人应当加入协会，基金服务机构可以加入协会。

表2-3　中国证券投资基金业协会

登记管理机关	民政部	业务主管单位	中国证券监督管理委员会
法定代表人	洪磊	成立登记日期	2012年7月10日
注册资金	192万元	登记状态	正常
网址	www.amac.org.cn	联系电话	010-66578399
登记证号	4951	社会组织类型	社会团体
住所	丰台区丽泽路18号1号楼		

中基协主要职责包括教育和组织会员遵守有关证券投资的法律、行政法规，维护投资人合法权益；依法维护会员的合法权益，反映会员的建议和要求；制定和实施行业自律规则，监督、检查会员及其从业人员的执业行为，对违反自律规则和协会章程的，按照规定给予纪律处分；制定行业执业标准和业务规范，组织基金从业人员的从业考试、资质管理和业务培训；提供会员服务，组织行业交流，推动行业创新，开展行业宣传和投资人教育活动；对会员之间、会员与客户之间发生的基金业务纠纷进行调解；依法办理非公开募集基金的登记、备案；协会章程规定的其他职责。

中基协最高权力机构为全体会员组成的会员大会，负责制定和修改章程。协会设立会员代表大会，行使选举和罢免理事、监事，审议理事会工作报告、监事会工作报告和财务报告，制定和修改会费标准等职权。会员代表大会闭会期间的执行机构为理事会。本届理事会由50名理事组成，其中4名非会员理事，46名会员理事。本届监事会由12名监事组成，其中监事长1名，副监事长2名。

五、私募基金外围服务机构

（一）数据服务商

数据服务商主要指提供数据库应用、数据分析、新闻研报查询等功能的公司。私募数据服务商数量众多，由于多数私募基金数据不对外公开，所以，导致各家数据会有差异。为了获得私募数据，数据服务商一般会有门户网站相配合，提供线上基金销售推介，或者采用线下俱乐部的形式，了解行业最新的数据和发展情况。截至2018年12月31日数据服务商情况如表2-4所示。

表2-4　数据服务商

名称	服务内容
清科研究中心	私募股权行业数据、私募股权基金排行榜、热点领域专题研究
排排网私募数据库	包含基金数据库、指数数据库、公司数据库和任务数据库
朝阳永续数据库	上市公司盈利预算数据库、中国私募基金风云榜、私募数据库、Go-Goal 3.0客户端、线下俱乐部活动等

名称	服务内容
投中研究院	股权投资领域的金融数据产品，提供中国股权投资市场情报、股权交易、企业财务、行研成果、并购交易、企业估值及财务数据原始公告；基金募集、基金回报及投资业绩等分析数据；LP信息及投资偏好、历史投资记录等统计数据；CVSource数据库
Wind资讯金融终端	股票、债券、期货外汇、基金、指数、权证、宏观行业等多项品种的金融数据资讯
东方财富（Choice数据）	股票、基金、债券、指数、商品、外汇和宏观行业等多项品种数据，实时推送各类公告、资讯数据、研究报告。有公募基金数据库、私募基金数据库、新三板数据库、量化数据库
同花顺（iFinD）	股票、债券、期货、基金、理财、指数、宏观经济、新闻研报等数据，非上市公司数据库、量化数据库等
大智慧股票软件	股票行情数据库和数据分析软件
IT桔子数据库	TMT领域创业与投资数据库，提供结构化公司数据和商业信息，提供数据导出服务
私募云通	中国证券投资基金数据，覆盖了通过私募公司发行的产品、信托平台发行的私募产品、券商集合理财产品、公募基金一对多专户理财产品、期货资管发行的产品及单账户证券等基金产品信息；中国公募基金数据；编制策略指数、四分位指数等，提供指数定制服务
天天基金网（私募宝）	私募基金交易平台、天天基金客户端
融资中国	股权投资全媒体资讯平台、品牌活动、研究咨询、投资顾问等业务，提供一站式专业服务
金融界	专业财经网站，提供的服务包括滚动新闻、全球证券指数、综合财经查询精灵、财经热闻排行、指数走势展示、个股报价精灵、个股涨跌排行、中国概念股报价、每日必读、综合理财产品查询、基金净值精灵、基金搜索、基金净值排行、理财计算器、外汇牌价、汇率查询、债券查询等

资料来源：作者整理。

（二）门户网站

门户网站都会配备新闻板块、基金产品信息展示和产品筛选板块，绝大多数都有私募基金排行和评级板块。由于私募基金公司数量众多，极少公开运营信息，部分门户网站会提供私募公司调研报告。另外，门户网站根据多方渠道收集的基金数据会公布一些私募基金重仓股。也会积极介入私募基金的各种销售环节，如私募基金路演、会议信息宣传，甚至提供一揽子私募基金孵化服务（如表2-5所示）。

表2-5 门户网站

名称	产品及服务
私募排排网	私募排名与评级、私募精品店、私募路演、新闻、研究、私募基金孵化服务、私募数据库
投资界	清科集团的综合门户网站，包括资讯、产业、人物、研究、会议数据
天天基金网	私募新闻、私募净值、私募评级、私募筛选、私募调研
好买基金网	私募新闻、私募净值、私募排名和评级、私募重仓股、私募公司调研报告、私募基金信息数据库
和讯-私募基金	新闻、市场分析、持仓、视点、宏观经济、路演、私募报告、私募产品
格上财富	私募排行榜、产品信息、定期报告、私募公司调研报告、研究报告
中国私募网	新闻、产品、数据、讲堂
和财私募网	私募产品介绍、私募操盘手介绍、产品排行、股票期货开户、培训广告

续表

名称	产品及服务
36氪	快讯、行业研究、深度报道、投融资信息
创业邦	新闻与活动、创投公司数据库、创业网课销售、榜单、创业孵化服务
创业时代网	综合性创业评级与数据服务平台
融资中国网	综合性高端财富管理网站，包括私募股权投资、私募证券投资、固定收益信托投资、高端房产投资数据

资料来源：作者整理。

（三）研究机构

私募行业的研究服务多基于自有数据库，或者与外部合作。综合来看，研究报告以市场规模统计、基金表现排行、宏观经济与政策研究为主，为行业用户提供专业的资讯、数据、研究报告、咨询服务等。

私募行业的研究服务多基于自有数据库，或者与外部合作。综合来看，研究报告以市场规模统计、基金表现排行、宏观经济与政策研究为主（如表2-6所示）。

表2-6　私募研究机构

名称	产品及服务
清科研究中心	研究报告、定制咨询、私募通、私募管家、评价指数等
投中研究院	关注创投和新三板，发布榜单和统计报告，推荐会议，数据库
格上财富研究中心	阳光私募走访报告、私募热点研究、排行榜、重仓股分析、私募行业定期报告、私募公司深度报告、私募专题
山东FOF研究会	FOF私募基金研究，私募热点研究、《中国私募基金年鉴》编纂
泰山基金论坛	会议服务、研究、基金相关业务咨询、《中国私募基金年鉴》编纂
金斧子投研中心	私募月报、走访报告、专题研究
好买基金研究中心	新闻播报、基金研究报告、基金资讯、数据库
IT桔子	互联网行业创投研究、发布专题报告和研究
Bain咨询	大中华区私募股权市场报告

资料来源：基金年鉴整理。

第二节　私募基金聚集地

一、基金小镇发展起源与现状

（一）基金小镇发展起源

基金小镇模式最早源于国外，其多是以长期自发形成为主，后期辅以一定的政策扶持，如美国格林尼治基金小镇、硅谷沙丘路基金小镇等。随着基金小镇产业集聚效应逐渐形成，对于当地产业结构调整发挥了重要作用，同时在全球范围内也产生了一定的示范效应。

在中国，基金小镇多是由特定单位发起、运营。从2015年开始，政策层面加大了对特色小镇的关注及扶持力度，基金小镇作为特色小镇中的一种类型，在各地方政策的大力扶持下，快速建立，并发展起来。基金小镇的快速发展，一方面是因为供给侧结构性改革的实施，使各地政府致力于推进当地产业结构调整、升级，而基金小镇对于当地产业结构转型升级、资源汇聚、税收拉动等能够带来实际作用；另一方面得益于近年私募行业的迅猛发展，各类型基金如雨后春笋般涌现，为基金小镇建设提供了坚实的行业基础。私募基金在助推实体经济发展过程中发挥了重要作用，已逐渐成为继银行、券商、保险、信托之后的重要资产管理机构，且国家"十三五"规划明确提出大力发展创业投资和天使投资，丰富并购融资和创业投资方式，为我国私募行业发展提供了良好的政策环境。

因此，我国基金小镇是在国内外经济政策形势共同作用下应运而生的，其本质上是打造特色产业集群，利用"小而美"的软硬件生态环境，将各种私募基金形式合理有效聚集，通过一定的运营模式，快速形成金融产业集聚效应，进而推动当地产业升级的一种资本运作服务平台。对于当前处于发展变革中的我国社会经济环境来说，基金小镇模式的意义主要在于通过汇聚社会资本推动当地实业经济发展的同时，能够助推当地资本市场丰富、完善，并且进一步激发当地经济创新、创业的活力，加速产业迭代升级。

（二）基金小镇发展历程

1. 探索阶段（2012～2014年）

嘉兴南湖基金小镇规划的完成，开启了我国基金小镇建设的序幕，使其进入早期探索阶段。

2. 发展期（2015年）

随着我国私募股权投资政策的不断推出，使私募股权投资产业不断壮大，导致新一批具有代表性的基金小镇开始规划建设，如玉皇山南基金小镇、宁波鄞州四明金融小镇、北京基金小镇等。浙江省由于经济基础好、民营资本活跃、财富大量集聚、政策创新支持，所以，于2015年率先提出了特色小镇建设，使其在全国实现领先发展。

3. 高速发展期（2016～2017年）

在全国推进"双创"持续发展和建设特色小镇的政策利好下，我国基金小镇进入了规划建设的高峰期，受到了业内人士的广泛关注，社会资本方和企业积极参与，与政府一同成为部分小镇规划建设的主导者。

4. 稳定发展期（2018年）

2018年，中国基金小镇建设由高峰期进入稳定发展期，新设立基金小镇数量较2016年、2017年有明显下降，已设立的小镇进入建设阶段并陆续投入使用，运营活跃度整体较高。根据公开数据显示，截至2018年底已有基金小镇80个，全国基金小镇"马太效应"开始凸显，头部基金小镇的入驻机构数量、资金管理规模和市场影响力显著提升；非头部基金小镇竞争激烈，有可能产生新的头部基金小镇。

（三）我国特色小镇政策梳理

作为特色小镇中的一种类型，我国基金小镇建设也受到了相关政策的大力支持。本部分简要梳理自 2015 年至今国家各部门关于特色小镇的相关支持政策，以便了解我国基金小镇发展建设的政策环境（如表 2 - 7 所示）。

表 2 - 7　关于特色小镇的政策梳理

时间	政策名称	政策内容
2015. 10	中共中央《关于制定国民经济和社会发展第十三个五年规划的建议》	提出发展特色县域经济，加快培育中小城市和特色小镇，促进农产品精深加工和农村服务业发展，拓展农民增收渠道，完善农民收入增长支持政策体系，增强农村发展内生动力
2016. 02	国务院发布《关于深入推进新型城镇化建设的若干意见》	提出加快特色小镇发展。充分发挥市场主体作用，推动小城镇发展与疏解大城市中心城区功能相结合、与特色小镇发展相结合、与服务"三农"相结合。发展具有特色优势的特色旅游、商贸物流、信息产业、先进制造、民俗文化传承、科技教育等魅力小镇，带动农业现代化和农民就近城镇化
2016. 3	《国民经济和社会发展第十三个五年规划纲要》	提出加快发展中小城市和特色小镇。因地制宜发展特色鲜明、产城融合、充满魅力的小城镇
2016. 07	住建部、国家发改委、财政部发布《关于开展特色小镇培育工作的通知》	制定了 2020 年的培育计划。到 2020 年，培育 1000 个左右各具特色、富有活力的休闲旅游、商贸物流、现代制造、科技教育、传统文化、美丽宜居等特色小镇，引领带动全国小城镇建设
2016. 08	住建部发布《关于做好 2016 年特色小镇推荐工作的通知》	全国特色小镇培育工作进入推进阶段。公布了特色小镇的申报程序、申报标准及推荐材料，要求全国 32 个省/市/区推荐。通知确定了 2016 年全国 32 个省市自治区特色小镇的推荐数量，合计共 159 个名额
2016. 10	住建部、中国农业发展银行共同发布《关于推进政策性金融支持小城镇建设的通知》	提出要充分发挥政策性金融的作用，明确支持范围，建立贷款项目库，加强项目管理。指出中国农业发展银行各分行要积极配合各级住房城乡建设部门工作，普及政策性贷款知识，加大宣传力度
2016. 10	国家发改委《关于加快美丽特色小（城）镇建设的指导意见》	提出要围绕统筹、功能、特色三大重点进行小城镇建设，以镇区常住人口 5 万以上的特大镇、镇区常住人口 3 万以上的专业特色镇为重点，兼顾多类型、多形态的特色小镇，因地制宜建设美丽特色小（城）镇
2016. 12	国家发改委、国家开发银行、中国光大银行、中国企业联合会、中国企业家协会、中国城镇化促进会联合发布《关于实施"千企千镇工程"美丽特色小（城）镇建设的通知》	实施"千企千镇工程"，有利于充分发挥优质企业与特色小（城）镇的双重资源优势，开拓企业成长空间，树立城镇特色品牌，实现镇企互利共赢
2017. 01	国家发改委与国家开发银行发布《关于开发性金融支持特色小（城）镇建设促进脱贫攻坚的建议》	将发挥资本市场在脱贫攻坚中的积极作用，盘活贫困地区特色资产资源，为特色小（城）镇建设提供多元化金融支持。特别是通过多种类型的 PPP 模式，引入大型企业参与投资，引导社会资本广泛参与
2017. 01	住建部与国家开发银行签订《共同推进小城镇建设合作框架协议》	国家开发银行与住建部在新型城镇化等诸多领域开展了密切合作，积极支持城市地下综合管廊、海绵城市、城市修补生态修复和特色小镇建设

时间	政策名称	政策内容
2017.04	住建部与中国建设银行签订《共同推进小城镇建设战略合作框架协议》	指出要充分发挥中国建设银行集团全牌照优势，帮助小城镇所在县（市）人民政府、参与建设的企业做好融资规划，提供小城镇专项贷款产品
2017.05	住建部发布《关于做好第二批全国特色小镇推荐工作的通知》	公布了全国31个省份的特色小镇分配数量，共计300个小镇。第二批特色小镇全国名单远远多于第一批，基本奠定了特色小镇的全国省域分布格局
2017.07	住建部发布《关于保持和彰显特色小镇特色若干问题的通知》	提出特色小镇培育尚处于起步阶段，部分地方存在不注重特色的问题。要求各地保持和彰显特色小镇特色，尊重小镇现有格局、不盲目拆老街区，保持小镇宜居尺度、不盲目盖高楼，传承小镇传统文化、不盲目搬袭外来文化
2017.12	国家发改委、国土部、环保部、住建部联合发布《关于规范推进特色小镇和特色小城镇建设的若干意见》	意见中提出了10项具体举措，涵盖准确把握特色小镇内涵、合理借鉴浙江经验、注重打造鲜明特色、有效推进"三生"融合、厘清政府与市场边界、实行创建达标制度、严控政府债务风险、严控房地产倾向、严格节约集约用地、严保生态红线10个方面
2018.09	国家发改委办公厅《关于建立特色小镇和特色小城镇高质量发展机制的通知》	指出全面贯彻党的十九大精神，以习近平新时代中国特色社会主义思想为指导，坚持5个基本原则，释放城乡融合发展和内需增长新空间，促进经济高质量发展

资料来源：由作者整理。

（四）基金小镇税收政策梳理

关于基金小镇建设的税收相关政策如表2-8、表2-9和表2-10所示。

表2-8 侧重于税收优惠的基金小镇

北京基金小镇	公司制管理企业	前2年按其所缴企业所得税区县实得部分全额奖励，后3年减半奖励
	合伙制股权基金和合伙制管理企业	不作为所得税纳税主体，采取"先分后税"方式，由合伙人分别缴纳个人所得税或企业所得税
	合伙制股权基金中个人合伙人	按照"利息、股息、红利所得"或者"财产转让所得"项目征收个人所得税，税率为20%
上海金融小镇	以合伙企业形式设立的股权投资企业和股权投资管理企业	由合伙人作为纳税人，按照"先分后税"原则，分别缴纳所得税
前海深港基金小镇	深圳市	股权投资基金及管理企业可按其对中小高新技术企业投资额的70%抵扣企业的应纳税所得额；前2年形成地方财力的100%、后3年形成地方财力的50%给予奖励
	前海合作区	按照纳税额，扶持40万~2000万元；对境外高端人才和紧缺人才，补贴个人所得税已纳税额超过工资薪金应纳税所得额的15%的部分

梅山海洋 金融小镇	1. 企业所得税：按缴纳总额的36%扶持。 2. 个人所得税：按缴纳总额的32%扶持。 3. 增值税：按地方留存额的80%扶持。 4. 对普通合伙人GP、有限合伙人LP的个人，对利息、股息、红利所得、财产转让（含股权转让）所得的扶持计算公式：应纳税所得额×20%×32% 实际税负率：20%×（60%＋8%）＝13.6% 5. 企业所得税扶持计算公式：应纳税所得额×25%×36% 实际税负率：25%×（60%＋4%）＝16%

南麂基金岛 小镇	合伙制投资基金类企业	不作为所得税纳税主体，采取"先分后税"方式，由合伙人分别缴纳个人所得税或企业所得税
	执行有限合伙企业合伙事务的自然人的普通合伙人	适用5%～35%的五级超额累进税率
	不执行有限合伙企业合伙事务的自然人有限合伙人	适用20%的比例税率
	投资基金类企业	因收回、转让或清算处置股权投资而发生的权益性投资损失可以按税法规定在税前扣除
	证券投资基金	从证券市场取得的收入，暂不征收企业所得税

灞柳基金小镇	金融机构自入区起3年内，全额返还企业上缴所得税本区地方留成部分，第4～5年，返还企业上缴所得税本区地方留成部分的50%	
	金融机构高管人员	按年薪制兑现的一次性工薪所得，可按照12个月分解后确定的适用税率计算纳税；金融机构连续聘用2年以上的高管人员，全额返还其上一年度实际缴纳的"工资、薪金所得项目"个人所得税本区地方留成部分

中西部陆港 金融小镇	企业所得税	前3年按所缴纳所得税地方留成部分的100%予以补贴，后2年按所缴纳所得税地方留成部分的50%予以补贴
	增值税	前2年按所缴纳增值税地方留成部分的100%予以补贴，后2年按所缴纳增值税地方留成部分的50%予以补贴

延安基金小镇	企业所得税和个人所得税，市县留成部分2年全免3年减半

亚太金融小镇	缴交的增值税及企业所得税属三亚市地方分享部分，自认定当年起按前3年100%，后7年60%给予奖励
	中层以上管理人员给予个人所得税优惠，自认定当年起10年内按其缴纳个人工薪收入所得税三亚市地方分享部分的70%给予奖励

白鹭湾科技 金融小镇	在金融小镇注册纳税登记并备案的股权投资（管理）企业	自工商注册登记之日起在基金存续期内，按企业当年实现纳税额市级以下地方留成部分70%给予扶持
	注册在金融小镇的股权投资基金合伙制企业	按照"先分后税"的原则，合伙人是自然人的缴纳个人所得税，合伙人是法人或其他组织的，缴纳企业所得税
	创业投资企业采取股权投资方式投资于未上市的中小高新技术企业24个月以上，可以按照其对中小高新技术企业投资额的70%，在股权持有满2年的当年抵扣该创业投资企业的应纳税所得额；当年不足抵扣的，可以在以后纳税年度结转抵扣	
	股权投资企业因收回、转让或清算处置股权投资而发生的权益性投资损失，可以按税法规定在税前扣除	

续表

福鼎 TMT 金融小镇	合伙制创投及股权投资企业	企业所缴纳的增值税按地方留存部分的 90% 给予奖励，按现有财政分成体制奖励增值税的 45%
	合伙制创投及股权投资企业中自然人合伙人	适用 20% 的税率
	证券机构转让上市公司限售股并依法缴纳个人所得税的自然人股东	按其缴纳个人所得税额度给予的创业奖励，参照其缴纳所得税 38% 给予奖励
霍尔果斯以新丝路（跨境）金融小镇	对创业投资、信用担保服务体系建设（融资租赁、商业保理、融资担保、小额贷款、金融租赁、信托等）等公司类新兴金融企业	2010～2020 年，对经济开发区内新办的属于重点鼓励发展产业目录范围内的企业，自取得第一笔生产经营收入所属纳税年度起，5 年内免征企业所得税，免税期满后，再免征企业 5 年所得税地方分享部分
	对投资、资产管理类合伙企业	根据《新疆维吾尔自治区地方税务局个人独资企业和合伙企业投资者个人所得税征收管理暂行办法》（新地税发〔2002〕5 号）采取核定征收
	对证券投资基金	对证券投资基金从证券市场中取得的收入，包括买卖股票、债权的差价收入，股权的股息、红利收入，债权的利息收入及其他收入，暂不征收企业所得税；对投资者从证券投资基金分配中取得的收入，暂不征收企业所得税；对证券投资基金管理人运用基金买卖股票、债券的差价收入，暂不征收企业所得税

资料来源：由作者整理。

表 2-9　侧重于后期发展运营奖励的基金小镇

大连双创金融小镇	注册资本金 1000 万元以上（含 1000 万元）的资产管理公司、投资公司、创业投资基金、私募股权基金、产业投资基金、融资租赁公司、商业保理公司等类型企业	按该企业年末对外投融资余额，发放不高于 5% 的运营补贴
	供应链管理、供应链金融及大中型企业结算中心等类型企业	按该企业年营业额，发放不高于 5‰ 的运营补贴
	征信公司、资信（评级）公司、会计师事务所、律师事务所等类型企业	按企业的年度经营利润，发放不高于 10% 的运营补贴
番禺万博基金小镇	公司制股权投资基金	实收资本达到 1 亿元、不足 5 亿元人民币或等值外币的，按实收资本的 1% 给予奖励；实收资本达到 5 亿元人民币或等值外币的，奖励 500 万元；实收资本达到 15 亿元人民币或等值外币的，奖励 1000 万元；实收资本达到 30 亿元人民币或等值外币及以上的，奖励 1500 万元
	公司制股权投资基金委托投资管理	按照实收资本金额及上述标准给予受托管理的股权投资基金管理企业奖励
	合伙制股权投资基金	管理资金达到 1 亿元、不足 10 亿元人民币或等值外币的，按管理资金的 0.5% 给予奖励；管理资金达到 10 亿元人民币或等值外币的，奖励 500 万元；管理资金达到 30 亿元人民币或等值外币的，奖励 1000 万元；管理资金达到 50 亿元人民币或等值外币及以上的，奖励 1500 万元

番禺万博基金小镇	上述同一企业规模发展奖励累计最高不超过 1500 万元，多次获奖励的，每次奖励需扣除前几次奖励金额	
	非股权投资基金	对实到募集资金不低于 1 亿元人民币或等值外币的非股权投资基金，按实到募集资金的 0.5% 给予奖励。对委托投资管理的，给予受托管理的基金管理企业奖励；对非委托投资管理的，给予非股权投资基金奖励。同一企业规模发展奖励累计最高不超过 1000 万元，多次获奖励的，每次奖励需扣除前几次奖励金额
运河财富小镇	投资拱墅区实体企业	视其规模最高奖励 500 万元
湘湖金融小镇	投资符合区内现代主导产业的企业	按其直接股权投资额的 3%（投资期不少于 1 年）给予补助，最高不超过 300 万元。有股权投资企业及其管理机构按各 50% 分享
华容黄公望金融小镇	按各类私募基金及其管理机构实际地方财政贡献的 80% 给予发展奖励	
东沙湖基金小镇	对将基金投资的项目引进园区，且政策兑现时，最近一轮投资时被投项目估值 1 亿元以上的，给予管理人团队累计实际投资该项目金额 2% 的产业项目引进奖励；单个管理人团队因单个项目投资获得奖励不超 500 万元	
天府国际基金小镇	新入驻企业	自企业在直管区注册成立之日起，依据其贡献，由管委会给予连续 8 年的产业资金支持：前 2 年，当年对直管区实际贡献在 2000 万元（含 2000 万元）以上的，按照其对直管区实际贡献的 80% 给予产业资金支持；第 3~5 年，当年对直管区实际贡献在 2000 万元（含 2000 万元）以上的，按照其对直管区实际贡献的 60% 给予产业资金支持；第 6~8 年，当年对直管区实际贡献在 2000 万元（含 2000 万元）以上的，按照其对直管区实际贡献的 40% 给予产业资金支持；对单个企业奖励总额不超过 5000 万元
	投资成都市 2 家以上企业或投资时间达到 2 年以上的股权投资、风险投资机构或个人	由管委会积极协助企业向市金融办申请按投资额一定比率给予投资奖励资金
君华基金小镇	入驻私募基金汇的私募机构	年税收贡献 10 万元以上的机构，区级别留存部分前 3 年全额奖励，后 2 年奖励 50%
马尾基金小镇	股权投资基金、基金管理企业、私募证券投资基金管理企业	从实际产生经营贡献年度起，其主营业务对开发区经济贡献超过 100 万元的，前 2 年，按 100% 予以奖励；后 3 年，按 50% 予以奖励
则金基金小镇	符合条件的"基金基地"运营机构	一次性给予 50 万元奖励。若发行的基金产品超出 10 支且累计管理社会资金规模超过 10 亿元的，每增加一支基金且其管理的社会资本达到 5000 万元的，按以下情况进行奖励：①基金管理社会资金在 5000 万元（含 5000 万元）~5 亿元（不含 5 亿元）的，一次性奖励 5 万元；②在 5 亿元及以上的，一次性奖励 10 万元
	2016 年起在清科集团发布的各类排行榜中位列前 50 强的管理企业	在基地内直接发行基金产品或参与设立基金管理企业并在基地内发行基金产品，且累计管理的社会资金不低于 5000 万元的，每引进一家基金管理企业，再给予运营机构一次性奖励 10 万元
	运营机构引入的、符合本地有关总部企业条件的创业投资类或股权投资类企业总部	每引进一家再给予运营机构一次性奖励 50 万元

湘江基金小镇	各类投资基金（包含公司制和合伙人制）及管理企业	自盈利年度起5年内，对地方年贡献（新区、岳麓区级）达到100万元（含）以上的企业，按该年度形成的地方贡献的80%给予奖励
	投资基金支持实体经济发展，投资财政级次在新区的企业	按照其投资额度的1%给予项目资助，累计最高资助金额不超过200万元
柳叶湖清科基金小镇	各类投资基金及管理企业	自盈利年度起5年内，对地方贡献每年达到100万元（含）以上的企业，按该年度形成的地方贡献的85%给予奖励（不含上市公司股东在常德完成限售股转让所形成的地方贡献部分）。其中，80%奖励给投资基金及管理企业；5%奖励给引进投资基金及管理企业的机构
	投资注册地在常德的企业	由受益财政按照其投资额度的1%给予项目资助，累计最高资助金额为200万元
郑东新区中原基金岛	自设立之日起连续3个年度，对年度地方经济发展贡献达到200万元的企业	按照超出200万元部分的50%给予奖励，同一企业累计享受奖励最高不超过1000万元
	自设立之日起连续3个年度，对年收入达到50万元的人员	按其收入形成的地方经济发展贡献情况，给予企业全额补助，补助资金专项用于人才奖励

资料来源：由作者整理。

表2-10 税收优惠与后期发展运营奖励并重的基金小镇

玉皇山南基金小镇	规模发展奖励	对规模达到1亿元的创业投资基金，可按不超过基金规模1%的比例给予奖励；达到2亿元的，可按不超过1.5%的比例给予奖励；达到5亿元的，可按不超过2%的比例给予奖励
		对规模达到2亿元的私募股权基金，可按不超过基金规模1%的比例给予奖励；达到5亿元的，可按不超过1.5%的比例给予奖励；达到10亿元的，可按不超过2%的比例给予奖励
		对规模达到5亿元的私募证券基金，可按不超过基金规模0.5%的比例给予奖励；达到10亿元的，可按不超过1%的比例给予奖励；达到20亿元的，可按不超过1.5%的比例给予奖励
		对规模达到10亿元的其他私募基金，可按不超过基金规模0.5%的比例给予奖励；达到20亿元的，可按不超过1%的比例给予奖励；达到50亿元的，可按不超过1.5%的比例给予奖励
	投资专项奖励	创业投资基金、私募股权基金管理机构所管理的基金投资杭州企业的资金规模达到5000万元且投资期限已满1年的（如管理多只私募基金，可合并计算），可按不超过其投资杭州企业资金规模1%的比例给予奖励；达到1亿元的，可按不超过1.5%的比例给予奖励；达到2亿元的，可按不超过2%的比例给予奖励
		私募证券基金及其他私募基金管理机构所管理的基金投资杭州重点项目或企业的资金规模达到1亿元且投资期限已满1年的，可按不超过其投资杭州重点项目或企业资金规模0.5%的比例给予奖励；达到5亿元的，可按不超过1%的比例给予奖励；达到10亿元的，可按不超过1.5%的比例给予奖励

续表

玉皇山南基金小镇	税收优惠	1. 以有限合伙形式设立的私募金融机构，可采取"先分后税"的方式，其经营和其他所得，按照国家有关税收规定，由合伙人分别缴纳所得税。 2. 以有限合伙形式设立的私募金融机构，按照国家有关税收规定，其普通合伙人符合下列条件之一的，不征收营业税： （1）以无形资产、不动产投资入股、参与接受投资方利润分配，共同承担投资风险。 （2）对所投资项目进行股权转让。 3. 创业投资基金、私募股权基金投资本市未上市中小高新技术企业 2 年以上，凡符合《国家税务总局关于实施创业投资企业所得税优惠问题的通知》（国税发〔2009〕87 号）规定条件的，可按其对本市未上市中小高新技术企业投资额的 70%、在股权持有满 2 年的当年抵扣该股权投资企业的应纳税所得额；当年不足抵扣的，可结转至以后纳税年度抵扣。 4. 私募金融机构缴纳房产税、城镇土地使用税、地方水利建设基金确有困难并符合减免条件的，报地税部门批准后，可酌情给予减免。 5. 私募金融机构因收回、转让或清算处置其所投资股权而发生的权益性投资损失，可以按税法规定在税前扣除。符合居民企业条件的私募金融机构直接投资其他居民企业所取得的股息、红利等权益性投资收益，符合税法规定的，可作为免税收入，免征企业所得税
义乌丝路金融小镇	财政奖励	在丝路金融小镇规划范围内登记注册的 5～7 类企业，经金融监管部门或相关专题会议认定的，自开业年度起 2 年内，根据其对地方财政贡献额度，给予 100% 的金融创新奖励，之后 3 年给予 50% 的奖励
		对属第 8 类的公司制基金企业和基金管理企业，自形成地方贡献的当年起，5 年内按照形成地方贡献的 100% 给予奖励；基金管理企业自获利年度起，前 3 年按企业分红个人股东缴纳的个人所得税地方留成部分给予全额奖励，后 3 年按个人所得税地方留成部分的 80% 给予奖励
	税收优惠	业务规模较小、处于初创期的互联网金融企业，符合我国现行对中小企业特别是小微企业税收政策条件的，可按规定享受税收优惠政策。结合金融业营业税改征增值税改革，落实互联网金融企业税收政策。落实互联网金融从业机构新技术、新产品研发费用税前加计扣除政策
		以合伙企业形式设立的基金企业和基金管理企业，其生产经营所得及其他所得，按照国家有关税收规定，由合伙人作为纳税人，按照"先分后税"原则，分别缴纳所得税
嘉兴南湖基金小镇	税收优惠	企业所得税：股权投资企业及股权投资管理企业在本区缴纳营业税和企业所得税的，自工商登记之日起 6 年内，按企业当年实现的营业税和企业所得税的区级所得部分，给予 70% 的发展奖励
		个人所得税：自工商登记之日起 6 年内，按不超过企业员工总人数的 40%，且其个人当年所得部分形成的区级部分，给予 70% 的发展奖励
	投资奖励	创业投资企业采取股权投资方式投资于未上市的中小高新技术企业 2 年（24 个月）以上，凡符合条件的，可以按照其对中小高新技术企业投资额的 70%，在股权持有满 2 年的当年抵扣该创业投资企业的应纳税所得额；当年不足抵扣的，可以在以后纳税年度结转抵扣
鄞州四明金融小镇	税收优惠	合伙制基金及管理企业的普通合伙人适用 5%～35% 的 5 级超额累进税率计征个人所得税；自然人有限合伙人以 20% 的比例税率计征个人所得税
	特殊贡献奖励	基金类企业和合伙制企业有限合伙人所得税部分，统一给予基金管理公司区可得部分全额奖励，由基金管理公司自行分配使用；基金类企业营业税，给予区可得部分全额奖励；区域性、功能性金融机构，新型金融服务机构以及金融中介服务机构，其企业所得、营业收入和产品增值形成的地方财力区可得部分，给予前 3 年 100% 的奖励、后 2 年 50% 的奖励。享受上述奖励的企业要求当年度缴纳税收合计 20 万元以上

鄞州四明 金融小镇	区内投资奖励	股权投资基金管理企业，根据其自设立之日起3年内受托管理股权投资资金对区内非上市企业的股权投资额给予奖励：投资额达到3000万元的奖励30万元，达到5000万元的奖励50万元，达到1亿元及以上的奖励100万元
金柯桥 基金小镇	税收优惠	以有限合伙形式设立的私募金融机构，可采取"先分后税"的方式，其经营所得和其他所得，按照国家有关税收规定，由合伙人分别缴纳所得税
		以有限合伙形式设立的私募金融机构，其普通合伙人，符合下列条件之一的，不征收营业税： （1）以无形资产、不动产投资入股，参与接受投资方利润分配，共同承担投资风险。 （2）对所投资项目进行股权转让（不包括转让金融商品）
		创业投资企业采取股权投资形式投资本区未上市中小高新技术企业2年以上的，凡符合国税发〔2009〕87号规定条件的，可按其对本区未上市中小高新技术企业投资额的70%、在股权持有满2年的当年抵该股权投资企业的应纳税所得额；当年不足抵扣的，可结转至以后纳税年度抵扣
		私募金融机构因收回、转让或清算处置其所投资股权而发生的权益性投资损失，可以按税法规定在税前扣除。符合居民企业条件私募金融机构直接投资其他居民企业取得的股息、红利等权益性投资收益，符合条件的可作为免税收入，免征企业所得税
	投资奖励	私募金融机构将募集、自有资金投资于柯桥区内实体经济，为企业转型升级服务的，投资金额在2000万元到1亿元（含），且投资期限满2年的，可按其投资资金规模1%的比例给予奖励；投资金额在1亿元以上部分，可按0.5%的比例给予奖励。本项单个企业奖励总额不超过200万元
苏州金融小镇	税收优惠	对公司制创投基金和有限合伙制创投基金采取股权投资方式投资于未上市中小高新技术企业满2年的，公司制创投基金及有限合伙制创投基金的法人合伙人可按照对未上市中小高新技术企业投资额的70%抵扣应纳税所得额，当年不足抵扣的，可以在以后纳税年度结转抵扣
		合伙制股权投资基金和合伙制股权投资基金管理企业不作为所得税纳税主体，采取"先分后税"方式，由合伙人分别缴纳个人所得税或企业所得税。执行有限合伙企业合伙事务的自然人普通合伙人，按照"个体工商户的生产经营所得"项目，适用5%~35%的5级超额累进税率计征个人所得税；不执行有限合伙企业合伙事务的自然人有限合伙人，其从有限合伙企业取得的股权投资收益，按照财产转让所得项目，以20%的比例税率计征个人所得税
		对证券投资基金从证券市场取得的收入，暂不征收企业所得税；对投资人从证券投资基金分配中取得的收入，暂不征收企业所得税；对证券投资基金管理人运用基金买卖股票、债券的差价收入暂不征收企业所得税
	发展奖励	公司制基金、合伙制基金的有限合伙人自获利年度起5年内，项目投资收益在本区实现退出的，每年将根据其投资收益实际情况给予其1%~5%的发展奖励
咸宁贺胜 金融小镇	税收优惠	企业自获利年度起，前2年由税务登记地财政部门按其缴纳的企业所得税省级以下（含省级）地方分享部分给予等额奖励，后3年按省级分享部分的50%加上市级分享部分的80%给予奖励
		企业自缴纳第一笔增值税之日起2年内，由税务登记地财政部门按其缴纳的增值税地方分享部分给予等额奖励，后3年按地方分享部分的80%给予奖励
	投资出资	各类股权投资基金投资咸宁市境内种子期、初创期企业达到1000万元（扣除省级及以下政府引导基金后）且投资期限已满1年的，可按不超过其投资本市种子期、初创期企业金额2%的比例给予奖励，最高奖励额为200万元
		创业投资基金、私募股权投资基金直接投资咸宁市境内企业的资金规模（扣除省级及以下政府引导基金后）达1亿元且投资期限已满1年的，可按不超过其投资规模1%的比例给予奖励，最高奖励额为400万元

续表

大冶金融小镇	投资奖励	入驻企业投资大冶市境内种子期、初创期企业达到1000万元且投资期限满1年的，按不超过投资种子期、初创期企业金额2%的比例给予奖励，最高奖励额200万元
		入驻企业投资大冶市境内企业的资金规模达1亿元且投资期限满1年的，按不超过其投资基金规模1%的比例给予奖励，最高奖励额为400万元
	产业扶持	入驻企业自缴纳第一笔增值税之日起5年内，按其所缴纳的增值税地方财力贡献的60%给予产业资金扶持
		入驻企业自缴纳第一笔企业所得税之日起5年内，按其所缴纳的企业所得税地方财力贡献的60%给予产业资金扶持
		入驻企业为合伙企业的，其投资所得产生的个人所得税可采取核定征收方式按应税所得率为10%，适用税率5%～35%计征个税。自合伙人缴纳第一笔投资所得产生个人所得税之日起5年内，按其所缴纳的个人所得税地方财力贡献的60%给予产业资金扶持
莱西姜山基金小镇	纳税补助	业务管辖范围覆盖青岛市的，给予最高不超过100万元一次性补助；业务管辖范围覆盖青岛市以外的，给予最高不超过200万元一次性补助
	经济贡献补助	股权投资基金退出时按照该投资额形成地方经济贡献的30%给予基金管理企业补助，单笔投资贡献补助最高不超过300万元
		对年度地方经济贡献不低于100万元的投资基金、投资基金管理企业，在扣除第一项投资贡献补助后，按照其对地方经济贡献剩余部分的60%给予补助，期限为5年
潍坊峡山金融创新小镇	税收奖励	各类金融机构入驻5年内，当年纳税额区级留成部分不足500万元的，按当年缴纳税额区级留成部分的60%给予奖励；当年缴纳税额区级留成部分达到500万元（含）不足1000万元的，按当年缴纳税额区级留成部分的70%予以奖励；当年缴纳税额区级留成部分达到1000万元（含）以上的，按当年缴纳税额区级留成部分的80%予以奖励
	投资奖励	投资符合峡山区主导产业的企业并投资期限为1年及以上的，按其投资金额与投资期限综合情况，在投资期结束后给予一次性奖励：投资金额与投资年限乘积金额达到5000万元（含）不足1亿元的，按上述乘积金额的0.1%给予奖励；投资金额与投资年限乘积金额达到1亿元（含）不足2亿元的，按上述乘积金额的0.2%给予奖励；投资金额与投资年限乘积金额达到2亿元（含）及以上的，按上述乘积金额的0.3%给予奖励。以上奖励不得累计且最高不超过100万元
丽江基金小镇	税收优惠	私募基金及专业管理机构，按其缴纳的企业所得税地方留成部分计算，前5年按50%给予奖励。按其缴纳的城建税、契税、房产税、城镇土地使用税、印花税总额计算，前5年按50%给予奖励
	投资奖励	创业投资基金、私募股权基金管理机构所管理的基金投资丽江市企业的资金规模达到2000万元且投资期限已满1年的，按不超过其投资丽江市企业资金规模1%的比例给予奖励；达到1亿元以上的，按不超过资金规模1.5%的比例给予奖励
		私募证券基金及其他私募基金管理机构所管理的基金投资丽江市重点项目1亿元或投资企业的资金规模达到5000万元且投资期限已满1年的，可按不超过其投资丽江市重点项目或企业资金规模0.5%的比例给予奖励；投资丽江市重点项目达到3亿元或投资企业的资金规模达到1亿元的，可按不超过1%的比例给予奖励；投资丽江市重点项目达到10亿元及以上的，可按不超过1.5%的比例给予奖励

资料来源：由作者整理。

（五）中国基金小镇分布情况

2015 年，关于特色小镇建设的政策法规密集出台，这极大地促进了我国各地特色小镇建设热潮。而基金小镇作为特色小镇的一种类型，在 2016 年也迎来了爆发式增长。根据公开信息整理，截至 2018 年底，全国已公布的基金小镇共有 80 个，覆盖全国 21 个省（自治区、市）其中，2015 年设立了 10 个基金小镇，2016 年设立了 23 个基金小镇，2017 年包括规划建设中的小镇共有 27 个，2018 年包括规划建设中的小镇共有 15 个（如图 2 - 1 所示）。

图 2 - 1　基金小镇成立年限分布

资料来源：由清科研究中心及作者整理。

从分布区域来看，截至 2018 年 12 月，全国已公开的 80 个基金小镇建设项目，广泛覆盖我国 21 个省级行政区。其中，以浙江省总量占比 26%，稳居各省市之首。一方面，浙江省作为特色小镇的发源地，对于基金小镇的建设拥有一定的经验积累；另一方面，作为经济大省，浙江民间资本规模庞大且相对活跃，也为基金小镇建设提供了良好的市场基础。山东省基金小镇数量增长明显，位居第二，达到 11 家。整体来看，中国基金小镇在地区分布上仍不均匀，呈现出"东多西少，南密北疏"的局面（如图 2 - 2 所示）。

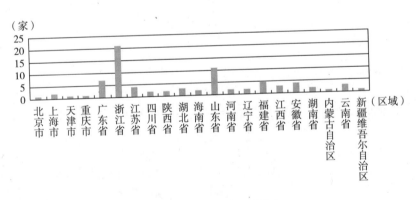

图 2 - 2　基金小镇区域分布

资料来源：由作者整理。

从覆盖范围来看，华东、华南地区基金小镇发展建设速度要明显高于我国其他区域，但经过 3 年多的发展积累，其他省市也已经逐渐赶上，基金小镇已经在全国范围全面铺开，体现了各省市不甘落后、积极探索新型发展模式、响应国家加快促进供给侧结构性改革的理念。

从规划面积来看，各地根据关于建设特色小镇的指导意见，其面积一般控制在 3 平方公里左右

（旅游产业类特色小镇可适当放宽），建设用地面积一般控制在 1 平方公里左右。基金小镇作为特色小镇的一种类型，据投中研究院根据公开信息整理统计，目前，现有基金小镇的总规划面积大部分控制在 3~5 平方公里左右，其中，北京基金小镇以 18 平方公里的总规划面积位居各省市之首（如表 2-11 所示）。

表 2-11 我国各省市基金小镇建设情况

序号	年份	名称	地区	总规划面积（平方公里）
1	2015	北京基金小镇	北京	18
2	2016	上海东方金融小镇	上海	12
3	2018	虹桥基金小镇	上海	0.08
4	2016	华融黄公望金融小镇	浙江	6.2
5	2016	海曙月湖金汇基金小镇	浙江	3.5
6	2015	湘湖金融小镇	浙江	3.31
7	2016	运河财富小镇	浙江	3.3
8	2015	宁波慈城基金小镇	浙江	3.2
9	2015	玉皇山南基金小镇	浙江	3.2
10	2015	鄞州四明基金小镇	浙江	3.2
11	2016	温州万国财富小镇	浙江	3.1
12	2016	西溪谷互联网金融小镇	浙江	3.1
13	2015	南麂基金岛	浙江	3.05
14	2012	嘉兴南湖基金小镇	浙江	2.04
15	2017	金柯桥基金小镇	浙江	—
16	2016	温岭基金小镇	浙江	4.4
17	2018	滨江金融科技小镇	浙江	3.8
18	2015	义乌丝路金融小镇	浙江	0.09
19	2016	白沙泉并购金融街区	浙江	—
20	2017	温州文化金融小镇	浙江	3.5
21	2016	瓯海财富小镇	浙江	—
22	2016	台州微金融小镇	浙江	10
23	2017	太湖绿色金融小镇	浙江	—
24	2015	长兴太湖资本广场	浙江	3.96
25	2016	东沙湖基金小镇	江苏	3
26	2016	徐州凤凰湾基金小镇	江苏	—
27	2016	太湖新城苏州湾金融小镇	江苏	3.1
28	2016	苏州金融小镇	江苏	—
29	2018	延安基金小镇	陕西	3.2
30	2016	灞柳基金小镇	陕西	1.8
31	2017	千灯湖创投小镇	广东	1.5
32	2016	万博基金小镇	广东	0.12
33	2017	广州创投小镇	广东	0.095
34	2016	前海深港基金小镇	广东	13
35	2016	温泉财富小镇	广东	

序号	年份	名称	地区	总规划面积（平方公里）
36	2017	松山湖基金小镇	广东	—
37	2009	珠海横琴基金小镇	广东	—
38	2017	广东新塘基金小镇	广东	3.5
39	2017	中安创谷基金小镇	安徽	—
40	2016	合肥滨湖基金小镇	安徽	1.5
41	2018	安徽国际金融小镇	安徽	—
42	2017	大连双创金融小镇	辽宁	1.01
43	2017	莲花湖国际金融小镇	辽宁	—
44	2017	潍坊金融小镇	山东	0.32
45	2018	光彩基金小镇	山东	1
46	2017	潍坊峡山金融创新小镇	山东	—
47	2017	白鹭湾科技金融小镇	山东	—
48	2017	东营明月湖基金中心	山东	—
49	2018	乳山金融小镇	山东	—
50	2017	姜山金融小镇	山东	—
51	2015	山东新金融产业园	山东	1.5
52	2018	齐鲁金融小镇	山东	—
53	2017	烟台山基金小镇	山东	1
54	2016	天府国际基金小镇	四川	0.67
55	2018	遂宁高新金融小镇	四川	—
56	2017	湘江基金小镇	湖南	0.53
57	2018	柳叶湖基金小镇	湖南	—
58	2017	塞北金融小镇	内蒙古	0.46
59	2016	咸宁贺胜金融小镇	湖北	0.36
60	2017	大冶金融小镇	湖北	—
61	2018	武汉基金小镇	湖北	—
62	2017	福建武夷山海丝基金小镇	福建	0.13
63	2017	福州马尾基金小镇	福建	—
64	2017	厦门则金基金小镇	福建	—
65	2017	长秦海峡金谷金融小镇	福建	—
66	2018	福州软件园数字产业基金大厦	福建	—
67	2016	重庆基金小镇	重庆	0.04
68	2017	亚太金融小镇	海南	3
69	2018	博鳌金融小镇	海南	13.3
70	2017	中原基金岛	河南	40
71	2017	中原金融小镇	河南	2
72	2013	江西共青城基金小镇	江西	—
73	2017	赣南金融小镇	江西	15
74	2017	安源金融小镇	江西	—
75	2017	抚州科技金融小镇	江西	2.5
76	2018	丽江基金小镇	云南	—

序号	年份	名称	地区	总规划面积（平方公里）
77	2018	大理国际基金小镇	云南	—
78	2017	滇池国际金融小镇	云南	—
79	2017	新疆霍尔果斯新丝路（跨境）金融小镇	新疆	0.4
80	2017	东丽湖金融小镇	天津	4.1

资料来源：由清科研究中心及作者整理（排名不分先后）。

2018 年，中国基金小镇进行了特色评级，其结果如表 2－12 所示。

表 2－12　2018 年中国基金小镇政府特色级小镇评级情况

特色小镇级别	小镇名称
国家级特色小镇	北京基金小镇
省级特色小镇	东沙湖基金小镇、义乌丝路金融小镇、华融黄公望基金小镇、台州微金融小镇、合肥滨州基金小镇、嘉兴南湖基金小镇、宁波梅山海洋金融小镇、海曙月湖金汇小镇、湘湖金融小镇、烟台山基金小镇、玉皇山南基金小镇、西溪谷互联网金融小镇、赣南金融小镇、运河财富小镇、鄞州四明金融小镇
市级特色小镇	金柯桥基金小镇、瓯海财富小镇、万国财富小镇、东丽湖金融小镇、千灯湖创投小镇、南麂基金岛小镇、湘江基金小镇、灞柳基金小镇

资料来源：由清科研究中心及作者整理（排名不分先后）。

根据全国已公开的 80 个基金小镇数据统计显示，活跃度较高的基金小镇有 43 个，占全部基金小镇数量的 53.75%；15 个小镇活跃度较低；22 个基金小镇暂时无法确认运营情况（如图 2－3 所示）。整体来看，中国基金小镇整体活跃度相对较高，但同时也有少数基金小镇运营活跃度有所下降。2018 年共有 47 个基金小镇对外公布了入驻机构数量，其中，入驻机构数量少于 500 个的基金小镇数量最多，合计占总数的 77.2%。这意味着全国近 8 成基金小镇入驻机构的数量小于 500 个；入驻机构数量在 500 个以上的占总数的 22.8%。入驻 1000 个以上机构的基金小镇仅有 5 个，但数量合计占全部基金小镇入驻机构总数的 71.8%，这种"头部"基金小镇对金融机构的吸引力较强。

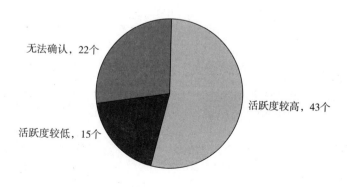

图 2－3　基金小镇活跃度

资料来源：由作者整理。

二、基金小镇典型运营模式

基金小镇模式虽然起源于国外，但国内在建设过程中并没有完全参考国外自发形成的发展模式，而是各地市在经济发展中结合自身所拥有的实际社会经济条件和面临的社会现实组建而成。以主要发起方和实际运营主体划分，我国基金小镇运营模式分为三大类：政府主导型、政企联合型和企业主导型。据不完全统计，我国基金小镇建设模式以政府主导型为主，其占比在56%，政企联合型占比33%，企业主导型占比11%（如图2-4所示），这也间接体现了政府在资源配置和资源整合方面的巨大优势，同时也表明了各地市政府对于推动当地产业发展升级、加快推进供给侧结构性改革的决心。对我国基金小镇运营模式的三种典型特征的梳理如表2-13所示。

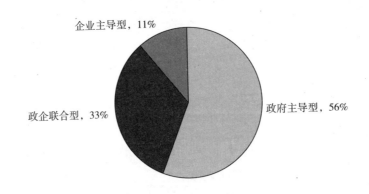

图2-4　我国基金小镇各运营模式份额占比

资料来源：由作者整理。

表2-13　基金小镇运营模式概况

模式	典型特征	优势	劣势	典型小镇代表
政府主导型	政府主导小镇的战略定位和发展方向，并整合资源推动小镇建设	有利于提供政策保障、制度供给、各方资源汇聚，统筹基金小镇从规划、招商引资到后期运营管理等各项工作	要防止在基金小镇的建设过程中，扩张太快，避免泡沫化；运行效率可能偏低；政府可能过度干预	杭州玉皇山南基金小镇、广州万博基金小镇
政企联合性	双方签署战略合作协议，共同推动基金小镇规划建设	既能利用政府在公共资源方面的优势，也能利用企业在市场方面的专业化优势	企业运营中，项目建设可能与规划、环境要求冲突；政府可能过度干预	梅山海洋金融小镇、华融黄公望金融小镇、北京房山基金小镇
企业主导型	企业联合开发并主导基金小镇的开发建设工作	通过整合各方资源，以市场化方式运作，以求达到多方业务上的新突破或协同效应	缺乏在公共政策制定、优惠举措以及土地利用方面能力；资金瓶颈	深圳前海深港基金小镇、太湖新城苏州湾基金小镇

中国基金小镇的主要建设模式仍为政府主导型，占总份额的一半以上，政企联合型占三分之一，企业主导型的基金小镇较少。

（一）政府主导型

政府主导型作为我国基金小镇建设的主流运营模式，是以各地方政府作为发起人和主要运营主体，不以营利为目的，而是以促进当地产业转型升级发展、支持实体经济以及推进多层次资本市场的构建完善为宗旨。

在政府主导型模式下，政府需要投入大量资源来负责前期基础设施建设及后期运营管理等，其中，包括成立专门的金融领导工作小组、基金小镇管理委员会、小镇开发建设公司等，统筹基金小镇从规划、招商引资到后期运营管理等各项工作，后期依靠收取租金的形式运营，但这并非是主要目的。以目前运营相对成熟的浙江省杭州玉皇山南基金小镇为例，作为浙江省首批特色小镇之一，玉皇山南基金小镇专门成立了区私募（对冲）基金小镇领导小组，对基金小镇的政策优惠等进行研究、创新，在现有政策资源的基础上，制定并实施较为科学的扶持机制，实现省市区三个层次扶持政策的叠加；成立杭州市玉皇山南基金小镇管理委员会，为入驻机构提供硬件环境、服务配套等，另外，管委会还下设两家国有独资公司，分别负责基金小镇规划、投资建设和运营管理，统筹小镇建设日常招商引资等工作；设立创投社区服务中心、基金管理人之家等交流对接平台，提供资本对接、项目路演、联合调研、人才培训等多类型活动形式，在募、投、管、退产业链全方位构建平台服务，协助对接银行资金池，打造私募基金产业链和生态系统。

综上，政府主导型模式在政策保障、制度供给、各方资源汇聚整合方面优势显著。从政策保障方面，政府可以为入驻机构提供一系列税收减免优惠、人才支持、办公场地补贴等扶持政策；从制度供给方面，政府可以制定和完善各项规章制度，确保各项工作有章可循、有据可依；从资源汇聚整合方面，政府作为牵头方，能够调动多方面资源，并为基金小镇建设提供政府信用背书，加速小镇建设启动。

（二）政企联合型

政企联合型模式，即政府和企业或资本方签署战略合作协议，共同开发基金小镇。这种模式在我国基金小镇建设中的占比规模仅次于政府主导型。该种运作模式同时兼顾了政府与企业双方的优势，既发挥了政府在政策扶持、制度供给等方面的优势，又引入了企业方高效、规范的市场化运作模式，使小镇建设的长远效益得到了最大化放大。而双方合作的出发点，也是借助各自的资源优势，拉动当地产业经济发展。

政企联合型运作模式需要注重双方在合作中的角色定位。以南湖基金小镇为例，其采取政府引导加市场化运作的模式，在政府的引导下，双方各司其职，凸显企业的主体地位，发挥市场在资源配置中的决定性作用。其中，嘉兴市南湖区政府在小镇建设上主要扮演"引导员"和"服务员"的角色，重点工作内容包括小镇建设的政策制定、规划编制、项目监管、配套基建的完善、统计数据的上报、资源与服务的保障、文化内涵的挖掘传承与生态环境的保护等；运营管理方面，则由区政府与苏州基盛九鼎投资中心（有限合伙）共同设立的嘉兴市南湖金融区建设开发有限公司作为小镇的开发、运营主体，该公司下设4家子公司，以市场化的方式进行运营管理，业务重点是为入驻小镇的企业提供专业化的服务，包括南湖金融区基础设施的开发建设、实业投资、投资管理、社会经济咨询、商务代理、房地产开发经营、物业管理、网络技术开发、技术服务、技术咨询、会议及展览服务等。双方前期合理、有效的分工，为后续小镇的运营管理做了良好的铺垫。

（三）企业主导型

因企业是以营利为目的、自负盈亏的市场主体，所以企业主导型基金小镇运营模式，其建设初衷必然是以营利为目的，这是与政府主导型基金小镇运营模式最本质的区别。且该模式多采用企业联合开发的形式，通过整合各方资源，以市场化方式运作，以求达到多方业务上的新突破或协同效应。

在企业主导型模式下，企业之间会成立基金小镇开发建设有限公司或投资管理有限公司等主体，联合实现对小镇的规划建设及后期运营管理，同时接受政府监督，并争取相关政策的支持。整体来看，目前在我国以企业主导型建设基金小镇的模式并不多，以较为典型的地产型企业主导模式为例，其更多地是突破现有较为单一的业务模式，寻求新的发展路径或利润增长点。

综上，我国基金小镇建设模式中，不外乎有两类建设主体，分别为政府和企业。以当前政府主导型和政企联合型占据绝对优势的统计数据分析，我国基金小镇建设的出发点更多地是在当前供给侧结构性改革的大背景下，各地市对推动当地产业升级所做出的一种努力。

三、典型基金小镇介绍

（一）青岛姜山基金小镇①

青岛（姜山）基金小镇由青岛市莱西市政府、中科汇金集团联合启动，是山东省第一个基金小镇，小镇情况如表 2 - 14 所示。在定位上，青岛（姜山）基金小镇秉承差异化定位，采用"管委会＋市场运营主体"的模式，突出市场化运作，致力于构建"产融结合＋产城融合"的特色基金小镇和金融产业新城。青岛（姜山）基金小镇重点吸引天使基金、创业基金、股权基金、并购基金、产业母基金及其基金管理机构，大力发展融资租赁、融资担保、供应链金融等新型金融业态，配置银行、证券、保险等传统金融机构，形成完整的金融"生态系统"，打造集"产、投、融"于一体的休闲生态型基金小镇。在政策方面，入驻青岛（姜山）基金小镇的企业可享有落地奖励、地方经济贡献奖励、特殊奖励。

表 2 - 14 青岛（姜山）基金小镇简介

基金小镇名称	青岛（姜山）基金小镇
运营模式	管委会＋市场运营主体
成立时间	2017 年 6 月
入驻机构数量	200 余家基金及基金管理机构
拟募集规模	500 亿元
规划面积	1～3 平方公里

1. 落地奖励

自营业当年起 3 年内，可免费使用 300 平方米办公用房；超过 300 平方米的部分，按照租赁价格（不高于市场指导价）的 30% 给予补助，每年补助总额不超过 10 万元。

---

① 资料来源：根据青岛（姜山）基金小镇（http：//www. jiangshanfund. com）资料整理。

2. 地方经济贡献奖励

自产生地方经济贡献之日起 5 年内，对年度地方贡献（莱西市级）按以下政策给予奖励：增值税奖励纳税全额的 20%；企业所得税和个人所得税奖励纳税全额的 36%；次月返还，申请税收返还需全部实缴到位。

3. 特殊奖励

对国家级基金和超大规模基金以及对莱西市经济发展有突出贡献的机构，可实行"一事一议、特事特办"政策。

4. 入驻要求及流程

（1）介绍入驻要求，其主要有以下内容：①合伙企业中，自然人合伙人出资比例合计高于 50%（含）的，不限制普通合伙人的注册地。②基金合伙企业中，自然人合伙人出资比例合计低于 50% 的，普通合伙人必须在青岛（姜山）基金小镇注册。③私募基金管理机构的实收资本不低于 500 万元。④私募天使投资基金规模不低于 1000 万元。⑤私募创业投资基金规模不低于 3000 万元。⑥私募股权投资基金规模不低于 5000 万元。⑦私募证券投资基金规模不低于 1 亿元。⑧其他类投资基金规模不低于 3 亿元。⑨基金在清算之前不得迁出小镇，基金管理机构自设立之日起至少经营满 10 年。

（2）介绍入驻流程。在入驻流程上，青岛（姜山）基金小镇为企业入驻设计了高效的办理流程：①入驻的企业由青岛姜山基金小镇管理有限公司免费代办注册、开户等各项入驻手续，依托互联网和发函确认，实现远程化注册操作，无需股东或合伙人现场确认。②市场监督管理局、税务局、各大商业银行等均为小镇企业提供绿色业务通道，资料齐全可于两个工作日领取营业执照，一个工作日领取银行开户许可证，一个工作日完成税务登记。

截至 2018 年上半年，小镇已有 200 余家基金及基金管理机构入驻，拟募集规模达 500 亿元。作为山东省连接其他地区金融资源的关键金融渠道，青岛（姜山）基金小镇计划在未来 3 年实现入驻企业过千家，管理规模过万亿元的发展目标，构建"产融结合 + 产城融合"的特色基金小镇和金融产业新城。

在产业资源方面，青岛（姜山）基金小镇所处的青岛莱西市，先后引进了包括瑞士雀巢、德国汉莎、中粮集团、中建集团、北汽集团等 15 家世界 500 强企业在内的外资项目 900 多个、内资项目 2600 多个；在机械制造、食品加工、橡胶化工、纺织服装四大传统主导产业的基础上，通过引导产业高端化发展，逐步形成新能源、新材料、生物医药、节能环保、信息技术五大战略新兴产业，极具经济发展潜力，2017 年，莱西市完成地区生产总值 596 亿元，增长 7%；规模以上工业总产值 1275 亿元，增长 8%。

在经济效益方面，截至 2018 年 6 月 30 日，青岛（姜山）基金小镇共有 214 家基金及管理公司入驻，基金管理规模超 500 亿元，为当地贡献税收近 2000 万元。

在社会效益方面，通过基金管理机构，已为莱西引进南开学校、超低能耗绿色建材产业园、芯片产业园、环保产业园、中科院产业技术研究院等多个重点项目。

（二）湘江基金小镇①

湘江基金小镇位于湖南金融中心湘江沿线，东临湘江，西至滨江景观道，南至银盆岭大桥，北

---

① 资料来源：根据湘江基金小镇网站（http://www.xjfundtown.com/）资料整理。

至北津城路，规划范围约 800 亩，总建筑规模约 40 万平方米，包括滨水低密度生态办公群、滨水特色商业配套、国际品牌酒店、游艇中心及湘江旅游景观带等各类业态，其中，基金及管理机构核心办公区占地 200 亩，建筑规模 16.4 万平方米。其他情况如表 2 - 15 所示。

表 2 - 15　湘江基金小镇简介

基金小镇名称	湘江基金小镇
运营模式	政府 + 市场、基金 + 基地
成立时间	2017 年 7 月
入驻机构数量	200 家
入驻机构基金管理规模	2000 亿元
规划面积	0.53 平方公里

湘江基金小镇是湖南省唯一由省级层面打造的基金小镇，由湖南湘江新区资产经营有限公司负责其整体运营，采取"政府 + 市场""基金 + 基地"的运营模式。

在产业引导方向的定位上，湘江基金小镇重点聚焦战略性新兴产业，助推产业转型升级。产业基金主要投向高端智能制造产业、移动互联网产业、新材料产业、生物医药和健康产业、文化创意产业、新能源和环保产业、军民融合产业、现代服务业产业等战略性新兴产业以及食品和家电等传统优势产业的改造升级。

湘江基金小镇以私募股权基金产业（PE）为特色，将构筑覆盖项目融资全周期的完善基金产业链，形成天使基金、VC 基金、PE 基金、并购基金、二手份额基金、证券投资类基金及其他基金集群。

在落地服务方面，开设了省办备案、工商注册"绿色专窗"，对投资基金及管理企业提供工商注册"一站式服务"；为基金及基金管理机构给予落地、运营、投资、产业链扶持；为各类投资基金及管理企业的金融人才在户籍购房、子女入托、入学、就医等方面提供优质服务，湘江基金小镇的一系列奖励政策如表 2 - 16 ~ 表 2 - 20 所示。同时，湖南省金融办关于私募基金备案审批权限也有望于近期正式下放至湘江新区，这将进一步提升入驻机构商事登记效率。

表 2 - 16　运营奖励

运营奖励	
补贴标准	按年度地方（新区、岳麓区级）贡献的 80% 奖励
补贴年限	自盈利年度起 5 年内
单项条件	年地方贡献达 100 万元（含）
申请时间	每年 1 月
单项奖励材料	完税凭证复印件

表2－17　投资奖励

投资奖励	
补贴标准	投资额度的1%
补贴上限	200万元（累计）
单项条件	投资财政级次在新区的企业，即工商税务登记在岳麓区（不含长沙高新区）的企业
申请时间	投资后即可
单项奖励材料	投资额度证明材料（投资协议、出资证明等）

表2－18　落地奖励

落地奖励		
装修支持	补贴标准	统一标准100元/平方米（仅限租入后自行装修办公场地）
	申请时间	与第一年度租金补贴同时申请发放
租房补贴	补贴标准	第一年全额；第二年50%；第三年20%
	申请时间	满一个租赁年度后申请上年度补贴
	单项奖励材料	租赁合同复印件、租房发票复印件
	补贴面积上限	规模低于5亿元的，补助面积不超过300平方米；高于5亿元（含）且低于10亿元的，补贴面积不超过500平方米；高于10亿元（含）的，补贴面积不超过1000平方米
购房补助	补贴标准	1300元/平方米
	补贴面积上限	1000平方米
	限定条件	基金小镇范围内购买自用办公用房，仅以办公用途部分的建筑面积计算（转租、非办公用途部分不享受）
	申请时间	企业开业运营后即可申请
	单项奖励材料	购房合同复印件、相关发票复印件

表2－19　大型活动奖励政策

大型活动奖励	
补贴标准	国家级50万元（最高）；省级30万元（最高）；市级10万元（最高）
单项条件	与新区管委会合作举办，与有一定影响力，与投资基金产业相关的论坛峰会
单项奖励材料	活动证明材料（活动方案、呈批件、现场图片等），活动经费证明材料（经费明细、发票等）

表2－20　人才奖励

人才奖励		
使用所有基金管理企业	对象	基金管理人员
	奖励标准	当年税前工薪的6%
	单项条件	个人税前工资薪酬30万元以上
	奖励年限	自在湘江基金小镇商事登记之日起5年内
适用年地方贡献不低于200万元的基金管理企业	对象	基金管理人才
	奖励标准	当年个人工资薪酬形成地方贡献的金额给予生活补助
	人数限制	一个机构2人

	对象	高级管理人员及部门负责人
	标准	购房总价（不含税费）的2%给予一次性奖励
购房奖励	限制	商事登记之日起5年内在新区购买自用住房的，每人限一套住房奖励
	申请时间	入驻后满一年申请一次
	单项奖励材料	个人所得税完税凭证、申请住房奖励的有关人员身份证、家庭关系证明、购房合同、契税复印件

在经济效益方面，2016～2020年，新区财政出资30亿元，发起设立300亿元的产业发展基金，引入海捷投资、盛世投资两家投资机构投资高新技术企业，带动上下游产业链，推进区内产业可持续发展。联手私募股权，盘活金融资源，发挥财政资金的种子基金效应。运营以来，新区产业基金已完成财政出资5亿元，实际撬动社会资本33.97亿元。

第三章
中国私募基金政策法规及自律规则

第一节　私募基金综合政策法规

目前，我国已初步形成以《中华人民共和国证券投资基金法》（以下简称《基金法》）和国务院新"国九条"，即《国务院关于进一步促进资本市场健康发展的若干意见（国发〔2014〕17号）》为统领，以《私募投资基金监督管理暂行办法》（以下简称《暂行办法》）、《证券期货经营机构落实资产管理业务"八条底线"禁止行为细则》（以下简称新八条底线）、《关于规范金融机构资产管理业务的指导意见》（以下简称资管新规）等为支撑，以中基协自律规则为补充的监管规则体系，对私募基金行业规范稳定运行发挥着基础性作用。但是，目前私募投资基金仍缺乏明确适用的相关法律依据（《基金法》（法律）仅对私募基金作了原则性规定、《私募投资基金管理暂行条例》（行政法规）尚未正式颁布实施，《暂行办法》则效力层级较低（部门规章），不属于私募投资基金专门法律、行政法规的范畴）。

一、国家政策

我国有关私募基金行业政策层面基本精神主要见于国务院发展资本市场意见的"新国九条"中的"四、培育私募市场"，其阐述了培育私募市场制度和发展私募投资基金的理念，明确了我国私募基金发展的政策方针。这是我国近年来私募基金得以快速发展的基石。

其一，建立健全私募发行制度。建立合格投资者标准体系，明确各类产品私募发行的投资者适当性要求和面向同一类投资者的私募发行信息披露要求，规范募集行为。对私募发行不设行政审批，允许各类发行主体在依法合规的基础上，向累计不超过法律规定特定数量的投资者发行股票、债券、基金等产品。积极发挥证券中介机构、资产管理机构和有关市场组织的作用，建立健全私募产品发行监管制度，切实强化事中事后监管。建立促进经营机构规范开展私募业务的风险控制和自律管理制度安排以及各类私募产品的统一监测系统。

其二，发展私募投资基金。按照功能监管、适度监管的原则，完善股权投资基金、私募资产管理计划、私募集合理财产品、集合资金信托计划等各类私募投资产品的监管标准。依法严厉打击以私募为名的各类非法集资活动。完善扶持创业投资发展的政策体系，鼓励和引导创业投资基金支持中小微企业。研究制定保险资金投资、创业投资基金的相关政策。完善围绕创新链需要的科技金融服务体系，创新科技金融产品和服务，促进战略性新兴产业发展。

完善扶持创业投资发展的政策体系，鼓励和引导创业投资基金支持中小微企业。2016 年 9 月 16 日，国务院发布《关于促进创业投资持续健康发展的若干意见》（国发〔2016〕53 号），该意见明确了创业投资是指投向未上市的成长性创业企业，同时肯定了创业投资在拓宽中小微企业融资渠道、促进科技成果转化、推动供给侧结构改革等方面发挥的积极作用。该意见主体内容对创投机构的设立、培养合格投资人、完善退出渠道和税收支持政策等重要环节均提出了有针对性的支持意见。

二、国家法律

（一）《中华人民共和国基金法》

2013 年 6 月 1 日实施修订后的《基金法》将私募基金纳入监管范围，明确私募基金管理人只需到中基协登记注册、成立产品可事后报备的基础性规定，为私募基金发展打开了法律空间。

《基金法》第二条规定：在中华人民共和国境内，公开或者非公开募集资金设立证券投资基金（以下简称基金），由基金管理人管理，基金托管人托管，为基金份额持有人的利益进行证券投资的活动适用本法；本法未规定的，适用《中华人民共和国信托法》（以下简称《信托法》）、《中华人民共和国证券法》（以下简称《证券法》）和其他有关法律、行政法规的规定。将私募基金行业纳入法律监管的范畴。

《基金法》第三条明确了私募基金与公募基金不同的分配原则，即通过非公开方式设立的基金的收益分配和风险承担由基金合同约定。这充分显示了私募基金按照合同法法理的商人意思自治原则。

《基金法》设立专门的章节，即第十章"非公开募集基金"，对非公开募集基金的合格投资者、基金管理人登记、基金募集、基金合同基本条款、基金产品备案等基本要求进行了明确的规定，明确了私募基金的法律地位。该章第九十六条明确了私募基金管理人在其股东、高级管理人、经营期间、管理的基金资产规模等符合规定条件的，经国务院监管管理机构核准，可以从事公开募集基金管理人业务。至此打开了私募基金管理人在符合条件的情况下转为公募基金管理人的空间。

《基金法》明确了我国私募基金行业自律的基本规定：《基金法》第十条明确要求基金管理人、基金托管人和基金服务机构成立基金行业协会进行行业自律，协调行业关系，提供行业服务，促进行业发展。该法第十二章专门明确了协会的法律地位、治理结构和自律职责等内容，将基金行业协会界定为证券投资基金行业的自律性组织，是社会团体法人；基金管理人、基金托管人应当加入基金行业协会，基金服务机构可以加入基金行业协会。可见，基金管理人与托管人是强制性的法定会员，而基金服务机构是倡导性的自愿会员。《基金法》第八十九条规定："担任非公开募集基金的基金管理人，应当按照规定向基金行业协会履行登记手续，报送基本情况"，授权协会负责私募基金管理人登记与基金产品备案。

（二）其他法律

私募基金机构在经营运作中，同时应受到《中华人民共和国公司法》《证券法》《中华人民共和国合同法》《信托法》等法律相关规定的规范。

（三）部门规章及规范性文件

1. 中国证监会颁布实施《暂行办法》（中国证券监督管理委员会令第105号）（2014年8月21日）

（1）《暂行办法》的出台是中国证监会贯彻落实国务院相关精神，确立符合私募基金发展的制度，保障投资者合法权益，建立健全私募投资基金发展基础，为财税征收和工商登记奠定了基础。

（2）《暂行办法》对私募基金及其管理人的界定、基本原则、设立、合格投资者、资金募集、投资运作以及违反《暂行办法》的法律后果作了比较完整的规定，基本囊括了从私募基金设立、运营、监管到注销的全过程，是专门针对私募基金的行政法规。

（3）行政监管及行业自律。《暂行办法》第五条规定明确了中国证监会及其派出机构依照《基金法》、本办法和中国证监会的其他有关规定，对私募基金业务活动实施监督管理。第六条规定明确了中国证券投资基金业协会依照《基金法》、本办法、中国证监会其他有关规定和基金业协会自律规则，对私募基金业开展行业自律，协调行业关系，提供行业服务，促进行业发展。

（4）《暂行办法》明确了五项制度安排，一是明确了全口径登记备案制度（第二章登记备案）；二是确立合格投资者制度（第三章合格投资者）；三是明确私募基金的募资规则（第四章资金募集）；四是明确投资者应确保投资资金合法（第五章投资运作）；五是确立了私募基金不同类别差异化管理安排（第八章关于创业投资基金的特别规定）。

2. 《证券期货投资者适当性管理办法》（中国证监会令第130号，以下简称《办法》）自2017年7月1日起施行

投资者适当性管理是现代金融服务的基本原则和要求，也是成熟市场普遍采用的保护投资者权益和管控创新风险的做法。中国证监会为落实新"国九条"和《国务院办公厅关于进一步加强资本市场中小投资者合法权益保护工作的意见》（国办发〔2013〕110号）关于健全适当性制度的要求，强化经营机构投资者适当性义务，维护投资者合法权益，制定实施该《办法》。

（1）《办法》将非公开募集的证券投资基金和股权投资基金包括创业投资基金纳入该法规范畴内。

（2）《办法》共43条，针对适当性管理中的实际问题，主要规定了以下制度安排：一是形成了依据多维度指标对投资者进行分类的体系，统一投资者分类标准和管理要求。《办法》将投资者分为普通和专业投资者两类，规定了专业投资者的范围，明确了专业、普通投资者相互转化的条件和程序，规定经营机构可以对投资者进行细化分类且应当制定分类内部管理制度。解决了投资者分类无统一标准、无底线要求和分类职责不明确等问题。二是明确了产品分级的底线要求和职责分工，建立层层把关、严控风险的产品分级机制。三是规定了经营机构在适当性管理各个环节应当履行的义务，全面从严规范相关行为。四是突出对于普通投资者的特别保护，向投资者提供有针对性的产品及差别化服务。五是强化了监管自律职责与法律责任，确保适当性义务落到实处。

3. 资管新政《中国人民银行关于规范金融机构资产管理业务的指导意见》（银发〔2018〕106号，以下简称《意见》）明确统一了资管业务标准

《意见》坚持宏观审慎管理与微观审慎监管相结合的监管理念，统一规制各类金融机构的资产管理业务，实行公平的市场准入和监管，最大限度地消除监管套利空间。按照产品类型统一监管标准，从募集方式和投资性质两个维度对资产管理产品进行分类，分别统一投资范围、杠杆约束、信息披露等要求。《意见》明确私募基金机构不是金融机构，私募投资基金适用私募投资基金专门法律、行政法规，私募投资基金专门法律、行政法规中没有明确规定的适用本《意见》，创业投资基金、政府出资产业投资基金的相关规定另行制定。

4. 中国证监会明确证券期货经营机构开展私募资产管理业务的规范性要求

为落实《意见》文件要求，中国证监会于2018年10月22日、28日分别通过公告和主席令发布实施《证券期货经营机构私募资产管理计划运作管理规定》（中国证券监督管理委员会公告〔2018〕31号）、《证券期货经营机构私募资产管理业务管理办法》（中国证监会第151号令），明确了证券期货经营机构开展私募资产管理业务的规范性要求。

5. 中国证监会明确上司公司创业投资基金股东减持的特别规定

中国证监会《上市公司创业投资基金股东减持股份的特别规定》（〔2018〕4号公告，以下简称《规定》）2018年6月2日起施行。《规定》共七条，为了贯彻落实《国务院关于促进创业投资持续健康发展的若干意见》（国发〔2016〕53号），对专注于长期投资和价值投资的创业投资基金减持其持有的上市公司首次公开发行前的股份给予政策支持，明确了创业投资基金的认定条件、减持比例规则、大宗交易要求等内容。

6. 2017年6月20日，中国证监会发布私募基金监管问答——关于首发企业中创业投资基金股东的认定标准

为落实《国务院关于促进创业投资持续健康发展的若干意见》要求，根据该文件对创业投资基金的定义以及关于首发企业中创业投资基金所持股份锁定期的政策是对专注于早期投资、长期投资和价值投资的创业投资基金给予的特别安排，中国证监会通过发行监管问答的方式明确了创业投资基金作为首发企业股东的锁定期安排，对于符合一定条件的创业投资基金作为发行人股东在锁定期方面提出了处理原则，答复了"符合一定条件"的具体内容。

根据发行监管问答要求，创业投资基金管理人在确认创业投资基金符合上述条件后，可以向保荐机构提出书面申请，经保荐机构和发行人律师核查后认为符合上述标准的，由保荐机构向证监会发行审核部门提出书面申请。

7. 2017年7月7日中国证监会发布私募基金监管问答——关于享受税收试点政策的创业投资基金标准及申请流程

（1）针对财税部门出台《关于创业投资企业和天使投资个人有关税收试点政策的通知》（财税〔2017〕38号），提到符合《暂行办法》规定的创业投资企业，完成备案且规范运作，符合相关条件的可享受该税收试点政策。该问答明确了享受该税收试点政策的创业投资基金除需符合中国证监会和中基协有关私募基金的管理规范外，还应当在基金实缴资本、基金存续期限、基金管理团队、基金对单个企业的投资金额等方面提出了明确的门槛。

（2）针对税务总局发布的《关于创业投资企业和天使投资个人税收试点政策有关问题的公告》（国家税务总局公告2017年第20号）规定，创投企业在年度申报享受税收优惠时，应报送发展改

革或证券监督管理部门出具的符合创业投资企业条件的年度证明材料复印件。明确了符合条件的创业投资基金的基金管理人应当于 4 月底前，向拟申请税收试点政策的创业投资基金注册地中国证监会派出机构提出书面申请，并提交其他相关材料。中国证监会派出机构收到申请后，根据日常监管情况以及中基协自律监管情况，在收齐材料之日起 20 个工作日内，为符合中国证监会规定条件的申请机构出具享受创业投资企业税收试点政策的年度证明材料。

关于私募基金综合政策法规汇编详见附录二。

第二节　私募基金自律规则

一、证券投资基金业协会的自律管理基础

《证券投资基金法》（以下简称《基金法》）于 2003 年 10 月 28 日在十届全国人大常委会第 5 次会议通过，自 2004 年 6 月 1 日起施行。经过 2012 年 12 月 28 日第十一届全国人民代表大会常务委员会第 30 次会议修订和 2015 年 4 月 24 日第十二届全国人民代表大会常务委员会第 14 次会议修正后，从以下两个方面奠定了证券投资基金业协会的自律管理基础。

（一）明确协会法律地位

《基金法》第十条规定：基金管理人、基金托管人和基金服务机构，应当依照本法成立证券投资基金行业协会进行行业自律，协调行业关系，提供行业服务，促进行业发展。

同时，《基金法》也明确提供私募证券基金登记备案的法律依据如下：

第一，私募基金登记依据。《基金法》第八十九条规定：担任非公开募集基金的基金管理人，应当按照规定向基金业协会履行登记手续，报送基本情况。

第二，私募基金备案依据。《基金法》第九十四条规定：非公开募集基金募集完毕，基金管理人应当向基金行业协会备案。

（二）奠定协会工作机制的法律基础

协会工作机制的法律基础主要有以下几点：

1. 协会性质及入会要求

《基金法》第一百零八条规定：基金行业协会是证券投资基金行业的自律性组织，是社会团体法人。基金管理人、基金托管人应当加入基金行业协会，基金服务机构可以加入基金行业协会。

2. 协会机构设置

《基金法》第一百零九条规定：基金行业协会的权力机构为全体会员组成的会员大会。基金行业协会设置理事会，理事会成员依章程的规定由选举产生。

3. 协会职责

《基金法》第一百一十一条规定协会八项基本职责。

二、私募基金自律规则体系（7+3+2+n）

2015年2月起，协会相继出台了私募基金登记备案、基金募集、基金合同、机构内控、信息披露、服务业务、基金估值等"7+3+2+n"自律规则体系如图3-1所示，覆盖"募、投、管、退"业务全链条，将信托责任和"卖者尽责、买者自负"原则细化为具体的执业标准与行为规范，推动私募基金行业符合资产管理业务本质，回归服务实体经济本源。

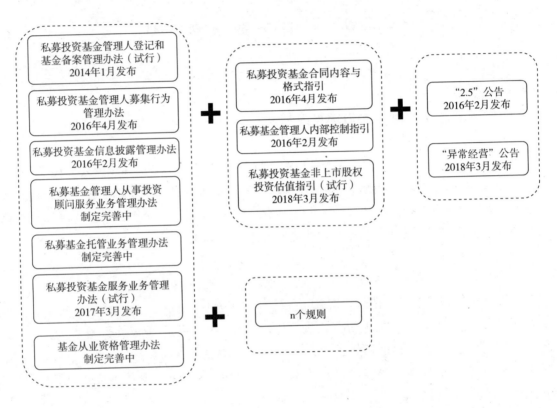

图3-1 "7+3+2+n"自律规则体系

（一）《私募投资基金管理人登记和基金备案管理办法（试行）》

协会于2014年1月17日发布《关于发布〈私募投资基金管理人登记和基金备案办法（试行）〉的通知》，于2014年2月7日起开始施行《私募投资基金管理人登记和基金备案办法（试行）》（以下简称《办法》）。

1. 制定背景

《基金法》将非公开募集证券投资基金纳入调整范围，要求私募证券基金管理人按规定向基金行业协会履行登记手续，办理私募基金备案。2013年6月，中央机构编制委员会发文明确由中国证监会负责私募股权投资基金的监督管理。经中央编办同意，中国证监会在《私募投资基金监督管理暂行办法》中授权基金业协会具体负责私募投资基金管理人登记和私募基金备案并履行自律监管职能。据此，基金业协会制定了《办法》，明确了私募投资基金管理人登记和私募基金备案的程序和要求，对私募投资基金业务活动进行自律管理。

2. 主要内容

《办法》规定了私募投资基金管理人登记、基金备案、从业人员管理、信息报送、自律管理等方面的要求。

（1）私募投资基金管理人登记方面。《办法》要求私募投资基金管理人应当向基金业协会履行登记手续并申请成为基金业协会会员。私募投资基金管理人在进行电子填报的同时，需提交书面登记备案承诺函。除存在暂缓登记的情形外，登记申请材料完备的，基金业协会自收齐登记材料之日起20个工作日内，以通过网站公示私募投资基金管理人基本情况的方式，为私募基金管理人办结登记手续。

（2）私募基金备案方面。《办法》要求私募投资基金管理人在私募基金募集完毕之日后20个工作日内，通过私募基金登记备案系统进行基金备案，并根据私募基金的主要投资方向注明基金类别，如实填报基本信息。基金业协会对备案的私募基金信息予以公示。经备案的私募基金可以申请开立证券相关账户。

（3）私募基金从业人员管理方面。私募投资基金管理人应当按照规定向基金业协会报送高管人员及其他从业人员基本信息。从事私募基金业务的专业人员，除了可以通过基金业协会组织的基金从业资格考试取得从业资格外，如其最近三年从事投资管理相关业务，也可以认定为其具有私募基金从业资格。对于高级管理人员，《办法》要求诚实守信，最近三年没有重大失信记录，未被中国证监会采取市场禁入措施。结合从业资格认定制度，《办法》规定了从业人员执业培训要求。

（4）信息报送方面。《办法》要求私募投资基金管理人定期和不定期报送私募基金运作情况。根据不同类别私募基金的特点，提出了差别化的定期信息报送要求：对于私募证券投资基金，要求每月报送；对于私募股权投资基金，要求每季度报送。考虑持续跟踪国家财税政策扶持效果的需要，要求相关创业投资基金管理人报送基金投资中小微企业情况及社会经济贡献情况等报告。为了加强行业统计分析，规定了私募投资基金管理人每年度报送的信息内容。私募投资基金管理人和私募基金发生《办法》所规定的重大事项时，应当及时报告基金业协会。

（5）私募基金行业自律管理方面。《办法》建立了私募基金行业自律机制，明确了基金业协会可以对私募投资基金管理人及其从业人员实施非现场检查和现场检查，建立诚信档案，接受投诉，开展行业纠纷调解，维护私募基金投资者合法权益。

（二）《私募投资基金募集行为管理办法》

中基协于2016年4月15日发布《关于发布〈私募投资基金募集行为管理办法〉的通知》，于2016年7月15日起开始施行，本通知包含了以下几方面内容：

1. 明确三个重要问题

一是明确了私募基金两类募集机构主体，即已在中基协登记的私募基金管理人自行募集其设立的私募基金以及在中国证监会取得基金销售业务资格并成为中基协会员的基金销售机构受托募集私募基金；二是明确了募集机构承担合格投资者的甄别和认定责任；三是引入资金账户监督机构，明确募集机构应当与监督机构签订监督协议，对募集专用账户进行监督，保证资金不被募集机构挪用。

2. 募集程序层层递进

首先，募集机构可以通过合法途径向不特定对象宣传的内容仅限于私募管理人的品牌、投资策略、管理团队等信息。其次，在通过调查问卷的方式完成特定对象确定程序后，募集机构可以向特定对象宣传推介具体私募基金产品。最后，募集机构完成合格投资者确认程序后才可签署基金合同。

3. 确立募集机构六项募集行为义务

第一，在不特定对象群体中，通过投资者风险识别能力和风险承担能力问卷调查筛选出特定对象作为潜在客户；第二，按照投资者适当性管理要求，针对特定对象推介与其风险识别和承担能力相匹配的私募基金产品；第三，充分揭示私募基金产品的风险，既保证私募性，又提示风险性；第四，募集机构须实质审查合格投资者相关资质，明确禁止非法拆分转让；第五，强制设置投资冷静期；第六，探索回访确认制度。

（三）《私募投资基金信息披露管理办法》

中基协于2016年2月4日发布《关于发布〈私募投资基金信息披露管理办法〉的通知》，于发布日起开始施行，本通知含有以下几点内容：

1. 制定目的

制定目的如下：保护私募基金投资者合法权益，保障投资者的知情权；规范私募投资基金的信息披露活动，规范信息披露的内容和方式。

在备案制管理体系下，中基协不对私募基金的内容和风险进行实质性判断，而是从基金募集、运作、事务管理、自律惩戒等角度，对信息披露是否达到法律规定或合同约定的披露标准进行制度性约束。私募投资基金信息披露行为的合理约束和规范可以帮助信息披露义务人和投资者实现有效的互联互通，最大限度减少信息不对称，为投资者提供了良好的法律保障，有助于促进市场的长期稳定。

2. 主要内容及重点条款

（1）信息披露的主体、对象、内容和方式。①信息披露主体：私募基金管理人、私募基金托管人以及法律、行政法规、中国证监会和中基协规定的具有信息披露义务的法人和其他组织（第二条）；私募基金进行托管的，托管人应当对私募基金管理人向投资者披露的基金相关信息进行复核确认（第十条）。②信息披露对象：投资者（第三条）。③信息披露内容：基金合同、招募说明书等宣传推介文件、基金销售协议中的主要权利义务条款（如有）、基金的投资情况、基金的资产负债情况、基金的投资收益分配情况、基金承担的费用和业绩报酬安排、可能存在的利益冲突、涉及私募基金管理业务、基金财产、基金托管业务的重大诉讼、仲裁、中国证监会以及中基协规定的影响投资者合法权益的其他重大信息（第九条）。④信息披露方式：基金合同中应当明确信息披露义务人向投资者进行信息披露的内容、披露频度、披露方式、披露责任以及信息披露渠道等事项（第十五条）；私募基金管理人应当按照规定通过中基协指定的私基金信息披露备份平台报送信息（第五条）。

（2）基金募集期间的信息披露。宣传推介材料（如招募说明书）。要求：与基金合同保持一致。如有不一致，应当向投资者特别说明（第十三条）；内容：基金的基本信息、基金管理人基本信息、基金的投资信息、基金的募集期限、基金估值政策、程序和定价模式、基金合同的主要条款、基金的申购与赎回安排、基金管理人最近 3 年的诚信情况说明和其他事项等（第十四条）。

（3）基金运作期间的信息披露。①定期报告（第十六、十七条、《私募投资基金合同指引 1 号》、《私募投资基金信息披露内容与格式指引 2 号》）（如表 3-1、表 3-2 所示）。②十四项重大事项临时报告（第十八条）。

表3-1　私募证券投资基金需报告内容频率

频率	时限	内容
月报（单只私募证券投资基金管理规模金额达到5000万元以上）	每月结束之日起 5 个工作日以内	基金概况、净值、基金份额总额
季报	每季度结束之日起 10 个工作日以内	基金基本情况、基金净值表现、主要财务指标、投资组合情况、基金份额变动情况、管理人报告
年报	每年结束之日起 4 个月以内	基金产品概况、主要财务指标、基金净值表现及利润分配情况、基金份额变动情况、管理人说明的其他情况、托管人报告、年度财务报表、期末投资组合情况

表3-2　私募股权（含创业）投资基金需报告内容频率

频率	时限	内容
季报	每季度结束后 30 个工作日以内	基金基本情况、基金管理人和基金托管人、基金投资者情况（选填）、基金投资运作情况、基金持有项目特别情况说明（选填）、基金费用明细（选填）
半年报	当年 9 月底前完成	基金基本情况、基金管理人和基金托管人、基金投资者情况（选填）、基金投资运作情况、基金持有项目特别情况说明（选填）、基金费用明细（选填）
年报	次年 6 月底前完成	基金产品概况、基金运营情况、主要财务指标、基金费用及利润分配情况、基金投资者变动情况、管理人报告、托管人报告（如有）、审计报告

注：①季度报告（含第一季度、第三季度），信息披露义务人可自愿选择报送；②中基协普通会员应当向投资者披露本指引的全部信息（含选填项），鼓励协会观察会员及非会员披露或部分披露选填项；③相关报告若经托管机构或会计师事务所复核，下载报告正文首页将加注以下信息：该报告已经×××（托管机构或会计师事务所名称）复核。

（4）信息披露的事务管理。①建立健全信息披露管理制度（第十九条、第二十条）。②专人负责管理信息披露事务（第十九条）。③上传信息披露相关制度文件（第十九条）。④相关文件资料的保存期限自基金清算终止之日起不得少于 10 年（第二十一条）。

（5）信息披露的自律管理。①中基协定期发布行业信息披露指引（第二十二条）。②中基协可以对信息披露义务人披露基金信息的情况进行定期或者不定期的现场和非现场自律检查（第二十三条）。③相关责任和自律惩戒措施（第二十四至二十八条）。

（四）《私募投资基金服务业务管理办法（试行)》

中基协于 2017 年 3 月 1 日发布《关于发布〈私募投资基金服务业务管理办法（试行)〉的通知》，于发布之日起实施（以下简称《服务办法》）。

1. 制定背景

随着私募基金行业的发展壮大，私募机构和产品数量呈爆发式增长，产品设计灵活复杂，需求千差万别，导致初具规模的私募基金服务行业也面临诸多挑战。从日常自律管理和调研的情况看，行业存在服务机构与管理人权责划分不清，履责要求不明确，自律管理措施不完善，退出机制缺乏等问题。

为促进私募基金服务业务的规范开展，保障基金份额（权益）持有人的合法权益，中基协在原《基金业务外包服务指引（试行）》的基础上，起草了《私募投资基金服务业务管理办法（试行）》。

2. 主要内容

《服务办法》共分八章，五十九条。主要思路是明确私募基金服务机构与私募基金管理人的法律关系，全面梳理服务业务类别，提出各类业务职责边界，明确登记条件和自律管理要求，引入服务机构的退出机制，引导市场各方各尽其责，打造良好的行业生态，促进私募基金服务业务持续健康发展，其主要内容如下：

厘清管理人和服务机构的法律关系，明确各方权利义务。《服务办法》在总则中明确私募基金管理人和服务机构之间是委托代理关系。私募基金管理人应当委托在中基协完成登记并已成为会员的服务机构提供私募基金服务业务；特别强调私募基金管理人委托服务机构提供私募基金服务的，私募基金管理人依法应当承担的责任不因委托而免除。同时，服务机构应当遵循有关法律法规和行业规范，依照服务协议、操作备忘录或各方认可的其他法律文本的约定从事服务业务，不得将已承诺的私募基金服务业务转包或者变相转包。

全面梳理服务业务类别，重点规范三方面内容。考虑投资者信息、产品运作数据和各类业务运营系统是私募基金行业数据基础和运转的基石，《服务办法》单章重点规范了基金份额、基金估值和信息技术系统三项业务职责和履责要求；新增基金募集、投资顾问等两项服务业务类别，具体要求另行规定。

中基协将通过搭建私募基金行业集中统一的数据交换、备份、登记平台，加强服务机构对私募行业的外部监督，提高整体运行安全和效率，及时掌握私募行业风险点，提高事中事后监督管理能力。

强化保障募集结算资金安全的制度安排。募集结算资金由募集机构、份额登记机构归集，在投资者与基金财产账户中划转。为强化保障募集结算资金安全，《服务办法》第二十一条、第二十二条重点规范了从合格投资者资金账户到基金财产账户之间的资金安全制度设计，明确了取得公开募集证券投资基金销售业务资格的证券公司或商业银行、中国证券登记结算有限责任公司、公募基金管理公司以及协会规定的其他机构对基金募集结算资金专用账户实施监督要求，保障投资者财产安全。

突出服务业务独立性，防范利益冲突。目前，越来越多的基金托管人受基金管理人委托开展基金服务业务，考虑基金管理人与基金托管人是共同受托人，相互制衡、互相监督，《服务办法》强化了托管和服务业务内部防火墙设置要求，强调了服务业务与托管业务的隔离和互相校验，加强内部风险防范，明确了私募基金托管人不得接受委托担任同一私募基金的服务机构，除该托管人能够将其托管职能和基金服务职能进行分离，恰当地识别、管理、监控潜在的利益冲突，并披露给投资者。

跟踪并规范基金服务发展新趋势。当前，私募发行方式由通道模式向自主发行模式转变，更多的基金管理人为降低营运成本使用服务机构提供的投资交易管理系统。《服务办法》规范了对服务机构提供投资交易管理系统的底线要求，特别强调加强管理人的准入工作、强化账户管理职责以及执行公平交易制度等，进一步明确了基金销售电子合同平台的履责要求。

加强服务机构的自律管理，引入退出机制。《服务办法》明确服务机构的登记要求、细化登记材料，规范信息报送和变更要求，提出服务机构及其从业人员自律处罚措施，并针对长期不开展业务、严重违规等情况，引入了退出机制。对于私募基金服务机构及其从业人员因从事基金服务业务的过程中的违规行为被协会采取相关纪律处分的，中基协可视情节轻重记入诚信档案。私募基金服务机构及其从业人员违反法律、行政法规及中国证监会的有关规定时，移送中国证监会或司法机关处理。

（五）《私募投资基金合同指引（1—3号）》

中基协于2016年4月18日发布《关于发布私募投资基金合同指引的通知》，经中基协理事会表决通过，发布私募投资基金合同指引1号（契约型私募投资基金合同内容与格式指引）、私募投资基金合同指引2号（公司章程必备条款指引）、私募投资基金合同指引3号（合伙协议必备条款指引），上述指引自2016年7月15日起施行。

私募基金的组织形式可分为契约型、公司型和合伙型3种。实践中私募基金投资范围广泛、策略多样，私募证券投资基金多采用契约型组织形式，私募股权投资基金和创业投资基金多采用合伙型、公司型的组织形式。

1. 《契约型私募投资基金合同内容与格式指引》

契约型基金本身不具备民事法律实体地位，无法采用自我管理，需由基金管理人代其行使相关民事权利。

《契约型私募投资基金合同内容与格式指引》主要包括以下几部分内容：

（1）契约型基金的成立与备案。为体现公募基金与私募基金的不同，本指引进一步理顺私募基金设立、备案、运作的关系；基金合同中应约定私募基金在基金业协会完成备案后方可进行投资运作，备案不影响基金合同的效力以及基金的设立，但未经备案不能进行投资运作。

（2）契约型基金财产的独立性。根据《基金法》中的基金财产独立性原则，本指引明确规定了基金财产账户与基金管理人、基金托管人和基金份额登记机构自有财产账户以及其他基金财产账户相独立。

（3）契约型基金的风险提示。本指引规定私募基金管理人应当重点揭示的风险，私募基金管理人应对基金未托管风险、聘请投资顾问所涉风险、外包事项所涉风险以及未在基金业协会备案的风险进行特别揭示，应当编制独立的风险揭示书，作为合同文件不可分割的一部分。

（4）托管人作为基金合同签署方。契约型基金托管人承担的托管责任比合伙型和公司型基金更大，为了明晰权责，本指引要求基金托管人也作为合同一方签订基金合同，并对基金的投资人承担相应责任，这与管理人委托托管人，托管人直接向管理人承担责任有较大的区别。

2. 《公司章程必备条款指引》

公司型基金本身是一个独立的法人实体，可以进行自我管理，也可以另行委托专业机构作为管理人具体负责运作。《公司章程必备条款指引》主要包括以下两部分内容：

（1）适用范围。私募基金管理人通过有限责任公司或股份有限公司形式募集设立私募投资基金的，应当按照本指引制定公司章程，章程中应当载明本指引规定的必备条款，必备条款未尽事宜可以参考私募投资基金合同指引1号的相关内容。投资者签署的公司章程应当满足相关法律、法规对公司章程的法定基本要求。

（2）公司型基金定义。本指引所称公司型基金是指投资者依据《公司法》，通过出资形成一个独立的公司法人实体，由公司自行或者通过委托专门的基金管理人机构进行管理的私募投资基金。公司型基金的投资者既是基金份额持有者又是公司股东，按公司章程行使相应权利、承担相应义务和责任。

3.《合伙协议必备条款》

合伙型基金不是法人机构，其执行事务合伙人为普通合伙人（GP），GP可以自任为私募基金管理人，也可以另行委托专业机构作为管理人具体负责运作。《合伙协议必备条款》主要包括以下两部分内容：

（1）适用范围。私募基金管理人通过有限合伙形式募集设立私募投资基金的，应当按照本指引制定有限合伙协议。合伙协议中应当载明本指引规定的必备条款，本指引必备条款未尽事宜，可以参照私募投资基金合同指引1号的相关内容。协议当事人订立的合伙协议应当满足相关法律、法规对合伙协议的法定基本要求。

（2）合伙型基金定义。本指引所称合伙型基金是指投资者依据《合伙企业法》成立有限合伙企业，由普通合伙人对合伙债务承担无限连带责任，由基金管理人具体负责投资运作的私募投资基金。

（六）《私募投资基金管理人内部控制指引》

中基协于2016年2月1日发布《关于发布〈私募投资基金管理人内部控制指引〉的通知》，于发布之日起实施（以下简称《内部控制指引》）。

《内部控制指引》共分为五章，三十三条，主要从私募基金管理人内部控制的目标与原则、内部环境、风险评估、控制活动、信息与沟通及内部监督等方面的制度建设进行自律管理，构成了私募基金管理人内部控制的自律监管框架。

1. 内部控制的六项原则

（1）全面性原则。内部控制应当覆盖包括各项业务、各个部门和各级人员，并涵盖资金募集、投资研究、投资运作、运营保障和信息披露等主要环节。

（2）相互制约原则。组织结构应当权责分明、相互制约。

（3）执行有效原则。通过科学的内控手段和方法，建立合理的内控程序，维护内控制度的有效执行。

（4）独立性原则。各部门和岗位职责应当保持相对独立，基金财产、管理人固有财产、其他财产的运作应当分离。

（5）成本效益原则。以合理的成本控制达到最佳的内部效果，内部控制与私募基金管理人的管理规模和员工人数等方面相匹配，契合自身实际情况。

（6）适时性原则。私募基金管理人应当定期评价内部控制的有效性，并随着有关法律法规的调整和经营战略、方针、理念等内外部环境的变化同步适时修改或完善。

2. 私募基金管理人内部要素

（1）内部环境。内部环境包括经营理念和内控文化、治理结构、组织结构、人力资源政策和员工道德素质等，内部环境是实施内部控制的基础。

（2）风险评估。及时识别、分析经营活动中与内部控制目标相关的风险，合理确定风险应对策略。

（3）控制活动。根据风险评估结果，采用相应的控制措施，将风险控制在可承受范围之内。

（4）信息与沟通。及时准确地收集、传递与内部控制相关的信息，确保信息在内部、企业与外部之间进行有效沟通。

（5）内部监督。对内部控制建设与实施情况进行周期性监督检查，评价内部控制的有效性，发现内部控制缺陷或因业务变化导致内控需求有变化的，应当及时加以改进、更新。

（七）私募投资基金非上市股权投资估值指引（试行）

中基协于2018年3月30日发布《关于发布〈私募投资基金非上市股权投资估值指引（试行）〉的通知》，自2018年7月1日起施行（以下简称《指引》）。

1. 制定背景

2017年3月，财政部修订了《企业会计准则第22号——金融工具确认和计量》，修订后的准则将对私募基金投资非上市股权的确认和计量产生重大影响，特别是在估值方面提出了更高的要求，修订后的准则将从2018年1月1日至2021年1月1日逐步开始执行。截至目前，私募基金投资非上市股权仍缺乏统一的估值标准，私募基金管理人在估值实践中使用各种不同的操作方式，估值水平良莠不齐。

为引导私募投资基金非上市股权投资专业化估值，完善资产管理行业估值标准体系，促进私募基金行业健康发展，保护基金持有人利益，中基协结合私募基金现有的运作管理及信息披露规范，参考《企业会计准则》及《国际私募股权和风险投资基金估值指引》（2015年12月版），起草本指引。

2. 主要内容

《指引》包括总则、估值原则、估值方法三部分内容：

（1）总则明确了《指引》的适用范围。①总则第二条明确了《指引》中所称私募基金的范围。第三条规定，私募基金对未上市企业进行的股权投资适用于本《指引》，对于已在全国中小企业股份转让系统挂牌但交易不活跃的企业，可参考执行。②强化估值主体责任。《指引》总则第六条规定，私募基金管理人作为估值的第一责任人，应当对估值过程中采用的估值方法和估值参数承担管理层责任，并定期对估值结论进行检验，防范可能出现的重大偏差。

（2）估值原则。保持估值技术的一致性。①《指引》估值原则第一条规定，基金管理人应当在估值日估计各单项投资的公允价值，具有相同资产特征的投资每个估值日采用的估值技术应当保持一致。只有在变更估值技术或其应用能使计量结果在当前情况下同样或者更能代表公允价值的情况下，基金管理人方可采用不同的估值技术，并依据相关法律法规、会计准则及自律规则进行信息披露。②强调公允价值估值原则。《指引》估值原则第三条规定，基金管理人在确定非上市股权的公允价值时，应当遵循实质重于形式的原则。③设定非上市股权估值的假设前提。《指引》估值原则第四条规定，在估计非上市股权公允价值时，基金管理人应假定估值日发生了出售该股权的交易，并以此假定交易的价格为基础计量该股权的公允价值。④指出使用估值技术的综合考虑因素。《指引》估值原则第五条、第六条和第七条规定，私募基金管理人应从估值对象和相关市场情况出发，并考虑不同轮次股权之间权利和义务的区别，选择使用多种分属不同估值技术的方法，也可以选择情景分析的方法综合运用多种估值技术。⑤规定估值的反向检验。《指引》估值原则第八条规定了估值反向检验，私募基金管理人需要关注并分析非上市股权投资的退出价格与持有期间估计的公允价值之间存在的重大差异。

（3）估值方法。提出五种具体估值方法、适用场景及应用指南。《指引》估值方法提出了私募基金在对非上市股权进行估值时通常采用的五种估值方法，其中，参考最近融资价格法、市场乘数法、行业指标法属于市场法，现金流折现法属于收益法，净资产法属于成本法。参考最近融资价格法通常适用于尚未产生稳定收入或利润的早期创业企业；市场乘数法通常适用于可产生持续利润或收入的相对成熟企业；行业指标法通常适用于行业发展比较成熟及行业内各企业差别较小的情况；净资产法通常适用于企业的价值主要来源于其占有的资产的情况；现金流折现法较为灵活，在其他估值方法受限时仍可使用。此外，《指引》详细阐述了针对可能导致各估值方法未被正确使用的各种情况以及估值实践中需要考虑的其他各种因素。

中国市场特定情况相关考虑。《指引》估值方法第一条第一款第三项规定，对于老股出售价格与新发股权价格不一致的问题，基金管理人需要分析差异形成的原因，综合考虑其他可用信息，合理确定公允价值的取值依据。

（八）"2.5"公告

为切实保护投资者合法权益，督促私募基金管理人履行诚实信用、谨慎勤勉的受托人义务，促进私募基金行业规范健康发展，2016年2月5日，中基协发布了《关于进一步规范私募基金管理人登记若干事项的公告》（即"2.5"公告，以下简称《公告》）。主要内容有以下几方面：

1. 取消私募基金管理人电子证明和纸质证书

自《公告》发布之日起，中基协不再出具私募基金管理人登记电子证明，以通过协会官方网站公示私募基金管理人基本情况的方式，为私募基金管理人办结登记手续。

2. 关于加强信息报送的相关要求

①备案要求。备案要求内容如表3-3所示。②私募基金管理人及时履行信息报送义务。私募基金管理人应当通过私募基金登记备案系统及时履行私募基金管理人及其管理的私募基金的季度、年度和重大事项信息报送更新等信息报送义务。

表3-3 备案要求

要求对象	要求内容
新登记的基金管理人	办结登记手续之日起6个月内备案首支基金产品
已登记满12个月且未备案首支基金产品的基金管理人	2016年5月1日前备案首支基金产品
已登记不满12个月且未备案首支基金产品的基金管理人	2016年8月1日前备案首支基金产品

3. 关于法律意见书的相关要求

自《公告》发布之日起，新申请私募基金管理人登记、已登记的私募基金管理人发生部分重大事项变更，需通过私募基金登记备案系统提交中国律师事务所出具的法律意见书。

4. 关于私募基金管理人高管人员基金从业资格的相关要求

从事私募证券投资基金业务的各类私募基金管理人，其高管人员（包括法定代表人/执行事务合伙人（委派代表）、总经理、副总经理、合规/风控负责人等）均应当取得基金从业资格。从事非私募证券投资基金业务的各类私募基金管理人，至少2名高管人员应当取得基金从业资格，其法定代表人/执行事务合伙人（委派代表）、合规/风控负责人应当取得基金从业资格。各类私募基金管理人的合规/风控负责人不得从事投资业务。

（九）"异常经营"公告

中基协于2018年3月27日发布《关于私募基金管理人在异常经营情形下提交专项法律意见书的公告》，私募基金管理人及其法定代表人、高级管理人员、实际控制人或主要出资人出现以下情形，可能影响私募金管理人持续符合登记规定时，应当向协会提交专项法律意见书：①被公安、检察、监察机关立案调查的。②被行政机关列为严重失信人以及被人民法院列为失信被执行人的。③被证券监管部门给予行政处罚或被交易所等自律组织给予自律处分，情节严重的。④拒绝、阻碍监管人员或者自律管理人员依法行使监督检查、调查职权或者自律检查权的。⑤因严重违法违规行为，证券监管部门向协会建议采取自律管理措施的。⑥多次受到投资者实名投诉，涉嫌违反法律法规、自律规则，侵害投资者合法权益，未能向协会和投资者合理解释被投诉事项的。⑦经营过程中出现《私募基金登记备案问答十四》规定的不予登记情形的。⑧其他严重违反法律法规和《内部控制指引》等自律规则的相关规定，经营管理失控，出现重大风险，损害投资者利益的。

（十）n个规则

中基协发布多个规则从各维度对私募基金管理人登记、私募基金备案以及资产管理计划备案等方面进行规范和细化（如表3-4所示）。

表3-4　规范的n个规则

名称	发布时间	主要内容
私募基金管理人登记须知	2017年11月协会在资产管理业务综合报送平台发布须知，同年12月更新须知，2018年7月再次更新	丰富细化为十二项，进一步明确股东真实性、稳定性要求；厘清私募基金管理人登记边界，强化集团类机构主体资格责任；落实内控指引，加强高管及从业人员合规性、专业性要求；引入中止办理流程、新增不予登记情形
私募投资基金备案须知	2018年1月12日发布	私募基金备案总体性要求；不属于私募基金范围的情形；涉及特殊风险的私募基金备案要求
私募基金登记备案相关问题解答（1~15）	2014年3月至2018年8月发布	解答私募基金登记备案过程中存在的重要问题
资产管理计划备案管理规范1~4号	2016年10月至2017年2月发布	结合私募资产管理计划备案实际，对证券期货经营机构私募资产管理计划的备案核查和自律管理

三、自律执纪

（一）自律管理规则体系

为贯彻实施《基金法》《私募投资基金监督管理暂行办法》，中基协于2014年9月发布《中国证券投资基金业协会纪律处分实施办法（试行）》《中国证券投资基金业协会自律检查规则（试行）》《中国证券投资基金业协会投诉处理办法（试行）》《中国证券投资基金业协会投资基金纠纷调解规则（试行）》4 项自律规则，自发布之日起实施。

4 项自律规则制定了统一的行业自律管理标准和程序，搭建了基金业协会自律管理框架，从制度上保障了基金业协会依法、有效地履行自律管理职责，提高自律管理水平，促进行业合规健康规范发展。

（二）自律管理措施

中基协依照法律、行政法规、规章及自律规则对会员、在基金业协会登记的机构、产品备案机构及其从业人员的投资基金相关执业情况以及私募基金登记备案情况进行自律检查。

自律检查可以采用非现场检查形式，也可采用现场检查形式。中基协根据自律管理需要以及收到的投诉、举报等情况，确定检查对象和选择适当的检查方式。

自律检查的主要内容包括以下几点：①注册、登记、备案信息报送情况。②检查对象的风险控制和合规管理机制。③检查对象遵守有关法律法规、自律规则的情况。

（三）自律管理结果

依据《中国证券投资基金业协会纪律处分实施办法（试行）》可以对会员、在中基协登记的机构、产品备案的机构实施的纪律处分包括谈话提醒；书面警示；要求限期改正；缴纳违约金；行业内谴责；加入黑名单；公开谴责；暂停受理或办理相关业务；要求其他会员暂停与其的业务；暂停会员部分权利；暂停会员资格；撤销管理人登记；取消会员资格；基金业协会规定的其他纪律处分形式。

可以对会员、在基金业协会登记的机构、产品备案的机构从业人员实施的纪律处分包括谈话提醒；书面警示；要求参加强制培训；缴纳违约金；行业内谴责；加入黑名单；公开谴责；认定为不适当人选；暂停基金从业资格；取消基金从业资格；基金业协会规定的其他纪律处分形式。

2017 年，中基协对 246 家私募基金管理人采取暂停备案的自律管理措施，注销机构 112 家，已累计对 52 家机构、23 名从业人员作出了撤销登记或取消从业资格等纪律处分。

2018 年，协会累计对 73 家机构、52 名基金从业人员采取了暂停备案、加入黑名单、取消基金从业资格等纪律处分措施。

关于私募基金自律规则汇编详见附录三。

第三节　私募基金税收政策

根据《私募投资基金监督管理暂行办法》的规定，私募基金分为公司型、合伙型与契约型三种组织形式。由于不同组织形式的私募基金在纳税主体与纳税义务上存在较大差异，不同性质的收入所得适用的税收政策也有所区别，加之一些税收政策存在一定的模糊性，导致私募基金适用的税收制度总体较为分散且相对复杂。

从私募基金增值税与私募基金所得税的角度出发，针对不同组织形式的私募基金的税收动态进行分析，以期对私募基金的税收政策制度进行一个深入和全面的归纳与解析。

一、企业所得税

（一）有限合伙型私募基金

根据《财政部、国家税务总局关于合伙企业合伙人所得税问题的通知》（财税〔2008〕第159号）第二条和第三条规定，合伙企业以每一个合伙人为纳税义务人。合伙企业合伙人是自然人的，缴纳个人所得税；合伙人是法人和其他组织的，缴纳企业所得税。合伙企业生产经营所得和其他所得采取"先分后税"的原则。为此，有限合伙型私募基金中，基金层面（合伙企业本身）不涉及所得税的缴纳问题，由合伙人根据自身的组织形式，按照收入性质缴纳对应的所得税。

1. 企业投资者

企业投资者需要针对有限合伙型私募基金分配的收益缴纳企业所得税，无论是股息、红利，还是基金对外投资的转让所得，均应正常缴纳企业所得税，一般适用税率为25%（符合条件的小微利企业和高新技术企业适用优惠税率，在此不赘述）。

2. 自然人投资者

自然人投资者需要针对有限合伙型私募基金分配的收益缴纳个人所得税，具体适用税率应当根据收入性质进行区分。

（1）股息红利所得。根据《国家税务总局关于〈关于个人独资企业和合伙企业投资者征收个人所得税的法规〉执行口径的通知》（国税函〔2001〕84号）第二条规定："个人独资企业和合伙企业对外投资分回的利息或者股息、红利，不并入企业的收入，而应单独作为投资者个人取得的利息、股息、红利所得，按'利息、股息、红利所得'应税项目计算缴纳个人所得税。以合伙企业名义对外投资分回利息或者股息、红利的，应确定各个投资者的利息、股息、红利所得，分别按'利息、股息、红利所得'应税项目计算缴纳个人所得税。"

为此，自然人投资者从有限合伙型私募基金中分配到的股息、红利所得，应当按照"利息、股息、红利所得"应税项目，根据《中华人民共和国个人所得税法》（以下简称《个人所得税法》）的规定适用20%的个人所得税税率。

（2）股权转让所得。根据《关于个人独资企业和合伙企业投资者征收个人所得税的规定》（财税〔2000〕91号）第四条规定："个人独资企业和合伙企业每一纳税年度的收入总额减除成本、费用以及损失后的余额，作为投资者个人的生产经营所得，比照个人所得税法的个体工商户的生产经营所得应税项目，适用5%～35%的五级超额累进税率计算征收个人所得税。前款所称收入总额是指企业从事生产经营以及与生产经营有关的活动所取得的各项收入，包括商品（产品）销售收入、营运收入、劳务服务收入、工程价款收入、财产出租或转让收入、利息收入、其他业务收入和营业外收入。"同时，根据《国家税务总局关于切实加强高收入者个人所得税征管的通知》（国税发〔2011〕50号）第二条第三款第二项规定："对个人独资企业和合伙企业从事股权（票）、期货、基金、债券、外汇、贵重金属、资源开采权及其他投资品交易取得的所得，应全部纳入生产经营所得，依法征收个人所得税。"

根据上述规定，自然人投资者从有限合伙型私募基金中分配到的对外股权投资转让所得，应当按照生产经营所得应税项目，适用5%～35%的五级超额累进税率。但是，在实务操作中，不同地区可能会采取不同做法：①适用20%的税率。部分地区法规与实践存在按照20%的税率征收的情况，如《关于促进股权投资基金业发展的意见》（京金融办〔2009〕5号）规定，北京地区合伙制股权基金中个人合伙人取得的收益，按照"利息、股息、红利所得"或者"财产转让所得"项目征收个人所得税，税率为20%。②区分合伙人适用不同税率。部分地区法规与实践存在对普通合伙人及有限合伙人区分征税的情况，如《上海市金融办、上海工商局、国税局、地税局关于本市股权投资企业工商登记等事项的通知》（沪金融办通〔2008〕3号）规定，区分自然人投资者是否为执行事务合伙人，对于执行有限合伙企业合伙事务的自然人普通合伙人，有限合伙型私募基金对外投资的股权转让所得按照生产经营所得适用5%～35%的五级超额累进税率；不执行有限合伙企业合伙事务的自然人有限合伙人，则按照利息、股息、红利所得应税项目，依20%税率计算缴纳个人所得税。

（二）公司型私募基金

在公司型私募基金中，公司作为法人主体需要缴纳企业所得税，同时股东在取得收益后也需要缴纳其对应的所得税（股东是公司的缴纳企业所得税，股东是个人的缴纳个人所得税），为此，公司型私募基金存在双重征税的问题，即基金层面和投资者层面都需要缴纳所得税。

1. 基金层面

基金层面包括以下两种情形：

（1）股息红利。根据《企业所得税法》第二十六条规定："企业的下列收入为免税收入：……符合条件的居民企业之间的股息、红利等权益性投资收益……。"同时，根据《企业所得税法实施条例》第八十三条规定："符合条件的居民企业之间的股息、红利等权益性投资收益，是指居民企业直接投资于其他居民企业取得的投资收益。……不包括连续持有居民企业公开发行并上市流通的股票不足12个月取得的投资收益。"为此，公司型私募基金取得的投资收益在符合上述条件的情况下，免征企业所得税，否则公司型私募基金需要针对投资收益正常缴纳企业所得税。

（2）股权转让所得收入。公司型私募基金通过股权转让的方式退出项目时，转让所得需要按照转让财产收入缴纳企业所得税，适用税率为25%。

2. 投资者层面

对于自然人投资者，其应当针对获得的股息红利，按照股息、利息、红利所得缴纳个人所得税，适用税率为20%；针对退出时的股权进行转让所得，按照财产转让所得缴纳个人所得税，适用税率为20%。

对于企业投资者，针对股息红利，符合条件的企业投资者可以免征企业所得税，不符合条件的仍然按照25%缴纳企业所得税；针对退出时的股权转让所得，企业投资者需要按照25%的税率缴纳企业所得税。

（三）契约型私募基金

契约型私募基金属于非法人实体，因此不适用于《中华人民共和国企业所得税法》和《个人所得税法》，在基金层面无需缴纳企业所得税或个人所得税。但是，契约型基金的投资者应当根据自身组织形式，按照所分得的各项收益，缴纳对应的企业所得税或个人所得税。

对于自然人投资者，投资契约型私募基金获取的收益应当按财产转让所得或利息、股息、红利所得缴纳个人所得税，适用税率为20%。由于契约型私募基金属于非法人实体，不对投资者的应税所得进行申报缴纳，为此投资者需要对该部分个人所得税自行申报缴纳。

对于企业投资者，其投资契约型私募基金获取的收益，应当按照25%的税率缴纳企业所得税。

（四）创投企业所得税优惠政策

根据《关于创业投资企业和天使投资个人有关税收政策的通知》第二条的规定，符合《私募投资基金监督管理暂行办法》（证监会令第105号）规定并完成且规范运作的创业投资基金属于"创业投资企业"，可享受税收优惠政策。根据《国家税务总局关于实施创业投资企业所得税优惠问题的通知》第二条规定，创业投资企业采取股权投资方式投资于未上市的中小高新技术企业2年以上，符合相关条件的，可以按照其对中小高新技术企业投资额的70%，在股权持有满2年当年抵扣该创业投资企业的应纳税所得额；当年不足抵扣的，可以在以后纳税年度结转。

国务院于2018年12月12日召开常务会议，决定实施所得税优惠，促进创业投资发展，在已对创投企业投向种子期、初创期科技型企业实行按投资额70%抵扣应纳税所得额的优惠政策基础上，从2019年1月1日起，对依法备案的创投企业，可选择按单一投资基金核算，其个人合伙人从该基金取得的股权转让和股息红利所得，按20%税率缴纳个人所得税；或选择按创投企业年度所得整体核算其个人合伙人从企业所得，按5%～35%超额累进税率计算个人所得税。政策实施期限暂定5年。

二、私募基金增值税

（一）有限合伙型和公司型私募基金

有限合伙型和公司型私募基金，其主要分为以下两种情形：

1. 纳税主体

有限合伙型和公司型私募基金在法律形式上是以一家有限合伙企业或公司为载体的。根据《财政部、国家税务总局关于全面推开营业税改征增值税试点的通知》（财税〔2016〕36号文）第一条的规定，在中华人民共和国境内销售服务、无形资产或者不动产的单位和个人，为增值税纳税人。单位是指企业、行政单位、事业单位、军事单位、社会团体及其他单位。据此，有限合伙企业和公司本身属于独立的增值税纳税主体，可以独立核算、缴纳增值税，有限合伙型和公司型私募基金应当由该有限合伙企业和公司作为独立纳税主体核算缴纳增值税。

2. 一般适用税率

根据财税〔2016〕36号文的相关规定，有限合伙企业或公司为一般纳税人的，采用一般计税方法，适用6%的增值税税率；有限合伙企业或公司为小规模纳税人的，采用简易计税方法，适用3%的增值税税率。

（二）契约型私募基金

契约型私募基金，其主要分为以下两种情形：

1. 纳税主体

不同于有限合伙型和公司型私募基金，契约型私募基金不具有独立的法律地位，其形式只是一份契约或者合同，契约型基金并非法律规定的纳税主体，无法独立核算缴纳增值税。根据《财政部、国家税务总局关于明确金融、房地产开发、教育辅助服务等增值税政策的通知》（财税〔2016〕140号文）第四条的规定："资管产品运营过程中发生的增值税应税行为，以资管产品管理人为增值税纳税人。"为此，契约型私募基金的纳税义务人应当为私募基金管理人。

值得注意的是，财税〔2016〕140号文作为营改增试点期间有关金融、房地产开发、教育辅助服务等政策的补充通知，其适用应根据有限合伙型、公司型私募基金与契约型私募基金的不同组织形式而加以区分，即财税〔2016〕140号文适用于契约型基金，对于合伙型基金与公司型基金而言，其本身即为独立的纳税主体并不适用财税〔2016〕140号文的规定。

2. 一般适用税率

根据《财政部、税务总局关于资管产品增值税有关问题的通知》（财税〔2017〕56号文）第一条的规定："资管产品管理人运营资管产品过程中发生的增值税应税行为，暂适用简易计税方法，按照3%的征收率缴纳增值税。"自2018年1月1日起，管理人对其运营基金过程中发生的增值税应税行为暂适用简易计税方法，按照3%的征收率缴纳增值税。同时，财税〔2017〕56号文对契约型基金在2018年1月1日前运营过程中发生的增值税应税行为也作出了规定，未缴纳增值税的，不再缴纳；已缴纳增值税的，已纳税额从管理人以后月份的增值税应纳税额中抵减。

（三）特殊情况下的免税情形

根据财税〔2016〕36号文规定，金融服务属于增值税应税行为，金融服务包括直接收费金融服务、贷款服务、保险服务和金融商品转让4类。如私募基金购买金融商品并转让，需缴纳增值税。

根据财税〔2016〕36号文的规定，金融商品转让是指转让外汇、有价证券、非货物期货和其他金融商品所有权的业务活动。其他金融商品转让还包括基金、信托、理财产品等各类资产管理产品和各种金融衍生品的转让。

股票债券属于财税〔2016〕36号文规定的金融商品，股票和债券的买卖收入属于增值税的应税行为。同时，财税〔2016〕36号文规定了金融商品转让收入的免税情形，其中包括"证券投资基金（封闭式证券投资基金，开放式证券投资基金）管理人运用基金买卖股票、债券"的行为。

上述免税情形是否适用于私募证券基金，财税〔2016〕36号文并无进一步明确。根据全国人民代表大会常务委员会于2015年最新修订的《证券投资基金法》，证券投资基金包括公开募集资金设立的证券投资基金（公募基金）与非公开募集资金设立的证券投资基金（私募基金）。而财税〔2016〕36号文于2016年生效，为此，其对证券基金增值税免税的优惠政策应当同时适用于公募基金和私募基金，即私募基金管理人运用私募证券基金买卖股票和债券的收入应当免征增值税。

（四）购买银行理财产品的增值税缴纳

购买银行理财产品的增值税缴纳，其分为以下两种情形：

1. 购买银行理财产品持有到期

根据财税〔2016〕36号文规定，基金购买银行理财产品涉及贷款服务和金融商品转让两类情形。贷款服务是指将资金贷与他人使用而取得利息收入的业务活动，包括金融商持有期间（含到期）利息（保本收益、报酬、资金占用费、补偿金等）收入。如基金购买银行理财产品持有到期，则该行为属于贷款服务。根据财税〔2016〕140号文规定，金融商品持有期间（含到期）取得的非保本的收益，不属于利息或利息性质的收入，不征收增值税。

因此，私募基金购买银行理财产品，如理财产品属于非保本收益，则持有期间的收益无需缴纳增值税；如基金购买了保本理财产品，则仍需对持有期间的收益缴纳增值税。

2. 购买银行理财产品后转让

财税〔2016〕36号文中规定的金融商品转让是指转让外汇、有价证券、非货物期货和其他金融商品所有权的业务活动，包括基金、信托、理财产品等各类资产管理产品和各种金融衍生品的转让。如基金购买银行理财产品后转让，则该行为属于金融商品转让，需要根据财税〔2016〕36号文按卖出价扣除买入价后的余额确定为销售额，对差额缴纳增值税。

关于私募基金税收政策汇编详见附录四。

第四章
中国私募基金系列指数及优质私募基金
管理人筛选标准

第一节　中国私募基金系列指数

一、中国私募基金系列指数设立背景

近年来，随着私募基金行业的持续蓬勃发展，不同投资标的、不同交易偏好的私募基金管理人不断涌现，私募基金产品数量以及私募基金管理规模不断刷新纪录。但是，如此庞大的私募基金管理人数量却导致投资人很难有足够的精力、实力对其进行分析和挑选。那么，如何对私募基金进行有效的评价，挑选符合需求的优质私募基金管理人就成为一个非常重要且亟待解决的需求。

投资人的收益主要来源于私募基金产品的收益，而不同私募基金产品的收益水平差异一方面取决于各自的投资标的差异、市场环境的差异；但更关键的一方面则取决于私募基金产品管理人的管理能力。目前，国内存在诸多对管理人的能力进行评价的机构，但这些机构并非专门从事管理人评级和研究的，而是作为相关网站和机构的某些部门存在，比如，作为券商研究所、第三方销售平台和财经媒体，等等。这些机构对评级方法的创新正是推动产品评级进步的不可或缺的动力。

评级作为推动私募基金行业健康发展的推动力量，最需要的是独立第三方的研究机构，只有这样才能保证研究成果及评级的客观性和独立性。前面所述的研究机构属于后端收费模式，由于利益和角色的原因不可避免也会产生一些不够独立和客观的观点。另外，目前的评价和筛选存在着分类体系过于分散，多数以投资标的作为类别划分，无法充分覆盖当前市场主流投资策略，对管理人的规模也未做明确区分，使不同量纲的管理人混在一起对比，这在某种程度上有失公允，并且有可能错失一些优秀的管理人。

本《中国私募基金年鉴》（以下简称年鉴）以及年鉴编委会从定性和定量两个维度构建了一套对于私募基金管理人进行评分和筛选的评价体系。定量是对私募基金管理人及其产品可量化数据的综合考察，从海量数据中有效定位有价值的数据，对信息进行降维。定性分析是通过对私募基金管理人的尽职调查（以下简称尽调），对管理人做全面、深入的了解，并与定量评价结果相验证，最

终得出评价结果。

二、中国私募基金系列指数分类

目前，市场中主要存在的私募基金系列指数有融智指数和朝阳永旭私募指数。对于融智指数，其分类体系较为全面，但在区分成长型私募基金管理人、成熟型私募基金管理人方面稍显不足；对于朝阳永旭私募指数，其各指数主要以当前有一定知名度、规模较大、排名靠前的私募基金管理人的产品为主，更适合进行指数化投资（如完全复制指数型、增强指数型），考虑其成分产品所引起的幸存者偏差等因素，其指数的表现不能代表市场的平均水平，因而无法作为私募基金管理人评价体系中的有效比较基准。

为更有效、准确地跟踪各类投资策略的表现以便对大类资产配置提供更合理的参考，年鉴编委会借助多年来的尽调积累、庞大的成员单位和数据以及专业的投研优势，基于目前国内主流的有相当资金容量的投资标的、当前涉及面较广的投资策略、私募基金分化明显的管理规模三个维度，分类并编制了不同标的、不同策略、不同规模量级的中国私募基金系列指数，旨在为各类策略的私募产品提供更准确的衡量标准、对 FOF 产品被动跟踪分类资产下的投资策略提供更有效的依据。同时，亦可起到为优质的成份基金、基金管理人进行全面而广泛宣传的目的。

（一）按中国证券投资基金业协会的标准分类

2016 年 9 月，中基协发布《关于资产管理业务综合报送平台上线运行相关安排的说明》，同时，随该系统发布的《有关私募投资基金"业务类型/基金类型"和"产品类型"的说明》中对私募投资基金的类型和定义、产品类型定义作出了调整与细化。根据这个说明，私募基金被分为私募证券、私募股权、创投基金、其他基金四大类别以及分别与之对应的 8 类基金如表 4-1 所示。

表 4-1 私募基金分类方法（一）

四大类别	8 个基金类型	包含业务	产品类型
私募证券	私募证券投资基金	主要投资于公开交易的股份有限公司股票、债券、期货、期权、基金份额以及中国证监会规定的其他证券及其衍生品种	权益类基金 固收类基金 混合类基金 期货及其他衍生品类基金 其他类基金
	私募证券类 FOF 基金	主要投向证券类私募基金、信托计划、券商资管、基金专户等资产管理计划的私募基金	
私募股权	私募股权投资基金	除创业投资基金以外主要投资于非公开交易的企业股权； 定增基金则被划入股权投资基金	并购基金 房地产基金 基础设施基金 上市公司定增基金 其他类基金
	私募股权投资类 FOF 基金	主要投向私募基金、信托计划、券商资管、基金专户等资产管理计划的私募基金	

四大类别	8个基金类型	包含业务	产品类型
创投基金	创业投资基金	主要向处于创业各阶段的未上市成长性企业进行股权投资的基金（新三板挂牌企业视为未上市企业）；对于市场所称"成长基金"，如果不涉及沪深交易所上市公司定向增发股票投资的，按照创业投资基金备案；如果涉及上市公司定向增发的，按照私募股权投资基金中的"上市公司定增基金"备案	
	创业投资类FOF基金	主要投向创投类私募基金、信托计划、券商资管、基金专户等资产管理计划的私募基金	
其他基金	其他私募投资基金	投资除证券及其衍生品和股权以外的其他领域的基金	红酒艺术品等商品基金 其他类基金
	其他私募投资基金类FOF	主要投向其他类私募基金、信托计划、券商资管、基金专户等资产管理计划的私募基金	

提示：

- 新三板基金被划入创业投资基金。
- 对于主要投资新三板拟挂牌和已挂牌企业的"新三板基金"，建议按照创业投资基金备案。
- 主要投资上市公司定向增发的"上市公司定增基金"，基金类型建议选择"股权投资基金"。
- 投资其他私募基金、信托计划、券商资管、基金专户等资产管理计划是FOF基金。
- 并购基金、房地产基金、基础设施基金属于股权基金。

（二）按照私募基金投资标的类型分类

依据中基协制定的分类方法可以对各类基金的投向和业务范围有一定的了解，然而随着整个私募行业的不断发展壮大，新产品的不断涌现，私募产品的分类也将变得极为复杂，分类体系也应该随着行业的发展而变化，所以，必须更精细地对私募基金产品进行区分。比如，按照私募基金产品的投资标的分类。依据私募基金的产品类型的具体特性可划分为如表4-2所示的几个类型。

表4-2　私募基金分类方法（二）

基金类别	产品类型	定义
私募证券基金	股票型基金	股票型基金是指根据合同约定的投资范围，投资于股票或股票型权益类基金的资产比例高于80%（含）的私募证券基金
	债券等固定收益基金	债券等固定收益基金是指根据合同约定的投资范围，投资于银行存款、标准化债券、债券型基金、股票质押式回购以及有预期收益率的银行理财产品、信托计划等金融产品的资产比例高于80%（含）的私募证券基金
	海外资产型基金	海外资产型基金是由国外投资信托公司发行的基金。通过海外基金的方式进行投资不但可分享全球投资机会和利得，也可达到分散风险、专业管理、节税与资产移转的目的

续表

基金类别	产品类型	定义
私募证券基金	指数型基金	指数型基金是以特定指数（如沪深300指数、标普500指数、纳斯达克100指数、日经225指数等）为标的指数，并以该指数的成份股为投资对象，通过购买该指数的全部或部分成份股构建投资组合，以追踪标的指数表现的基金产品
	新三板基金	新三板基金投向于新三板已挂牌企业发行的存量股票、定向增发、并购、优先股、可转债，新三板拟挂牌企业股权
	货币性基金	货币性基金是一种开放式基金，主要投资于债券、央行票据、回购等安全性极高的短期金融品种，又被称为"准储蓄产品"，其主要特征是"本金无忧、活期便利、定期收益、每日记收益、按月分红利"。货币型基金只投资于货币市场，如短期国债、回购、央行票据、银行存款等，风险基本没有
	混合类基金	混合类基金是指合同约定的投资范围，包括股票、债券、货币市场工具，但无明确的主要投资方向的私募证券投资基金
	期货及其他衍生品类基金	期货及其他衍生品类基金是指根据合同约定的投资范围，主要投资于期货、期权及其他金融衍生品、先进的私募证券投资基金
	FOF组合类基金	FOF组合类基金是一种专门投资于其他投资基金的基金。FOF并不直接投资股票或债券，其投资范围仅限于其他基金，通过持有其他证券投资基金而间接持有股票、债券等证券资产，它是结合基金产品创新和销售渠道创新的基金
私募股权基金	并购基金	并购基金是指主要对处于重建期企业的存量股权展开收购的私募股权基金
	房地产基金	房地产基金是指从事一级房地产项目开发的私募基金，包括采用夹层方式进行投资的房地产基金
	基础设施基金	基础设施基金是指投资于基础设施项目的私募基金，包括采用夹层方式进行投资的基础设施基金
	上市公司定增基金	上市公司定增基金是指主要投资于上市公司定向增发的私募股权投资基金
其他基金	红酒艺术品等商品基金	红酒艺术品等商品基金是指以艺术品、红酒等商品为投资对象的私募投资基金

（三）按年鉴编委会的标准分类

由于管理人彼此之间的投资风格、投资标的具有很大的差异性，对私募基金进行合理分类显得至关重要，只有将具有相同风险收益特征、相同规模区间的基金放在一起比较，才能保证评价结果的有效性。

为此，年鉴编委会根据私募基金管理人的投资策略、管理规模进行了合理的分类，首次推出"中国私募基金系列指数"，这便于同类的私募基金管理人、私募基金产品进行横向比较。同时，根据投资标的的不同、依据不同策略容量差异的特点，对管理人进行规模分层的划分，更精细、更准确地对管理人进行评价和比较，有效帮助投资人在风险、收益等方面做出最符合自身需求的选择。

我们将市场私募证券投资基金以二级投资策略体系进行划分并编制有各策略指数，具体包括股票类策略、期货CTA策略、中性策略、固定收益策略等。依据私募基金管理人的管理规模，对不同策略类型划分了不同级别，如表4-3所示。

表4-3 不同策略类型按规模划分级别 单位：亿元

资产大类	策略子类	策略定义	按规模（X）划分
股票	股票多头	以多头主动管理为主。从仓位来看，只有纯多头头寸。基金经理基于对某些股票看好从而在低价买进股票，待股票上涨至某一价位时卖出以获取差额收益。该策略的投资盈利主要通过持有股票来实现，所持有股票组合的涨跌幅决定了基金的业绩	X≥100 50≤X<100 10≤X<50 X<10
	相对价值	在持有多头现货的情况下，同时持有一定头寸的对冲头寸（如期货、期权等），主要冲抵系统性风险，获得超额收益。 注：对冲后风险敞口不高于50%	X≥20 5≤X<20 X<5
	股票多空	股票多空策略就是在持有股票多头的同时采用股票空头进行风险对冲的投资策略，也就是说在其资产配置中既有多头仓位，又有空头仓位。空头仓位主要是融券卖空股票，也可以是卖空股指期货或者股票期权	
	ETF套利	采用套利策略的基金几乎全要借助量化模型以及电脑的程序在短时间内完成交易。套利策略的盈利空间较小，一般需要配合杠杆操作或者其他策略辅助才会有可观的收益	
	可转债套利	可转债套利策略是指基金管理人通过转债与相关联的基础股票之间定价的无效率性进行的无风险获利行为	
	分级基金套利	分级基金套利主要指在存在份额配对转换机制的情况下，场外资金将通过申购基础份额并分拆为A类份额和B类份额并在场内卖出的操作实施套利操作，以在短期内获取溢价收益	
期货	CTA趋势	在大宗商品中，以趋势追踪获利为主	X≥10 1≤X<10 X<1
	套利对冲	在大宗商品中，获取相关合约、相关品种间的不合理价格洼地。特征为多空轧差为0	X≥10 1≤X<10 X<1
债券	固定收益	主要交易利率债、信用债等，对债券的评级能力有较高要求	X≥50 X<50

其中，以下投资策略暂时未列入证券类私募基金指数：

●复合多策略、组合策略：涉及多类资产，基金产品内部各标的资产的头寸比例差别巨大。依据净值波动估算的漂移不准确。

●期权类、可转债套利：容量和数量较少。

●股票多空策略：国内当前缺乏股票做空机制，单纯的融券不能达到较好的效果，大多以相对价值为主，做空股指期货、期权等，因此归类到相对价值策略中。

●ETF套利、分级基金套利：规模和数量已经萎缩。

三、中国私募基金系列指数基日和基点

中国私募基金系列指数中所有指数的基期设定为 2015 年第一个交易日，基点为 1000 点，指数的计算及公布频率为每周一次。具体指数价格信息届时可在《中国私募基金年鉴》官网取得。

四、中国私募基金系列指数样本空间

纳入中国私募基金系列指数样本空间的主要有编委会成员——山东 FOF 研究会多年来尽调并持续跟踪的私募基金管理人的私募基金产品、主动报名并符合条件的管理人的产品以及合作成员单位推送的私募基金产品。

五、中国私募基金指数系列样本选取方法

中国私募基金系列指数以历史最高管理规模为划分依据，曾达到最高管理规模的管理人归类至对应规模下。对于多策略产品线的管理人，以管理人当前最大管理规模的产品策略类划分主要产品归属，次级产品策略则以当前管理规模划分指数归属。

在私募基金管理人中，以如下条件选择指数成分：

产品已存续时间大于等于 180 天，且正常情况下产品剩余存续时间大于等于 180 天。

优先选择产品存续期大于 3 年或永续性产品。

产品规模符合以下条件：①股票策略产品不低于 1 亿元。②CTA 类策略不低于 1000 万元。③中性策略不低于 2000 万元。④固收类策略不低于 1 亿元。

产品必须在中国证券投资基金业协会登记备案。

契约型产品可以直接作为管理人或间接以投资顾问形式管理产品（包括信托、券商集合、基金专户、私募自主发行等）。

产品的管理人在中国基金业协会的诚信记录中无不良诚信信息。

六、中国私募基金系列指数样本和权重调整

（一）定期调整

中国私募基金系列指数的成份产品每半年调整一次，样本产品调整实施时间分别是每年 6 月和12 月。权重因子随样本产品定期调整而调整，调整时间与中国私募基金系列指数样本定期调整实施时间相同。在下一个定期调整日前，权重因子一般固定不变。

（二）临时调整

特殊情况下将对中国私募基金系列指数样本进行临时调整。当成份产品提前清算时，将成份产品从中国私募基金系列指数样本中剔除。产品所属公司基本面情况发生重大变化等情形时，将成份

产品从中国私募基金系列指数样本中剔除。当出现成份产品临时调整，有成份产品被非成份产品替代时，一般情况下为符合被动跟踪需求，新进成份产品将继承被剔除产品在调整前最后一个交易日的收盘权重。

第二节　证券类私募基金管理人筛选标准

年鉴编委会从定性和定量两个维度构建出一套对于私募基金管理人进行评分和筛选的体系。定量标准是对私募基金管理人及其产品可量化数据的综合考察，从海量数据中有效定位有价值的数据，对信息进行降维。定性分析是通过对私募基金管理人的尽调，达到对管理人做全面、深入了解的目的，并与定量评价结果相验证。

一、定性因素

（一）诚信表现

资产管理本质上是一种信托关系。客户将财产委托于私募基金管理人，其就有义务和责任信守承诺、恪尽职守。同时私募机构作为资产管理人其实也是创业者。创业者所具有的品质、价值观以及诚信水平决定了其作为私募机构时的诚信表现。

中基协在私募基金管理人公示中会列出私募机构的不良诚信记录，其主要包括私募基金管理人、实际控制人、相关高管人员受到中国证监会行政处罚或者中基协纪律处分的，本公示也提供证监会信息公开和中基协纪律处分的查询链接，对于列入虚假填报、重大遗漏、违反三条底线的私募基金管理人，如已经完成整改，则不再列入此类公示。

客户购买基金产品时所签署的基金合同中都有一项"风控条款"，其中严格限定了各种风险管理的规则，如预警线、清盘线、仓位控制、轧差控制、禁持标的物等。这些风控条款从根本上保证了基金产品可能的损失范围。管理人应该严格遵守契约条款，哪怕在出现业绩波动甚至遭遇投资人巨大不信任压力的时候，也应该坚定不动摇。

对于私募机构的诚信判断，我们秉承"一经发生，仍有可能"的判断，一旦出现过一次严重的不良诚信记录则视为非最优合作对象。

（二）学历因素

基金管理人所发行产品的基金经理和研究团队是私募基金的直接管理者，基金的业绩表现在相当程度上取决于基金经理和其研究团队的管理水平和管理能力。对基金产品的选择相当程度上就是对基金经理的选择。

考虑到当前私募行业的特殊性，私募机构及其基金经理的详细信息只能在尽调时获得，因此在分析时横向采用了数据更加公开且时间更久的公募基金数据为基础。

我们统计了 2011～2018 年总计 8 年的数据，如表 4-4 所示，表中的数值均为超额收益率。

表4-4　学历与收益率的关系

时间＼学历　收益率（%）	本科	硕士	博士
2011	2.10	1.00	1.50
2012	0.80	2.60	2.10
2013	-1.10	-0.50	0.80
2014	4.50	8.70	13.90
2015	13.10	16.70	27.60
2016	-14.62	-9.96	-8.70
2017	7.10	12.40	11.50
2018	-31.00	-29.40	-28.40

资料来源：由山东FOF研究会、星潮FOF提供，由作者整理。

从表4-4中可以清晰地看到，在市场盘整没有行情的时期内，各个学历表现相仿，从2014年开始，博士学历的基金经理所管理的基金产品的业绩明显超越硕士学历和本科学历的基金经理，图4-1中以柱状图的形式显示更加清晰直观。

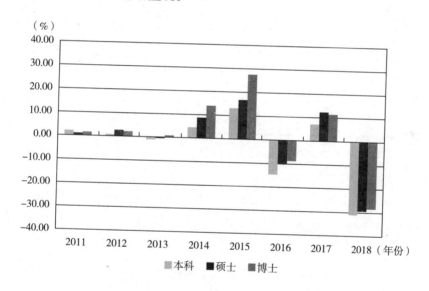

图4-1　学历与收益率的关系

同时，在以沪深300作为比较基准中，统计样本期内各学历的基金经理所管理基金的累计超额收益占比分布和信息比率如表4-5所示，学历越高跑赢沪深300基准的占比越大。

表4-5　不同学历基金经理所管理基金超额收益率占比

单位：%

总体		<沪深300	≥沪深300	信息比率
		15	85	0.34
学历	本科	25.00	75.00	0.15
	硕士	17.00	83.00	0.31
	博士	13.00	87.00	0.28

通过对三种学历业绩差异的 t 检验（如表 4 - 6 所示）也进一步证明，博士学历和本科学历的业绩差异最大（P 值高达 10^ - 10）。

表 4 - 6　学历与收益率关系的 t 检验

学历和收益率关系的 t 检验			
业绩差异	本科 & 硕士	硕士 & 博士	本科 & 博士
P 值	0.007	1.7 * e - 4	4.5 * e - 10
结论	明显差异	明显差异	显著差异

资料来源：由山东 FOF 研究会、星潮 FOF 提供，由作者整理。

是哪种原因造成博士基金经理的业绩表现明显优于本科和硕士呢？经山东 FOF 研究会内部分析认为大概有 3 个主要因素：①知识面的宽度与广度。②公司的支持力度。③人脉的广度。

因此，基金经理学历以及作为投资决策重要支撑的投研团队的平均学历的高低对基金业绩有非常重要的作用。

（三）从业年限

将基金经理的从业年限设置为 4 个区间：0 ~ 5 年、5 ~ 10 年、10 ~ 15 年和 15 年以上，分别统计这些年限的基金经理的业绩情况，结果如表 4 - 7、图 4 - 2 所示。

表 4 - 7　基金经理从业年限和收益率的关系

时间 \ 收益率（%）\ 年限	0 ~ 5 年	5 ~ 10 年	10 ~ 15 年	15 年以上
2011	1.10	1.00	1.50	2.40
2012	0.40	0.60	1.10	1.70
2013	- 3.10	- 1.50	0.80	1.30
2014	5.50	6.70	13.90	16.50
2015	21.10	16.70	27.60	38.90
2016	- 12.20	- 11.90	- 10.80	- 10.50
2017	11.50	13.50	15.30	16.20
2018	- 29.60	- 28.60	- 29.80	- 28.80

资料来源：由山东 FOF 研究会、星潮 FOF 提供，由作者整理。

从表 4 - 7 的数据来看，基金经理的业绩差距是从工作年限大于 15 年时开始拉开的。从业年数为 5 年以下、5 ~ 10 年和 10 ~ 15 年的基金经理的业绩差异并不显著，但从业年数为 15 年以下的基金经理与 15 年以上的业绩差异就变得非常显著。从这些数据来看，基金经理的经验的确是很重要的。

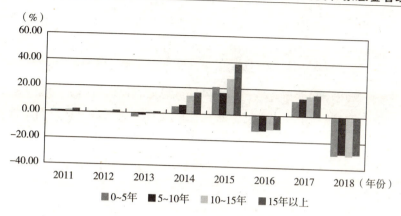

图4-2 基金经理从业年限和收益率的关系

我们再看差异检验的结果，如表4-8所示。

表4-8 基金经理从业年限和收益率关系的差异检验

业绩差异	0~5年 & 5~10年	5~10年 & 10~15年	10~15年 & 15年以上
P值	0.14	0.0014	$3.5 \times e - 8$
结论	略有差异	明显差异	显著差异

资料来源：由山东FOF研究会、星潮FOF提供，由作者整理。

表4-8再次印证基金经理经验的重要性。从以往的观察经验来看，从业年限短的基金经理更能在牛市中攫取可观利润，但在市场调整或者股灾的行情中，资深的基金经理却可以遭受更小的伤害。这体现出了风险控制能力与从业经验的正相关性。

（四）股权激励

我们已经知道基金经理作为基金管理人的核心，其在基金管理机构中的重要性。基金经理一旦离职将对基金管理人现有的管理能力、盈利能力造成巨大的冲击，基金的业绩将不再可持续。

目前来说，私募行业中基金管理人在基金经理及投研团队持股比例上有以下几种情形：

1. 基金经理是基金管理人的创始人或者就是大股东

这种基金管理人明白投研持续的重要性，往往也会给予作为投资决策重要支撑的投研团队一定比例的股权和分红。这一类私募基金管理人的人员稳定性是最强的。

2. 基金经理是基金管理人的创始人

这种方式一般是由基金经理接受了外部的财务投资而创办的基金公司，但外部投资不干涉管理人内部的投资决策流程、基金管理等。这一类私募基金管理人的人员稳定性也比较好。

3. 基金经理从其他机构跳槽与资金方一起成立的私募基金管理人

这种基金公司投资方会参与日常决策或对日常决策有较强的干扰能力时，其公司的稳定性较差。

（五）综合实力

对于私募基金管理人的综合实力考察，主要通过以下几个指标：行业地位、管理规模、财务状况、公司治理、风控能力、投研能力。其中行业地位、管理规模等指标在一定程度上体现了市场对私募基金管理人整体的认可情况。公司治理指标是对管理人本身内部治理情况的考察，包括公司股权架构的设置及变动、公司内部规章制度的完善情况、考核激励制度等。风控能力是对公司风险处置能力的考核，包括合规风控制度与流程、突发事件应急处置制度等，其中是否有独立风控能力是一个比较重要的考量因素。投研能力是对旗下投研团队及投研决策流程的综合考察，也是基金管理人核心竞争力的体现。

二、定量因素

定量分析与定性分析不同，定性分析是针对私募基金管理人的，而定量分析则进一步细化到每个私募基金产品，并基于私募基金产品的历史数据进行的量化分析，主要用于产品策略的批量诊断，通过批量处理数据，快速定位海量数据中的价值点，给信息降维，从而得到产品的收益、风险以及风格等方面的判断，其也进一步配合了定性分析检验尽调的一致性等。

（一）收益率

收益率是投资者购买基金产品持有到期或赎回阶段内的结果的表现。具体分为产品收益、产品收益率和年化收益率。

1. 产品收益

产品收益的计算方法如下：

$$P = V - C$$

2. 收益率

收益率的计算方法如下：

$$K = P/C = (V - C)/C = V/C - 1$$

3. 年化收益率

年化收益率的计算方法如下：

$$Y = (1 + K)^N - 1 = (1 + K)^{(D/T)} - 1$$

其中，C 为投资者本金；V 为赎回或到期时的市值；N = D/T 表示投资者一年内重复投资的次数；D 表示一年的有效投资时间。

对于具体的产品分析来说，业内很多机构和投资者以收益率作为第一考虑要素，但只以产品收益率作为投资考量标准将忽视产品风险可能带来的恶果，"投资不可能三角"理论中，高收益、高规模、低风险的情况是不存在的。因此，我们需要结合产品的风险来分析产品的优劣。

（二）最大回撤

最大回撤是产品风险指标之一，产品的回撤是指在产品的存续周期内，当 t 时刻产品净值处于高点然后产品净值回落，在 t + n 时刻时净值到达最低点，t 与 t + n 时刻的净值差即回撤值，存续期内出现的回撤最大值即最大回撤。最大回撤可以衡量历史上购入产品后可能出现的最糟糕的情况，因此，最大回撤是一个非常重要的风险指标，对于对冲类和数量化交易的产品来说，该指标比波动率更显重要。计算公式如下：

$$Drawdown = -1 \times Max\ (R_t - R_{t+n})/R_t$$

其中，R 为净值；R_t 表示为 t 日净值（一般为某一阶段的净值高点）；R_{t+n} 为 t 日后 n 日的净值（一般为某一阶段的净值低点）。当带有被除数 R_t 时表示为高点回撤，否则为面值回撤。对私募基金产品而言，仓位会随着净值的变化而变化，所以一般采用高点回撤计算最大回撤。

例如，某股票主动管理型产品在 2016 年 1 月 1 日时初始净值为 1，当"熔断"发生时净值下跌至 0.90，此时的回撤为 -10%。后期随着白马股行情的启动，截至 2017 年 12 月 31 日净值到达 1.55。在 2018 年整个阶段净值持续回落至 1.20，此阶段的回撤为（1.55 - 1.20）/1.55≈22%，故该产品从 2016~2018 年存续期内最大回撤为 -22%。

当投资者在 2016 年初入场和 2018 年初入场将面临着一个赚钱、一个亏钱截然不同的两种结局。一个基金产品用历史绝对收益衡量，其初始认购者一直持有或许是盈利的，但是在产品表现最优时入场的投资者却未必盈利，总的来说，关注基金的最大回撤可以帮助投资者了解该基金产品的风险控制能力和自己面临的可能的最大幅度亏损。这有助于帮助投资者挑选合适的机会入场以及调整适应自己风险承受能力的资金购买比例。

不同的交易标的、不同的交易策略之间的回撤表现范围是不同的，一般来说，有风险敞口的策略其回撤相对于无风险敞口的策略而言回撤会更大，净值曲线的波动性也更大。

（三）收益风险比

无论是从产品的收益率方面，还是从产品风险角度的最大回撤方面进行考察，其都是一维的衡量指标，而收益风险比则是将二者结合后的二维数据指标，它能够很好地衡量在单位时间内投资者每投入一份资金所冒的风险和潜在的收益水平。收益风险比的计算公式如下：

$$K = R/D$$

其中，R 为产品的年化收益率；D 为产品历史上的最大回撤。

举例来说，如果一支产品的年化收益率为 30%，历史最大回撤为 10%，则意味着购买该产品的投资者每投入的一份资金都冒着损失 10% 资金的风险换取获得 30% 年化收益率的机会。收益远大于风险是比较好的投资机会。当然，具体的情况一方面取决于标的资产的市场状况和产品管理人的管理水平；另一方面，如同前文最大回撤部分所说，与投资者的持有周期也有很大关系。

对同类策略而言，产品的收益风险比越高意味着产品表现越好。

（四）夏普比率

从现代投资理论的研究结果来看，风险的大小在决定组合表现上具有基础性的作用。风险调整后的收益率就是一个可以同时对收益率和风险加以考虑的综合评估指标，利用这个指标以期能够排除风险因素对基金产品绩效评估的不利影响。夏普比率就是可以同时对收益率和风险进行综合考虑的经典指标之一。

在夏普理论中，理性的投资者应该在给定风险水平下选择预期收益最高的投资组合，或者在给定预期收益的情况下选择风险水平最低的投资组合。国债作为相对最安全的资产其风险水平相对最低，投资者在建立有风险的投资组合时至少应该要求投资回报率达到或者超过无风险收益率的水平，否则国债资产就是给定收益下的风险最低的资产。即：

$$夏普比率 = \frac{R_p - R_f}{\sigma_p}$$

其中，R_p 为投资组合的预期收益率；R_f 为无风险收益率；σ_p 为投资组合的标准差。

夏普比率的目的是计算投资组合每承受一单位总风险会产生多少超额收益。夏普比率为正值则代表基金收益率高于基金净值的波动风险，若为负值则代表基金波动风险大于基金的收益率。夏普比率越高则同类产品下的表现越好。

（五）D – Ratio

前面涉及的评价指标中，收益率、最大回撤是一维的；收益风险比、夏普比率是二维的。但从绝对收益角度来看，私募基金管理人当前该类策略的管理规模也是对投资回报重要的影响因素。衡量一个策略的好坏，不仅观察其在小规模时能够获得高额收益，更重要的是还要考量其在面对大资金时是否依旧能够保持收益的稳定性。

投资者尤其是机构投资者，如果需要进行资产管理的资金较大时，面临在一个容量为 1 亿元、年化收益率为 30% 的策略和一个容量为 10 亿、年化收益率为 15% 的策略时，应该选择哪一个？显然第二个是更好的选择。因为：

收益 = 所投入本金 × 收益率

当策略无法容纳资金时，谈收益率则是非常片面的。

为了考虑资金规模对策略的影响，山东 FOF 研究会会长丁鹏博士在夏普比率的基础上剔除了 D – Ratio，公式如下：

$$D – Ratio = \frac{R_p - R_f}{\sigma_p \times (1 + e^{-c})}$$

其中，R_p 为预期收益率；R_f 为无风险收益率；σ_p 为投资组合的标准差；c 为最大资金规模并且其范围是 $0 \sim \infty$。

当 $c = 0$ 时，e^{-c} 为 1，当 $c = \infty$ 时，e^{-c} 为 0。这说明最大资金规模越大，D – Ratio 的值越大。该指标为相同收益和风险水平下的基金产品提供了另外一个维度的评估指标。

以上述的例子来说明，1 亿容量的策略和 10 亿容量的策略其 D – Ratio 的值分别如下：

D – Ratio1 = (0.3 - 0.05)/[0.1 × (1 + e^{-1})] = 1.83

D – Ratio2 = (0.15 - 0.05)/[0.05 × (1 + e^{-1})] = 1.99

不同策略的收益率、夏普比率和 D – Ratio 的比较如表 4 – 9 所示。

表 4 – 9　不同策略的收益率、夏普比率、D – Ratio 值的比较

	策略 1	策略 2
收益率	30%	15%
夏普比率	2.5	2
D – Ratio	1.83	1.99

资料来源：由山东 FOF 研究会、星潮 FOF 提供，由作者整理。

从数据来看，虽然策略 2 的收益率和夏普比率不如策略 1，但在增加资金规模的评价维度后，

策略2的价值显然更大。所以，D－Ratio指标衡量的是产品的"绝对收益能力"。

（六）β系数与中国私募基金系列指数

β系数（贝塔系数）是一种风险指数，主要用来衡量个别股票或股票基金相对于整个股市的价格波动情况。β系数是一种评估证券系统性风险的工具，用以度量一种证券或一个投资证券组合相对总体市场的波动性，在股票、基金等投资术语中常见。

β系数是统计学上的概念，它所反映的是某一投资对象相对于大盘的表现情况。其绝对值越大，显示其收益变化幅度相对于大盘的变化幅度越大；绝对值越小，显示其变化幅度相对于大盘越小。如果是负值，则显示其变化的方向与大盘的变化方向相反；大盘涨的时候它跌，大盘跌的时候它涨。由于投资者投资基金的目的是获得专家理财的服务，以取得优于被动投资于大盘的表现情况，这一指标可以作为考察基金经理降低投资波动性风险的能力。在计算β系数时，除了基金的表现数据外，还需要有作为反映大盘表现的指标。

对于不同投资标的、不同投资策略、不同管理规模的私募基金产品而言，当前国内私募市场上没有一个统一的、标准的、精细化的对比基准，如果将投资标的、投资策略不同的私募产品均采用同一基准，比如，以沪深300指数作为基准，就如同拿汽车与行人的速度做对比，而得到汽车比行人速度更快的结论一样，其结果没有任何意义。

为此，基于目前国内主流的、有相当资金容量的投资标的、涉及面较广的投资策略和私募基金分化明显的管理规模三个维度，分类并编制了不同标的、不同策略、不同规模量级的中国私募基金系列指数，为不同的私募基金产品提供有效可参考的比较基准。

一方面，通过对基金产品与系列指数中的各子指数进行相关性分析得到私募基金产品的高相关性类别，与定性分析中对私募基金产品的分类相验证；另一方面，对私募基金产品和对应私募基金指数计算β系数，评估私募基金产品在同类产品中的降低投资波动性风险的能力。β系数的计算公式如下：

$$\beta_a = \frac{Cov(r_a,\ r_m)}{\sigma_m^2}$$

其中，r_a是指私募基金产品的日度收益率时间序列；r_m是指对应私募基金指数的日度收益率时间序列；$Cov(r_a,\ r_m)$是r_a与r_m的协方差，σ_m^2是r_m的方差。

简单来说，β系数代表着指数变动1个单位时，基金产品变动多少。比如，有的私募管理人的投资风格比较激进，其产品的波动性更大，私募基金产品与其对应指数的β系数为1.5，这意味着当指数每上涨1%该基金将上涨1.5%，反之当指数每下跌1%该基金将下跌1.5%。

对于长期跑输对应指数的私募产品或者其与指数的下行偏离度更大时意味着这只基金的业绩处在同类基金产品的中下水平。

在此，特别说明一下基金评价和筛选中常见的误区：

第一，注重短期利益，只看收益、忽略风险。我国私募基金行业的整体管理规模不断攀升新高，但依然有很多基金的投资者在购买基金时被私募产品的收益所吸引，忽视了产品运作时潜在的风险。比如，股票策略产品需要考虑同期各产品自身的头寸规模、风格配置等因素并分析业绩产出的原因。

第二，明星基金经理效应。因基金经理名气高而追逐其产品。

第三，忽视规模扩张速度、业绩偏离、基金经理变动等重要因素。

第四，沿袭投资习惯，如投资人自身长期炒股，只关注股票型私募基金管理人和产品，忽视了大类资产轮动和周期性。

第五，投资期限与策略风格的错配。

第三节　股权类投资基金管理人筛选标准

一、定性指标

（一）资产管理能力

资产管理能力作为基金公司主要核心竞争力，是衡量私募基金管理人能否科学配置资产的重要指标，因此，基金管理人能否树立大局意识，锻炼全局视野，善于把握宏观经济与微观产业发展趋势，立足于自身禀赋优势，提升主动管理能力，合理配置资源，为投资者带来更多价值，更加有效地服务于金融实体经济是资产管理能力的重要体现。

（二）风险管控能力

2018年由中国人民银行、中国银行保险监督管理委员会、中国证券监督管理委员会、国家外汇管理局联合印发的《关于规范金融机构资产管理业务的指导意见》的出台标志着资管新时代的来临，同时也意味着私募基金行业发展将走向更加规范的道路，资管新规中明确提出，要以坚持严控风险的底线思维为原则，这就对私募基金管理人的风险管控能力提出了更高的要求。因此，私募基金管理人能否切实履行主动管理职责，坚守底线，合规经营，全面完善风险管控体系和管理制度，机构从业人员是否具备必要的专业知识，充分了解相关法律法规等都是衡量私募基金管理人风险管控能力的重要指标。

（三）增值服务能力

基金管理人作为价值增值者，区别于传统金融中介的一个重要特点就在于增值服务能力，因此，基金管理人能否在战略决策、公司运营、人才引进、市场营销、公司治理等方面为被投企业创造价值是增值服务能力的重要体现。

（四）管理人声誉

私募基金管理人的声誉是企业无形资产的重要体现，是机构与市场在长期博弈中形成的结果，良好的声誉能够向市场传递积极的信号，不仅有助于获取优质企业的信赖，还能吸引其他知名中介机构的参与，高声誉的形成来源于过去市场的表现以及历史经验的积累，因此，基金管理人的行业经验、丰富的成功投资经历、管理团队的稳定性、是否荣登知名榜单等都会影响基金管理人的声誉。

二、定量指标

（一）PE 类优质基金管理人筛选标准

私募股权投资（Private Equity，PE）主要是对非上市企业进行权益性投资，在交易实施过程中附带考虑了将来的退出机制。中国私募基金系列指数对 PE 类基金管理人进行了评优，以期对投资者的投资有参考借鉴作用，其筛选标准如表 4-10 所示。

表 4-10　PE 类优质基金管理人筛选标准

维度	评分项目	指标说明	100（分）
募资表现	募资金额	过去 1 年新募资金规模	10
投资表现	投资金额	当年度投资机构投资项目总金额	10
	投资项目数	当年度投资机构投资项目总数量	10
管理表现	管理资金规模	截至当年度投资机构累计管理资产规模	10
	管理基金数量	截至当年度投资机构累计管理基金数量	10
退出表现	退出数量	当年度退出项目总数量	10
	退出金额	当年度投资机构所投项目全部或部分退出现金总金额	10
	退出率	历史退出数量/历史投资总项目数	10
	净内部收益率	自成立以来	10
	资本效率 DPI	上一期基金退出额/投资资本规模	10

（二）VC 类优质基金管理人筛选标准

风险投资五个阶段的种子期、初创期、成长期、扩张期、成熟期涉及较高的风险，风险投资（Venture Capital，VC）主要以投资企业前期为主，风险投资的目的不是控股，而是退出，风险投资的退出方式包括 IPO、收购和清算。中国私募基金系列指数对 VC 类基金管理人进行了评优，以期对投资者的投资有参考借鉴作用，其筛选标准如表 4-11 所示。

表 4-11　VC 类优质基金管理人筛选标准

维度	评分项目	指标说明	100（分）
募资表现	募资金额	过去 1 年新募资金规模	10
投资表现	投资金额	当年度投资机构投资项目总金额	10
	投资项目数	当年度投资机构投资项目总数量	10
管理表现	管理资金规模	截至当年度投资机构累计管理资产规模	10
	管理基金数量	截至当年度投资机构累计管理基金数量	10
退出表现	退出数量	当年度退出项目总数量	10
	退出金额	当年度投资机构所投项目全部或部分退出现金总金额	10
	退出率	历史退出数量/历史投资总项目数	10
	净内部收益率	自成立以来	10
	资本效率 DPI	上一期基金退出额/投资资本规模	10

（三）早期创业投资类优质基金管理人筛选标准

早期创业投资类基金管理人专注投资于初创企业，以投资创业企业早期阶段为主要方向，帮助初创企业迅速启动。中国私募基金系列指数对早期企业投资类基金管理人进行了评优，以期对投资者的投资有参考和借鉴作用，其筛选标准如表4-12所示。

表4-12　早期创业投资类优质基金管理人筛选标准

维度	评分项目	指标说明	100（分）
融资表现	融资金额	过去1年新融资金规模	10
投资表现	投资金额	当年度投资机构投资项目总金额	10
	投资项目数	当年度投资机构投资项目总数量	10
管理表现	管理资金规模	截至当年度投资机构累计管理资产规模	10
退出表现	获得后续融资案例数量	投资机构所投项目在当年度获得后续融资的案例总个数	10
	IPO和并购退出案例数	投资机构所投项目在当年度IPO和被并购案例总个数	10
	退出金额	当年度投资机构所投项目全部或部分退出现金总金额	10
	退出率	历史退出数量/历史投资总项目数	10
	净内部收益率	自成立以来	10
	资本效率DPI	上一期基金退出额/投资资本规模	10

第五章
中国优质私募投资基金管理人

统计说明：本部分所列私募基金管理人根据本年鉴筛选标准选取，基金管理人皆在中基协（ht-tp://gs. amac. org. cn/）备案，且本年度无机构诚信信息问题列示。

私募基金管理人列示信息来源于中国证券投资基金业协会及私募基金管理人官方网站，我们已通过官方渠道通知相关基金管理人。

由于资料来源、字数、篇幅等限制，仅列式 400 家私募基金管理人信息，其中股权、创业投资类私募基金管理人 100 家，证券类私募基金管理人 300 家。所列信息并不能完全反映私募基金管理人的基本情况，信息仅供参考。

重要提示：本部分所列私募基金管理人不作为对投资者形成的投资建议，一切投资风险由投资者本人承担。

数据来源：中国证监会、中国证券投资基金业协会、各家私募基金管理人网站等公开披露信息。其中，证券类私募基金管理人的自主发行及顾问管理规模、产品数量、部分产品策略分类、净值数据由私募云通、山东 FOF 研究会以及泰山基金论坛整理提供。

第一节　优质私募股权投资基金管理人（部分）

根据中国私募基金系列指数标准，综合定量与定性指标筛选出优质私募股权投资基金管理人，以下排名不分先后。

一、股权投资基金管理人

（一）北京汽车集团产业投资有限公司

1. 公司信息
公司信息如表 5 - 1 所示。

2. 基本概况
公司文化：以资本催生创新动能，让金融赋能实体经济；打造具有国际影响力的专业化产业投资与产业金融平台。

表 5－1　北京汽车集团产业投资有限公司信息

简　称	北汽产业投资			
登记编号	P1008109	组织机构代码	05361854－1	
成立时间	2012－09－06	登记时间	2015－02－04	
企业性质	内资企业	机构类型	私募股权、创业投资基金管理人	
注册资本（万元）（人民币）	103111.63	实缴资本（万元）（人民币）	103111.63	
注册地址	北京市顺义区赵全营镇兆丰产业基地东盈路19号			
办公地址	北京市朝阳区东三环南路25号北京汽车大厦11层			
员工人数	144	机构网址	baicgroup.com.cn	电话 010－87665207
法定代表人/执行事务合伙人	张建勇			
法定代表人/执行事务合伙人（委派代表）工作履历	时间	任职单位	任职部门	职务
	2013.08～2017.06	北京汽车集团产业投资有限公司	高级管理人员	执行董事
	2013.06～2017.06	深圳市本源晶鸿基金管理有限公司	高级管理人员	执行董事
	2003.10～2013.08	北京汽车集团有限公司	财务部	财务部部长
	2013.08～2017.06	北京汽车集团产业投资有限公司	高级管理人员	执行董事

投资理念：深耕汽车及周边产业，坚持沿着发展战略方向支持制造业发展。

投资方向：新能源、新材料、智能化、智能交通、汽车后市场等领域。

奖项：2018年中国私募股权投资机构50强（由清科集团评选）；2016年中国先进制造与高科技产业最佳先进制造领域投资机构TOP10（由投中集团评选）。

3. 投研团队

张建勇：执行董事，高级会计师、英国特许公认会计师（ACCA）、律师资格，获中南财经大学硕士学位，北京理工大学博士在读；在公司治理、财务管理、税收管理等领域具有深厚的理论与实践功底，现兼任北京国际税收研究会理事，曾先后参与了北京奔驰轿车项目、克莱斯勒轿车项目、萨博知识产权项目、威格尔变速箱项目、英纳法天窗项目等多个大型合资合作、收购项目的谈判和实施工作，历任北京汽车集团有限公司财务部部长助理、副部长、部长、财务总监，现任北京汽车集团有限公司副总经理、北京汽车集团产业投资有限公司执行董事。

史志山：总裁，中央财经大学MBA，从事投资、资本运作和多元化大型企业集团治理近10年，熟悉国内外资本市场，擅长直接投资、PE和VC投资、收购兼并、国有股权管理，曾在国内知名咨询机构和估值机构任职，负责并参与了中国石化、中国铝业、中国银行的股改及上市工作以及ST朝华、ST长丰、ST兰宝等多家上市公司的重大资产重组和置换工作，曾任北京汽车集团有限公司资本运营部副部长。

4. 投资业绩

公司先后发起设立了深圳本源晶鸿基金、安鹏融资租赁基金、安鹏新能源汽车产业发展基金、汽车后市场基金、车联网发展基金、井冈山产业基金等 39 只基金，管理的资金规模近 300 亿元人民币。

项目案例：滴滴出行、九五智驾、赛格导航、明珞装备。

（二）渤海华美（上海）股权投资基金管理有限公司

1. 公司信息

公司信息如表 5 - 2 所示。

表 5 - 2　渤海华美（上海）股权投资基金管理有限公司信息

简　　称		渤海华美			
登记编号	P1003081	组织机构代码	08619858 - X		
成立时间	2013 - 12 - 16	登记时间	2014 - 06 - 04		
企业性质	内资企业	机构类型	私募股权、创业投资基金管理人		
注册资本（万元）（人民币）	3000	实缴资本（万元）（人民币）	2697.67		
注册地址	上海市浦东新区自贸区业盛路 188 号 A - 868H 室				
办公地址	北京市朝阳区建国路 79 号华贸中心写字楼 2 座 31 层 3101				
员工人数	19	机构网址	www. bhrpe. com	电话	010 - 59695858
法定代表人/执行事务合伙人		周冰			
法定代表人/执行事务合伙人（委派代表）工作履历	时间	任职单位	任职部门	职务	
	2013.12 ~ 2017.06	渤海华美（上海）股权投资基金管理有限公司	董事会	董事长（兼）	
	2011.07 ~ 2014.05	中银国际控股有限公司	投资部	助理执行总裁	
	1998.07 ~ 2011.07	中国银行总行	公司金融部	公司金融部助理总经理	
	1993.07 ~ 1995.07	江苏省溧阳市电机厂		工程师	

2. 基本概况

公司文化：承泰山之责任，秉独立之精神；汇卓越之团队，施专业之能力；行稳健之投资，享共赢之收益。

公司使命：为投资者创造优异回报，与企业建立长期共赢的伙伴关系，成为员工提升和实现自我价值的平台，探索和创新行业发展道路。

投资方向：清洁技术、互联网、金融、能源、汽车等领域。

奖项：2016 年中国私募股权投资机构 100 强（清科集团）。

3. 投研团队

周冰：董事长，清华大学工学硕士，中国银行总行公司金融部副总经理，渤海基金董事；是能源电力行业的专家，参与了大量油气领域的投融资项目，并参与了诸多基础设施项目及消费品领域的融资项目。

李祥生：总裁，伦敦大学法律硕士学位、南京大学理学学士学位、法学学士学位和中国律师资格；资深投资人士，曾主导多家中国国企海外上市以及并购，拥有超过 25 年的投行及投资经验。

李新中：执行董事，南开大学经济系学士、英国伦敦大学法律硕士；拥有超过 30 年的投资及投资银行经验，曾先后任职香港百富勤融资有限公司董事、香港恒泰融资有限公司董事总经理、法国巴黎百富勤融资有限公司执行董事、香港英高财务顾问公司董事、星展亚洲融资有限公司中国并购业务主管、深圳厚源投资咨询有限公司合伙人、渤海基金执行董事、投资决策委员会委员。

4. 投资业绩

渤海创立于 2006 年，旗下管理的渤海产业投资基金是经国务院同意、发改委批准设立的中国第一支人民币股权投资基金，受到国家发改委和各级政府的大力支持和协助。渤海的股东包括中国银行、泰达控股、全国社保基金、国家开发银行、中国人寿、中国邮储银行等领先金融和实业机构。

项目案例：宁德时代、滴滴出行、奇瑞汽车、天津银行。

（三）诚通基金管理有限公司

1. 公司信息

公司信息如表 5 - 3 所示。

表 5 - 3 诚通基金管理有限公司信息

简 称	诚通基金			
登记编号	P1033560	组织机构代码	91110000MA00454M8R	
成立时间	2016 - 03 - 11	登记时间	2016 - 09 - 08	
企业性质	内资企业	机构类型	私募股权、创业投资基金管理人	
注册资本（万元）（人民币）	12700	实缴资本（万元）（人民币）	12700	
注册地址	北京市西城区金融大街 7 号英蓝国际金融中心 7 层 F709			
办公地址	北京市西城区金融大街 7 号英蓝国际金融中心 711 - 715			
员工人数	83	机构网址	www. cctfund. cn	电话　010 - 83271700
法定代表人/执行事务合伙人	童来明			
法定代表人/执行事务合伙人（委派代表）工作履历	时间	任职单位	任职部门	职务
	2016. 03 ~ 2017. 07	诚通基金管理有限公司	公司领导	执行董事
	2015. 08 ~ 2016. 03	中国纸业投资有限公司	公司领导	董事长、法定代表人
	2015. 04 ~ 2015. 08	中国诚通控股集团有限公司	公司副总裁	副总裁
	2014. 07 ~ 2015. 04	中国纸业投资有限公司	公司领导	董事长、总经理、法定代表人
	2010. 04 ~ 2014. 07	中国纸业投资总公司	公司领导	总经理、法定代表人
	2005. 04 ~ 2010. 04	中国物资开发投资总公司	公司领导	总经理、法定代表人
	2001. 09 ~ 2005. 04	中国物资开发投资总公司	公司领导	总经理助理兼财务管理部经理、副总经理
	2000. 05 ~ 2001. 09	北京迪威乐普科贸有限公司	公司领导	总经理
	1996. 01 ~ 2000. 05	天龙期货经纪有限公司	公司领导	财务部经理、副总经理

2. 基本概况

公司文化：在国民经济发展中发挥独特作用，成为具有较强竞争力、以追求资本增值和产业发展为目标的战略型投资控股公司。

经营理念：不断努力降低客户成本持久创造自身利润空间。

投资方向：新能源、机械制造、建筑工程、金融等领域。

奖项：2018 年中国私募股权投资机构 50 强（清科集团）。

3. 投研团队

朱碧新：董事长，管理学博士，高级经济师，国务院特殊津贴专家；2015 年 12 月任中国诚通控股集团有限公司董事、总裁、党委副书记；曾任中国路桥（集团）总公司党委委员、纪委书记、工会主席，中国交通建设集团有限公司党委常委、副总裁、总法律顾问，兼任中交地产有限公司董事长、绿城中国有限公司董事会联席主席；是第九届全国青联委员，第一、二届中央企业青联常委，中国海员建设工会常委，第二、三届海峡两岸关系协会理事，第四届海峡两岸航运交流协会副理事长，中国交通教育研究会副会长，交通运输部高级经济系列专业职务评审委员会副主任。

徐震，财务负责人，研究生学历，2004 年出任中国诚通控股集团有限公司总会计师；曾任中国燃料总公司财务处副处长，中务会计师事务所所长，中国物资开发投资总公司总会计师、副总经理，中国诚通控股集团有限公司副总会计师。

4. 投资业绩

联合招商集团和深圳地方政府设立了深圳国调招商并购股权投资基金，基金目标总规模 500 亿元，专注支持国有企业通过并购投资实现转型升级、国际化经营；联合社会资本，发起设立国内规模最大的不良资产投资基金——诚通湖岸不良资产投资基金，总规模 100 亿元，重点投向银行不良资产、地方融资平台债务和中央企业债务；发起设立国有企业混合所有制改革基金，全力助推国有企业加快发展混合所有制经济。

投资案例：中粮资本、京东金融、南方航空、美团点评。

（四）鼎晖股权投资管理（天津）有限公司

1. 公司信息

公司信息如表 5-4 所示。

表 5-4 鼎晖股权投资管理（天津）有限公司信息

简 称	鼎晖投资			
登记编号	P1000301	组织机构代码	67595219-X	
成立时间	2008-05-22	登记时间	2014-03-17	
企业性质	内资企业	机构类型	私募股权、创业投资基金管理人	
注册资本（万元）（人民币）	10000	实缴资本（万元）（人民币）	10000	
注册地址	天津市滨海新区经济技术开发区南港工业区综合服务区办公楼 D 座二层 202 室（开发区金融服务中心托管第 77 号）			

办公地址	北京市朝阳区东三环中路5号财富金融中心25层				
员工人数	99	机构网址		www.cdhfund.com	电话	010-85076998
法定代表人/执行事务合伙人	吴尚志				

	时间	任职单位	任职部门	职务
法定代表人/执行事务合伙人（委派代表）工作履历	2016.12~2017.10	鼎晖股权投资管理（天津）有限公司	法定代表人、董事长	法定代表人、董事长
	2002.10~2017.10	鼎晖投资	董事长	董事长
	1995.07~2002.09	中国国际金融有限公司	直投部	直接投资部董事、总经理
	1993.07~1995.06	北京科比亚咨询公司	咨询	执行董事
	1991.07~1993.06	世界银行的国际金融公司	投资	高级投资官员
	1993.07~1995.06	北京科比亚咨询公司	咨询	执行董事
	1984.12~1991.06	世界银行	投资	投资官员和高级投资官员

2. 基本概况

公司文化：奉行投资业绩为导向的企业文化，投资行业应该让业绩说话，战略布局和增设业务部门很容易，但优秀的业绩才是吸引投资者的关键。

投资理念：鼎晖投资的核心理念，在于能够为投资人和被投资企业不断创造价值。

投资方向：零售及消费品、农业产业、金融服务、食品、工业制造业、医疗健康等领域。

奖项：2018年中国私募股权投资机构50强（清科集团）；2018年中国清洁技术领域投资机构10强（清科集团）。

3. 投研团队

吴尚志：创始合伙人、董事长，同时任太阳药业有限公司董事，曾担任中国国际金融有限公司董事总经理，服务于中金管理委员会，国际金融公司高级投资专员等职务。

焦震：管理合伙人、投资总裁，曾担任中国国际金融有限公司直投部副总裁，航天工业部710研究所，中华会计师事务所高级审计师，北京信息与控制研究所研究员。

4. 投资业绩

鼎晖私募股权基金（投资）成立于2002年。是鼎晖投资旗下的主力基金。鼎晖私募股权投资目前管理着5只美元基金和2只人民币基金，管理资金规模达650亿元人民币；投资方向与中国经济增长紧密联系，在过去的10年中，鼎晖私募股权陆续在食品、工业制造业、现代服务、医疗、金融、能源等行业投资了60多家中国知名品牌企业，其中20多家已成功上市。借助鼎晖私募股权的助力，许多企业已成长为中国最具竞争力的行业领导者。

项目案例：正海生物、口碑网、丰巢、百丽集团。

（五）上海复星创富投资管理股份有限公司

1. 公司信息

公司信息如表5-5所示。

表5－5　上海复星创富投资管理股份有限公司信息

简　　称	复星创富			
登记编号	P1000303	组织机构代码	66073632－0	
成立时间	2007－04－28	登记时间	2014－03－17	
企业性质	内资企业	机构类型	私募股权、创业投资基金管理人	
注册资本（万元）（人民币）	60000	实缴资本（万元）（人民币）	60000	
注册地址	上海市浦东新区康桥镇沪南路2575号1203室（康桥）			
办公地址	上海市黄浦区中山东二路600号外滩金融中心S1幢17楼			
员工人数	64	机构网址	www.fosuncapital.com	电话 021－23155941
法定代表人/执行事务合伙人	唐斌			

法定代表人/执行事务合伙人（委派代表）工作履历	时间	任职单位	任职部门	职务
	2007.04～2014.02	上海复星创富投资管理有限公司		总裁
	2005.02～2007.04	上海复星产业投资公司		北京首席代表
	2003.02～2005.02	上海复星产业投资公司		江西省首席代表
	2002.10～2003.02	江西省九江县人民政府		副县长
	1995.08～2002.10	江西省经贸委人事处、办公室		主任科员

2. 基本概况

公司文化：创业、创造、创新、开放。

投资理念：坚持以C2M战略为指导，植根复星全球广度及产业深度，坚持"专业创造价值"，遵循"中国动力嫁接全球资源"的独特投资模式，通过融通优质资源、嫁接产业优势，捕捉受惠于中国成长动力的投资机会；凭借优质的投后服务和复星强大的全球产业整合能力，从业务资源和产业深度上为被投企业赋能，实现深度产融互动。

投资方向：智能制造、能源环保、消费服务、TMT、大健康等领域。

奖项：2018年中国私募股权投资机构50强（清科集团）。

3. 投研团队

唐斌：董事长，复星国际高级副总裁，复星全球合伙人，中国动力基金（CMF）董事长兼总裁，复星时尚集团董事长，能源环境及智能装备集团董事长，洛克石油有限公司董事长；早期布局科大讯飞、中光防雷、韵达快递、阿里小贷（网商银行）、乐鑫科技等；通过投资南钢股份、海南矿业、招金矿业、永安保险、陕鼓动力、中策橡胶、中山公用，为国企注入发展动力，陆续推动了爱仕达、利亚德光电、德尔股份、五洲新春、法兰泰克、博天环境、金能科技等多家优秀企业登陆资本市场。

张良森：CEO，复星总裁高级助理，复星全球合伙人；复旦大学博士、统计学硕士和理学学士；具有15年投资业务从业经验，现全面管理复星创富投资业务，在国企改制、企业并购重组方面有着丰富的经验，并在智能制造与工业服务、能源环保等领域具有深厚的研究积累、投资实践和拥有广泛的业内资源；主导投资的项目有：五洲新春（603667）、法兰泰克（603996）、阜新德尔（300473）、金能科技（603113）、中生联合（03332）、中策橡胶、中粮工科等20余个行业领先项目。

4. 投资业绩

发起并管理的资产包括母基金、私募股权投资基金、上市公司产业基金等各类股权投资基金，目前旗下管理七只基金：创富基金、平鑫基金、寅平基金、浙商基金、惟实基金、济南基金、惟盈基金，基金规模逾200亿元人民币。复星创富专注于智能制造、环保新能源、时尚消费、TMT、大健康、汽车及工业服务六大领域的投资，投资企业近百家，超过20家企业已成功在国内或海外上市、挂牌。

项目案例：韵达、科大讯飞、博天环境、中光防雷、中策橡胶。

（六）中国科技产业投资管理有限公司

1. 公司信息

公司信息如表5-6所示。

表5-6 中国科技产业投资管理有限公司信息

简 称	国科投资			
登记编号	P1000510	组织机构代码	10000668-8	
成立时间	1987-10-17	登记时间	2014-04-17	
企业性质	内资企业	机构类型	私募股权、创业投资基金管理人	
注册资本（万元）（欧元）	10000	实缴资本（万元）（欧元）	10000	
注册地址	北京市海淀区北四环西路58号理想国际大厦1601			
办公地址	北京市海淀区北四环西路58号理想国际大厦1601			
员工人数	38	机构网址	www.casim.cn	电话	010-82607629
法定代表人/执行事务合伙人	孙华			
法定代表人/执行事务合伙人（委派代表）工作履历	时间	任职单位	任职部门	职务
	2006.11~2018.01	中国科技产业投资管理有限公司	高管	董事长
	2000.09~2006.11	华资资产管理有限公司	管理	总经理
	1996.03~2000.09	长江证券有限公司	投资银行	副总经理
	1989.07~1993.08	湖北省广播电视大学宜昌县分校	教学	教师
	1985.07~1987.08	湖北省宜昌县教育委员会	普通教育	教师

2. 基本概况

公司文化：为居于行业领先地位的企业提供资金支持和增值服务，帮助其成为具有国际竞争力的优秀企业；不片面追求规模上的扩展，要在风险可控的前提下，成为公司股东和基金投资人最值得信赖的财富管理者，成为被投资企业引以为傲的合作伙伴，成为员工追求成功的理想载体。

投资方向：智能装备、信息技术、集成电路、医药化工、现代服务业等领域。

奖项：2017 年中国私募股权投资机构 100 强（清科集团）；2017 年中国最佳回报私募股权投资机构（融资中国）。

3. 投研团队

孙华：董事长，中国人民大学工商管理硕士，2006 年 11 月加入中国科技产业投资管理有限公司，2008 年设立国科瑞华创业投资企业并任投资委员会主任，2010 年设立国科瑞祺物联网创业投资有限公司并任董事长，曾担任华资资产管理有限公司总经理、长江证券有限责任公司投资银行总部副总经理；拥有五年股票发行工作经验、十二年上市公司并购及科技企业投资管理经验，长于企业价值评估、上市策划和并购重组，对科技成果转移转化和科技企业管理有深刻认识。

刘千宏：总经理，武汉大学法学学士、北京大学光华管理学院高级工商管理硕士；2006 年 11 月加入中国科技产业投资管理有限公司，主要负责国科投资旗下基金的管理工作，历任长江证券有限责任公司高级经理、华资资产管理有限公司总经理助理、北京盛世华商投资咨询有限公司总经理、董事长；拥有超过十四年的投资银行和投资工作经验，专长领域包括公司发行上市、并购重组、私募融资、公司治理，曾主持操作了多个并购重组、股权投资项目。

4. 投资业绩

截至 2018 年，资产管理规模超过 50 亿元人民币，累计投资项目超过 100 个，投资企业通过 IPO 成功退出企业 5 家。

项目案例：中科信息、胜宏科技、星星科技、贝因美。

（七）华盖资本有限责任公司

1. 公司信息

公司信息如表 5 - 7 所示。

表 5 - 7　华盖资本有限责任公司信息

简　称	华盖资本		
登记编号	PI001926	组织机构代码	05358613 - X
成立时间	2012 - 09 - 13	登记时间	2014 - 05 - 04
企业性质	内资企业	机构类型	私募股权、创业投资基金管理人
注册资本（万元）（人民币）	10000	实缴资本（万元）（人民币）	2500
注册地址	北京市东城区建国门北大街 8 号 505A		
办公地址	北京市东城区建国门北大街 8 号华润大厦 505 - 508		
员工人数	9	机构网址	www. huagaicapital. com　电话　010 - 64001990
法定代表人/执行事务合伙人	许小林		

	时间	任职单位	任职部门	职务
法定代表人/执行事务合伙人（委派代表）工作履历	2016.11~2018.07	华盖资本有限责任公司	无	法定代表人
	2016.09~2018.05	华盖回家投资管理（北京）有限公司	无	法定代表人
	2014.04~2018.05	华盖医疗投资管理（北京）有限公司	无	合伙人
	2006.05~2014.04	建银国际资产管理有限公司（香港公司）	投资部	董事兼投资总监
	1997.07~2006.05	长城证券有限责任公司	并购部	总经理

2. 基本概况

公司文化：以"成为一家具有国际影响力的本土资产管理机构"为愿景，通过帮助被投企业引入先进管理经验，提升产业整合及资本运作能力，推动被投企业快速成长并实现管理资产的持续增值。

投资理念：诚实互信，学习创新；追求卓越，和谐共赢。

投资方向：医疗健康、TMT、文化三大领域的初创或成长阶段公司。

奖项：2018年中国私募股权投资机构TOP50（清科集团）；2018年度中国最受LP关注创业投资机TOP20（投中集团）。

3. 投研团队

许小林：创始合伙人、董事长，北京大学经济学学士，北京大学EMBA；曾任建银国际财富管理有限公司（建银国际产业基金）总经理、建银国际资产管理公司董事、投资总监，是建银国际医疗基金创始人，曾任长城证券并购部总经理等，现兼任"亮·中国"首届执行主席，中国创投委中华创投家同学会会长，"中国医疗健康投资50人论坛"发起人兼首届轮值主席，中国医药企业科学家投资家大会轮值主席；主导和参与了包括和美医疗、拜博口腔、科伦药业、步长制药、东阳光药业、鹭燕股份、康德莱、成大生物等近七十个大型境内外投资项目。

鹿炳辉：创始合伙人，总经理，北京大学哲学学士与经济学硕士；曾任KKR投资集团投资总监、高盛中国业务执行董事和中银国际投资银行部副总裁，拥有丰富的基金运作和境内外资本市场运作经验。主导和参与了包括软通动力、美易家、百融金服、宝宝树、礼多多、微众银行、必要、恒天财富、新东方教育、国美/永乐电器、中国平安、中国信达、中国石化等项目投资及资本市场运作。

4. 投资业绩

TMT领域聚焦于金融服务、新兴消费零售和IT服务技术等领域，主要投资于行业内各阶段的优秀企业。如51信用卡、老虎证券、百融金服、宝宝树、必要电商、触宝科技、现在支付、易久批等。

文化领域聚焦于影视、出版、游戏、体育、VR/AR和旅游等行业的优质企业，重点关注成长型和成熟型的企业。

目前管理有医疗基金、TMT基金、文化基金等多只股权投资基金，资产管理规模近百亿元人民币。

项目案例：碧莲盛植发、老虎证券、开心麻花、十点文化。

（八）华软资本管理集团股份有限公司

1. 公司信息

公司信息如表5-8所示。

表5-8 华软资本管理集团股份有限公司信息

简 称	华软资本			
登记编号	P1003305	组织机构代码	56948863-7	
成立时间	2011-02-23	登记时间	2014-06-04	
企业性质	内资企业	机构类型	私募股权、创业投资基金管理人	
注册资本（万元）（人民币）	12060.89	实缴资本（万元）（人民币）	12060.89	
注册地址	北京市石景山区八大处高科技园区西井路3号2号楼203房间			
办公地址	北京市朝阳区酒仙桥路10号恒通商务园B3			
员工人数	8	机构网址	www.chinasoftcapital.com	电话 010-65538990
法定代表人/执行事务合伙人	王广宇			
法定代表人/执行事务合伙人（委派代表）工作履历	时间	任职单位	任职部门	职务
	2016.05~2018.06	苏州天马精细化学品股份有限公司	高管人员	董事长
	2011.02~2018.06	华软资本管理集团股份有限公司	高管人员	董事长、总裁
	2010.09~2018.06	华软投资控股有限公司	高管人员	执行董事
	2008.03~2016.06	华软投资（北京）有限公司	高管人员	董事长兼CEO
	2007.01~2008.02	创业	无	无
	2004.12~2007.01	长天科技集团	高管人员	副总裁
	2000.07~2004.08	中国工商银行总行	投资银行部	处长

2. 基本概况

公司文化：成就领先的科技金融旗舰；投资于人，携手基业长青的创新企业；汇聚精英，贡献长期稳定的股东回报。

投资理念：构筑独具特色的"三位一体"综合性科技金融业务体系，高度重视业务创新，推动企业在不同发展阶段的业务互动和衔接，满足全周期的科技企业融资需求，全力支持创业者，推动创新；同时积极践行企业社会责任，追求在自然环境和人文领域的共同进步。

投资方向：新一代信息技术、高端装备制造、节能环保、文化教育、医疗大健康等。

奖项：2017年中国私募股权投资机构100强（清科集团）；2016年度中国新能源与清洁技术产业、中国先进制造与高科技产业最佳投资机构（投中集团）；2015~2016年度中国文化传媒产十佳机构（融资中国）。

3. 投研团队

王广宇：创始人、公司董事长，兼任中国科学院研究生院教授、中国人民大学校董、吉林大学校董、中国互联网协会理事、中国投资协会创业投资委员会常务理事等社会职务；曾在中国工商银行总行等机构任职，著名私募股权投资和金融信息化专家，在金融科技产业融合、境内外上市、投资并购领域拥有丰富经验，创立"中华软件基金"是近年国内业绩最突出的产业基金品牌之一，曾参与国家"九五"至"十二五"规划相关课题研究，著有《客户关系管理》《知识管理》等10余部专著并荣获数个学术奖项。

黄永恒：公司顾问委员会主席，负责公司发展战略咨询和海外拓展，曾任 SAS 大中华区总裁，长天科技集团首席执行官，EDS 和 Unisys 中国区总裁，在香港电讯时期，为亚洲区业务总监及企业市场总经理。曾担任凯雷和 Chatterjee 集团在中国投资的顾问。

4. 投资业绩

集团总部设在北京，在上海、杭州、常州、深圳和香港设有分支机构，发起管理多期基金，成功投资并推动多家企业于境内外上市。

项目案例：赛科世纪、深讯和、上海农易、美方能源。

（九）金浦产业投资基金管理有限公司

1. 公司信息

公司信息如表 5 - 9 所示。

2. 基本概况

公司文化：专注投资，成就卓越；专业专注，稳健务实。

投资理念：公司主要从事产业投资基金及其他类型的股权投资基金的发起设立，经营管理和投资运作业务。金浦产业投资基金管理有限公司将以"市场化、专业化、国际化"的原则积极、稳健运作。

投资方向：新能源、金融、食品、互联网等领域。

奖项：2018 年中国私募股权投资机构 50 强（清科集团）；2017 年度中国最佳私募股权投资机构 TOP100（投中集团）。

3. 投研团队

邓伟利，董事长，复旦大学经济学博士，兼任上海国际集团资产管理有限公司党委书记、董事长，上海国方母基金股权投资管理有限公司董事长，上海国和现代服务业股权投资管理有限公司董事长，曾任复旦大学管理学院副教授、党总支副书记、MBA 项目副主任，复旦大学人事处副处长，中国华源上海天诚创业投资有限公司副总经理，上海国鑫投资发展有限公司副总经理、总经理、董事长，上海国有资产经营有限公司副总裁、党委副书记，上海国际集团有限公司资本运营部总经理。

吕厚军，总裁，中共党员、经济学博士、高级经济师，曾先后任无锡建升期货经纪有限公司、江苏新思达投资管理顾问有限公司负责人、建设银行苏州分行行长助理、建设银行江苏省分行国际业务部副总经理、海通证券有限公司投资银行总部总经理助理、海通证券有限公司国际业务部副总经理，生曾连续六年被评为福布斯中国最佳投资人，2017 年再次入选福布斯中国最佳创投人 TOP25，同时荣获中国证券报首届金牛股权投资精英称号、沪上金融家称号，入选上海领军金才、被评为陆家嘴十大金融之星。

表5-9 金浦产业投资基金管理有限公司信息

简 称	金浦产业投资			
登记编号	P1001245	组织机构代码	69161293-7	
成立时间	2009-07-15	登记时间	2014-04-23	
企业性质	内资企业	机构类型	私募股权、创业投资基金管理人	
注册资本（万元）（人民币）	12000	实缴资本（万元）（人民币）	12000	
注册地址	上海市浦东新区银城中路68号49楼4901-4904单元			
办公地址	上海市浦东新区银城中路68号49楼4901-4904单元			
员工人数	33	机构网址	www.gpcapital.com.cn	电话 021-20329333
法定代表人/执行事务合伙人	顾建忠			

法定代表人/执行事务合伙人（委派代表）工作履历	时间	任职单位	任职部门	职务
	2016.10~2017.05	上海城创投资管理股份有限公司	高管办	董事长
	2015.11~2017.05	金浦产业投资基金管理有限公司	董事会	法人代表、董事长
	2015.02~2017.05	上海国际集团有限公司	董事会	党委委员、董事、副总裁
	2011.04~2015.02	上海银行	党委	党委委员、纪委副书记、人力资源部总经理
	2009.02~2011.04	上海市金融服务办公室	综合协调处	综合协调处副处长、金融机构处处长
	2004.05~2009.02	上海银行	金融部	金融部总经理、授信审批中心总经理
	2003.04~2004.05	上海银行	金融部	金融部副总经理兼营销部经理、港台部总经理
	1997.07~2003.04	上海银行浦东分行	金融三部	公司金融三部副经理、港台业务部经理

4. 投资业绩

总规模为200亿元人民币，分两期运营。基金于2011年3月30日在上海正式设立，并于2012年12月28日顺利完成首期基金封闭，基金总认缴规模为90亿元人民币。是迄今为止国内最大的人民币股权投资基金之一。

项目案例：中国银联、国泰君安、贵州习酒、梦网科技。

（十）上海景林股权投资管理有限公司

1. 公司信息

公司信息如表5-10所示。

表 5 – 10　上海景林股权投资管理有限公司信息

简　称		景林股权投资			
登记编号	P1061057	组织机构代码	91310000342209824L		
成立时间	2015 – 06 – 18	登记时间	2017 – 01 – 17		
企业性质	内资企业	机构类型	私募股权、创业投资基金管理人		
注册资本（万元）（人民币）	10000	实缴资本（万元）（人民币）	10000		
注册地址	上海市杨浦区国宾路 36 号 1909 室				
办公地址	上海市浦东新区芳甸路 1155 号嘉里城办公楼 27 楼				
员工人数	39	机构网址	www. greenwoodsasset. com	电话	852 – 29076280
法定代表人/执行事务合伙人		蒋锦志			
法定代表人/执行事务合伙人（委派代表）工作履历	时间	任职单位	任职部门		职务
	2015. 12 ~ 2018. 05	上海景林股权投资管理有限公司	公司整体		董事长
	2012. 06 ~ 2016. 11	上海景林资产管理有限公司	公司整体		董事长
	2010. 03 ~ 2016. 11	景林资本管理有限公司	公司整体		董事长
	2004. 06 ~ 2016. 11	上海景林投资发展有限公司	公司整体		董事长
	2003. 01 ~ 2004. 05	粤海证券（香港）有限公司	公司整体		董事长
	2001. 02 ~ 2002. 12	深圳市正达信投资有限公司	公司整体		董事长
	1996. 01 ~ 2001. 01	国信证券	总裁办		总裁助理

2. 基本概况

投资理念：秉承"价值投资"的投资理念，对公司进行估值注重的是其行业结构和公司在产业价值链中的地位，偏好进入门槛较高、与供应商和客户谈判能力强，并且管理层积极向上且富有能力的公司。这些考虑是上海景林做投资决定和估值过程中的核心。

投资方向：消费、现代服务、医疗医药、健康、TMT、先进制造业等领域。

奖项：2018 年荣获第二届海外基金金牛奖"三年期海外私募管理公司（股票多空策略）"、金阳光·十年卓越私募公司奖、第九届中国私募金牛奖金牛股票私募管理机构。

3. 投研团队

蒋锦志：创始人，董事长，景林股权投资基金的投委会主席；其对国内外资本市场有着深刻理解，并有海内外市场投资经验和优异的业绩记录，1992 年加入深圳证券交易所，历任深交所首任国债期货部总经理、粤海证券（香港）董事长，先后创立了正达信投资（Prosperity Investment Limited）和担任香港粤海证券董事长，积极进行中国股票投资，特别是在海外上市的中国股票，1996 年，他加入了中国最大券商之一的国信证券，主管该公司的资产管理业务，1992 年他担任深交所债券和期货部总经理。

朱忠远：董事总经理，美国麻省大学医学院博士学位、加州大学伯克利分校商学院 MBA；专注医疗领域的投资。朱忠远先生拥有 15 年的企业管理、收购兼并、注册申请、创业以及企业上市的经验，并在医药、医疗器械、医疗服务和渠道等方面拥有广泛的人脉和丰富的投资实践；主导及参与了对凤凰医疗、华大基因、甘李药业、奥泰医疗、康复之家等多个项目的投资，历任海纳亚洲创投（SIG）董事，名力基金（Mingly Capital）董事，并曾就职于上海睿星基因，Applied Biosystems，SAP 等跨国企业。

4. 投资业绩

管理"金色中国基金"等用美元计价的海外基金，并取得了优秀的业绩：金色中国基金自 2004 年 7 月成立至 2016 年 7 月的 12 年期间内，累积收益率 1408.35%，复合年化收益率为每年 25.18%，同期的 MSCI China 美元指数年化收益率为每年 8.14%，香港恒生国企指数的年化收益率为每年 6.28%。

项目案例：光明乳业、凤凰医疗、滴滴打车、大众点评。

（十一）上海力鼎投资管理有限公司

1. 公司信息

公司信息如表 5-11 所示。

表 5-11 上海力鼎投资管理有限公司信息

简 称	力鼎资本			
登记编号	P1016941	组织机构代码	66437464-6	
成立时间	2007-07-18	登记时间	2015-07-01	
企业性质	内资企业	机构类型	私募股权、创业投资基金管理人	
注册资本（万元）（人民币）	6160	实缴资本（万元）（人民币）	6160	
注册地址	上海市长宁区兴义路 8 号 49 楼			
办公地址	上海市长宁区兴义路 8 号 49 楼			
员工人数	15	机构网址	www.leadingcapital.com.cn	电话 021-62091156
法定代表人/执行事务合伙人	伍朝阳			
法定代表人/执行事务合伙人（委派代表）工作履历	时间	任职单位	任职部门	职务
	2014.01~2016.12	深圳市力鼎基金管理有限责任公司	董事会	董事长
	2007.07~2016.12	上海力鼎投资管理有限公司	董事会	董事长
	2006.01~2007.06	上海汉凯投资有限公司	总经理办公室	总经理
	2003.01~2005.12	百瑞信托有限责任公司	总裁办公室	副总裁
	1993.01~2002.12	君安证券（后合并为国泰君安证券）	投行部	副总经理
	1986.09~1990.09	华中师范大学	助教	助教

2. 基本概况

公司文化：做全球领先的投资管理机构；诚信、卓越、分享。

投资方向：TMT、医疗健康、消费娱乐、清洁技术、智能制造等领域。

奖项：2018 年中国最佳私募股权投资机构 TOP100（融资中国）；2018 年度中国风险投资年度

大奖——金投奖之"中国最佳高端装备制造领域投资机构 TOP20" 2017 年中国最佳私募股权投资机构 TOP100（投中集团）。

3. 投研团队

伍朝阳：创始及主管合伙人、董事长，具有二十多年的资本市场从业经历，精通企业融资、证券投资、股权投资及收购兼并等业务，历任君安证券投资银行部副总经理、君安证券资产管理部总经理，国泰君安证券资产管理总部副总监，百瑞信托副总裁；曾主导十多家企业的 A 股发行上市和重大资产重组，对企业改制、证券融资及资本运作有丰富的实践经验，曾负责大型证券机构的证券自营及资产管理业务，取得良好的投资业绩，2007 年创立力鼎资本。

高凤勇：执行合伙人、首席执行官，南开大学经济学硕士，超过二十年资本市场从业经验，曾主导和参与冰熊股份 IPO、神马实业配股、神马实业债券发行、白鸽股份重大资产重组，以及平高电器改制、南风化工改制等项目，主持创设河南第一支政府引导基金：百瑞创新投资。

4. 投资业绩

力鼎资本旗下基金涵盖风险投资（VC）、成长期投资（PE）、收购兼并（BUYOUT）、母基金（FOF）、不良资产处置（AMC）等类型，基金管理总规模超过 300 亿元人民币。

项目案例：瀚讯股份、浙江美力、寿仙谷、天圣制药。

（十二）上海磐石投资有限公司

1. 公司信息

公司信息如表 5 – 12 所示。

表 5 – 12　上海磐石投资有限公司信息

简　　称	磐石资本			
登记编号	P1000924	组织机构代码	67935969 – 2	
成立时间	2008 – 09 – 08	登记时间	2014 – 04 – 22	
企业性质	内资企业	机构类型	私募股权、创业投资基金管理人	
注册资本（万元）（欧元）	10400	实缴资本（万元）（欧元）	10400	
注册地址	上海市黄浦区北京东路 666 号 H 区（东座）6 楼 H666 室			
办公地址	上海市黄浦区茂名南路 163 弄 4 号			
员工人数	13	机构网址	www. stonecapital. com. cn	电话	021 – 60758996
法定代表人/执行事务合伙人	王立群			
法定代表人/执行事务合伙人（委派代表）工作履历	时间	任职单位	任职部门	职务
	2008.09 ~ 2017.06	上海磐石投资有限公司	总裁部	董事长
	2007.10 ~ 2008.09	上海现代轨道交通有限公司	管理部	董事长
	1997.01 ~ 2008.09	上海巴士实业（集团）股份有限公司	管理部	董事总经理
	1983.01 ~ 1997.01	上海公交总公司	管理部	副总经理
	1976.01 ~ 1983.01	上海公交五场	公交	司机、车队长、副队长

2. 基本概况

投资理念：专注于为中国成功企业家和富有家族进行财富管理，主要投资于高成长期，在所处行业最富有活力和未来成长性的企业。

投资方向：互联网、生物技术、娱乐传媒、房地产等领域。

奖项：2016 年中国私募投资机构 100 强（清科集团）；2015 年中国最佳 PE 投资机构第 28 名（福布斯）。

3. 投研团队

王立群：创始人、董事长，拥有三十年领导大型企业的成功经验，是 PE 行业少有的由企业家转型的著名投资人，曾担任上海巴士集团总经理；上海城投公司总经理；公共交通卡股份董事长；轨道交通董事长；率先在中国引进国际职业赛事，成功举办上海"喜力"网球公开赛以及国际网球"大师杯"赛。

林燕娜：创始合伙人、总裁，硕士学位和高级经济师资格；曾任浦发银行总行公司金融部副总经理、黄浦支行行长，上海设备租赁有限公司总经理，申银证券营业部负责人，是中国最早的一批证券交易员。主持磐石募投管退各个环节日常工作，尤其擅长财务统筹、风险控制、投后管理、投资者关系等。

4. 投资业绩

至今，累计资产管理规模超过 100 亿元人民币，已完成上市项目 18 项，其中主板上市 6 个，中国香港上市 8 个，中小板 2 个，创业板 2 个。

项目案例：申通快递、映客、万达集团、百事通。

（十三）深圳市平安创新资本投资有限公司

1. 公司信息

公司信息如表 5 - 13 所示。

表 5 - 13 深圳市平安创新资本投资有限公司信息

简　　称	平安创新资本			
登记编号	P1025700	组织机构代码	19221023 - 9	
成立时间	1992 - 11 - 24	登记时间	2015 - 10 - 30	
企业性质	内资企业	机构类型	私募股权、创业投资基金管理人	
注册资本（万元）（人民币）	400000	实缴资本（万元）（人民币）	400000	
注册地址	广东省深圳市福田区福安社区益田路 5033 号平安金融中心 24 楼			
办公地址	上海市浦东新区陆家嘴环路 1333 号平安金融大厦 18 楼			
员工人数	80	机构网址	www. pinganventures. com	电话	010 - 59761800
法定代表人/执行事务合伙人	陶丹阳			

	时间	任职单位	任职部门	职务
法定代表人／ 执行事务合伙人 （委派代表） 工作履历	2013.05～2018.06	深圳市平安创新资本投资 有限公司	直接投资部	总经理
	2011.07～2013.03	幸汇资本	股权投资部	董事
	2003.03～2011.06	渣打银行	直接投资部	副董事
	2001.10～2002.09	学习	不适用	不适用

2. 基本概况

公司文化：专注于新兴创新领域的早期风险投资，致力于与合作企业携手共进、共同成长，提供资金、管理经验、自有资源和平台，助力企业成功。

投资理念：投资覆盖全阶段，重点在中后期和上市公司 PIPE 投资，结合平安集团强大的资源优势，与被投企业形成合力，加速提升产业价值，助力产业升级。

投资方向：科技与媒体、互联网和移动、电子商务、消费与金融、健康医疗服务、汽车等领域。

奖项：2016 年中国私募股权投资机构 100 强（清科集团）。

3. 投研团队

郁乐：董事总经理，上海交通大学通信工程专业学士、哈佛大学商学院 MBA，关注消费和互联网行业的早期投资；曾任职于麦肯锡公司的战略顾问服务于平安集团，帮助平安集团制定创新策略并执行多家公司的战略收购。

张江：董事总经理，INSEADMBA 学位、埃因霍温大学计算机工程博士学位，关注医疗和金融领域的早期投资，并参与了平安创新战略的制定以及对多家公司的战略收购；曾在麦肯锡公司担任战略顾问，主要为医疗和金融行业提供战略咨询，曾在飞利浦医疗荷兰总部从事产品研发和市场工作，积累了丰富的海外经验。

4. 投资业绩

经过 5 年的运营，募集和管理资金累计超过百亿元。对于任何引入新技术、新概念和新模式并致力于服务人们现实需求的创意、产品和企业，平安创新投资基金都将予以重视。

项目案例：明星衣橱、华尔街见闻、蘑菇租房、博车网。

（十四）平安资本有限责任公司

1. 公司信息

公司信息如表 5-14 所示。

2. 基本概况

公司文化：聚合平安资源，共享企业成长。

投资理念：投资有成熟商业模式和很大发展空间的行业领先企业，利用平安集团的资源，为被投企业提供强大的增值服务；重点关注具有很好的成长性企业；重点关注行业龙头企业。

投资方向：注消费升级、健康医疗、现代服务、TMT、节能环保、高端制造等领域。

表5-14 平安资本有限责任公司信息

简 称	平安资本				
登记编号	P1065097	组织机构代码	91310000MA1FL3AE3W		
成立时间	2016-12-06	登记时间	2017-09-28		
企业性质	内资企业	机构类型	私募股权、创业投资基金管理人		
注册资本（万元）（人民币）	50000	实缴资本（万元）（人民币）	10000		
注册地址	上海市虹口区黄浦路99号302H6室				
办公地址	上海市浦东新区陆家嘴环路1333号平安金融大厦16楼				
员工人数	35	机构网址	pacapital.pingan.com	电话	021-38638508
法定代表人/执行事务合伙人	孙树峰				

法定代表人/执行事务合伙人（委派代表）工作履历	时间	任职单位	任职部门	职务
	2017.07~2017.08	平安资本有限责任公司	投资部	董事长兼投资总监
	2007.06~2017.07	平安信托有限责任公司	PE投资事业部	董事总经理
	2005.01~2007.05	华虹国际管理（上海）有限公司	投资部	投资部总经理
	2003.01~2004.12	道勤控股股份有限公司	投资部	投资总监
	1999.06~2003.01	美国纽盖特资本公司	投资部	投资经理
	1993.07~1997.04	山东外事服务公司	办公室	职员

奖项：2017年中国最佳私募股权投资机构TOP100（投中集团）；2017年中国私募股权投资年度排名第四名（清科集团）；2017年中国私募股权投资机构100强（融资中国）。

3. 投研团队

刘东：合伙人，美国宾夕法尼亚大学沃顿商学院博士、上海交通大学硕士和学士；2014年加入平安，曾任GIC大中华区首席代表，以及世界银行集团的国际金融公司首席投资官，具有20多年的国内和国际投资经验，在美国华盛顿的世界银行以及国际金融公司任职期间，负责多个国家的基础设施私有化项目的投资和贷款。2003年回国后，在国际金融公司以及GIC，负责投资了环保、服务、消费、医药、科技、教育、金融等行业的许多开创性企业。

孙树峰：美国迈阿密大学工商管理硕士，2007年加入平安，曾任职美国纽盖特资本公司，负责新兴市场和大中华区的投资。具有近20年国内和国际投资经验。在电子、科技与互联网、消费、医药、房地产等方面负责超过30个项目的投资，多个项目成功上市或被并购退出。

4. 投资业绩

平安资本核心投资团队自2007年开始投资了70多家境内外企业，有15个项目实现上市，共退出了38个项目，退出率超50%。主要投资有成熟商业模式和很大发展空间的行业领先企业，利用平安集团在客户、资金、业务等多维度的资源为被投企业提供强大增值服务，助推企业快速成长。

项目案例：汽车之家、绿地集团、上海家化、1号店。

（十五）前海方舟资产管理有限公司

1. 公司信息

公司信息如表 5 - 15 所示。

表 5 - 15 前海方舟资产管理有限公司信息

简　　称	前海方舟资产			
登记编号	P1030546	组织机构代码	91653100MA7755NJ9H	
成立时间	2015 - 11 - 12	登记时间	2016 - 01 - 21	
企业性质	内资企业	机构类型	私募股权、创业投资基金管理人	
注册资本（万元）（人民币）	10000	实缴资本（万元）（人民币）	6050	
注册地址	新疆维吾尔自治区喀什地区喀什市喀什经济开发区深喀大道北侧深圳城			
办公地址	广东省深圳市福田区深南大道 2012 号深圳证券交易所广场 42 楼			
员工人数	64	机构网址	www. qhpefof. com	电话	0755 - 82911336
法定代表人/执行事务合伙人	靳海涛			
法定代表人/执行事务合伙人（委派代表）工作履历	时间	任职单位	任职部门	职务
	2004.07 ~	深圳市创新投资集团有限公司		董事长
	2001.01 ~ 2004.07	全球策略投资基金		特别代表
	1993.12 ~ 2000.08	深圳市赛格集团有限公司		常务副总
	1991.06 ~ 1993.12	中国电子工业总公司		处长
	1976.11 ~ 1991.06	电子部 761 厂		主任

2. 基本概况

投资理念：用资金撬动未来；为投资者智能匹配最出色的 PE/VC 基金管理人，持续专业服务使投资者获得较高回报同时承担较低的风险。且通过结构化及创新型的资产配置安排，为投资者创造平滑和持续的现金流入，实现收益率与流动性的均衡。

投资方向：生物技术、医疗健康、娱乐传媒、互联网、物流、金融等领域。

奖项：2018 年中国私募股权投资机构 50 强（清科集团）。

3. 投研团队

靳海涛：首席执行合伙人，现任前海方舟资产管理有限公司董事长，广东省政府特聘参事、中国基金业协会创业投资基金专业委员会主席、国家科技成果转化引导基金理事，CCTV2009 中国年度经济人物，原深圳市创新投资集团有限公司董事长，拥有 30 多年企业管理、投融资和资本市场运作经验，多次被清科、投中福布斯评为最佳投资人；现任前海母基金首席执行合伙人，负责基金具体的决策和日常管理工作，负责领导管理团队，并将持续担任合伙企业投资决策委员会的主任委员。

陈文正：执行合伙人，现任前海方舟资产管理有限公司总裁，历任深创投集团副总裁，兼任深创投集团投资决策委员会秘书处秘书长、红土创新基金管理有限公司董事长。陈文正先生具有 20 多年的企业管理、投资及创投基金管理工作经验，曾成功创造通过资产重组进行担保救济案例，曾主导投资过众多投资项目，并有一批成功上市案例，是深创投政府引导基金模式的重要参与和实践者。

4. 投资业绩

前海母基金是目前国内最大的商业化募集母基金，也是国内单只募集资金规模最大的创业投资和私募股权投资基金，截至目前已完成募集规模 285 亿元。前海母基金与政府引导性母基金形成紧密的互动关系，共同带动万亿元社会资本，放大对新兴产业的投资规模，加速新兴产业的成长速度，实现各方多赢。通过结构化及创新型的资产配置安排，为投资者创造平滑和持续的现金流入，实现收益率与流动性的均衡。

项目案例：51 信用卡、中新赛克、御家汇、宏达电子。

（十六）盛世景资产管理集团股份有限公司

1. 公司信息

公司信息如表 5 - 16 所示。

表 5 - 16　盛世景资产管理集团股份有限公司信息

简　称	盛世景投资			
登记编号	P1000498	组织机构代码	79340677 - 1	
成立时间	2006 - 09 - 12	登记时间	2014 - 04 - 28	
企业性质	内资企业	机构类型	私募股权、创业投资基金管理人	
注册资本（万元）（人民币）	20200	实缴资本（万元）（人民币）	20200	
注册地址	北京市海淀区首体南路 9 号 4 楼 14 层 1602			
办公地址	北京市海淀区首体南路 9 号 4 楼 1602			
员工人数	93	机构网址	www.sensegain.com	电话 010 - 88580505
法定代表人/执行事务合伙人	吴敏文			
法定代表人/执行事务合伙人（委派代表）工作履历	时间	任职单位	任职部门	职务
	2006.09 ~ 2017.04	盛世景资产管理集团股份有限公司	无	法定代表人，董事长，其他
	2005.12 ~ 2006.09	无	无	无
	2001.06 ~ 2005.12	世纪证券	无	总裁兼党委书记
	1998.06 ~ 2001.05	中国证监会	无	中国证监会基金部
	1993.07 ~ 1998.06	中国人民银行	无	金融管理司、非银行金融机构司

2. 基本概况

公司文化：志存高远、团结进取、阳光健康；公司愿景：与客户共同成长，与企业家共同成长，与资本市场共同成长；公司使命：为企业创造价值，为投资人增长财富。

投资理念：以"产业驱动投资，研究创造价值"的理念进行一级、二级市场的投资，具备立足二级看一级的估值和定价分析能力；伴随资本市场的变化，以投行的手段促成交易，推进执行，加快项目证券化进程。

投资方向：机械制造、硬科技、智能硬件、新能源、移动互联网等领域。

奖项：2018 年度股权投资榜单 TOP100（融资中国）；2017 年中国私募股权投资机构 50 强（清科集团）；2017 年中国最佳 PE 机构 30 强（福布斯）。

3. 投研团队

吴敏文：董事长，创始合伙人，湖南大学金融系本科，北京大学国家发展研究院 EMBA；先后任职于中国人民银行总行金融管理司、非银行金融机构司工作，长期从事金融、证券市场准入和监管工作，1998～2001 年，任职于中国证监会基金监管部，负责基金市场监管、托管银行监管、法规制定等工作，2001～2005 年，世纪证券总裁、党委书记，成为中国最年轻的券商 CEO。

邓维：董事，高级合伙人、总裁，中国人民大学经济学博士，曾任中国人民大学金融与证券研究所投资银行部主管，中关村证券股份有限公司投资银行部总经理，美国 CFC Capital 基金管理公司合伙人、中国首席代表等职；拥有 10 年以上丰富的投资银行业务经验，帮助多家企业在国内及美国证券市场成功上市。在并购重组领域，组织大规模资金完成多起借壳上市项目，在业内享有较高知名度。

4. 投资业绩

作为全产业链的资产管理机构，业务涵盖私募股权、新三板投资、产业并购、策略投资、战略收购、国际业务等。

项目案例：东方网力、铜道电商、天圣制药、步长制药。

（十七）天风天睿投资股份有限公司

1. 公司信息

公司信息如表 5－17 所示。

表 5－17　天风天睿投资股份有限公司信息

简　称	天风天睿		
登记编号	P1016290	组织机构代码	06681039－9
成立时间	2013－04－22	登记时间	2015－06－26
企业性质	内资企业	机构类型	私募股权、创业投资基金管理人
注册资本（万元）（人民币）	154328.46	实缴资本（万元）（人民币）	154328.46
注册地址	湖北省武汉市洪山区东湖新技术开发区关东科技工业园华光大道 18 号高科大厦 4 层 01 室		
办公地址	湖北省武汉市洪山区东湖新技术开发区关东科技工业园华光大道 18 号高科大厦 4 层 01 室		

续表

员工人数	119	机构网址	www.tftri.com	电话	027 - 87618808
法定代表人/执行事务合伙人			黄其龙		

法定代表人/执行事务合伙人（委派代表）工作履历	时间	任职单位	任职部门	职务
	2014.10～2017.05	天风天睿投资股份有限公司	无	董事长
	2009.06～2014.10	天风证券有限责任公司	无	副总裁
	2007.03～2009.05	天风证券有限责任公司	无	总裁助理
	2004.03～2007.03	武汉华汉投资管理有限公司	无	总经理
	2000.01～2004.02	武汉国有资产经营公司	无	资产财务部经理
	1999.07～1999.12	武汉天喻信息产业有限责任公司	无	财务总监
	1998.08～1999.06	武汉国有资产经营公司	无	投资发展部副经理

2. 基本概况

公司文化：构造人人受益的产融生态；致力于通过股权投资和资本服务，成为产业和企业的资本合伙人；与客户共存共荣，助力实体经济发展和产业升级。

投资理念：坚持价值投资，与客户共存共荣；实现金融与本地实体经济有效结合的战略性投资。

投资方向：大消费、健康医疗、文化传媒、移动互联网、新能源、服务业等领域。

奖项：2018年度最佳私募股权投资机构TOP100（融资中国）；2018年最佳VC/PE TOP30（投资家）。

3. 投研团队

于博：天风天睿董事长，复旦大学工商管理硕士，天风证券董事长助理、人力资源总监，具有10余年金融行业人力资源管理经验、中国证券业协会人力资源管理专业委员会委员；曾任北大纵横管理咨询公司项目经理、韬睿惠悦咨询公司中国资本市场部（RTC）consultant manage。

任远：天风天睿副总经理，华中科技大学经济法硕士、武汉大学EMBA；曾任湖北省科技投资集团有限公司副总经理，具有10余年投资管理经验，擅长基金管理，熟悉多元化融资业务。

4. 投资业绩

旗下基金认缴规模超过61.8808亿元，管理的实缴已备案基金22支。天风天睿重点布局中国经济转型升级的新兴领域，在医疗健康、高端制造、教育、文化传媒、消费升级等领域组建有专业的投资团队，并完成了大量对优秀项目的成功投资。

项目案例：新天药业、赛伦生物、界面新闻、重庆园林。

（十八）上海小村资产管理有限公司

1. 公司信息

公司信息如表5-18所示。

2. 基本概况

投资理念：致力于传统产业和新兴经济的融合；过私募股权投资、战略投资、产业基金、联合

表 5 - 18　上海小村资产管理有限公司信息

简　称		小村资本		
登记编号	P1001370	组织机构代码	69155724 - 5	
成立时间	2009 - 06 - 25	登记时间	2014 - 04 - 23	
企业性质	内资企业	机构类型	私募股权、创业投资基金管理人	
注册资本（万元）（人民币）	15500	实缴资本（万元）（人民币）	15500	
注册地址	上海市浦东新区南汇新城镇环湖西二路 888 号 1 幢 1 区 24109 室			
办公地址	上海市浦东新区世纪大道 88 号金茂大厦 1108 室			
员工人数	18	机构网址	sv - fa. com/	电话　021 - 68785901
法定代表人/执行事务合伙人		冯华伟		
法定代表人/执行事务合伙人（委派代表）工作履历	时间	任职单位	任职部门	职务
	2008.10 ~ 2016.06	上海小村资产管理有限公司	董事长办公室	董事长
	2006.10 ~ 2008.10	上海诚明资产管理有限公司	投资部	总经理
	2003.10 ~ 2006.10	北京融勤国际投资顾问有限公司	战略部	合伙人
	2001.12 ~ 2003.10	上海闸北区计划经济委员会	投资部	研究员

孵化、投行服务等方式，深度参与传统产业转型升级，通过创投母基金、创投基金、投行服务、孵化器等方式深度连接创业创新生态。

投资方向：未来科技、新文化、新金融、互联网等领域。

奖项：2016 年中国最佳私募股权投资机构 TOP100（投中集团）；2017 ~ 2018 年度股权投资基金 50 强（CLPA）；2018 年投融资价值榜——私募股权基金 TOP30（第一财经）。

3. 投研团队

冯华伟：创始人、董事长，拥有十多年创业和股权投资经验，个人投资超过 30 个天使项目，国内多支著名早期基金投资人，现任上海市科学技术专家库成员、哈佛商业评论案例专家、上海浦东青联委员、共青团北京市委员会互联网及科技顾问、张治中文化教育基金会副理事长、中国青年天使会华东分会副会长、远见投资学院第一批导师团成员。

冯洪卫：创始合伙人，股权投资、资产管理、资本运营资深专家；曾主导多家 A 股上市公司的互联网 + 的改造升级、并购重组。擅长交易架构设计、资源整合、模式创新、撮合性交易等，超过 10 年股权投资领域经验。

4. 投资业绩

2007 年成立，最早一批市场化运作的基金和母基金管理机构，目前已成为集孵化器、创业投资、创投母基金、私募股权投资、上市公司战略投资、产业基金管理、投行服务及产业孵化在内的生态级投资平台，累计资产管理规模超 150 亿元人民币。

项目案例：昆仑万维、步长制药、隆鑫通用、科迪乳业。

（十九）兴证创新资本管理有限公司

1. 公司信息

公司信息如表5-19所示。

表5-19 兴证创新资本管理有限公司信息

简 称	兴证资本				
登记编号	P1010621	组织机构代码	55506794-6		
成立时间	2010-04-23	登记时间	2015-04-15		
企业性质	内资企业	机构类型	私募股权、创业投资基金管理人		
注册资本（万元）（人民币）	70000	实缴资本（万元）（人民币）	70000		
注册地址	福建省福州市鼓楼区温泉街道湖东路268号兴业证券大厦16层				
办公地址	福建省福州市鼓楼区温泉街道湖东路268号兴业证券大厦16层				
员工人数	42	机构网址	capital. xyzq. cn	电话	021-68982312
法定代表人/执行事务合伙人	刘志辉				

	时间	任职单位	任职部门	职务
法定代表人/执行事务合伙人（委派代表）工作履历	2008.06~2018.12	兴业证券	董事	党委副书记、董事、总裁
	2004.10~2008.06	中国证监会福建监管局	稽查处	副处长、处长
	2003.07~2004.10	中局国证监会福建监管局	机构处	副处长（主持工作）
	1998.07~2003.07	中国证监会福州特派办	机构处、上市处	主任科员、副处长（主持工作）
	1997.06~1998.07	福建省政府办公厅	证券办	副主任科员
	1990.09~1997.06	福建省政府办公厅	信息技术处	科员、副主任科员

2. 基本概况

投资理念：专注于价值的发现，执着于收益的实现，助力融资者实现创业的梦想，帮助投资者获得理想回报。

投资方向：互联网、医疗健康、娱乐传媒、电子及光电设备等领域。

奖项：2017年最佳券商直投TOP10（清科集团）；2017年中国私募股权投资机构50强。

3. 投研团队

袁盛奇：复旦大学会计与资本市场专业博士研究生，中国注册会计师，保荐代表人；历任华夏证券投行项目经理，西南证券上海投行执行董事，方正证券投行总部副总经理及上海部总经理，兴业证券上海投行总经理，现任兴证创新资本总经理；先后主持维维股份（600300.SH）IPO项目、中集集团（000039.SZ）公开发行项目，先后保荐安纳达（002136.SZ）IPO项目、高新兴（300098.SZ）IPO项目、长青集团（002616.SZ）IPO项目、海特高新（002023.SZ）非公开发行项目、长青集团（002616.SZ）非公开发行项目、新海宜（002089.SZ）非公开发行项目并组织多个财务顾问项目。

檀文：复旦大学经济学博士，新加坡国立大学 MBA，美国特许金融分析师 CFA，中国注册会计师，特许风险管理师 FRM；现任兴证创新资本副总经理，福建兴潭股权投资管理有限公司总经理，历任今日资本执行董事（业务）、华欧国际证券联席董事（业务）、新加坡淡马锡核心控股企业 STENGG（新科工程集团）投资经理等职。拥有近 18 年国内外创业投资及投行经验，主导过的投资项目包括：南京世和基因、江西新琪安科技股份有限公司、福建格兰尼生物工程股份有限公司、昆明圣火制药有限公司、北京康博嘉软件技术有限公司、益丰大药房等。

4. 投资业绩

经过近十年发展，依托母公司兴业证券金融平台，现已发展成为一家涵盖 PE 基金、并购基金、财务顾问、母基金等基金管理业务的私募股权投资机构。公司专注于价值的发现，执着于收益的实现，助力融资者实现创业的梦想，帮助投资者获得理想回报。截至 2017 年 12 月底，兴证资本资产管理实缴规模近 50 亿元，共管理 16 支股权投资基金，累计投资项目 71 个，总投资金额 33 亿元。

项目案例：高新兴、华电福新、盈趣科技、益丰大药房。

（二十）天津市优势创业投资管理有限公司

1. 公司信息

公司信息如表 5 - 20 所示。

表 5 - 20　天津市优势创业投资管理有限公司信息

简　　称	优势资本			
登记编号	P1001257	组织机构代码	67597091 - 0	
成立时间	2008 - 06 - 20	登记时间	2014 - 04 - 23	
企业性质	内资企业	机构类型	私募股权、创业投资基金管理人	
注册资本（万元）（人民币）	3000	实缴资本（万元）（人民币）	1000	
注册地址	天津市滨海新区广场东路 20 号滨海金融街 - E2 - ABC - 4 层 - 4030 室			
办公地址	上海市浦东新区世纪大道 210 号二十一世纪大厦 1802 室			
员工人数	14	机构网址	www. preipo. cn	电话	021 - 68598128
法定代表人/执行事务合伙人	吴克忠			
法定代表人/执行事务合伙人（委派代表）工作履历	时间	任职单位	任职部门	职务
	2015. 04 ~ 2017. 12	优势金控（上海）资产管理有限公司	投资部	法定代表人及执行董事
	2008. 06 ~ 2016. 06	天津市优势创业投资管理有限公司	投资部	总裁
	2006. 04 ~ 2016. 06	优势资本（私募投资）有限公司	投资部	主管合伙人
	2001. 08 ~ 2006. 03	上海中路（集团）有限公司	投资部	副总裁
	1998. 06 ~ 2001. 06	美国迪维资本管理公司	投资部	执行副总裁
	1996. 02 ~ 1998. 04	美国 UTD 财务投资公司	资产部	高级经理

2. 基本概况

公司文化：汇聚价值成长的资本力量；发现、挖掘、实现企业的资本价值。

投资理念：做企业价值的发现者、挖掘者、提升者和实现者，确定投资项目的过程，是企业价值发现的过程，投资领域从来不缺好项目，但需要一双发现项目投资价值的眼睛。

投资方向：消费品行业、医疗、教育信息技术、环保科技、先进制造业、新农业等领域。

奖项：2017 年中国私募股权投资机构 100 强（清科集团）。

3. 投研团队

吴克忠：总裁、主管合伙人，上海财中创业投资管理有限公司董事长、主管合伙人，上海交通大学工程学和技术经济双学位美国 Univ. of Southwestern LA 的工商管理硕士；先后在高校及政府部门从事教学和经济工作，曾任职于美国华尔街专业从事风险投资和私募股权投资，曾主导参股投资了数十家包括金融、媒体、电信、销售网络、消费产品以及新材料等类型的企业。吴克忠先生不仅将拟上市这种投资方式和实践最早带回中国，同时还最早将 SPAC 基金作为投资工具和理念在中国推广。

卢晓晨：合伙人、执行董事，上海财中创业投资管理有限公司风险控制委员会主任，同时也是中路股份董事；拥有超过十五年创业及企业管理实践经验，十年的专业投资、投资银行和咨询服务，担任多家国内集团公司和合资企业的总裁，对国内企业创业投资、战略创造、资本运作有非常丰富的经验和独到见解，与政府部门、创业群体、私募股权投资基金有广泛的渠道和良好的合作关系，策划和参股投资了数十家包括金融、医疗、电力电子消费产品、新材料等类型企业。

4. 投资业绩

优势资本利用遍布大中华地区的市场网络和渠道，积极寻找具有市场潜力和核心竞争力的高成长企业，为中国企业进入国际和国内资本市场提供全方位的私募股权投资和增值服务；凭借专业的投资团队、雄厚的财团 LP 支持、丰富的资本运作经验以及产业战略投资者联盟，为众多拟在境内外上市融资的优秀企业，提供扩张和增长的优势资金，并提供专业的投资管理服务。

项目案例：利农国际、帝贤针纺、宏电科技、三棵树。

（二十一）上海云锋投资管理有限公司

1. 公司信息

公司信息如表 5 - 21 所示。

2. 基本概况

公司文化：除了投入资金外，把各自的创业经验与企业分享，在发展战略、组织管理、品牌建设等方面帮助企业更好发展，关注年轻的企业家，创造下一代的领导者，培育未来有影响力的企业。

投资理念：注重公司所在产业和行业的增长潜力；注重公司本身的竞争优势和独特性；注重公司管理团队过去经验及管理理念、是否具有清晰的公司发展方向和计划。

投资方向：科技、媒体、通信和文化娱乐媒体、互联网、TMT、消费零售、医疗健康等领域。

奖项：2018 年中国私募股权投资机构 50 强（清科集团）；2018 年中国文体娱乐领域投资机构 10 强；2018 年中国互联网/移动互联网领域投资机构 30 强。

表 5 –21　上海云锋投资管理有限公司信息

简　　称	云锋基金			
登记编号	P1000909	组织机构代码	55747941 – 8	
成立时间	2010 – 07 – 01	登记时间	2014 – 04 – 22	
企业性质	内资企业	机构类型	私募股权、创业投资基金管理人	
注册资本（万元）（人民币）	29000	实缴资本（万元）（人民币）	29000	
注册地址	上海市黄浦区南苏州路 381 号 409A04 室			
办公地址	上海市徐汇区淮海中路 1010 号嘉华中心 3501 室			
员工人数	6	机构网址	www.yfc.cn	电话　021 – 31270909
法定代表人/执行事务合伙人	虞锋			
法定代表人/执行事务合伙人（委派代表）工作履历	时间	任职单位	任职部门	职务
	2014.05 ~ 2019.01	上海云锋新创投资管理有限公司	总经办	执行董事
	2010.04 ~ 2014.03	上海云锋投资管理有限公司	总经办	执行董事兼主席
	2008.05 ~ 2010.03	上海开拓投资管理有限公司	总经办	CEO
	2006.03 ~ 2008.05	分众传媒控股有限公司	总经办	董事局联合主席及总裁
	2003.12 ~ 2006.02	上海聚众目标传媒有限公司	总经办	CEO

3. 投研团队

马云：联合创始人，阿里巴巴集团创始人、董事局主席，自 1999 年集团成立以来直至 2013 年 5 月，马云一直兼任主席及首席执行官。他同时是浙江马云公益基金会创立者，同时担任日本软银董事，世界经济论坛（WEF）基金会董事、浙商总会会长以及中国企业家俱乐部主席，马云于 2016 年 1 月成为联合国"可持续发展目标"的倡导者。

虞锋：联合创始人、主席，复旦大学校董，毕业于复旦大学哲学学院和中欧国际工商学院；该基金成立于 2010 年，是虞锋先生与阿里巴巴董事局主席马云先生联合发起，并与一批成功企业家一起组建的基金；曾任聚众传媒创始人、主席，分众传媒控股有限公司董事局联席主席。

4. 投资业绩

目前云锋基金旗下拥有多支美元基金、人民币基金和专项基金。云锋基金主要涉足互联网、医疗、大文娱、金融、物流与消费等领域。云锋基金总部设在上海，并在香港、北京和杭州等城市设分支机构。

项目案例：蚂蚁金服、瓜子二手车、宁德时代、货车帮。

（二十二）中科招商投资管理集团股份有限公司

1. 公司信息

公司信息如表 5 – 22 所示。

2. 基本概况

公司文化：特别忠诚、特别团结、特别能战斗；长于学习、长于创新、长于资源整合；爱家人、

表5-22　中科招商投资管理集团股份有限公司信息

简　　称	中科招商				
登记编号	P1000485	组织机构代码	72615540-7		
成立时间	2000-12-04	登记时间	2014-04-09		
企业性质	内资企业	机构类型	私募证券投资基金管理人		
注册资本（万元）（人民币）	133017.03	实缴资本（万元）（人民币）	133017.03		
注册地址	广东省深圳市福田中心区深南大道4009号投资大厦13层D2-1区				
办公地址	北京市朝阳区马甸桥北中国国际科技会展中心C座2层				
员工人数	179	机构网址	www.leadvc.com	电话	010-62062210
法定代表人/执行事务合伙人	单祥双				
法定代表人/执行事务合伙人（委派代表）工作履历	时间	任职单位	任职部门	职务	
	2016.08~2017.05	中科招商（厦门）股权投资基金管理有限公司	董事长	董事长兼法定代表人	
	2016.07~2017.11	横琴中科珠港澳双创投资管理有限公司	执行董事	执行董事兼法定代表人	
	2016.03~2017.05	上海中科科创投资管理有限公司	董事长	董事长兼法定代表人	
	2016.03~2017.05	广州中科粤创孵化期投资管理有限公司	董事长	董事长兼法定代表人	

爱公司、爱国家。

投资理念：在具体的经营业务中，依托传统私募股权投资业务，创新性开展公募基金业务、产业转型升级业务、创新创业业务和国际业务，将"产融结合"的传统投融资模式变革为服务实体经济发展的"融产结合"新模式，服务实体企业，助力区域经济发展，为投资者持续创造价值。

投资方向：TMT、医药健康、消费文化、节能环保、资源能源、现代农业、先进制造、交通物流等领域。

奖项：2016年度中国十佳私募股权投资机构（融资中国）；2016年中国最佳私募股权投资机构TOP30（投资家）。

3. 投研团队

单祥双：董事长兼总裁，中国著名投资家、企业家、创业家，现任中科招商集团董事长兼总裁；先后就读厦门大学、中国社会科学院、清华大学（五道口金融学院）、哈尔滨工业大学管理学院等；曾先后任职于国家教委系统、国家交通部系统、招商集团（北京公司）、招商证券，2000年12月至今创办中科招商并出任总裁，2006年至今任中科招商董事长，现兼任中国发明创新创业中心主任、中国发明协会副理事长、中国生产力促进中心协会名誉会长、创新中国智库执行理事长等社会职务。

金林海：高级副总裁，现任东方网力监事，广州杰赛科技股份有限公司监事；硕士学历，金林海先生曾任深圳市建材工业集团财务部高级经理，财务部副总经理、执行总经理。

4. 投资业绩

截至2018年，中科招商受托管理基金超150支，资产管理规模超1000亿元，公司投资的企业先后已有超80家在国内外资本市场成功上市，同时拥有6000余家遍布各产业的实业LP集群，汇集了超过10万项发明创新成果。2015年3月20日，中科招商集团在全国中小企业股份转让系统成功挂牌。

项目案例：华阳集团、中富通、数码视讯、瑞普生物。

（二十三）中新融创资本管理有限公司

1. 公司信息

公司信息如表5-23所示。

表5-23　中新融创资本管理有限公司信息

简　　称	中新融创		
登记编号	P1001790	组织机构代码	56954182-1
成立时间	2011-01-28	登记时间	2014-05-04
企业性质	内资企业	机构类型	私募股权、创业投资基金管理人
注册资本（万元）（人民币）	50000	实缴资本（万元）（人民币）	50000
注册地址	北京市东城区建国门内大街8号1幢2层1-27		
办公地址	北京市东城区建国门内大街8号1幢2层1-27		
员工人数	45	机构网址	www.zhongxinrongchuang.com　电话　010-8500-3355
法定代表人/执行事务合伙人	桂松蕾		
法定代表人/执行事务合伙人（委派代表）工作履历	时间	任职单位	任职部门	职务
	2013.05～2014.04	道富基金管理有限公司	董事长办公室	董事长
	2011.01～2018.08	中新融创资本管理有限公司	董事长办公室	董事长
	2008.08～2011.01	中植企业集团有限公司	总裁办	副总裁
	2006.01～2008.06	百视通有限责任公司	首席代表办公室	北京首席代表
	2002.12～2005.12	UT Starcom（美国）	项目管理	项目经理

2. 基本概况

公司文化：公司秉承"天道酬勤、以人为本"的文化理念和"支持政府、回报社会、造福人民"的立业宗旨。

投资理念：坚持"产融结合、与优秀公司共成长"的投资理念，通过价值挖掘和价值提升实现优异的投资业绩。

投资方向：金融服务、大健康、现代农业、TMT、大消费、装备制造、环保能源等领域。

奖项：2016 年中国私募股权投资机构 100 强（清科集团）；2015 年中国私募股权投资机构 50 强。

3. 投研团队

桂松蕾：董事长，负责投资事务，具有多年在 TMT 领域行业的管理经验以及金融投资经验，投资行业包括电信、文化传媒等领域，并多次参与后续资本运作。

周林现：投资部董事总经理，毕业于清华大学机械工程系；多年从事金融行业，对私募股权及二级市场投资有着丰富的经验，曾主导投资项目合计约 30 亿元人民币，擅长行业研究、公司商业分析，尤其熟悉 TMT、高端制造业、连锁商业及新能源等行业，投资案例包括了定增项目凯撒股份、张化机、TCL、蒙草抗旱、汉威电子等和 PE 项目万达院线、宝信汽车等。

4. 投资业绩

过去七年，中新融创累计投资 80 余家上市公司，资产管理规模最高达到 200 亿元，为股东和投资人创造了丰厚回报。

项目案例：蒙草抗旱、海正药业、双塔食品、佳都科技。

（二十四）中信产业投资基金管理有限公司

1. 公司信息

公司信息如表 5-24 所示。

表 5-24　中信产业投资基金管理有限公司信息

简　称	中信产业基金			
登记编号	P1000718	组织机构代码	67576541-5	
成立时间	2008-06-06	登记时间	2014-04-09	
企业性质	内资企业	机构类型	私募股权、创业投资基金管理人	
注册资本（万元）（人民币）	180000	实缴资本（万元）（人民币）	180000	
注册地址	四川省绵阳市涪城区绵阳科技城科教创业园区孵化大楼 C 区			
办公地址	北京市东城区金宝街金宝大厦 1002			
员工人数	8	机构网址	www.citicpe.com	电话	010-85079000
法定代表人/执行事务合伙人	田宇			
法定代表人/执行事务合伙人（委派代表）工作履历	时间	任职单位	任职部门	职务
	2011.05~2014.03	中信产业投资基金管理有限公司	管理部门	首席市场官
	2008.08~2011.04	中国人寿股份有限公司	管理部门	总裁助理、销售总监
	2005.10~2008.07	中国中国人寿广东省分公司	管理部门	副总经理、党委委员
	2001.08~2005.09	财政部驻广东省专员办事处	管理部门	党组成员、纪委书记
	1985.08~1998.08	建设银行内蒙古和海南分行	管理部门	海口分行长

2. 基本概况

公司文化：愿景：成为最值得信任的世界级资产管理公司；使命：专业创造价值，投资改变世界。

投资理念：以对所投行业及宏观环境的深入研究和专业洞察作为投资的基础；珍惜被投企业及投资者的信任，并将这份信任作为工作的原动力及指引。

投资方向：科技和互联网、工业和能源、金融和商业服务、消费和休闲、医疗和健康、不动产等领域。

奖项：2018 年中古私募股权投资机构 50 强（清科集团）；2018 年金融科技领域豆子机构 10 强（清科集团）；2016 年中国最佳回报中资私募股权投资机构 10 强（投中集团）。

3. 投研团队

刘乐飞：董事长、首席执行官，同时还任中信证券董事；中国社科院经济学硕士、中欧工商管理学院工商管理硕士、中国人民大学经济学学士；曾任中国人寿首席投资官兼投资管理部总经理，期间负责近万亿元投资资产的资产负债匹配、战略配置和投资管理，并成功主导了南方电网、广发行、中信证券、Visa、民生银行、中国银联、秦皇岛港等一系列大型优质项目的股权投资，曾任银河证券投资管理总部总经理并兼任北京银河投资顾问公司总经理；1998～2003 年期间，刘乐飞先生曾任国家冶金部中冶安顺达实业总公司副总经理，同时兼任首创证券公司执行董事。

4. 投资业绩

截至 2016 年 12 月 31 日，公司已累计投资超过 100 家企业，其中 30 多家已成功上市，旗下 9 只基金得到了 200 多家海内外一流投资人的大力支持，以近千亿元人民币的管理资产规模成为中国领先的资产管理机构之一。

项目案例：滴滴出行、三生药业、中国水环境集团。

二、创业投资基金管理人

（一）青岛青松创业投资集团有限公司

1. 公司信息

公司信息如表 5 - 25 所示。

2. 基本概况

青松资本成立于 2012 年，注册资本 1 亿元，是专注于投资国内细分领域龙头企业 Pre - IPO 阶段的私募股权投资机构。截止到 2018 年 12 月 31 日，管理基金规模逾 20 亿元，投资项目 20 余个，覆盖医药健康、大消费、信息科技、节能环保、先进制造等行业。依托青松资本优秀的投资能力和广泛的合作网络，并通过深度挖掘优质拟上市项目的积累。目前，青松资本已投资项目中，今明两年有约 15 家企业确定将会申报 IPO，并且随着投资进度的推进，未来每年还将会有 5 至 10 家企业申报 IPO。

2019 年 1 月，青松资本荣获"融资中国 2018 年度中国最佳创业投资机构 TOP50"。

表 5 – 25　青岛青松创业投资集团有限公司信息

简　称	青松资本			
登记编号	P1031510	组织机构代码	397490705	
成立时间	2014 – 06 – 13	登记时间	2016 – 05 – 27	
企业性质	内资企业	机构类型	私募股权、创业投资基金管理人	
注册资本（万元）（人民币）	10000	实缴资本（万元）（人民币）	6000	
注册资本实缴比例	60%	是否为符合提供投资建议条件的第三方机构	否	
注册地址	山东省青岛市崂山区秦岭路 6 号永新国际金融中心 2 号楼 1103			
办公地址	山东省青岛市崂山区秦岭路 6 号永新国际金融中心 2 号楼 1103			
员工人数	15	机构网址	www.qingsongcapital.com	电话　0532 – 87706711
法定代表人/执行事务合伙人	于迎			
法定代表人/执行事务合伙人（委派代表）工作履历	时间	任职单位	任职部门	职务
	2014.12 ~ 2017.04	青岛青松创业投资有限公司	总部	总经理
	2012.10 ~ 2015.02	青岛高创投资管理有限公司	总部	副总经理
	2001.09 ~ 2012.09	青岛市科技风险投资有限公司	投资一部	投资部部长
	1991.06 ~ 2001.09	山东省仪器进出口公司	进口部	进口部经理
	1987.09 ~ 1991.05	中国海洋大学	动力海洋和海洋气象系	讲师

3. 投研团队

隋晓：青松资本董事长，厦门大学经济学学士，中国人民大学经济学硕士、博士，美国匹兹堡大学访问学者，财政部"十五"规划编译教材《公共财政与美国经济》一书独立译者。隋晓先生曾在国家税务系统工作二十余年，对私募基金的税收问题有深入研究，具有有丰富的一线工作经验，并且对并购重组，企业运营等方面的税收筹划等有丰富的实战运作经验。作为青松资本董事长，及时推动公司战略转型，实行稳健投资策略，使青松资本在资本寒冬中快速崛起。

于迎：青松资本总经理，理学硕士，投资了 10 余个优质股权项目，曾任中国海洋大学讲师，多年科研与教学工作经历，曾任青岛高创投资管理有限公司副总经理，青岛市科技风险投资公司投资部长，具有十多年的创业投资从业经历。主持操作的电力线载波项目成功登陆了创业板［东软载波（300183）］，为基金带来约 12 倍的丰厚回报，体育器材项目英派斯也于 9 月 15 日登陆中小板（002899）。加盟青岛高创投资管理有限公司后，主持组建了 11 只总规模 12 亿元的天使投资组合基金，包括海尔、赛富、清控科创等知名的企业及投资机构的参与，对基金的规范运作有丰富的管理经验。

张广新：青松资本副总经理，长期在资本市场领域工作，曾在国内知名的投资机构——九鼎投资任职副总裁。专注于股权投资工作，积淀了大量的人脉资源和项目资源；具有较为丰富的投资经验和项目管理经验，曾为政府有关部门和众多企业和提供相应的咨询帮助。投资项目情况：青岛英派斯健康科技股份有限公司（股票代码002899）；翔宇药业股份有限公司（股票代码832276）等。

黄茜：青松资本副总经理，中国人民大学工商管理硕士、加拿大阿尔伯塔大学会计专业学士学位；曾任瑞华会计师事务所（特殊普通合伙）项目负责人、青岛高创澳海产业基金高级投资经理；熟悉境内外 IPO 及挂牌流程，具有较丰富的投资业务及私募股权基金运作经验。主导投资了朗夫包装、北京惠尔图像、澳西智能、科捷机器人等企业。

李峰：青松资本投资总监，厦门大学本科毕业，在财务、会计及法律相关领域具备扎实的理论基础及丰富工作经验，长期从事投资业务，熟悉资本市场运作模式，具备良好的沟通协调及风险控制能力，2017 年入职海尔集团，担任投资管理部副总监，2018 年加入青松资本任投资总监。

4. 投资业绩

2018 年管理规模：20 亿元。

产品数量：总计 20 只。

（二）深圳市创东方投资有限公司

1. 公司信息

公司信息如表 5-26 所示。

表 5-26　深圳市创东方投资有限公司信息

简　称	创东方			
登记编号	P1000508	组织机构代码	66587698-X	
成立时间	2007-08-21	登记时间	2014-04-09	
企业性质	内资企业	机构类型	私募股权、创业投资基金管理人	
注册资本（万元）（人民币）	5000	实缴资本（万元）（人民币）	2500	
注册地址	广东省深圳市南山区粤海街道深南大道 9688 号南山金融大厦 10 层 A、B 单元			
办公地址	广东省深圳市福田区深南中路竹子林求是大厦西座 29 楼			
员工人数	42	机构网址	www.cdfcn.com	电话　0755-83189608
法定代表人/执行事务合伙人	肖水龙			
法定代表人/执行事务合伙人（委派代表）工作履历	时间	任职单位	任职部门	职务
	2007.08~2018.05	深圳市创东方投资有限公司	总裁办	董事长
	2002.10~2007.08	深圳国际信托投资有限责任公司	总裁办	副总裁
	1992.03~2002.10	深圳国际信托投资有限责任公司	总裁办	副总经理
	1988.08~1992.03	深圳国际信托投资有限责任公司	国际金融办	科长

2. 基本概况

企业理念：稳健投资，创新发展；投资就是投团队，投资就是投成长；谦厚做人，专业做事；

做稳，做实，做优秀，做值得信赖的专业投资机构。

投资方向："四高型"企业：高科技、高创新、高毛利、高成长；投资高科技、高创新项目，协同国家创新，支持产业升级，所投200多家企业有近2/3是科技型、创新类的投资项目。

奖项：2017年年度最佳VC机构（《证券时报》）；2017年中国最佳创业投资机构TOP100（投中集团）；2017年中国创业机构50强（清科集团）。

3. 投研团队

肖水龙：董事长、创始合伙人，同济大学经济管理硕士、工学学士，中国科技大学干部出国英语班进修，美国纽约城市大学金融投资专业深造。在深圳国际信托投资公司工作二十年，先后从事信托、投资、房地产业务。2002年10月起任深国投董事、副总裁。曾任沃尔玛深国投百货有限公司和国信证券董事近10年。熟悉金融、信托、地产、上市公司管理，具有丰富的股权投资经验和业内广泛的人脉关系。

阮庆国：总裁、管理合伙人，同济大学管理硕士，高级经济师。曾任职于浙江省国际信托投资公司、浙信实业公司、上海浦东发展银行杭州分行、浙江浦发实业有限公司、浙江华龙实业总公司等金融和实业企业，在实业投资、房地产开发、金融产品设计以及资本市场运作等领域具有丰富的实践经验，商业眼光独特敏锐。

4. 投资业绩

成立12年，累计管理基金规模近200亿元人民币，累计投资项目超过200个，超过60家企业通过IPO、并购、新三板转让等方式实现退出，获得众多荣誉资质。创东方持有3年以上项目中，已有1/3以上通过IPO、并购等方式退出，包括东方财富网、太阳鸟游艇、康芝药业、星源材质等一大批明星项目。

项目案例：伯特利、网宿科技、东方财富、亚光科技。

（三）德同（北京）投资管理股份有限公司

1. 公司信息

公司信息如表5-27所示。

2. 基本概况

投资理念：通过与企业家之间的长期信任和合作，在投资界建立了良好的声誉；被投资公司除了资金外，还受益于丰富的境内外多个资本市场的运作经验，与当地政府和企业的密切关系，以及与其他被投资公司之间的协同合作；同时把德同在美国和欧洲的广泛网络带给公司，帮助它们在海外开拓和发展并最终发展成为世界级公司。

投资方向：节能环保、消费升级、医疗健康、智能制造领域。

奖项：2018年中国创业投资机构50强（清科集团）；2017年中国创业投资机构100强（清科集团）。

3. 投研团队

邵俊：创始合伙人，南加州大学马歇尔商学院的工商管理硕士、复旦大学国际金融专业学士；曾是国内最早的风险投资公司之一龙科创投的创始人及首席执行官，曾在上海实业集团担任过五年的董事及各类管理职位，旗下的上实控股在香港上市，入选2017年上海领军金才，入选2017年《财富》中国最具有影响力的30位投资人。

表 5 - 27　德同（北京）投资管理股份有限公司信息

简　　称	德同资本			
登记编号	P1000513	组织机构代码	69231707 - 5	
成立时间	2009 - 07 - 21	登记时间	2014 - 04 - 22	
企业性质	内资企业	机构类型	私募股权、创业投资基金管理人	
注册资本（万元）（人民币）	10000	实缴资本（万元）（人民币）	3000	
注册地址	北京市海淀区上地十街 10 号 1 幢 4 层 CC 区			
办公地址	北京市朝阳区建国门外大街 1 号国贸三期 A 座 16 层 1601 单元			
员工人数	27	机构网址	www. dtcap. com	电话　86（10）65309968
法定代表人/执行事务合伙人	邵俊			

法定代表人/执行事务合伙人（委派代表）工作履历	时间	任职单位	任职部门	职务
	2009. 07 ~ 2017. 04	德同（北京）投资管理股份有限公司	高管	董事长
	2007. 10 ~ 2017. 04	三角洲创业投资管理（苏州）有限公司	高管	董事长
	2006. 01 ~ 2017. 04	DT Capital Management Company Limited	高管	董事总经理
	2000. 04 ~ 2005. 12	龙科创业投资管理有限公司	高管	总经理
	1996. 01 ~ 2000. 03	上海实业（集团）有限公司	高管	高管
	1993. 01 ~ 1996. 01	美林证券	投行	财务顾问

田立新：创始主管合伙人、总裁，美国沃顿商学院的工商管理硕士（MBA）、美国布莱得雷大学工程硕士及重庆大学工程学士；曾先后任职龙科创投基金首席投资官和董事总经理、美林证券及摩根证券的投资银行家，加入投资银行之前，曾在美国麦肯锡公司从事管理咨询。

4. 投资业绩

德同资本目前管理资金超过 100 亿元人民币，主要投资人包括多个省市政府引导基金和金融机构，并和多家行业龙头上市公司上海城投/威孚高科、益民集团、粤传媒、中文在线、博腾医药、爱司凯等相继成立了产业并购基金。

项目案例：步长制药、中机电力、来伊份、博腾股份。

（四）深圳市东方富海创业投资管理有限公司

1. 公司信息

公司信息如表 5 - 28 所示。

2. 基本概况

投资理念：做创业企业的朋友和教练；致力于投资具有成长性和上市潜力的目标公司，并积极

表 5 - 28 深圳市东方富海创业投资管理有限公司信息

简　　称	东方富海			
登记编号	P1020765	组织机构代码	67186321 - 0	
成立时间	2008 - 05 - 27	登记时间	2015 - 08 - 13	
企业性质	内资企业	机构类型	私募股权、创业投资基金管理人	
注册资本（万元）（人民币）	10000	实缴资本（万元）（人民币）	1000	
注册地址	广东省深圳市福田区沙头街道深南西路天安数码时代大厦主楼 2501 - 1			
办公地址	广东省深圳市福田区深南西路天安数码时代大厦 A 座 2501			
员工人数	114	机构网址	www. ofcapital. com	电话 86 - 0755 - 88836399
法定代表人/执行事务合伙人	陈玮			

法定代表人/执行事务合伙人（委派代表）工作履历	时间	任职单位	任职部门	职务
	2006. 10 ~ 2018. 08	深圳市东方富海投资管理股份有限公司	董事会	董事长
	1999. 09 ~ 2006. 10	深圳市创新投资集团有限公司	高级管理	总裁
	1985. 09 ~ 1999. 09	兰州财经大学	会计系	会计系主任

为被投资企业提供增值服务，提高企业的盈利能力，努力帮助企业通过 IPO 上市等方式实现企业价值最大化，为投资人带来满意的资本增值回报。

投资方向：信息技术、节能环保、健康医疗、新材料、文化消费五大领域，投资阶段上侧重于 A 轮和 B 轮，20% 资金投资成熟期，80% 资金投资早期和成长期。

奖项：2018 年中国创业投资机构 50 强（清科集团）；2018 年教育培训领域投资机构 10 强。

3. 投研团队

陈玮：创始合伙人、董事长，厦门大学会计学博士，北京大学、清华大学、上海复旦大学 EMBA 及总裁班授课教授。先后担任过中国中小企业协会副会长、中国投资协会创业投资专业委员会副会长，深圳市创业投资同业公会会长、深圳创新投资集团总裁，主持参与投资了华锐风电、我武生物、酒仙网等。

肖群：合伙人、总经理，武汉大学经济学学士、厦门大学会计学研究生，先后任深圳经济特区证券公司资产保全部总经理、风险控制部总经理，深圳经济特区证券公司沈阳管理总部总经理、兼特区证券沈阳五爱营业部、市府营业部、西塔营业部总经理，项目：艾比森、超华科技、安泰科技等。

4. 投资业绩

自成立后累计管理基金规模超过 200 亿元人民币，管理基金共计 39 支，具有超过 600 位投资人，目前已投资项目超过 360 个，71 个项目通过上市、并购等方式退出。

项目案例：金力永磁、沃格光电、韵达股份、昆仑万维。

（五）东方汇富投资控股有限公司

1. 公司信息

公司信息如表 5-29 所示。

表 5-29　东方汇富投资控股有限公司信息

简　　称	东方汇富			
登记编号	P1007698	组织机构代码	32624761-X	
成立时间	2014-12-24	登记时间	2015-01-29	
企业性质	内资企业	机构类型	私募股权、创业投资 基金管理人	
注册资本（万元） （人民币）	30000	实缴资本（万元） （人民币）	10500	
注册地址	广东省深圳市南山区深圳市前海深港合作区前湾一路 1 号 A 栋 201 室（入驻深圳市前海商务秘书有限公司）			
办公地址	上海市虹口区四川北路 1717 号嘉杰国际广场 27 层			
员工人数	20	机构网址	www.orica.com.cn	电话	021-61730954
法定代表人/执行 事务合伙人	阚治东			
法定代表人/ 执行事务合伙人 （委派代表） 工作履历	时间	任职单位	任职部门	职务
	2014.12~2017.03	东方汇富投资控股有限公司	董事长	董事长
	2005.04~2016.11	深圳市东方现代产业投资管理 有限公司	总裁	总裁
	2002.06~2003.12	南方证券股份有限公司	高管	常务董事、总裁
	1999.07~2002.05	深圳市创新科技投资有限公司	总经理	总经理
	1998.01~1999.06	深圳发展银行上海分行	顾问	高级顾问

2. 基本概况

企业文化：诚信、笃行、专业、价值。

投资方向：新兴产业，包括泛 TMT、环保/新材料、大健康、高科技、文化影视等。

奖项：2018 年中国影响力投资机构 TOP50（中国风险投资研究院）；2017 年中国创业投资机构排名第 25 位（清科集团）；2017 年中国最佳私募股权机构 TOP35（投中集团）。

3. 投研团队

阚治东：东方汇富董事长；是中国证券市场及中国创业投资行业的开拓者，担任过中国证券业协会第一任理事会常务理事，上海证券业协会第一任会长，上海证券交易所副理事长，深圳证券交易所理事。深圳市创业投资同业公会第一任会长。

白颐：董事，创业投资行业资深专家，是国内最早从事创业投资的专业人士之一，具有丰富的投资经验；1999 年加盟深圳市创新投资集团有限公司，历任投资发展总部投资经理、办公室主任、投资委员会秘书长助理、董事会秘书；曾在深圳市高新技术产业投资服务有限公司、深圳市国成科技投资有限公司从事投资及担保项目评估工作。

4. 投资业绩

设立多只私募基金，管理规模数百亿元人民币与政府引导基金、国内外机构展开合作，设立多只私募基金，涵盖天使、VC、PE、并购等多项业务范围。至 2018 年 3 月，在全国多个省市培养了超过 20 只投资团队，先后设立数十只基金，总管理规模超过 300 亿元人民币，投资项目数达 180 余家，IPO 成功退出案例 2 家，分别是我武生物、三盛教育，累计管理基金 64 家。在全国多个省市培养了 20 多只专业投资团队，设立数十只基金，投资者包括政府引导基金，上市公司、产业龙头，投资业务覆盖企业成长各阶段。投资了华锐风电、顺风光电、汇冠股份、我武生物、合纵科技等大批知名案例。

项目案例：同智机电、合纵科技、我武生物、华锐风电。

（六）深圳市富坤创业投资集团有限公司

1. 公司信息

公司信息如表 5 - 30 所示。

表 5 - 30 深圳市富坤创业投资集团有限公司信息

简 称	富坤创投				
登记编号	P1001516	组织机构代码	67295234 - 6		
成立时间	2008 - 04 - 11	登记时间	2014 - 04 - 29		
企业性质	内资企业	机构类型	私募股权、创业投资基金管理人		
注册资本（万元）（人民币）	5000	实缴资本（万元）（人民币）	5000		
注册地址	广东省深圳市南山区白石路东 8 号深圳华侨城都市娱乐投资公司蓝楹国际商务中心六楼 6 - 2、6 - 4、6 - 5、6 - 6				
办公地址	广东省深圳市南山区沙河街道白石路东 8 号蓝楹国际商务中心六楼 6 - 2、6 - 4、6 - 5、6 - 6				
员工人数	14	机构网址	www. rlequities. com	电话	0755 - 88311638
法定代表人/执行事务合伙人	朱菁				
法定代表人/执行事务合伙人（委派代表）工作履历	时间	任职单位	任职部门	职务	
	2008. 04 ~ 2016. 12	深圳市富坤创业投资有限公司	董事会	董事长	
	1999. 09 ~ 2016. 12	上海富堃投资管理有限公司	董事会	董事长	
	1993. 09 ~ 1998. 07	深圳证券交易所	深圳证券交易所	上市总监	
	1985. 08 ~ 1993. 08	南京农业大学	经济系	教师	

2. 基本概况

企业文化：推行"PRIDE"文化，即 Professionalism（专业是基础）、Respect（尊重是态度）、Integrity（诚信是原则）、Diversity（多样是包容）、Excellence（卓越是目标）。秉承价值成长的投资理念，在高安全边际的价值投资基础上，追求相对较高的成长与收益。

投资方向：先进制造、消费服务、医疗健康、TMT 等行业板块，侧重于对行业中成长期、扩张期、成熟期阶段的优秀企业的投资和并购。

奖项：2016～2017 年最具潜力投资机构 TOP10（融资中国）；2017 年中国创业机构 TOP30（融资中国）；2017 年中国最佳创业投资机构 TOP100（投中集团）；2017 年中国创业投资机构 100 强（清科集团）。

3. 投研团队

朱菁：董事长兼 CEO，复旦大学经济学博士，高级经济师，上海财大金融学院兼职教授，中国投资协会创业投资专业委员会理事；历任哈佛大学客座研究员，具有超过 25 年的证券从业经历，熟悉国内外资本市场运作，具有丰富的股权投资和企业投融资策划及实际运作经验。

林木雄：董事，总经理，澳门科技大学工商管理硕士，深圳市龙岗区政协委员，深商控股集团董事局常任董事，深圳一德投资管理集团有限公司董事局主席，在金融服务业具备多年工作经验，旗下一德集团曾参股创投公司等众多金融服务企业。

4. 投资业绩

富坤创投累计管理规模达 50 亿元人民币，投资项目 140 余家，投资企业实现 IPO 9 家，管理基金 18 家。2018 年旗下投资的万咖壹联、鹏鹞环保成功通过上市，并退出。

项目案例：万咖壹联、鹏鹞环保、庄园牧场、立昂技术。

（七）深圳市高特佳投资集团有限公司

1. 公司信息

公司信息如表 5–31 所示。

表 5–31　深圳市高特佳投资集团有限公司信息

简　　称	高特佳投资			
登记编号	P1000504	组织机构代码	72713894–0	
成立时间	2001–03–02	登记时间	2014–04–23	
企业性质	内资企业	机构类型	私募股权、创业投资基金管理人	
注册资本（万元）（人民币）	28320	实缴资本（万元）（人民币）	28320	
注册地址	广东省深圳市南山区后海大道以东天利中央商务广场 A 座 1501			
办公地址	广东省深圳市南山区后海大道以东天利中央商务广场 1501			
员工人数	20	机构网址	www.szgig.com	电话　0755–86332999
法定代表人/执行事务合伙人	蔡达建			
法定代表人/执行事务合伙人（委派代表）工作履历	时间	任职单位	任职部门	职务
	2000.09～2017.08	深圳市高特佳投资集团有限公司	集团总裁办	董事长
	1995.09～2000.09	君安证券	投资部	北京总部副总经理
	1993.03～1995.09	中农信资公司深圳代表处	投资部	业务经理
	1983.08～1993.03	化工部化工矿山设计研究院经济室	工程部	助理工程师

2. 基本概况

投资方向：专注医疗健康产业投资，以战略性股权投资为主导，投资覆盖并购、PE、VC、天使等全阶段；医药：生物体（抗体、血液制品）、细胞治疗、小分子创新药、规模化药、特色中药；医疗器械：IVD（生化诊断、免疫诊断、分子诊断、POCT）、高值耗材（心脑血管、骨科）；医疗服务：第三方服务（检测、透析、影像、病理）、专科连锁医院、互联网医疗。

投资理念：以战略性股权投资为主导，投资覆盖并购、PE、VC、天使等全阶段；战略性投资、领投甚至控股，提升话语权；协助产业梳理战略、决策机制、管理机制；满足资本方面多层次需求；跟随优秀企业成长，获取长期收益；产业投资思维参与头部公司定增和并购。

奖项：2018年中国创业投资机构50强（清科集团）；2018年中国医疗健康领域投资机构20强；2017年中国创业投资机构100强。

3. 投研团队

蔡达建：创始人、董事长；中国"92派"企业家、金融投资家；金融学博士学位，中欧EMBA，中欧15周年庆杰出校友；创办高特佳投资之前，蔡达建先生在国有科研设计单位工作十年，并经历了国内著名的君安证券及随后的国泰君安证券的投资银行生涯。作为中国最早一批风险投资的启蒙者和探索者，创造了那个时代最知名的上市案例；蔡达建先生领导的高特佳投资以模式创新和理念创新享誉业界，并于2007年率先在业内提出"主题行业投资"的投资模式。

黄青：管理决策委员会成员、COO、主管合伙人；集团首席运营官，负责整体业务管理，分管融资业务；上海交大MBA；十余年私募股权投融资经验，管理数百亿元人民币基金的投融资业务，在企业管理、私募股权投融资、上市资本运作等方面具有丰富经验。

胡雪锋：管理决策委员会成员、主管合伙人；负责PE及并购业务，中国药科大学博士学位，中欧EMBA；曾就职于著名医药类上市公司南京医药、上海复星医药、中国医药集团国药控股；从基层到高层管理职位历练二十多年，具有丰富的企业管理经验，对产业具有深刻的理解。

4. 投资业绩

资产管理规模超200亿元，医疗健康产业基金24支，先后投资140余家企业，其中医疗健康企业70余家，并推动了15家企业成功上市。其中控股投资国内血液制品龙头企业博雅生物，并助推其成功上市（股票代码：300294）。

2018年投资企业7家，主要投资领域在生物技术、医疗健康。

项目案例：山东矿机集团、京泉华、飞荣达、川大智胜。

（八）国科嘉和（北京）投资管理有限公司

1. 公司信息

公司信息如表5-32所示。

2. 基本概况

投资理念：科技创造未来，资本助飞梦想。

投资方向：TMT，涵盖物联智造、移动互联和服务、大数据与人工智能、金融科技；生命科学，涵盖医疗服务、医疗器械和制药、E-health。

奖项：2017~2018年最佳投资人TOP20（投资家网）；2017~2018年最受LP青睐投资机构TOP20（投资家网）。

表5-32　国科嘉和（北京）投资管理有限公司信息

简　称	国科嘉和		
登记编号	P1001819	组织机构代码	58080588-3
成立时间	2011-08-24	登记时间	2014-05-04
企业性质	内资企业	机构类型	私募股权、创业投资基金管理人
注册资本（万元）（人民币）	10000	实缴资本（万元）（人民币）	1000
注册地址	北京市海淀区海淀北二街8号6层710-66室		
办公地址	北京市东城区东直门南大街11号		
员工人数	14	机构网址	cashcapital.cn　电话　010-59786889
法定代表人/执行事务合伙人	王琪		
法定代表人/执行事务合伙人（委派代表）工作履历	时间	任职单位	任职部门	职务
	2011.09~2017.05	国科嘉和（北京）投资管理有限公司	董事长兼总经理	董事长兼总经理
	2010.12~2014.06	中国科学院国有资产经营有限责任公司	常务副总经理	常务副总经理
	2009.09~2010.04	中科院广州化学有限公司	董事、总经理	董事、总经理
	2007.03~2009.12	北京国科东方光电技术有限公司	董事长	董事长

3. 投研团队

王琪：董事长，西南师范大学学士、清华大学管理工程硕士，同时担任中国科学院国有资产经营有限责任公司副总经理，熟悉基金投资运作和决策逻辑，对资本运作有深刻理解，直接参与了27支基金（VC、PE）项目的投资，投资总规模超过40亿元人民币，担任多支基金投资决策委员会委员，多家企业董事、监事。

王戈：管理合伙人，北京邮电学院分院学士、北方交通大学MBA硕士、美国纽约州立大学访问学者，国内具有25年以上作为创业公司创始人、技术公司总经理以及大型综合集团公司董事长的高管经验，有10年以上丰富的基金管理经验，曾发起管理过多支私募股权基金。

陈洪武：执行合伙人，清华大学获工学士、清华大学经济管理学院MBA学位；中国创业投资行业著名投资人，先后任职IDG风险投资副总裁和开投私募股权基金合伙人，拥有超过15年股权投资和资本运作的经验，曾参与投资了华灿光电（300323）、美亚柏科（300188）、厦门吉比特（603444）、动网先锋（被上市公司掌趣收购）、265网站（被谷歌收购）等多家公司，在多个项目上为投资人实现了高达几十倍的回报。

4. 投资业绩

目前管理两只人民币创投基金、两只人民币并购基金、一只产业专项基金、一只美元创投基金以及政府专项基金等多只基金，管理总金额达数百亿元人民币。国科嘉和基金在物联智造、移动互联和服务、大数据、云计算与人工智能、金融科技、安全、医疗服务、医疗器械和制药等领域重点投资布局，已累计投了近百家企业。

项目案例：连心医疗、亿康基因、掌中世纪、凤凰金融。

（九）深圳国中创业投资管理有限公司

1. 公司信息

公司信息如表 5 - 33 所示。

表 5 - 33　深圳国中创业投资管理有限公司信息

简　　称	国中创投					
登记编号	P1060025	组织机构代码	9144030035959954XG			
成立时间	2015 - 12 - 21	登记时间	2016 - 10 - 26			
企业性质	内资企业	机构类型	私募股权、创业投资基金管理人			
注册资本（万元）（人民币）	10000	实缴资本（万元）（人民币）	3600			
注册地址	广东省深圳市福田区深南大道 4009 号投资大厦 11 楼					
办公地址	广东省深圳市福田区中心五路星河发展中心大厦 19 楼 L19 - 11 号					
员工人数	45	机构网址	www. gzvcm. com		电话	0755 - 82823088
法定代表人/执行事务合伙人	倪泽望					
法定代表人/执行事务合伙人（委派代表）工作履历	时间	任职单位		任职部门	职务	
	2017. 10 ~ 2017. 11	深圳市红土长城中通股权投资管理有限公司		高管	法人、董事长	
	2017. 09 ~ 2017. 11	深创投不动产基金管理（深圳）有限公司		高管	法定代表人、董事长	
	2016. 07 ~ 2017. 11	广州红土科信创业投资有限公司		高管	法定代表人、董事长	
	2016. 06 ~ 2017. 11	深圳国中创业投资管理有限公司		高管	法人、董事长	
	2011. 11 ~ 2015. 08	深圳市罗湖区人民政府		深圳市罗湖区人民政府	区委书记、区人大常委会主任、党组书记	

2. 基本概况

企业文化：倡导"诚笃、创新、简单、高效"，立志成为值得信赖、受人尊重的卓越创投机构，在全国范围内深耕细作，科学、高效地助力中小企业发展。

坚持价值投资为核心、走专业化投资道路、注重投后管理、严格把握风控的投资理念，通过产业链深度研究来指导投资，聚焦战略新兴产业的投资机会。

投资方向：TMT、生物医药、高科技行业、新能源新材料、先进制造业和高端装备制造业、环保、现代服务业等。

奖项：2016 年中国创业投资机构 100 强（清科集团）；2016 年中国最佳创业投资机构 TOP100（投中集团）。

3. 投研团队

施安平：首席合伙人，CEO，西安交通大学产业经济学博士，复旦大学管理学博士后，信息技术与网络工程高级工程师，金融学教授，博士后指导教师。曾任西安创新投资管理有限公司总经理，深圳市创新投资集团基金管理总部总经理兼投资决策委员会秘书长，深圳市创新投资集团副总裁。先后参与各类投资项目决策600余项，参与主持决策的项目中有100多个在全球17个主流资本市场成功上市，积累了丰富的典型案例。

贾巍：董事总经理，合伙人，西安交通大学工学硕士、CPA资格、长江商学院EMBA；曾就职于广东电信、21CN.COM、深圳华为、深创投集团等，具有10年IT行业业务管理经验及TMT行业投资经验，带领团队取得优秀的投资业绩所投项目多个实现上市并取得高额回报，早期投资跨境通、信维通信等企业，培育企业成为行业龙头。

4. 投资业绩

目前已受托管理国家中小企业发展基金首支60亿元的实体基金——中小企业发展基金（深圳邮有限合伙）。累计投资项目152个，其中迈瑞医疗成功通过IPO上市。公司在新能源汽车、在线旅游等几个产业链已经有较为完整的布局。

项目案例：深圳斯诺、华科创智、斗鱼、搜游网络。

（十）华映资本管理有限公司

1. 公司信息

公司信息如表5-34所示。

表5-34 华映资本管理有限公司信息

简 称	华映资本			
登记编号	P1001311	组织机构代码	91320581072762522J	
成立时间	2013-07-12	登记时间	2014-04-23	
企业性质	内资企业	机构类型	私募股权、创业投资基金管理人	
注册资本（万元）（人民币）	10000	实缴资本（万元）（人民币）	430	
注册地址	江苏省常熟市常熟高新技术产业开发区东南大道333号1201室			
办公地址	江苏省常熟市常熟高新技术产业开发区东南大道333号1201室			
员工人数	22	机构网址	www.meridiancapital.com.cn	电话	0512-68327900
法定代表人/执行事务合伙人	季薇			
法定代表人/执行事务合伙人（委派代表）工作履历	时间	任职单位	任职部门	职务
	2009.06~2017.06	华映资本	管理层	管理合伙人
	2008.06~2009.06	新邦资本	管理层	执行董事
	2005.06~2008.06	上海汇点投资有限公司	管理层	创始人
	2002.06~2005.06	TWP咨询（上海）有限公司	咨询部	咨询师
	1996.07~2002.06	上海外高桥保税区联合发展有限公司	贸易部	业务员

2. 基本概况

投资理念：专注于熟悉和值得信赖的行业，努力寻找优秀的企业家，并成为他们共同的创业伙伴。华映资本的投资以专注见长，是国内最早布局移动互联网的人民币基金之一。

投资方向：文化娱乐、消费升级、互联网金融、企业服务等领域，投资阶段以 A 轮为主，上下延伸，重视营造闭环式商业生态体系。

奖项：2017 年最佳创业投资机构 TOP30（清科集团）；2017 创业投资机构 100 强；2017 年中国最受 LP 关注的创业投资机构 TOP20；2016 年最佳创业投资机构 TOP50（投中集团）。

3. 投研团队

熊向东：创始管理合伙人，曾任 IDG 中国基金投资总监，是中国新媒体和互联网投资领域的领军人物，近 20 年来成功投资了众多明星项目，包括携程网、如家连锁酒店、网龙科技、易趣网、好耶广告网络、分众传媒、东方财富网、要玩、IGG 等。

季薇：创始管理合伙人，英国帝国理工学院 MBA。曾任新邦资本执行董事，联合创立对冲基金汇点投资有限公司。季薇在风险投资领域拥有 10 年经历，曾成功主导投资包括海蝶音乐、51 信用卡、微盟、界面·财联社、聚橙网、童石网络、罐头视频等众多明星项目。

4. 投资业绩

自 2008 年成立以来，华映资本已发行 5 期人民币基金、2 期新加坡币基金，总管理规模超过 50 亿元人民币，累计投资项目达 230 个，投资超过 100 家互联网文化新媒体企业，拥有丰富的募投管退经验。2008 年以来，已成功上市或并购退出项目 20 余个，超过半数以上项目完成一轮或多轮后续融资并发展良好。就投资回收周期及投资回报率良好。

项目案例：智通引擎、百财车贷、放学嗨、天云大数据。

（十一）基石资产管理股份有限公司

1. 公司信息

公司信息如表 5 - 35 所示。

2. 基本概况

投资理念：秉承"集中投资、重点服务"，把企业内在价值作为投资基准点；通过优秀的运营能力对抗行业的周期性波动；通过增值服务为企业创造价值，构建企业的核心竞争力。

投资方向：文化传媒、先进制造、TMT、医疗健康、消费与服务等领域。

奖项：2017 年中国创业投资机构 10 强（清科集团）；2017 年中国最受 LP 关注创业投资机构 TOP50（投中集团）；2017 年最具竞争力创投机构（证券时报）。

3. 投研团队

张维：董事长、合伙人，南京大学法学硕士、北京大学 EMBA 金融班，中欧哈佛全球 CEO 班，曾担任回天新材董事长，新加坡上市公司鹰牌控股董事局主席。现任中国基金业协会私募股权及并购基金专业委员会委员、北大光华管理学院 EMBA 金融协会副会长。

林凌：副董事长、合伙人，厦门大学经济学硕士，中欧全球总裁班，现任公司副董事长。从事股权投资 16 年，长期关注文化传媒领域。主导投资：三六五网、中利科技、磨铁图书、凯莱英、幸福蓝海、原力动画、米未传媒。

表 5 - 35　基石资产管理股份有限公司信息

简　　称	基石资本		
登记编号	P1002245	组织机构代码	67298610 - 8
成立时间	2008 - 03 - 21	登记时间	2014 - 05 - 20
企业性质	内资企业	机构类型	私募股权、创业投资基金管理人
注册资本（万元）（人民币）	40000	实缴资本（万元）（人民币）	40000
注册地址	广东省深圳市南山区粤海街道深南大道 9668 号南山金融大厦 10 层 A、B 单元		
办公地址	广东省深圳市福田区福中三路诺德中心 35F		
员工人数	4	机构网址	stonevc. com　电话　0755 - 82792366
法定代表人/执行事务合伙人	张维		
法定代表人/执行事务合伙人（委派代表）工作履历	时间	任职单位	任职部门	职务
	2016. 02 ~ 2016. 12	安徽信保基石资产管理有限公司	公司	管理合伙人
	2015. 06 ~ 2016. 12	马鞍山安域基石投资管理合伙企业	公司	管理合伙人
	2011. 06 ~ 2016. 12	乌鲁木齐凤凰基石股权投资管理有限合伙企业	企业	管理合伙人
	2008. 03 ~ 2016. 11	深圳市基石资产管理股份有限公司	基石资本	董事长
	2002. 01 ~ 2008. 03	大鹏创业投资有限责任公司	大鹏创投	总经理
	1996. 10 ~ 2002. 01	大鹏证券有限责任公司投资银行总部	大鹏证券	总经理

4. 投资业绩

目前，基石资本管理了 VC、PE、定向增发、并购等类型的投资基金 60 余只，资产管理规模逾 500 亿元，累计投资项目 180 余个，其中 9 家企业成功 IPO 上市。在全国位居行业前列。投资企业包括：山河智能（002097）、德展健康（000813）、新希望六和（000876）、三六五网（300295）、回天新材（300041）、原力动画、米未传媒等。

项目案例：迈瑞医疗、康恩贝、山河智能、华中数控。

（十二）江苏金茂投资管理股份有限公司

1. 公司信息

公司信息如表 5 - 36 所示。

2. 基本概况

企业文化：让最好的企业成为我们的合作伙伴，让我们的合作伙伴成为更好的企业。

投资方向：医疗医药大健康、节能环保和新能源、新材料和智能制造等战略性新兴产业。

表5-36 江苏金茂投资管理股份有限公司信息

简　称	金茂资本			
登记编号	P1000515	组织机构代码	69212207-5	
成立时间	2009-07-09	登记时间	2014-04-09	
企业性质	内资企业	机构类型	私募股权、创业投资基金管理人	
注册资本（万元）（人民币）	10000	实缴资本（万元）（人民币）	10000	
注册地址	江苏省南京市栖霞区栖霞区紫东路2号1幢			
办公地址	江苏省南京市鼓楼区清江南路19号南大苏富特科技创新园2号楼14层			
员工人数	40	机构网址	www.jolmo.net	电话 86-25-8473-0370
法定代表人/执行事务合伙人	段小光			

法定代表人/执行事务合伙人（委派代表）工作履历	时间	任职单位	任职部门	职务
	2013.09~2017.06	常州金茂经信创业投资管理企业（有限合伙）	高管	执行事务合伙人
	2009.07~2014.03	江苏金茂创业投资管理有限公司	高管	董事长
	2004.11~2009.07	江苏金茂投资咨询有限公司	高管	董事长
	1997.01~2004.11	深圳市恒丰时代投资有限公司	高管	董事总经理
	1994.01~1997.01	深圳华源股份有限公司	高管	董事
	1991.01~1994.01	上海经济发展研究所	研究部	秘书长、研究员
	1985.01~1991.01	南京大学	教师	教授

奖项：2017年中国创业投资机构100强（清科集团）；2017年清洁技术领域投资机构10强（清科集团）；2017年中国最佳中资创业投资机构TOP50（投中集团）；2017年中国最佳创业投资机构TOP100（投中集团）。

3. 投研团队

段小光：创始合伙人、董事长，南京大学哲学系硕士研究生；先后应江苏省政府及佛山市政府之邀，为其制定专项规划并组织实施，通过资本运作，推动中小企业转型升级、快速发展。至今，已率领金茂投资管理了30只私募股权投资基金，管理基金规模超200亿元，考察了几千家企业，投资了百余家企业，将其中许多企业培育成新兴产业的领军企业。

张敏：创始合伙人、总裁，毕业于沈阳工业大学，上海中欧工商管理学院EMBA，中国注册会计师。先后在江苏发起设立多支私募股权基金，投资了百余家企业，上市10家企业，管理股权投资资金规模近80亿元。拥有30年企业管理经验，精于企业的财务管理与财务评价。

4. 投资业绩

截至2018年9月，设立超过30只私募股权基金。至今，金茂资本旗下管理的基金规模逾30亿元，全部投资于新兴产业，已先后投资企业近40家，投资额近20亿元人民币。直接参与或推动10多家企业境内外上市。迄今已投资140余个项目，其中已有12家成功上市，6家被知名跨国公司或上市公司并购，5 家转让退出，47 家在新三板挂牌。

项目案例：滇红药业、世纪互联、舒泰神生物制药、天沃科技。

（十三）君联资本管理股份有限公司

1. 公司信息

公司信息如表 5 - 37 所示。

表 5 - 37 君联资本管理股份有限公司信息

简 称	君联资本			
登记编号	P1000489	组织机构代码	75671051 - 2	
成立时间	2003 - 11 - 19	登记时间	2014 - 03 - 17	
企业性质	内资企业	机构类型	私募股权、创业投资基金管理人	
注册资本（万元）（人民币）	10000	实缴资本（万元）（人民币）	10000	
注册地址	北京市海淀区科学院南路 2 号院 1 号楼 16 层 1604			
办公地址	北京市海淀区科学院南路 2 号 B 座 16 层			
员工人数	91	机构网址	www. legendcapital. com. cn	电话 010 - 89139000
法定代表人/执行事务合伙人	朱立南			
法定代表人/执行事务合伙人（委派代表）工作履历	时间	任职单位	任职部门	职务
	2003. 11 ~ 2014. 02	北京君联资本管理有限公司	无	总裁
	2001. 04 ~ 2014. 02	联想控股有限公司	无	副总裁、总裁
	1997. 06 ~ 2001. 03	联想集团	无	总经理、副总裁
	1993. 06 ~ 1997. 06	新传奇电子有限公司	无	总经理
	1989. 04 ~ 1993. 06	深圳联想电脑有限公司	无	总经理

2. 基本概况

企业文化：志同道合的伙伴共创心仪的事业，并分享成功；成为一家具有国际影响力的投资公司；通过资本和管理的帮助，促进企业创新与成长，推动产业进步和社会发展；坚持"企业利益第一，求实进取，以人为本"的联想根文化。

投资方向：TMT 及创新消费、专业服务和智能制造、医疗健康、文化体育等，核心业务定位于初创期风险投资和扩展期成长投资，重点关注中国的创新与成长机会。

奖项：2018 年清科集团中国创业投资机构 50 强；2018 年清科集团中国消费生活领域投资机构 20 强；2017 年创业投资机构 100 强。

3. 投研团队

朱立南：总裁、董事总经理，上海交通大学电子工程学硕士学位，高级工程师职称，享受国务院政府特殊津贴专家，同时担任联想控股股份有限公司总裁、董事、执行委员会成员，联想集团非执行董事。朱立南先生在 IT 行业拥有近三十年的深厚资历和广泛人脉，在企业的业务发展、投资管理、财务管理、人力资源管理、信息化建设等方面积累了丰富的经验，其成功的创业经历和企业管理经验为君联资本提供了独到价值。

陈浩：总裁，负责公司整体业务的推进与协调。陈浩先生在 IT 行业拥有超过十五年的从业经历，积累了丰富的业务运作及管理经验。陈浩先生专注于 IT 及相关领域投资十余年，曾分别担任联想集成系统有限公司华东区总经理、网络中心总经理、副总裁兼企划办主任等职务，同时参与并主持了公司在政府、金融、税务、电信等领域的大中型系统集成项目的实施与开发。

4. 投资业绩

君联资本在管美元及人民币基金 62 只，总规模超过 400 亿元人民币。截止到 2018 年，君联资本累计投资项目 760 余个，注资企业近 400 家，其中近 70 家企业已成功在国内或海外上市/挂牌，近 50 家企业通过并购退出。

项目案例：同程艺龙、信达生物、宁德时代、药明康德。

（十四）君盛投资管理有限公司

1. 公司信息

公司信息如表 5 - 38 所示。

表 5 - 38　君盛投资管理有限公司信息

简　　称	君盛投资			
登记编号	P1001710	组织机构代码	55033564 - 9	
成立时间	2010 - 01 - 20	登记时间	2014 - 04 - 29	
企业性质	内资企业	机构类型	私募股权、创业投资基金管理人	
注册资本（万元）（人民币）	10769.23	实缴资本（万元）（人民币）	10769.23	
注册地址	广东省深圳市宝安区龙华新区民治街道玉龙路西侧圣莫丽斯花园 B17 栋 03A			
办公地址	广东省深圳市宝安区龙华新区玉龙路圣莫里斯花园 B17 栋 1 单元 3 楼			
员工人数	29	机构网址	www.junsancapital.com	电话　0755 - 82571118
法定代表人/执行事务合伙人	廖梓君			
法定代表人/执行事务合伙人（委派代表）工作履历	时间	任职单位	任职部门	职务
	2005.02 ~ 2014.04	君盛投资管理有限公司	董事长	董事长
	2002.10 ~ 2005.01	中信基金管理有限责任公司	机构部	机构部总监
	1996.08 ~ 2002.09	联合证券公司	资产管理部	资产管理部总经理助理
	1994.10 ~ 1996.07	中信集团中大投资管理公司	投资部	投资部总经理
	1991.10 ~ 1994.09	华夏证券深圳分公司	发行部	发行部负责人

2. 基本概况

公司文化：客户利益至上；追求卓越；恪守“专业、尽责、严谨”的职业操守；公司为员工提供最佳发展途径；维护公司品牌；构建“平等、开放、学习”的工作氛围；坚守契约精神，倡导“诚实、正直”的价值观。

投资方向：TMT、新材料、新材料、健康消费、节能环保等泛消费行业，投资阶段涵盖中后期PE 到 VC 阶段。

奖项：2018 年中国最佳创业投资机构 TOP30（投中集团）；2017 年中国私募股权投资机构 100 强（投中集团）；2017 年度中国创业投资机构 TOP30（融资中国）。

3. 投研团队

廖梓君：董事长，武汉大学经济学硕士。历任华夏证券深圳分公司发行部负责人、中信集团中大投资管理公司投资部总经理、联合证券资产管理部总经理助理、中信基金管理公司市场部总经理、同威创投公司常务副总裁、君盛投资管理公司创始合伙人。从事投资 20 多年，对资本市场和私募基金业务有深厚理解和丰富经验，拥有敏锐深刻的市场判断力和洞察力。

常艳琴：行政总监，先后任职于深圳市东然贸易有限公司、香港嘉盛电子（深圳）有限公司，2007 年加入君盛投资，历任行政经理、财务经理，现任公司行政总监及合伙人，具有优秀的协调和综合管理能力，丰富的财务和行政管理经验，是与君盛投资共同成长的重要合伙人。

4. 投资业绩

目前，君盛投资旗下管理基金 18 只，管理规模超过 80 亿元，已投资近百家优质企业，其中已上市/退出企业近 30 家，进入上市保荐期企业达 15 家。

项目案例：合纵科技、奥瑞德、同程艺龙、迈锐医疗。

（十五）宁波保税区凯风创业投资管理有限公司

1. 公司信息

公司信息如表 5 - 39 所示。

表 5 - 39　宁波保税区凯风创业投资管理有限公司信息

简　称	凯风创投			
登记编号	P1068078	组织机构代码	91540124MA6T258MXF	
成立时间	2018 - 01 - 31	登记时间	2018 - 04 - 28	
企业性质	内资企业	机构类型	私募股权、创业投资基金管理人	
注册资本（万元）（人民币）	3000	实缴资本（万元）（人民币）	1071	
注册地址	浙江省宁波市北仑区新碶进港路 406 号 2 号楼 3160 室			
办公地址	上海市静安区南京西路 1468 号中欣大厦 1801 室			
员工人数	7	机构网址	www.cowinvc.com	电话　0512 - 66969517
法定代表人/执行事务合伙人	黄昕			
法定代表人/执行事务合伙人（委派代表）工作履历	时间	任职单位	任职部门	职务
	2013.07 ~ 2017.07	南京凯元创业投资管理合伙企业（有限合伙）	投资部	执行事务合伙人
	2012.06 ~ 2013.06	苏州凯风创投	投资部	生物医药合伙人
	2010.06 ~ 2012.05	奥迈资本	投资部	资深投资经理
	2009.09 ~ 2010.05	波士顿咨询公司	投资部	咨询顾问

2. 基本概况

公司理念：通过其行业洞察力、资源整合能力和增值服务能力，保障被投企业的快速发展，是企业发展前行中的"领航员"和"护航者"。

投资方向：TMT（新材料、芯片、系统装备）、生命健康（监测、互联网医疗、生物材料）领域的天使和早期投资。

奖项：2017～2018 年中国天使投资人 TOP30（投中集团）；2018 年中国创业投资机构 50 强（清科集团）。

3. 投研团队

赵贵宾：创始管理合伙人，南京大学工商管理硕士、国防科技大学计算机学院工学学士；拥有25 年以上 TMT 行业管理和创业投资经验，2002 年开始从事创业投资；曾在中新创投风险投资部、台湾怡和创投、中兴通讯任职；主导、参与的投资项目有：同程艺龙、沪江网、齐家网、三超新材，目前是同程艺龙、三超新材、中际旭创等公司董事。

黄昕：管理合伙人，1995 年全国理科高考状元，中国协和医科大学临床医学博士、美国约翰霍普金斯大学医学院药理学博士，拥有 20 年以上临床医学、医学研究、医疗战略咨询和创业投资经验，2010 年开始从事创业投资，曾任波士顿咨询集团（BCG）医疗战略管理咨询顾问及奥迈资本资深投资经理；主导、参与的投资项目有：派格生物、奥科达医药、长风药业、源生药业、思路迪、泓迅生物、皓信生物、Gemstone Bio、CytekBio、CytoChip、PGDx、PapGene 等。

4. 投资业绩

在管人民币及美元基金的规模约 50 亿元，形成"种子基金、VC 基金和 PE 基金"全产业链投资的组合基金。已投资 80 余家公司，培育了一大批明星项目。包括：同程艺龙、齐家网、沪江、东软载波、华兴致远、奥联电子、三超新材、中际旭创、创鑫激光、敏芯微电子、PGDx、Cytek-Bio、思路迪、臻和科技、派格、奥科达、康乃德、长风药业、阿迈特、太美医疗等。

项目案例：联创电子、中际旭创、长风药业、阿迈特。

（十六）浙江普华天勤股权投资管理有限公司

1. 公司信息

公司信息如表 5 - 40 所示。

表 5 - 40 浙江普华天勤股权投资管理有限公司信息

简　　称	普华资本			
登记编号	P1002055	组织机构代码	57770665 - 7	
成立时间	2011 - 06 - 20	登记时间	2014 - 05 - 20	
企业性质	内资企业	机构类型	私募股权、创业投资基金管理人	
注册资本（万元）（人民币）	3750	实缴资本（万元）（人民币）	3750	
注册地址	浙江省金华市兰溪市李渔路 162 号			
办公地址	浙江省杭州市西湖区西溪湿地洪钟区域			

续表

员工人数	7	机构网址	www.puhuacapital.com	电话	0571 – 87755559
法定代表人/执行事务合伙人	沈琴华				

法定代表人/执行事务合伙人（委派代表）工作履历	时间	任职单位	任职部门	职务
	2011.06 ~ 2018.11	浙江普华天勤股权投资管理有限公司		法定代表人、执行董事、总经理
	2004.04 ~ 2011.05	杭州普华投资管理有限公司		总经理、执行董事
	2000.01 ~ 2004.04	杭州三利软件有限公司		副总经理
	1996.04 ~ 2000.01	浙江千岛湖养生堂饮用水有限公司	财务部	分公司财务经理
	1994.07 ~ 1996.04	浙江申达集团有限公司	财务部	财务经理

2. 基本概况

投资理念：专注、深入；勤奋、稳健；坦诚、持久。

投资方向："健康（Health）＋快乐（Happiness）"，聚焦于互联网、大健康、泛文化、新科技四大领域。

奖项：2018年中国创业投资机构50强（清科集团）；2018年中国医疗健康领域投资机构20强（清科集团）；2018年中国文体娱乐领域投资机构10强（清科集团）。

3. 投研团队

沈琴华：创始人，管理合伙人。浙江大学工商管理硕士，十年以上股权投资经验，专注于医疗健康、互联网、新科技等领域投资；兼任杭州市西湖区政协委员，杭州市西湖区知联会副会长。2017年中国医疗健康领域最佳青年投资人。

吴一晖：管理合伙人，浙江大学工商管理硕士，十年以上金融行业工作经历，五年以上投资基金管理经验，专注于PE股权投资，上市公司定向增发，并购重组等投行业务，成功主导、参与了多家上市公司并购重组、定向增发；兼任浙江省青联委员。

姚臻：浙江大学工商管理硕士，有8年以上投资经验，且从事4年以上投资风险控制，有丰富的投资经验和风险管理能力；浙江创投协会2018年度杭州投资人物。专注于互联网、泛文化领域研究，负责IP开发和运营、影视娱乐、动漫、体育、消费升级、互联网传播等领域投资，主要投资案例：一条、乐刻体育、video++、一点资讯、来画、钟薛高等。

4. 投资业绩

截至2018年，管理资金超过77亿元人民币，投资项目超过300个，IPO成功退出项目2个，管理基金47家，并在30多家企业成长的过程中也同时实现了资本的阶段性成果。

项目案例：奇虎360、喜马拉雅FM、陌陌、墨迹天气。

（十七）深圳市启赋资本管理有限公司

1. 公司信息

公司信息如表5 – 41所示。

表 5 - 41　深圳市启赋资本管理有限公司信息

简　　称	启赋资本				
登记编号	P1001181	组织机构代码	9114030000129349XF		
成立时间	2013 - 10 - 18	登记时间	2014 - 04 - 22		
企业性质	内资企业	机构类型	私募股权、创业投资基金管理人		
注册资本（万元）（人民币）	1218.87	实缴资本（万元）（人民币）	1138.88		
注册地址	广东省深圳市南山区前海深港合作区前湾一路 1 号 A 栋 201 室（入驻深圳市前海商务秘书有限公司）				
办公地址	广东省深圳市南山区中心路（深圳湾段）3333 号中铁南方总部大厦 1002 号				
员工人数	29	机构网址	www. qfcapital. com. cn	电话	0755 - 86959481
法定代表人/执行事务合伙人	傅哲宽				
法定代表人/执行事务合伙人（委派代表）工作履历	时间	任职单位	任职部门	职务	
	2013.08 ~ 2017.07	深圳市启赋资本管理有限公司	董事长	董事长	
	2000.06 ~ 2013.07	深圳市达晨创业投资有限公司	副总裁	合伙人/副总裁	
	1998.06 ~ 2000.06	湖南电广传媒股份有限公司	上市办	上市办成员	
	1996.06 ~ 1998.06	湖南省证券公司	投资部	投资分析师	
	1993.09 ~ 1996.04	湖南经济管理干部学院	经理管理部	教师	

2. 基本概况

企业文化：尽职尽责，将投资人的资金视为自有资金去管理；致力于利用自身的专业和资源优势，投资有核心价值的高成长中小企业，帮助所投资企业通过资本市场迅速发展壮大从而为投资人带来丰厚的回报；致力于打造高回报率的股权投资基金；立志扶植中国创新型创业企业，为中国经济结构调整、产业升级和自主创新做出积极贡献。

投资方向：TMT、现代服务业、新材料等行业以管理创投（VC）基金为主。

奖项：2018 年中国创业投资机构 50 强（清科集团）；2017 年中国最具投资潜力投资机构 TOP20（投中集团）；2017 年中国互联网/移动互联网领域投资机构 20 强（清科集团）。

3. 投研团队

傅哲宽：创始合伙人，曾任达晨创投合伙人、副总裁，具有十多年的资本市场和投资经验。先后主导了 60 多家企业的投资，投资领域涉及 TMT、消费服务、现代农业、清洁技术等行业，是本土创投最早将现代农业作为战略投资方向的投资人，其投资的圣农发展、煌上煌均为现代农业投资的经典案例。

顾凯：合伙人，清华大学五道口金融 EMBA，1994 年进入投资行业，先后在上海证券交易所、投资顾问公司、券商资产管理部、精诚投资公司、达晨创投等任职，拥有资本市场和实体产业多层次的工作经验，现为启赋资本区块链方向投资合伙人，主要投资案例：跟谁学、创业邦、量子矩阵、币世界等。

王长振：合伙人，中南大学材料学专业学士、美国材料学博士，曾任职于达晨创投行业投资管理总部，专注于新材料行业投资及行业研究，曾任职于高科技上市公司 BYD，从事新材料研发管理工作，主要投资案例：新材料在线、电子发烧友、应纳特等。

4. 投资业绩

目前共管理基金 19 只，管理规模超 50 亿元人民币，已经投资了 220 余家早期 VC 项目，投资总额 40 多亿元。

项目案例：跟谁学、瓷肌医生、圣农发展、煌上煌。

（十八）清控银杏创业投资管理（北京）有限公司

1. 公司信息

公司信息如表 5-42 所示。

表 5-42　清控银杏创业投资管理（北京）有限公司信息

简　称	清控银杏			
登记编号	P1019418	组织机构代码	34437665-0	
成立时间	2015-07-10	登记时间	2015-07-30	
企业性质	内资企业	机构类型	私募股权、创业投资基金管理人	
注册资本（万元）（人民币）	5000	实缴资本（万元）（人民币）	1000	
注册地址	北京市海淀区中关村东路 1 号院 8 号楼 15 层 C1702			
办公地址	北京市海淀区中关村东路 1 号院 8 号楼清华科技园科技大厦 C 座 17 层 1702、1704 室			
员工人数	26	机构网址	www.th-vc.com	电话　010-82159800
法定代表人/执行事务合伙人	罗茁			

法定代表人/执行事务合伙人（委派代表）工作履历	时间	任职单位	任职部门	职务
	2016.01~2017.06	北京银杏启沃医疗投资管理有限公司	董事长	法定代表人、董事长
	2014.12~2017.06	北京华创策源投资管理有限公司	董事长	法定代表人、董事长
	2012.05~2017.06	启迪银杏投资管理（北京）有限公司	董事长	法定代表人、董事长

2. 基本概况

投资理念：专注于继承和发挥基金管理团队积累的丰富经验和业绩，进一步巩固市场化、专业化的业务理念，树立全新的创业投资管理机构品牌，全面承担清华控股产业布局中早期投资、科技投资的功能。

投资方向：生物技术、医疗健康、IT、互联网、电子及光电设备等。

奖项：2018 年中国创业投资机构 50 强（清科集团）；2017 年中国创业投资机构 100 强（清科集团）。

3. 投研团队

罗茁：创始合伙人、董事长，清华大学工程物理系学士和核技术研究院硕士；先后任清华科技园发展中心研究室副主任，清华科技园发展中心主任助理，曾担任启迪创投董事总经理，现任中关村股权与投资协会监事长，中关村天使投资协会副会长，中国证券基金业协会自律监察委员会联席主席。2015 年，作为创始合伙人发起成立清控银杏创投。

　　薛军：创始合伙人，清华大学经济管理学院工学学士学位和管理工程硕士、加州 San Jose State University 工业与系统工程硕士；曾任清华科技园创业投资有限公司执行总经理、清华科技园技术资产经营有限公司总经理等职务，曾供职于国家信息中心和 IBM，担任启迪创投创始合伙人、董事总经理，主导投资的公司涉及 TMT、生物医药、清洁技术和现代服务业等领域。

　　4. 投资业绩

　　2016 年，清控银杏成为国家中小企业发展基金实体子基金——中小企业发展基金（江苏南通有限合伙）——的管理人。目前，清控银杏团队管理的总资产规模超过百亿元人民币，投资项目 150 余家。截至 2017 年，公司管理规模超 70 亿，累计投资企业 142 个，IPO 成功案例 8 个。

　　项目案例：数码视讯、汉邦高科、山石网科、诺斯兰德。

（十九）天津泰达科技投资股份有限公司

1. 公司信息

公司信息如表 5 - 43 所示。

表 5 - 43　天津泰达科技投资股份有限公司信息

简　称	泰达科技投资			
登记编号	P1001349	组织机构代码	72448588 - 3	
成立时间	2000 - 10 - 13	登记时间	2014 - 04 - 23	
企业性质	内资企业	机构类型	私募股权、创业投资基金管理人	
注册资本（万元）（人民币）	142326.48	实缴资本（万元）（人民币）	142326.48	
注册地址	天津市滨海新区天津开发区第二大街 62 号泰达 MSD - B 区 B2 座 904 - 907 单元			
办公地址	天津市滨海新区天津开发区第二大街 62 号泰达 MSD - B2 座 904 - 907 单元			
员工人数	25	机构网址	www. tedavc. com. cn	电话　022 - 66299990
法定代表人/执行事务合伙人	赵华			
法定代表人/执行事务合伙人（委派代表）工作履历	时间	任职单位	任职部门	职务
	2004.01 ~ 2014.04	青海明胶股份有限公司	董事会	董事长
	2000.06 ~ 2018.10	天津泰达科技投资股份有限公司	董事会	董事长、总经理
	1997.08 ~ 2000.06	天津泰达标准食品有限公司	董事会	总经理
	1995.04 ~ 1997.08	天津开发区总公司办公室	办公室	科长、副主任
	1992.07 ~ 1995.04	天津开发区总公司建设开发处	建设开发处	科员、科长

2. 基本概况

核心价值："投资创造价值"，坚持专业化的投资风格，严谨的投资态度，稳健的投资策略。以资金和高附加值的增值服务助力创业企业发展，以开放、平等、协作的精神与创业企业共同成长进步，实现共赢。

投资方向：TMT、大健康、节能环保、新材料等。

奖项：2018年中国创业投资机构50强（清科集团）；2017年中国创业投资机构100强（清科集团）。

3. 投研团队

赵华：董事长、总经理，天津大学工学学士、南开大学经济学硕士、长江商学院EMBA赵华先生2000年创办了天津泰达科技风险投资股份有限公司，拥有近20年的企业管理经验，专注于投融资和资本市场运作十余年，具有丰富的上市公司运作及管理经验。

董维：副总经理，武汉大学金融学学士、清华大学EMBA；拥有20年金融行业的从业经验，2000年加入公司，有着丰富的风险投资及经营管理实践操作经验，主持了多个项目的投资和退出工作。

张鹏：副总经理，南开大学商学院硕士，拥有十余年金融及风险投资行业工作经验。目前主要负责TMT、节能环保领域及相关产业投资业务管理及投后管理工作，主导或参与投资的项目有深之蓝、苏州国芯、神州易桥、西安灵境、昆山锐芯、青果灵动、恒拓开源、能华微电子等。

4. 投资业绩

截至2018年底，公司管理规模70亿元人民币，在管理基金5只。目前的投资方向已涵盖TMT、大健康等诸多领域。

项目案例：嘉麟杰、恒拓开源、青海明胶、晨光生物。

（二十）天津创业投资管理有限公司

1. 公司信息

公司信息如表5-44所示。

2. 基本概况

投资理念：依托区域政策与资源优势，汇集国家与地方政府、上市公司、产业巨头等各类资本，聚焦VC投资，并在此基础上向PE项目投资、上市公司并购重组等领域延伸，形成了投资＋投行的全产业链运营模式。

投资方向：先进制造、TMT、节能环保、医药健康、消费服务等领域的VC投资。

奖项：2018年最佳创业投资机构TOP30（投中集团）；2018年中国最佳新能源新材料领域投资机构（CVCRI）。

3. 投研团队

魏宏锟：董事长、管理合伙人，天津大学MBA硕士，中欧校友；先后与台湾诚信创投、软银亚洲、天士力（中国上市公司）等机构合作成立风险投资公司，并担任要职。曾担任天津创业投资有限公司总裁及天津科技融资控股集团有限公司总裁，负责天津市科技型中小企业的股权引导基金、直接股权投资、债券投资，以及政府支持计划的整体实施；主要投资业绩：天汽模、长荣股份、红日药业、中科曙光、凯莱英、利安隆、建科机械、北森云、科林电气、通用数据等。

表5-44 天津创业投资管理有限公司信息

简 称	天创资本			
登记编号	P1000747	组织机构代码	74666869-9	
成立时间	2003-03-28	登记时间	2014-04-09	
企业性质	内资企业	机构类型	私募股权、创业投资基金管理人	
注册资本（万元）（人民币）	10000	实缴资本（万元）（人民币）	8000	
注册地址	天津市滨海新区黄海路276号泰达中小企业园2号楼228号房屋			
办公地址	天津市南开区南开二马路中粮广场22层			
员工人数	30	机构网址	www.tjvcm.com	电话 022-86259216
法定代表人/执行事务合伙人	李莉			
法定代表人/执行事务合伙人（委派代表）工作履历	时间	任职单位	任职部门	职务
	2016.02~2017.06	天津创业投资管理有限公司	高管	董事长
	2007.06~2017.06	天津长荣印刷设备股份有限公司	总经办	董事长、总经理
	1995.06~2007.06	天津长荣印刷包装设备有限公司	总经办	董事长、总经理
	1992.06~1995.06	天津有恒机械电子有限公司	总经办	财务经理、总经理

洪雷：管理合伙人、总经理，天津大学MBA硕士、混沌创业营二期学员、长江商学院EMBA学员；近年来多次被福布斯中国、投中集团评选为中国最佳创投人。投资业绩：天汽模、长荣股份、红日药业、中科曙光、凯莱英、利安隆等。

高梅：管理合伙人，天津财经大学经济学学士、北大光华EMBA在读；负责投行、投资支持、风控等工作；从事券商投资银行业务二十年，拥有保荐代表人资格，曾任渤海证券投资银行总部副总经理，组织团队完成多家公司IPO及上市公司并购重组项目，对资本市场、股权投资具有较为深刻的理解和认识，以及丰富的实践经验。

4. 投资业绩

截至2018年底，公司已累计管理规模80亿元人民币，投资超过100家高科技、高成长性中小企业，其中近10家已成功A股上市，近20家已上新三板，多家完成并购重组及再融资，所投项目上市比例高达15%。

项目案例：科林电气、中科曙光、长荣股份、红日药业。

（二十一）北京信中利股权投资管理有限公司

1. 公司信息

公司信息如表5-45所示。

2. 基本概况

投资理念：主要投向具有快速成长能力的未上市的新兴公司，在承担风险的基础上为融资人提

表 5 - 45　北京信中利股权投资管理有限公司信息

简　　称	信中利资本			
登记编号	P1014388	组织机构代码	59769830 - 8	
成立时间	2012 - 06 - 08	登记时间	2015 - 05 - 28	
企业性质	内资企业	机构类型	私募股权、创业投资 基金管理人	
注册资本（万元） （人民币）	50000	实缴资本（万元） （人民币）	50000	
注册地址	北京市海淀区海淀北二街 8 号 6 层 710 - 135 室			
办公地址	北京市朝阳区幸福二村 40 号楼			
员工人数	35	机构网址	www. chinaequity. net	电话	010 - 85550508
法定代表人/执行 事务合伙人	汪超涌			
法定代表人/ 执行事务合伙人 （委派代表） 工作履历	时间	任职单位	任职部门	职务
	1999. 05 ~ 2016. 12	北京信中利投资股份有限公司	总裁	法定代表人、董事长
	1998. 01 ~ 1999. 05	国家开发银行	投资部	投资银行业务顾问
	1993. 01 ~ 1998. 01	摩根斯坦利亚洲有限公司	北京代表处	北京代表处首席代表
	1990. 01 ~ 1993. 01	美国纽约标准普尔证券 评级公司	资产证券化部	资产证券化部副主任
	1987. 09 ~ 1990. 01	美国纽约摩根大通银行	投资部	高级经理

供长期股权投资和增值服务。

投资方向：TMT、互联网及移动互联网、高端消费、医疗大健康、节能环保新材料等。

奖项：2017 ~ 2018 年中国创业投资机构 30 强（清科集团）；2017 年投中最佳创业投资机构 TOP30（投中集团）；2017 ~ 2018 年中国文化产业十佳投资机构（融资中国）。

3. 投研团队

汪超涌：创始人、董事长，美国罗格斯大学 MBA，第一批大陆留学生进入华尔街的投融资专家，曾先后任职于美国摩根大通银行、美国标准普尔、摩根士丹利，并担任美国摩根士丹利亚洲区副总裁，兼北京代表处首席代表；拥有 30 年国际国内投融资行业的经历。

王维嘉：创始管理合伙人，斯坦福大学电气工程系博士；是数字信号处理、人工智能、移动网络专家，拥有 12 项可穿戴计算、移动互联领域的美国发明专利；曾任美国太平洋贝尔光纤宽带设计，蜂窝数据公司移动网络架构师，英特威尔可穿戴计算高级研究员；目前负责信中利硅谷创投基金的管理和北美投资事务。

张晶：副董事长、高级合伙人，目前担任信中利投资集团资深合伙人兼董事总经理，中国注册会计师、中国注册资产评估师、证券从业及投资经历 15 年，曾任国内知名会计师事务所合伙人、国内知名券商投行高管，目前全面负责信中利集团和下属子基金的投资和投后管理。曾作为第一轮投资人成功投资华谊兄弟、龙文教育、东田时尚公司等企业。

4. 投资业绩

目前管理基金规模超过 300 亿元，累计投资近 200 家企业，包括百度、搜狐、华谊兄弟、阿斯顿马丁、蔚来汽车、迅雷、亚信科技、居然之家、1 药网、网信理财、美年大健康等国内外上市公司。

项目案例：阿斯顿马丁、幸福西饼、迅雷、居然之家。

（二十二）江苏毅达股权投资基金管理有限公司

1. 公司信息

公司信息如表 5 – 46 所示。

表 5 – 46 江苏毅达股权投资基金管理有限公司信息

简 称		毅达资本				
登记编号	P1001459		组织机构代码	08773516 – 4		
成立时间	2014 – 02 – 18		登记时间	2014 – 04 – 29		
企业性质	内资企业		机构类型	私募股权、创业投资基金管理人		
注册资本（万元）（人民币）	10000		实缴资本（万元）（人民币）	10000		
注册地址	江苏省南京市鼓楼区建邺区江东中路 359 号（国睿大厦二号楼 4 楼 B504 室）					
办公地址	江苏省南京市鼓楼区山西路 128 号和泰国际大厦 20 楼					
员工人数	100		机构网址	www. addorcapital. com	电话	025 – 85529986
法定代表人/执行事务合伙人			应文禄			
法定代表人/执行事务合伙人（委派代表）工作履历	时间	任职单位		任职部门	职务	
	2014. 02 ~ 2017. 02	江苏毅达股权投资基金管理有限公司		创始合伙人	董事长	
	2005. 08 ~ 2016. 05	江苏高科技投资集团		副总裁	副总裁、党委委员	
	2001. 01 ~ 2005. 08	江苏宏图高科技股份有限公司		副总裁	副总裁、董事	
	1984. 07 ~ 2001. 01	南京钢铁集团		财务部	总会计师	

2. 基本概况

投资文化：坚持三不原则；不做三无产品；寻找"三好学生"。

投资方向：健康产业、清洁技术、先进制造、新材料、消费服务、文化产业和 TMT，倡导全产业链投资；专注早期创业投资项目，针对不同行业，组建专项基金。

奖项：2018 年中国创业投资创投机构 50 强（清科集团）；2018 年中国先进制造领域投资机构 10 强；2017 年度中国最具竞争力创投机构第一名（《证券时报》）。

3. 投研团队

应文禄：董事长、创始合伙人，中国证监会第六届创业板发审委委员，中国证券投资基金业协会创业投资专委会委员，拥有超过二十年的股权和创业投资经验，精通企业财务、管理及资本运作，对企业运作有着深刻的洞察力，对中国资本市场具有深刻认识和丰富的实践操作经验，对战略制定和项目判断具有良好的敏感性和前瞻性，在业界拥有广泛的人脉关系。

尤劲柏：创始合伙人，精通企业投资分析、管理咨询和资本运作，在企业财务管理、改制上市、证券发行与承销方面拥有丰富的实践经验。在清洁能源、节能环保、装备制造等行业积淀深厚，拥有广泛的行业资源。

4. 投资业绩

2017 年，管理资本规模超过 887 亿元入选中国创投委首批"中国创投 50 指数"机构。截至 2018 年底，毅达资本管理团队已经累计组建了 85 只不同定位的股权投资基金，管理资本规模超 940 亿元，累计投资支持超过 720 家创业企业，助推其中 158 家企业登陆境内外资本市场。

项目案例：伯特利、剑桥科技、威尔药业、天瑞仪器。

（二十三）苏州元禾控股股份有限公司

1. 公司信息

公司信息如表 5 - 47 所示。

表 5 - 47　苏州元禾控股股份有限公司信息

简　　称	元禾控股			
登记编号	P1000721	组织机构代码	66682030 - 4	
成立时间	2001 - 11 - 28	登记时间	2014 - 04 - 09	
企业性质	内资企业	机构类型	私募股权、创业投资基金管理人	
注册资本（万元）（人民币）	300000	实缴资本（万元）（人民币）	300000	
注册地址	江苏省苏州市姑苏区苏州工业园区苏虹东路 183 号东沙湖股权投资中心 19 幢 3 楼			
办公地址	江苏省苏州市姑苏区苏州工业园区苏虹东路 183 号东沙湖股权投资中心 19 幢 3 楼			
员工人数	41	机构网址	www. oriza. com. cn	电话　0512 - 66969999
法定代表人/执行事务合伙人	刘澄伟			
法定代表人/执行事务合伙人（委派代表）工作履历	时间	任职单位	任职部门	职务
	2016.03 ~ 2018.07	苏州元禾控股股份有限公司	总裁室	副董事长、总裁、党委副书记
	2012.04 ~ 2016.03	苏州工业园区劳动和社会保障局	领导班子	副局长、党组成员（兼）
	2009.03 ~ 2016.03	苏州工业园区社会保险基金（公积金）管理中心	领导班子	主任
	2008.02 ~ 2009.03	苏州创业投资集团有限公司	管理层	副总裁、总支副书记、纪委书记
	1998.12 ~ 2008.02	苏州工业园区社会事业局处室	处室	处长
	1995.07 ~ 1998.12	苏州商品交易所	交割部	经理助理

2. 基本概况

使命与愿景：引领股权投资发展，践行科技金融创新，创造持续领先价值，成为一家具有国际影响力的投资控股企业。

企业精神：激情、执着、谦虚。

核心价值观：诚实守信、互利共赢、创新变革、团队合作、专业进取。

投资方向：医疗健康、人工智能、大数据、云计算、新材料等。

奖项：2017 年中国 PE/VC 行业评选——中国创业投资机构 20 强；2017 年中国 PE/VC 行业评选－中国私募股权投资机构退出 10 强；2017 年中国创业投资机构 100 强。

3. 投研团队

刘澄伟：总裁，律师、高级经济师，兼任中新苏州工业园区创业投资有限公司董事长、苏州工业园区元禾原点创业投资管理有限公司、苏州元禾凯风创业投资有限公司、苏州工业园区元禾重元股权投资基金管理有限公司、元禾股权投资基金管理公司等公司董事长，苏州工业园区沙湖金融服务公司执行董事，国开开元股权投资基金管理有限公司、华芯投资管理有限责任公司、顺丰控股（集团）有限公司、华人文化有限责任公司董事等职务。

盛刚：董事，副总裁，西安交通大学工商管理硕士，高级经济师；兼任禾裕科技金融、融创担保、融达科贷、融华租赁等公司董事长，晶方科技、赛富科技等公司董事。盛刚先生从事金融、财务管理工作多年，在金融管理、企业财务管理、运营管理方面拥有丰厚经验，对高科技产业及股权投资行业亦有深入了解；曾主导发行中国第一单创投企业债、创建中国第一家"贷款＋投资"模式的科贷公司等。

4. 投资业绩

2010 年，元禾控股与国开金融公司共同发起设立国内规模最大的人民币母基金国创母基金，其中 VC 母基金板块国创元禾创业投资基金由元禾管理，主要投资专注于以早期和成长期为主的创业投资基金。

截至 2018 年 12 月底，直投平台及管理的基金投资项目 642 个，金额 193 亿元；通过主导管理的 VC 母基金投资子基金 90 只，子基金总规模超 733 亿元，投资企业超 1500 个；通过上述股权投资平台已累计培育上市企业 75 家，项目主要分布于 TMT、生命健康、文化消费等行业。

项目案例：同程艺龙、信达生物、顺丰控股、玲珑轮胎。

（二十四）浙商创投股份有限公司

1. 公司信息

公司信息如表 5 - 48 所示。

2. 基本概况

投资理念：专注投资于品质优良、成长潜力高于行业平均水平，已进入或即将进入辅导期的中小型准上市公司股权；灵活投资于具有高成长性潜质的创业期公司股权；通过专注投资与灵活投资的有效结合，以及规模和风格的均衡配置，构建适度多元化的投资组合，实现所管理资产稳定与成长的统一。

投资方向：大健康、大文化、大消费、新制造等领域的高成长企业，同时关注传统行业中产生重大革新的优秀企业。

奖项：2018 年中国创业投资机构 50 强（清科集团）；2017 年中国创业投资机构 100 强（清科集团）。

表 5-48　浙商创投股份有限公司信息

简　称	浙商创投		
登记编号	P1000849	组织机构代码	66916640-8
成立时间	2007-11-16	登记时间	2014-04-17
企业性质	内资企业	机构类型	私募股权、创业投资基金管理人
注册资本（万元）（人民币）	72190	实缴资本（万元）（人民币）	72190
注册地址	浙江省杭州市西湖区杭州市公元大厦北楼1001室		
办公地址	浙江省杭州市西湖区西溪路527号钱江浙商创投中心B座9楼		
员工人数	88	机构网址	www.zsvc.com.cn　电话　0571-89922222
法定代表人/执行事务合伙人	陈越孟		
法定代表人/执行事务合伙人（委派代表）工作履历	时间	任职单位	任职部门	职务
	2007.09~2017.04	浙商创投股份有限公司	管理层	董事长
	2003.04~2007.08	宁波惠康房地产开发有限公司	高管	董事长
	1997.07~2003.04	惠康集团	高管	董事、执行总裁
	1991.09~1997.06	浙江省政协	办公厅	科级干部

3. 投研团队

陈越孟：创始合伙人、董事长，浙江大学中文系毕业，长江商学院 EMBA，浙江省政协常委、中国民建浙江省委会副主委、浙江省民建企业家协会会长，中国创业投资专业委员会联席会长，浙商总会股权投资与并购委员会主席，中国国际商会副会长，杭州西湖区工商联主席、总商会会长，浙江省股权投资行业协会首任执行会长，浙江省并购联合会副会长，浙江大学校友总会上市公司联谊会副会长，获评"风云浙商"唯一的创投行业人士。

华晔宇：联合创始人、行政总裁，浙江大学新闻与传播学研究生；杭州市西湖区政协常委、浙江省创业投资协会副会长、浙商总会股权投资与并购委员会秘书长、浙江省股权投资行业协会副秘书长、中华创投家同学会执行会长、慈溪市杭州商会常务副会长、杭州市企业上市与并购促进会副会长、浙大校友总会金融投资界联谊会执行副会长。曾在浙江省工商局市场导报、国务院发展研究中心中国经济年鉴社任职。

4. 投资业绩

浙商创投目前已经管理了近40个各类股权投资、并购基金，管理资产规模超500亿元人民币。先后投资150余家企业，扶持一批创新企业成长为行业龙头和独角兽，已有50余家企业成功上市、并购退出或者新三板挂牌。

项目案例：华数传媒、华策影视、贝因美、联创电子。

（二十五）中国风险投资有限公司

1. 公司信息

公司信息如表5-49所示。

表 5 - 49　中国风险投资有限公司信息

简　称	中国风投			
登记编号	P1001351	组织机构代码	10000602 - 0	
成立时间	2000 - 04 - 10	登记时间	2014 - 04 - 23	
企业性质	内资企业	机构类型	私募股权、创业投资基金管理人	
注册资本（万元）（人民币）	20000	实缴资本（万元）（人民币）	20000	
注册地址	北京市朝阳区工人体育场北路 13 号院 1 号楼 15 层 1706			
办公地址	北京市朝阳区工人体育场北路 13 号院 1 号楼 15 层 1706			
员工人数	33	机构网址	www. c - vc. com. cn	电话　010 - 64685180
法定代表人/执行事务合伙人	陈政立			
法定代表人/执行事务合伙人（委派代表）工作履历	时间	任职单位	任职部门	职务
	2000. 04 ~ 2017. 06	中国风险投资有限公司	公司高管	董事长
	1995. 06 ~ 2017. 06	中国宝安集团	公司高管	董事局主席、总裁
	1983. 10 ~ 1995. 05	中国宝安集团	公司高管	董事局副主席、总经理

2. 基本概况

投资理念：坚持价值投资为导向，坚持组合投资为基础，坚持理性投资为原则，坚持趋势投资为逻辑。

投资方向：新兴产业，包括高端制造、清洁技术、医疗健康、航天军工、轨道交通、集成电路、人工智能、新能源、新材料、信息技术。

奖项：2017 年中国创业投资机构 30 强（清科集团）；2017 年中国最具社会责任投资机构 10 强（投中集团）；2017 年中国最佳创业投资机构 30 强（投中集团）。

3. 投研团队

陈政立（主任委员）：中国宝安集团董事局主席，中国风险投资有限公司董事长，曾任民建第六届中央委员、常委，第七、八届中央常委，第八、九、十届中央副主席；第九届全国政协委员，第十、十一、十二届全国政协常委。

王一军：总裁，西安交通大学管理工程与科学博士，先后就职于中国商业对外经济技术合作公司，中谷国际经贸有限公司，民建中央社会服务部，具有 20 余年企业管理经验，15 年风险投资及基金管理经验，兼任中国环境保护产业协会副会长，北京创业投资协会理事长，目前负责公司及子公司的战略统筹工作，对外投资合作的规划及投资业务安排。

4. 投资业绩

中国风投目前管理超过 20 只人民币基金，包括成长性基金、战略新兴产业基金、策略型基金等，已投资项目近 200 个，助力其中数十家企业登陆国内外资本市场，登陆资本市场数量达 70 多个，年投资量 30 个以上，综合 IRR 超过 30%。

项目案例：东方材料、华瑞股份、合纵科技、东江环保。

（二十六）钟鼎（上海）创业投资管理有限公司

1. 公司信息

公司信息如表5-50所示。

表5-50　钟鼎（上海）创业投资管理有限公司信息

简　　称	钟鼎创投			
登记编号	P1000942	组织机构代码	69291997-3	
成立时间	2009-08-03	登记时间	2014-04-22	
企业性质	内资企业	机构类型	私募股权、创业投资基金管理人	
注册资本（万元）（人民币）	2000	实缴资本（万元）（人民币）	2000	
注册地址	上海市青浦区青浦工业园区青安路958号B-210室			
办公地址	上海市浦东新区世纪大道1777号东方希望大厦7楼C座			
员工人数	25	机构网址	www.ebvc.com.cn	电话	021-61652668
法定代表人/执行事务合伙人	严力			
法定代表人/执行事务合伙人（委派代表）工作履历	时间	任职单位	任职部门	职务
	2008.09~2014.02	钟鼎（上海）创业投资管理有限公司	投资部	总裁
	2007.08~2008.09	太平洋投资	投资部	副总裁
	2005.10~2007.08	Black Spade 天使基金	投资部	合伙人
	2003.10~2005.10	欧文斯科宁	投资部	业务发展总监
	2003.01~2003.10	申银万国	投资部	员工

2. 基本概况

企业文化：闻钟而聚，铸鼎为诺，是钟鼎创立时的初心。即"信（彼此信赖）、气（各自担当）、享（互相分享）、悟（学习成长）"得以传承，同时也衍生出新的内涵。

企业理念：投资科技、投资于组织模式的创新，投资企业家精神，不追随风口，共享资源和洞见。

投资方向：物流、供应链、零售与品牌、数据科技。

奖项：2018年最受LP关注的投资机构TOP20（投中集团）；2017年中国创业投资机构100强（清科集团）。

3. 投研团队

严力：创始合伙人、总裁，清华大学EMBA，世界青年总裁组织成员；拥有基金创立、海外PE、国内投资银行、跨国公司战略收购及商业银行信贷与公司营销复合经验；开创物流供应链投资主题，搭建了优秀的投资团队，带领钟鼎成为中国物流供应链领域最具影响力的机构。

梅志明：创始合伙人、投委会主席，美国西北大学凯洛格管理学院、香港科技大学商学院工商管理硕士、印第安纳大学商学院金融学学士；兼任普洛斯公司联合创始人、首席执行官，兼任唯泰中国有限公司联合创始人及董事。

4. 投资业绩

目前公司管理资金规模超 50 亿元人民币，管理基金超 20 只，通过 IPO 成功退出项目 5 个。作为国内最早聚焦物流供应链领域的投资机构，投资众多知名企业，包括德邦物流、京东物流、G7、丰巢、云集、震坤行、票易通等。

项目案例：德邦快递、京东物流、丰巢、货拉拉。

三、早期投资基金管理人

（一）北京安芙兰创业投资有限公司

1. 公司信息

公司信息如表 5 – 51 所示。

表 5 – 51　北京安芙兰创业投资有限公司信息

简　　称	安芙兰资本			
登记编号	P1001000	组织机构代码	69083229 – 2	
成立时间	2009 – 06 – 11	登记时间	2014 – 04 – 22	
企业性质	内资企业	机构类型	私募股权、创业投资基金管理人	
注册资本（万元）（人民币）	1000	实缴资本（万元）（人民币）	1000	
注册地址	北京市海淀区海淀北二街 8 号 6 层 710 – 123			
办公地址	北京市西城区复兴门内大街 158 号远洋大厦 F301B			
员工人数	15	机构网址	www. vcpe. hk	电话 010 – 66415610
法定代表人/执行事务合伙人	周伟丽			
法定代表人/执行事务合伙人（委派代表）工作履历	时间	任职单位	任职部门	职务
	1999. 10 ~ 2006. 12	青岛安芙兰芳香制品有限公司	董事会	董事长
	2006. 12 ~ 2014. 06	青岛安芙兰创业投资有限公司	总经办	执行董事兼总经理
	2011. 10 ~ 2019. 02	青岛安芙兰股权投资基金企业（有限合伙）	投资部	董事长/总经理
	2014. 01 ~ 2019. 02	北京安芙兰国泰创业投资有限公司	投资部	法定代表人/董事长/总经理
	2014. 07 ~ 2017. 07	北京安芙兰创业投资有限公司	董事会	董事长
	2017. 12 ~ 2019. 02	深圳安芙兰长虞股权投资管理合伙企业（有限合伙）	投资部	执行事务合伙人委派代表

2. 基本概况

投资理念：恪守金融投资业的核心价值观，对投资人、对投资企业、对社会秉承诚信为本的价值观。

投资方向：精准医疗、人工智能、消费升级、"互联网＋"，专注于初创期和成长期企业的创业投资。

奖项：2017 年最佳天使投资人 TOP10；2018 年中国天使投资峰会金投榜、2017～2018 年度最具 LP 投资价值 GP50 强（CLPA）；2018 年中国早期基金最佳回报 TOP30。

3. 投研团队

周伟丽：董事长，著名天使投资人，多年的实业经营及丰富的投资经验。2014 年中关村五大新锐天使投资人，投资近百家企业，主导东软载波（300183）、丹东欣泰（300372）、云江科技、真融宝、SOLO 等多家优质企业的投资与上市。

吴世春：管理合伙人，著名天使投资人，专注于移动互联领域。2014 年中关村天使投资十大领军人物、2014 年度黑马大赛最佳天使投资人。投资近百家移动互联企业，玩蟹科技、唱吧、基调网络、趣分期、蜜芽宝贝等。

王召言：董事总经理，在国内从事投行和投资多年，积累了丰富的投资和行业经验，深刻理解企业在发展中遇到的各种问题，能够从财务、市场以及战略方面给企业提供专业的咨询建议；主要关注移动互联网、新材料、节能环保等领域的高科技高成长企业，在融资及项目研判等方面有资深经验。

4. 投资业绩

安芙兰私募股权投资基金始设于 2006 年，形成了以北上广深为核心辐射中心城市的投资布局，服务于被投企业，助推企业成长；截至目前，共管理 30 只人民币基金，管理资金总规模超过 350 亿元人民币。已投资近 200 家优秀企业，并有数家企业在国内成功上市。

项目案例：特锐德、东软载波、爱维康、海力威。

（二）深圳前海创享时代投资管理企业（有限合伙）

1. 公司信息

公司信息如表 5－52 所示。

2. 基本概况

投资理念：通过创造，抓取新一代泛娱乐，消费升级，创新科技的爆发点，发掘出领域内潜力与实力并存的早期创业团队，实现文体娱乐，TMT 创新领域全链条的产业布局。整合创新科技，智能硬件，社交社区，泛娱乐精品 IP 等，创造共生娱乐生态。

投资方向：文体娱乐、创意消费、创新型科技等，高成长性早期投资。

奖项：2017 年早期投资机构 TOP30（清科集团）；2017 年最佳早期创业投资机构 TOP50（投中集团）；2018 年文体娱乐行业最佳创投机构（《证券时报》）。

3. 投研团队

易丽君：创始合伙人，长江商学院 EMBA，北大光华 MBA，拥有 10 余年互联网企业从业经验，5 年上市公司战略投资及市值管理经验，先后供职于腾讯及掌趣科技。对移动互联网，泛娱乐领域内容，以及渠道平台有深刻了解，擅长产品战略方向，商业模式，行业资源整合，以及项目融资策

表 5-52 深圳前海创享时代投资管理企业（有限合伙）信息

简 称	创享投资				
登记编号	P1018946	组织机构代码	39848274 – X		
成立时间	2014 – 07 – 01	登记时间	2015 – 07 – 23		
企业性质	内资企业	机构类型	私募股权、创业投资基金管理人		
注册资本（万元）（人民币）	1000	实缴资本（万元）（人民币）	1000		
注册地址	广东省深圳市南山区前海深港合作区前湾一路 1 号 A 栋 201 室（入驻深圳市前海商务秘书有限公司）				
办公地址	广东省深圳市南山区科园路 1001 号深圳湾创业投资大厦 20 楼 06 室				
员工人数	10	机构网址	www. creationventure. com	电话	0755 – 86653799
法定代表人/执行事务合伙人	易丽君				
法定代表人/执行事务合伙人（委派代表）工作履历	时间	任职单位	任职部门	职务	
	2014.08 ~ 2017.04	深圳前海创享时代投资管理企业（有限合伙）	投资部	合伙人	
	2012.10 ~ 2014.06	北京掌趣科技股份有限公司	投资部	投资总监	
	2005.03 ~ 2012.10	腾讯科技（深圳）股份有限公司	投资部	高级投资经理、商务拓展	
	2003.09 ~ 2005.03	深圳移动	业务部	营销经理	

略制定；投资参与欢瑞世纪、谷得游戏、动网先锋、玩蟹科技、摩奇卡卡、绽放文创、嗨团建、红龙娱乐、黑瞳游戏、一天车险等。

贾珂：创始合伙人，拥有 7 年以上 TMT 创业投资经验，曾任同威创投投资总监，对移动互联网及软硬结合投资具有独特见解，擅长中早期互联网及 TMT 领域行业研究、投资策略制定及行业渠道资源整合等，投资、参与崇达技术、天上友嘉、谷得游戏、天时通、合润传媒、马可孛罗、钛核互动、似颜绘等。

4. 投资业绩

管理基金 6 只，资产管理规模 3 亿元人民币以上，投资欢瑞世纪，崇达技术，谷得游戏，合润传媒，天上友嘉，摩奇卡卡，红龙娱乐，嗨团建，PKFARE（比客）等 40 余个项目。

项目案例：天上友嘉、摩奇卡卡、红龙娱乐、绽放文创。

（三）杭州道生投资管理有限公司

1. 公司信息
公司信息如表 5-53 所示。

2. 基本概况

企业理念：初心、精进、笃定。

投资方向：新零售、物联网、金融科技、新文娱、人工智能、区块链生态等领域。

奖项：2018 年中国早期投资机构 30 强（清科集团）；2017 年中国股权投资机构新锐 30 强（清科集团）；2018 年杭州年度十大投资机构（金芒奖）。

表 5 - 53 杭州道生投资管理有限公司信息

简 称	道生资本		
登记编号	P1065328	组织机构代码	913301083966
成立时间	2015 - 4 - 14	登记时间	2017 - 10 - 13
企业性质	内资企业	机构类型	私募股权、创业投资基金管理人
注册资本（万元）（人民币）	1000	实缴资本（万元）（人民币）	1000
注册地址	浙江省杭州市余杭区仓前街道景兴路 999 号 6 幢 209 - 2 - 085 室		
办公地址	浙江省杭州市下城区凤起路 334 号 3 楼（同方财富大厦）		
员工人数	10	机构网址	www.daocin.com 电话
法定代表人/执行事务合伙人	齐力		

	时间	任职单位	任职部门	职务
法定代表人/执行事务合伙人（委派代表）工作履历	2015.04 ~ 2017.07	杭州道生投资管理有限公司	高管	执行董事兼总经理
	2014.01 ~ 2015.04	自由职业	自由职业	自由职业
	2010.06 ~ 2012.08	自由职业	自由职业	自由职业
	2003.01 ~ 2010.05	长江商学院	业务部	高级经理
	1997.07 ~ 2002.12	北京任天商务旅游公司	联合创始人	联合创始人

3. 投研团队

吴彬：创始合伙人，早期互联网创业者，唯品会创始股东，杭州彩通、皮皮网、乐程科技、丝里伯睡眠科技等多家公司创始人；专注种子轮、天使轮的早期投资。主导投资项目有：轻松筹、云学堂、小电科技、开始吧、东家、Dobot 机器人、七鑫易维、巴比特、同牛科技、垂衣等。

齐力：合伙人，长江商学院校友会创始成员、早期创业者，拥有丰富的行业资源和企业管理经验。道生资本投委会成员。对外经贸大学学士、伦敦大学硕士。

洪学勤：投资总监，浙江大学化学系学士、药学院药物化学硕士，资深投资人，曾任盈动资本投资总监。关注 AI、物联网、机器人、新零售和 fintech 等领域。投资案例：小电科技、神汽在线、又拍云（UPYUN）、开始吧、灰度环保、龙加智、七鑫易维等。

4. 投资业绩

道生资本（Daocin Capital）是由唯品会创始股东吴彬先生在 2015 年创立的一家早期股权投资机构，主要聚焦早期项目，投资方向包括但不限于新零售、物联网、金融科技、新文娱、人工智能、区块链生态等领域。

项目案例：轻松投、巴比特、漂流伞、小电。

（四）北京风云际会投资管理有限公司

1. 公司信息

公司信息如表 5 - 54 所示。

表 5 - 54　北京风云际会投资管理有限公司信息

简　　称	风云资本			
登记编号	P1031846	组织机构代码	91110108MA0020PH6G	
成立时间	2015 - 11 - 20	登记时间	2016 - 06 - 24	
企业性质	内资企业	机构类型	私募股权、创业投资基金管理人	
注册资本（万元）（人民币）	1000	实缴资本（万元）（人民币）	1000	
注册地址	北京市海淀区宝盛南路 1 号院 7 号楼 1 层 101 - 03 室			
办公地址	北京市海淀区宝盛南路 1 号院 7 号楼 1 层 101 - 03 室			
员工人数	20	机构网址	www. fengyun. vc	电话　010 - 84372755
法定代表人/执行事务合伙人	高燃			

法定代表人/执行事务合伙人（委派代表）工作履历	时间	任职单位	任职部门	职务
	2016. 05 ~ 2017. 11	北京风云际会投资管理有限公司	投资部	总经理
	2015. 03 ~ 2016. 05	北京风云天使股权投资基金管理合伙企业（有限合伙）	投资部	总经理
	2010. 09 ~ 2014. 10	鼎力资本	投资部	创始合伙人
	2007. 03 ~ 2010. 08	新天域资本	投资部	投资合伙人
	2004. 03 ~ 2007. 02	北京高维视讯科技有限公司	总裁办	CEO
	2003. 07 ~ 2004. 02	经济观察报	编辑部	财经记者

2. 基本概况

企业理念：梦想照进现实的桥梁。超越现实，与梦想同行，发现最有激情的创业者。

投资方向：新消费、新制造、新娱乐、新金融等，投资阶段覆盖天使、Pre - A 轮、A 轮、Pre - B 轮及 B 轮。

奖项：2018 年度中国最佳早期投资机构 TOP30（融资中国）；2018 年度新锐投资机构 TOP20（金投榜）；2018 年中国早期投资机构 30 强（清科集团）。

3. 投研团队

高燃：创始合伙人，清华大学新闻与传播学院学士，长江商学院 EMBA；2004 年获天使投资，创办电子商务公司，2005 年创办互联网视频网站并任 CEO，并成功获得知名美元 VC 基金的投资，2007 年投资中国娱乐网，后中国娱乐网被收购，2007 年在国内某顶级私募股权投资基金任投资合伙人，2010 年，创立鼎力资本，任执行合伙人。

侯继勇：创始合伙人，哈尔滨工业大学机械工程学士清华大学媒体 EMBA 首期学员；在互联网领域拥有丰富的人脉资源，中国跑团联盟联合发起人、媒体训练营创始人，21 世纪经济报道高级记者。

4. 投资业绩

公司旗下基金超 20 只，资产管理规模超 30 亿元人民币，累计投资项目 60 个，投资过网易味央猪、瓜子二手车、奇虎 360、青普旅游、绿植到家、熊猫新能源、大虾来了、维氏盾、美着呢等多家企业。

项目案例：网易味央猪、瓜子二手车、奇虎360、青普旅游。

（五）深圳国金纵横投资管理有限公司

1. 公司信息

公司信息如表5-55所示。

表5-55 深圳国金纵横投资管理有限公司信息

简　称	国金投资			
登记编号	P1003529	组织机构代码	08572077-8	
成立时间	2013-12-06	登记时间	2014-06-04	
企业性质	内资企业	机构类型	私募股权、创业投资基金管理人	
注册资本（万元）（人民币）	1000	实缴资本（万元）（人民币）	500	
注册地址	广东省深圳市南山区前海深港合作区前湾一路鲤鱼门街一号前海深港合作区管理局综合办公楼A栋201室（入驻深圳市前海商务秘书有限公司）			
办公地址	广东省深圳市南山区文昌南街1号华侨城创意文化园北区A3栋东2楼			
员工人数	24	机构网址	www.guojin.com	电话 0755-82997464
法定代表人/执行事务合伙人	林嘉喜			
法定代表人/执行事务合伙人（委派代表）工作履历	时间	任职单位	任职部门	职务
	2013.11~2017.12	深圳国金纵横投资管理有限公司	总经理室	CEO
	2004.11~2017.12	深圳国金投资顾问有限公司	总经理室	CEO
	2001.04~2017.12	南京国金投资顾问有限公司	总经理室	CEO

2. 基本概况

企业理念：梦想照进现实的桥梁。超越现实，与梦想同行，发现最有激情的创业者。

投资方向：互联网行业占比70%：内容、平台、应用工具、可穿戴设备、在线教育、互联网医疗及互联网金融；轻资产消费领域占比30%：连锁商业、现代物流、文化传媒、医疗健康、品牌消费。

奖项：2018年度中国最佳VC新锐管理人；2018年度中国最佳早期投资机构TOP30（融资中国）；2018年度中国最佳文体娱乐领域投资机构TOP20；2017年度中国最佳早期创业投资机构TOP50（投中集团）。

3. 投研团队

林嘉喜：创始合伙人，杰出天使投资人，从战略梳理、资源整合、后续融资到并购上市，在互联网产业并购及天使投资领域深耕18年，帮助诸多企业飞跃式发展，曾在并购顾问、私募融资等领域完成100多宗交易，曾成功投资了掌阅科技、创梦天地、幻文科技、网元圣唐、优剪、酷牛互动、墨麟科技、贝乐学科英语、圣剑网络、若森科技、久趣英语、达斯琪、中科慧眼、无端科技等优秀的创业公司。

严彬：管理合伙人，东南大学建筑工程学士，拥有 18 年以上的互联网产业并购和投资管理经验。与林嘉喜一起创立了国金投资的前身——国金顾问，在职期间参与了多个案子的并购退出：驿码神通售予腾讯；远航游戏售予掌上灵通等。2010 年 10 月加入盛大网络投资部，一起参与了盛大资本的筹建，在担任盛大资本合伙人期间，主要分管移动互联网领域的投资以及投后管理，2015 年 1 月加入北极光创投，在担任北极光创投合伙人期间，主要专注在 TMT，特别是消费互联网领域的投资以及投后管理，投资项目包括：惠租车、四格互联、香蕉体育以及 WiFi 万能钥匙等。

4. 投资业绩

国金投资目前管理着 12 只人民币基金，基金管理规模近 30 亿元人民币，国金投资自成立至今在互联网及新经济领域累计投资 100 多个创业项目，目前按账面计算所投资项目总市值超过 200 亿元人民币。

项目案例：掌阅、若森数字、幻文科技、无端科技。

（六）北京洪泰同创投资管理有限公司

1. 公司信息

公司信息如表 5 - 56 所示。

表 5 - 56　北京洪泰同创投资管理有限公司信息

简　称	洪泰基金			
登记编号	P1023306	组织机构代码	318102250	
成立时间	2014 - 10 - 24	登记时间	2015 - 09 - 18	
企业性质	内资企业	机构类型	私募股权、创业投资基金管理人	
注册资本（万元）（人民币）	10000	实缴资本（万元）（人民币）	2000	
注册地址	北京市海淀区海淀东三街 2 号 18 层 1801 - 6			
办公地址	北京市朝阳区新源南里 8 号启皓北京西塔 26 层			
员工人数	30	机构网址	www. apluscap. com	电话　010 - 65000261
法定代表人/执行事务合伙人	盛希泰			
法定代表人/执行事务合伙人（委派代表）工作履历	时间	任职单位	任职部门	职务
	2014. 10 ~ 2019. 03	洪泰同创投资管理有限公司	管理部门	执行董事、总经理
	2011. 10 ~ 2014. 09	华泰联合证券有限责任公司	管理部门	董事长
	2009. 11 ~ 2011. 10	华泰联合证券有限公司	管理部门	董事、总裁
	2004. 02 ~ 2009. 11	联合证券有限公司	管理部门	董事、总裁
	2003. 09 ~ 2004. 02	广东证券股份有限公司	管理部门	总裁
	2000. 12 ~ 2003. 08	联合证券有限公司	管理部门	副总裁

2. 基本概况

投资理念：专注于成熟的、高成长性的公司投资，旨在发现未来中国资本市场最具价值企业，以"投行＋投资"的核心理念，发掘短期内具有 IPO 潜能的优质投资标的，助力其登陆资本市场。

投资方向：人工智能/大数据、智能制造（先进制造）、新消费、新文化、金融科技、泛互联网等领域，专注天使和成长阶段的公司投资。

奖项：2018 年中国早期基金最佳回报奖 TOP2（中国母基金联盟）；2018 中国顶级风险投资机构 50 强（界面）；2017 年度创业投资行业竞争力 10 强（21 世纪经济报道）；2017 中国最具潜力创业投资机构 TOP20（投中集团）。

3. 投研团队

俞敏洪：创始合伙人，新东方创始人。民盟中央常委，第十一、十二届全国政协委员；20 多年来，一直致力于中国青少年的教育与成长，新东方于 2006 年 9 月 7 日在美国纽约证券交易所成功上市，成为中国第一家在美国上市的教育培训机构，目前已发展成为中国规模最大、最具影响力的私立教育品牌和行业领导者，曾荣获"全国脱贫攻坚奖·奉献奖"。

盛希泰：创始合伙人，洪泰资本控股董事长，资深投资银行家，前华泰联合证券公司董事长，盛希泰为早期中国资本市场的重要参与者，在 20 年投行生涯中拥有逾百家公司 IPO 经验，并培养了中国资本市场顶尖的并购团队，转做投资后，已投出多家独角兽和准独角兽公司。

4. 投资业绩

洪泰实现基金管理规模近 300 亿元。洪泰目前已投资狼人杀、易点租、银河酷娱（火星情报局）、中智诚征信、51 信用卡、智融集团（用钱宝）、超脑链、金刚、深之蓝、酷云互动、三角兽、周同科技、数澜科技、雅观科技、异构智能、深睿医疗、蓝胖子机器人、智能一点、大 V 店、小仙炖、文网亿联、言几又、路客等百余家中早期项目，在细分领域名列前茅，其中数十个项目具备独角兽或准独角兽特征。在后期赛道方面，洪泰已投资山东力诺特玻、盛世泰科、泽成生物、暴走漫画、尚客优、汉仪字库等一批优质企业。

项目案例：狼人杀、易点租、银河酷娱（火星情报局）、中智诚征信。

（七）北京老鹰投资基金管理有限公司

1. 公司信息

公司信息如表 5－57 所示。

表 5－57　北京老鹰投资基金管理有限公司信息

简　　称	老鹰基金		
登记编号	P1029309	组织机构代码	35130833－0
成立时间	2015－07－21	登记时间	2015－12－16
企业性质	内资企业	机构类型	私募股权、创业投资基金管理人
注册资本（万元）（人民币）	1000	实缴资本（万元）（人民币）	1000
注册地址	北京市海淀区上地十街 1 号院 5 号楼 15 层 1513		
办公地址	北京市海淀区丹棱街 6 号丹棱 SOHO 530		
员工人数	10	机构网址	www.eaglesfund.com　电话　010－62680656

续表

法定代表人/执行事务合伙人	龙人瑄			
法定代表人/	时间	任职单位	任职部门	职务
执行事务合伙人（委派代表）工作履历	2016.07～2018.02	北京老鹰投资基金管理有限公司	投资部	法定代表人兼风控负责人
	2015.10～2016.07	北京老鹰投资基金管理有限公司	投资部	分析师
	2009.08～2013.07	长远（上海）国际贸易有限公司	销售部	业务员

2. 基本概况

企业文化：鹰的视野——国际视野、目光敏锐；鹰的速度——锐意进取、高速成长；鹰的高度——勇于创新、高瞻远瞩；鹰的意志——意志坚毅、坚持不懈。

投资方向：移动互联网、物联网、互联网＋、在线旅游、新媒体等。

奖项：2018年中国早期投资机构30强（清科集团）；2016年中国天使投资基金TOP20（中国母基金联盟）。

3. 投研团队

刘小鹰：创始人，于2011年转战天使投资并创办老鹰基金，截至2016年共投资100多个互联网科技创业项目，于2014年参股德丰杰龙脉在北京成立VC和新三板基金。还兼任CCTV央视微电影投融资联盟共同主席，中国青年天使会创始常务理事，中关村天使成长营副院长、天使茶馆校董和亚杰商会摇篮计划导师，最近他创立老鹰学堂，专注天使实战培训。

白松涛：管理合伙人，1998年加入北邦（中国）任销售总监，2003年加入大显通讯公司任副总，后下海深圳创立深圳港利通科技有限公司和深圳优摩科技有限公司。深耕智能制造、"工业4.0"，可穿戴设备、系统软件以及通信行业，拥有20余年的行业管理与创业经验。白松涛先生在2014年加入老鹰基金任职管理合伙人。

4. 投资业绩

旗下拥有人民币基金和美元基金，投资了100多个创业项目，涵盖了手机操作系统，移动应用与社交，O2O，移动支付与互联网金融，移动医疗，移动广告，移动游戏，品牌电商，在线旅游与运动，新媒体影视等多个领域，主要项目包括芬兰Sailfish旗鱼手机操作系统，北京钱方支付，北京影谱科技，北京北信得实医疗，北京技维移动广告，北京山脉户外，北京爱活动，上海趣拿科技，西安极客软件，杭州三网科技，厦门妮东科技等。

项目案例：云游科技、车易行、趣合游戏、兰渡文化。

（八）北京青山同创投资有限公司

1. 公司信息

公司信息如表5－58所示。

2. 基本概况

投资理念：青山速度，不跟随风口、独立判断，投资就是投团队，投消费的根本逻辑是投产业，不投"穷人"。

表 5-58　北京青山同创投资有限公司信息

简　称	青山资本			
登记编号	P1003931	组织机构代码	58582722-1	
成立时间	2011-11-17	登记时间	2014-06-27	
企业性质	内资企业	机构类型	私募股权、创业投资基金管理人	
注册资本（万元）（人民币）	1111.1	实缴资本（万元）（人民币）	1111.1	
注册地址	浙江省宁波市北仑区梅山七星路 88 号 1 幢 401 室 A 区 E04036 室			
办公地址	北京市朝阳区新源南路 1-3 号平安国际金融中心 A 座 703 室			
员工人数	13	机构网址	www.hwazing.com	电话　010-85910317
法定代表人/执行事务合伙人	张野			

法定代表人/执行事务合伙人（委派代表）	时间	任职单位	任职部门	职务
	2018.03~2018.08	青山（深圳）股权投资基金管理有限公司	投资部	执行董事、总经理兼法定代表人
工作履历	2011.11~2018.08	北京青山同创投资有限公司	投资部	创始合伙人

投资方向：消费、TMT、泛娱乐领域。

奖项：2017 年度最受 LP 欢迎的天使投资机构 TOP15（36 氪）；2017 年中国早期投资机构 30 强（清科集团）；2017 最佳早期投资人 TOP30（投中集团）。

3. 投研团队

张野：创始合伙人，中国一线天使投资人代表，专注于消费、TMT 和泛娱乐等领域。坚持独立思考，通过对互联网发展趋势的精准判断、对创始人的独到识人眼光，张野迅速成为中国天使投资人中的佼佼者。获得 36 氪 2017 年中国新消费领域 10 大投资人、36 氪 2017 年度 36 岁以下"了不起的投资人"、投中/EFG 创业基金会 2017 年度中国最佳天使投资人 TOP30 等奖项。

孔萌：投资总监，清华大学工学学士和硕士，多年风险投资机构从业经验。

专注于互联网、新消费等领域的早期投资。关注高增长、有壁垒的好项目，以及认真、有生命力的年轻创始人。

艾笑：高级投资经理。伦敦大学数学和经济学士，伦敦 CASS 商学院金融和会计硕士。聚焦消费升级领域的早期投资。重视市场潜力大、细分人群价值高的创业项目，关注有创意、执行力强、拥有正向价值观的初创团队。

4. 投资业绩

成立至今，已投资花点时间、驭势科技、悟空保、找靓机、PIDAN、HIGO、无界空间、FIIL 耳机、莱杯咖啡、汉甲美业、碎乐、钱到到、小赢科技等多个创业项目。

项目案例：花点时间、驭势科技、悟空保、找靓机。

（九）深圳仙瞳资本管理有限公司

1. 公司信息

公司信息如表 5 – 59 所示。

表 5 – 59　深圳仙瞳资本管理有限公司信息

简　　　称	仙瞳资本			
登记编号	P1009993	组织机构代码	59071412 – 5	
成立时间	2012 – 02 – 13	登记时间	2015 – 04 – 02	
企业性质	内资企业	机构类型	私募股权、创业投资 基金管理人	
注册资本（万元） （人民币）	10000	实缴资本（万元） （人民币）	10000	
注册地址	广东省深圳市南山区粤海街道深圳湾创业投资大厦 24 层 01 室			
办公地址	广东省深圳市南山区粤海街道深圳湾创业投资大厦 24 层 01 室			
员工人数	30	机构网址	www. sangelvc. com	电话　0755 – 26069007
法定代表人/执行 事务合伙人	刘牧龙			
法定代表人/ 执行事务合伙人 （委派代表） 工作履历	时间	任职单位	任职部门	职务
	2016. 12 ~ 2017. 03	苏州仙瞳创业投资管理中心 （有限合伙）	无	执行事务合伙人委派代表
	2012. 02 ~ 2017. 03	深圳仙瞳资本管理有限公司	无	董事长/总经理
	2009. 09 ~ 2012. 01	深圳仙瞳智创投资有限公司	无	董事长/总经理
	1996. 08 ~ 2009. 09	深圳迈瑞生物医疗电子股份 有限公司	研发部、市场部	副总监

2. 基本概况

投资理念：洞见未来，发现价值，点石成金；坚信好的基金产品需要安全与收益的平衡。专注于生命科技这一永远的朝阳行业，提前布局热点，深入挖掘价值；以贯穿始终的风险控制体系稳健投资，通过基金与项目间相互配置分散风险；实时跟踪项目动态，为被投企业提供全方位的投后管理支持；辅助完善的资本运作，制定灵活的退出方案，锁定收益。

投资方向：生物医药、医疗器械、生物技术等领域。

奖项：中国最佳生物医疗领域投资机构 TOP20；2017 年中国最佳早期创业投资机构 TOP100（投中集团）；2017 年中国医疗健康领域投资机构 20 强（清科集团）；2017 年中国创业投资机构100 强（清科集团）。

3. 投研团队

刘牧龙：创始合伙人，毕业于中国科学院生物传感研究方向，曾任迈瑞医疗研发副总监，拥有15 年以上生物医药产业从业经验和企业并购、风险投资经验，拥有超过 15 项国际国内发明专利，曾担任国家药监局特聘讲师、国家医学计量技术委员会委员，深圳市科技领军人才，投资案例：理邦实验、广州易活、埃提斯生物技术、邦泰生物、宝来通、美国健通等。

刘靖龙：执行合伙人，中欧国际商学院 EMBA、上海财经大学学士，拥有超过 15 年的财经和产业复合从业经历，拥有医疗行业 9 年以上业务拓展及投资相关工作经验，对企业的实际需求把握及成长型企业的发展和管理有深刻的认识，拥有深厚的创业管理经验。

4. 投资业绩

专注于生命科技领域，在生物医疗投资行业具有领先的专业优势和丰富的项目资源。立足于最具前景的产业，仙瞳资本挖掘极具资本价值和商业潜力的创新性成长型企业，培养了一批细分行业标杆；管理并运营系列人民币及美元基金。截至 2017 年，旗下管理或合作管理的基金超过 10 只。

项目案例：苏州沪云、喜鹊医药、Versaeutics、宝来通。

（十）上海阿宝兄弟投资管理有限公司

1. 公司信息
公司信息如表 5 – 60 所示。

表 5 – 60　上海阿宝兄弟投资管理有限公司信息

简　　称	熊猫资本			
登记编号	P1020415	组织机构代码	34241372 – 9	
成立时间	2015 – 05 – 19	登记时间	2015 – 08 – 13	
企业性质	内资企业	机构类型	私募股权、创业投资基金管理人	
注册资本（万元）（人民币）	1000	实缴资本（万元）（人民币）	500	
注册地址	上海市嘉定区真新街道金沙江路 3131 号 2 幢 J155 室			
办公地址	上海市长宁区延安西路 1118 号龙之梦大厦 2609 室			
员工人数	8	机构网址	www.pandavcfund.com	电话 021 – 61512748
法定代表人/执行事务合伙人	李论			
法定代表人/执行事务合伙人（委派代表）工作履历	时间	任职单位	任职部门	职务
	2015.03 ~ 2015.06	上海皆宝投资管理有限公司	管理部	合伙人
	2012.07 ~ 2015.03	合力投资	管理部	合伙人
	2011.07 ~ 2012.07	个人天使投资人	管理部	个人天使投资人
	2009.07 ~ 2011.07	www.jigocity.com	管理部	联合创始人
	2009.01 ~ 2009.06	CITY MEDIA	管理部	Publicitals Group
	2007.01 ~ 2008.12	晨兴创投	投资部	VP
	2003.07 ~ 2006.12	国际金融报社	管理部	常务副总经理

2. 基本概况

投资理念：熊猫资本坚持价值发现、精品投资的策略，不盲从风口，通过研究提前发现真正的机会，被创投业内誉为"向上拐点发现者"。

投资方向：交通出行、IT 技术创新、泛文娱、金融科技、消费、数字医疗及服务。

奖项：2017 中国早期投资机构 10 强（清科集团）；2017 中国最具投资潜力投资机构 20 强（投中集团）；2016 年度最佳 VC 等荣誉（第一财经）。

3. 投研团队

李论：合伙人，毕业于厦门大学生物系，关注新消费、科技金融、供应链等领域；曾任合力投资合伙人、晨兴创投负责投后管理工作。多年的创业和投资经历，使李论在新零售、消费升级、科技金融、供应链等领域有深入研究并重点下注，投资代表项目包括摩拜单车、米么金服、快牛金科、好贷网等，2017 年，李论荣获清科中国最佳早期投资家 10 强，入选福布斯评选的"中国最佳创投人"TOP100。

梁维弘：合伙人，毕业于厦门大学和南京大学，拥有长江商学院 MBA 学位，关注共享经济、出行、数字医疗及服务等领域；曾担任策源创投合伙人、晨兴创投副总裁；在做风险投资之前，梁维弘是连续创业者，有着长达 8 年的互联网和移动互联网创业经验，重点关注共享经济、交通出行、地产服务、物流供应链、医疗健康等领域，被业内誉为"共享经济第一人"，投资了摩拜单车、凹凸租车、一智通、微医、爱回收、天天动听、薄荷网等十数个明星创业项目。

4. 投资业绩

拥有人民币和美元双基金，投资阶段覆盖天使轮到 B 轮。已投资摩拜单车、米么金服、凹凸租车、一智通、开云汽车、Coterie 等数十个明星创业项目。熊猫资本重仓优秀的创业者群体，致力于成为其第一或第二个投资人。

项目案例：摩拜单车、米么金服、凹凸租车、开云汽车。

（十一）浙江银杏谷投资有限公司

1. 公司信息

公司信息如表 5 - 61 所示。

表 5 - 61　浙江银杏谷投资有限公司信息

简　　称	银杏谷资本		
登记编号	P1003808	组织机构代码	07404441 - X
成立时间	2013 - 07 - 19	登记时间	2014 - 06 - 04
企业性质	内资企业	机构类型	私募股权、创业投资基金管理人
注册资本（万元）（人民币）	12500	实缴资本（万元）（人民币）	11100
注册地址	浙江省杭州市西湖区西湖风景名胜区翁家山 289 号 209 室		
办公地址	浙江省杭州市西湖区西湖风景名胜区翁家山 289 号		
员工人数	20	机构网址	www. yxgzb. com　电话　0571 - 86036868
法定代表人/执行事务合伙人	陈向明		

续表

	时间	任职单位	任职部门	职务
法定代表人/ 执行事务合伙人 （委派代表） 工作履历	2013.07 ~ 2017.05	浙江银杏谷投资有限公司	总裁办	总裁
	2007.04 ~ 2017.05	杭州士兰创业投资有限公司	总裁办	总裁
	2005.01 ~ 2017.05	杭州士兰控股有限公司	总裁办	总裁
	2001.01 ~ 2005.01	杭州士兰微电子股份有限公司	董事会	董事会秘书、副总经理
	1999.01 ~ 2001.01	折江永安期货经纪有限公司	信息咨询部	信息咨询部经理
	1995.07 ~ 1999.01	浙江省金属材料公司	研究部	分析员

2. 基本概况

投资理念：跑在数据上的基金，数字经济的践行者。

投资方向：大数据、云计算、人工智能、节能材料、生物检测、高端设备等。

奖项：2018 年中国早期投资机构 30 强（清科集团）。

3. 投研团队

陈向明：创始人、总裁，浙江大学经济学博士，国内新兴产业投资的领先者。兼任长城影视董事，三维通信董事，数梦工场董事，浙江产权交易所监事，浙江省物联网产业协会常务副理事长，浙江天使投资专业委员会主席，杭州市金融人才协会副会长，浙江省国际金融协会副主席。荣获2014、2015 年度浙江省十大天使投资人称号，2017 年度、2018 年度杭州投资领军人物，2018 年度中国天使投资人 TOP30，2018 年度影响力天使投资人 TOP10。

汪水华：合伙人、投资总监，杭州电子科技大学管理学专业毕业，曾获中国天使投资峰会最活跃天使投资人 TOP30。负责公司整体的投资管理工作。擅长财务风控，业务判断，投资决策。

4. 投资业绩

旗下控股 10 余家上市公司，银杏谷资本的董事团队均亲历了企业由小到大的成长历程，在产品市场、技术创新、经营管理上拥有宝贵创业经验和丰富资源积累，从产业出发做投资，拥有独到的产业视野。银杏谷资本依托六大特色生态，专注先进技术及高端制造、云计算、大数据领域的投资，在云、端、景三个领域做了大量的布局，成绩卓越，孵化出数梦工场、海天瑞声、云徙科技、凡闻科技、企加云等独角兽及准独角兽企业。此外，银杏谷资本也收获了长电科技（600584）、华天科技（002185）、长城影视（002071）、长川科技（300604）、集智股份（300553）等近 20 家被投企业的上市及并购退出。

项目案例：数梦工厂、云徙科技、企加云、半云科技。

（十二）杭州盈动投资管理有限公司

1. 公司信息

公司信息如表 5-62 所示。

2. 基本概况

投资理念：社会的进步，曲折而缓慢。在大部分时间，资本都只是一种冷漠的存在。但其实，资本同样有人格、有价值观、有自己的道德选择。支持什么，反对什么，这不仅关乎经济学意义上的效率，更关乎他们对社会的看法。其实，世界从来都是被一小部分人改变的。在今天，帮助和辅佐那些有真正互联网思维和卓越企业家精神的创业者是资本参与社会，帮助社会进步的最佳方式。

表 5 - 62 杭州盈动投资管理有限公司信息

简 称	盈动资本			
登记编号	P1029116	组织机构代码	67677961 - 6	
成立时间	2008 - 07 - 25	登记时间	2015 - 12 - 09	
企业性质	内资企业	机构类型	私募股权、创业投资基金管理人	
注册资本（万元）（人民币）	1000	实缴资本（万元）（人民币）	1000	
注册地址	浙江省杭州市余杭区五常街道文一西路 998 号 1 幢 1206 室			
办公地址	浙江省杭州市西湖区文一西路 588 号中节能西溪首座 A2 - 1 - 522			
员工人数	17	机构网址	www. incapital. cn	电话 0571 - 87997755
法定代表人/执行事务合伙人	项建标			
法定代表人/执行事务合伙人（委派代表）工作履历	时间	任职单位	任职部门	职务
	2008.07 ~ 2017.06	杭州数创创业投资合伙企业（有限合伙）	总经办	总裁
	2008.07 ~ 2017.06	杭州盈动投资管理有限公司	总经办	总经理
	2005.08 ~ 2008.05	杭州红鼎创业投资有限公司	总经理	总经理
	1993.08 ~ 2005.08	杭州图灵广告有限公司	总经理	总经理
	1991.07 ~ 1993.07	杭州国泰广告有限公司	业务部	副总经理

投资方向：大数据、人工智能、泛娱乐、新金融、新零售等前沿领域的早期项目，天使、Pre - A 和 A 轮。

奖项：2017 年中国早期投资机构 TOP30（投中集团）；2017 年度年度最受创业者欢迎天使机构 TOP20；浙江省十强天使投资机构；最佳新零售领域投资机构 TOP10。

3. 投研团队

项建标：创始合伙人，创投自媒体 B12 和良仓孵化器创始人，著有畅销书《互联网思维到底是什么》。

蒋舜：投资合伙人，浙江十大天使投资人，具有多年创投经验，专注于互联网金融、文创等领域的投资。

徐佳欢：投资合伙人，投资案例有云莱坞、人人视频、象盟、机蜜、CATIKE 等。聚焦新消费领域，其投资风格是以数据及研究导向为驱动，寻找基于市场明显变化下产生的投资机会。

4. 投资业绩

专注于互联网为代表的新经济领域的早期投资。他们致力于寻找并帮助那些心怀崇高愿望、有企业家精神的创业者，和他们一起构建一个新的"我们想要的世界"。迄今，已投资包括 51 信用卡、小电科技、开始众筹、别样红、人人视频、亿欧网、袋鼠云在内的一批行业领先企业。

项目案例：51 信用卡、小电科技、她拍、匠心工坊。

（十三）北京真格天成投资管理有限公司

1. 公司信息

公司信息如表5-63所示。

表5-63　北京真格天成投资管理有限公司信息

简　　称	真格基金			
登记编号	P1001966	组织机构代码	59770933-7	
成立时间	2012-06-04	登记时间	2014-05-04	
企业性质	内资企业	机构类型	私募股权、创业投资基金管理人	
注册资本（万元）（人民币）	1000	实缴资本（万元）（人民币）	1000	
注册地址	北京市海淀区海淀北二街8号6层710-127室			
办公地址	北京市朝阳区建国门外大街1号共享际@国贸（西门）真格办公区			
员工人数	13	机构网址	www.zhenfund.com	电话　010-65057935
法定代表人/执行事务合伙人	徐小平			
法定代表人/执行事务合伙人（委派代表）工作履历	时间	任职单位	任职部门	职务
	2011.01~2016.10	真格基金	高管	创始人
	1996.01~2010.12	新东方教育科技集团有限公司	高管	联合创始人，留学签证公司CEO，董事
	1983.07~1987.12	北京大学		文化部长

2. 基本概况

企业理念：诚信正直、友善谦卑、亲和温暖、专业效率与理想主义并重的文化价值观。

投资方向：互联网、移动互联网、未来科技、人工智能、企业服务、医疗健康、消费升级、教育、内容娱乐及大文化等。

奖项：连续5年获得"中国早期投资机构30强"第1名。

3. 投研团队

徐小平：真格基金创始人，领导投资了世纪佳缘、兰亭集势、聚美优品、51Talk、找钢网、蜜芽、美菜、依图科技、出门问问、优客工场、一起作业、罗辑思维等众多明星项目，从2016年起连续三年入选美国福布斯杂志"全球最佳创投人"榜单（Midas List），并被清科集团授予"2017中国最佳早期投资家"，真格基金也连续四年获得清科集团授予的"最佳天使投资机构"大奖。

王强：真格基金联合创始人，并在一起教育科技、橘子娱乐等创业公司中担任董事长，王强是中国著名教育培训机构新东方教育科技集团（NYSE：EDU）的联合创始人，是一位知名的西文古书爱好者与收藏家，撰写出版了《读书毁了我》《书蠹牛津消夏记》等著作，影响深远。此外，王强现任CCG中国与全球化智库常务理事、2005委员会理事，以及未来科学大奖捐赠人。

4. 投资业绩

真格基金陆续投资了 600 余家创业公司，并收获了美莱、英雄互娱、VIPKID、一起教育科技、找钢网、罗辑思维、依图科技、小红书、蜜芽、ofo 等行业瞩目的独角兽企业，自 2011 年起，真格基金被投公司世纪佳缘（NASDAQ：DATE）、聚美优品（NYSE：JMEI）、兰亭集势（NYSE：LITB）、51Talk（NYSE：COE）、牛电科技（NASDAQ：NIU）等中国概念股陆续在美上市，奠定了年轻的真格基金在中国早期投资领域的领先地位。

项目案例：伏牛堂、找钢网、小红书、ofo。

（十四）西安中科创星创业投资管理有限公司

1. 公司信息

公司信息如表 5 - 64 所示。

表 5 - 64 西安中科创星创业投资管理有限公司信息

简 称	中科创星				
登记编号	P1066106	组织机构代码	91610131MA6		
成立时间	2017 - 05 - 18	登记时间	2017 - 12 - 05		
企业性质	内资企业	机构类型	私募股权、创业投资基金管理人		
注册资本（万元）（人民币）	1000	实缴资本（万元）（人民币）	260		
注册地址	陕西省西安市长安区高新区新型工业园信息大道 17 号祖同楼 306 号				
办公地址	陕西省西安市长安区高新区新型工业园信息大道 17 号祖同楼 306 号				
员工人数	6	机构网址	www.casstar.com.cn	电话	010 - 62418390
法定代表人/执行事务合伙人	李浩				
法定代表人/执行事务合伙人（委派代表）工作履历	时间	任职单位	任职部门	职务	
	2017.08 ~ 2017.11	北京中科创星创业投资管理合伙企业（有限合伙）	高管	执行事务合伙人委派代表	
	2012.03 ~ 2017.11	西安关天西咸投资管理有限公司	投资部门	总经理	
	2010.06 ~ 2011.04	陕西省产业投资有限公司	投资二部	经理	
	2007.04 ~ 2010.05	陕西省产业投资有限公司	投资部	副经理	
	2001.08 ~ 2007.03	陕西省投资公司	资产管理部、投资项目部	业务主管	
	1999.07 ~ 2001.08	西安通瑞新材料开发有限公司	业务部门	业务主管	

2. 基本概况

企业理念：助力科技创新驱动发展助推中国重返世界之巅。

投资方向：新材料、新能源、智能制造、人工智能、航空航天、生命科学、光电芯片、信息技术等。

奖项：2017 年中国最佳早期投资机构第 9 名（投中集团）；2017 年中国最佳军工领域投资机构

10 强；2017 年中国人工智能和大数据产业最佳投资机构 TOP20；2018 年中国创投金鹰奖"高端装备制造行业最佳创投机构"。

3. 投研团队

米磊：创始合伙人，西科天使基金合伙人、硬科技创新联盟发起人，致力于硬科技创业理论的研究和实践，致力于打造硬科技创业雨林生态，目前已经成功孵化 140 余家硬科技企业。

李浩：创始合伙人，具有十年以上科技型初创企业的股权投资研究和实际操作经验，熟悉国有投资机构运作方式和国有投资退出程序、熟悉各类创投企业的运作模式和机制，积累了丰富的项目开发与投资、管理、退出的全过程经验。投资案例：秦川机床、陕汽集团、华达科技、庆华民爆、中科华芯航天民芯等。

4. 投资业绩

中科创星成立了全球首家专注于硬科技成果产业化的天使基金——"西科天使"基金，总规模约 52 亿元。目前已孵化培育 230 余家硬科技企业，市值 200 亿元。

项目案例：驭势科技、九索数据、极视光电、激维光电。

（十五）上海中路投资管理中心（有限合伙）

1. 公司信息

公司信息如表 5 - 65 所示。

表 5 - 65　上海中路投资管理中心（有限合伙）信息

简　　称	中路资本			
登记编号	P1014429	组织机构代码	09384624 - X	
成立时间	2014 - 03 - 18	登记时间	2015 - 05 - 28	
企业性质	内资企业	机构类型	私募股权、创业投资基金管理人	
注册资本（万元）（人民币）	10000	实缴资本（万元）（人民币）	10000	
注册地址	上海市浦东新区上丰路 977 号 1 幢 B 座 448 室			
办公地址	上海市浦东新区花木路 832 号			
员工人数	30	机构网址	www. zhongluvc. com	电话　021 - 50591378
法定代表人/执行事务合伙人	陈闪			
法定代表人/执行事务合伙人（委派代表）工作履历	时间	任职单位	任职部门	职务
	2014. 11 ~ 2015. 05	中路股份有限公司	高管	董事长
	2011. 08 ~ 2015. 05	上海永久进出口有限公司	高管	董事长
	2008. 09 ~ 2015. 05	上海永久自行车有限公司	高管	董事长

2. 基本概况

投资理念：其独特的 LP + GP 资本运营模式，彻底规避了一般基金 LP 与 GP 分离带来的理念磨合的短板，在具体项目投资上具有灵活的管理体制和快速的决策流程。

投资方向：互联网领域的 B2B、生活服务、教育娱乐、社交等。

奖项：2016 年中国早期投资机构 30 强（清科集团）。

3. 投研团队

陈闪：董事长，同时担任中路集团董事长、上海市工商联副会长、优势资本主管合伙人兼董事长，从 1998 年开始涉足投资领域以来，先后投资 200 余家企业，自 2013 年起，专注于互联网领域早期项目，已投资 100 多家初创企业，涵盖本地生活、电子商务、企业级信息服务、社交和新媒体等多个热点行业。

石矛：资本合伙人，毕业后进入上海中路（集团）有限公司，之后组建集团行业研究部，负责集团的行业研究工作，同时负责对外直接投资业务，2014 年，上海中路（集团）有限公司下设独立投资公司——中路资本，重点聚焦 TMT 领域天使、A 轮投资。

林裕尧：资本合伙人，于 2010 年加入中路资本，目前担任合伙人及执行董事一职，从事 PE/VC 等一系列股权投资，主要内容是对投资标的企业及所在行业的研究，商业尽职调查，以及后期的商业谈判，其中主要以移动互联网和大消费领域作为主要的研究方向，主导投资案例：友加，洋萌，爱尚鲜花，美丽神器，好厨师，船老大，蹭饭，建飞 WiFi 等。

4. 投资业绩

中路资本专注于互联网领域早期项目，对行业发展有敏锐的洞察力和独到的见解，已投资逾 160 家初创企业，累计投资数亿元人民币，涵盖本地生活、电子商务、企业级信息服务、社交和新媒体等多个热点行业，通过丰富的投资经验和相关资源，中路资本积极搭建企业与企业之间、企业与投资机构之间的交流合作平台，致力于推动企业的快速成长及发展。

项目案例：Blued、波奇网、爱尚鲜花、网化商城。

（十六）深圳追梦者投资管理有限公司

1. 公司信息

公司信息如表 5 - 66 所示。

2. 基本概况

投资理念：为创业者服务，尤其是初次创业者，以创新谷存在的独特价值、广泛的资源和雄厚的资金，帮助初次创业者提升创业项目的成功率。发现和发掘具备成功基因的年青创业者，帮助被投企业整合行业资源和拓展创新业务飞速成长。

投资方向：人工智能、物联网、机器人、Fintech、大数据、AR/VR、消费升级、IP 原创。

奖项：2017 年中国早期投资机构 30 强（清科集团）；中国天使投资机构 10 强。

3. 投研团队

朱波：创始管理合伙人，浙江大学工程学学士、美国 Arizona State University 计算机硕士，现就读于法国雷恩商学院和北邮工商管理博士，曾就职于美国运通公司，美国高通公司等多家通信和 IT 公司，有近二十多年的互联网、IT 和通信的从业经历，三年来主导投资了礼物说、超级课程表、广升股份、腾达股份等全球近百家早期创业公司。

余波：合伙人，北理工人工智能所学士、北大历史系硕士，北大法学博士结业。拥有 20 年互联网技术、产品、媒体管理经验，其中 4 年天使投资经验，任创新谷投资合伙人。

孙鹏：基金合伙人，2004 年毕业于南开大学管理系，曾经在世界 500 强——华为和 IBM 分别担任重要职务；也曾合伙创业，担任一线市场拓展，整合资源。拥有超过十年的 TMT 行业一线工作经验。

表 5 - 66 深圳追梦者投资管理有限公司信息

简　称	追梦者基金			
登记编号	P1064688	组织机构代码	914403003194	
成立时间	2014 - 10 - 09	登记时间	2017 - 09 - 07	
企业性质	内资企业	机构类型	私募股权、创业投资 基金管理人	
注册资本（万元） （人民币）	2000	实缴资本（万元） （人民币）	1000	
注册地址	广东省深圳市南山区深圳湾创业投资大厦 25 层 04、05 室			
办公地址	广东省深圳市南山区深圳湾创业投资大厦 25 层 04、05 室			
员工人数	10	机构网址	www. dreamchasercapital. com	电话 0755 - 22676481
法定代表人/执行 事务合伙人	朱波			
法定代表人/执行 事务合伙人 （委派代表） 工作履历	时间	任职单位	任职部门	职务
	2014. 10 ~ 2017. 04	深圳追梦者投资管理有限公司	公司	法定代表人/执行董事/总经理
	2012. 06 ~ 2014. 10	深圳创新谷投资管理有限公司	公司	CEO
	2008. 06 ~ 2012. 06	华为技术有限公司	互联网业务部	总裁
	2004. 01 ~ 2008. 05	Cgogo 科技有限公司	公司	CEO
	2002. 04 ~ 2003. 12	美国高通公司	业务部	业务拓展总监
	2000. 06 ~ 2002. 03	Trendex 科技公司	公司	CEO
	1996. 07 ~ 2000. 05	美国 NeTure 通讯公司	公司	创始人、CTO
	1992. 11 ~ 1996. 06	美国运通公司	研发部	高级软件工程师

4. 投资业绩

追梦者基金管理团队此前创办的移动互联网孵化加速器"创新谷"，已在中国孵化项目数百个，在全球投资项目百余家。创新谷在广深两地首开移动互联网孵化器先河，目前在广州和深圳运营两个移动互联网孵化器和加速器。

项目案例：广升股份、超级课代表、礼物说、兼职猫。

（十七）上海紫辉创业投资有限公司

1. 公司信息

公司信息如表 5 - 67 所示。

2. 基本概况

投资理念：希望扶植独具慧眼的创业者，来领导这场伟大而深刻的行业变革。我们分享彼此无尽的好奇与冒险精神，在初创公司的早期即投入资本，聪明地将资金运用在具有高回报潜力、并能正面影响世界的项目。

投资方向：物流运输、SaaS、社交网络等。

奖项：2018 年中国早期投资机构 30 强（清科集团）；中国股权投资机构新锐 20 强。

表5-67 上海紫辉创业投资有限公司信息

简　称	紫辉创投			
登记编号	P1021273	组织机构代码	30167766-4	
成立时间	2014-05-08	登记时间	2015-08-20	
企业性质	内资企业	机构类型	私募股权、创业投资基金管理人	
注册资本（万元）（人民币）	1117.65	实缴资本（万元）（人民币）	1061.76	
注册地址	上海市普陀区真北路958号20幢337室			
办公地址	上海市黄浦区南昌路45号城汇大厦8楼A座			
员工人数	9	机构网址	purpleskycap.com	电话 021-53089513
法定代表人/执行事务合伙人	张甜			

	时间	任职单位	任职部门	职务
法定代表人/执行事务合伙人（委派代表）工作履历	2014.05~2017.07	上海紫辉创业投资有限公司	无	合伙人
	2011.08~2013.12	英飞尼迪投资集团	法务	法务总监
	2009.12~2011.12	海富通基金管理有限公司	稽核	稽核经理
	2008.01~2009.12	优势资本（私募投资）有限公司	无	副总裁/法律顾问
	2007.03~2008.01	英业达集团	法务	法务专员
	2006.04~2007.02	上海御宗律师事务所	无	律师助理

3. 投研团队

郑刚：创始合伙人，厦门大学学士、美国哥伦比亚大学商学院MBA，拥有超过十五年的国内外投行和投资经验，曾就职于优势资本、中宇卫浴、格雷斯公司、德尔福汽车系统集团等大型企业，参与的创业领域包括了互联网搜索、视频流媒体、社交通信、户外LED媒体以及陆上液化天然气等。

张甜：合伙人，中南财经政法大学法学硕士，提供了专业的法律建议及咨询，同时还有出色的与市场营销及公关相关才智，扮演的角色更像是紫辉创投的法律大脑，搭建起强劲的投资与组织结构，让创业者得以清晰自身定位，并以灵活的姿态不断发展。

4. 投资业绩

紫辉创投已经挑选并协助了不少眼下中国最为成功的创业公司。这些成就基于他们，也基于我们富有洞察力的筛选、亲力亲为的研究以及对新兴科技和用户需求的独具慧眼。

项目案例：陌陌、锤子科技、雷神科技、悟空租车。

第二节　优质私募证券投资基金管理人（部分）

根据中国私募基金系列指数标准，综合定量与定性指标，筛选出优质私募证券投资管理人。以下排名不分先后。

一、股票多头策略

（一）20 亿元以上

1. 千合资本管理有限公司

千合资本专注于国内外证券市场的研究和投资，秉承价值投资理念，以追求绝对收益为目标，为投资者提供专业高效的资产管理服务。在风云多变的市场环境下，千合资本通过运用创新金融工具和投资技术，在完善风控建设的同时，构造共享、创新、和谐、共赢的投研体系，力争发展成为国内具有重要影响力的资产管理公司，为客户提供更好的产品与服务。

千合资本经历牛熊考验，业绩良好，多次赢得了国内基金评级机构的肯定。自成立以来公司陆续荣获 2013 年大智慧"中国私募年度百强"奖、恒生电子 2014 年私募基金行业峰会"钱江论坛投资精英奖"、上海证券报第六届中国"金太阳"优秀私募公司奖、2016 年最佳股票策略私募基金金樟奖、中国基金报 2017 年中国私募基金综合实力 50 强（股票策略）英华奖等奖项。

千合资本在为投资人创造财富的同时，也通过成立助学计划、慈善捐款等形式，积极履行企业公民的社会责任，通过加强自身发展，为员工、为客户提供更好的平台与服务。

（1）公司信息。公司信息如表 5 - 68 所示。

表 5 - 68　千合资本管理有限公司信息

简　　称	千合资本				
登记编号	P1000308	组织机构代码	05513805 - 8		
成立时间	2012/09/28	登记时间	2014/08/21		
企业性质	内资企业	机构类型			
注册资本（万元）（人民币）	5000	实缴资本（万元）（人民币）	5000		
注册资本实缴比例	100%	是否为符合提供投资建议条件的第三方机构			
注册地址	深圳市南山区前海深港合作区前湾一路 1 号 A 楼 201 室				
办公地址	北京市西城区金融大街 9 号金融街中心 B 座 701				
员工人数	24 人	机构网址	—	电话	010 - 62149661 - 8028
法定代表人/执行事务合伙人	王亚伟				
法定代表人/执行事务合伙人（委派代表）工作履历	时间	任职单位	任职部门	职务	
	1994.03 ~ 1995.03	中信国际合作公司	商务部	职员	
	1994.04 ~ 1998.03	华夏证券北京东四营业部投研部	投研部	经理	
	1998.04 ~ 2012.05	华夏基金管理有限公司	经理办公室	副总经理	
	2012.09 ~	千合资本管理有限公司	投研部	执行董事兼投研总监	

（2）投研团队。王亚伟先生，千合资本的董事长、投资总监，毕业于清华大学，经济学硕士，曾任职于中信国际合作公司、华夏证券有限公司，1998 年加入华夏基金管理有限公司，开

始历时 14 年的公募基金职业历程。在华夏基金管理有限公司期间，王亚伟先生历任兴华证券投资基金、华夏成长证券投资基金、华夏大盘精选证券投资基金、华夏策略精选灵活配置混合型证券投资基金的基金经理，担任华夏基金管理有限公司的副总经理、投资决策委员会主席等职务。2009 ~ 2011 年连续三年被《福布斯》中文版评为中国基金经理第一名。2012 年 5 月王亚伟先生离开华夏基金，2012 年 9 月 28 日在深圳注册成立了千合资本管理有限公司，开启私募基金职业生涯。

量化投资经理：李忠谦，毕业于吉林大学数学系，国际金融工程师认证（CQF）持有人，10 年金融工程从业经验。曾任银河期货、香港致富证券、国信证券金融工程分析师。

投资经理：崔同魁，毕业于清华大学机械工程系，拥有 10 年研究和投资经验。历任华夏基金行业研究员、华夏大盘精选基金经理助理、华夏复兴和华夏成长基金经理。

投资经理：黄燊，毕业于上海财经大学财政学专业，拥有 12 年证券从业经验。历任申银万国证券研究所机构销售部和制造业研究部，资深高级分析师。

投资经理：蒋仕卿，毕业于复旦大学经济学系，拥有 10 年 A 股和海外研究、投资经验。曾任太平洋资产管理有限公司交易员、兴业证券研究所资深策略研究员。

千合资本核心投研人员 15 位，平均从业年限超过 8 年，其中 5 位从业经验在 10 年以上，研究领域涵盖国内外宏观、大宗商品、量化策略以及所有的证券研究行业。

（3）投资业绩。投资业绩如图 5 - 1 所示。

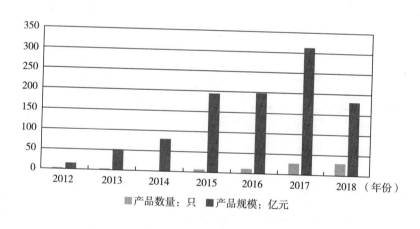

图 5 - 1　产品发展走势图

2. 上海高毅资产管理合伙企业（有限合伙）

上海高毅资产管理合伙企业（有限合伙）是国内投研实力较强、管理规模较大、激励制度领先的平台型私募基金管理公司，专注于资本市场，致力于为优秀的投资经理配备一流的研究支持、渠道资源、品牌背书、资本对接和运营维护，打造以人为本的企业文化和扁平化的组织架构，让优秀的投资经理专注于投资，全力以赴地为投资者创造更佳的收益。高毅资产旗下汇聚了多位长期业绩优秀、市场经验丰富的明星投资经理包括千亿级基金公司投资总监、股票型基金 8 年业绩冠军、偏股混合型基金 6 年业绩亚军、公募基金十周年金牛奖特别奖得主、公募基金五年期金牛奖得主、公募基金三年期金牛奖得主、私募基金三年期金牛奖得主、私募基金一年期金牛奖得主等。

（1）公司信息。公司信息如表5-69所示。

表5-69 上海高毅资产管理合伙企业（有限合伙）信息

简　　称	高毅资产					
登记编号	P1002305	组织机构代码	06936014-3			
成立时间	2013-05-29	登记时间	2014-05-20			
企业性质	内资企业内资企业	机构类型	私募证券投资基金管理人			
注册资本（万元）（人民币）	3393	实缴资本（万元）（人民币）	3393			
注册资本实缴比例	100%	是否为符合提供投资建议条件的第三方机构	是			
注册地址	上海市奉贤区青村镇奉村路458号1幢221室					
办公地址	广东省深圳市福田区中心四路1-1号嘉里建设广场第三座14层02室					
员工人数	78	机构网址	www.gyasset.com	电话	0755-88693999	
法定代表人/执行事务合伙人	邱国鹭					
法定代表人/执行事务合伙人（委派代表）工作履历	时间	任职单位	任职部门	职务		
	2008.11~2013.12	南方基金管理有限公司	投资决策委员会	委员		
	2006.12~2008.10	美国普林瑟斯资本	投资部	基金经理		
	2005.05~2006.12	美国奥泰尔航行家对冲基金	投资部	合伙人/基金经理		
	1999.05~2005.05	美国韦奇资本管理公司	投资部	合伙人/执行副总裁		

（2）投研团队。邱国鹭：董事长，曾任南方基金管理有限公司投资总监和投委会主席、普林瑟斯资本管理公司基金经理、奥泰尔领航者对冲基金合伙人、美国韦奇资本管理公司合伙人等职，在基金业18年的履历中包含了60亿美元私募资产管理公司合伙人、跨国对冲基金共同创始人、2800亿元公募基金公司投研负责人等从业经验。此外，他还担任厦门大学经济学院兼职教授、北京特许金融分析师（CFA）协会理事。2016年，在"中国私募基金英华榜"评选中获"最佳产品奖·股票策略一年期最佳产品"；所著的《投资中最简单的事》一书于2014年10月出版后，迅速登上金融投资类新书畅销榜榜首。

冯柳：董事总经理，从2003年起专注于二级市场投资以来，持续获得较高投资回报，对消费、医药、零售行业有较深见解，对市场、投资方法及投资体系有较多独到见解和创造性认识，以长期投资、价值投资、集中投资以及满仓操作见长，不使用杠杆，亦不控制回撤。

王世宏：董事总经理，19年证券业股票投资研究经验，曾任高瓴资本总监、QFII团队核心成员、泰康资产管理有限公司投资经理，东正投资有限公司研究部经理，山西证券有限责任公司研究员。北京大学经济学硕士、中南财经大学经济学学士。12年资产管理经验：包括房地产行业研究与投资、保险账户股票投资、金融地产股票投资等。

（3）投资业绩。投资业绩如图5-2、图5-3所示。

2018 年管理规模：100 亿元以上。

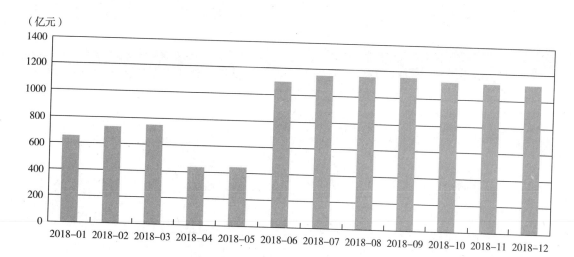

图 5-2　上海高毅资产管理合伙企业（有限合伙）管理规模

产品数量：累计 285 只。

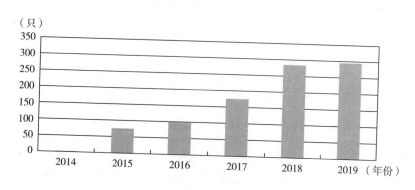

图 5-3　上海高毅资产管理合伙企业（有限合伙）产品数量

3. 西藏源乐晟资产管理有限公司

西藏源乐晟资产管理有限公司坚持以规范化的风险管理为基础，以最大化的市场利益为追求，以最透明的监督为鞭策，致力于发展成为中国本土私募基金的领先者，为高净值人士及高端理财机构提供专业的财富管理服务，提供可持续创造稳健收益的投资理财产品。由于源乐晟突出的长期业绩、稳健并兼具成长性的净值表现，荣登 2009 年至 2012 年四年期阳光私募业绩冠军，在不同特征的市场中，源乐晟通过灵活调仓、精选个股、严格止损跨越牛熊，始终表现出中低风险、高收益的业绩特征，并因此荣获多项私募行业权威奖项。其中，2011 年、2012 年、2013 年连续三年获颁"金牛"阳光私募管理公司奖。目前源乐晟除管理面向个人直接投资者为主的集合类阳光私募产品外，还是国内多家大型金融机构投资者的资产委托管理人。

（1）公司信息。公司信息如表 5-70 所示。

（2）投研团队。曾晓洁：总经理、投决会主席北京大学经济学学士、金融学硕士，曾就职中国人寿保险资金运用中心、中国人寿资产管理有限公司，历任研究员、基金经理助理、基金经理，主管第三方委托资金的股票投资业务，负责中小保险公司的委托资金及十几家年金的股票投资。因其所管理产品长期稳健并兼具成长性的净值表现，曾晓洁五获"金牛阳光私募投资经理奖"。

表5-70 西藏源乐晟资产管理有限公司信息

简 称	源乐晟资产		
登记编号	P1000713	组织机构代码	06467127-6
成立时间	2013-08-02	登记时间	2014-04-09
企业性质	内资企业	机构类型	私募证券投资基金管理人
注册资本（万元）（人民币）	1000	实缴资本（万元）（人民币）	1000
注册资本实缴比例	100%	是否为符合提供投资建议条件的第三方机构	是
注册地址	西藏自治区拉萨市堆龙德庆县经济技术开发区格桑路5号总部经济基地大楼B栋2单元502号		
办公地址	北京市朝阳区建国门外大街光华东里8号院中海广场中楼23层		
员工人数	6	机构网址	www.longrising.cn	电话	4001128866
法定代表人/执行事务合伙人	曾晓洁		
法定代表人/执行事务合伙人（委派代表）工作履历	时间	任职单位	任职部门	职务
	2009.05~2017.04	北京源乐晟资产管理有限公司	投研部	投资总监
	2008.01~2009.05	深圳市乐晟投资顾问有限公司	投研部	总经理、投资总监
	2003.09~2008.01	中国人寿资产管理有限公司	资金运作中心	基金经理

吕小九：创始合伙人、投资经理，南开大学商学院学士、北京大学硕士。曾就职于中国人寿保险股份有限公司财务部，后任中信证券股份有限公司研究部副总裁、交银国际研究部联席董事，曾多次获"新财富""水晶球"最佳分析师等荣誉。负责研究体系的搭建和研究团队的培养，共同或单独管理公司旗下多个基金产品。

杨建海：合伙人、投资经理，中央财经大学经济学学士、北京大学金融学硕士，曾先后就职于交通银行、光大证券、安信证券，安信证券期间，历任分析师、高级分析师、首席分析师和安信证券投资（香港）投资总监。屡获新财富、水晶球、金牛奖等奖项的"最佳分析师"。获中国证券私募金樟奖"80后最具潜力私募基金经理"大奖、金牛奖"2017年度三年期股票策略投资经理"，其管理的产品获得中国私募基金风云榜"2017年最受欢迎股票类基金理财产品（三年期）十强"。

（3）投资业绩。投资业绩如图5-4、图5-5所示。

2018年管理规模：100亿元以上。

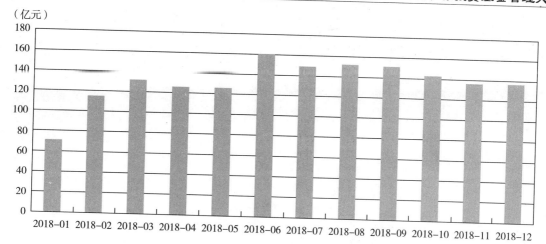

图5－4　西藏源乐晟资产管理有限公司管理规模

产品数量：累计100只。

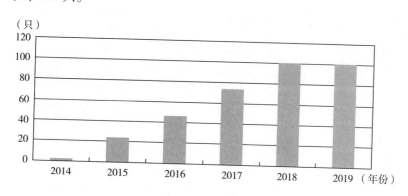

图5－5　西藏源乐晟资产管理有限公司产品数量

4. 上海景林资产管理有限公司

上海景林资产管理有限公司秉承"价值投资"的投资理念，投资常常采用 PE 股权基金的研究方法。对公司进行估值的时候，上海景林注重的是其行业结构和公司在产业价值链中的地位，偏好进入门槛较高、与供应商和客户谈判能力强，并且管理层积极向上且富有能力的公司。这些考虑是上海景林做投资决定和估值过程中的核心。其在不同行业都有研究专家，这些行业专家对于行业和公司的理解很大程度上都要深于大多数金融机构的研究员，因此可以更清楚地了解各行业的最新变化上海景林还进行全面的宏观经济及市场分析来把握市场环境和投资时机。

（1）公司信息。公司信息如表5－71所示。

（2）投研团队。蒋锦志：创始合伙人，CFA，以其对公司的深入分析和价值投资理念闻名于业界。蒋先生于 1992 年获得中国人民银行研究生部国际金融学硕士学位，之后在深交所的上市部开始了他的职业生涯，担任深交所债券和期货部总经理。1996 年加入了中国最大券商之一的国信证券，主管该公司的资产管理业务，1999 年赴美国加州大学洛杉矶分校研习金融和房地产一年。2000 年学成回国后，先后创立了正达信投资（Prosperity Investment Limited）和担任香港粤海证券董事长，积极进行中国股票投资，特别是在海外上市的中国股票。

高云程：埃塞克斯大学（UK）金融和商业经济学硕士，12 年证券从业经验，曾先后在中国科技证券、泰信基金、APS 资产管理公司等国内外金融机构从事研究和投资管理工作。比较注意所投

表5-71　上海景林资产管理有限公司信息

简　　称	景林资产		
登记编号	P1000267	组织机构代码	59812186-9
成立时间	2012-06-06	登记时间	2014-03-17
企业性质	内资企业	机构类型	私募证券投资基金管理人
注册资本（万元）（人民币）	3000	实缴资本（万元）（人民币）	3000
注册资本实缴比例	100%	是否为符合提供投资建议条件的第三方机构	是
注册地址	上海市浦东新区海徐路		
办公地址	上海市浦东新区芳甸路1155号嘉里城办公楼27楼		
员工人数	54	机构网址	www.greenwoodsasset.com　电话　852-29076280
法定代表人/执行事务合伙人	高云程		
法定代表人/执行事务合伙人（委派代表）工作履历	时间	任职单位	任职部门	职务
	2014.07~2017.04	上海景林资产管理有限公司	总裁室	总经理，基金经理
	2006.10~2014.07	APS Asset Management	投资部	高级研究员，基金经理
	2004.12~2006.10	泰信基金	投资部	高级研究员
	2001.07~2002.07	中国科技证券	研究部	研究员

资公司的流动性和管理层风险，有大资金的管理经验和国际化比较视野，对宏观经济有比较好的大局观。曾经深入研究地产，金融，消费品和周期性商品等多个行业，有扎实的上市公司研究投资经验积累，从参与股票市场以来，经历了A股市场数次牛熊转换。是市场上少有的在券商、公募基金、QFII、私募基金都有工作经验的投资者。

蒋彤：合伙人，在景林专注于A股基金的管理。在加入景林之前，在鼎辉投资旗下的润晖投资担任合伙人。从事证券投资及研究20年，对宏观经济、债券、期货、国内外中国股票研究深入，投资经验丰富。

（3）投资业绩。投资业绩如图5-6、图5-7所示。

2018年管理规模：100亿元以上。

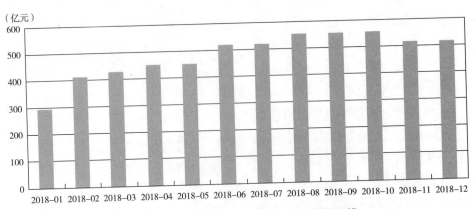

图5-6　上海景林资产管理有限公司管理规模

产品数量：累计 202 只。

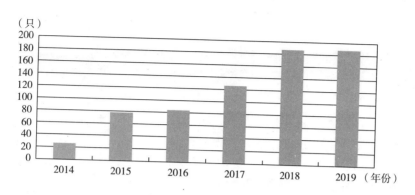

图 5－7　上海景林资产管理有限公司产品数量

5. 北京市星石投资管理有限公司

北京市星石投资管理有限公司专注于 A 股投资，专注打磨一个投资策略和方法。11 年来，星石投资已经构建了投资研究、市场服务、后台运营、合规风控四位一体完整、行业先进的公司架构。凭借优秀、稳定的业绩表现，荣获八届私募权威荣誉的"金牛奖"，荣获几乎行业内所有重要奖项，包括国内外 100 多个主要奖项。其组建了一支实力强大的专业投研团队，实行投资研究一体化的管理模式，鼓励集体智慧和充分的信息共享，注重投资研究的协作，强调投资决策的独立，采用"研究员——基金经理助理——行业基金经理——基金经理（类别）——基金经理（全行业）"的梯队制，所有投研人员全部服务于一个策略，实现高精度全行业覆盖研究，形成投资合力。基于对中国市场深度理解，成功打造出一套适应中国 A 股市场的投资方法，即多层面驱动因素投资方法，通过深入研究类别、行业、公司等多个层面的基本面，寻找各个层面的强劲驱动因素，获取相应层面的超额收益，最终选择多个层面总超额收益显著的投资标的。

（1）公司信息。公司信息如表 5－72 所示。

表 5－72　北京市星石投资管理有限公司信息

简　　称	星石投资			
登记编号	P1000275	组织机构代码	66417295－6	
成立时间	2007－06－28	登记时间	2014－08－21	
企业性质	内资企业	机构类型	私募证券投资基金管理人	
注册资本（万元）（人民币）	1920	实缴资本（万元）（人民币）	1920	
注册资本实缴比例	100%	是否为符合提供投资建议条件的第三方机构	是	
注册地址	北京市顺义区仁和地区顺通路 25 号 5 幢 403			
办公地址	北京市朝阳建国门外大街 1 号国贸大厦 A 座 21 层			
员工人数	96	机构网址	www. starrockinvest.com	电话　4008189800

法定代表人/执行 事务合伙人	江晖			
法定代表人/执行 事务合伙人 （委派代表） 工作履历	时间	任职单位	任职部门	职务
	2007.06～2017.04	北京市星石投资管理有限公司	空	董事长
	2005.06～2007.05	工银瑞信基金管理有限公司	投资管理部	总监
	2004.09～2005.06	湘财荷银基金管理有限公司	投资部门	投资总监
	1998.04～2004.08	华夏基金管理有限公司	投资部门	投资总监
	1998.04～2004.08	华夏基金管理有限公司	投资部门	总经理助理
	1996.06～1998.03	泰康保险股份有限公司	投资部门	副处长

（2）投研团队。江晖：董事长、投资决策委员会主席、中国证券投资基金业协会私募证券投资基金专业委员会委员。毕业于复旦大学，经济学硕士，中国第一代公募基金经理和第一代阳光私募基金经理，拥有24年股票和债券投资研究经验，擅长精准把握市场中长期趋势，从业以来多次获得金牛奖，超过20年的基金投资研究管理经验，曾参与筹备华夏基金和工银瑞信基金等大型老牌公募基金公司，管理过基金兴和、基金兴华、华夏回报和工银瑞信核心价值等多只知名基金产品，无论是在私募还是公募行业，其长期业绩始终名列行业前茅，带领公司7次获得国内基金行业权威奖项——由中国证券报主办的"中国私募金牛奖"，并获得首届晨星中国（Morningstar）对冲基金奖。

（3）投资业绩。投资业绩如图5-8、图5-9所示。

2018年管理规模：100亿元以上。

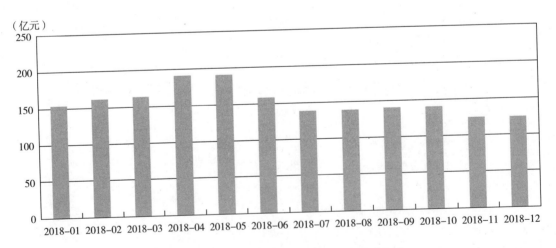

（亿元）

图5-8 北京市星石投资管理有限公司管理规模

产品数量：累计191只。

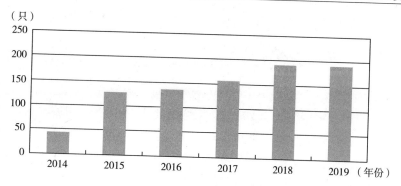

图 5 - 9　北京市星石投资管理有限公司产品数量

6. 上海重阳投资管理股份有限公司

上海重阳投资管理有限公司运用各种规范的金融工具为客户管理金融财富，以管理资产的可持续成长为己任，致力于成为一家有竞争力的专业资产管理公司。在业务目标上，通过有效的风险控制，把握相对确定的投资机会，追求财富的长期复合增长。在投资方法上，注重研究驱动的投资，强调严谨科学的投资流程在投资中的重要性。重阳投资秉承价值投资理念，将"发现并投资确定的低估成长公司"作为投资研究的第一目标，通过前瞻性地分析宏观、行业和公司基本面并运用严谨的多元化估值方法来发现低估的投资标的，实现管理资产的持续高复合成长。

（1）公司信息。公司信息如表 5 - 73 所示。

表 5 - 73　上海重阳投资管理股份有限公司信息

简　　称	重阳投资			
登记编号	P1000265	组织机构代码	69155453 - 8	
成立时间	2009 - 06 - 26	登记时间	2014 - 03 - 17	
企业性质	内资企业	机构类型	私募证券投资基金管理人	
注册资本（万元）（人民币）	23500	实缴资本（万元）（人民币）	22783	
注册资本实缴比例	96.949%	是否为符合提供投资建议条件的第三方机构	是	
注册地址	上海市浦东新区世纪大道 8 号国金中心 B 座 51 楼 5103 - 5116 室			
办公地址	上海市浦东新区世纪大道 8 号国金中心二期 51 楼			
员工人数	45	机构网址	www. chongyang. net	电话　021 - 20216666
法定代表人/执行事务合伙人	裘国根			
法定代表人/执行事务合伙人（委派代表）工作履历	时间	任职单位	任职部门	职务
	2009.06 ~ 2017.05	上海重阳投资管理股份有限公司	投资部	执行合伙人
	2001.12 ~ 2009.05	上海重阳投资有限公司	投资部	总经理
	1996.01 ~ 2001.12	深圳衣马投资发展有限公司	投资部	董事总经理
	1993.08 ~ 1995.12	深圳特区发展公司	交易部	项目经理

（2）投研团队。裘国根：中国人民大学经济学硕士，23 年证券投资经验。1993 年至 1995 年就职于原君安证券下属机构，1996 年开始职业投资，2001 年创立上海重阳投资有限公司，2008 年起管理阳光私募基金，2009 年参与创立上海重阳投资管理有限公司。熟悉资本市场各种金融工具，长于权益估值和对冲策略。

陈心：芝加哥大学工商管理硕士，CFA，20 年金融从业经验。曾先后在中国国际金融有限公司、摩根士丹利、里昂证券等金融机构担任固定收益、汽车和银行业高级分析师。2009 年加入重阳投资，2010 年起任基金经理，2014 年起任战略研究部主管，2015 年起兼任首席策略师。

谢卓：复旦大学经济学硕士，15 年证券交易经验。1996 年起就职于海南港澳信托投资公司，2001 年起就职于上海重阳投资有限公司，负责证券交易。

（3）投资业绩。投资业绩如图 5 - 10、图 5 - 11 所示。

2018 年管理规模：100 亿元以上。

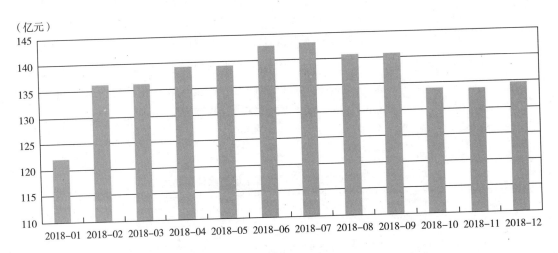

（亿元）

图 5 - 10　上海重阳投资管理股份有限公司管理规模

产品数量：累计 204 只。

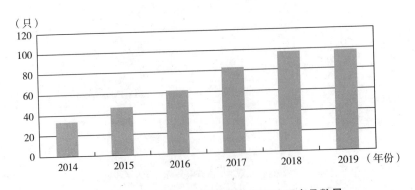

（只）

图 5 - 11　上海重阳投资管理股份有限公司产品数量

7. 敦和资产管理有限公司

敦和资产管理有限公司是一家中国本土成长起来的、致力于国内外资本市场投资的全球宏观对冲基金。多年以来，敦和资管逐步探索并形成了基于安全边际下的多类资产轮动、跨资产套利的投资理念和宏观多策略投资风格，并在实践中形成了全天候、立体化、牛市熊市都能获得较好绝对收益的投资能力。目前是中国本土为数不多的投资领域涉及国内外债券、货币、股票、大宗商品及其衍生品等跨类别资产的私募证券投资基金，基于安全边际下的多类资产轮动、跨资产套利投资策略。

（1）公司信息。公司信息如表 5 - 74 所示。

表 5 - 74　敦和资产管理有限公司信息

简　　称	敦和资产				
登记编号	PI000501	组织机构代码	56939807 - 6		
成立时间	2011 - 03 - 02	登记时间	2014 - 03 - 17		
企业性质	内资企业	机构类型	私募证券投资基金管理人		
注册资本（万元）（人民币）	25000	实缴资本（万元）（人民币）	25000		
注册资本实缴比例	100%	是否为符合提供投资建议条件的第三方机构	是		
注册地址	浙江省杭州市上城区白云路 12 号				
办公地址	浙江省杭州市上城区白云路 12 号				
员工人数	81	机构网址	www. dunhefund. com	电话	0571 - 88878088
法定代表人/执行事务合伙人	施建军				
法定代表人/执行事务合伙人（委派代表）工作履历	时间	任职单位	任职部门	职务	
	2017. 06 ~ 2017. 08	浙江玉皇山南对冲基金投资管理有限公司	无	董事长	
	2017. 04 ~ 2017. 06	敦和资产管理有限公司	董事长	董事长	
	1997. 07 ~ 2017. 04	浙江省永安期货经纪有限公司	总经理	总经理	
	1995. 05 ~ 1997. 06	浙江省永安期货经纪有限公司	副总经理	副总经理	
	1994. 05 ~ 1995. 04	浙江省经济协作公司	期货部	经理	
	1993. 03 ~ 1994. 06	浙江省经协房地产公司	投资部	经理	

（2）投研团队。施建军。

（3）投资业绩。投资业绩如图 5 - 12、图 5 - 13 所示。

2018 年管理规模：100 亿元以上。

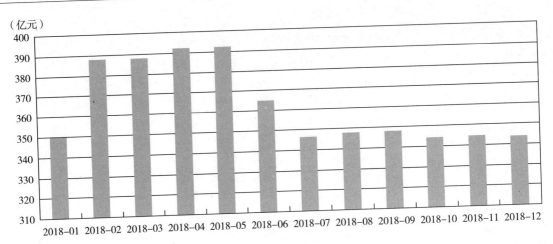

图 5 - 12　敦和资产管理有限公司管理规模

产品数量：累计 81 只。

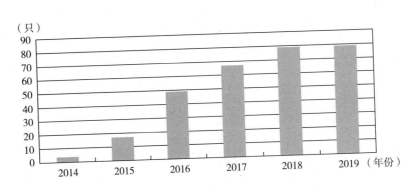

图 5 - 13　敦和资产管理有限公司产品数量

8. 淡水泉（北京）投资管理有限公司

淡水泉（北京）投资管理有限公司打破了投资和研究人员分立的传统投研工作机制，实行投资经理团队制，并建立了与此相适应的 i - FARM 研究平台，引进了专业的对冲基金风险管理系统。团队成员具有多年的行业经验，工作经历包括国内知名基金公司、国际投行、会计师事务所、券商研究所、另类投资、风控系统服务商、期货公司以及退休年金管理公司等。崇尚长期价值和专业能力，在成立之初即布局海外，发起设立了淡水泉海外对冲基金，成为目前国内少数几家同时管理国内和海外产品的管理公司之一，信奉"逆向投资"，认为股票市场中情绪聚集的地方不容易找到好的投资标的，公司团队更喜欢在被市场"忽略"和"冷落"的地方去"淘金"，越是不被看好的投资，公司越是加强对其基本面的研究，以期先于市场发现投资机会。

（1）公司信息。公司信息如表 5 - 75 所示。

（2）投研团队。赵军：南开大学数学学士、金融学硕士，历任中信证券资产管理部分析师、嘉实基金管理公司基金丰和基金经理、研究总监、机构投资总监、总裁助理，精通国内资本市场投资运作，并拥有管理全国社保基金、企业年金、保险机构和银行资金的丰富经验。

表 5 - 75 淡水泉（北京）投资管理有限公司信息

简　　称	淡水泉投资		
登记编号	P1000294	组织机构代码	66370418 - 0
成立时间	2007 - 06 - 26	登记时间	2014 - 03 - 25
企业性质	内资企业	机构类型	私募证券投资基金管理人
注册资本（万元）（人民币）	1000	实缴资本（万元）（人民币）	1000
注册资本实缴比例	100%	是否为符合提供投资建议条件的第三方机构	是
注册地址	北京市西城区金融大街 9 号 1601		
办公地址	北京市西城区金融大街 9 号金融街中心 B 座 19 层		
员工人数	69	机构网址	www. springs - capital. com　电话　010 - 66220918
法定代表人/执行事务合伙人	赵军		

法定代表人/执行事务合伙人（委派代表）工作履历	时间	任职单位	任职部门	职务
	2007. 09 ~ 2017. 02	淡水泉（北京）投资管理有限公司	投资部	执行董事、总经理
	2000. 10 ~ 2007. 07	嘉实基金	投资部	总裁助理
	1999. 07 ~ 2000. 09	中信证券	资产管理部	研究员

田晶：基金经理，美国纽约市立大学布鲁克商学院工商管理学硕士（MBA），曾任职于美国花旗集团资产管理公司，美国信安资产管理公司，任基金经理，从事日本及亚太地区的股票市场投资。2002 年 12 月加入嘉实基金管理有限公司，担任研究部副总监。现任嘉实理财通系列基金之嘉实稳健证券投资基金基金经理、嘉实浦安保本混合型证券投资基金基金经理职务。

刘忠海：加拿大 Concordia 大学约翰摩尔森商学院 MBA、2006 年成为美国特许金融分析师协会会员（CFA）、美国塞仕软件研究所（SAS Institute）认证程序员。曾任美国密苏里大学哥伦比亚分校经济系访问学者、国信证券经济研究所金融工程资深分析师、金融工程部负责人、嘉实基金管理公司机构投资产品顾问。

（3）投资业绩。投资业绩如图 5 - 14、图 5 - 15 所示。

2018 年管理规模：100 亿元以上。

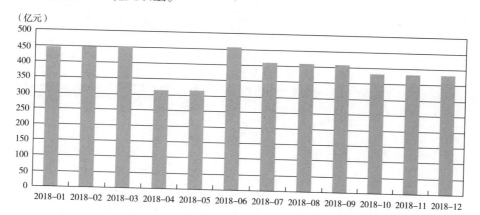

图 5 - 14　淡水泉（北京）投资管理有限公司管理规模

产品数量：累计 284 只。

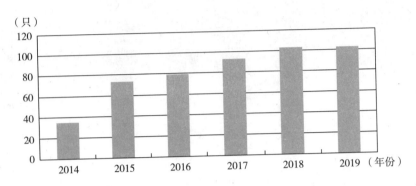

图 5 - 15　淡水泉（北京）投资管理有限公司产品数量

9. 永安国富资产管理有限公司

（1）公司信息。公司信息如表 5 - 76 所示。

表 5 - 76　永安国富资产管理有限公司信息

简　　　称	永安国富资产		
登记编号	P1008224	组织机构代码	32991423 - 8
成立时间	2015 - 01 - 29	登记时间	2015 - 02 - 11
企业性质	内资企业	机构类型	私募证券投资基金管理人
注册资本（万元）（人民币）	8000	实缴资本（万元）（人民币）	8000
注册资本实缴比例	100%	是否为符合提供投资建议条件的第三方机构	是
注册地址	浙江省杭州市上城区白云路 22 号 109 室		
办公地址	浙江省杭州市江干区钱江新城新业路 200 号华峰国际 33 层		
员工人数	54	机构网址	电话　88370923
法定代表人/执行事务合伙人	肖国平		
法定代表人/执行事务合伙人（委派代表）工作履历	时间	任职单位	任职部门	职务
	2015.02 ~ 2018.10	永安国富资产管理有限公司	总经理室	董事长（兼总经理）
	2014.04 ~ 2015.01	浙江永安资本管理有限公司	总经理室	董事长（兼总经理）
	2003.06 ~ 2014.03	永安期货股份有限公司	资产管理总部	部门经理兼总经理助理
	2003.03 ~ 2003.05	杭州市统计局	综合部	科员

（2）投研团队。无

（3）投资业绩。投资业绩如图 5 - 16、图 5 - 17 所示。

2018 年管理规模：100 亿元以上。

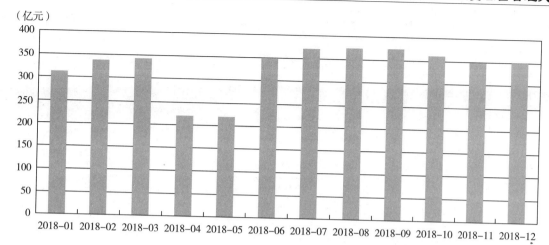

图 5 - 16　永安国富资产管理有限公司管理规模

产品数量：累计 50 只。

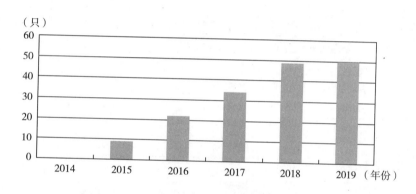

图 5 - 17　永安国富资产管理有限公司产品数量

10. 上海映雪投资管理中心（有限合伙）

上海映雪投资管理中心（有限合伙）秉承"稳健、持续"的理念，将公司定位于为金融机构、国有企业、大中型民营企业和高净值人群提供全方位财富管理和现金管理服务的专业资产管理机构，信奉自下而上，基本面研究创造价值的投资理念，通过对逐个企业进行研究与评估，构建适度集中的投资组合来获取长期良好的投资回报。坚信基本面研究创造价值，无论市场处于何种情况，尊重大概率事件，以常识和数据作为决策的最好依据，对企业进行研究，力求从企业内部人的角度评估公司，对投资组合中的风险因子进行提炼并予以分散。

（1）公司信息。公司信息如表 5 - 77 所示。

（2）投研团队。郑宇：中欧国际工商学院 EMBA，厦门大学经济学学士。17 年投资经验，曾任国盛证券自营部门负责人，在股票投资、债券投资领域有丰富经验，精通各种交易策略，其投资理念和投资业绩经历多次经济周期和股票、债券市场牛熊周期的检验。

刘忆东：研究部门联席主管、新三板投资业务联席主管，中欧国际工商学院 MBA；哈尔滨工业大学电子与通信工程专业学士学位。曾任职于朗讯科技（Lucent Technologies）研发部，从事交换机信令方面的开发和测试工作；威普企业管理咨询（上海）有限公司（Value Partners），担任高级咨

表 5 – 77　上海映雪投资管理中心（有限合伙）信息

简　称	映雪投资				
登记编号	P1000707	组织机构代码	59470026 – 5		
成立时间	2012 – 04 – 17	登记时间	2014 – 04 – 09		
企业性质	内资企业	机构类型	私募证券投资 基金管理人		
注册资本（万元） （人民币）	7000	实缴资本（万元） （人民币）	7000		
注册资本 实缴比例	100%	是否为符合提供投资建议 条件的第三方机构	是		
注册地址	上海市嘉定区叶城路 1288 号 6 幢 J1615 室				
办公地址	上海市浦东新区福山路 388 号越秀大厦 1702 室				
员工人数	20	机构网址	www. snowlightcapital. cn	电话	021 – 50663772
法定代表人/ 执行事务合伙人	郑宇				
法定代表人/ 执行事务合伙人 （委派代表） 工作履历	时间	任职单位	任职部门	职务	
	2015. 06 ~ 2018. 12	深圳雪杉基金管理有限公司	投资部	董事长/投资总监	
	2012. 04 ~ 2018. 12	上海映雪投资管理中心 （普通合伙）	投资交易部	投资总监	
	2009. 02 ~ 2012. 04	上海德晖投资管理有限公司	办公室	执行总裁	
	2003. 04 ~ 2007. 12	国盛证券投资管理总部	自营部	副总经理	
	2001. 02 ~ 2003. 04	闽发证券证券投资总部	投资部	投资部副经理	
	1999. 07 ~ 2001. 02	工行福州市分行信托投资公司	证券部	证券部职员	

询经理，负责多项兼并收购项目；上海德晖投资管理有限公司，担任合伙人，负责多个项目的股权投资。

（3）投资业绩。投资业绩如图 5 – 18、图 5 – 19 所示。

2018 年管理规模：100 亿元以上。

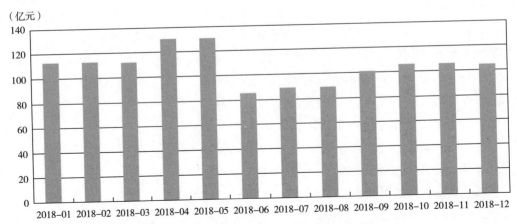

图 5 – 18　上海映雪投资管理中心（有限合伙）管理规模

产品数量：累计 196 只。

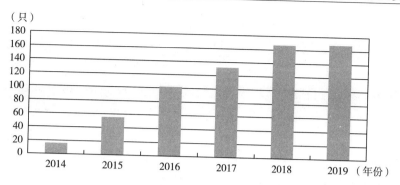

图 5－19　上海映雪投资管理中心（有限合伙）产品数量

11. 深圳市前海进化论资产管理有限公司

深圳市前海进化论资产管理有限公司毗邻前海自贸区，隔海遥望金融之都香港，致力于在证券市场上寻求高胜率的投资机会，业务涉足 A 股、港股、美股等市场，具有独特的全球视野。公司核心骨干团队具有 8 年以上投资经历，交易策略储备丰富，在价值选股、成长股投资、择时对冲、事件驱动、事件套利、统计套利等策略上拥有丰富的交易经验。基于 A 股、港股两地市场的交易经验积累和市场领悟，以追求绝对收益为目标，善于捕捉市场价格无序波动中的确定性机会，使用股指期货、期权等金融工具对冲不确定性风险，在广义多策略背景下，执行阿尔法对冲，贝塔择时，事件驱动等子策略。同时，通过扎实的数量化分析研究和数理金融模型，进一步优化投资业绩，实现投资业绩长期稳健增长。

（1）公司信息。公司信息如表 5－78 所示。

表 5－78　深圳市前海进化论资产管理有限公司信息

简　　称	进化论资产		
登记编号	P1006079	组织机构代码	30584846－7
成立时间	2014－06－04	登记时间	2015－01－07
企业性质	内资企业	机构类型	私募证券投资基金管理人
注册资本（万元）（人民币）	1000	实缴资本（万元）（人民币）	1000
注册资本实缴比例	100%	是否为符合提供投资建议条件的第三方机构	否
注册地址	广东省深圳市南山区前海深港合作区前湾一路 1 号 A 栋 201 室（入驻深圳市前海商务秘书有限公司）		
办公地址	广东省深圳市南山区天利中央商务广场 B 座 1401 室		
员工人数	22	机构网址	www.jhlfund.com　电话　0755－86706995
法定代表人/执行事务合伙人	王一平		
法定代表人/执行事务合伙人（委派代表）工作履历	时间	任职单位	任职部门	职务
	2013.09～2018.09	深圳前海进化论资产管理有限公司	总经办	总经理

（2）投研团队。王一平：创始人，江西财经大学金融学硕士。有超十年的 A 股港股美股交易经验，擅长金融工程建模。曾获得基金业金牛奖、英华奖、金长江奖等荣誉。

李靖：CTO，大学期间的大学生数据建模国家奖获得者，并有多篇论文发表在国家核心期刊。毕业后拥有五年的文本挖掘、自然语言处理、机器学习研究工作经验，现从事将机器学习技术应用到量化投资的研究。

罗佳祺：哈尔滨工业大学毕业，拥有 7 年 A + H 交易经验，策略执行能力强，对短期市场冲击成本有着独到的见解。

（3）投资业绩。投资业绩如图 5 - 20、图 5 - 21 所示。

2018 年管理规模：20 亿 ~ 50 亿元。

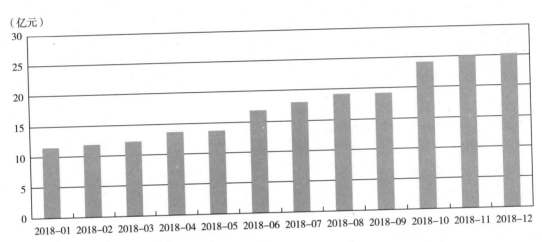

图 5 - 20　深圳市前海进化论资产管理有限公司管理规模

产品数量：累计 42 只。

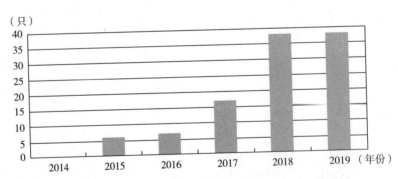

图 5 - 21　深圳市前海进化论资产管理有限公司产品数量

12. 上海展弘投资管理有限公司

上海展弘投资管理有限公司是一家以量化对冲交易、价值投资相结合为核心的资产管理公司，具备视野国际化、专业尽职、业绩优秀的投资管理团队。主要成员在证券、期货市场具有多年的研究和交易经历，具有优异业绩表现。以量化对冲交易、价值投资相结合为核心，在追求与大市无关的绝对收益的同时，紧随大势发掘超额收益良机，专注于低风险高收益投资。

（1）公司信息。公司信息如表 5 - 79 所示。

表 5 – 79 上海展弘投资管理有限公司信息

简 称	展弘投资				
登记编号	P1015638	组织机构代码	32423621 – 2		
成立时间	2014 – 12 – 24	登记时间	2015 – 06 – 11		
企业性质	内资企业	机构类型	私募证券投资 基金管理人		
注册资本（万元） （人民币）	1000	实缴资本（万元） （人民币）	700		
注册资本 实缴比例	70%	是否为符合提供投资建议 条件的第三方机构	否		
注册地址	上海市浦东新区罗山路 4088 弄 23 号 2 楼内侧				
办公地址	上海市浦东新区罗山路 4088 弄 23 号 2 楼内侧				
员工人数	6	机构网址	无	电话	无
法定代表人/ 执行事务合伙人	陈方府				
法定代表人/ 执行事务合伙人 （委派代表） 工作履历	时间	任职单位	任职部门		职务
	2015.01 ~ 2017.08	上海展弘投资管理有限公司	投资部		法定代表人，总经理
	2013.06 ~ 2014.12	上海龙德资源股份有限公司	金融业务部		金融业务部经理
	2010.07 ~ 2013.05	GHF Group	投资部		投资经理
	2009.06 ~ 2010.06	Moody	投资部		研究员

（2）投研团队。陈方府：负责投资和研究，对金融市场宏观环境及微观结构有深刻认识，有丰富的量化对冲交易理论研究和实战经验，具有 6 年投资经验。曾担任穆迪投资者服务公司研究员、英资对冲基金交易员、混沌投资投资经理、振戎集团创新子公司投资总监。具备大规模资金运作能力，取得过优秀业绩。毕业于中国科学院研究生院，获得信号与信息处理硕士学位。

黎扬海：1990 ~ 2009 年珠海交通银行支行行长，2009 ~ 2015 年江晟铝业财务总监主要负责财务部及风控部，大宗商品的期现套保、汇率的锁定及期权，2015 年至今担任上海展弘投资管理有限公司投资经理。

（3）投资业绩。投资业绩如图 5 – 22、图 5 – 23 所示。

2018 年管理规模：20 亿 ~ 50 亿元。

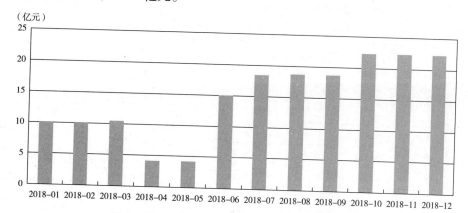

图 5 – 22 上海展弘投资管理有限公司管理规模

产品数量：累计17只。

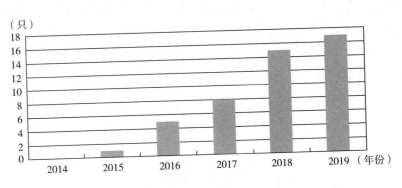

图5-23　上海展弘投资管理有限公司产品数量

13. 上海大朴资产管理有限公司

上海大朴资产管理有限公司的投资团队均来自于国内知名的证券研究机构和投资机构，具有丰富的研究和投资经验。团队专注于中国证券市场的投资和研究，并保持主动管理、稳中求进的投资风格。秉持规范经营和专业投资的理念，完整的公司治理结构充分体现了激励充分、投资独立、专业分工、持续经营的原则，为公司的持续稳健发展打下了坚实基础，以相对低的风险为客户谋取相对高的收益。

（1）公司信息。公司信息如表5-80所示。

表5-80　上海大朴资产管理有限公司信息

简　　称		大朴资产		
登记编号	P1008404	组织机构代码	66077265-5	
成立时间	2007-04-18	登记时间	2015-02-15	
企业性质	内资企业	机构类型	私募证券投资基金管理人	
注册资本（万元）（人民币）	1000	实缴资本（万元）（人民币）	1000	
注册资本实缴比例	100%	是否为符合提供投资建议条件的第三方机构	是	
注册地址	上海市奉贤区新四平公路468弄9幢5层60室			
办公地址	上海市浦东新区民生路1199号证大五道口广场3号楼4层			
员工人数	18	机构网址	www.dapufund.com	电话	021-61637089
法定代表人/执行事务合伙人	颜克益			
法定代表人/执行事务合伙人（委派代表）工作履历	时间	任职单位	任职部门	职务
	2012.02~2019.02	上海大朴资产管理有限公司	管理层	总经理
	2009.12~2012.01	兴业证券股份有限公司	研究所	所长
	2005.01~2009.11	兴业证券股份有限公司	资产管理部	总经理

（2）投研团队。颜克益：创始合伙人兼总经理，复旦大学产业经济学博士，历任兴业证券自营

部研究策划部经理、资产管理部总经理、研究所所长。对市场大的演变趋势有着很强的把握能力，风险控制能力强。在担任兴业证券资产管理部总经理期间，以良好的风险控制、优良的投资收益率和优质的服务赢得客户的信任。在担任研究所所长期间，带领研究团队取得突出业绩，在新财富2011年评选中带领兴业证券研究所首次进入本土最佳研究团队前十名。

（3）投资业绩。投资业绩如图 5-24、图 5-25 所示。

2018 年管理规模：20 亿~50 亿元。

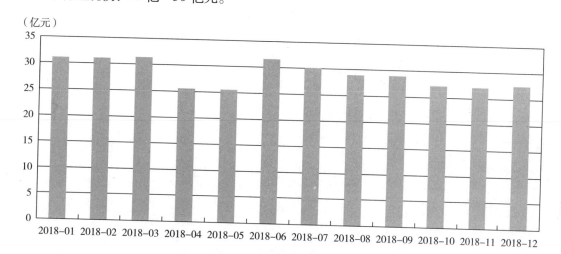

图 5-24　上海大朴资产管理有限公司管理规模

产品数量：累计 32 只。

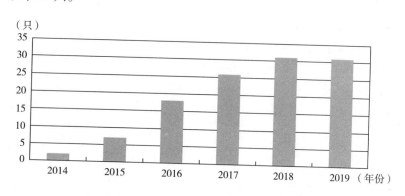

图 5-25　上海大朴资产管理有限公司产品数量

14. 上海磐耀资产管理有限公司

上海磐耀资产管理有限公司是一家以证券投资为主，集股权投资、创业投资、财务顾问、企业上市策划和运作以及金融衍生品开发应用等业务一体化的综合性金融机构。在业务发展上，通过有效的风险控制，把握相对确定的投资机会，追求财富的长期复合增长。在投资理念上，注重研究驱动的投资，深度研究企业的基本面，投资理念兼顾成长和价值，强调严谨科学的投资流程在投资中的重要性。在投资方法上，寻找自上而下的宏观和行业配置与自下而上的公司选择之间的理想结合点。遵循价值、成长、趋势为主线的投资策略，以精选个股、集中投资、组合投资适度分散为主要操作策略，善于把握成长股投投资机会，投资风格多样化以在不同的市场环境下均能为投资者带来较高的绝对收益为主要目标。

（1）公司信息。公司信息如表 5-81 所示。

表5-81 上海磐耀资产管理有限公司信息

简　称	磐耀资产		
登记编号	P1009064	组织机构代码	32469968 - x
成立时间	2014 - 12 - 04	登记时间	2015 - 03 - 11
企业性质	内资企业	机构类型	私募证券投资基金管理人
注册资本（万元）（人民币）	1000	实缴资本（万元）（人民币）	1000
注册资本实缴比例	100%	是否为符合提供投资建议条件的第三方机构	否
注册地址	上海市崇明县庙镇窑桥村社南756号1幢8187室		
办公地址	上海市浦东新区龙阳路2277号永达国际大厦904		
员工人数	6	机构网址		电话 021 - 60756200
法定代表人/执行事务合伙人	张舒雅		
法定代表人/执行事务合伙人（委派代表）工作履历	时间	任职单位	任职部门	职务
	2014.12～2017.04	上海磐耀资产管理有限公司	投资部	法人
	2013.09～2014.11	上海耀之资产管理中心	市场部	基金经理助理

（2）投研团队。辜若飞：董事长，历任珠海志翔投资分析师、上海云新投资管理有限公司分析师，上海中汇金投资股份有限公司基金经理。荣获2015年证券时报颁发中国阳光私募金长江收益明星奖，2016年获亿信伟业颁发阳光私募金亿奖，2017年获国金证券颁发2016年度股票投资策略最佳奖，2017年获朝阳永续颁发组合类基金组一季度表现优异投顾奖，2017年获中国基金报颁发股票策略人气奖、一年期股票策略最佳产品英华奖，2017年荣获朝阳永续颁发组合类基金三季度表现优异投顾奖。

张舒雅：磐耀资产投资决策委员会成员，目前担任公司的投研部负责人及磐耀资产基金经理的职务，注重基本面研究，对股权投资、新三板投资、债券投资均有涉猎，善于通过多策略组合控制产品的风险。

（3）投资业绩。投资业绩如图5-26、图5-27所示。

2018年管理规模：20亿～50亿元。

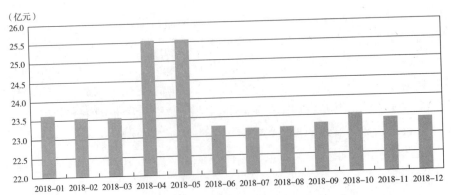

图5-26 上海磐耀资产管理有限公司管理规模

产品数量：累计 32 只。

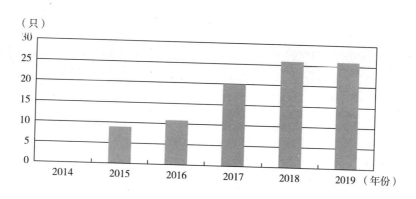

图 5 - 27　上海磐耀资产管理有限公司产品数量

15. 上海希瓦资产管理有限公司

上海希瓦资产管理有限公司核心投研团队有 10 年以上美国、中国、中国香港三地市场投资经验，擅长股票以及各种金融衍生品操作。2014 年 12 月成立至今，旗下基金产品均大幅跑赢指数，战胜市场同期同策略产品。投资策略为价值选股，择时对冲，逆向投资，波动降本。

（1）公司信息。公司信息如表 5 - 82 所示。

表 5 - 82　上海希瓦资产管理有限公司信息

简　　称	希瓦资产				
登记编号	P1008160	组织机构代码	32426851 - 3		
成立时间	2014 - 12 - 25	登记时间	2015 - 02 - 11		
企业性质	内资企业	机构类型	私募证券投资基金管理人		
注册资本（万元）（人民币）	1000	实缴资本（万元）（人民币）	1000		
注册资本实缴比例	100%	是否为符合提供投资建议条件的第三方机构	否		
注册地址	上海市奉贤区奉村路 258 号 1 幢 G44 室				
办公地址	上海市普陀区云岭东路 235 号 3 号楼 602				
员工人数	24	机构网址	www. shivafund. com	电话	021 - 60869260
法定代表人/执行事务合伙人	梁宏				
法定代表人/执行事务合伙人（委派代表）工作履历	时间	任职单位	任职部门		职务
	2014. 12 ~ 2017. 10	上海希瓦资产管理有限公司	投资部		总经理、投资总监
	2011. 04 ~ 2014. 12	上海伊集工贸有限公司	管理部		总经理
	2008. 02 ~ 2011. 04	上海宏锐投资管理有限公司	投资部		投资总监

（2）投研团队。梁宏：创始人、投资总监，毕业于上海交通大学管理学院，曾从事美股职业交

易员6年，并在美股、港股、A股三地市场超过10年以上投资经验，擅长成长股投资、价值投资。

麦寒涛：基金经理，上海交通大学经济学、计算机双学士，美国马里兰大学数理统计专业硕士，曾就职于世界银行IFC，负责风险拨备模型的开发和应用。后持Series-7牌照在华尔街证券投资公司任职分析师、交易员。2007年回国创业，先后于上海、广东建立专业的量化投资团队，擅长量化交易模型的策略分析和风险控制。

（3）投资业绩。投资业绩如图5-28、图5-29所示。

2018年管理规模：20亿~50亿元。

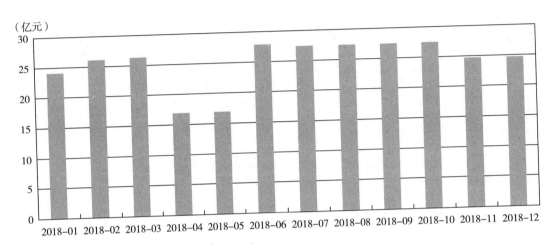

图5-28　上海希瓦资产管理有限公司管理规模

产品数量：累计22只。

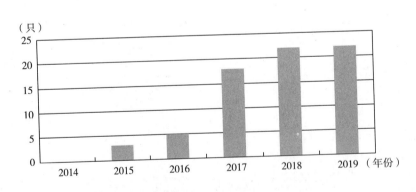

图5-29　上海希瓦资产管理有限公司产品数量

16. 上海明河投资管理有限公司

上海明河投资管理有限公司秉承"稳健、长久、共赢"的投资理念，依托稳健的经营理念、科学的投研体系、严密的风控机制和资深的管理团队，立足专业化、规范化，致力于为广大投资者提供一流的投资管理服务。秉持"能力优先"的理念，全方位引入各类优秀人才，组建了一支风格稳健、诚信敬业、创新进取、团结协作的专业团队。公司骨干全部来自基金管理公司核心岗位，且具有多年基金管理行业从业经验，是一个富有朝气而又稳健踏实的团队。公司采取合伙人管理模式，核心员工均持有公司股、期权，并不断完善激励机制，努力在同行业中做到制度领先。

（1）公司信息。公司信息如表 5-83 所示。

表 5-83 上海明河投资管理有限公司信息

简 称	明河投资					
登记编号	P1000651		组织机构代码	55152965-6		
成立时间	2010-02-23		登记时间	2014-03-25		
企业性质	内资企业		机构类型	私募证券投资 基金管理人		
注册资本（万元） （人民币）	1000		实缴资本（万元） （人民币）	1000		
注册资本 实缴比例	100%		是否为符合提供投资建议 条件的第三方机构	否		
注册地址	上海市崇明县星村公路 700 号 4 幢 209-7 室					
办公地址	上海市虹口区黄浦路 99 号上海滩国际大厦 1102 室					
员工人数	12		机构网址	www. river-fund. com	电话	021-63577000
法定代表人/ 执行事务合伙人	张翎					
法定代表人/ 执行事务合伙人 （委派代表） 工作履历	时间	任职单位		任职部门	职务	
	2010.06~2017.08	上海明河投资管理有限公司		投资部	总经理	
	2006.06~2010.04	工银瑞信基金管理有限公司		投资部	基金经理	
	2002.11~2006.05	泰信基金管理有限公司		投资部	基金经理	
	2000.11~2002.11	三林万业中国投资有限公司		投资部	投资经理	

（2）投研团队。卢尧之：工商管理学硕士，曾任职于江森自控、阿特拉斯·科普柯等企业，具有丰富的实体企业项目管理经验，曾在证券研究所从事行业研究工作，具有扎实的资本市场研究功底。

姚杰：经济学硕士，曾任职于浙富控股、浙江中控等企业，具有实体企业项目管理经验，曾在资产管理公司从事行业研究工作，具有资本市场研究经验。

张翎：基金经理，15 年国内 A 股市场投资管理经验，6 年公募基金经理经历。曾任：工银瑞信核心价值股票型基金基金经理；工银瑞信精选平衡混合型基金基金经理；工银瑞信稳健成长基金基金经理；泰信先行策略基金经理；泰信天天收益基金经理。

龚浩：复旦大学英美语言文学学士，澳大利亚国立大学 MBA，墨尔本大学金融专业商学硕士。十年计算机行业研究经验，曾任申银万国经济研究所计算机行业首席分析师。尤其擅长个股选择和行业前景分析。

（3）投资业绩。投资业绩如图 5-30、图 5-31 所示。

2018 年管理规模：20 亿~50 亿元。

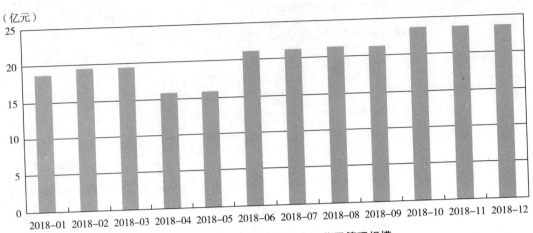

图 5 - 30　上海明河投资管理有限公司管理规模

产品数量：累计 14 只。

图 5 - 31　上海明河投资管理有限公司产品数量

17. 宁波拾贝投资管理合伙企业（有限合伙）

宁波拾贝投资管理合伙企业（有限合伙）致力于通过深入、覆盖多行业的内部研究，着眼于时代大趋势，发现性价比出色的投资机会，构建组合，目标是获取风险调整后有吸引力的持续回报。拾贝投资的价值在于帮助客户将其在一段时间内已经积累的财富能够放到当下和未来优质的公司上，实现财富积累由个人长跑变成接力赛，以期客户财富增长超越社会平均的增速，同时也助益资源配置。

（1）公司信息。公司信息如表 5 - 84 所示。

（2）投研团队。胡建平：拾贝投资创始人、投委会主席，经济学硕士，20 年证券投资从业经验，10 年公募基金行业从业经历。在长期管理大型公募基金的过程中，取得优秀业绩。曾任华夏回报、华夏回报二号基金经理，华夏基金成长价值部投资总监及投资决策委员会委员；鹏华基金研究员、鹏华中国 50 基金经理、鹏华价值优势基金经理；天堂硅谷创投公司投资经理、浙江证券研究员、投资经理。

张剑：合伙人、研究总监，清华大学工学硕士，曾任中信建投证券研究员、泰达宏利基金研究员。2007 年加入华夏基金，历任研究员、研究主管、基金经理助理等职位。2011 年 2 月至 2014 年 5 月期间担任华夏回报、华夏回报二号基金经理，曾三次获得华夏基金优秀员工。在化工、医药等领域有深入研究。

表5-84　宁波拾贝投资管理合伙企业（有限合伙）信息

简　　称	拾贝投资				
登记编号	P1020598	组织机构代码	34051227-2		
成立时间	2015-07-22	登记时间	2015-08-13		
企业性质	内资企业	机构类型	私募证券投资基金管理人		
注册资本（万元）（人民币）	1000	实缴资本（万元）（人民币）	1000		
注册资本实缴比例	100%	是否为符合提供投资建议条件的第三方机构	否		
注册地址	浙江省宁波市北仑区梅山七星路88号1幢401室A区B0709				
办公地址	北京市西城区金融大街17号中国人寿中心907-908				
员工人数	10	机构网址	www.tbamc.com	电话	010-66290780
法定代表人/执行事务合伙人	胡建平				
法定代表人/执行事务合伙人（委派代表）工作履历	时间	任职单位	任职部门	职务	
	2015.07~2018.03	宁波拾贝投资管理合伙企业（有限合伙）		投资总监	
	2007.07~2013.12	华夏基金管理有限公司	投资部	基金经理	
	2004.04~2007.05	鹏华基金管理有限公司	投资部	基金经理	

何金孝：合伙人、投资经理，中科院微电子专业硕士，曾任东兴证券、招商证券电子行业分析师；2010年获得新财富最佳分析师电子行业第二名。2011年加入华夏基金，历任电子行业研究员、基金经理助理，2012年获得华夏基金优秀员工，在TMT领域有深入研究。

李中海：拾贝投资合伙人、投资经理，北京大学金融学硕士，曾任华夏基金宏观研究员、债券研究员，历任华夏债券投资基金基金经理、华夏聚利基金基金经理、鹏扬投资投资经理。

（3）投资业绩。投资业绩如图5-32、图5-33所示。

2018年管理规模：50亿~100亿元。

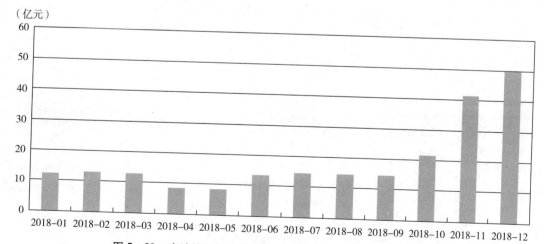

图5-32　宁波拾贝投资管理合伙企业（有限合伙）管理规模

产品数量：累计 13 只。

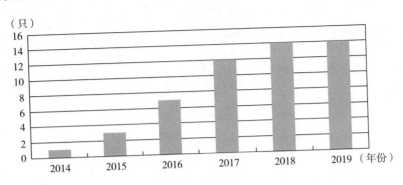

图 5 - 33　宁波拾贝投资管理合伙企业（有限合伙）产品数量

18. 致诚卓远（珠海）投资管理合伙企业（有限合伙）

致诚卓远（珠海）投资管理合伙企业（有限合伙）由多名北大校友联合创立，发起人均有多年金融从业经验，致力于将最先进的金融科技技术同全球市场长期的量化投资经验相结合，通过多元化投资理念，在多个市场为客户寻找预期收益风险比最佳的交易机会，立志于打造中国本土对标海外对冲基金标准运作的全球一流的投资企业，以量化投资模型为核心竞争力，通过研究金融市场中稳定的特征，为客户带来持久稳定的收益。

（1）公司信息。公司信息如表 5 - 85 所示。

表 5 - 85　致诚卓远（珠海）投资管理合伙企业（有限合伙）信息

简　称		致诚卓远投资				
登记编号	P1065479		组织机构代码	91440400MA4WPHMF97		
成立时间	2017 - 06 - 19		登记时间	2017 - 10 - 25		
企业性质	内资企业		机构类型	私募证券投资 基金管理人		
注册资本（万元） （人民币）	1000		实缴资本（万元） （人民币）	1000		
注册资本 实缴比例	100%		是否为符合提供投资建议 条件的第三方机构	否		
注册地址	广东省珠海市香洲区横琴新区宝华路 6 号 105 室 - 31714（集中办公区）					
办公地址	云南省昆明市西山区红塔东路 21 号香樟十六坊 12 栋 1 - 2					
员工人数	11		机构网址		电话	0871 - 65730551
法定代表人/ 执行事务合伙人	史帆					
法定代表人/ 执行事务合伙人 （委派代表） 工作履历	时间	任职单位		任职部门	职务	
	2017.07 ~ 2017.09	致诚卓远（厦门）投资管理 有限公司		法定代表人	执行董事	
	2015.10 ~ 2017.07	致诚卓远（厦门）投资管理 有限公司		云南省分行	研究分析师及支行副行长	
	2009.07 ~ 2015.09	建设银行		法定代表人、高管	执行董事、总经理、投资总监	

（2）投研团队。史帆：董事长，北京大学物理学本硕，FRM、CFA。7年金融从业经验对中国证券市场有着深刻的理解，在模型构建，数据分析挖掘方面有深厚的功底；多年的投资经验，形成了成熟的独立的投资理论，持续的安全系数与风险系数的评估在如何平衡机会与风险、掌握机会规避风险创立了系统的操作原则。

（3）投资业绩。投资业绩如图5-34、图5-35所示。

2018年管理规模：20亿~50亿元。

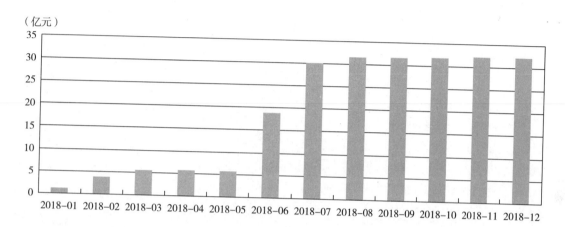

图5-34　致诚卓远（珠海）投资管理合伙企业（有限合伙）管理规模

产品数量：累计95只。

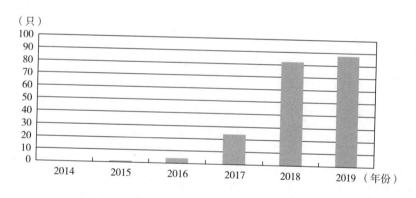

图5-35　致诚卓远（珠海）投资管理合伙企业（有限合伙）产品数量

19. 浙江九章资产管理有限公司

浙江九章资产管理有限公司是一家依靠数学与计算机科学进行量化投资的对冲基金公司。创始团队于2008年开始致力于量化对冲领域的研究、创新与实践，依靠强大的系统、独特的模型、严谨的风控，始终保持令人瞩目的投资业绩，始终坚持最高的法律和道德标准，借助科学与科技的力量，尝试他人难以想象的创新研究，拥有世界一流的行情、交易、研究、回测和风控系统，使用深度学习等人工智能前沿科学优化传统量化策略研究方法。团队由各领域顶尖人才组成，团队成员包括国内最早的量化交易者、金牛奖获得者、智能机器人科研领域、互联网搜索引擎、大数据与模式识别、深度学习领域的专家，具有丰富的科学研究、软件架构、软硬件工程和投资经验，对量化交易技术及策略造诣颇深。

（1）公司信息。公司信息如表5-86所示。

表5-86　浙江九章资产管理有限公司信息

简　称	九章资产					
登记编号	P1020148	组织机构代码	34192314-5			
成立时间	2015-06-11	登记时间	2015-08-06			
企业性质	内资企业	机构类型	私募证券投资基金管理人			
注册资本（万元）（人民币）	2000	实缴资本（万元）（人民币）	1000			
注册资本实缴比例	50%	是否为符合提供投资建议条件的第三方机构	否			
注册地址	浙江省杭州市下城区环城北路169号汇金国际大厦西2幢1401室					
办公地址	浙江省杭州市下城区环城北路169号汇金国际大厦A座14层					
员工人数	30	机构网址	www.high-flyer.cn	电话	0571-86656960	
法定代表人/执行事务合伙人	徐进					
法定代表人/执行事务合伙人（委派代表）工作履历	时间	任职单位	任职部门	职务		
	2015.06~2017.05	浙江九章资产管理有限公司	投资部	合伙人		
	2014.04~2015.05	杭州雅克比投资管理有限公司	总经办	合伙人		
	2012.08~2014.03	杭州捷尚智能电网技术有限公司	技术部	技术总监		

（2）投研团队。陈哲：首席策略官，金融数学博士，曾在广发证券资管从事量化策略研究及投资工作。

陈婧：基金经理，英国圣安德鲁斯大学分析金融专业硕士，主要研究方向为企业兼并与收购、衍生品定价等，曾任上海财经大学浙江学院金融学讲师，编著《货币银行学》《统计学》（上海财经大学出版社）等教材。

刘威：基金经理、策略研究员，从事量化策略研究，浙江大学电子信息工程专业硕士，先后任职阿里软件、百度商务搜索部、盛大游戏与腾讯科技。从事基于基本面结合技术面分析的证券与期货交易，获得丰厚收益。

（3）投资业绩。投资业绩如图5-36、图5-37所示。

2018年管理规模：50亿~100亿元。

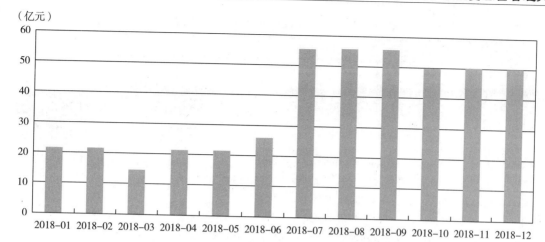

图 5 - 36 浙江九章资产管理有限公司管理规模

产品数量：累计 96 只。

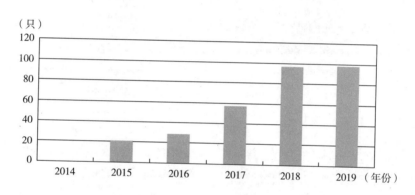

图 5 - 37 浙江九章资产管理有限公司产品数量

20. 上海少薮派投资管理有限公司

上海少薮派投资管理有限公司核心管理团队从事金融管理平均超过 20 年，为高净值个人客户、金融机构以及企业客户提供规范化的投资管理服务，以长期积累绝对收益为唯一的投资目标，专注于主动管理股票型产品。根据市场环境变化，选择收益风险比高的投资方法。2013 年成立以来经历市场牛熊转换，风格切换，投资业绩优良，每年都获得行业重要奖项，也得到客户的好评。

（1）公司信息。公司信息如表 5 - 87 所示。

（2）投研团队。周良：从事证券投资超过 20 年，历任申银万国证券研究所研究员，申银万国资产管理总部研究部经理、投资经理，国际基金评级机构理柏（Lipper）中国区研究主管，浙商证券资产管理总部副总经理，几乎经历了国内股市所有周期循环，实战经验丰富，投资风格成熟稳健。

陈婍：从事金融行业多年，曾服务于多家国际知名企业，历任荷兰银行（ABN AMRO Bank）贸易融资部代表，道琼斯财经市场（Dow Jones Markets）联络代表，德励财富（Telerate）华东区客户经理，亚太财经电视（CNBC）中国区客户总监，汤森路透（Thomson Reuters）中国区投资及交易业务总监、新业务总监，拥有丰富的金融市场拓展和营销团队管理的经验。

表 5-87 上海少薮派投资管理有限公司信息

简 称		少薮派投资		
登记编号	P1001058	组织机构代码	07476668-2	
成立时间	2013-07-23	登记时间	2014-04-22	
企业性质	内资企业	机构类型	私募证券投资 基金管理人	
注册资本（万元） （人民币）	1000	实缴资本（万元） （人民币）	1000	
注册资本 实缴比例	100%	是否为符合提供投资建议 条件的第三方机构	是	
注册地址	上海市崇明县崇明区城桥镇秀山路 8 号 3 幢一层 M 区 2003 室（崇明工业园区）			
办公地址	上海市浦东新区杨高中路 2433 号联洋星座 F 座			
员工人数	17	机构网址	www.minorityam.com	电话	021-51098765
法定代表人/ 执行事务合伙人	周晔			
法定代表人/ 执行事务合伙人 （委派代表） 工作履历	时间	任职单位	任职部门	职务
	2013.07~2017.05	上海少薮派投资管理有限公司	运营	运营总监
	2012.04~2013.04	上海普适导航技术有限公司	人事财务部	人事行政经理

张宁：历任浙商证券研究所研究员，资产管理部研究员，投资主办，研究总监。经历了 2008 年大熊市的洗礼，投资和研究风格更加稳健成熟，更善于捕捉大的行业趋势和机会，在看似不确定的未来中给人坚定的信心。

（3）投资业绩。投资业绩如图 5-38、图 5-39 所示。

2018 年管理规模：50 亿~100 亿元。

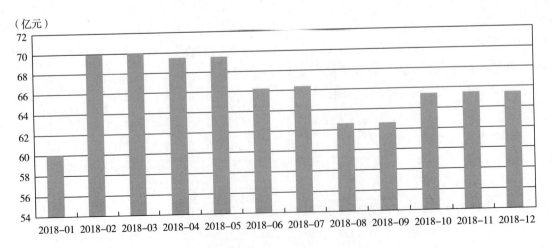

图 5-38 上海少薮派投资管理有限公司管理规模

产品数量：累计 121 只。

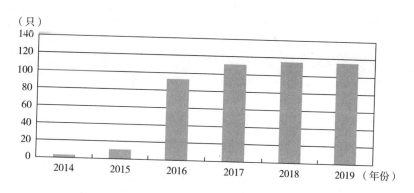

图 5 – 39　上海少薮派投资管理有限公司产品数量

21. 九坤投资（北京）有限公司

九坤投资投资团队于 2010 年开始进行国内期货、证券的量化投资，是国内最早开始从事专业量化交易、高频交易的团队之一。公司专注于股票、期货市场的量化交易和高频交易，一直秉承数量化交易的投资理念，运用程序化交易技术，致力于成为中国最优秀的量化交易私募基金。作为国内第一批开始从事量化交易投资实践的团队，九坤投资在市场中性投资、期货高频交易、套利交易、期货中短线趋势交易等领域均取得了较好的业绩。

（1）公司信息。公司信息如表 5 – 88 所示。

表 5 – 88　九坤投资（北京）有限公司信息

简　　称	九坤投资			
登记编号	P1003313	组织机构代码	59385124 – 8	
成立时间	2012 – 04 – 12	登记时间	2014 – 06 – 04	
企业性质	内资企业	机构类型	私募证券投资 基金管理人	
注册资本（万元） （人民币）	1000	实缴资本（万元） （人民币）	1000	
注册资本 实缴比例	100%	是否为符合提供投资建议 条件的第三方机构	是	
注册地址	北京市海淀区中关村东路 1 号院 8 号楼 21 层 B2301			
办公地址	北京市海淀区中关村东路 1 号院 8 号楼 21 层 B2301			
员工人数	48	机构网址	www.ubiquant.com	电话　010 – 62602650
法定代表人/ 执行事务合伙人	王琛			
法定代表人/ 执行事务合伙人 （委派代表） 工作履历	时间	任职单位	任职部门	职务
	2012.04 ~ 2017.06	九坤投资（北京）有限公司	投资决策委员会	总经理
	2010.10 ~ 2012.03	北京华美长城投资有限公司	投研部门	投资经理
	2008.07 ~ 2010.09	世坤投资咨询（北京） 有限公司	策略研究部门	高级研究员

（2）投研团队。姚齐聪：北京大学数学学士、金融数学硕士。曾就职于美国著名量化对冲基金。对期货和股票的量化交易均有独特的理解，2010年成立量化投资团队开始进行国内期货、证券投资。

（3）投资业绩。投资业绩如图5-40、图5-41所示。

2018年管理规模：50亿~100亿元。

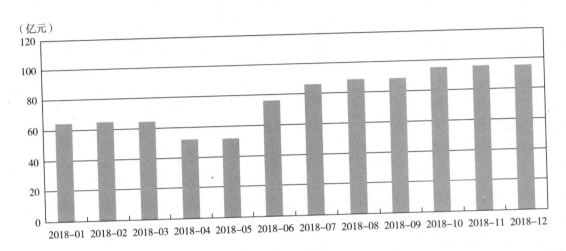

图5-40　九坤投资（北京）有限公司管理规模

产品数量：累计140只。

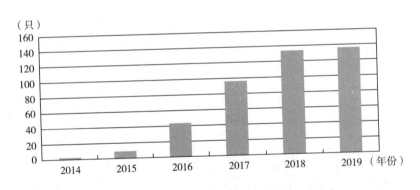

图5-41　九坤投资（北京）有限公司产品数量

22. 上海期期投资管理中心（有限合伙）

上海期期投资有限公司是从事证券期货私募基金运作的专业机构，管理团队由金融市场15年以上从业经验的专业人士组成，采用国际先进的FOF模式搭建高水平的资产管理平台，资产管理团队均具有10年以上资产管理经验；期期投资采用台湾量化投资第一名的策略系统，建立量化交易投资模块，量化投资达到业内领先水平。根据投资者的具体资金情况和风险偏好程度，为投资者制定适合其的交易策略组合，并直接将固化好的系统安装到投资者专门的计算机系统上，完全实现全机械程序化交易模式，从而进入具有优秀风险收益比的稳定资产增值之旅。

（1）公司信息。公司信息如表5-89所示。

表5-89 上海期期投资管理中心（有限合伙）信息

简　称	期期投资				
登记编号	P1004063	组织机构代码	59648505-2		
成立时间	2012-05-11	登记时间	2014-07-22		
企业性质	内资企业	机构类型	私募证券投资 基金管理人		
注册资本（万元） （人民币）	1000	实缴资本（万元） （人民币）	1000		
注册资本 实缴比例	100%	是否为符合提供投资建议 条件的第三方机构	是		
注册地址	上海市浦东新区泥城镇新城路2号5幢1199室				
办公地址	上海市浦东新区金港路211号中新传媒大厦1501室				
员工人数	13	机构网址	www.qiqifund.com	电话	021-80158577
法定代表人/ 执行事务合伙人	李瑞				
法定代表人/ 执行事务合伙人 （委派代表） 工作履历	时间	任职单位	任职部门	职务	
	2013.05~2018.04	上海期期投资管理中心 （有限合伙）	经理	经理	
	2010.02~2013.04	济南小荷投资咨询有限公司	部门经理	经理	
	2000.10~2010.02	哈尔滨华鑫食品有限公司	市场部	业务经理	

（2）投研团队。陈华亮：CEO。MBA，RFP注册财务策划师。20年金融行业工作经验，曾任金融机构事业部总经理，营业部总经理，副总经理等职务，从2010年开始在理财产品方面进行开发与研究，采用MOM模式甄选投资人才，签约优秀投资机构和优秀操盘手，以私募基金、有限合伙、信托、集合理财、基金专户等方式发行理财产品方面进行业务创新，在私募基金管理方面有着丰富的经验和实践，负责公司全面的经营管理。

陈淳：湖南大学计算机专业，具有微软MCSD、NIIT软件工程师等多项认证，加入公司之前多年在航天部25所从事航天军工事业相关软件和硬件的开发设计工作。加入公司后全面负责公司的技术管理体系的建设和维护，对行业技术发展趋势和管理现状具有准确的判断，带领公司的人工智领团队将人工智能技术应用于金融证券领域，是国内不可多得的系统架构、网络架构、人工智能方面的IT技术专家。

（3）投资业绩。投资业绩如图5-42、图5-43所示。

2018年管理规模：50亿~100亿元。

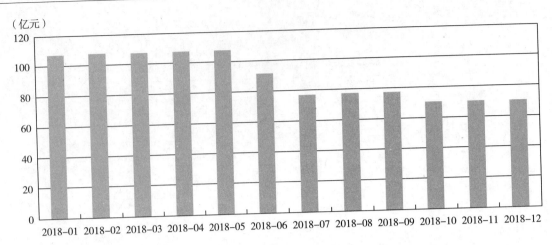

图5-42　上海期期投资管理中心（有限合伙）管理规模

产品数量：累计80只。

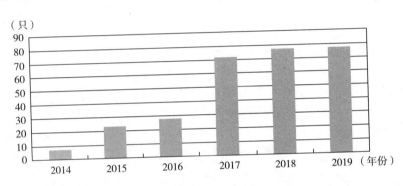

图5-43　上海期期投资管理中心（有限合伙）产品数量

23. 北京泓澄投资管理有限公司

北京泓澄投资管理有限公司由张弢和几位同行于共同创立，创始人工作经验和知识结构互补。主动更新知识结构，配置优良的队伍；独立思考，尽量了解所有大类资产和投资板块的特性，同时也要随时间推移及大类资产特性的变化，与时俱进地更新认知。

（1）公司信息。公司信息如表5-90所示。

表5-90　北京泓澄投资管理有限公司信息

简　　称	泓澄投资		
登记编号	P1015266	组织机构代码	33979063-8
成立时间	2015-04-27	登记时间	2015-06-05
企业性质	内资企业	机构类型	私募证券投资基金管理人
注册资本（万元）（人民币）	1000	实缴资本（万元）（人民币）	1000
注册资本实缴比例	100%	是否为符合提供投资建议条件的第三方机构	是

续表

注册地址	北京市顺义区仁和镇绿港家园一区9号楼2层229					
办公地址	北京市西城区武定侯街2号泰康国际大厦1001					
员工人数	18	机构网址	www. hccapital. com		电话	010 – 58352570
法定代表人/ 执行事务合伙人	张弢					
法定代表人/ 执行事务合伙人 （委派代表） 工作履历	时间	任职单位		任职部门		职务
	2015. 05 ~ 2017. 10	北京泓澄投资管理 有限公司		投研部		法定代表人、董事长、 基金经理
	2005. 09 ~ 2015. 04	嘉实基金管理有限公司		投研部		董事总经理、基金经理
	2002. 09 ~ 2005. 09	兴安证券有限责任公司		投研部		行业分析师、投资经理

（2）投研团队。张弢：经济学硕士，CFA，具有基金从业资格。曾任兴安证券有限责任公司金融工程分析师、行业分析师、投资经理。2005年9月加盟嘉实基金管理有限公司，任行业分析师，曾任社保组合基金经理，2009年1月16日至2010年6月7日任嘉实增长混合基金经理。2012年1月4日至2014年3月28日任嘉实策略增长基金经理。2010年6月8日至今任嘉实研究精选基金经理。

（3）投资业绩。投资业绩如图5-44、图5-45所示。

2018年管理规模：20亿~50亿元。

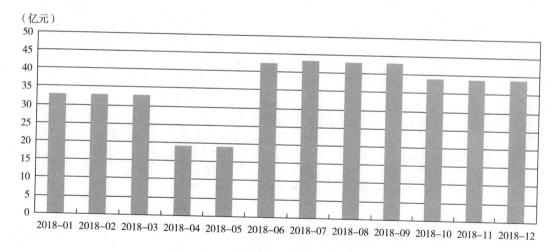

图5-44 北京泓澄投资管理有限公司管理规模

产品数量：累计40只。

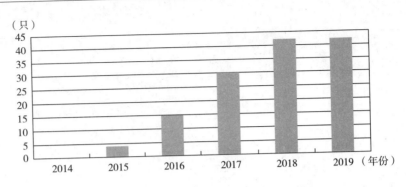

图 5 - 45　北京泓澄投资管理有限公司产品数量

24. 广东君之健投资管理有限公司

广东君之健投资管理有限公司坚守价值投资理念，顺势而为，波段操作，善于挖掘低估且有安全边际的投资品种，在控制好回撤的同时致力于长期稳健的增长。

（1）公司信息。公司信息如表 5 - 91 所示。

表 5 - 91　广东君之健投资管理有限公司信息

简　　称	君之健		
登记编号	P1028445	组织机构代码	91441900MA4UJNWT9B
成立时间	2015 - 11 - 10	登记时间	2015 - 12 - 02
企业性质	内资企业	机构类型	私募证券投资基金管理人
注册资本（万元）（人民币）	1000	实缴资本（万元）（人民币）	1000
注册资本实缴比例	100%	是否为符合提供投资建议条件的第三方机构	否
注册地址	广东省东莞市南城区宏伟路天利中央花园 5 栋办公楼 1715 号		
办公地址	广东省东莞市南城区宏伟路天利中央花园 5 栋办公楼 1715 号/胜和广场 C 座 4 楼 4F		
员工人数	11	机构网址	www. jzjtzgs. com	电话	0769 - 22781888
法定代表人/执行事务合伙人	张勇		
法定代表人/执行事务合伙人（委派代表）工作履历	时间	任职单位	任职部门	职务
	2015.11 ~ 2017.12	广东君之健投资管理有限公司	执行董事兼总经理	执行董事、总经理、基金经理
	2000.09 ~ 2015.10	广东正量土地房地产资产评估有限公司	技术部	技术总监
	1994.07 ~ 2000.08	广东玉兰墙纸厂	机电部	机电部经理

（2）投研团队。张友军：从 1993 年开始研究证券市场，经验丰富，风格稳健，投资研究跨越多个牛熊周期，坚信价值投资理念，有效控制回撤，研究品种涉及 A 股、B 股、港股、可转债、分级基金等，尤其对可转债、分级基金及低估值股票套利品种有长期深入研究。

梁松标：从 2002 年开始进入证券行业，多年从事客户咨询服务及投资顾问等工作，对证券市场有深入的了解，投资经验丰富，基本面选股，跟随市场趋势，善于把握市场波段投资机会，同时对可转债、分级基金套利等有较深入的研究，控制风险能力较强，坚持稳健的投资风格，追求长期稳定的复利增长。

张勇：曾有多年管理会计师事务所、评估公司经验，深耕价值评估、会计、税务行业十几年，充分利用专业知识，坚持低风险价值投资，通过时间的复利效应，取得了较好的投资业绩。

（3）投资业绩。投资业绩如图 5 - 46、图 5 - 47 所示。

2018 年管理规模：20 亿 ~ 50 亿元。

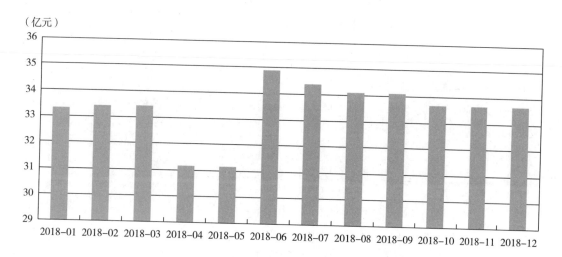

图 5 - 46 广东君之健投资管理有限公司管理规模

产品数量：累计 20 只。

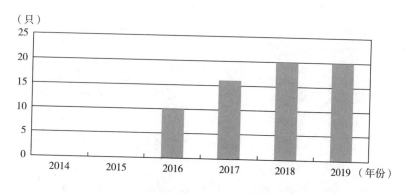

图 5 - 47 广东君之健投资管理有限公司产品数量

25. 上海珠池资产管理有限公司

上海珠池资产管理有限公司以管理对冲基金，提供投顾服务为主要业务，投资范围包括管理固定收益、权益、另类资产等，公司以资产配置精选和量化等为核心投资策略，为投资者提供全面的资产配置服务。在严格控制风险的前提下，通过公司投研部门的投资专业能力，力争获取基金资产的长期稳定增值。

（1）公司信息。公司信息如表 5 - 92 所示。

表 5 - 92　上海珠池资产管理有限公司信息

简　　称	珠池资产			
登记编号	P1014451	组织机构代码	31243242 - 7	
成立时间	2014 - 09 - 17	登记时间	2015 - 05 - 28	
企业性质	内资企业	机构类型	私募证券投资基金管理人	
注册资本（万元）（人民币）	1000	实缴资本（万元）（人民币）	1000	
注册资本实缴比例	100%	是否为符合提供投资建议条件的第三方机构	是	
注册地址	上海市宝山区蕴川路 5503 号 A1116 室			
办公地址	上海市浦东新区张杨路 707 号生命人寿大厦 2502 室			
员工人数	20	机构网址	www. jwasset. com. cn	电话　021 - 61340167
法定代表人/执行事务合伙人	黄謇			
法定代表人/执行事务合伙人（委派代表）工作履历	时间	任职单位	任职部门	职务
	2017. 11 ~ 2018. 06	上海珠池资产管理有限公司	总经办	法人代表
	2016. 04 ~ 2017. 11	北京颢天科技有限公司	总经办	副总经理
	2015. 12 ~ 2016. 03	上海琚菁投资管理中心（有限合伙）	总经办	副总经理
	2012. 12 ~ 2015. 12	远东国际租赁有限公司	风控部	风控经理
	2011. 12 ~ 2012. 12	鑫奥（上海）投资管理有限公司	风控部	财务分析和风控经理
	2010. 11 ~ 2011. 12	德勤华永会计师事务所有限公司	审计部	高级审计师

（2）投研团队。沈晨：西南财经大学数量经济学硕士，师从长江学者林华珍教授。从业 6 年，历任海通期货量化对冲实验室策略研究员，珠池资产基金研究员，珠池资产基金经理。累计调研私募管理人 700 余家，对量化私募基金评估，组合基金配置有丰富实践经验，致力于本土化 FOF 管理体系的搭建。2018 年所管 FOF 基金获得朝阳永续、东方财富等多项大奖。

吴涛：东北财经大学会计学院会计学、管理学硕士。20 多年证券及基金从业经验。历任万家基金量化投资部总监、投资决策委员会成员。在量化投资、风险控制和合规方面有着丰富的管理经验。

路志刚：总经理，拥有 20 多年证券及基金从业经验。2013 ~ 2015 年间担任诺亚集团首席投资官，带领的团队及负责的产品表现都非常优异，广受业界好评。在此之前曾担任多个公募基金公司的投资总监及研究总监，其中包括万家基金管理有限公司投资总监、金鹰基金管理有限公司研究发展部副总监，以及银华基金管理有限公司基金经理等职，拥有优秀的领导力和卓越的投资能力。

（3）投资业绩。投资业绩如图 5 - 48、图 5 - 49 所示。

2018 年管理规模：20 亿 ~ 50 亿元。

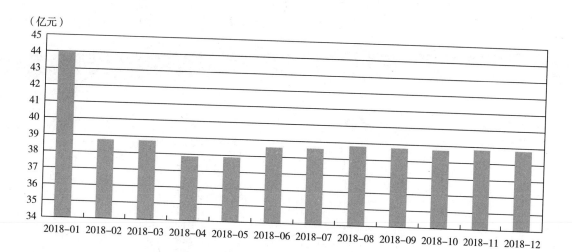

图 5 - 48　上海珠池资产管理有限公司管理规模

产品数量：累计 47 只。

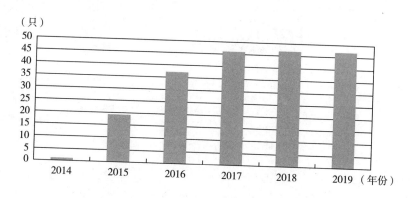

图 5 - 49　上海珠池资产管理有限公司产品数量

26. 观富（北京）资产管理有限公司

观富（北京）资产管理有限公司恪守逆向思维，信仰均值回归，精通价值评估，于市场和行业噪音中遴选优质投资标的，为投资者贡献安心安全的投资选择，由中国基金业首批开放式基金经理带队，观透市场沉浮长期保持行业先锋业绩，为投资者创造丰厚的长期超额收益。

（1）公司信息。公司信息如表 5 - 93 所示。

（2）投研团队。詹凌蔚：南京大学计算机专业本科，厦门大学经济学硕士，具有多年证券、基金从业经历。历任融通基金管理有限公司，博时基金管理有限公司，长盛基金管理有限公司基金经理；2009 年 12 月加入嘉实基金管理有限公司，任研究部总监。

万定山：北京大学金融学硕士，12 年从业经历。历任融通基金管理有限公司，瑞柏财富管理企业，摩根士丹利华鑫基金管理有限公司，中证资本市场发展监测中心，博时基金管理有限公司等投资机构高层。

表 5 - 93　观富（北京）资产管理有限公司信息

简　称	观富资产			
登记编号	P1014377	组织机构代码	33985231 - 7	
成立时间	2015 - 05 - 12	登记时间	2015 - 05 - 28	
企业性质	内资企业	机构类型	私募证券投资基金管理人	
注册资本（万元）（人民币）	1000	实缴资本（万元）（人民币）	1000	
注册资本实缴比例	100%	是否为符合提供投资建议条件的第三方机构	是	
注册地址	北京市石景山区实兴大街 30 号院 3 号楼 2 层 D - 0574 房间			
办公地址	北京市朝阳区建外大街乙 12 号双子座大厦西塔 EF 层 01 单元			
员工人数	17	机构网址	www. gfcapital. cn	电话　010 - 65632318
法定代表人/执行事务合伙人	詹凌蔚			
法定代表人/执行事务合伙人（委派代表）工作履历	时间	任职单位	任职部门	职务
	2015.05 ~ 2018.06	观富（北京）资产管理有限公司	投资部	执行董事、总经理
	2014.01 ~ 2015.04	泰康资产管理有限责任公司	投资部	董事总经理、投委会委员、权益投资总监
	2009.12 ~ 2014.01	嘉实基金管理有限公司	研究部	总经理助理兼研究总监
	2007.03 ~ 2009.12	长盛基金管理有限公司	投资管理部	投资总监、总经理助理投委会委员、基金经理
	2004.06 ~ 2007.03	博时基金管理有限公司	股票投资部	基金经理
	2001.01 ~ 2004.05	融通基金管理有限公司	基金管理部	投资总监、投委会委员、基金经理

（3）投资业绩。投资业绩如图 5 - 50、图 5 - 51 所示。

2018 年管理规模：20 亿 ~ 50 亿元。

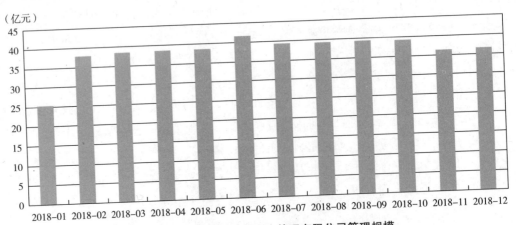

图 5 - 50　观富（北京）资产管理有限公司管理规模

产品数量：累计 66 只。

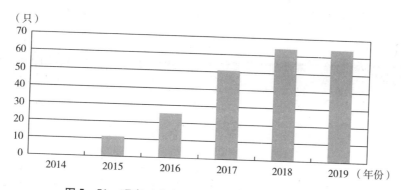

图 5-51 观富（北京）资产管理有限公司产品数量

27. 深圳市明达资产管理有限公司

深圳市明达资产管理有限公司坚持积极价值投资理念，通过长期稳定的投资回报和优良的服务打造百年高端的资产管理公司。"用产业资本的眼光探寻资本市场的价值，相对长期持有卓越的、最有潜力的领袖型企业，分享企业持续成长带来的高收益。"——这是积极的价值投资理念。投资风格："稳健、积极、集中、长期"；以人为本，学习、关爱、职业素养为核心，关注员工成长、激发员工潜能、高效平衡激励机制、重视企业文化管理、强化执行能力。

（1）公司信息。公司信息如表 5-94 所示。

表 5-94 深圳市明达资产管理有限公司信息

简 称		明达资产			
登记编号	P1000394	组织机构代码		77410630-0	
成立时间	2005-04-14	登记时间		2014-04-22	
企业性质	内资企业	机构类型		私募证券投资基金管理人	
注册资本（万元）（人民币）	1000	实缴资本（万元）（人民币）		1000	
注册资本实缴比例	100%	是否为符合提供投资建议条件的第三方机构		是	
注册地址	广东省深圳市罗湖区深南东路 5045 号深业中心大厦 3002A				
办公地址	广东省深圳市罗湖区深南东路 5045 号深业中心大厦 3002A				
员工人数	32	机构网址	www.mingdafund.com	电话	0755-25919010
法定代表人/执行事务合伙人		刘明达			
法定代表人/执行事务合伙人（委派代表）工作履历	时间	任职单位		任职部门	职务
	2005.04~2017.06	深圳市明达资产管理有限公司		总经办	董事长、总经理、基金经理
	2003.05~2005.03	无		无	独立投资人
	1996.07~2003.04	博经闻投资咨询有限公司		研究部	研究员
	1993.04~1996.06	鹰高顿贸易有限公司		品质部	品质管理
	1991.07~1993.03	中国杨子电气集团		工程部	助理工程师

（2）投研团队。刘明达：湖南大学工学学士，长江商学院 EMBA，明达资产总经理、明达系列产品基金经理，投资决策委员会主席，拥有 20 多年的证券投资经验。了解国内宏观经济现状，熟悉国内企业管理及资本运营，同时拥有多年境外证券市场的投资经验。作为国内阳光私募基金领域的拓荒者，被同行称为"阳光私募活化石""证券投资老顽童"。

（3）投资业绩。投资业绩如图 5 - 52、图 5 - 53 所示。

2018 年管理规模：50 亿 ~ 100 亿元。

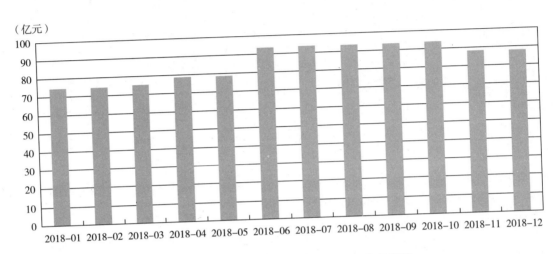

图 5 - 52　深圳市明达资产管理有限公司管理规模

产品数量：累计 41 只。

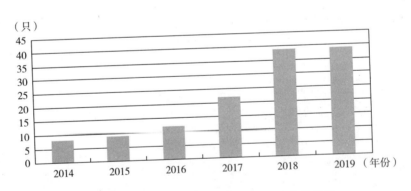

图 5 - 53　深圳市明达资产管理有限公司产品数量

28. 上海煜德投资管理中心（有限合伙）

上海煜德投资管理中心（有限合伙）长期秉承确定的理念、正确的方法和与时俱进的策略，在资产配置、行业选择、公司选择、组合管理及风险控制五个维度建立有完整的投研体系，历经多个市场周期考验。奉行基于价值判断的成长型投资，寻找经济和社会变迁中有巨大发展潜力的行业和公司。

（1）公司信息。公司信息如表 5 - 95 所示。

表5-95 上海煜德投资管理中心（有限合伙）信息

简 称		煜德投资		
登记编号	P1065676	组织机构代码	91310113MA1GM0GH4R	
成立时间	2017-09-12	登记时间	2017-11-06	
企业性质	内资企业	机构类型	私募证券投资基金管理人	
注册资本（万元）（人民币）	1000	实缴资本（万元）（人民币）	500	
注册资本实缴比例	50%	是否为符合提供投资建议条件的第三方机构	否	
注册地址	上海市宝山区高逸路112-118号6幢2888室			
办公地址	北京市西城区锦什坊街26号恒奥中心C座306室			
员工人数	12	机构网址	www.yudecapital.com	电话 010-83576178
法定代表人/执行事务合伙人		靳天珍		

	时间	任职单位	任职部门	职务
法定代表人/执行事务合伙人（委派代表）工作履历	2017.09~2017.12	上海煜德投资管理中心（有限合伙）	投资管理部	总经理
	2017.04~2017.09	上海煜德投资管理中心（有限合伙）	执行事务合伙人	执行事务合伙人
	2015.06~2017.04	北京宏道投资管理有限公司	无	基金经理
	2010.10~2015.06	华商基金管理有限公司	机构投资部	总经理助理、机构投资部总经理
	2002.11~2010.10	航天科工财务有限公司	投资部	投资经理
	2001.11~2002.10	国泰君安证券股份有限公司	研究部	研究员

（2）投研团队。靳天珍：执行事务合伙人，基金经理。清华大学 MBA，18 年证券投资从业经验。曾就职新华制药、国泰君安证券以及航天科工集团财务公司，2012~2015 年就职华商基金，任总经理助理，领衔专户业务。具备长期、稳定的优异业绩，历经多轮牛熊考验，确立适合中国市场及不同经济环境下的价值成长投资风格。

蔡建军：董事总经理，首席研究官，基金经理。北京理工大学生物化学与分子生物学硕士，10 年证券投资从业经验。曾任华商基金基金经理、研究发展部副总经理、投资决策委员会委员等职务。投资管理经验丰富，先后管理华商健康生活，华商研究精选等多只基金。管理单只基金最大规模超过 60 亿元。研究功底扎实，对医药、消费品、TMT 等行业有深厚的研究积累。

（3）投资业绩。投资业绩如图 5-54、图 5-55 所示。

2018 年管理规模：50 亿~100 亿元。

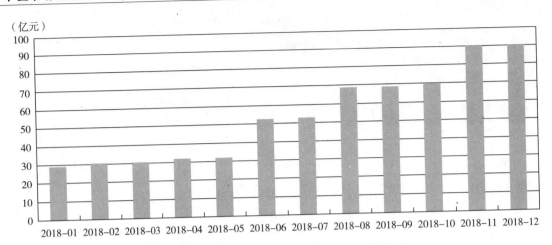

图 5 - 54　上海煜德投资管理中心（有限合伙）管理规模

产品数量：累计 43 只。

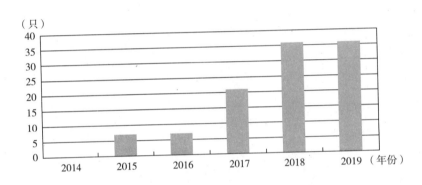

图 5 - 55　上海煜德投资管理中心（有限合伙）产品数量

29. 北京清和泉资本管理有限公司

北京清和泉资本管理有限公司由明星基金经理、前泰达宏利基金总经理刘青山先生创建，专注二级市场股票投资研究，打造顶尖的股票多头策略投研团队，致力于成为融合中西方投资理念的领先资产管理公司，打造具有私募市场化机制和公募专业化投资功能的资产管理平台，致力于实现客户、合作方、员工、股东的多方共赢，为投资者带来长期稳定的投资回报。

（1）公司信息。公司信息如表 5 - 96 所示。

（2）投研团队。刘青山：中国人民大学管理学硕士，多年投研经验，中国第一代明星基金经理。参与筹建华夏基金、湘财合丰基金（泰达宏利前身），曾任泰达宏利基金总经理。刘青山先生凭借长期优异的投资业绩多次获得晨星基金经理奖、金牛基金经理奖和政府颁发的突出贡献人才奖，连续两次荣登福布斯十大基金经理榜单，是全行业仅有的九位金牛基金十周年特别奖获得者之一。在 2004 年的熊市中，刘青山先生成为该年度"最会赚钱的基金经理"。

钱卫东：清华大学经济学硕士。中国基金业第一批从业人员，从事证券基金行业达 20 年。系华夏基金创业团队成员之一，曾供职于嘉实基金、中金公司、华夏基金。

表 5 – 96　北京清和泉资本管理有限公司信息

简　称	清和泉资本				
登记编号	P1015065		组织机构代码	33559018 – 8	
成立时间	2015 – 05 – 20		登记时间	2015 – 06 – 05	
企业性质	内资企业		机构类型	私募证券投资基金管理人	
注册资本（万元）（人民币）	1000		实缴资本（万元）（人民币）	1000	
注册资本实缴比例	100%		是否为符合提供投资建议条件的第三方机构	是	
注册地址	北京市海淀区西直门外大街 168 号腾达大厦 31 层 3102				
办公地址	北京市海淀区西直门外大街 168 号腾达大厦 31 层 3102				
员工人数	18		机构网址	www. wellspringcap. com	电话 010 – 88575665
法定代表人/执行事务合伙人	刘青山				
法定代表人/执行事务合伙人（委派代表）工作履历	时间	任职单位	任职部门	职务	
	2015. 06 ~ 2017. 04	北京清和泉资本管理有限公司	研究部	董事长	
	2001. 09 ~ 2015. 05	泰达宏利基金管理有限公司	高管	总经理	
	1998. 04 ~ 2001. 09	华夏基金管理公司	基金投资部	高级经理	
	1997. 03 ~ 1998. 04	华夏证券	基金部	分析员	
	1991. 07 ~ 1994. 09	中国人民大学	校长办公室	秘书	

（3）投资业绩。投资业绩如图 5 – 56、图 5 – 57 所示。

2018 年管理规模：50 亿 ~ 100 亿元。

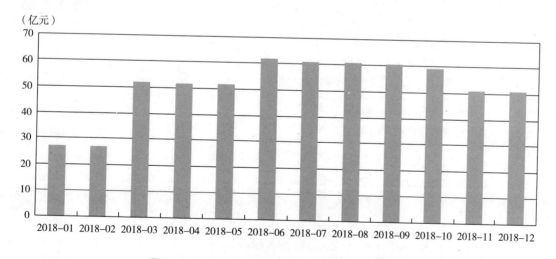

图 5 – 56　北京清和泉资本管理有限公司管理规模

产品数量：累计 36 只。

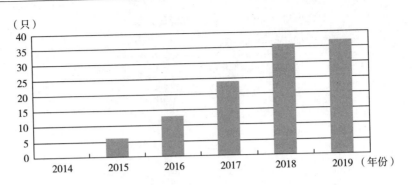

图 5 - 57　北京清和泉资本管理有限公司产品数量

30. 上海保银投资管理有限公司

上海保银投资管理有限公司是一家为高端客户提供一系列选择性（包括 Equity 和 Commodity）投资产品的优秀资产管理机构。公司的投资理念是：保银投资认为金融市场，特别是亚洲市场不是完全有效的。因此可以通过深入的研究和合理的分析取得超值回报。保银投资崇尚价值投资，注重对被投资公司或商品的基本面分析。

（1）公司信息。公司信息如表 5 - 97 所示。

表 5 - 97　上海保银投资管理有限公司信息

简　　称	保银投资		
登记编号	P1006879	组织机构代码	32314077 - X
成立时间	2014 - 11 - 18	登记时间	2015 - 01 - 28
企业性质	内资企业	机构类型	私募证券投资基金管理人
注册资本（万元）（人民币）	1000	实缴资本（万元）（人民币）	1000
注册资本实缴比例	100%	是否为符合提供投资建议条件的第三方机构	否
注册地址	上海市浦东新区花园石桥路 33 号 1515		
办公地址	上海市浦东新区花园石桥路 33 号 1515		
员工人数	34	机构网址	www. pinpointfund. com	电话	021 - 61682250
法定代表人/执行事务合伙人	鲍佳溶		

法定代表人/执行事务合伙人（委派代表）工作履历	时间	任职单位	任职部门	职务
	2014. 11 ~ 2015. 01	上海保银投资管理有限公司		董事、总经理
	2010. 09 ~ 2014. 11	上海保银投资顾问有限公司		董事、总经理
	2006. 06 ~ 2010. 08	上海保银资产管理有限公司		财务总监
	1999. 12 ~ 2006. 06	上海保银投资公司		财务

（2）投研团队。王强：投资总监，基金经理。1989年于上海大学毕业，获本科学位，曾任职于中国航天信托投资公司、国泰君安公司、吉林证券有限公司，担任资产管理、自营投资等职位。其超过20年的股票及期货管理经验并取得优异成绩。1999年创立Pinpoint公司，担任Pinpoint China Fund基金经理。

（3）投资业绩。投资业绩如图5-58、图5-59所示。

2018年管理规模：100亿元以上。

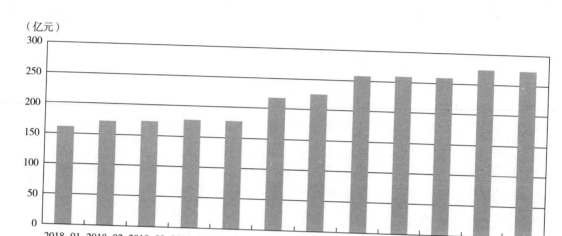

图5-58 上海保银投资管理有限公司管理规模

产品数量：累计61只。

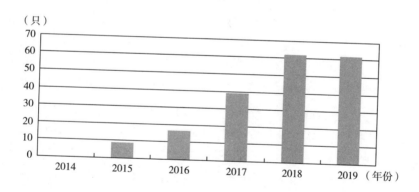

图5-59 上海保银投资管理有限公司产品数量

31. 上海泓信投资管理有限公司

上海泓信投资管理有限公司由业界一批经验丰富、享有较高声望的资深专业人士创立，专注于资产管理业务，致力于为客户提供多策略、优质的投资管理方案，创造持续、稳健、良好的投资回报，帮助客户实现财富的保值和增值。公司经营管理团队具有极高的专业投资素养，深谙中国、美国资本市场和法律环境。擅长将美国华尔街最先进的投资理念与中国资本市场的实际情况相结合，从而设计出理念新、风险低、收益可观的金融或类金融产品。

（1）公司信息。公司信息如表5-98所示。

表5-98 上海泓信投资管理有限公司信息

简　　称	泓信投资		
登记编号	P1003439	组织机构代码	08855156-X
成立时间	2014-03-14	登记时间	2014-06-04
企业性质	内资企业	机构类型	私募证券投资基金管理人
注册资本（万元）（人民币）	1000	实缴资本（万元）（人民币）	1000
注册资本实缴比例	100%	是否为符合提供投资建议条件的第三方机构	是
注册地址	上海市虹口区广纪路173号1001-1007室157I		
办公地址	上海市浦东新区龙阳路2277号永达国际大厦1103-1104室		
员工人数	38	机构网址	www. confiance-capital. com　电话　021-68583122
法定代表人/执行事务合伙人	尹克		

法定代表人/执行事务合伙人（委派代表）工作履历	时间	任职单位	任职部门	职务
	2014.01~2017.04	上海泓信投资管理有限公司	Investment	法定代表人、董事长、投资总监
	2010.05~2013.12	Pine River Capita	Investment	大中华区总经理
	2009.04~2010.05	Amherst Securities Group	Investment	策略总监
	2008.04~2009.04	Goldman Sachs	FICC	量化分析总监

（2）投研团队。尹克：1995年保送北京大学学习，1999年毕业后留学美国继续深造，从1999年至2005年在纽约州立大学先后获得计算机硕士、统计学硕士、计算机博士学位。于2005年担任RBS英格兰皇家银行格林尼治资本定量分析师，为房地产贷款支持证券（MBS）设计定量模型评估提前还款风险和违约风险。2007年在UBS瑞银证券有限责任公司担任资产抵押证券信用分析师，专注于资产抵押证券信用研究。2008年，尹克进入Goldman Sachs高盛集团公司纽约总部任职，在FICC（固定收益，商品及外汇）部门为机构客户以及公司自营团队研发交易策略，为客户提供投资策略和解决方案。2009年初金融危机最严重的时候，帮助包括对冲基金，保险基金，养老基金等大型机构客户成功在底部投资大幅折价资产，为客户赚取了高额收益。2010年，尹克先生被华尔街著名对冲基金Pine River Capital Management（PRCM）重金聘请至公司，担任Pine River中国分公司总经理。

（3）投资业绩。投资业绩如图5-60、图5-61所示。

2018年管理规模：20亿~50亿元。

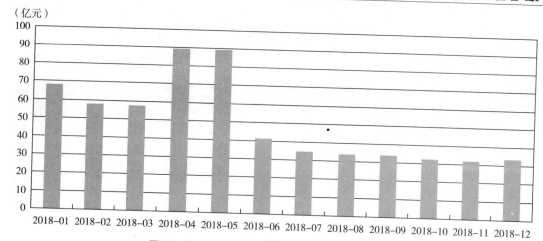

图 5-60　上海泓信投资管理有限公司管理规模

产品数量：累计 212 只。

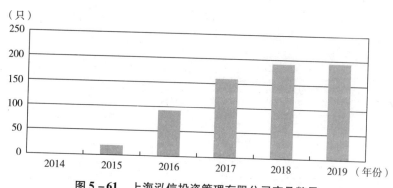

图 5-61　上海泓信投资管理有限公司产品数量

（二）20 亿元以下

1. 北京颐和久富投资管理有限公司

北京颐和久富投资管理有限公司主要发起人和核心成员均为证券市场资深人士，具有多年的券商自营资产管理和私募基金经验，经历过中国资本市场数次牛熊市考验。公司具备扎实的基础研究能力、高水平的风险控制能力和丰富的交易经验，以追求绝对回报为目标，防范风险是生存的基础，挖掘价值是投资的本质，顺应趋势是操作的策略，追求绝对回报是最终的目标。

（1）公司信息。公司信息如表 5-99 所示。

（2）投研团队。姜任飞：1996 年进入中国证券市场，长期从事上市公司研究和投资工作，具有优秀的投资能力和业绩。完整经历两轮牛熊市，先后实地调研近 300 家企业，对挖掘优秀的成长类公司具有丰富投资经验，大资金管理能力卓越。先后在双汇发展、苏宁电器、天威保变、贵州茅台、伊利股份、恒瑞医药、招商地产、比亚迪（港股）、蒙草抗旱、民生银行等股票上有优秀的投资业绩，对成长股具有独特和深刻的理解和判断，信奉基本面研究，认为投资成绩只是研究的副产物，追求以成长股为主的投资组合动态平衡，博取长期复利增值。

贺庆：从业二十余年，先后在上交所从事场内交易、四川证券交易中心从事国债期货交易、场内交易、清算工作，在券商从事交易、大客户服务工作。具有丰富的客户服务经验，具备良好的职业操守。

表5-99　北京颐和久富投资管理有限公司信息

简　称	颐和久富投资			
登记编号	P1000882	组织机构代码	57125825-9	
成立时间	2011-03-21	登记时间	2014-04-22	
企业性质	内资企业	机构类型	私募证券投资基金管理人	
注册资本（万元）（人民币）	11112	实缴资本（万元）（人民币）	11112	
注册资本实缴比例	100%	是否为符合提供投资建议条件的第三方机构	是	
注册地址	北京市海淀区中关村南大街乙12号院1号楼25层2902			
办公地址	广东省深圳市南山区海德一道88号中洲控股中心A座1705研发中心（贵阳市云岩区中华北路184号天毅大厦17楼交易中心）			
员工人数	15	机构网址	www.jiufufunds.com	电话 010-65618923
法定代表人/执行事务合伙人	姜任飞			
法定代表人/执行事务合伙人（委派代表）工作履历	时间	任职单位	任职部门	职务
	2013.02~2018.05	北京颐和久富投资管理有限公司	投资决策委员会	董事长
	2011.09~2016.01	上海海百投资发展（中心）	研投部	执行合伙人
	2000.01~2013.01	职业投资人	研投部	职业投资人
	1998.07~1999.12	上海天任投资有限公司	研投部	研究员

　　黄文波：总经理，武汉大学管理学院经济学硕士。曾赴加拿大 Langara College、UBC 研修 Financial Management。从1994年开始从事证券投资，曾任宝安集团证券业务部研究员，南方证券投资部经理，上海金石投资管理有限公司、北京天惠投资管理有限公司投资总监。其管理的资产业绩优秀，为投资者创造了巨大的财富。黄文波先生2009年获朝阳永续"中国私募基金最佳经理"称号，所管理产品"中诚天惠一号"获国金证券2010年五星级评级。

　　（3）投资业绩。投资业绩如图5-62、图5-63所示。

2018年管理规模：1亿~10亿元。

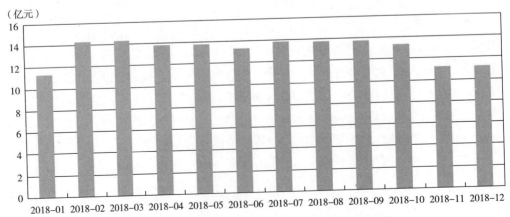

图5-62　北京颐和久富投资管理有限公司管理规模

产品数量：累计 20 只。

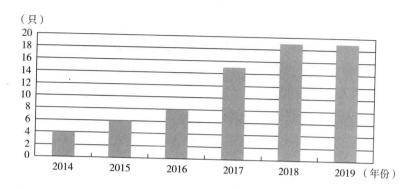

图 5 – 63　北京颐和久富投资管理有限公司产品数量

2. 深圳市新思哲投资管理有限公司

深圳市新思哲投资管理有限公司的管理团队和投资研究队伍大都来自国内知名研究机构，具有多年的行业经验。公司遵循"研究发现价值，策略优化回报"的投资理念，深入企业研究，挖掘企业内在价值，投资于具有核心竞争力和持续业绩增长能力的行业领先型公司。结合全球和中国的宏观经济变化，制定灵活投资策略。实现管理资产的长期持续增长。

（1）公司信息。公司信息如表 5 – 100 所示。

表 5 – 100　深圳市新思哲投资管理有限公司信息

简　　称	新思哲投资				
登记编号	P1000410	组织机构代码	69905973 – 4		
成立时间	2009 – 12 – 16	登记时间	2014 – 04 – 21		
企业性质	内资企业	机构类型	私募证券投资 基金管理人		
注册资本（万元） （人民币）	1000	实缴资本（万元） （人民币）	1000		
注册资本 实缴比例	100%	是否为符合提供投资建议 条件的第三方机构	否		
注册地址	广东省深圳市福田区车公庙天安创新科技广场一期 A1803 – A				
办公地址	广东省深圳市福田区天安数码城创新科技广场一期 A1803 – A				
员工人数	14	机构网址	www. newthinkinvest. cn	电话	0755 – 83497382
法定代表人/ 执行事务合伙人	韩广斌				
法定代表人/ 执行事务合伙人 （委派代表） 工作履历	时间	任职单位	任职部门	职务	
	2009. 12 ~ 2017. 06	深圳市新思哲投资管理有限公司	投资部门	董事长	
	2006. 05 ~ 2009. 12	深圳市榕树投资管理有限公司	投资部门	董事长	
	1995. 11 ~ 2006. 05	南方证券中投金通营业部	自由投资人	自由投资人	
	1993. 03 ~ 1995. 11	深圳市金源物业管理公司	投资部门	投资经理	
	1991. 09 ~ 1993. 03	广东省广州客车厂	技术部	技术员	

（2）投研团队。韩广斌：创立人之一。从1993年起从事证券投资，期间除2008年外连续24年获得正收益，大幅战胜市场，擅长上市公司估值及行业基本面分析及宏观策略应用，注重宏观和微观的把握，操作风格灵活，注意风险控制，在投资界累积丰富多策略经验。

李敏生：北京大学金融学硕士，清华大学学士，10年以上证券从业经验。具有扎实的理工科基础知识和丰富的证券投资研究经历，擅长企业基本面研究和统计分析，覆盖的研究范围包括：汽车、消费品、机械制造业、电子等相关领域。

罗洁：7年证券投资经验，研究和投资经验丰富，先后从事行业研究员、策略分析及研究管理工作。专注消费品、医药、TMT等行业研究。善于基于价值投资和安全边际发掘被市场低估的品种，利用基本面和市场的有机结合，追求稳健投资收益。

谢东晖：善于发现成长股及周期股，主要负责全球宏观策略研究，包括衍生工具、投资组合的研究与运作策略，国际股市、汇市、期市的各种套利模型和风险对冲工具的研究。具有多年丰富投资实战经验，深谙市场运行规律，善于捕捉投资机会。

（3）投资业绩。投资业绩如图5-64、图5-65所示。

2018年管理规模：1亿~10亿元。

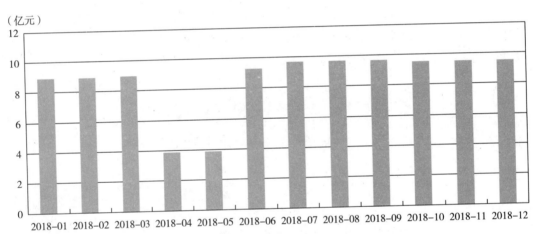

图5-64　深圳市新思哲投资管理有限公司管理规模

产品数量：累计7只。

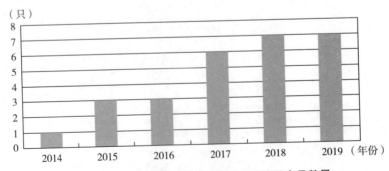

图5-65　深圳市新思哲投资管理有限公司产品数量

3. 上海陆宝投资管理有限公司

　　上海陆宝投资管理有限公司以"一心一意提升客户资产价值"为宗旨，以专业敬业、持续提升投研能力为己任。团队骨干均为有多年从业经验的杰出人士，擅长宏观和策略研究，在股票、商品、外汇、债券等多类别大类资产配置上极具经验；独创了多线程多因子选股模型，过往数十年的投研经历有能力从全球上万只股票里选出风险收益匹配、最具性价比的投资标的；拥有独特的量化对冲核心技术，能够有效回避系统性风险，保障客户资产；奉行逻辑严谨的标准化研究分析流程，擅长多方对比论证，深度挖掘大级别投资机会。

　　（1）公司信息。公司信息如表5－101所示。

表5－101　上海陆宝投资管理有限公司信息

简　称	陆宝投资		
登记编号	P1003915	组织机构代码	07814659－5
成立时间	2013－09－16	登记时间	2014－06－27
企业性质	内资企业	机构类型	私募证券投资基金管理人
注册资本（万元）（人民币）	2000	实缴资本（万元）（人民币）	2000
注册资本实缴比例	100%	是否为符合提供投资建议条件的第三方机构	是
注册地址	上海市浦东新区惠南镇双店路518号111室		
办公地址	上海市徐汇区漕溪北路18号上海实业大厦25楼C座		
员工人数	11	机构网址	www. lubao66. com　电话　021－64279100
法定代表人/执行事务合伙人	刘红		

法定代表人/执行事务合伙人（委派代表）工作履历	时间	任职单位	任职部门	职务
	2013.09~2017.11	上海陆宝投资管理有限公司	投研部	总裁
	2001.05~2010.04	国泰君安证券股份有限公司	营销管理总部	专家坐席代表
	2010.04~2010.06	国泰君安证券股份有限公司	资产管理总部	投资经理
	2010.07~2012.11	国泰君安证券股份有限公司	零售客户总部	市场策划总监
	2012.12~2013.09	国泰君安期货有限公司	资产管理部	副总经理
	2013.09~2017.11	上海陆宝投资管理有限公司	投研部	总裁

　　（2）投研团队。刘红：20余年证券从业经验，曾任国泰君安证券总部市场策划总监、投资经理，国泰君安期货资产管理部副总经理等职；曾获国泰君安明星分析师等荣誉。以价值投资为信仰的坚定践行者，擅长挖掘大级别的投资机会，对上市公司的价值理解颇具匠心。多年来信仰复利长胜，对价值投资理念深入骨髓，对社会发展及新技术的创新具有敏锐的洞察力，对宏观、行业和公司的把握具有超越常人的远见。善于组建攻守兼备的投资组合，并始终能够在有效控制回撤的同时创造较大Alpha。兼具女性的敏感及男性的果敢，坚持独立思考，极善反思，专业且敬业。

　　王成：于美国北卡罗来纳大学攻读金融工程博士学位，多年从业经验。2004~2006年任中关村证券资产管理部投资经理。2006～2012 年任国泰君安首席策略分析师，组建了中小盘研究团队，多次获得水晶球、新财富等最佳分析师。多年风险投资经验。2007～2013 年担任张江科投、浩成创投、富德资本等创投公司投委会成员。多年成长股研究经验，擅长构建成长股组合。著有《专业投资者的选股策略、方法和工具》《策略投资》。

（3）投资业绩。投资业绩如图 5-66、图 5-67 所示。

2018 年管理规模：1 亿~10 亿元。

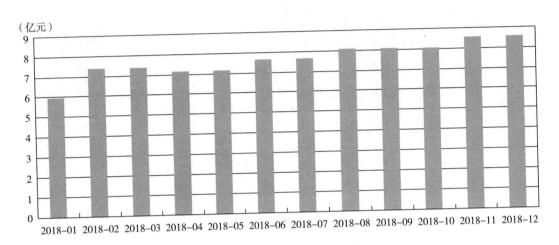

图 5-66　上海陆宝投资管理有限公司管理规模

产品数量：累计 15 只。

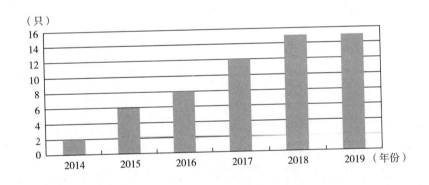

图 5-67　上海陆宝投资管理有限公司产品数量

4. 上海名禹资产管理有限公司

上海名禹资产管理有限公司是一家专注于资本市场投资、致力于为高净值人士及高端理财机构提供资产管理服务的专业投资机构。公司主要高管曾在国内大型综合类证券公司长期负责证券自营、资产管理、研究咨询及相关管理工作。公司已与多家大型银行、券商、信托、期货公司建立了深度合作关系。以择时体系为经，以聚焦价值的选股策略为纬，顺势而为，以打造小回撤、大回报的绝对收益产品为最终目标，致力于为客户创造长期稳健的投资回报。

（1）公司信息。公司信息如表 5-102 所示。

表 5 - 102　上海名禹资产管理有限公司信息

简　称	名禹资产		
登记编号	P1000887	组织机构代码	69420167 - 4
成立时间	2009 - 09 - 09	登记时间	2014 - 04 - 22
企业性质	内资企业	机构类型	私募证券投资基金管理人
注册资本（万元）（人民币）	2000	实缴资本（万元）（人民币）	2000
注册资本实缴比例	100%	是否为符合提供投资建议条件的第三方机构	是
注册地址	上海市浦东新区东靖路 1831 号 404 - 3 室		
办公地址	上海市浦东新区民生路 1518 号 A 座 601		
员工人数	22	机构网址	www. mingyufund. com　电话　021 - 68543848
法定代表人/执行事务合伙人	王益聪		

法定代表人/执行事务合伙人（委派代表）工作履历	时间	任职单位	任职部门	职务
	2009. 09 ~ 2017. 05	上海名禹资产管理有限公司	无	董事长
	2006. 05 ~ 2009. 07	海通证券股份有限公司	销售交易总部	总经理助理、副总经理
	2003. 06 ~ 2006. 05	海通证券股份有限公司	福州营业部	副总经理（主持工作）、总经理
	2002. 05 ~ 2003. 04	海通证券股份有限公司	大客户服务中心	分管投资理财
	2001. 10 ~ 2002. 04	海通证券股份有限公司	福州营业部	总经理助理
	2000. 02 ~ 2001. 10	海通证券股份有限公司	投资管理部	交易部经理

（2）投研团队。王益聪：创始人、投决会主席，总经理兼投资总监。经济学硕士，二十多年证券从业经验，曾在海通证券长期从事股票投资、资产管理、研究咨询、经纪业务管理等重要工作，曾任销售交易总部副总经理等职。实战经验丰富，择时和风控能力极强，经历四轮牛熊都成功逃顶。自 2010 年开始亲自管理名禹稳健增长信托计划等产品表现卓越，荣获金牛、英华、金阳光、金刺猬、金长江等诸多大奖，其中包括金牛奖三年期和五年期最佳私募基金经理。

张晓华：合伙人、研究总监。北京大学中国经济研究中心金融学硕士，十余年券商自营经历，历任光大证券自营部投资经理、副总经理、总经理等职位，对以绝对收益为目标的股票投资有深刻理解和丰富经验，任职期间光大证券自营业绩优秀，处于行业前列。多年保险资金投资经历，历任太保人寿资产管理中心委托投资管理部副总经理、长江养老投资四部总经理，熟悉保险及年金资金的大类资产配置、二级市场投资、风险控制等各环节的实际运作。

（3）投资业绩。投资业绩如图 5 - 68、图 5 - 69 所示。

2018 年管理规模：1 亿 ~ 10 亿元。

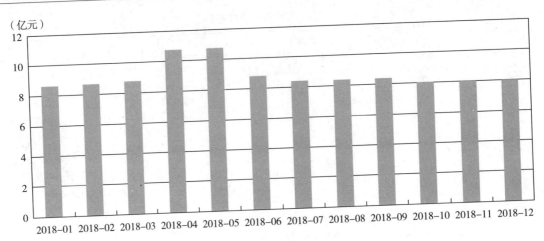

图 5 – 68 上海名禹资产管理有限公司管理规模

产品数量：累计 31 只。

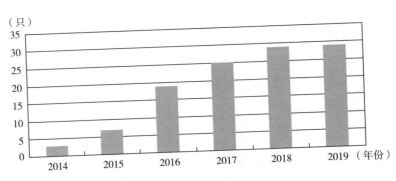

图 5 – 69 上海名禹资产管理有限公司产品数量

5. 温州启元资产管理有限公司

温州启元资产管理有限公司本着对客户尽职负责守信的态度，在从业经验丰富的可信投研团队领航下，秉持专业而谨慎的投资理念，不断寻求稳健的资产增值机会，在保证安全的基础上，力求实现客户的财富增长目标，努力成为值得信赖的财富管理机构。

（1）公司信息。公司信息如表 5 – 103 所示。

表 5 – 103　温州启元资产管理有限公司信息

简　　称		启元资产	
登记编号	P1012870	组织机构代码	32347102 – 6
成立时间	2014 – 12 – 02	登记时间	2015 – 05 – 08
企业性质	内资企业	机构类型	私募证券投资基金管理人
注册资本（万元）（人民币）	1000	实缴资本（万元）（人民币）	474
注册资本实缴比例	4.74%	是否为符合提供投资建议条件的第三方机构	否
注册地址	浙江省温州市鹿城区大南路世贸中心 2502 室		

续表

办公地址	浙江省温州市鹿城区大南路温州世贸中心 2502 室				
员工人数	17	机构网址	www.yuancapital.com	电话	0577 – 88662515
法定代表人/ 执行事务合伙人	金崇雪				

法定代表人/ 执行事务合伙人 （委派代表） 工作履历	时间	任职单位	任职部门	职务
	2014.05~2017.10	温州启元资产管理有限公司	无	总经理
	2011.02~2014.05	申银万国证券温州分公司	产品部	投资顾问
	2010.08~2011.02	中国银行温州分行	风控部	风控部实习

（2）投研团队。叶恺聪：投资总监，注册国际投资分析师（CIIA），先后在财通证券等公司工作，具备良好的经济理论基础和扎实的证券研究经验和投资管理经验，管理业绩持续表现良好。

谢卿蔚：投资经理，浙江省国际对冲基金人才协会（HTA）投资顾问，温州汇杉资产管理有限公司总经理。专注于价值投资的深入研究；擅长择时并能在风格轮动的投资周期做好仓位管理的动态调整；十余年证券投资经验积累，以严格的风险控制和长期稳健的投资业绩获得了诸多投资人的长期信任。

金崇雪：毕业于 University of Exeter 金融与管理学硕士，曾任申银万国证券投资顾问。具备良好的经济理论基础以及扎实的证券研究经验和投资管理经验，管理业绩持续表现良好。

（3）投资业绩。投资业绩如图 5 – 70、图 5 – 71 所示。

2018 年管理规模：1 亿~10 亿元。

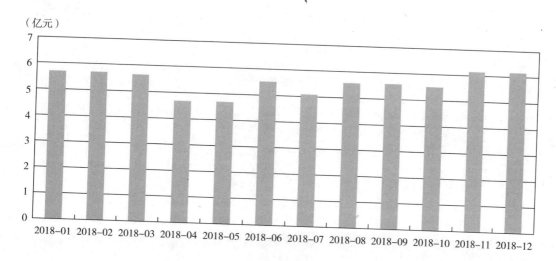

图 5 – 70 温州启元资产管理有限公司管理规模

产品数量：累计 70 只。

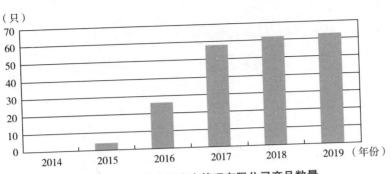

图 5-71　温州启元资产管理有限公司产品数量

6. 上海知几资产管理有限公司

上海知几资产管理有限公司始终坚持将客户利益放在第一位的投资理念，在净值增长和风险管控并重的原则下，寻求收益和风险的平衡。凭借着与客户风险共担的责任意识、长期稳健的绝对收益、优秀的回撤和风险控制能力、科学扎实的投研功底、优质的运营与客户服务水平，逐渐赢得了业内良好的口碑与投资者的长期认可。未来知几秉承发现价值分享成长的理念，愿做获取可持续绝对稳健收益的精品私募机构，成为中国超高净值人士和家族进行资产配置的优选平台。

（1）公司信息。公司信息如表 5-104 所示。

表 5-104　上海知几资产管理有限公司信息

简　称	知几资产				
登记编号	P1025059		组织机构代码	06373909 - 9	
成立时间	2013 - 03 - 18		登记时间	2015 - 10 - 22	
企业性质	内资企业		机构类型	私募证券投资基金管理人	
注册资本（万元）（人民币）	1000		实缴资本（万元）（人民币）	1000	
注册资本实缴比例	100%		是否为符合提供投资建议条件的第三方机构	否	
注册地址	上海市浦东新区南汇新城镇芦潮港路 1758 号 1 幢 940 室				
办公地址	上海市浦东新区锦康路 308 号陆家嘴世纪金融广场 6 号楼 1102				
员工人数	10		机构网址	www.wisdominv.com	电话	021 - 68825588
法定代表人/执行事务合伙人	文武				
法定代表人/执行事务合伙人（委派代表）工作履历	时间	任职单位	任职部门	职务	
	2015.10 ~ 2018.11	上海知中投资管理中心（有限合伙）	总裁办	董事长	
	2013.05 ~ 2018.11	上海知几资产管理有限公司	总裁办	董事长	
	2013.05 ~ 2018.11	上海知几投资发展中心（有限合伙）	总裁办	董事长	
	2003.06 ~ 2013.04	上海高和有色金属发展有限公司	总裁办	董事长	

（2）投研团队。文武：董事长，英国杜伦大学工商管理博士，中欧国际工商学院 EMBA，复旦大学经济学学士。复旦大学经济学院全球校友会副会长；中欧国际工商学院金融与投资俱乐部秘书长，是一年一度的《中欧私人财富投资论坛》的发起人。长期从事大宗商品国际贸易，国际物流，有丰富的外汇，期货及金融衍生品投资经验，擅长大宗商品的各种套利策略。长于国际视野，善于从宏观政策上把握全球金融市场经济动态，对全球宏观经济与中国大宗商品及股票市场之间联动关系有深刻见解。

王积：清华大学本硕博，2005 年进入证券行业，曾供职于国泰君安研究所与招商证券研究发展中心，从事家电、电力设备、新能源、计算机、策略、中小盘等多个领域的研究，历任首席分析师、董事总经理、研究主管，研究功底深厚，曾多次获得多个领域的新财富、水晶球、金牛奖。

沈洁憧：英国曼彻斯特大学金融学硕士，曾就职于交通银行总行，专注于医药行业研究，擅长企业基本面分析，成长股挖掘，具有独特视角。

（3）投资业绩。投资业绩如图 5 - 72、图 5 - 73 所示。

2018 年管理规模：1 亿 ~ 10 亿元。

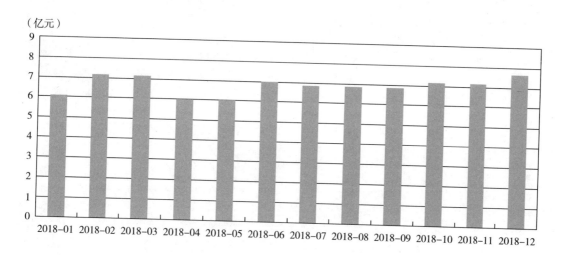

图 5 - 72　上海知几资产管理有限公司管理规模

产品数量：累计 18 只。

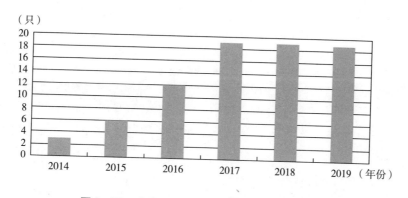

图 5 - 73　上海知几资产管理有限公司产品数量

7. 上海泰旸资产管理有限公司

上海泰旸资产管理有限公司秉承"理性深入，长远回报"的价值投资理念，推行"独立思考，持续学习，平等分享，团队协作"的投资文化，通过重点投资高流动性的 A 股和 H 股，适度拓展长线股权投资获取资本稳健增值，致力成为高净值客户和机构投资者的核心管理人。泰旸资产以 GARP（Growth at Reasonable Price）为核心股票投资策略，通过自上而下行业筛选与自下而上精选个股相结合的方式，重点选择低估值、高成长的价值成长股进行中长线投资，通过公司盈利的稳定增长获取长期收益。同时，也允许合理运用基本面趋势，事件驱动和反向机会等辅助策略带来的投资机会。另外，还可通过分级基金、封闭式基金、可转债、新股及现金管理等辅助投资策略提升收益。

（1）公司信息。公司信息如表5-105所示。

表5-105 上海泰旸资产管理有限公司信息

简　　称	泰旸资产			
登记编号	P1011270	组织机构代码	33245579-X	
成立时间	2015-03-25	登记时间	2015-04-29	
企业性质	内资企业	机构类型	私募证券投资基金管理人	
注册资本（万元）（人民币）	1000	实缴资本（万元）（人民币）	1000	
注册资本实缴比例	100%	是否为符合提供投资建议条件的第三方机构	是	
注册地址	上海市浦东新区中国（上海）自由贸易试验区锦康路308号1501室			
办公地址	上海市浦东新区锦康路308号1501室			
员工人数	9	机构网址	ww. sunshine-capital. com	电话　021-60963288
法定代表人/执行事务合伙人	刘天君			
法定代表人/执行事务合伙人（委派代表）工作履历	时间	任职单位	任职部门	职务
	2015.03~2019.01	上海泰旸资产管理有限公司	投资研究部	总经理兼投资总监
	2014.03~2015.02	嘉实基金管理有限公司	机构投资部	机构首席投资官
	2013.06~2014.02	深圳博雅资产管理有限公司	投资研究部	总经理兼投资总监
	2003.03~2013.06	嘉实基金管理有限公司	股票投资部	股票投资部总监、基金经理
	2001.07~2003.03	招商证券股份有限公司	研究所	研究员

（2）投研团队。刘天君：总经理兼投资总监，北京大学经济学硕士，多年证券从业经验。2001~2003年任招商证券研发中心研究员。2003年4月加入嘉实基金管理有限公司，历任行业研究员、研究部副总监、股票投资部总监、机构首席投资官。熟悉相对收益和绝对收益各类产品。2006~2013年先后担任嘉实泰和、嘉实成长收益、嘉实优质企业基金经理。五次获得金牛奖，两次入围晨星年度基金，并于2013年获得"金牛奖十周年特别奖"。

（3）投资业绩。投资业绩如图5-74、图5-75所示。

2018 年管理规模：1 亿～10 亿元。

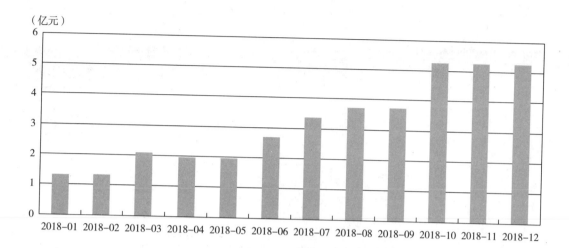

图 5 - 74　上海泰旸资产管理有限公司管理规模

产品数量：累计 17 只。

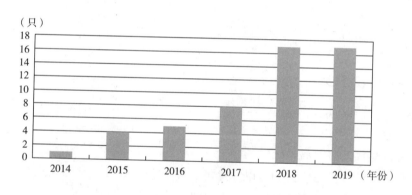

图 5 - 75　上海泰旸资产管理有限公司产品数量

8. 上海喜岳投资管理有限公司

上海喜岳投资管理有限公司是由全球资深量化投资管理者和中美权威金融会计教授合力创办的一家纯量化资产管理公司。所有投资策略均以经济、金融、会计及统计理论为研究出发点，客观的历史验证为驱动，利用严谨的量化投资技术，为国内外机构客户及高净值客户提供最科学的资产管理服务。投资理念是在不同市场周期中追求稳定，风险可控的最大收益，是国内少有的宏观量化择时结合量化选股的团队，以经济、金融、会计及统计理论和历史验证为驱动，利用科学的量化投资技术给客户创造风险可控后的最大收益。

（1）公司信息。公司信息如表 5 - 106 所示。

（2）投研团队。周欣：美国杜兰大学金融学和会计学博士，曾任加州大学伯克利商学院特聘教授，给 MBA 和金融工程硕士班讲授投资课程。论文发表在美国顶尖的金融学术期刊，多次受邀在美国金融年会，会计年会和多所著名高校演讲，并获多项荣誉奖项。同时拥有近 10 年的美国最大的顶尖资产管理公司核心研究部门（BGI 和 AQR）的实战工作经历，负责超过上千亿美元的股票投

表5-106 上海喜岳投资管理有限公司信息

简　称	喜岳投资			
登记编号	P1008265	组织机构代码	32075658-7	
成立时间	2014-10-20	登记时间	2015-02-11	
企业性质	内资企业	机构类型	私募证券投资基金管理人	
注册资本（万元）（人民币）	20000	实缴资本（万元）（人民币）	5000	
注册资本实缴比例	25%	是否为符合提供投资建议条件的第三方机构	是	
注册地址	上海市浦东新区自由贸易试验区富特北路468号2幢楼2层231室			
办公地址	上海市浦东新区兰花路333号世纪大厦25楼			
员工人数	19	机构网址	www. xy-inv. com	电话 021-50566701
法定代表人/执行事务合伙人	周欣			

法定代表人/执行事务合伙人（委派代表）工作履历	时间	任职单位	任职部门	职务
	2014.10~2017.10	上海喜岳投资管理有限公司	量化投资部	CEO
	2013.10~2014.10	万向集团通联数据股份公司	量化投资	首席行业及公司研究官
	2012.07~2013.10	AQR资产管理公司	量化投资	特聘投资顾问
	2011.01~2012.07	加州大学伯克利分校哈斯商学院	商学院	特聘教授，特邀专家

资量化模型和风险控制模型的创建和分析。曾在美国总行，伦敦分行就职，有丰富的投资经验。精通欧美资产管理公司的业务，用扎实的金融、经济、统计知识对行业和公司进行定量和定性分析，对顶级资产管理公司的运作流程有极深的了解和独到的见解。

岳衡：美国杜兰大学会计学博士，曾任北京大学光华管理学院会计系教授，博士生导师，系主任，国家优秀青年基金获得者，2012年度教育部新世纪优秀人才，工商银行经济学者奖，厉以宁研究奖，北京大学台新金控最佳研究成果奖，曹凤岐青年科研进步奖。文章发表在《管理世界》《金融研究》《会计研究》等国内外顶级期刊上。

唐涛：芝加哥大学金融学博士，芝加哥大学MBA，芝加哥大学统计/经济双学士。2015年上海市千人计划荣誉获得者；曾任民生人寿保险，民生通惠资产管理公司首席资产配置官；曾任BGI和AQR对冲基金股指期货对冲和货币对冲团队负责人；曾在瑞士瑞信银行纽约总行，高盛纽约总行，伦敦分行等国际顶尖金融机构就职；文章多次发表在美国顶级学术期刊；曾受聘于加州伯克利大学商学院给MBA讲授期权课程；现在喜岳负责Beta择时策略的研发以及其他所有并行的投资策略的质量监控。

（3）投资业绩。投资业绩如图5-76、图5-77所示。

2018年管理规模：1亿~10亿元。

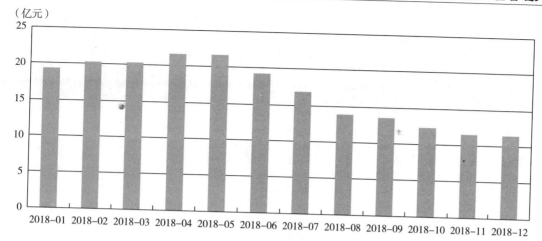

图 5 - 76 上海喜岳投资管理有限公司管理规模

产品数量：累计 31 只。

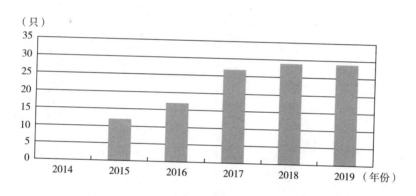

图 5 - 77 上海喜岳投资管理有限公司产品数量

9. 福建泽源资产管理有限公司

（1）公司信息。公司信息如表 5 - 107 所示。

表 5 - 107 福建泽源资产管理有限公司信息

简 称	泽源资产			
登记编号	P1031892	组织机构代码	91350128MA3479M179	
成立时间	2016 - 04 - 07	登记时间	2016 - 06 - 27	
企业性质	内资企业	机构类型	私募证券投资 基金管理人	
注册资本（万元） （人民币）	1000	实缴资本（万元） （人民币）	500	
注册资本 实缴比例	50%	是否为符合提供投资建议 条件的第三方机构	否	
注册地址	福建省福州市平潭县综合实验区金井湾片区台湾创业园			

办公地址	福建省福州市台江区望龙二路1号IFC福州国际金融中心2004单元			
员工人数	17	机构网址		电话
法定代表人/ 执行事务合伙人	林前舵			
法定代表人/ 执行事务合伙人 （委派代表） 工作履历	时间	任职单位	任职部门	职务
	2016.04～2017.05	福建泽源资产管理有限公司	交易部	总经理
	2003.01～2004.01	上海曼哈顿资本集团	投资部	高级投资经理
	2002.01～2002.12	上海金新投资有限公司	投资银行部	业务董事
	1997.08～2001.12	福建资产评估中心、福建中兴 会计师事务所	项目部	项目经理

（2）投研团队。林前舵：14年A股市场投资经验。

（3）投资业绩。投资业绩如图5-78、图5-79所示。

2018年管理规模：1亿～10亿元。

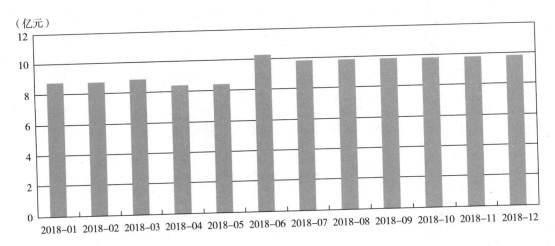

图5-78 福建泽源资产管理有限公司管理规模

产品数量：累计13只。

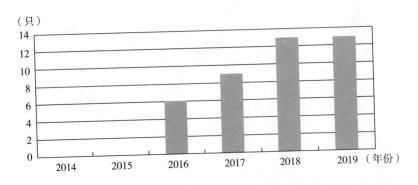

图5-79 福建泽源资产管理有限公司产品数量

10. 横琴广金美好基金管理有限公司

横琴广金美好基金管理有限公司管理团队秉承"科学投资"理念，利用定量的数学分析工具，将系统、坚实的投资理论、成熟市场的投资经验和中国市场的特点相结合，研究市场各类参与者的行为特征，制定基于市场运行规律的投资策略。管理团队积累了对策略进行分析和评估的丰富知识和能力，自主开发出一套在数学理论框架上逻辑严谨、在投资实践中高度有效的策略评价系统（"美好伯乐系统"），精选投资策略和基金经理，向优秀的管理团队提供长期稳定的投资资金、极具竞争力的费率结构以及一篮子针对投资环节各种痛点的解决方案，力争使 FOF 产品在风险高度可控的前提下获取长期稳定的绝对收益。

（1）公司信息。公司信息如表 5 – 108 所示。

表 5 – 108 横琴广金美好基金管理有限公司信息

简 称	横琴广金美好基金管理有限公司			
登记编号	P1033731	组织机构代码	91440400MA4UR43L09	
成立时间	2016 – 06 – 27	登记时间	2016 – 09 – 12	
企业性质	内资企业	机构类型	私募证券投资基金管理人	
注册资本（万元）（人民币）	1000	实缴资本（万元）（人民币）	400	
注册资本实缴比例	40%	是否为符合提供投资建议条件的第三方机构	否	
注册地址	广东省珠海市香洲区横琴新区宝华路 6 号 105 室 – 17725			
办公地址	广东省广州市天河区珠江东路 30 号广州银行大厦 22 楼			
员工人数	12	机构网址		电话	无
法定代表人/执行事务合伙人	徐胤			
法定代表人/执行事务合伙人（委派代表）工作履历	时间	任职单位	任职部门	职务
	2016.07 ~ 2017.06	横琴广金美好基金管理有限公司	无	董事长
	2016.03 ~ 2017.06	广州金控基金管理有限公司	无	董事长
	2013.01 ~ 2016.03	广州金融控股集团有限公司	产权管理部	产权管理部总经理
	2011.09 ~ 2013.01	广州金融控股集团有限公司	产权管理部	产权管理部副总经理
	2011.01 ~ 2011.09	广州金融控股集团有限公司	业务部	行政办公室高级业务主管
	2008.05 ~ 2010.12	广州华美建设开发公司	无	副总经理

（2）投研团队。罗山：美国康奈尔大学天体物理博士后，美国得克萨斯大学奥斯丁分校天体物理博士；具有多年海外投资经验和 A 股市场投资经验；历任巴克莱银行衍生品交易员、研究部主管、自营投资部董事、信用衍生部董事，苏格兰皇家银行股权与信用部亚太区总经理，加拿大皇家银行亚太区总裁，安信国际董事总经理，易方达基金董事总经理；在巴克莱银行从事自营交易的 8 年中，取得了每年都是正收益的优秀投资业绩；所管理的安信基金宝在同类产品中业绩排名第一；在易方达管理超 100 亿元的社保指数增强组合；所管理的易方达沪深 300 量化增强获量化杯最佳量

化产品第一名。

（3）投资业绩。投资业绩如图5-80、图5-81所示。

2018年管理规模：10亿~20亿元。

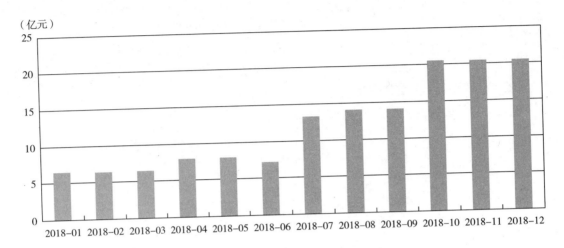

图5-80 横琴广金美好基金管理有限公司管理规模

产品数量：累计19只。

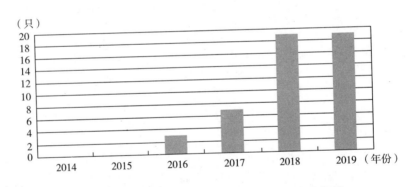

图5-81 横琴广金美好基金管理有限公司产品数量

11. 大连通和投资有限公司

大连通和投资有限公司是一家专注于金融证券市场投资研究及高净值客户资产管理服务的专业金融机构。公司立足大连，业务辐射全国，长期以来和中信证券、民生银行、国信证券、银河证券等国内券商、银行龙头形成了持续稳定的合作关系。依托专业的研究能力，通过不断努力，在投资者和优秀企业之间搭建起一座桥梁，帮助更多的社会资金流入优秀的企业，帮助更多的投资者参与分享优秀企业的成长。目前已经形成三条产品线，主要为客户提供中性对冲型（量化对冲系列）、自由对冲型（通和进取系列）和股票多头型（通和富享系列）产品。基于复利的价值投资为核心理念，寻求长期稳定的资金来源，以安全边际为风控核心，以投研和策略的广度深度为基石，以性价比为投资判断核心依据，实现为社会优化资源配置、为投资者提供超额回报、为公司创造利润的共赢商业模式。

（1）公司信息。公司信息如表5-109所示。

表5-109　大连通和投资有限公司信息

简　称	大连通和投资有限公司			
登记编号	P1001395	组织机构代码	55062092-5	
成立时间	2010-03-10	登记时间	2014-04-29	
企业性质	内资企业	机构类型	私募证券投资基金管理人	
注册资本（万元）（人民币）	1000	实缴资本（万元）（人民币）	1000	
注册资本实缴比例	100%	是否为符合提供投资建议条件的第三方机构	是	
注册地址	辽宁省大连市沙河口区高新技术产业园区小平岛路149号写字楼三层8号			
办公地址	辽宁省大连市沙河口区软件园路1A-4号软景中心A座1105室			
员工人数	14	机构网址	www.tongheinv.com	电话	0411-84378502
法定代表人／执行事务合伙人	石玉强			

法定代表人／执行事务合伙人（委派代表）工作履历	时间	任职单位	任职部门	职务
	2010.03~2017.06	大连通和投资有限公司	总经理	总经理
	2007.12~2010.02	中信证券大连营业部	投资顾问部	首席分析师
	1998.09~2003.06	大鹏证券	营业部	投资咨询

（2）投研团队。石玉强：总经理、执行董事，毕业于东北财经大学，研究生学历，具有长期的大资金投资管理经验。从1997年开始投身中国证券市场，经历过中国三次完整的股市牛熊周期，对债券、A股市场、H股市场以及股指期货市场等均有深入的研究。曾任中信证券大连营业部首席分析师，长期遵循价值投资理念，曾成功发掘过苏宁电器、中集集团、民生银行转债、万科、五粮液认购权证、格力电器、浙江龙盛、海信电器、东方财富等多家优秀上市公司。从2010年起组建对冲投资团队。2016年4月获得第七届中国证券报"金牛奖"一年期股票策略基金经理奖。

孙华巍：投资总监，毕业于吉林大学计算机专业，本科学历。2006年开始进入证券行业，曾任中信证券大连营业部投资顾问。2010年进入通和投资，负责量化策略开发、分析等工作。期间充分发挥专业特长，积累了丰富的大资金投资管理经验，建立了完善的市场量化观测体系，尤其擅长捕捉市场中出现的套利机会。

孙艳蓉：毕业于东北财经大学，主修统计学，硕士学位。具有优秀的金融基础和数量化处理能力，长期跟踪宏观经济数据和二级市场运行数据情况，所管理的量化对冲类产品一直保持着超越市场同类产品的收益，风格稳健。

（3）投资业绩。投资业绩如图5-82、图5-83所示。

2018年管理规模：10亿~20亿元。

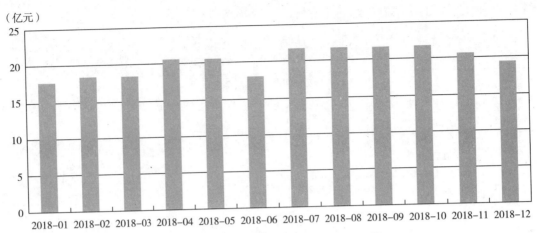

图 5 - 82　大连通和投资有限公司管理规模

产品数量：累计 31 只。

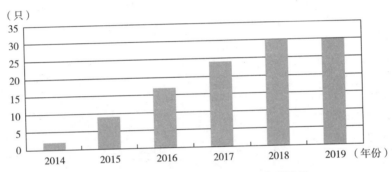

图 5 - 83　大连通和投资有限公司产品数量

12. 广东睿璞投资管理有限公司

广东睿璞投资管理有限公司是国内研究能力强、激励制度领先的私募基金管理公司，创始人为国内著名基金经理蔡海洪先生。与资本市场上众多的资产管理者相比，团队的独特之处在于热爱投资、践行纯粹的价值投资、专注于能力圈、坚持独立判断、保持勤奋和专业精神、坚守诚信尽责理念。以绝对收益为目标，追求稳健的复合收益率，致力于客户财富的长期稳定增长。坚持在"诚信规范"的前提下，以严格的管理、规范的运作和良好的投资业绩，赢得市场认可和投资者信赖。坚持价值投资的理念，追求长期稳健的收益率。专注在某些领域，通过深度挖掘形成与众不同的研究，集中持股。在组合管理上追求绝对收益，通过对仓位的控制和个股安全边际的把握来降低组合的回撤风险。

（1）公司信息。公司信息如表 5 - 110 所示。

（2）投研团队。蔡海洪：从 2003 年开始进入证券投资行业，从业经验丰富。从业期间曾历任招商证券研究员、易方达基金管理有限公司行业研究员、机构理财部投资经理、公募权益投资部基金经理，兼任研究部副总经理、公司投资决策委员会委员。管理公募基金和绝对收益产品的投资经验超过 8 年。擅长深入研究行业和公司基本面，投资风格简单归纳为专注和稳健。专注于价值投资，以绝对收益为目标，追求长期稳健的复合收益。公募和私募从业期间投资业绩均表现稳健，大幅超越指数，回撤小，波动率低。

表 5-110 广东睿璞投资管理有限公司信息

简 称	睿璞投资				
登记编号	P1022700	组织机构代码	35573260-6		
成立时间	2015-08-11	登记时间	2015-09-11		
企业性质	内资企业	机构类型	私募证券投资基金管理人		
注册资本（万元）（人民币）	1000	实缴资本（万元）（人民币）	1000		
注册资本实缴比例	100%	是否为符合提供投资建议条件的第三方机构	是		
注册地址	广东省珠海市香洲区横琴新区宝华路6号105室--67064（集中办公区）				
办公地址	广东省广州市天河区黄埔大道西76号705房				
员工人数	11	机构网址	www.rpfunds.com.cn	电话	020-38619985
法定代表人/执行事务合伙人	蔡海洪				
法定代表人/执行事务合伙人（委派代表）工作履历	时间	任职单位	任职部门	职务	
	2015.08~2017.11	广东睿璞投资管理有限公司	高级管理人员	法定代表人，执行董事，信息填报负责人，首席投资官	
	2008.01~2015.08	易方达基金管理有限公司	投资部	基金经理	
	2005.05~2007.12	易方达基金管理有限公司	研究部	研究员	
	2003.07~2005.05	招商证券股份有限公司	研究部	研究员	

邵红慧：总经理，从 2004 年开始进入证券投资行业，从业经验丰富，其中有 3 年管理绝对收益产品的投资经验。曾历任易方达基金管理有限公司高级研究员、研究部总经理助理、机构理财部总经理助理、投资经理、研究部副总经理。2017 年加盟广东睿璞投资管理有限公司。

廖振华：研究总监，从 2008 年开始进入证券投资行业，从业经验丰富。曾历任招商证券研究员、易方达基金管理有限公司行业研究员、基金经理。2016 年加盟广东睿璞投资管理有限公司。

（3）投资业绩。投资业绩如图 5-84、图 5-85 所示。

2018 年管理规模：10 亿~20 亿元。

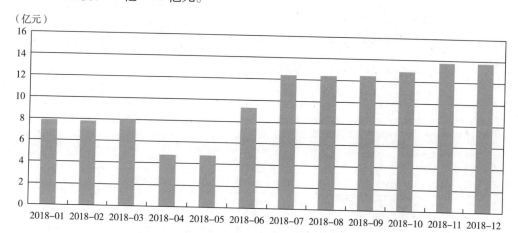

图 5-84 广东睿璞投资管理有限公司管理规模

产品数量：累计 19 只。

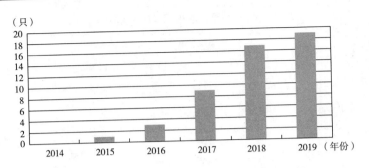

图 5 - 85　广东睿璞投资管理有限公司产品数量

13. 北京沣沛投资管理有限公司

北京沣沛投资管理有限公司由几位合作多年的同事共同创立，先后和嘉实资本、招商证券、建设银行、招商银行、中信证券、海通证券等机构合作发行了多只私募产品，产品业绩持续表现优异，受到发行渠道和持有人的一致好评。公司产品定位是较小回撤的绝对回报产品，基于上述产品目标，基本理念是：在任何市场环境下寻找性价比最优资产，挖掘静态及动态情境下低估资产的投资机会，分享低估资产均值回归带来的收益。具体而言分为三个维度：资产配置（仓位管理）；中观层面行业相对集中；个股集中于"龙头"。强调标的资产的性价比优势，追求确定性甚于弹性；对于回撤的容忍度较低，追求产品净值持续稳健的复利增长。

（1）公司信息。公司信息如表 5 - 111 所示。

表 5 - 111　北京沣沛投资管理有限公司信息

简　　　称	沣沛投资			
登记编号	P1007926	组织机构代码	32713304 - 0	
成立时间	2014 - 12 - 24	登记时间	2015 - 02 - 04	
企业性质	内资企业	机构类型	私募证券投资 基金管理人	
注册资本（万元） （人民币）	1000	实缴资本（万元） （人民币）	1000	
注册资本 实缴比例	100%	是否为符合提供投资建议 条件的第三方机构	否	
注册地址	北京市顺义区临空经济核心区机场东路 2 号			
办公地址	北京市东城区东长安街 1 号东方广场 W1 办公楼 708 室			
员工人数	9	机构网址	www. fengpeifund. com	电话　010 - 85188836
法定代表人/执行 事务合伙人	马惠明			
法定代表人/ 执行事务合伙人 （委派代表） 工作履历	时间	任职单位	任职部门	职务
	2004. 10 ~ 2014. 12	嘉实基金管理公司	投资部	投资经理
	2002. 05 ~ 2004. 10	加拿大 HCL 衍生品经纪公司	研究部	分析师
	2001. 04 ~ 2002. 05	加拿大卓诗省理工学院	学生	学生
	2000. 07 ~ 2001. 04	深圳东斯隆企业管理 顾问有限公司	研究部	分析师
	1993. 07 ~ 1998. 09	北京天桥百货股份 有限公司证券部	证券部	经理

（2）投研团队。马惠明：主题混合基金经理，曾任加拿大 HCL 衍生品经纪公司分析师。2004年 10 月加盟嘉实基金管理有限公司，曾任行业分析师、投资经理、公司机构投资部副总监。

王锦坤：总经理、研究总监，2008 年 7 月至 2014 年 7 月：嘉实基金，研究员，覆盖煤炭、公用事业、环保行业及相关 A/H 上市公司研究，独立构建嘉实研究部通用财务模型模板，拥有丰富的依据财务数据进行量化分析和选股经验。

张维衡：风控运营总监，2000 年 12 月至 2003 年 3 月：Charles Schwab（嘉信理财美国，旧金山），资产管理部研究员；2004 年 10 月至 2007 年 11 月：大成基金，机构投资部高级经理，负责产品设计、投资助理；2007 年 11 月至 2014 年 12 月：嘉实基金，机构投资部账户经理，负责产品设计、组合管理、风险控制、客户服务。

（3）投资业绩。投资业绩如图 5－86、图 5－87 所示。

2018 年管理规模：10 亿~20 亿元。

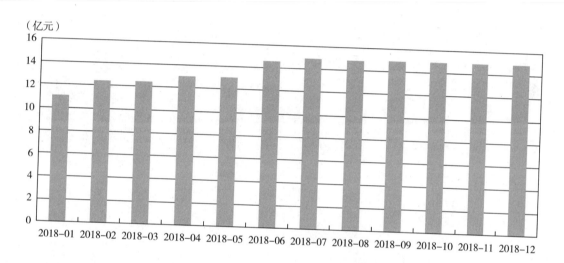

图 5－86 北京沣沛投资管理有限公司管理规模

产品数量：累计 21 只。

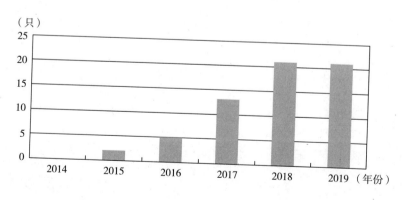

图 5－87 北京沣沛投资管理有限公司产品数量

14. 上海于翼资产管理合伙企业（有限合伙）

上海于翼资产管理合伙企业（有限合伙）创始团队由东方点石投资管理有限公司阳光私募事业

部团队设立，成员来自于公募、券商、私募机构。以主观股票多头策略为主，其投资目标为"为客户赚取绝对收益"，并寻求长期资本增值。其与多家银行、券商及其子公司、FOF机构、基金销售公司等机构建立了良好的合作关系。秉承价值投资的理念，注重公司基本面研究，采用积极主动的投资策略，追求长期稳定的复合收益。采用自上而下的宏观及行业比较研究来进行大类资产配置和行业判断，同时采用自下而上的个股挖掘来精选估值合理且成长性突出的优质公司构造核心组合，另外，结合市场情绪和公司基本面构造卫星组合。核心组合的构建上，注重的是行业格局和公司在行业及产业价值链中的地位，严格把握公司的估值情况；卫星组合的构建上，更偏重短期市场情绪面的变化以及公司市值的弹性空间，一定程度上淡化估值。

（1）公司信息。公司信息如表5-112所示。

表5-112　上海于翼资产管理合伙企业（有限合伙）信息

简　　称	于翼资产		
登记编号	P1031848	组织机构代码	91310120MA1HKJG15M
成立时间	2016-02-25	登记时间	2016-06-24
企业性质	内资企业	机构类型	私募证券投资基金管理人
注册资本（万元）（人民币）	2000	实缴资本（万元）（人民币）	1010.3
注册资本实缴比例	50.515%	是否为符合提供投资建议条件的第三方机构	否
注册地址	上海市奉贤区庄行镇庄良路1418号6幢1538室		
办公地址	上海市浦东新区世纪大道1168号B座2603室		
员工人数	11	机构网址	www.yuyiasset.com	电话	021-60431555
法定代表人/执行事务合伙人	张熙		
法定代表人/执行事务合伙人（委派代表）工作履历	时间	任职单位	任职部门	职务
	2017.09~2018.08	上海于翼资产管理合伙企业（有限合伙）	投资研究部	投资副总监
	2015.03~2017.08	东方点石投资管理有限公司	私募基金部	新三板投资总监
	2014.07~2015.01	同犇投资	投资部	投资副总监、合伙人
	2011.04~2014.07	华安基金	研究发展部	TMT小组负责人
	2009.07~2011.04	华泰联合证券研究所	研究所	研究员

（2）投研团队。陈忠：北京大学化学与分子工程博士，曾任中海基金管理有限公司分析师、高级分析师、基金经理、研究副总监等职务；东方点石投资总监。

张熙：复旦大学经济学硕士，曾任职华泰联合证券研究所、华安基金研究部、同犇投资投资经理、东方点石投资副总监。

李瑨：上海财经大学经济学硕士，曾任职麦肯锡咨询、华泰联合证券交易总部、国金证券机构部、东方点石投资副总监。

（3）投资业绩。投资业绩如图 5 - 88、图 5 - 89 所示。

2018 年管理规模：10 亿~20 亿元。

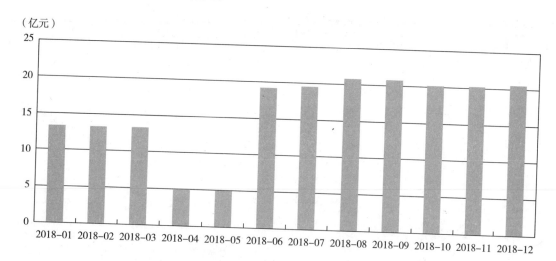

图 5 - 88　上海于翼资产管理合伙企业（有限合伙）管理规模

产品数量：累计 22 只。

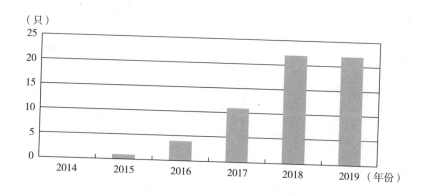

图 5 - 89　上海于翼资产管理合伙企业（有限合伙）产品数量

15. 上海留仁资产管理有限公司

上海留仁资产管理有限公司主要业务为资产管理和投资管理业务、私募基金发行与管理，致力于发展成为中国专职投资于 A 股、港股市场的专业投资公司。

投资理念：秉持基本面驱动的价值投资理念，依靠透明协作的企业文化和与客户共赢的利益机制，为客户创造持续的价值。通过前瞻的宏观研究，自上而下进行大类资产配置；通过深入细致的行业和公司研究，自下而上发掘投资标的；最终通过自上而下和自下而上的对接来验证投资策略的有效性。

（1）公司信息。公司信息如表 5 - 113 所示。

（2）投研团队。刘军港：金融学硕士，多年证券投资经历，多年积累对中国证券市场运行的逻辑框架有较深刻认识；逻辑性较强，对宏观经济、公司和行业能有深入有效且领先于市场的研究和价值挖掘与投资。曾任中国电力财务公司投资经理、平安证券首席投资顾问、第一财经《今日股市》栏目特邀嘉宾，连续六年获平安证券"最佳投资经理"，现任上海留仁资产管理有限公司董事长、总经理。擅长通过盈利与成长性分析，挖掘中长线潜力股，较准确地预判大盘重大转折点。

表 5-113　上海留仁资产管理有限公司信息

简　称	留仁资产				
登记编号	P1017667	组织机构代码	07121938-4		
成立时间	2013-06-20	登记时间	2015-07-09		
企业性质	内资企业	机构类型	私募证券投资基金管理人		
注册资本（万元）（人民币）	1000	实缴资本（万元）（人民币）	1000		
注册资本实缴比例	100%	是否为符合提供投资建议条件的第三方机构	否		
注册地址	上海市奉贤区望园路 2165 弄 16 号 334 室				
办公地址	上海市普陀区兰溪路 135 号 3 楼	机构网址	www.liurenasset.com	电话	无
员工人数	5				
法定代表人/执行事务合伙人	刘军港				
法定代表人/执行事务合伙人（委派代表）工作履历	时间	任职单位	任职部门		职务
	2015.02~2017.04	上海留仁资产管理有限公司	投资部		总经理
	2009.07~2015.01	平安证券有限责任公司	研究部		首席投资顾问
	2005.01~2009.06	上海逸阳投资管理有限公司	研究部		投资经理
	2001.04~2004.12	上海国电投资有限公司	投资部		投资经理

（3）投资业绩。投资业绩如图 5-90、图 5-91 所示。

2018 年管理规模：0~1 亿元。

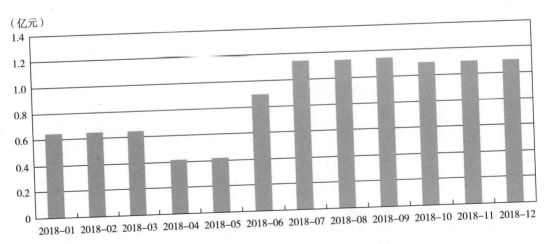

图 5-90　上海留仁资产管理有限公司管理规模

产品数量：累计 3 只。

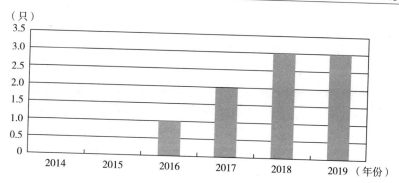

图 5-91 上海留仁资产管理有限公司产品数量

16. 上海双隆投资有限公司

上海双隆投资有限公司在吸收海外优秀量化投资理念的基础上，强调适应国内金融市场的本土化量化策略的探索和研发。目前双隆的策略体系覆盖了股票、期货、期权等主要二级市场投资标的，打造了趋势反转、套利对冲、机器学习等各种投资模型，实现常规量化投资策略品种和体系全覆盖，形成了成熟的量化投资盈利模式。

始终将投资者利益放在首位，坚持科学投资、理性投资，致力于为不同风险偏好的投资者提供合适、长期、稳健的资产管理服务和投资回报。致力于为员工提供公平、专业、高效的工作平台，建设自由、舒畅、开阔的工作环境。在不断发展壮大的进程中逐步形成了具有双隆特色的企业文化——"赢在当下，共创未来；快乐工作，快乐生活"。

（1）公司信息。公司信息如表 5-114 所示。

表 5-114 上海双隆投资有限公司信息

简 称	双隆投资				
登记编号	P1000549	组织机构代码	79894390-4		
成立时间	2007-02-05	登记时间	2014-05-26		
企业性质	内资企业	机构类型	私募证券投资 基金管理人		
注册资本（万元） （人民币）	10000	实缴资本（万元）（人民币）	3000		
注册资本 实缴比例	30%	是否为符合提供投资 建议条件的第三方机构	是		
注册地址	上海市虹口区广纪路 173 号 1001-1007 室 117R				
办公地址	上海市浦东新区丹桂路 999 号张江国创中心 C1 栋				
员工人数	39	机构网址	www.solon.cn	电话	021-68758628
法定代表人/ 执行事务合伙人	马俊				
法定代表人/ 执行事务合伙人 （委派代表） 工作履历	时间	任职单位	任职部门	职务	
	2017.04~2017.06	上海双隆投资有限公司	总经理办公室	总经理、法定代表人、 执行董事	
	2013.01~2017.04	上海双隆投资有限公司	金融研发部	金融工程师	

（2）投研团队。马俊：法定代表人、总经理。英国剑桥大学数学学士、金融学硕士、计量经济学博士、CFA。曾在 Journal of Economic Theory（世界经济学杂志排名前十）等杂志上发表过重要研究成果，先后在 Citigroup 和 Credit Agricole 等世界投行机构进行过金融衍生品的策略研究。在股指期货 CTA 策略、商品期货 CTA 策略、商品组合套利策略、ALPHA 策略、量化选股策略、期权策略等领域进行了深度的理论研究和策略实战。目前负责公司整体运营决策，主导投资决策委员会和风控委员会的常务工作，同时对金融研发部和投资交易部进行工作指导和监督考核。

李隽：金融研发部经理。复旦大学生物科学学士、生态学博士（本科直博）。博士攻读期间具备了相当的研究分析和数据挖掘能力，在国际重要学术刊物发表专业论文 8 篇，被引次数超百次。2012 年加入上海双隆投资有限公司以来，拥有丰富的金融从业经验，对股指期货和股票的投机、对冲策略有深入的理论研究、开发应用和实盘交易经验。擅长 Alpha 策略、量化选股策略和 CTA 策略开发。作为公司决策团队主要成员，参与百余只产品的发行、管理和交易。目前负责金融研发部的管理工作，并分管股票类量化策略团队。

（3）投资业绩。投资业绩如图 5-92、图 5-93 所示。

2018 年管理规模：10 亿~20 亿元。

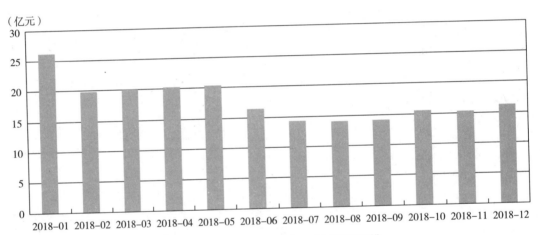

图 5-92　上海双隆投资有限公司管理规模

产品数量：累计 210 只。

图 5-93　上海双隆投资有限公司产品数量

17. 上海鸣石投资管理有限公司

上海鸣石投资管理有限公司是一家致力于为客户提供资产管理服务的专业量化投资机构，其资产管理服务范围包括股票、债券、期货、股权投资以及其他金融衍生品等。公司汇聚了美国一批具有资深金融学术背景，掌握前沿金融技术、熟悉对冲基金运作的业内精英。以适应中国市场的量化投资方法为国内投资者寻求稳健的投资收益。

（1）公司信息。公司信息如表5－115所示。

表5－115　上海鸣石投资管理有限公司信息

简　　称	鸣石投资				
登记编号	P1005659	组织机构代码	56654043－6		
成立时间	2010－12－09	登记时间	2014－12－24		
企业性质	内资企业	机构类型	私募证券投资基金管理人		
注册资本（万元）（人民币）	1000	实缴资本（万元）（人民币）	1000		
注册资本实缴比例	100%	是否为符合提供投资建议条件的第三方机构	是		
注册地址	上海市浦东新区自由贸易试验区新金桥路27号13号楼2层				
办公地址	上海市浦东新区银城中路488号太平金融大厦2101室				
员工人数	38	机构网址	www.mingshiim.com	电话	021－50106289
法定代表人/执行事务合伙人	李硕				
法定代表人/执行事务合伙人（委派代表）工作履历	时间	任职单位	任职部门	职务	
	2012.09~2017.04	无锡傲信投资企业（有限合伙）	委派代表	委派代表	
	2010.12~2017.05	上海鸣石投资管理有限公司	执行董事	总经理	
	2007.08~2017.04	吉林市中信出国服务有限公司	执行董事	执行董事兼总经理	
	2005.08~2009.02	吉林市维信就业信息咨询服务有限公司	执行董事	执行董事	
	2002.01~2007.07	吉林国际语言文化学院留学服务中心	吉林维信留学分部	经理	

（2）投研团队。袁宇：公司首席策略负责人、高级合伙人。美国宾夕法尼亚大学沃顿商学院金融学博士。上海高级金融学院副教授（终身教授）。2009年至今担任美国联邦储备银行研究顾问。

罗伯特（Robert Stambaugh）：公司首席经济学家、高级合伙人。美国芝加哥大学金融学博士。宾夕法尼亚大学沃顿商学院 Miller Anderson & Sherrerd 教授。日本大和证券首席研究顾问、美国金融联合会（AFA）原主席，世界最权威金融学术期刊 Journal of Finance 原总编。

张晨樱：公司投资副总监。美国麻省威尔斯利女子学院最高荣誉生毕业，于2012年获得美国宾夕法尼亚大学沃顿商学院金融博士，师从著名教授，沃顿金融体制中心主任 Franklin Allen，和 Allen 教授合作发表论文《中国金融体系》。2006年曾在纽约 Citi Group（花旗集团）股票研究部从事美股研究分析工作。2012年加入上海鸣石投资有限公司，从事证券定价研究、股权溢价研究、投资策略研究等。

王晓晗：公司投资副总监。上海交通大学金融学博士。自硕士阶段开始研究行为金融学及资产错误定价，曾在华美银行担任审计师。2010 年自公司成立时加入上海鸣石投资有限公司，从事风控模型及投资策略研究等。

（3）投资业绩。投资业绩如图 5 - 94、图 5 - 95 所示。

2018 年管理规模：10 亿 ~ 20 亿元。

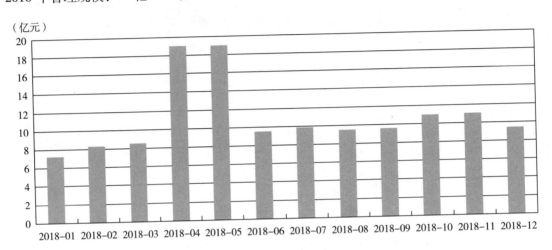

图 5 - 94　上海鸣石投资管理有限公司管理规模

产品数量：累计 86 只。

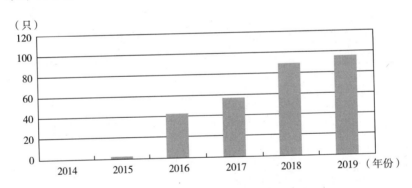

图 5 - 95　上海鸣石投资管理有限公司产品数量

18. 西藏联海资产管理有限公司

联海资产是联想控股成员企业，以高价值的 FOF 配置为核心，通过为大型投资者提供相对稳健的投资收益，打造可信赖的投资品牌。以高价值的 FOF 配置为核心，通过为大型投资者提供相对稳健的投资收益，打造可信赖的投资品牌。

（1）公司信息。公司信息如表 5 - 116 所示。

（2）投研团队。雷鸣：北京大学软件工程硕士，任职于西藏联海资产管理有限公司，拥有 3 年量化对冲投资研究经验，负责联海资产量化投资研究平台搭建以及投资策略开发和交易。开发了量化对冲的辅助指数择时策略。

周清：北京大学金融数学硕士。曾任职华夏基金数量投资部投资经理、基金经理。7 年量化对冲投资研究经验，负责华夏基金量化投资研究平台搭建。

表 5 - 116　西藏联海资产管理有限公司信息

简　　称	联海资产				
登记编号	P1034351	组织机构代码	91540126MA6T19HY04		
成立时间	2016 - 04 - 26	登记时间	2016 - 10 - 19		
企业性质	内资企业	机构类型	私募证券投资 基金管理人		
注册资本（万元） （人民币）	3000	实缴资本（万元）（人民币）	1000		
注册资本 实缴比例	33.333%	是否为符合提供投资建议 条件的第三方机构	否		
注册地址	西藏自治区拉萨市达孜县达孜工业园区江苏拉萨展销中心 218 号				
办公地址	北京市朝阳区望京东园四区 13 号浦项中心 A 座 16 层 3 - 8 单元				
员工人数	11	机构网址	无	电话	010 - 57052666
法定代表人/ 执行事务合伙人	张晓林				
法定代表人/ 执行事务合伙人 （委派代表） 工作履历	时间	任职单位	任职部门	职务	
	2015.02 ~ 2016.04	北京微星优财网络 科技有限公司	财务部	财务总监	
	2014.07 ~ 2015.01	无	无	无	
	2012.05 ~ 2014.06	顶天立地（北京） 软件技术有限公司	财务部	财务总监	
	2011.04 ~ 2012.05	无	无	无	
	2009.08 ~ 2011.04	北京巅峰国智旅游 投资管理有限公司	投资部	投资总监	
	2009.05 ~ 2009.08	无	无	无	
	2007.09 ~ 2009.05	标准水务投资控股有限公司	财务部	财务经理	

（3）投资业绩。投资业绩如图 5 - 96、图 5 - 97 所示。

2018 年管理规模：10 亿 ~ 20 亿元。

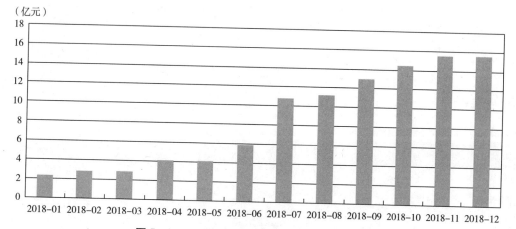

图 5 - 96　西藏联海资产管理有限公司管理规模

产品数量：累计 40 只。

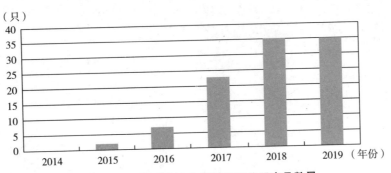

图 5 - 97　西藏联海资产管理有限公司产品数量

19. 上海兴聚投资管理有限公司

上海兴聚投资管理有限公司是专业从事证券投资的私募基金。公司恪守价值投资理念，尊重市场趋势，长期坚持基本面研究，持续提升团队投研实力。目前兴聚投资管理规模达数十亿元，旗下十余只产品均获得良好的业绩报酬及市场肯定。公司由原兴业全球基金管理公司副总经理、投资总监、明星基金经理王晓明联合资深投资界人士共同组建的，核心投研团队成员均长期在国内大型公募基金任职，拥有百亿元资金管理经验，并取得了非常优秀的回报率。团队研究行业覆盖各主要行业，通过前瞻的宏观研究，自上而下进行大类资产配置；通过深入细致的行业和公司研究，自下而上发掘投资标的，最终将两者结合来验证投资策略的有效性。

（1）公司信息。公司信息如表 5 - 117 所示。

表 5 - 117　上海兴聚投资管理有限公司信息

简　　称	兴聚投资			
登记编号	P1001765	组织机构代码	30136531 - 0	
成立时间	2014 - 04 - 16	登记时间	2014 - 05 - 04	
企业性质	内资企业	机构类型	私募证券投资 基金管理人	
注册资本（万元） （人民币）	1000	实缴资本（万元）（人民币）	1000	
注册资本 实缴比例	100%	是否为符合提供投资建议 条件的第三方机构	是	
注册地址	上海市虹口区沽源路 110 弄 15 号 206 - 28			
办公地址	上海市浦东新区芳甸路 1155 号浦东嘉里城办公楼二期 2205			
员工人数	19	机构网址	www. blossomfund. com. cn	电话	021 - 68829928
法定代表人/ 执行事务合伙人	王晓明			
法定代表人/ 执行事务合伙人 （委派代表） 工作履历	时间	任职单位	任职部门	职务
	2015. 07 ~ 2017. 06	上海兴聚资产管理合伙企业 （有限合伙）	投研部	总经理、投资总监
	2014. 04 ~ 2017. 06	上海兴聚投资管理有限公司	投研部	总经理、投资总监
	2003. 12 ~ 2014. 12	兴业全球基金管理有限公司	投研部	投研部
	1996. 07 ~ 2003. 12	上海中技投资顾问有限公司	投研部	研究员、投资经理、副总

（2）投研团队。王晓明：经济学硕士。历任上海中技投资顾问有限公司研究员投资部经理公司副总经理，兴业基金管理有限公司兴业可转债混合型证券投资基金基金经理（2004年3月6日至2005年10月21日），兴业全球视野股票型证券投资基金基金经理（2006年9月20日至2007年12月28日），兴业全球基金管理有限公司投资副总监。现任兴业全球基金管理有限公司投资总监兴全趋势投资混合（LOF）基金基金经理（2005年11月3日起至今）。

（3）投资业绩。投资业绩如图5-98、图5-99所示。

2018年管理规模：10亿~20亿元。

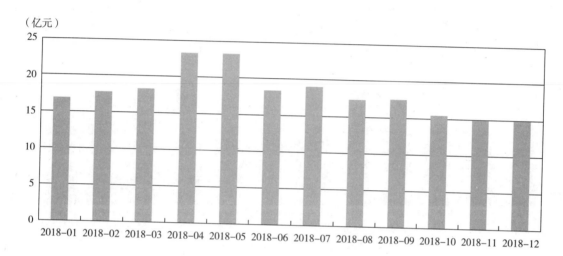

图5-98 上海兴聚投资管理有限公司管理规模

产品数量：累计48只。

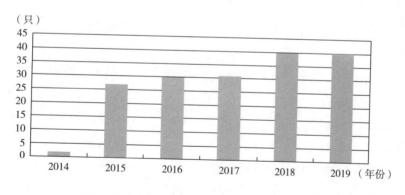

图5-99 上海兴聚投资管理有限公司产品数量

20. 华夏未来资本管理有限公司

华夏未来资本管理有限公司采用合伙机制，在制度设计上确保客户利益优先和长期导向，合伙人目标一致。团队核心成员多年合作共事、配合默契，具有共同的投资理念、文化和强大的团队凝聚力。公司愿景：成为财富管理领域重要的、有影响力的、受人尊重的资产管理机构。为了客户的理财需求而不断创新产品和服务；为了客户的财富增值而持续完善理念和技术；为了员工的自我实现而始终践行信仰和价值。

（1）公司信息。公司信息如表 5 - 118 所示。

表 5 - 118　华夏未来资本管理有限公司信息

简　　称	华夏未来			
登记编号	P1000570	组织机构代码	06955872 - 3	
成立时间	2013 - 06 - 06	登记时间	2014 - 04 - 01	
企业性质	内资企业	机构类型	私募证券投资基金管理人	
注册资本（万元）（人民币）	5000	实缴资本（万元）（人民币）	1000	
注册资本实缴比例	20%	是否为符合提供投资建议条件的第三方机构	是	
注册地址	北京市平谷区林荫北街 13 号信息大厦 802 室			
办公地址	北京市西城区广宁伯街 2 号金泽大厦东区 10 层			
员工人数	28	机构网址	www.cfcgroup.com.cn	电话 010 - 52600830
法定代表人/执行事务合伙人	刘文动			
法定代表人/执行事务合伙人（委派代表）工作履历	时间	任职单位	任职部门	职务
	2013.06 ~ 2017.05	华夏未来资本管理有限公司	管委会	总经理
	2006.01 ~ 2013.06	华夏基金管理有限公司	管委会	副总经理
	2000.08 ~ 2006.01	鹏华基金管理有限公司	机构投资部及研究部	投资总部副总
	1999.05 ~ 2000.07	平安保险集团投资管理中心	组合管理部	组合经理助理
	1997.07 ~ 1999.05	平安证券	投资部	研究员

（2）投研团队。刘文动：硕士，曾任鹏华基金管理有限公司投资总部副总经理兼机构理财部总监，平安保险集团投资管理中心组合经理助理、平安证券有限责任公司研究员。2006 年加入华夏基金管理有限公司，历任兴安证券投资基金基金经理（2006 年 5 月 24 日至 2007 年 11 月 21 日期间）、兴华证券投资基金基金经理（2007 年 2 月 14 日至 2008 年 2 月 27 日期间）。

巩怀志：清华大学 MBA。曾任鹏华基金管理有限公司基金经理助理社保股票组合基金经理等。2005 年 7 月加入华夏基金管理有限公司，曾任华夏蓝筹核心混合型证券投资基金（LOF）基金经理（2007 年 5 月 9 日至 2009 年 1 月 1 日期间），华夏成长证券投资基金基金经理（2005 年 10 月 29 日至 2010 年 1 月 16 日期间）等，现任华夏基金管理有限公司投资副总监股票投资部副总经理，华夏优势增长股票型证券投资基金基金经理（2010 年 1 月 16 日起任职）华夏大盘精选证券投资基金基金经理（2012 年 5 月 4 日起任职）。

（3）投资业绩。投资业绩如图 5 - 100、图 5 - 101 所示。

2018 年管理规模：10 亿 ~ 20 亿元。

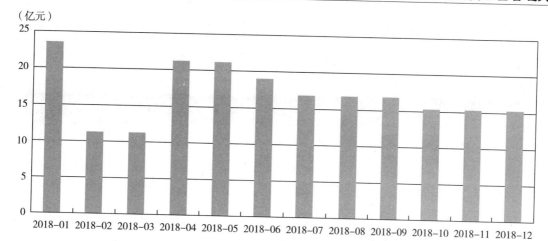

图 5 – 100 华夏未来资本管理有限公司管理规模

产品数量：累计 45 只。

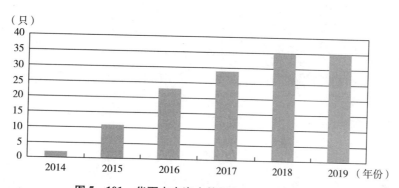

图 5 – 101 华夏未来资本管理有限公司产品数量

21. 北京涵德投资管理有限公司

以"控制风险，实现稳定收益"的投资理念，全自动、系统化交易国内各种期货品种及其他金融工具，主要为中短期交易策略，利用数学模型的统计优势发现市场交易机会，系统全面的管理风险，实现长期、稳健盈利。

通过多策略、多品种投资有效降低下跌风险，追求风险收益比的最优回报。投资策略的研究基于期货市场波动规律、交易者的行为特点。并在基础理论之上结合中国市场自身的特点，通过价格、交易量、开仓量、波动性等信息来预测未来价格的绝对变动或相对变动，应用包括趋势跟踪策略、反转策略、套利策略等。投资策略充分考虑了不同的市场环境，在不同的市场波动程度中能够自适应的进行调整。投资策略在执行过程中完全由算法自动执行，不需要人为干预。

（1）公司信息。公司信息如表 5 – 119 所示。

（2）投研团队。秦志宇，清华大学自动化系本科、硕士，11 年国内外量化投资经验。曾供职于美国著名对冲基金 Millennium 量化交易团队，历任高级研究员、副总，主要方向是美国股票、期货市场的中高频量化策略研发。2013 年创办涵德投资，专注于研究中国股票、期货市场的量化模型开发和投资组合优化。

顾小军，清华大学软件学院本科，11 年国内外量化投资经验。曾供职于美国著名对冲基金 Millennium 量化交易团队，历任高级研究员、副总，主要研究欧洲和日本股票市场的中低频量化交易。

表 5-119 北京涵德投资管理有限公司信息

简　　称	涵德投资			
登记编号	P1001739	组织机构代码	07657172-3	
成立时间	2013-08-28	登记时间	2014-05-04	
企业性质	内资企业	机构类型	私募证券投资基金管理人	
注册资本（万元）（人民币）	1300	实缴资本（万元）（人民币）	800	
注册资本实缴比例	61.538%	是否为符合提供投资建议条件的第三方机构	是	
注册地址	北京市海淀区中关村东路1号院3号楼6层609			
办公地址	北京市海淀区中关村东路1号院清华科技园创业大厦609室			
员工人数	27	机构网址	无	电话	无
法定代表人/执行事务合伙人	秦志宇			
法定代表人/执行事务合伙人（委派代表）工作履历	时间	任职单位	任职部门	职务
	2013.08~2017.07	北京涵德投资管理有限公司	高管	法定代表人、基金经理
	2010.12~2013.08	涵德投资工作室	高管	联合创始人
	2006.08~2010.11	世坤咨询（北京）有限公司	美股	副总

　　陈然，北京大学数学学院本科、美国伊利诺伊理工大学金融数学硕士，金融风险管理师（FRM）持证人。曾效力于芝加哥商品交易所，担任量化风险管理分析师。主要研究方向为中长线期货策略研发，负责公司数亿元资金的交易，收益效果显著。

　　孙彪，清华大学自动化系本科、博士。曾效力于摩根大通量化研究中心，研究方向为：复杂衍生品定价，包括股票期权和期货期权；量化交易策略开发，包括股票和衍生品。加入涵德投资后，主要研究方向为股票策略和自动交易算法，负责公司数亿元资金的交易算法，成交效果显著。

　　（3）投资业绩。投资业绩如图5-102、图5-103所示。

　　2018年管理规模：10亿~20亿元。

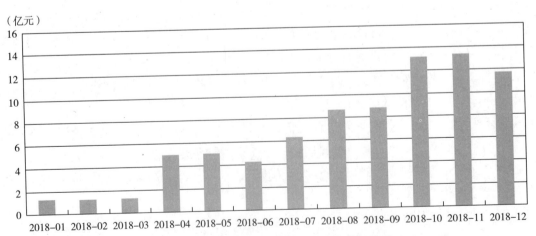

图 5-102　北京涵德投资管理有限公司管理规模

产品数量：累计65只。

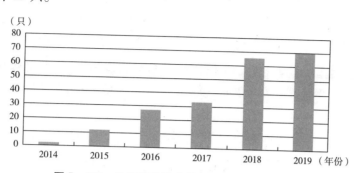

图5-103 北京涵德投资管理有限公司产品数量

22. 北京汉和汉华资本管理有限公司

超长期价值投资为理念——汉和资本致力于以产业资本的眼光看待投资标的，选择有价值的标的并坚定地长期持有，依托二级市场流动性，力求获取超额的投资回报。

坚持与投资者利益一致——汉和资本管理的所有产品均不收取固定管理费用。独特的收费模式也体现了管理人对未来持续为投资者赚取回报的信心。

坚定做多中国——通过伴随中国优秀上市公司的持续成长，实现与企业的共赢，共同分享国家改革开放的红利，参与中华民族伟大复兴的历史进程。

（1）公司信息。公司信息如表5-120所示。

表5-120 北京汉和汉华资本管理有限公司信息

简 称	汉和资本				
登记编号	P1002383	组织机构代码	06134441-3		
成立时间	2013-01-05	登记时间	2014-05-26		
企业性质	内资企业	机构类型	私募证券投资基金管理人		
注册资本（万元）（人民币）	1000	实缴资本（万元）（人民币）	1000		
注册资本实缴比例	100%	是否为符合提供投资建议条件的第三方机构	否		
注册地址	北京市朝阳区东三环北路霞光里18号1号楼A座20层C单元				
办公地址	北京市朝阳区东三环北路霞光里18号佳程广场A座20层C区				
员工人数	12	机构网址	www.hanhecapital.com/	电话	400-6158880
法定代表人/执行事务合伙人	罗晓春				
法定代表人/执行事务合伙人（委派代表）工作履历	时间	任职单位	任职部门	职务	
	2013.01~2017.08	北京汉和汉华资本管理有限公司	投研部	总经理	
	2009.05~2012.12	无	无	无	
	2005.12~2009.04	中国国际金融有限公司	研究部	分析师	
	2004.07~2005.11	招商证券股份有限公司	研究部	分析师	
	2004.04~2004.06	国都证券有限责任公司	研究部	分析师	
	2001.06~2004.03	清华大学精密仪器系	无	研究助理	

（2）投研团队。罗晓春：投资总监/CEO，清华大学学士、上海交通大学硕士。曾担任中国国际金融有限公司机械行业及中小盘分析师，招商证券股份有限公司计算机行业分析师，行业经验17年余。任职期间曾获得"新财富最佳行业分析师"、《中国证券报》"年度明星分析师"等诸多荣誉。中金机械行业、中小盘及招商计算机研究团队在资本市场有着广泛的影响力。机械行业下分18个子行业，计算机行业下分3个子行业，而中小盘更是涵盖大多数行业类别，熟悉种类繁多且跨度非常大的行业。2013年1月，创立了北京汉和汉华资本管理有限公司，担任投资总监、总经理，负责公司整体经营。汉和资本于2018年荣获私募金牛"三年期股票策略管理公司"奖。

（3）投资业绩。投资业绩如图5-104、图5-105所示。

2018年管理规模：10亿~20亿元。

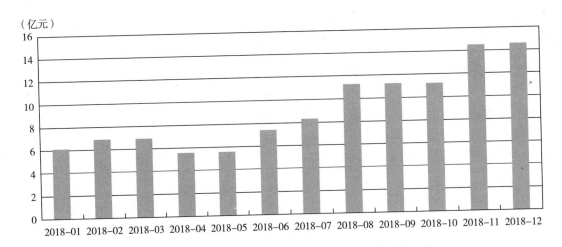

图5-104　北京汉和汉华资本管理有限公司管理规模

产品数量：累计20只。

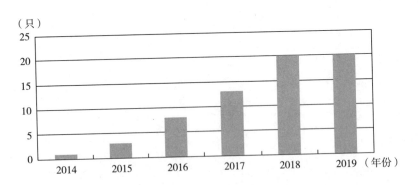

图5-105　北京汉和汉华资本管理有限公司产品数量

23. 上海涌峰投资管理有限公司

上海涌峰投资管理有限公司其前身为云南国际信托投资公司（以下简称云南信托）资产管理总部的中国龙投资团队，负责云南信托自主管理的证券类资金信托——中国龙系列信托计划的投资管理和运营。

中国龙团队始建于 2003 年，是国内率先组建以对冲基金管理模式为特点的专业化投研团队，一直依托云南信托平台为高端私人客户提供以证券类资金信托为主要形式的资产管理服务。

（1）公司信息。公司信息如表 5 - 121 所示。

表 5 - 121　上海涌峰投资管理有限公司信息

简　　称	涌峰投资				
登记编号	P1000314	组织机构代码	59975353 - 4		
成立时间	2012 - 07 - 13	登记时间	2014 - 03 - 25		
企业性质	内资企业	机构类型	私募证券投资 基金管理人		
注册资本（万元） （人民币）	2000	实缴资本（万元）（人民币）	2000		
注册资本 实缴比例	100%	是否为符合提供投资建议 条件的第三方机构	是		
注册地址	上海市浦东新区海徐路 939 号 3 幢 224 室				
办公地址	上海市浦东新区芳甸路 1088 号紫竹大厦 1102 室				
员工人数	25	机构网址	http：//topfund.com.cn	电话	400 - 6688801
法定代表人/ 执行事务合伙人	赵凯				
法定代表人/ 执行事务合伙人 （委派代表） 工作履历	时间	任职单位	任职部门	职务	
	2012.11 ~ 2014.03	上海涌峰投资管理有限公司	投资部	董事长	
	2004.03 ~ 2012.11	云南国际信托有限公司	投资部	副总裁	
	2002.01 ~ 2004.03	中企东方资产管理公司	投资部	研究部经理	
	1991.09 ~ 2001.12	常州财政证券公司	投资部	投资部经理	

（2）投研团队。赵凯：经济学硕士，中国证券市场 22 年投资研究经验。资深的证券投资管理及投资银行项目经验，具备敏锐的市场投资触觉及积累深厚的对行业/公司的综合分析判断能力。他是中国最早的私募基金经理之一，以风格稳健著称于私募行业。

王庆华：经济学博士，中国股票和大中华股票市场 18 年研究及投资管理经验；积累了多年对中国宏观经济、上市公司行业企业研究方面的资深经验，拥有资深的金融行业研究背景，曾任上海涌峰投资管理有限公司总经理，曾参与海外大中华对冲基金的研究及投资管理，具备海内外资本市场研究与投资的深厚基础以及挖掘优势型企业的功底。

马宏：经济学硕士，中国证券市场 23 年研究及投资管理经验。深厚的行业研究经验，对消费品、林业、造纸、家具、包装等行业有相当深入的研究，在担任资深分析师期间，曾于 2005 年、2006 年连续被评选为《新财富》造纸包装行业最佳分析师。具备资深的投资管理背景，擅长于对企业内在价值的挖掘。

杨雄：应用数学学士、工商管理硕士，18 年中国证券市场从业经验；是中国证券行业的资深分析师，2000 年起多次获得深交所、证券业协会研究课题奖，在金融、TMT、衍生品等行业研究中积累了丰富经验，谙熟资本市场各种投资工具以及现代金融市场理论及操作，具备扎实的股票、债券、衍生品的分析判断能力。

陈东：经济学硕士，中国证券市场19年研究及投资经验。中国证券行业最早一批注册证券分析师，在宏观经济、投资策略、行业配置领域积累了丰富的研究与投资经验。

（3）投资业绩。投资业绩如图5-106、图5-107所示。

2018年管理规模：10亿～20亿元。

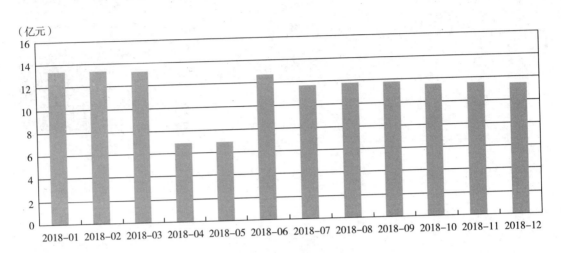

图5-106 上海涌峰投资管理有限公司管理规模

产品数量：累计29只。

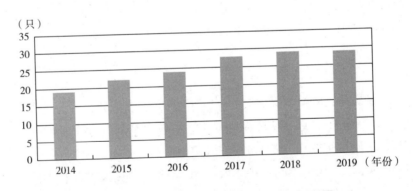

图5-107 上海涌峰投资管理有限公司产品数量

24. 上海同犇投资管理中心（有限合伙）

上海同犇投资管理中心（有限合伙）是市场上为数不多的由多年新财富最佳分析师组建的阳光私募。主营业务为二级市场股票投资，依托专业的投资研究实力，致力于为高净值客户提供优质的财富管理服务。公司核心成员来自曾经最具影响力的证券研究机构——申银万国证券研究所，投资总监童驯先生连续多年被评为新财富最佳分析师第一名，具有深厚的研究功底，崇尚基本面投资。其投资风格总体上偏稳健，注重基本面选股，通过自上而下、自下而上分析相结合，通过寻找"预期差"，努力实现产品净值的稳定增长。

（1）公司信息。公司信息如表5-122所示。

表5-122 上海同犇投资管理中心（有限合伙）信息

简 称	同犇投资			
登记编号	P1001725	组织机构代码	09003772 - X	
成立时间	2014 - 01 - 08	登记时间	2014 - 05 - 04	
企业性质	内资企业	机构类型	私募证券投资基金管理人	
注册资本（万元）（人民币）	1000	实缴资本（万元）（人民币）	1000	
注册资本实缴比例	100%	是否为符合提供投资建议条件的第三方机构	否	
注册地址	上海市崇明县长兴镇潘园公路1800号2号楼4050室（上海泰和经济开发区）			
办公地址	上海市浦东新区福山路458号同盛大厦1501室			
员工人数	10	机构网址	www.tongbeninvest.com	电话 021 - 68595289
法定代表人/执行事务合伙人	童驯			

法定代表人/执行事务合伙人（委派代表）工作履历	时间	任职单位	任职部门	职务
	2014.02~2018.08	上海同犇投资管理中心（有限合伙）	投研部	总经理兼投资总监
	2002.03~2014.02	申银万国证券研究所	食品饮料研究部	首席分析师

（2）投研团队。童驯：总经理、投资总监上海财经大学经济学硕士，15年证券研究和投资经历，其中坚守申万研究12年（2年金融工程+3年化纤行业+7年食品饮料行业，2004~2008年同时参与行业比较研究）。2008~2012年连续五年荣获新财富食品饮料行业最佳分析师第一名，连续获得《证券市场周刊》水晶球食品饮料行业第一名。2014年1月创办同犇投资并担任旗下产品的基金经理，2017年8月，同犇投资最早成立的产品"同犇X期"获得中国基金报颁发的三年期股票策略最佳产品奖；2018年5月，童驯获得中国基金报"英华奖"三年期最佳私募投资经理。

余思颖：高级分析师，北京大学汇丰商学院硕士、香港大学经济与工商管理学院硕士，北京大学文学学士。有五年A股和港股研究经历，对汽车、轻工、传媒及纺织服装等行业有丰富的研究经验，目前担任同犇投资A股及港股汽车及轻工高级分析师。

刘慧萍：消费品分析师厦门大学投资学硕士，厦门大学学士；2015年5月加入同犇投资。曾担任交易主管、宏观策略分析师，目前担任同犇投资宏观策略及消费品行业分析师，在综合策略及主题投资上有较为丰富的研究经验。

（3）投资业绩。投资业绩如图5-108、图5-109所示。

2018年管理规模：10亿~20亿元。

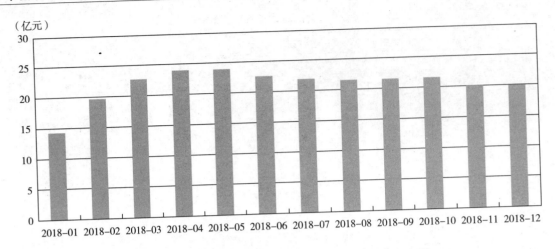

图 5 - 108 上海同犇投资管理中心（有限合伙）管理规模

产品数量：累计 31 只。

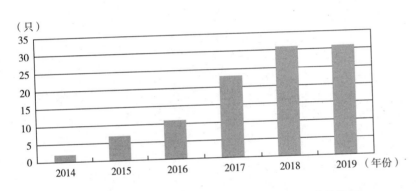

图 5 - 109 上海同犇投资管理中心（有限合伙）产品数量

25. 深圳大禾投资管理有限公司

深圳大禾投资管理有限公司是一家以产业视角奉行价值投资理念的资产管理公司，是在中国证券投资基金业协会登记备案的私募基金管理公司。凭借以投资境内、外上市公司股票为主的掘金系列的优秀业绩和专业的管理赢得高净值客户的信任，成为多家证券公司、FOF 机构等金融证券机构的战略合作伙伴。决策基于公司基本面分析和公司估值。研究的优势来源于拥有工匠精神的投研人员、与实业家的协作机制，由此可以更清楚地了解各行业及企业的商业模式、竞争优势、进入门槛、管理能力。正是这一核心竞争力让大禾投资区别于市场上其他的资产管理公司。

（1）公司信息。公司信息如表 5 - 123 所示。

（2）投研团队。胡鲁滨：毕业于北京大学中国经济研究中心，师从宋国青教授。曾经长期负责易方达基金大类资产配置和宏观研究、投资策略研究；曾经负责全策略投资，并取得良好业绩；主要擅长于自下而上选股，同时对于宏观研究有深入的经验。

李婷婷：曾先后在会计师事务所、美国税务部门工作。具有深厚的金融算法理论，擅长于对产品的设计提供指导性建议。

表5-123 深圳大禾投资管理有限公司信息

简　　称	大禾投资				
登记编号	P1031843	组织机构代码	91440300360005892X		
成立时间	2016-02-15	登记时间	2016-06-24		
企业性质	内资企业	机构类型	私募证券投资基金管理人		
注册资本（万元）（人民币）	1333.33	实缴资本（万元）（人民币）	1333.33		
注册资本实缴比例	100%	是否为符合提供投资建议条件的第三方机构	否		
注册地址	广东省深圳市南山区粤海街道粤兴一道8号香港城市大学产学研大楼501室				
办公地址	广东省广州市天河区珠江新城华夏路28号富力盈信2002-2003室				
员工人数	10	机构网址	www.dahetouzi.cn	电话	无
法定代表人/执行事务合伙人	胡鲁滨				
法定代表人/执行事务合伙人（委派代表）工作履历	时间	任职单位	任职部门	职务	
	2016.11~2017.10	深圳大禾投资管理有限公司	投资决策部	董事长、基金经理	
	2009.02~2016.08	易方达基金管理有限公司	股票部	宏观策略研究员	
	2007.07~2009.02	招商证券股份有限公司	股票部	宏观经济分析师	

杨华业：中山大学理学学士、工商管理硕士。拥有10年以上证券基金从业经验。曾任信达证券投资顾问、广东分公司财富管理部负责人，长期负责投资顾问、金融产品、衍生品等财富管理工作，在资产管理、财富管理行业有丰富经验。

（3）投资业绩。投资业绩如图5-110、图5-111所示。

2018年管理规模：5亿~10亿元。

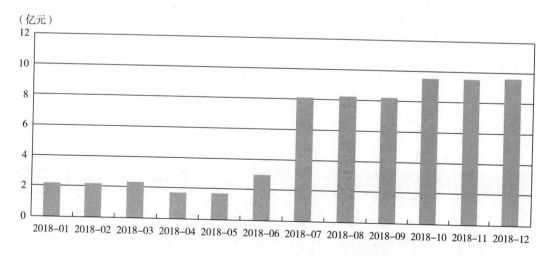

图5-110 深圳大禾投资管理有限公司管理规模

产品数量：累计16只。

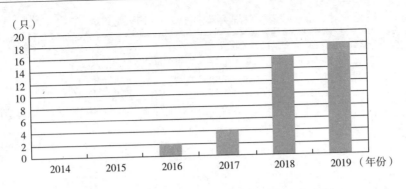

图 5 – 111　深圳大禾投资管理有限公司产品数量

26. 北京志开投资管理有限公司

志开投资管理团队来自于一流私募公司及大型资产管理公司，拥有丰富的投资和管理经验。

（1）公司信息。公司信息如表 5 – 124 所示。

表 5 – 124　北京志开投资管理有限公司信息

简　　称	志开投资			
登记编号	P1025346	组织机构代码	35793491 – 4	
成立时间	2015 – 09 – 02	登记时间	2015 – 10 – 22	
企业性质	内资企业	机构类型	私募证券投资基金管理人	
注册资本（万元）（人民币）	1110	实缴资本（万元）（人民币）	1110	
注册资本实缴比例	100%	是否为符合提供投资建议条件的第三方机构	是	
注册地址	北京市西城区南礼士路 66 号 1 号楼 9 层 1 – 13 内 909 室			
办公地址	北京市西城区南礼士路 66 号建威大厦 909 室			
员工人数	9	机构网址	无	电话　　无
法定代表人/执行事务合伙人	罗敏			
法定代表人/执行事务合伙人（委派代表）工作履历	时间	任职单位	任职部门	职务
	2015. 10 ~ 2018. 12	北京志开投资管理有限公司	投研部	总经理
	2007. 06 ~ 2015. 10	北京市星石投资管理有限公司	投研部	首席投资官
	2006. 05 ~ 2007. 05	新华保险资产管理有限公司	投研部	高级投资经理
	2002. 05 ~ 2006. 04	长盛基金管理有限公司	投研部	基金经理助理
	2000. 12 ~ 2002. 04	西南证券研究所	研究所	研究员

（2）投研团队。罗敏：志开投资董事长兼总经理；武汉大学经济学硕士，18 年投资研究经验。历任星石投资副总经理兼首席投资官、新华保险资产管理公司高级投资经理，长盛成长价值基金、长盛动态精选基金经理助理。

　　吕斐斐：历任星石投资基金经理、高级研究员，鼎萨投资投资经理，现任北京志开投资管理有限公司副总经理。北京大学经济学硕士，从事投资研究工作 9 年，具备良好的宏观经济理论基础和扎实的证券研究和投资管理经验，对 A 股市场波动和变化有深刻的理解，擅长把握价值驱动和主题驱动投资机会。

张文博：历任星石投资基金经理、高级研究员，永赢基金高级投资经理，现任北京志开投资管理有限公司副总经理职位。张文博先生为清华大学工商管理学硕士，从事投资研究工作 9 年，具备良好的宏观经济理论基础和扎实的证券研究和投资管理经验，对 A 股市场波动和变化有深刻的理解，擅长把握价值驱动和主题驱动投资机会。

（3）投资业绩。投资业绩如图 5－112、图 5－113 所示。

2018 年管理规模：1 亿～5 亿元。

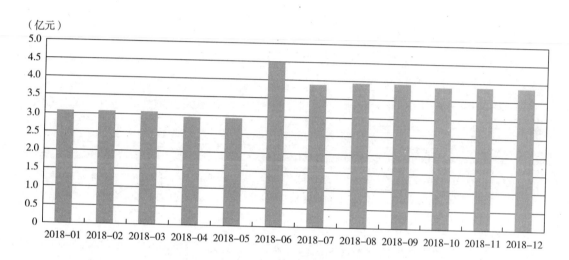

图 5－112 北京志开投资管理有限公司管理规模

产品数量：累计 15 只。

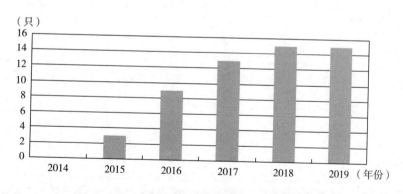

图 5－113 北京志开投资管理有限公司产品数量

27. 北京领星资本管理有限公司

北京领星资本管理有限公司（简称"领星资本"）2016 年 8 月，领星资本成为中国证券投资基金业协会会员。专注于对冲基金投资与定制化受托投资服务的资产管理公司。

（1）公司信息。公司信息如表 5－125 所示。

表 5 - 125　北京领星资本管理有限公司信息

简　称	领星资本					
登记编号	P1032046	组织机构代码		91110105MA003HF64Q		
成立时间	2016 - 02 - 03	登记时间		2016 - 07 - 04		
企业性质	内资企业	机构类型		私募证券投资 基金管理人		
注册资本（万元） （人民币）	1000	实缴资本（万元）（人民币）		1000		
注册资本 实缴比例	100%	是否为符合提供投资建议 条件的第三方机构		否		
注册地址	北京市朝阳区北辰东路 8 号汇欣大厦（B 座）1 号楼 3 层 B306					
办公地址	北京市朝阳区北辰东路 8 号汇欣大厦 B 座 306					
员工人数	10	机构网址		www. linkcap. cn	电话	010 - 84982833
法定代表人/ 执行事务合伙人	杨泽辉					
法定代表人/ 执行事务合伙人 （委派代表） 工作履历	时间	任职单位		任职部门		职务
	2016. 02 ~ 2016. 12	北京领星资本管理有限公司		投资部		执行董事
	2014. 09 ~ 2016. 02	北京易财科技有限公司		无		合伙人
	2004. 02 ~ 2014. 08	华夏基金管理有限公司		股票投资部		研究员、基金经理
	1999. 07 ~ 2004. 02	中国人民大学		学校办公室		科长

（2）投研团队。杨泽辉：现任领星资本执行董事兼投资总监。中国人民大学管理学硕士、经济学学士，CFA，具有基金从业资格，12 年大型公募基金投资研究经历，历任华夏基金管理有限公司研究员、研究主管、基金经理，担任过全国社保理事会"社保107组合"和华夏蓝筹核心基金经理。

郑霄：现任领星资本运营总监。中国人民大学工学硕士、学士，具有基金从业资格，15 年 IT 行业研发和项目管理经验，曾在微软中国、北电网络中国、杰恩邦德北京研究中心担任高级研发经理、研发中心总监等职位。

丁娜：现任领星资本合规总监，哈尔滨理工大学财务会计学士，具有基金从业资格。10 年公募基金及专户产品运营经验，原华夏基金基金运作部资深主管，长期负责公募的运营及会计审核工作。

（3）投资业绩。投资业绩如图 5 - 114、图 5 - 115 所示。

2018 年管理规模：5 亿 ~ 10 亿元。

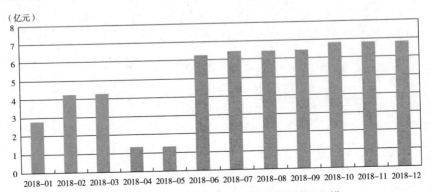

图 5 - 114　北京领星资本管理有限公司管理规模

产品数量：累计 17 只。

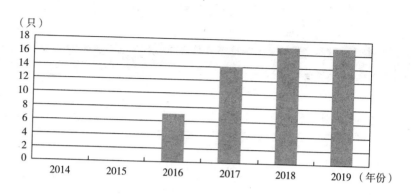

图 5 - 115 北京领星资本管理有限公司产品数量

28. 上海幂数资产管理有限公司

上海幂数资产管理有限公司由证券业内具有十年以上投资经验的专业团队创建，是国内专业从事量化投资资产管理的对冲基金之一。投研团队具备理工科与金融复合背景，在量化投资领域拥有深入的理论研究、丰富的投研经验与透明的历史业绩。

（1）公司信息。公司信息如表 5 - 126 所示。

表 5 - 126 上海幂数资产管理有限公司信息

简 称	幂数资产				
登记编号	P1064158	组织机构代码	91310115342303466C		
成立时间	2015 - 06 - 08	登记时间	2017 - 08 - 14		
企业性质	内资企业	机构类型	私募证券投资基金管理人		
注册资本（万元）（人民币）	1000	实缴资本（万元）（人民币）	300		
注册资本实缴比例	30%	是否为符合提供投资建议条件的第三方机构	否		
注册地址	上海市浦东新区南汇新城镇环湖西二路 888 号 1 幢 2 区 9048 室				
办公地址	上海市浦东新区商城路 800 号斯米克大厦 411 室				
员工人数	6	机构网址	无	电话	无
法定代表人/执行事务合伙人	陈炮				
法定代表人/执行事务合伙人（委派代表）工作履历	时间	任职单位	任职部门	职务	
	2016. 10 ~ 2017. 04	上海幂数资产管理有限公司	总经办	总经理	
	2014. 03 ~ 2016. 10	青雅投资管理有限公司	量化对冲部	投资经理	
	2013. 04 ~ 2014. 03	浙商投资研究会	研究部	研究员	
	2012. 04 ~ 2013. 04	华宝证券	杭州营业部	投资顾问	
	2010. 10 ~ 2012. 04	光大证券	杭州庆春路营业部	投资顾问	

（2）投研团队。陈炮：毕业于浙江大学物理专业，曾在多家券商、私募以及研究机构任职，出版有投资类专著，拥有丰富的证券市场研究及资产管理经历，擅长于股票日内交易、分级 B 日内交易、期货做市策略和各品种高频交易。

（3）投资业绩。投资业绩如图 5 – 116、图 5 – 117 所示。

2018 年管理规模：0 ~ 1 亿元。

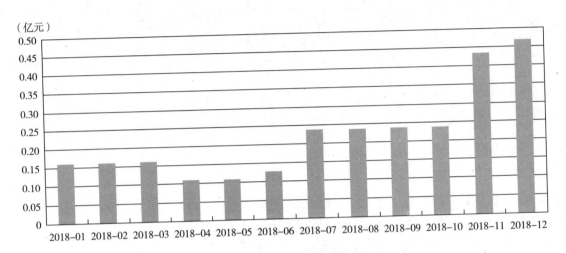

图 5 – 116　上海幂数资产管理有限公司管理规模

产品数量：累计 5 只。

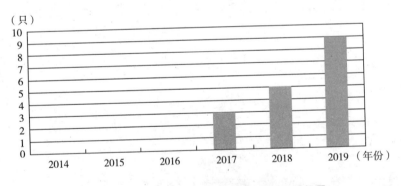

图 5 – 117　上海幂数资产管理有限公司产品数量

29. 相聚资本管理有限公司

相聚资本管理有限公司主要从事证券投资和资产管理业务，基金业协会会员。其秉持规范经营和专业投资的理念，完整的治理结构充分体现了激励充分、投资独立、专业分工、持续经营的原则，形成良好的稳健发展、为客户不断创造价值打下了坚实基础。

（1）公司信息。公司信息如表 5 – 127 所示。

表 5 – 127　相聚资本管理有限公司信息

简　　称	相聚资本				
登记编号	P1007912	组织机构代码		32723063 – 3	
成立时间	2015 – 01 – 15	登记时间		2015 – 02 – 04	
企业性质	内资企业	机构类型		私募证券投资 基金管理人	
注册资本（万元） （人民币）	11627.91	实缴资本（万元）（人民币）		3139.54	
注册资本 实缴比例	27%	是否为符合提供投资建议 条件的第三方机构		是	
注册地址	北京市西城区宣武门外大街 6、8、10、12、16、18 号 6 号楼 9 层 913、914、915、916、917				
办公地址	北京市西城区宣武门外大街 6、8、10、12、16、18 号 6 号楼 9 层 913、914、915、916、917				
员工人数	18	机构网址	www.jucc.com.cn/	电话	010 – 63109969
法定代表人/ 执行事务合伙人 （委派代表）	梁辉				
法定代表人/ 执行事务合伙人 （委派代表） 工作履历	时间	任职单位	任职部门	职务	
	2015.03 ~ 2018.04	相聚资本管理有限公司	投资部	总经理	
	2002.02 ~ 2015.03	泰达宏利基金管理有限公司	投资部	研究员，基金经理， 投资总监	

（2）投研团队。梁辉：清华大学工学学士学位和管理学硕士学位。拥有多年证券投资经验，原泰达宏利基金管理公司总经理助理、投资总监，并任泰达宏利基金的投资管理委员会主席。曾任先后任公司研究部行业研究员、投资经理助理、研究部总监、金融工程部总经理、基金投资部总经理等职务。

陈晓舜：1998 年加入广发证券，历任专题和行业研究员、部门经理、资产管理部投资经理。2009 年 12 月加入泰达宏利基金管理有限公司，担任专户理财部资深投资经理。陈晓舜先生拥有中国石油大学工学硕士学位。陈晓舜先生拥有多年证券从业经验和多年投资经验，擅长绝对回报。

王建东：拥有 5 年证券投资经验，原天弘基金管理公司研究员。曾先后任职于青云创投中国环境基金、甘肃省电力公司风电技术中心、泰达宏利基金管理公司，在能源、环保等领域拥有丰富的行业经验。王先生拥有清华大学工学学士学位和硕士学位。

何淼：毕业于清华大学，获电气工程及其自动化专业工学学士学位和数学专业理学硕士学位。熟悉股市基本面研究，同时擅长数学建模和股市期市多空量化模型开发，曾经管理的专户产品表现出优秀的风险收益特征。

（3）投资业绩。投资业绩如图 5 – 118、图 5 – 119 所示。

2018 年管理规模：10 亿 ~ 20 亿元。

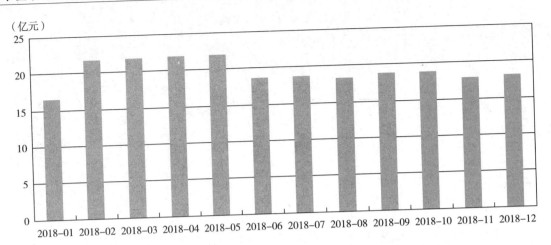

图 5 - 118　相聚资本管理有限公司管理规模

产品数量：累计 22 只。

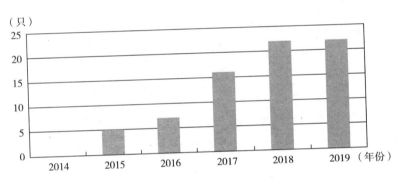

图 5 - 119　相聚资本管理有限公司产品数量

30. 安徽中珏投资管理有限公司

安徽中珏投资管理有限公司一直秉承"以银生金，以信换心"的经营理念，坚持以"做最受尊重的金融企业"为目标，坚持"审慎管理、风险严控、安全第一、长期合作"的经营原则。

（1）公司信息。公司信息如表 5 - 128 所示。

表 5 - 128　安徽中珏投资管理有限公司信息

简　称	中珏投资		
登记编号	P1008208	组织机构代码	58888495 - 0
成立时间	2012 - 01 - 06	登记时间	2015 - 02 - 11
企业性质	内资企业	机构类型	私募证券投资基金管理人
注册资本（万元）（人民币）	1000	实缴资本（万元）（人民币）	260
注册资本实缴比例	26%	是否为符合提供投资建议条件的第三方机构	否

注册地址	安徽省合肥市包河区徽州大道与扬子江路交口东南金融港中心 A5A6 幢 5 – 办 1314			
办公地址	安徽省合肥市包河区徽州大道与扬子江路交口东南金融港中心 A5A6 幢 5 – 办 1314			
员工人数	5	机构网址	www.zjfund.net	电话	无
法定代表人/ 执行事务合伙人	秦坤			
法定代表人/	时间	任职单位	任职部门	职务
执行事务合伙人	2017.11～2018.07	安徽中扩股权投资有限公司	无	总经理
（委派代表）	2012.01～2018.07	安徽中珏投资管理有限公司	无	总经理
工作履历	2008.08～2011.10	合肥聚智投资咨询有限公司	无	总经理

（2）投研团队。秦坤：合肥工业大学本科持有证券、期货、基金执业资格证书，2008 年 8 月在某知名私募公司担任研究员，2009 年 12 月担任部门投资总监，管理客户个人资产。

何巍：超过十年的证券和期货市场投资经验，通过证券从业资格，期货从业资格，基金从业资格。拥有丰富的金融类公司管理经验和私募基金运作经验，在全国的证券期货投资领域有一定的知名度。

（3）投资业绩。投资业绩如图 5 – 120、图 5 – 121 所示。

2018 年管理规模：0～1 亿元。

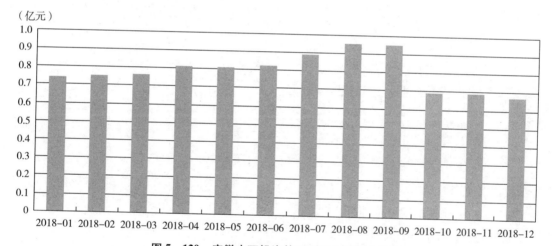

图 5 – 120　安徽中珏投资管理有限公司管理规模

产品数量：累计 15 只。

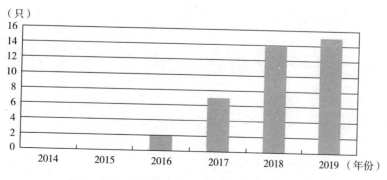

图 5 – 121　安徽中珏投资管理有限公司产品数量

31. 深圳云天志基金管理有限公司

深圳云天志基金管理有限公司旨在打造以基金管理为核心、专注价值投资的财富管理平台。新FOF思想——多策略轮动，穿越牛熊。

（1）公司信息。公司信息如表5-129所示。

表5-129 深圳云天志基金管理有限公司信息

简 称	云天志基金		
登记编号	P1004604	组织机构代码	08832800-X
成立时间	2014-01-24	登记时间	2014-09-09
企业性质	内资企业	机构类型	私募证券投资基金管理人
注册资本（万元）（人民币）	1500	实缴资本（万元）（人民币）	1300
注册资本实缴比例	86.667%	是否为符合提供投资建议条件的第三方机构	否
注册地址	广东省深圳市南山区前海深港合作区前湾一路1号A栋201室（入驻深圳市前海商务秘书有限公司		
办公地址	广东省广州市白云区机场路111号307之二室B5（自编3FB5）		
员工人数	7	机构网址	无	电话	无
法定代表人/执行事务合伙人	高盛林		
法定代表人/执行事务合伙人（委派代表）工作履历	时间	任职单位	任职部门	职务
	2017.02~2017.04	深圳云天志基金管理有限公司	财务部	执行董事
	2016.01~2017.02	深圳云天志基金管理有限公司	空	执行董事，总经理
	2013.02~2016.01	东营市中庸房地产开发有限公司	财务部	财务负责人
	2012.03~2013.02	广州市中庸集团有限公司	财务部	会计

（2）投研团队。郑将：七年投研经验。先后任职于大型银行、期货公司、证券私募基金。擅长宏观经济及大类资产分析、交易策略适用性分析。区别于传统意义上的FOF策略思想，以FOF形式实现超额收益，并规避单策略的阶段失效风险。

（3）投资业绩。投资业绩如图5-122、图5-123所示。

2018年管理规模：0~1亿元。

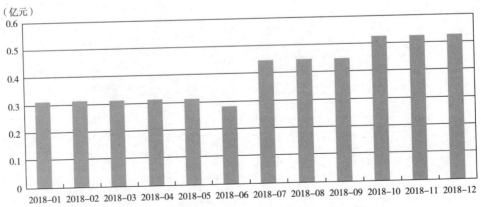

图5-122 深圳云天志基金管理有限公司管理规模

产品数量：累计 2 只。

图 5 - 123 深圳云天志基金管理有限公司产品数量

32. 厦门飞利登资产管理有限公司

厦门飞利登资产管理有限公司投研团队具有十年以上的证券市场投资经验。公司投研团队秉承"风险可控前提下实现持续稳定盈利"的投资理念，多年来专注于证券市场研究及投资，具有专业的证券投资技术、丰富的证券投资经验及风险控制能力。

（1）公司信息。公司信息如表 5 - 130 所示。

表 5 - 130 厦门飞利登资产管理有限公司信息

简　称	飞利登资产				
登记编号	P1063197	组织机构代码	91350206MA2XRDKE51		
成立时间	2016 - 11 - 14	登记时间	2017 - 06 - 15		
企业性质	内资企业	机构类型	私募证券投资 基金管理人		
注册资本（万元） （人民币）	1000	实缴资本（万元）（人民币）	1000		
注册资本 实缴比例	100%	是否为符合提供投资建议 条件的第三方机构	否		
注册地址	福建省厦门市湖里区金山西二里 136 号				
办公地址	福建省福州市晋安区象园街晋连路 19 号世欧王庄 C - a4 地块 2 号楼 2110 室				
员工人数	6	机构网址	无	电话	无
法定代表人/ 执行事务合伙人	吴生光				
法定代表人/ 执行事务合伙人 （委派代表） 工作履历	时间	任职单位	任职部门	职务	
	2016. 11 ~ 2017. 03	厦门飞利登资产管理有限公司	投资管理部	总经理	
	2012. 10 ~ 2016. 09	渤海证券福州营迹路营业部	市场营销部	经理	
	2009. 03 ~ 2012. 09	福州创胜商务信息有限公司	投资研究部	副经理	
	2004. 03 ~ 2009. 03	福建天信投资咨询公司	投资研究部	研究员分析师	
	2001. 10 ~ 2003. 12	广州武警一支队	机动中队	士兵	

（2）投研团队。吴生光：总经理，福建中医药大学毕业，具有 15 年以上证券研究投资经验，

历经三轮牛熊转换，敬畏市场、尊重市场运行的内在规律。在2008年、2015年、2018年等大幅度调整行情中全身而退并取得正收益。具备丰富的基本面分析、资金管理及风险控制能力，擅长挖掘医药、消费、科技等行业高成长股票的价值投资机会。2018年旗下飞利登价值成长一号产品荣获"天风证券全国私募基金比赛"股票多头组第三名。

（3）投资业绩。投资业绩如图5-124、图5-125所示。

2018年管理规模：0~1亿元。

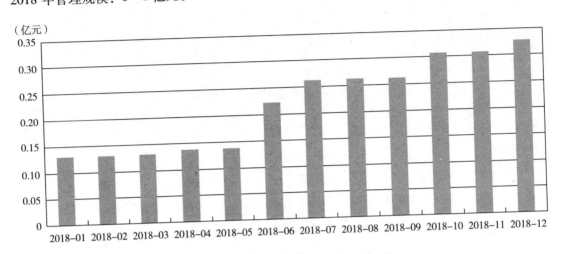

图5-124　厦门飞利登资产管理有限公司管理规模

产品数量：累计4只。

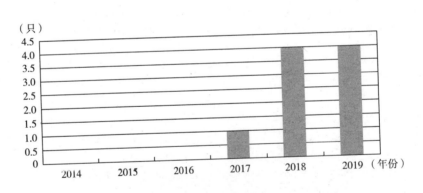

图5-125　厦门飞利登资产管理有限公司产品数量

33. 深圳前海和元达量化投资有限公司

深圳前海和元达量化投资有限公司是一家运用大数据进行精准量化投资的私募基金公司。公司通过对多年的金融历史数据进行分析，使用统计学、物理学、计算机科学等相关学科对金融数据进行建模，开发出股票多头、期货投机、Alpha对冲等三大类量化模型，均实现长期稳定的超额收益。其搭建了PB级的庞大金融大数据库，开发出高效的交易平台，具有强大的定量投资信息处理能力。其以证券市场非有效性为出发点，通过演绎推理构建量化模型，利用大数据计算验证与修正模型，进行分散化投资，通过概率取胜。

（1）公司信息。公司信息如表5-131所示。

表5-131　深圳前海和元达量化投资有限公司信息

简　　称	和元达投资				
登记编号	P1033797	组织机构代码	349909022		
成立时间	2015-08-25	登记时间	2016-09-19		
企业性质	内资企业	机构类型	私募证券投资 基金管理人		
注册资本（万元） （人民币）	1540	实缴资本（万元）（人民币）	1001		
注册资本 实缴比例	65%	是否为符合提供投资建议 条件的第三方机构	否		
注册地址	广东省深圳市南山区深圳市前海港合作区前湾一路1号A栋201室（入驻深圳市前海商务秘书有限公司）				
办公地址	广东省广州市天河区花城大道85号高德置地春广场A座3206A单元				
员工人数	6	机构网址	无	电话	无
法定代表人/ 执行事务合伙人	陈剑洪				
法定代表人/ 执行事务合伙人 （委派代表） 工作履历	时间	任职单位	任职部门	职务	
	2015.08~2016.07	深圳前海和元达量化投资 有限公司	总经理	总经理	
	2014.12~2015.07	广州和元达信息科技有限公司	管理	产品经理	
	2003.12~2014.11	中国移动通信集团广东有限公司	技术部	高级业务支持系统开发主管	
	2000.10~2003.11	爱立信（中国）通信有限公司	GUC/G	DT Engineer	

（2）投研团队。陈剑洪：中山大学计算机系毕业，对统计学、计算机算法有深入研究。

张智能：中山大学金融学硕士（金融工程方向），曾就职于广东证券、人民银行，16年证券投资经验，善于构建量化投资模型。

（3）投资业绩。投资业绩如图5-126、图5-127所示。

2018年管理规模：0~1亿元。

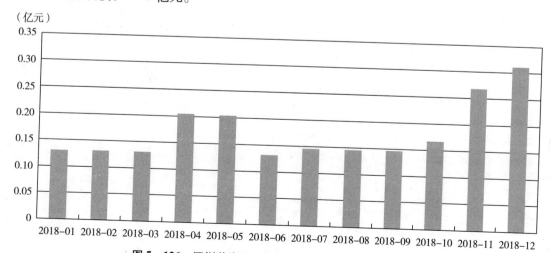

图5-126　深圳前海和元达量化投资有限公司管理规模

产品数量：累计7只。

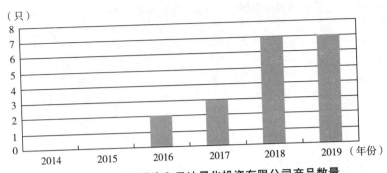

（只）

图 5 – 127　深圳前海和元达量化投资有限公司产品数量

34. 浙江领冠投资管理有限公司

浙江领冠投资管理有限公司核心团队拥有十年的投资管理经验，经过多轮市场的经验积累和性情修炼，具备较强的投资交易实力。其依托稳固高效的投研团队和丰富深厚的行业资源，始终以绝对收益为目标，通过发现价值，投资价值，控制回撤，持续复利为投资人创造持续稳健的资产回报，致力于成为一家有影响力，受人尊敬的私募基金管理公司。立足价值、成长、趋势；通过深度研究精选个股、组合投资、注重择时、仓位灵活，敬畏市场，风控严苛，寻求多市场环境中的最佳风险收益比。

（1）公司信息。公司信息如表 5 – 132 所示。

表 5 – 132　浙江领冠投资管理有限公司信息

简　称	领冠投资				
登记编号	P1064619	组织机构代码	91330522MA28CYTU6M		
成立时间	2017 – 02 – 20	登记时间	2017 – 09 – 07		
企业性质	内资企业	机构类型	私募证券投资 基金管理人		
注册资本（万元） （人民币）	2000	实缴资本（万元）（人民币）	600		
注册资本 实缴比例	30%	是否为符合提供投资建议 条件的第三方机构	否		
注册地址	浙江省湖州市长兴县长兴经济技术开发区明珠路 1278 号长兴世贸大厦 A 楼 17 层 1780 室				
办公地址	江苏省南京市鼓楼区中山路 179 号易发信息大厦 11FB 座				
员工人数	14	机构网址	无	电话	无
法定代表人/ 执行事务合伙人	樊传晴				
法定代表人/ 执行事务合伙人 （委派代表） 工作履历	时间	任职单位		任职部门	职务
	2017.02 ~ 2017.04	浙江领冠投资管理有限公司		投研部	投资总监
	2015.05 ~ 2017.02	南京领冠投资管理有限公司		投研部	投资总监
	2013.05 ~ 2015.05	江苏万鑫控股集团有限公司		投资部	投资经理
	2012.12 ~ 2013.05	南京证券云南北路营业部		投顾部	投资分析师
	2012.01 ~ 2012.11	宜信普惠信息咨询有限公司		理财部	团队经理
	2011.01 ~ 2011.12	华安证券南京中华路营业部		市场部	客户经理

（2）投研团队。王鹏：拥有10年投资管理经验，先后就职于基金公司，资产管理公司历任交易员、研究员、投资总监；深耕二级市场历经多轮市场转换周期，对市场整体趋势及热点把握精准，同时善于寻找被市场低估的优质标的和超市场预期的优秀成长型投资标的，追求有安全边际的投资策略。

（3）投资业绩。投资业绩如图5-128、图5-129所示。

2018年管理规模：0~1亿元。

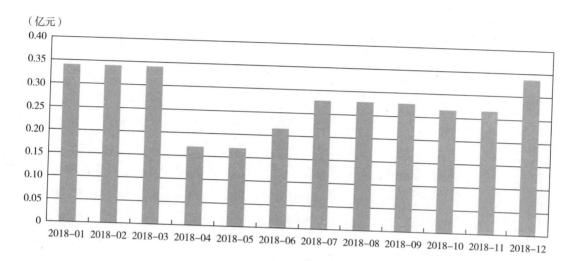

图5-128 浙江领冠投资管理有限公司管理规模

产品数量：累计4只。

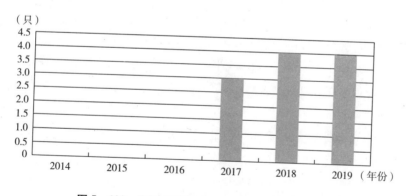

图5-129 浙江领冠投资管理有限公司产品数量

35. 上海协捷资产管理有限公司

上海协捷资产管理有限公司团队拥有数学、金融工程、物理等多学科背景，自主搭建了以Python语言为主的金融模型开发、训练与评估平台，在自主平台上，拓展了神经网络与深度学习对金融时间序列的预测能力，打造出多系列适用于市场全周期的量化人工智能交易助手模型，凭借对数学、统计、金融和计算机科学的研究，结合量化人工智能交易助手模型和对中国市场的充分认知，为国内外机构投资者和高净值客户提供持续稳定的收益，同时严格控制回撤，实现较高的夏普率。

（1）公司信息。公司信息如表5-133所示。

表 5 - 133　　上海协捷资产管理有限公司信息

简　称	协捷资产			
登记编号	P1034581	组织机构代码	91310120MA1HKJ9X2H	
成立时间	2016 - 02 - 24	登记时间	2016 - 11 - 11	
企业性质	内资企业	机构类型	私募证券投资基金管理人	
注册资本（万元）（人民币）	1000	实缴资本（万元）（人民币）	300	
注册资本实缴比例	30%	是否为符合提供投资建议条件的第三方机构	否	
注册地址	上海市松江区叶榭镇叶旺路 1 号三楼			
办公地址	上海市浦东新区福山路 500 号城建国际中心 19 楼 1902 室			
员工人数	8	机构网址	无	电话　无
法定代表人/执行事务合伙人	司承良			
法定代表人/执行事务合伙人（委派代表）工作履历	时间	任职单位	任职部门	职务
	2017. 10 ~ 2017. 12	上海协捷资产管理有限公司	总经理室	总经理、投资总监
	2014. 10 ~ 2017. 08	江苏紫鑫投资管理有限公司	投资部	投资经理
	2010. 05 ~ 2014. 10	江苏金桂圆投资管理有限公司	投资部	投资专员
	2009. 07 ~ 2010. 05	江苏国兴投资集团有限公司	投资部	项目专员

（2）投研团队。许淑婷：会计学专业，中国证券市场多年研究管理及投资经验，积累了深厚的行业及企业研究经验，先后负责地产、金融行业研究，善于资产管理，能对各类交易策略及运作系统进行有效管理。

陶一铭：毕业于西安财经学院电子商务专业。2013 ~ 2017 年从事证券期货行业，任机构客户经理及 PB 系统专员，从 2016 年起从事期权策略研究。专注于期权市场研究及策略研发，2017 年任期胜一号私募基金风控经理，任职期间产品收益及回撤均处于市场前位。善于分析交易风险情况、制定风险值限额，优化风控系统。

（3）投资业绩。投资业绩如图 5 - 130、图 5 - 131 所示。

2018 年管理规模：0 ~ 1 亿元。

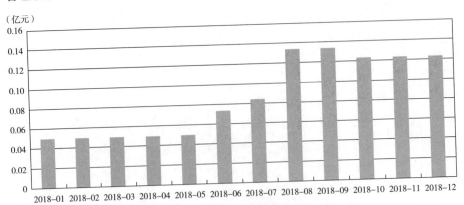

图 5 - 130　上海协捷资产管理有限公司管理规模

产品数量：累计 3 只。

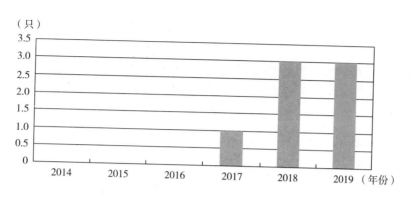

图 5 - 131 上海协捷资产管理有限公司产品数量

36. 苏州工业园区华智汇金资产管理有限公司

苏州工业园区华智汇金资产管理有限公司（SUZHOU INDUSTRIAL ZONE HUAZHIHUIJIN ASSET MANAGEMENT Co.，Ltd），于 2016 年 3 月成立，并在同年 7 月通过中国证券投资基金业协会私募基金管理人登记备案，备案编码 P1032156，2018 年 4 月成为中国基金业协会的观察会员。公司成立至今共备案 17 支产品。

公司由国内量化投资领域专业人士和具备多年证券市场从业经验的资深人士共同创立，组建了一支勤奋、严谨、专业的投资团队，下设交易、策略研究和风控合规等多个部门，专注于量化投资领域，并努力拓展研究其他策略方向，以期为客户创造长期持续、稳定的资产增值和回报。

（1）公司信息。公司信息如表 5 - 134 所示。

表 5 - 134 苏州工业园区华智汇金资产管理有限公司信息

简 称	苏州工业园区华智汇金资产管理有限公司（简称华智汇金）			
登记编号	P1032156	组织机构代码	91320594MA1MGH125C	
成立时间	2016 - 03 - 21	登记时间	2016 - 07 - 12	
企业性质	内资企业	机构类型	私募证券投资基金管理人	
注册资本（万元）（人民币）	1000	实缴资本（万元）（人民币）	1000	
注册资本实缴比例	100%	是否为符合提供投资建议条件的第三方机构	否	
注册地址	江苏省苏州市吴江区苏州工业园区苏虹东路 183 号东沙湖股权投资中心 7 栋 101、201、301 室			
办公地址	山东省青岛市崂山区石岭路 39 号名汇国际 1 号楼 1602 室			
员工人数	14	机构网址	www. hzhjamsz. com	电话	0532 - 55526825
法定代表人/执行事务合伙人	周大昭			
定代表人/执行事务合伙人（委派代表）工作履历	时间	任职单位	任职部门	职务
	2015. 09 ~ 2018. 03	深圳华智汇金资产管理有限公司	总经理	总经理
	2009. 08 ~ 2015. 08	青岛东海恒信投资管理有限公司	无	副总经理
	2006. 07 ~ 2009. 07	中投证券承德营业部	无	分析师
	1999. 06 ~ 2002. 09	自主创业	自主创业	自主创业

（2）投研团队。刘连肖，基金经理，主要投资策略为市场中性策略，通过量化对冲，实现市场中时机的把握。

高迪，基金经理，2015年7月至2017年5月，担任青岛东海恒信资产管理有限公司交易员，2017年5月至今，担任苏州工业园区华智汇金资产管理有限公司基金经理。主要从事日内T+0的策略研究。自从业以来，主要对T+0的市场点位进行学习，对板块联动、盘口交易量、AH联动等多个策略，以及对于大盘点位的判断都具有着独到的见解。

（3）目前存续产品数量。目前存续产品数量总计8只（如图5-132所示）。

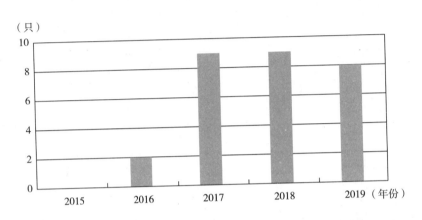

图5-132　苏州工业园区华智汇金资产管理有限公司产品数量

二、相对价值策略

（一）5亿元以上

1. 上海金锝资产管理有限公司

上海金锝资产管理有限公司成立于2011年底，是经中国证券投资基金业协会备案的私募基金管理人。拥有成熟严谨的投资理念、广受肯定的稳健业绩、经验丰富的一流团队、科学完善的投研体系、饱含活力的管理制度以及放眼世界的宽广视野。金锝专注于数量化的对冲基金策略的开发，利用统计学原理来研究金融市场，通过复杂的数学模型和自动化交易来管理投资人的委托资金。金锝现有员工50多名，研发人员近40人，这其中约40%拥有博士学位，绝大部分毕业于清华、北大及海外顶级院校。团队的主要成员有在国外著名量化基金从业多年的基金经理，同时也有对国内市场、交易机制、计算机系统和金融数据了如指掌的专业技术人员。

（1）公司信息。公司信息如表5-135所示。

（2）投研团队。任思泓：美国纽约大学工商管理硕士，加拿大滑铁卢大学工程硕士，北京大学理学士。于1996年进入华尔街，先后在汇丰银行、美国银行、摩根士丹利担任要职。特别是自2002起，在摩根士丹利的PDT担任基金经理，负责开发和管理数亿美元的对冲基金，积累了世界一流的数量化基金经验。2009年初回国加入中金公司，从零开始负责建立数量化交易业务。

表 5 - 135　上海金锝资产管理有限公司信息

简　　称	金锝资产				
登记编号	P1008275	组织机构代码		58676894 - 8	
成立时间	2011 - 11 - 25	登记时间		2015 - 02 - 11	
企业性质	内资企业	机构类型		私募证券投资 基金管理人	
注册资本（万元） （人民币）	3000	实缴资本（万元）（人民币）		3000	
注册资本 实缴比例	100%	是否为符合提供投资建议 条件的第三方机构		是	
注册地址	上海市宝山区淞兴西路 234 号 3F—601				
办公地址	上海市浦东新区世博大道 2095 号意大利中心 3 楼 A 单元				
员工人数	36	机构网址	http：//www. jindefund. com	电话	无
法定代表人/ 执行事务合伙人	MICHAEL SIHONG REN				
法定代表人/ 执行事务合伙人 （委派代表） 工作履历	时间	任职单位		任职部门	职务
	2012. 05 ~ 2017. 06	上海金锝资产管理有限公司		研发部	董事长及投资总监
	2009. 01 ~ 2012. 02	中国国际金融有限公司		固定收益部	执行总经理
	2000. 05 ~ 2008. 10	摩根史丹利		研发部	基金经理
	1996. 11 ~ 2000. 04	汇丰银行		研发部	风险分析师

（3）投资业绩。投资业绩如图 5 - 133、图 5 - 134 所示。

2018 年管理规模：50 亿 ~ 100 亿元。

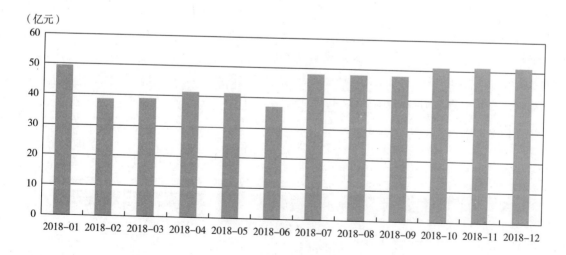

图 5 - 133　上海金锝资产管理有限公司管理规模

产品数量：累计 31 只。

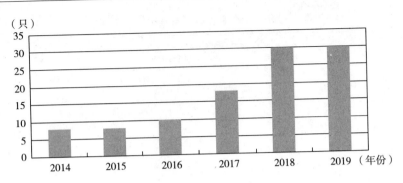

图 5 - 134　上海金锝资产管理有限公司产品数量

2. 深圳市平石资产管理有限公司

深圳市平石资产管理有限公司成立于 2006 年 5 月 23 日，注册资本 1 亿元，创始人为尹志平先生。主要投资策略为精选品种，精心配置，在控制风险的基础上获取稳健收益，综合考虑投资标的的成长性、风险收益比、内在价值等因素，精选优质的股票、基金、债券等组成多头组合。根据相关性、流动性、价格（升贴水）等因素在期货、期权等衍生品中优选品种，构建空头组合，通过多空组合的相对变化，来达成投资目标。

（1）公司信息。公司信息如表 5 - 136 所示。

表 5 - 136　深圳市平石资产管理有限公司信息

简　　称	平石资产				
登记编号	P1000784	组织机构代码	78921893 - 8		
成立时间	2006 - 05 - 23	登记时间	2014 - 04 - 21		
企业性质	内资企业	机构类型	私募证券投资 基金管理人		
注册资本（万元） （人民币）	10000	实缴资本（万元）（人民币）	8000		
注册资本 实缴比例	80%	是否为符合提供投资建议 条件的第三方机构	否		
注册地址	广东省深圳市福田区梅林街道下梅林二街西颂德花园办公楼 408				
办公地址	广东省深圳市福田区梅林街道下梅林二街颂德国际 408				
员工人数	8	机构网址	无	电话	0755 - 83244848
法定代表人/ 执行事务合伙人	尹志平				
法定代表人/ 执行事务合伙人 （委派代表） 工作履历	时间	任职单位	任职部门		职务
	2006.05 ~ 2017.04	深圳市平石资产管理有限公司	投资部		董事长兼总经理
	1998.02 ~ 2006.05	深圳市君恒投资有限公司	投资部		总经理
	1998.02 ~ 2009.12	深圳市尊悦证券投资顾问 有限公司	执行董事		执行董事
	1994.08 ~ 1998.02	深圳南山基金管理公司	投资部		基金经理
	1993.11 ~ 1994.07	深圳中期国际期货有限公司	交易部		交易员

（2）投研团队。尹志平：1992 年毕业于西南财经大学，25 年证券投资经验。1993～1994 年于深圳中国国际期货公司任经纪人；1994～1998 年于深圳南山基金管理公司任基金经理；1998 年创业至今。

（3）投资业绩。投资业绩如图 5－135、图 5－136 所示。

2018 年管理规模：10 亿～20 亿元。

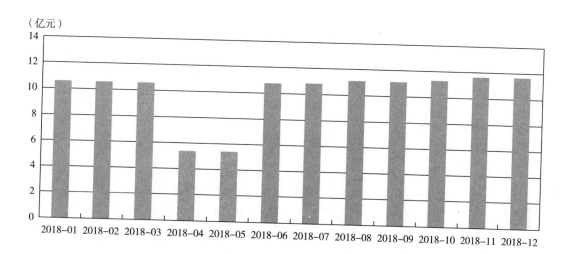

图 5－135　深圳市平石资产管理有限公司管理规模

产品数量：累计 11 只。

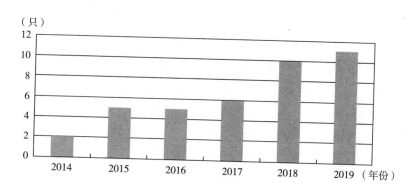

图 5－136　深圳市平石资产管理有限公司产品数量

3. 上海申毅投资股份有限公司

申毅投资创立于 2004 年，于 2013 年成为中国证券投资基金业协会（AMAC）会员，并于 2014 年注册为私募基金管理人；另类投资管理协会（AIMA）会员；美国 SEC 注册投资顾问。核心主创团队曾就职于高盛集团，拥有丰富的全球资本市场投资经验。总部设在上海，在纽约设有分支机构。核心优势是低回撤、低相关性、低杠杆的多策略组合。

（1）公司信息。公司信息如表 5－137 所示。

（2）投研团队。申毅：超过 20 年全球市场交易经验，国际量化对冲顶级专家。高盛集团美国股票和 ETF 自营团队主管；高盛集团欧洲 ETF 部门创建人；世界最大基金巴克莱 I－share 全球主营做市商；世界顶级市场中性对冲基金千禧年量化投资基金经理；交易经验遍及全球所有大型成熟市场；从 2004 年起为中国企业提供金融投资咨询指导；物理学博士（流体力学）；金融硕士（衍生品交易）。

表 5 - 137　上海申毅投资股份有限公司信息

简　　称	申毅投资				
登记编号	P1000404	组织机构代码	76425203 - X		
成立时间	2004 - 06 - 23	登记时间	2014 - 04 - 01		
企业性质	内资企业	机构类型	私募证券投资基金管理人		
注册资本（万元）（人民币）	5000	实缴资本（万元）（人民币）	1000		
注册资本实缴比例	20%	是否为符合提供投资建议条件的第三方机构	是		
注册地址	上海市徐汇区虹漕路 421 号 65 幢 316 室				
办公地址	上海市虹口区黄浦路 99 号 10 楼				
员工人数	30	机构网址	www. shenyitz. com	电话	021 - 68389111
法定代表人/执行事务合伙人	申毅				
法定代表人/执行事务合伙人（委派代表）工作履历	时间	任职单位	任职部门	职务	
	2004. 12 ~ 2014. 03	上海申毅投资有限公司	总经办	董事长	
	2003. 01 ~ 2004. 12	Millennium	交易部	组合经理	
	1998. 01 ~ 2002. 12	Goldman Sachs	交易部	自营团队主管	
	1996. 02 ~ 1997. 12	R · Brien Associates	交易部	VP	

Eric Tsang：超千亿美元量化基金管理经验，世界顶级机构量化投资部掌门人；高盛资产管理公司量化投资部首席运营官；高盛组合交易团队全球技术经理；高盛固定收益、外币和商品期货部全球技术经理；美林证券技术经理。

Emerick Duchene：在比利时德克夏银行资产管理公司（DEXIA Asset Management）负责 CTA 策略研发。2001 ~ 2017 年，在法兴银行资产管理公司担任 CTA 全球策略的高级基金经理及首席技术官（CTO）。法国 EISTI 国家信息处理科学学院（EISTI Engineering School）计算机硕士。

Hoang Phong Nguyen：2005 ~ 2009 年，担任法兴银行资产管理公司量化分析师及交易员。2009 ~ 2017 年，担任法兴银行资产管理公司全球 CTA 策略的高级量化基金经理。麻省理工学院的应用数学硕士（2002 年）、巴黎第九大学的金融硕士（2005 年）。

（3）投资业绩。投资业绩如图 5 - 137、图 5 - 138 所示。

2018 年管理规模：10 亿 ~ 20 亿元。

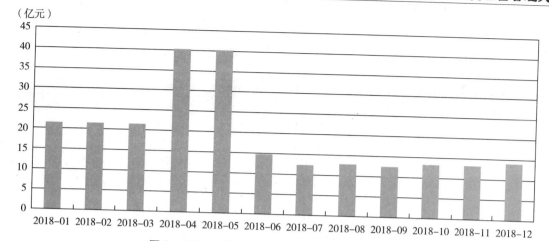

图 5－137 上海申毅投资股份有限公司管理规模

产品数量：累计 96 只。

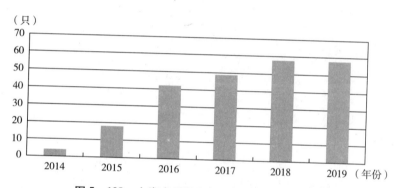

图 5－138 上海申毅投资股份有限公司产品数量

4. 南京盛泉恒元投资有限公司

南京盛泉恒元投资有限公司成立于 2014 年 7 月，致力于我国证券市场金融创新与研究。高管团队均具备金融行业 10 年以上从业经历和成功的投资业绩。公司现有员工近 30 名，均毕业于国内外名校，拥有良好的教育背景和从业经历，核心投研团队均为投资管理、策略研究、量化交易和平台构建等领域的专业人士。

（1）公司信息。公司信息如表 5－138 所示。

（2）投研团队。赵忠东：南京大学 EMBA，拥有 25 年以上投资管理工作经验。凭借对资本市场深刻理解，成功抓住转配股、B 股、法人股、封闭式基金、可转债、公开增发、分级基金等国内证券市场历次重大机遇，具备平衡风险和获取稳定业绩的优异能力。

陈霄：南京财经大学金融学学士，曾任南京齐桓投资有限公司交易总监。具备良好的资产配置和风险控制能力，擅长分级基金、可转债、股票阿尔法等领域的对冲套利。拥有证券从业资格、基金从业资格。

陈祥利：高级策略分析师，山东大学金融数学与金融工程硕士，拥有证券从业资格、基金从业资格和期货从业资格。曾任锦泰期货金融工程研究员，负责量化交易策略开发和场外期权产品设计。擅长金融衍生品套利策略，对可转债、ETF 期权和事件驱动量化选股策略有较为深入的研究，拥有多年实盘交易经验。

表 5-138　南京盛泉恒元投资有限公司信息

简　　称	盛泉恒元投资		
登记编号	P1006545	组织机构代码	30254481-2
成立时间	2014-07-08	登记时间	2015-01-22
企业性质	内资企业	机构类型	私募证券投资基金管理人
注册资本（万元）（人民币）	1360	实缴资本（万元）（人民币）	1360
注册资本实缴比例	100%	是否为符合提供投资建议条件的第三方机构	是
注册地址	江苏省南京市六合区龙池街道雄州南路 399 号恒顺园区 105 幢 16 号		
办公地址	江苏省南京市雨花台区玉盘西街 4 号绿地商务广场 C3 栋 401 室		
员工人数	23	机构网址	http://www.vc-century.com　电话　025-58071698
法定代表人/执行事务合伙人	眭晓		

法定代表人/执行事务合伙人（委派代表）工作履历	时间	任职单位	任职部门	职务
	2014.10~2017.06	南京盛泉恒元投资有限公司	市场部	副总经理兼市场总监
	2013.09~2014.09	苏州盛泉百涛创业投资管理有限公司	市场部	高级经理
	2010.01~2013.08	泰康人寿保险股份有限公司南京营销本部	第一营销服务部	经理
	2008.04~2009.12	中宏人寿保险公司江苏分公司扬州营销服务部	营销服务部	营销总监
	2006.05~2008.03	海尔纽约人寿保险公司江苏省分公司	营业处	代理人、业务经理

（3）投资业绩。投资业绩如图 5-139、图 5-140 所示。

2018 年管理规模：10 亿~20 亿元。

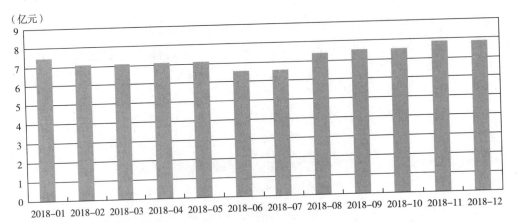

图 5-139　南京盛泉恒元投资有限公司管理规模

产品数量：累计 24 只。

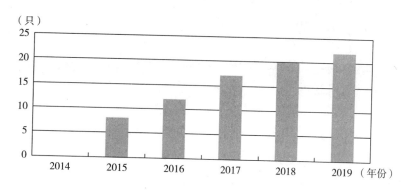

图 5－140 南京盛泉恒元投资有限公司产品数量

5. 上海思晔投资管理有限公司

上海思晔投资管理有限公司，是一家具有独立发行和管理私募证券投资基金资格的现代化金融机构，是中国证券基金业协会的会员。

（1）公司信息。公司信息如表 5－139 所示。

表 5－139 上海思晔投资管理有限公司信息

简 称	思晔投资		
登记编号	P1003486	组织机构代码	06930229－3
成立时间	2013－05－15	登记时间	2014－06－04
企业性质	内资企业	机构类型	私募证券投资基金管理人
注册资本（万元）（人民币）	3000	实缴资本（万元）（人民币）	3000
注册资本实缴比例	100%	是否为符合提供投资建议条件的第三方机构	是
注册地址	上海市浦东新区张杨路 707 号二层西区		
办公地址	上海市虹口区东大名路 501 号上海白玉兰广场 3707 室		
员工人数	24	机构网址	siyecapital. net/ 电话
法定代表人/执行事务合伙人	张晔		
法定代表人/执行事务合伙人（委派代表）	时间	任职单位	任职部门	职务
	2013.05~2017.06	上海思晔投资管理有限公司	无	执行董事、投资总监
工作履历	2011.03~2013.04	翰堂山全球资本	量化交易部	合伙人量化交易总监

（2）投研团队。张晔：投资管理委员会主席，美国哥伦比亚大学运筹学硕士学位。2013 年创立思晔投资，致力于为中国合格投资者提供风险可控、收益可观的投资管理服务。在创立思晔前，曾任美国对冲基金翰堂山全球资本量化交易部门负责人，主要负责全球套利、指数套利以及波动性套利等数量化交易。在此之前，曾先后就职于英国巴克莱资本、法国兴业银行、美国银行美林证券

等国际金融机构。

吴国尧：量化研究总监，美国纽约大学金融工程硕士学位。主要负责带领研究团队进行量化策略的研究与开发，主要涉及股票多因子策略，期货 CTA 策略，以及期权策略。同时他也负责公司内部量化研究系统与多资产交易系统的设计工作。加入思晔投资前，吴国尧先生曾先后就职于美国花旗银行，德意志银行等国际金融机构。

卢立建：博士，投资总监，美国哥伦比亚大学商学院博士学位，师从美国工程院院士 Awi Fed-ergruen 教授和诺贝尔奖获得者 Joseph Stigliz 教授。主要负责策略研究、投资计划制定以及投资组合管理。加入思晔之前，曾任职于国创基金管理公司执行董事，以及高盛资管（GSAM）副总裁，主要负责全球市场 Smart Beta 策略研究以及产品管理，主要服务于美国养老基金等大型机构投资者和国家主权基金。

（3）投资业绩。投资业绩如图 5 - 141、图 5 - 142 所示。

2018 年管理规模：5 亿~10 亿元。

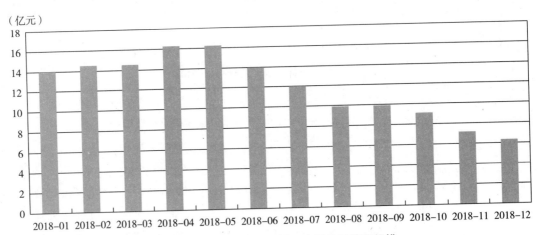

图 5 - 141　上海思晔投资管理有限公司管理规模

产品数量：累计 36 只。

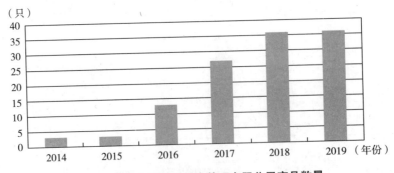

图 5 - 142　上海思晔投资管理有限公司产品数量

6. 上海棋剑资产管理有限公司

上海棋剑资产管理有限公司是一家由英美博士创立的量化对冲基金并加入上海对冲基金园区，

2016年10月公司设立美国加州分部。上海棋剑专注于量化投资，通过建立强大的技术优势、平台优势、人才优势、科学优势、战胜市场，超越竞争对手。

（1）公司信息。公司信息如表5-140所示。

表5-140 上海棋剑资产管理有限公司信息

简 称	棋剑资产				
登记编号	P1034187	组织机构代码	91310000MA1K31GE24		
成立时间	2015-11-02	登记时间	2016-10-09		
企业性质	内资企业	机构类型	私募证券投资基金管理人		
注册资本（万元）（人民币）	1000	实缴资本（万元）（人民币）	260		
注册资本实缴比例	26%	是否为符合提供投资建议条件的第三方机构	否		
注册地址	上海市虹口区四川北路859号中信广场901				
办公地址	上海市虹口区四川北路859号中信广场901				
员工人数	10	机构网址	无	电话	无
法定代表人/执行事务合伙人	王晓光				
法定代表人/执行事务合伙人（委派代表）工作履历	时间	任职单位	任职部门	职务	
	2015.11~2016.08	上海棋剑资产管理有限公司	总经办	法人兼总经理	

（2）投研团队。王晓光：美国普度大学统计学博士毕业，高频数据与量化金融领域专家，拥有8年海内外资产管理经验，交易品种涉及国内股市、期货，以及美国股市、期货和外汇市场，注重理论联系实际，拥有良好投资视野与直觉，并与数理统计、机器学习等科学方法完美结合。

（3）投资业绩。投资业绩如图5-143、图5-144所示。

2018年管理规模：5亿~10亿元。

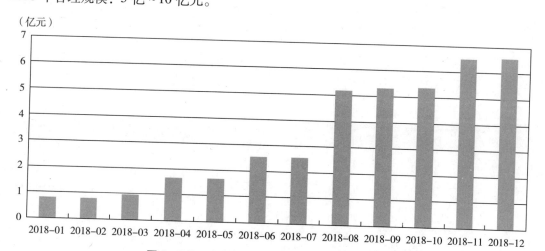

图5-143 上海棋剑资产管理有限公司管理规模

产品数量：累计 21 只。

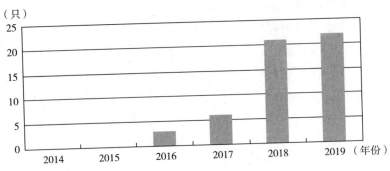

图 5 - 144　上海棋剑资产管理有限公司产品数量

（二）5 亿元以下

1. 深圳市前海阿比特资本管理有限公司

　　由国内量化对冲领域资深人士和具有多年私募行业管理经验的人士于 2015 年 10 月共同发起成立，注册资本为人民币 1000 万元，团队具备金融、数学、计算机信息等复合学术背景，尤其在量化对冲领域有自己独到的建树，并经受了市场充分的验证，于 2015 年大放异彩。公司具备中国证券基金业协会批准的私募证券投资基金管理人资格。公司管理规模达 40 亿元，是国内多家专业投资机构的投资顾问。

　　（1）公司信息。公司信息如表 5 - 141 所示。

表 5 - 141　深圳市前海阿比特资本管理有限公司信息

简　　称	前海阿比特资本		
登记编号	P1026018	组织机构代码	91440300358761007R
成立时间	2015 - 10 - 16	登记时间	2015 - 11 - 04
企业性质	内资企业	机构类型	私募证券投资 基金管理人
注册资本（万元） （人民币）	1000	实缴资本（万元）（人民币）	1000
注册资本 实缴比例	100%	是否为符合提供投资建议 条件的第三方机构	否
注册地址	广东省深圳市南山区前海深港合作区前湾一路 1 号 A 栋 201 室		
办公地址	广东省广州市天河区珠江新城华夏路 16 号富力盈凯广场 1910		
员工人数	29 人	机构网址	www. alphabitfund. com　电话　无
法定代表人/ 执行事务合伙人	戴翔宇		
法定代表人/ 执行事务合伙人 （委派代表） 工作履历	时间	任职单位	任职部门	职务
	2015. 10 ~ 2017. 12	深圳市前海阿比特资本 管理有限公司	总经办	执行董事
	2014. 12 ~ 2015. 10	深圳积著创新科技有限公司	总经办	公司联合管理人
	2011. 10 ~ 2014. 12	深圳市鲸拓天下科技有限公司	总经办	总经理
	2007. 08 ~ 2011. 09	深圳市艾捷力电子科技 有限公司	总经办	总经理

（2）投研团队。杨腾：10 年金融市场投资经验，精通大类资产配置，尤其擅长低风险量化套利对冲；领域包括商品内外盘套利、利差套利、国债期货套利、国内证券市场多因子阿尔法量化对冲以及 EDS 事件驱动策略；同时对市场极端风险，肥尾分布有敏锐的认识；曾担任华南大型金属集团资产管理部负责人以及某大型量化对冲私募基金经理。

曾坤：曾负责境外量化对冲模型，境内阿尔法模型架构，成功地开发出对冲量化模型数 10 个。目前负责策略架构，体系研究，风控模块开发。

姚翔：负责策略研究，交易架构，管理协会备案产品南海创富 1 号业绩突出，年化 150%。目前主要负责公司的风险控制。

（3）投资业绩。投资业绩如图 5 - 145、图 5 - 146 所示。

2018 年管理规模：1 亿~5 亿元。

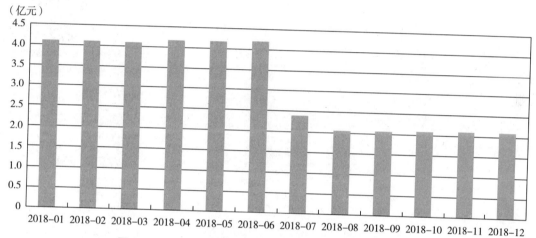

图 5 - 145 深圳市前海阿比特资本管理有限公司管理规模

产品数量：累计 36 只。

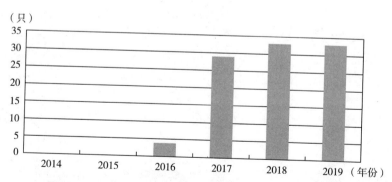

图 5 - 146 深圳市前海阿比特资本管理有限公司产品数量

2. 深圳市前海一线对冲投资企业（有限合伙）

投资风格"稳"是整个投资理念的核心。为了稳可以慢。稳即是快，快即是稳。欲速则不达，水滴石能穿。因此我们所有投资动作强调"风险可控"。动手之前要有清晰的风险压力测试。如果是单项投资，强调单项风险可控。如果是组合对冲投资，强调组合的扎差风险可控。"风险可控"：

①造成的损失是预期之中的，即风险压力测试的时候已经考虑到的。②造成的损失是比较容易恢复的（如5%以下的损失）。③造成的损失是我们能坦然接受的。坦然则不惊不慌，不惊不慌则可立于不败之地。要知道，做投资最终打败自己的一定是自己。亏了别人的钱比亏了自己的钱对自己伤害更大。

（1）公司信息。公司信息如表5-142所示。

表5-142　深圳市前海一线对冲投资企业（有限合伙）信息

简　　称	前海一线对冲投资		
登记编号	P1002497	组织机构代码	05899063-3
成立时间	2012-10-13	登记时间	2014-05-26
企业性质	内资企业	机构类型	私募证券投资基金管理人
注册资本（万元）（人民币）	1000	实缴资本（万元）（人民币）	500
注册资本实缴比例	50%	是否为符合提供投资建议条件的第三方机构	否
注册地址	广东省深圳市福田区前海一路1号A栋201室		
办公地址	广东省东莞市东莞市厚街体育路盛和花园帝景苑B1座1502		
员工人数	9	机构网址	无	电话	无
法定代表人/执行事务合伙人	胡志忠		

法定代表人/执行事务合伙人（委派代表）工作履历	时间	任职单位	任职部门	职务
	2012.10~2017.10	深圳市前海一线对冲投资企业（有限合伙）	总经办	法人、负责人
	2004.09~2012.10	东莞市福临门广告	总经办	董事长
	1995.05~2004.09	东莞证券有限责任公司	自营部	自营部操盘手
	1993.06~1995.05	东莞工商报	编辑部	编辑

（2）投研团队。胡志忠：参与国内股票23年，港股15年，期货15年，1993年曾短期参与国债期货。在东莞证券工作，历任自营部交易员、营业部总经理等职务，现任一线对冲董事长及投资总监。具备良好的经济理论基础和扎实的证券研究经验和投资管理经验，管理业绩持续表现良好。

谢逸科：毕业于厦门大学财金系金融专业，16年投资经历，及银行证券从业经历。长于交易策略。

（3）投资业绩。投资业绩如图5-147、图5-148所示。

2018年管理规模：1亿~5亿元。

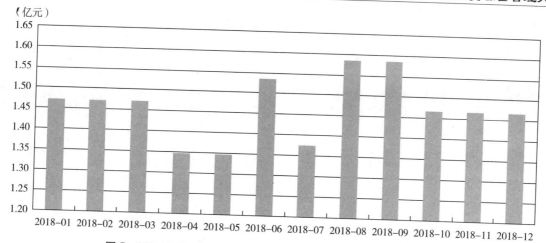

图 5 – 147 深圳市前海一线对冲投资企业（有限合伙）管理规模

产品数量：累计 8 只。

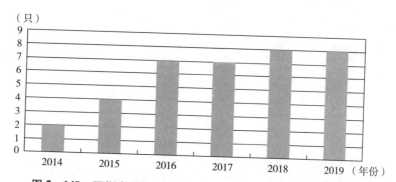

图 5 – 148 深圳市前海一线对冲投资企业（有限合伙）产品数量

3. 广州翔云资产管理有限公司

翔云资产是国内最早的量化对冲团队之一，核心成员建队已超 7 年。具有双会员资格和"3 + 3 +1"投资顾问资格。旗下策略齐全、风格多样。目前，公司策略研究涵盖股票、期货、基金、债券、期权、两融六大品种，构建了量化选股、量化对冲、量化套利、指数增强、期货程序化等五大策略体系，覆盖了无风险套利策略、量化对冲策略、期货程序化策略、衍生品统计套利策略、ETF套利策略、股票主动投资策略等多种策略，其主流策略可容纳约 20 亿元的管理规模。

（1）公司信息。公司信息如表 5 – 143 所示。

（2）投研团队。许振琰：暨南大学研究生，信息管理与信息系统专业背景，12 年证券从业经历，在行业评比中屡获殊荣。曾在数家券商负责量化套利对冲领域的研究与投资，管理量化资产总规模超过 10 亿元，历经数轮股市牛熊变换，同类产品业绩排名均列前茅，并且全部实现稳健的正收益。

邱茂川：金融学及统计学专业背景，10 年券商从业经验，曾任证券公司金融工程部产品经理，精通国内主流 Alpha、CTA、指数增强等策略，有丰富的产品设计、发行及运作经验，对私募产品结构设计有独到见解，深受合作伙伴好评。现任公司总经理，主要负责公司的整体运营及投资策略的研发。

表 5 - 143　广州翔云资产管理有限公司信息

简　　称	翔云资产				
登记编号	P1007271	组织机构代码	30456945 - 8		
成立时间	2014 - 08 - 13	登记时间	2015 - 01 - 29		
企业性质	内资企业	机构类型	私募证券投资 基金管理人		
注册资本（万元） （人民币）	1000	实缴资本（万元）（人民币）	1000		
注册资本 实缴比例	100%	是否为符合提供投资建议 条件的第三方机构	是		
注册地址	广东省广州市天河区马场路 16 号之一号 1601				
办公地址	广东省广州市天河区马场路 16 号之一（B 栋）1601 房				
员工人数	22	机构网址	无	电话	020 - 83980527
法定代表人/ 执行事务合伙人	许振琰				
法定代表人/ 执行事务合伙人 （委派代表） 工作履历	时间	任职单位	任职部门		职务
	2015. 11 ~ 2017. 04	广州翔云资产管理有限公司	总经办		执行董事
	2011. 12 ~ 2015. 10	广州证券股份有限公司	金融工程部		金融工程部负责人
	2010. 05 ~ 2011. 11	中信证券	投资部		部门经理
	2007. 01 ~ 2010. 04	华泰证券	投资部		证券分析师

　　陈一：法国马赛商学院金融与组织管理硕士，中国人民大学工商管理学士，精通人工智能、机器学习、数据深度挖掘等研究领域，对量化模型及策略设计、算法适度优化有独到见解，所开发策略收益远超同行。

　　邹舜国：毕业于华南农业大学，近十年期货从业经验和大资金管理经验，熟悉 ETF、分级基金套利，商品期货 CTA 和 Alpha 对冲策略的研究，尤其擅长组合投资管理，拥有良好的盘感及趋势把握的能力。

　　（3）投资业绩。投资业绩如图 5 - 149、图 5 - 150 所示。

　　2018 年管理规模：1 亿 ~ 5 亿元。

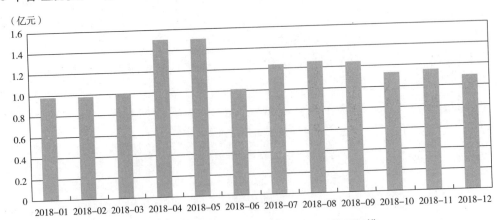

图 5 - 149　广州翔云资产管理有限公司管理规模

产品数量：累计 25 只。

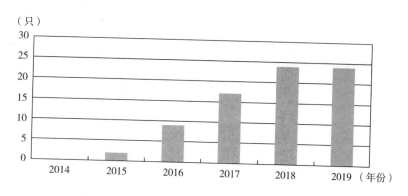

图 5 - 150　广州翔云资产管理有限公司产品数量

4. 深圳市云古投资有限公司

以量化研究方法为手段，交易逻辑为抓手，通过对大数据进行深入挖掘，在严格风控的基础上致力于开发大量能带来稳定收益的策略组合。在投研体系上，主要以量化选股为主，策略选用多因子模型，投研流程包括：数据处理、因子开发、策略组合、策略跟踪。

（1）公司信息。公司信息如表 5 - 144 所示。

表 5 - 144　深圳市云古投资有限公司信息

简　称	云古投资				
登记编号	P1061686	组织机构代码	91440300MA5DAGY61N		
成立时间	2016 - 04 - 13	登记时间	2017 - 03 - 07		
企业性质	内资企业	机构类型	私募证券投资基金管理人		
注册资本（万元）（人民币）	1000	实缴资本（万元）（人民币）	510		
注册资本实缴比例	51%	是否为符合提供投资建议条件的第三方机构	否		
注册地址	广东省深圳市南山区深圳市前海深港合作区前湾一路 1 号 A 栋 201 室				
办公地址	广东省深圳市宝安区海天路与宝华路交叉口前海卓越时代广场 A 座 1902 室				
员工人数	6	机构网址	无	电话	无
法定代表人/执行事务合伙人	武顺				
法定代表人/执行事务合伙人（委派代表）工作履历	时间	任职单位	任职部门	职务	
	2016.11 ~ 2016.12	深圳市云古投资有限公司	总经办	总经理	
	2016.07 ~ 2016.11	业森（上海）股权投资基金管理有限公司	投资部	基金经理	
	2014.03 ~ 2015.08	业森（上海）股权投资基金管理有限公司	投资部	基金经理	
	2012.08 ~ 2014.03	秉原投资控股有限公司	基金管理部	主管	

（2）投研团队。武顺：香港城大金融工程硕士，CFA、FRM，5年投资经验。

（3）投资业绩。投资业绩如图5-151、图5-152所示。

2018年管理规模：0~1亿元。

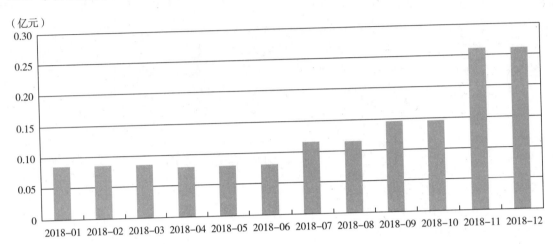

图5-151 深圳市云古投资有限公司管理规模

产品数量：累计6只。

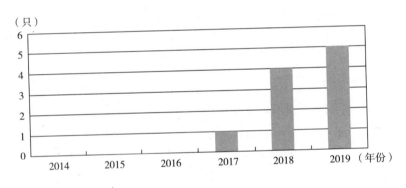

图5-152 深圳市云古投资有限公司产品数量

5. 南京金邦安投资管理顾问有限公司

南京金邦安投资管理顾问有限公司以控制风险、控制回撤作为选择投资策略的首要标准，先考虑损失再考虑收益。近年来，其在对冲交易和套利交易较难操作的大背景下，另辟蹊径，深入研究期权以及外盘，来实现对冲策略。

（1）公司信息。公司信息如表5-145所示。

（2）投研团队。王通：2000年毕业于南京理工大学，2006年进入期货行业，2008年成立投资管理顾问公司，开始专业从事商品期货和股指期货交易。交易理念秉承"风险第一、盈利第二"的原则，在控制住风险的基础上让利润奔跑，保证交易曲线的平滑上扬和最小回撤。在总结交易经验的基础上，从2010年开始对期货投资者进行交易方法的培训。

张宝生：2002年研究生毕业于上海同济大学。从2009年开始接触、研究金融与股票市场，购买数据自写程序做分析，2010年下半年开始期货交易，于次年实现盈利。2011~2014年，自有资金实盘操作股指期货，连续四年年化收益率超过50%，其中2013年每个月均是盈利。2013年5月，

表 5 – 145　南京金邦安投资管理顾问有限公司信息

简　称	金邦安投资		
登记编号	P1015917	组织机构代码	66735901 – 1
成立时间	2007 – 10 – 29	登记时间	2015 – 06 – 17
企业性质	内资企业	机构类型	私募证券投资基金管理人
注册资本（万元）（人民币）	100	实缴资本（万元）（人民币）	90
注册资本实缴比例	90%	是否为符合提供投资建议条件的第三方机构	否
注册地址	江苏省南京市秦淮区侯家桥 50 号 1 幢 205 室		
办公地址	江苏省南京市江宁区胜利路 89 号紫金研创中心 3 号楼 1001 室		
员工人数	10	机构网址		电话	
法定代表人/执行事务合伙人	王通		

法定代表人/执行事务合伙人（委派代表）工作履历	时间	任职单位	任职部门	职务
	2005.10 ~ 2017.05	南京金邦安投资管理顾问有限公司	总经办	董事长、总经理
	2002.05 ~ 2005.09	南京网迪科技有限公司	市场部	副总经理
	2001.12 ~ 2002.04	南京蜂星电讯有限公司	财务部	会计
	2000.08 ~ 2001.10	福建兴业银行南京分行	分行营业部	客户经理

参加上海中期期货有限公司举办的为期 8 个月的"大将军对冲基金经理选拔赛"，最终排名第四，在所有将股指期货作为主要投资方向的选手中排名第一。

（3）投资业绩。投资业绩如图 5 – 153、图 5 – 154 所示。

2018 年管理规模：0 ~ 1 亿元。

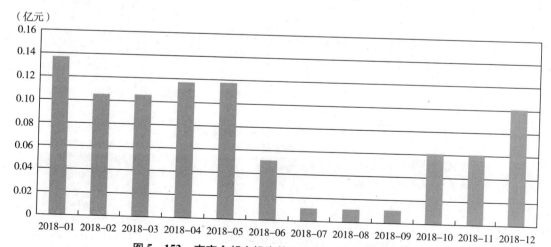

（亿元）

图 5 – 153　南京金邦安投资管理顾问有限公司管理规模

产品数量：累计 7 只。

（只）

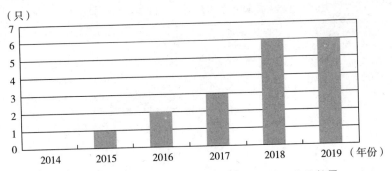

图 5 – 154 南京金邦安投资管理顾问有限公司产品数量

6. 广州永兴投资有限公司

广州永兴投资有限公司核心人员具有丰富的投资研究与实践经验。投资理念——秉承"稳健经营，以价值投资为基础，以量化分析为工具，追求相对安全的回报"的投资理念，在严格控制风险的前提下寻求确定性投资机会，追求长期稳定复合回报及绝对收益。投资策略及目标——公量化对冲产品利用多种量化对冲策略，对冲系统性风险，分散非系统性风险，在强化收益率时间序列线性化的前提下提高其斜率，以提高夏普指数，竭力为投资人实现风险相对较小且长期相对稳定的绝对回报。

（1）公司信息。公司信息如表 5 – 146 所示。

表 5 –146 广州永兴投资有限公司信息

简 称	永兴投资		
登记编号	P1002344	组织机构代码	56399995 – 4
成立时间	2010 – 11 – 19	登记时间	2014 – 05 – 20
企业性质	内资企业	机构类型	私募证券投资基金管理人
注册资本（万元）（人民币）	1000	实缴资本（万元）（人民币）	1000
注册资本实缴比例	100%	是否为符合提供投资建议条件的第三方机构	否
注册地址	广东省广州市天河区华夏路30 号富力盈通大厦1514 房		
办公地址	广东省广州市天河区华夏路30 号富力盈通大厦1514 房		
员工人数	9	机构网址	www. yxinvestment. com　电话　020 – 38894107
法定代表人/执行事务合伙人	王林		
法定代表人/执行事务合伙人（委派代表）工作履历	时间	任职单位	任职部门	职务
	2018. 05 ~ 2018. 09	广州永升股权投资基金管理有限公司	总经办	法定代表人、执行董事
	2010. 11 ~ 2018. 09	广州永兴投资有限公司	总经办	法定代表人、执行董事兼总经理
	2009. 04 ~ 2010. 10	自主创业	筹备	筹备负责人
	2008. 01 ~ 2009. 04	华夏银行常州分行	行长室	党委委员、首席风险官
	2007. 08 ~ 2008. 01	华夏银行南京分行	行长室	党委委员
	2001. 11 ~ 2007. 08	华夏银行广州分行	行长室	党委委员、副行长

（2）投研团队。王林：中央财政金融学院经济学硕士、郑州大学理学学士、高级经济师，有20多年的银行、证券从业经验。1994年开始从事证券业务，2010年4月开始从事期现套利，是最早利用沪深300股指期货进行风险对冲的投资者之一。曾任华夏银行总行资金计划部副总经理，债券市场与货币市场的交易与研究是该部门的主要职责之一；曾先后任华夏银行广州分行、南京分行、常州分行党委委员、副行长、首席信用风险官等职，其中，在华夏银行首次公开发行股票（IPO）的过程中，曾作为华夏银行上市工作小组成员，专职筹备华夏银行股票发行上市。

（3）投资业绩。投资业绩如图5-155、图5-156所示。

2018年管理规模：1亿~5亿元。

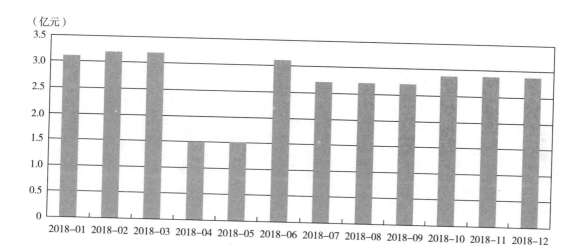

图5-155　广州永兴投资有限公司管理规模

产品数量：累计13只。

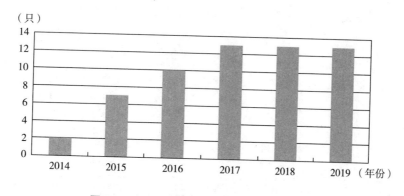

图5-156　广州永兴投资有限公司产品数量

7. 上海无花果资产管理中心（普通合伙）

上海无花果资产管理中心专注于开发对冲技术，量化交易模型，衍生品交易模型，金融数据库等与金融量化技术相关的系列产品和核心技术，是国内第一代大量使用计算机技术和数理统计技术进行二级市场交易策略及工具开发的金融工程公司。50%的成员拥有海内外知名高校硕士以上学历，主要合伙人毕业于国内知名大学计算机系，团队成员拥有合计超过50年的系统开发和实施经验。

（1）公司信息。公司信息如表 5 - 147 所示。

表 5 - 147　上海无花果资产管理中心（普通合伙）信息

简　　称	无花果资产		
登记编号	P1000774	组织机构代码	58349138 - 1
成立时间	2011 - 10 - 24	登记时间	2014 - 04 - 21
企业性质	内资企业	机构类型	私募证券投资基金管理人
注册资本（万元）（人民币）	1000	实缴资本（万元）（人民币）	1000
注册资本实缴比例	100%	是否为符合提供投资建议条件的第三方机构	是
注册地址	上海市宝山区淞兴西路 234 号 3F - 591		
办公地址	上海市黄浦区淮海中路 222 号力宝广场 2212 室		
员工人数	10	机构网址	www. wisehedge. com　电话　021 - 54483760
法定代表人/执行事务合伙人	余仕俊		
法定代表人/执行事务合伙人（委派代表）工作履历	时间	任职单位	任职部门	职务
	2014. 07 ~ 2018. 04	上海无花果资产管理中心（普通合伙）	总部	执行事务合伙人
	2010. 03 ~ 2014. 06	上海无花果信息科技有限公司	总部	总经理兼投资总监
	2009. 03 ~ 2010. 02	自由投资人	自由投资人	自由投资人
	2003. 11 ~ 2007. 10	富士施乐亚太总部	亚太总部	全球客户市场部主管

（2）投研团队。余仕俊：公司合伙人，CFA 美国特许金融分析师，长江商学院 MBA；专注于针对国内 A 股市场的量化交易和对冲模型开发，曾服务于华尔街投资银行 Capital Eight，超过 5 年的金融行业工作经验。

（3）投资业绩。投资业绩如图 5 - 157、图 5 - 158 所示。

2018 年管理规模：1 亿 ~ 5 亿元。

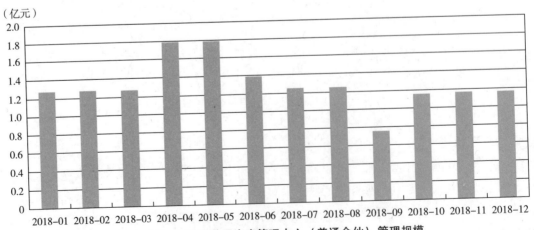

图 5 - 157　上海无花果资产管理中心（普通合伙）管理规模

产品数量：累计 28 只。

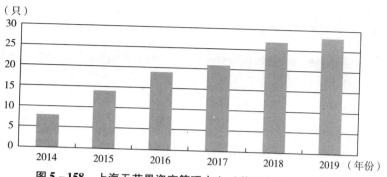

图 5 - 158 上海无花果资产管理中心（普通合伙）产品数量

8. 深圳前海正帆投资管理有限公司

主要投资策略是以经济运动周期为投资指引，坚持价值投资，趋势交易；重视风险控制，追求绝对收益。希望在为广大客户寻求资产增值的同时，逐步使正帆投资成为行业内有影响力的投资管理机构。

（1）公司信息。公司信息如表 5 - 148 所示。

表 5 - 148 深圳前海正帆投资管理有限公司信息

简　　称		正帆投资		
登记编号	P1018113	组织机构代码	34282905 - 4	
成立时间	2015 - 06 - 19	登记时间	2015 - 07 - 17	
企业性质	内资企业	机构类型	私募证券投资 基金管理人	
注册资本（万元） （人民币）	1000	实缴资本（万元）（人民币）	1000	
注册资本 实缴比例	100%	是否为符合提供投资建议 条件的第三方机构	否	
注册地址	广东省深圳市南山区前海深港合作区前湾一路 1 号 A 栋 201 室			
办公地址	广东省深圳市福田区金田路与福华路交汇处现代商务大厦 1907A			
员工人数	5	机构网址	www. zhengfanfund. com	电话	0755 - 23895061
法定代表人/ 执行事务合伙人	黄建杰			
法定代表人/ 执行事务合伙人 （委派代表） 工作履历	时间	任职单位	任职部门	职务
	2015.06 ~ 2017.08	深圳前海正帆投资管理 有限公司	投资部	总经理
	2011.05 ~ 2015.05	国泰君安证券深圳蔡 屋围营业部	市场部	高级投资顾问
	2009.05 ~ 2011.05	世纪证券深圳营业部	市场部	高级投资顾问
	2006.08 ~ 2009.05	香港中旅	市场部	市场部经理
	2002.06 ~ 2006.08	平安证券深南中路营业部	市场部	投资顾问
	2000.02 ~ 2002.06	国信证券深南中路营业部	市场部	投资顾问

（2）投研团队。黄建杰：硕士研究生毕业。深圳电视台财经频道、上海广电第一财经及香港有线电视财经频道常年特约嘉宾，曾任职券商和私募基金的交易及风控等多个部门。拥有25年实盘投资经验，对中国A股市场有着深刻的了解，历经多轮牛熊转换。2007年开始踏足国内私募基金行业，主要负责公司数亿资金的策略组合和投资交易，对市场敏感度高、有丰富实战经验，国内A股和港股均有涉猎，对股票及期货市场的量化交易有独特见解。

（3）投资业绩。投资业绩如图5－159、图5－160所示。

2018年管理规模：0～1亿元。

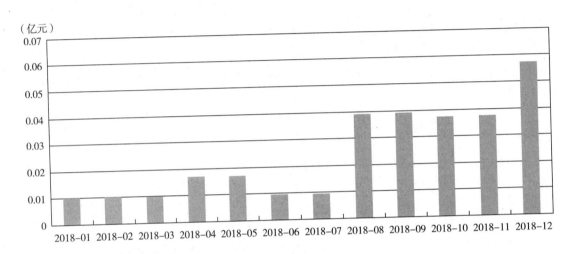

图5－159　深圳前海正帆投资管理有限公司管理规模

产品数量：累计8只。

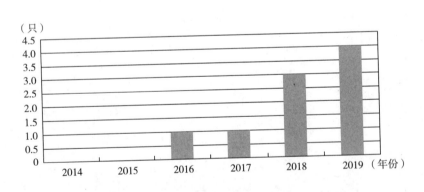

图5－160　深圳前海正帆投资管理有限公司产品数量

9. 上海宽德投资管理中心（有限合伙）

上海宽德投资管理中心（有限合伙）是一家创新型的私募基金机构，由华尔街资深人士在珠海创建，并在北京设有研发中心，以高频交易起步，侧重于股票、期货、期权等多品种多策略大容量的量化投资。上海宽德投资管理中心致力于为客户提供长期而稳健的回报，将风险控制放在组合配置的首要地位，合理搭配风险和收益，交易策略的执行基于严格的程序化交易系统，避免主观干涉。

（1）公司信息。公司信息如表 5 – 149 所示。

表 5 – 149　上海宽德投资管理中心（有限合伙）信息

简　称	宽德投资				
登记编号	P1005623	组织机构代码	32088415 – 9		
成立时间	2014 – 11 – 12	登记时间	2014 – 12 – 24		
企业性质	内资企业	机构类型	私募证券投资基金管理人		
注册资本（万元）（人民币）	1000	实缴资本（万元）（人民币）	1000		
注册资本实缴比例	100%	是否为符合提供投资建议条件的第三方机构	是		
注册地址	上海市宝山区淞兴路 163 号 5 楼 B 区 – 1 – 112 室				
办公地址	广东省珠海市香洲区九洲大道西 2021 号富华里写字楼 A 座 602，606				
员工人数	5	机构网址	无	电话	021 – 62824713
法定代表人/执行事务合伙人	张大庆				
法定代表人/执行事务合伙人（委派代表）工作履历	时间	任职单位	任职部门	职务	
	2014.11 ~ 2018.09	上海宽德投资管理中心（有限合伙）	投资部	执行事务合伙人（委派代表），投资总监	
	2014.07 ~ 2018.09	珠海宽德科技有限公司	无	股东	
	2012.07 ~ 2014.07	北京信弘天禾资产管理有限公司	投资部	联合创始人	
	2012.07 ~ 2014.07	宽谷奥立安科技有限公司	投资部	投资总监	
	2010.07 ~ 2012.07	博时基金管理有限公司	投资部	投资经理	
	2008.08 ~ 2010.10	美国对冲基金 IV Capital	投资部	基金经理	

（2）投研团队。张大庆：博士，毕业于哥伦比亚大学统计学专业。从 2005 年开始从业，先后在美国对冲基金 SAC Capital、美国对冲基金 IV Capital、博时基金管理有限公司担任投资经理。2012 ~ 2014 年担任北京信弘天禾资产管理有限公司联合创始人，并担任宽谷奥立安科技有限公司投资总监。2014 年 11 月至今，担任上海宽德投资管理中心（有限合伙）执行事务合伙人，负责大容量量化策略的开发，资管产品的设计以及运营。

徐御之：交易部主管。2013 年加入宽德科技任量化交易员，自 2014 年 3 月起担任交易部主管，负责中国期货市场、股票市场交易及研发。本科毕业于中国人民大学，数学与应用数学专业。

冯鑫：博士，毕业于哥伦比亚大学统计学专业，曾在 SAC Capital Advisors 任基金经理，管理一个全球多策略量化基金团队，之前在 BNP Paribas 北美股票自营部门任基金经理，在 RGNCM 任股票基金经理。

（3）投资业绩。投资业绩如图 5 – 161、图 5 – 162 所示。

2018 年管理规模：1 亿 ~ 5 亿元。

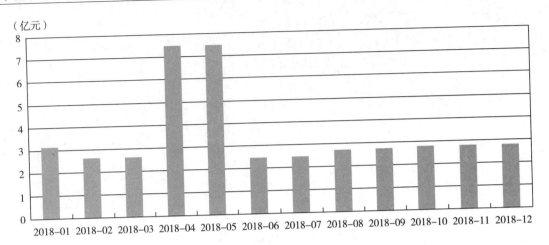

图 5 – 161　上海宽德投资管理中心（有限合伙）管理规模

产品数量：累计 18 只。

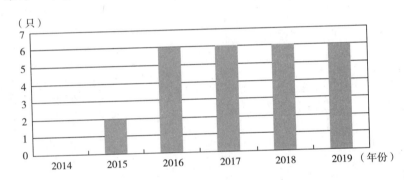

图 5 – 162　上海宽德投资管理中心（有限合伙）产品数量

10. 弘茗（上海）资产管理有限公司

弘茗资产将基金管理、投资银行及直接投资服务三大核心业务融会贯通，坚持"诚信为本、勤勉尽责、审慎投资、价值发现"的投资理念，为企业提供资本运营的综合金融服务解决方案。公司重视与上市公司的沟通交流，注重与业研究机构、投资机构的合作，依托众多的中国主流研究机构的研究平台，力求在国内主流投资趋势中占据领先地位。

（1）公司信息。公司信息如表 5 – 150 所示。

表 5 – 150　弘茗（上海）资产管理有限公司信息

简　　称	弘茗资产		
登记编号	P1009114	组织机构代码	32466279 – 9
成立时间	2015 – 02 – 04	登记时间	2015 – 03 – 11
企业性质	内资企业	机构类型	私募证券投资基金管理人
注册资本（万元）（人民币）	3000	实缴资本（万元）（人民币）	300
注册资本实缴比例	10%	是否为符合提供投资建议条件的第三方机构	否

续表

注册地址	上海市浦东新区中国（上海）自由贸易试验区环龙路 65 弄 1 号三层、四层				
办公地址	上海市浦东新区灵山路 958 栋				
员工人数	10	机构网址	www. yourbank. com. cn	电话	021 - 68597856
法定代表人／执行事务合伙人	姜洪锋				
法定代表人／执行事务合伙人（委派代表）工作履历	时间	任职单位	任职部门	职务	
	2015.05 ~ 2016.03	弘茗（上海）资产管理有限公司	总经理办	董事长	
	2007.07 ~ 2015.04	中国太平	投资管理部	投资经理	

（2）投研团队。林娜：毕业于中南大学，拥有中国注册会计师执照（CPA）、基金从业资格。先后供职于德高集团。以价值分析和组合投资为基础的投资风格，以风险控制和稳定赢利为核心的成熟的投资方法，经过多年实践，取得了优异的投资回报。崇尚立足长远，虚怀若谷，大道至简，上善若水的处世之道，追寻共创价值。现任弘茗（上海）资产管理有限公司副总经理兼基金经理。

黄国辉：毕业于中南大学，拥有中国注册会计师执照（CPA）、证券从业资格，期货从业资格，基金从业资格。先后供职于华泽集团，海航集团，广发期货。交易经验覆盖股票、期货、固定收益等多品种，横跨大陆和香港市场，扎实的投资管理经验，管理业绩持续表现良好。现任弘茗（上海）资产管理有限公司基金经理。

吴文全：毕业于江西财经大学，拥有证券从业资格，基金从业资格。先后供职于上海东证期货有限公司，上海雍磊塑料化工有限公司。现任弘茗（上海）资产管理有限公司基金经理。交易经验覆盖股票、期货、固定收益等多品种，投资管理经验，管理业绩持续表现良好。

（3）投资业绩。投资业绩如图 5 - 163、图 5 - 164 所示。

2018 年管理规模：0 ~ 1 亿元。

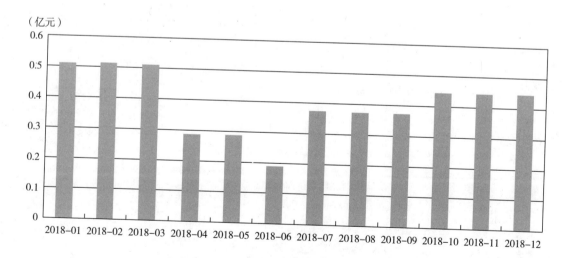

（亿元）

图 5 - 163 弘茗（上海）资产管理有限公司管理规模

产品数量：累计 9 只。

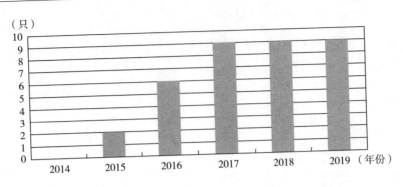

图 5-164　弘茗（上海）资产管理有限公司产品数量

11. 上海弈泰资产管理有限公司

弈泰量投（ETIGER CAPITAL）由国内外金融量化投资领域有着长期实践经验和卓越业绩的管理团队共同创建。公司坚持并专注于量化投资的理念和模式，借助强大精深的数据挖掘、统计分析和软件开发能力形成对金融市场深入严谨的规律洞察和策略研发，构建了以"投资策略数理化，交易过程自动化"为核心，覆盖全市场、多品种的专有量化资产管理系统平台，在国内外金融和商品市场建立了持久稳健的业绩纪录。公司致力于提供证券期货领域的资产管理和投资咨询服务，并面向机构和个人投资者提供成熟先进的自动化交易软件，是目前国内在金融衍生品投资领域为数不多的兼具国际视野、精深研究、完备团队和丰富实战的量化投资机构之一。

公司目前拥有 12 人专职投研团队（含系统开发人员），分别来自北京大学、中国科技大学、复旦大学、南京大学、华中科技大学及美国普林斯顿大学、路易斯安那州立大学、纽约大学石溪分校、英国华威大学、新西兰奥克兰理工大学等国内外知名高效数理统计、金融工程及软件开发专业。其中：本科 3 人、硕士 7 人、博士 2 人。

（1）公司信息。公司信息如表 5-151 所示。

表 5-151　上海弈泰资产管理有限公司信息

简　　称	弈泰资产		
登记编号	P1000789	组织机构代码	05127506-3
成立时间	2012-08-09	登记时间	2014-04-17
企业性质	内资企业	机构类型	私募证券投资基金管理人
注册资本（万元）（人民币）	1000	实缴资本（万元）（人民币）	1000
注册资本实缴比例	100%	是否为符合提供投资建议条件的第三方机构	是
注册地址	上海市虹口区海宁路 137 号 7 层（集中登记地）		
办公地址	上海市虹口区杨树浦路 248 号瑞丰国际大厦 2003-2004 室		
员工人数	12	机构网址	www.etigerfund.cn　电话　021-68810260

续表

法定代表人/ 执行事务合伙人	樊炜			
法定代表人/ 执行事务合伙人 （委派代表） 工作履历	时间	任职单位	任职部门	职务
	2012.06~2016.12	上海弈泰资产管理有限公司	风险管理部	董事长、首席风险官
	2009.09~2012.05	上海高驰资产管理有限公司	投资部	执行董事、总经理
	2008.01~2009.08	上海韬信投资顾问有限公司	投资部	总经理
	2006.04~2007.12	中国华电集团财务有限 公司证券投资部	证券投资部	副总经理、总经理

（2）投研团队。樊炜：曾就职于君安证券，国泰君安证券，华联安基金、华泰联合证券，华电资本等大型金融机构，拥有近20年金融市场投资经验。管理资金规模累计超100亿元，投资领域涵盖A股、债券、股指期货、商品期货、基金和港股。

徐松鹏：曾任职永安期货程序化交易总部量化工程师、东莞证券自营投资经理。股票、期货复合投资背景。核心成熟策略：多因子选股。

（3）投资业绩。投资业绩如图5-165、图5-166所示。

2018年管理规模：1亿~5亿元。

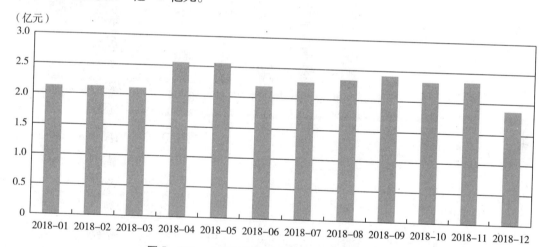

图5-165 上海弈泰资产管理有限公司管理规模

产品数量：累计38只。

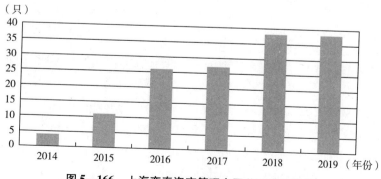

图5-166 上海弈泰资产管理有限公司产品数量

三、期货趋势策略

（一）1 亿元以上

1. 上海洛书投资管理有限公司

上海洛书投资管理有限公司是一家专注于量化投资的私募基金，其团队具备丰富的海内外市场的投资经验，投资策略包含 CTA、股票、期权，自成立以来为委托人创造了优于市场平均水平的绝对收益。

（1）公司信息。公司信息如表 5－152 所示。

表 5－152　上海洛书投资管理有限公司信息

简　称	洛书投资		
登记编号	P1015392	组织机构代码	33277108－X
成立时间	2015－02－26	登记时间	2015－06－05
企业性质	内资企业	机构类型	私募证券投资基金管理人
注册资本（万元）（人民币）	5200	实缴资本（万元）（人民币）	5200
注册资本实缴比例	100%	是否为符合提供投资建议条件的第三方机构	是
注册地址	上海市浦东新区杨高南路 729 号 39 层（实际楼层为 35 层）03、04 单元		
办公地址	上海市浦东新区杨高南路 729 号 39 层（实际楼层为 35 层）03、04 单元		
员工人数	51	机构网址	www.luoshu.com	电话	无
法定代表人／执行事务合伙人	李南峰		

法定代表人／执行事务合伙人（委派代表）工作履历	时间	任职单位	任职部门	职务
	2015.03～2018.01	上海洛书投资管理有限公司	董事会	法定代表人，董事长
	2013.09～2014.08	四川信托有限公司	董事会	董事长
	2013.08～2015.05	博时基金管理有限公司	董事会	独立董事
	2009.01～2013.09	华润深国投信托有限公司	董事会	副董事长

（2）投研团队。谢冬：本科毕业于复旦大学物理学及巴黎综合理工大学应用数学专业；于巴黎第六大学取得金融工程硕士学位。自 2009 年起先后在高盛担任（外汇高频交易：外汇做市策略，自营策略）；法国兴业银行担任（CTA 自营交易：全球成熟市场的外汇，期货量化高中频交易）；华尔街对冲基金巨头 SAC Capital Advisors 担任（全球成熟市场的外汇，期货，股票量化高中低频交易）。熟悉量化交易的整体生产线：投研，IT，交易，风控；专注于 Alpha 模型、投资组合模型、风控模型的创新；有丰富的实盘投资/交易经验。

（3）投资业绩。投资业绩如图 5－167、图 5－168 所示。

2018 年管理规模：10 亿～20 亿元。

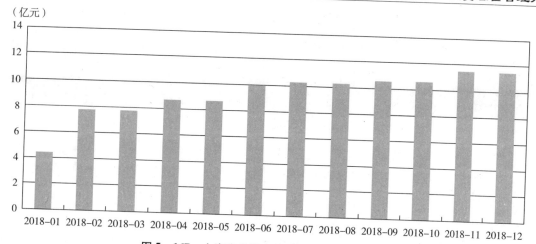

图 5 - 167 上海洛书投资管理有限公司管理规模

产品数量：累计 56 只。

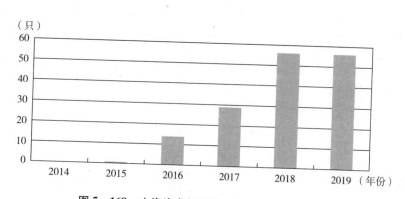

图 5 - 168 上海洛书投资管理有限公司产品数量

2. 上海思勰投资管理有限公司

上海思勰投资管理有限公司由有着海外工作积累以及国内管理经验的股东联合创立。上海思勰投资管理有限公司投研团队有着丰富的模型开发及风控经验，旨在以顶尖的 IT 技术团队、严格的风控以及研发体系，为客户提供高品质的投资方案。

（1）公司信息。公司信息如表 5 - 153 所示。

表 5 - 153　上海思勰投资管理有限公司信息

简　　称	思勰投资		
登记编号	P1032873	组织机构代码	91310000MA1K379W13
成立时间	2016 - 01 - 28	登记时间	2016 - 08 - 15
企业性质	内资企业	机构类型	私募证券投资 基金管理人
注册资本（万元） （人民币）	1000	实缴资本（万元）（人民币）	1000
注册资本 实缴比例	100%	是否为符合提供投资建议 条件的第三方机构	否

注册地址	上海市浦东新区新金桥路 27 号 13 号楼 2 层				
办公地址	上海市浦东新区福山路 388 号越秀大厦 906 室				
员工人数	23	机构网址	www. sixiecapital. com	电话	021 – 60340191
法定代表人／执行事务合伙人	陈磐颖				
法定代表人／执行事务合伙人（委派代表）工作履历	时间	任职单位	任职部门	职务	
	2016. 02 ~ 2017. 05	上海思飔投资管理有限公司	投资管理部	总经理、执行董事	
	2015. 12 ~ 2016. 02	无	筹备创业事宜	无	
	2012. 09 ~ 2015. 11	德邵集团 The D. E. Shaw Group	投资研究部	研究员	
	2010. 02 ~ 2012. 09	高盛集团有限公司 Goldman Sachs Co.	衍生品研究部	副总裁	

（2）投研团队。陈磐颖，北京大学物理系毕业，获得理学学士学位。后赴美国马里兰大学进修，理论物理，获得 PhD 学位。工作经验：①在美国高盛银行工作期间负责审核全公司所有衍生品定价模型以及风控模型。主导了全公司巴塞尔协议 2.5 版风控模型的开发与审核，并顺利通过 FED 批准。对多种复杂期权衍生品定价模型有开发及风控经验。主导审核了全公司交易对手风险计价模型（CVA）。②2012 ~ 2015 年：德邵基金（DE Shaw）期货量化交易部门。负责期货方面的量化策略以及优化模块开发。主导了数十个量化模型策略的研发过程，部门管理超过 20 亿美元。

（3）投资业绩。投资业绩如图 5 – 169、图 5 – 170 所示。

2018 年管理规模：5 亿 ~ 10 亿元。

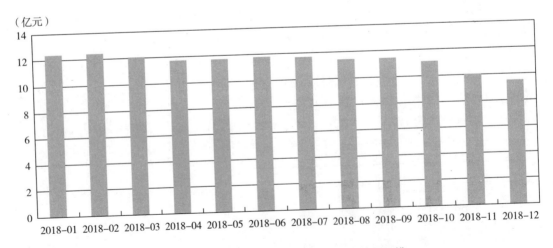

图 5 – 169 上海思飔投资管理有限公司管理规模

产品数量：累计 59 只。

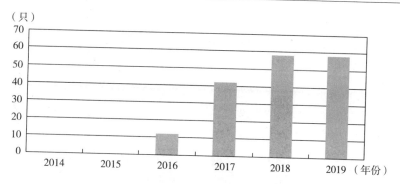

图 5 - 170 上海思飚投资管理有限公司产品数量

3. 上海九桥资产管理有限公司

九桥资产是上海大辰科技投资有限公司的全资子公司。大辰投资成立于 2000 年，其主要业务为金融投资、私募股权投资和国际贸易，大辰核心团队成员平均从事境内外证券期货投资和研究工作超过 10 年，具有长期的策略研究积累和实战管理经验。

（1）公司信息。公司信息如表 5 - 154 所示。

表 5 - 154　上海九桥资产管理有限公司信息

简　称		九桥资产		
登记编号	P1008878	组织机构代码	39869960 - 7	
成立时间	2014 - 06 - 30	登记时间	2015 - 03 - 04	
企业性质	内资企业	机构类型	私募证券投资基金管理人	
注册资本（万元）（人民币）	2000	实缴资本（万元）（人民币）	1400	
注册资本实缴比例	70%	是否为符合提供投资建议条件的第三方机构	是	
注册地址	上海市虹口区沽源路 110 弄 15 号 207 - 4 室			
办公地址	上海市徐汇区淮海中路 1273 弄 28 号			
员工人数	15	机构网址	无	电话　021 - 64730666
法定代表人/执行事务合伙人	付自清			
法定代表人/执行事务合伙人（委派代表）工作履历	时间	任职单位	任职部门	职务
	2014.06 ~ 2018.05	上海九桥资产管理有限公司	执行董事	执行董事
	2000.11 ~ 2014.06	上海大辰科技投资有限公司	董事长	董事长
	1996.07 ~ 2000.11	上海大昌铜业有限公司	董事长	董事长
	1987.07 ~ 1996.07	自有职业	创业	创业

（2）投研团队。杨钦澄：上海交通大学自动化专业工程学士，三年工业控制领域系统研发经历，近十年金融领域量化投资经验。于 2011 年加入上海大辰科技投资有限公司。从 2007 年开始，接触金融衍生品交易并着手研发量化交易模型及量化交易系统研发。加入大辰科技投资后，全面负

责自有量化交易平台的搭建，程序化交易策略的研发，以及实盘自营资金的运营管理。目前，负责的自有量化平台成熟可靠，管理的量化策略在自营盘上表现稳健。

王远昊：复旦大学经济学硕士。14 年期货从业经验。曾在中信期货负责商品市场研究，对贵金属行业和能源行业有深入的研究。目前全面负责公司期货投资业务。

盛晓锋：北京大学生命科学学院理学学士，2009 年通过 CFA3 级考试，15 年证券研究和投资经验。2005 年加入公司投资团队，任职股票交易员、研究员和投资经理，目前负责九桥资产权益类和固收类策略的研究和投资。擅长公司基本面分析和宏观研究，构建的投资策略经历了股市周期的考验。

（3）投资业绩。投资业绩如图 5 - 171、图 5 - 172 所示。

2018 年管理规模：1 亿~5 亿元。

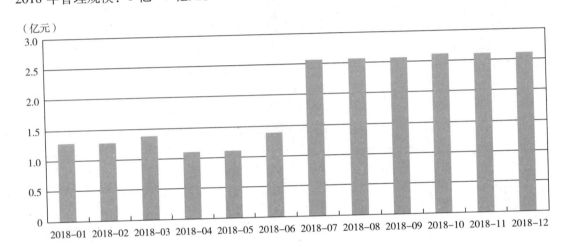

图 5 - 171　上海九桥资产管理有限公司管理规模

产品数量：累计 9 只。

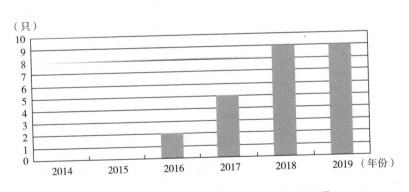

图 5 - 172　上海九桥资产管理有限公司产品数量

4. 上海远澜信息技术有限公司

上海远澜信息技术有限公司自 2011 年创建以来，一直致力于从事金融市场的量化交易。公司采用先进计算机技术从市场数据中发现和提取规则，构建量化交易策略，并实现全天候自动交易。公司的策略池包括股指期货日内和波段策略、股指高频策略、商品期货 CTA 策略、商品套利策略、

ETF 期权策略、股票量化对冲策略等多种量化策略。其中商品 CTA 组合是公司当前研发和交易的重点。

（1）公司信息。公司信息如表 5 - 155 所示。

表 5 - 155　上海远澜信息技术有限公司信息

简　　称	上海远澜				
登记编号	PI018484	组织机构代码	57584325 - 2		
成立时间	2011 - 05 - 27	登记时间	2015 - 07 - 16		
企业性质	内资企业	机构类型	私募证券投资 基金管理人		
注册资本（万元） （人民币）	1000	实缴资本（万元）（人民币）	1000		
注册资本 实缴比例	100%	是否为符合提供投资建议 条件的第三方机构	否		
注册地址	上海市徐汇区龙华路 2577 号 11 幢 306 室				
办公地址	上海市徐汇区龙华路 2577 号 3 幢 104 室				
员工人数	23	机构网址	www. evolutionlabs. com. cn/	电话	021 - 61286750
法定代表人/ 执行事务合伙人	王凯				
法定代表人/ 执行事务合伙人 （委派代表） 工作履历	时间	任职单位	任职部门	职务	
	2011. 05 ~ 2015. 07	上海远澜信息技术有限公司		总经理	
	2001. 10 ~ 2011. 04	美国亿柏国际有限公司		商务发展副总裁	
	2000. 12 ~ 2001. 09	博创投资咨询有限公司		投资经理	
	1995. 08 ~ 2000. 11	东航期货有限责任公司		出市代表	

（2）投研团队。王凯：毕业于上海交通大学计算机本科，后就读中欧国际工商学院获 MBA 学位，对于金融市场的运作模式和科学技术在金融市场的应用模式怀有浓厚兴趣，在长期的研究和实践中对于金融投资形成独特的哲学观点。王凯先生职业生涯的早期主要从事企业投融资方面的工作。自 2007 年起，王凯的兴趣更多转向二级市场交易，研究和实践国内期货市场的程序化交易，从开始交易的第一个交易年度算起迄今已经连续 11 年盈利，期间累计只有 3 个亏损季度。从 2007 年到 2016 年的复合年化收益率超过 120%。本着对量化技术精益求精的追求，王凯先生于 2011 年创办了专门从事量化交易的上海远澜信息技术有限公司，担任公司的总经理和投资总监。

沈洁旻：毕业于上海交通大学，在外资银行从事金融工作多年。2006 年，他创建巧点咨询服务公司。2011 年他又和王凯先生一起创建上海远澜信息技术有限公司，出任股东。他从事金融期货工作有 5 年多，有丰富期货投资经验。目前，担任远澜巧点 1、2 号产品的产品经理。

3）投资业绩。投资业绩如图 5 - 173、图 5 - 174 所示。

2018 年管理规模：1 亿 ~ 5 亿元。

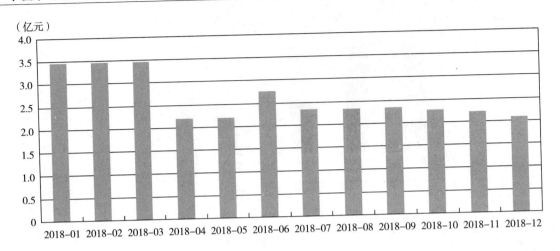

图 5 - 173　上海远澜信息技术有限公司管理规模

产品数量：累计 26 只。

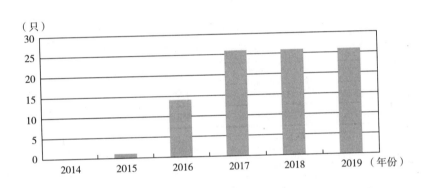

图 5 - 174　上海远澜信息技术有限公司产品数量

5. 广东宏锡基金管理有限公司

广东宏锡基金管理有限公司，是广东省中山市首家基金管理公司股东实力雄厚。公司是中国证券投资基金业协会会员单位，具备基金业协会批准的私募基金管理人资格，并已取得"3+3"投顾资格和会员资格，是一家专注于量化 CTA 的对冲基金公司。公司本着"数据说话，业绩说话"的经营理念，立志于成为中国量化 CTA 基金行业的领导者。公司前身是成立于 2010 年的十斗投资工作室，其现拥有超 10 位量化投资经验与基金管理经验非常丰富的成员，拥有量化策略研究、量化技术开发、风险控制、交易执行与基金运营的五位一体的组织架构，让团队持续稳健地发展了近 10 年，并保持了年均 20% ~30% 左右的盈利率。

（1）公司信息。公司信息如表 5 - 156 所示。

（2）投研团队。刘锡斌：中山大学工商管理硕士，金融专业方向，工信部数据分析师，已获得基金从业考试合格证、期货从业考试合格证和证券从业考试合格证。广东宏锡基金管理有限公司投委会主席、总经理与投资总监，主要负责基金公司的量化交易策略研究和风险管理研究。拥有 13 年以上的期货、股票、期权和外汇的实战交易经验。对国内外股指期货和商品期货非常了解，具有丰富的期货量化交易经验，在趋势跟踪策略与量化投资策略的研究上具有极深的造诣。能熟悉运用计算机对历史交易数据进行分析统计与策略模型构建，并对交易策略进行测试论证，对量化风险控制也有独到研究。

表 5 - 156　广东宏锡基金管理有限公司信息

简　　称	宏锡基金			
登记编号	P1008245	组织机构代码	32501132 - 2	
成立时间	2015 - 01 - 13	登记时间	2015 - 02 - 11	
企业性质	内资企业	机构类型	私募证券投资基金管理人	
注册资本（万元）（人民币）	1111.11	实缴资本（万元）（人民币）	531.11	
注册资本实缴比例	47.8%	是否为符合提供投资建议条件的第三方机构	是	
注册地址	广东省中山市东区中山三路16号之三国际金融中心37层8卡之一			
办公地址	广东省中山市东区中山三路16号之三国际金融中心37层8卡之一			
员工人数	11	机构网址	无	电话　无
法定代表人/执行事务合伙人	刘锡斌			
法定代表人/执行事务合伙人（委派代表）工作履历	时间	任职单位	任职部门	职务
	2015.01 ~ 2017.12	广东宏锡基金管理有限公司	基金运营部	总经理、法定代表人、基金经理、执行董事
	2010.02 ~ 2014.12	自由职业	无	无
	2008.06 ~ 2010.01	中山市黄圃镇和兴肉类加工厂	企业管理部	管理与营销职员
	2006.06 ~ 2008.05	广州顶益食品有限公司	企划部	区域企划主管

（3）投资业绩。投资业绩如图 5 - 175、图 5 - 176 所示。

2018 年管理规模：1 亿 ~ 5 亿元。

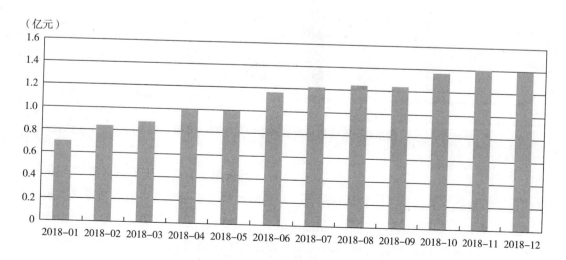

图 5 - 175　广东宏锡基金管理有限公司管理规模

产品数量：累计 19 只。

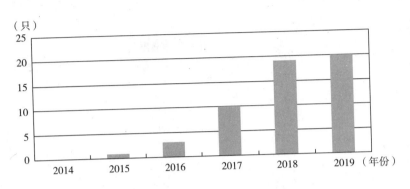

图 5 - 176　广东宏锡基金管理有限公司产品数量

6. 大连富利投资企业（有限合伙）

大连富利投资团队始建于 2009 年，由多位金融行业高管、私募机构骨干和交易所核心技术人士构成，均具备 10 年以上金融从业经验。投资团队致力于将多年交易实战经验与程序化模型相结合，开发出高频、对冲、跨国内外证券期货市场、银行间等多种盈利模式。团队中程式化交易开发人员均具备金融行业核心业务程序开发经历，是北方地区最为专业的金融量化交易团队。

（1）公司信息。公司信息如表 5 - 157 所示。

表 5 - 157　大连富利投资企业（有限合伙）信息

简　　　称	富利投资		
登记编号	P1002401	组织机构代码	07157692 - 0
成立时间	2013 - 07 - 31	登记时间	2014 - 05 - 26
企业性质	内资企业	机构类型	私募证券投资基金管理人
注册资本（万元）（人民币）	1000	实缴资本（万元）（人民币）	1000
注册资本实缴比例	100%	是否为符合提供投资建议条件的第三方机构	是
注册地址	辽宁省大连市甘井子区高新技术产业园区善水街 21 - 33 号 6 层 13 号		
办公地址	辽宁省大连市甘井子区黄浦路 523 号海创国际产业大厦 A 座 24 层 2402		
员工人数	17	机构网址	www.fuli2009.com/　电话　0411 - 84890822
法定代表人/执行事务合伙人	徐晓东		
法定代表人/执行事务合伙人（委派代表）工作履历	时间	任职单位	任职部门	职务
	2013.07 ~ 2017.07	大连富利投资企业（有限合伙）	空	法人
	2009.09 ~ 2013.07	安粮期货大连营业部	研究部	研究员
	2005.09 ~ 2009.08	延伸期货	交易部	交易员
	2003.09 ~ 2005.08	中州期货	交易部	交易员

（2）投研团队。徐晓东：2002年入期货市场，资深交易员，在高频交易和趋势波段交易领域有极高的件数。2008年至今连续7年资产管理收益超过100%。

李嘉：毕业于吉林大学，经济学硕士，12年证券期货研究和投资经验。曾任大连良云期货长春营业部副经理，天琪期货长春、大连营业部总经理，中投期货资产管理部总经理，现任大连富利投资企业执行合伙人。高级理财规划师，新文化报、长春晚报特聘经济分析师。对于期货市场有着深刻理解，具有较强的产品设计和创新能力。富利投资团队成立于2010年年初，在程序化高频交易、套利对冲领域积累了丰富的实战经验，并保持3年来所有管理资产全部正收益的业绩。目前管理资产规模超过2亿元。

于航：擅长数量化投资和程序化对冲交易。具有较强的产品设计和创新能力。对国内金融市场、上海黄金T+D市场、中国香港及欧美金融市场均有较深入的研究。能够捕捉市场间规律设计出低风险收益稳定的结构化产品。

（3）投资业绩。投资业绩如图5-177、图5-178所示。

2018年管理规模：1亿~5亿元。

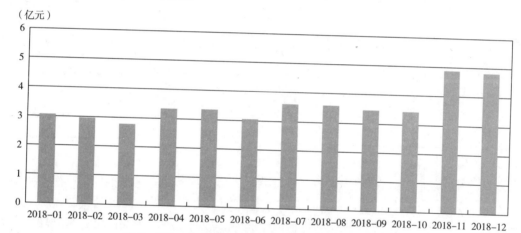

图5-177 大连富利投资企业（有限合伙）管理规模

产品数量：累计78只。

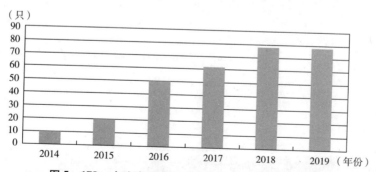

图5-178 大连富利投资企业（有限合伙）产品数量

7. 上海融葵投资管理有限公司

融葵投资秉承品种研究、风险控制、合理配置的投资理念，通过资产配置、量化对冲和套利投资控制风险，实现低风险稳健收益。融葵投资已拥有一批长年从事证券、期货交易的管理、交易人才，努力为客户提供更多元化更高素质的专业服务。ETF套利、基差套利、跨期套利。追求低风险稳健的收益是公司投资风格。

（1）公司信息。公司信息如表5-158所示。

表5-158　上海融葵投资管理有限公司信息

简　　称		融葵投资			
登记编号	P1016933	组织机构代码	33246193-8		
成立时间	2015-03-25	登记时间	2015-07-01		
企业性质	内资企业	机构类型	私募证券投资基金管理人		
注册资本（万元）（人民币）	1500	实缴资本（万元）（人民币）	1000		
注册资本实缴比例	66.667%	是否为符合提供投资建议条件的第三方机构	否		
注册地址	上海市浦东新区绿科路90号				
办公地址	湖北省武汉市江汉区淮海路泛海国际SOHO城1号1006室				
员工人数	17	机构网址	a081643.atobo.com.cn	电话	无
法定代表人/执行事务合伙人		李晨熙			
法定代表人/执行事务合伙人（委派代表）工作履历	时间	任职单位	任职部门		职务
	2016.12~	上海融葵投资管理有限公司	经理办		总经理
	2012.06~2016.11	美尔雅期货有限公司武汉市汉口营业部	汉口营业部		营业部经理

（2）投研团队。王春泉：上海融葵投资管理有限公司联合创始人及投资总监，郑商所农产品高级分析师，《期货日报》与新财富评选最佳菜籽系分析师。历任现货企业投资顾问，期货公司研发总监。拥有多年的大宗商品贸易、研究及投资的实战经验，创立融葵投资以来，带领融葵投资实现每年50%以上收益的稳定业绩，连续多年在各项实盘比赛及评选中获得荣誉及奖励。

（3）投资业绩。投资业绩如图5-179、图5-180所示。

2018年管理规模：100亿元以上。

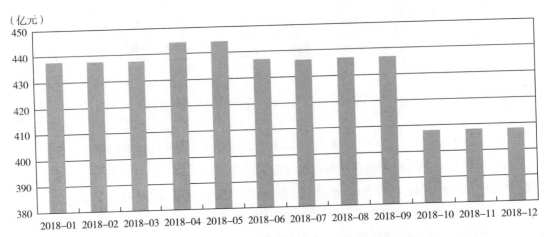

图5-179　上海融葵投资管理有限公司管理规模

产品数量：累计 78 只。

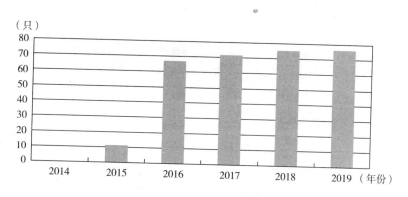

图 5 - 180 上海融葵投资管理有限公司产品数量

8. 山东圆融投资管理有限公司

山东圆融投资管理有限公司（Shandong Yuanrong Investment Management Co., Ltd.），简称圆融投资，2008 年成立于拥有"泉城"美誉的济南市。公司的核心业务是为处于不同财富阶层的个人及机构中高端客户提供差异化、多样性的金融服务产品，内容涵盖财富架构顾问咨询、资产配置与管理、定制综合金融等多方面服务。

不动如山，行云流水，凝思有为，感悟天地。公司在创始人宋易朋的带领之下，秉承"以心为犁勤耕天下，破除偏执圆满融通"的经营理念，经过多年耕耘，在业内树立了良好的口碑。公司于 2014 年 4 月成功在中国证券基金业协会备案为私募基金管理人，2015 年 5 月入选山东省证券业协会首届私募投资基金委员会委员。

公司目前拥有一支操盘能力过硬，理论造诣丰富的投研团队。投研团队通过量化交易规律来进行精确投资，目前已经形成了一套较为科学的投测体系。公司投资理念主要是以风险控制为基础，量化分析为依据，资金管理为核心，利用分散化、多元化的交易方法，实现资产的稳步增长。

（1）公司信息。公司信息如表 5 - 159 所示。

表 5 - 159 山东圆融投资管理有限公司信息

简 称	圆融投资		
登记编号	P1000574	组织机构代码	67225002 - 9
成立时间	2014 - 04 - 21	登记时间	2008 - 02 - 01
企业性质	内资企业	机构类型	私募证券投资基金管理人
注册资本（万元）（人民币）	3000	实缴资本（万元）（人民币）	3000
注册资本实缴比例	100%	是否为符合提供投资建议条件的第三方机构	否
注册地址	山东省济南市历下区经十路 7000 号汉峪金融商务中心 A4 -（4）办公楼 30 层西南区		
办公地址	山东省济南市历城区高新区经十路 7000 号汉峪金融商务中心 A4 -（4）办公楼 30 层西南区		
员工人数	28	机构网址	www. yuanrong2008. com 电话 0531 - 82353666

法定代表人/ 执行事务合伙人	宋易朋			
法定代表人/	时间	任职单位	任职部门	职务
执行事务合伙人	2008.02～2018.05	山东圆融投资管理有限公司	管理层	董事长兼总经理
（委派代表）	2006.11～2008.02	山东泉鑫期货经纪有限公司	市场部	市场部总经理
工作履历	2000.04～2006.11	三隆期货经纪有限公司	机构部	机构部总经理

（2）投研团队。宋易朋：山东财经大学 EMBA，美国注册财务策划师（RFP），拥有 20 年证券、期货及基金从业经历，对市场政策走向有着敏锐的观察力和前瞻力。

陈亮：推崇量化交易；拥有系统性的投资组合管理和风险管控能力；擅长对风险要素进行归纳分析，并对投资组合中的策略风险进行压力测试和管理。

贵开伟：拥有 10 年不间断的证券期货实盘操作经验，对二级市场品种波动特性有独到见解，擅长利用趋势对冲原理配合资金管理系统覆盖产品各种风险。

（3）投资业绩。投资业绩如图 5 - 181、图 5 - 182 所示。

2018 年管理规模：1 亿～5 亿元。

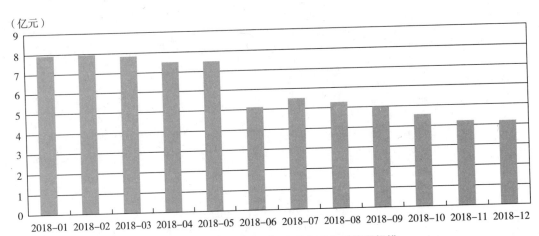

图 5 - 181　山东圆融投资管理有限公司管理规模

产品数量：累计 43 只。

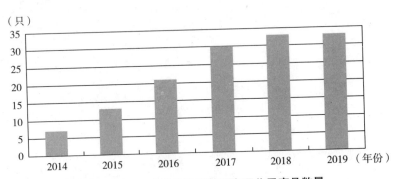

图 5 - 182　山东圆融投资管理有限公司产品数量

9. 上海富善投资有限公司

上海富善投资有限公司由国内量化领域资深专业人士和国内著名阳光私募基金公司上海朱雀投资共同发起成立，致力于吸收和引进全球领先金融机构在量化投资领域的成熟经验和技术，结合中国市场的实际情况，探索研究适合中国资本市场特色的量化投资领域的投资策略、研发体系、风控体系和交易体系。公司核心管理团队拥有 10 年以上的投资和管理经验，长期专注于量化投资领域投资研究工作。投研主要成员均具备数学、物理、统计学、金融工程、计算机等硕士以上学历，名投资人员具备海外和国内著名大学的双重学历和工作背景，拥有扎实的数学理论功底、丰富的金融学知识、强大的 IT 编程能力和股票、期货和衍生品量化交易的实战经验。

（1）公司信息。公司信息如表 5 - 160 所示。

表 5 - 160　上海富善投资有限公司信息

简　　称	富善投资					
登记编号	P1000712	组织机构代码	06777489 - 5			
成立时间	2013 - 04 - 28	登记时间	2014 - 04 - 09			
企业性质	内资企业	机构类型	私募证券投资基金管理人			
注册资本（万元）（人民币）	1000	实缴资本（万元）（人民币）	1000			
注册资本实缴比例	100%	是否为符合提供投资建议条件的第三方机构	是			
注册地址	上海市虹口区广中路 40 号 160 室					
办公地址	上海市浦东新区世纪大道 1600 号陆家嘴商务广场 2612 - 2616					
员工人数	36	机构网址	www. foreseefund. com	电话	021 - 58333055	
法定代表人/执行事务合伙人	林成栋					
法定代表人/执行事务合伙人（委派代表）工作履历	时间	任职单位	任职部门	职务		
	2013. 04 ~ 2017. 04	上海富善投资有限公司	总经理	总经理兼投资总监		
	2007. 06 ~ 2013. 04	上海朱雀投资发展中心	合伙人	合伙人		
	2005. 09 ~ 2007. 05	西部证券股份有限公司	资产管理部	高级经理		
	2002. 10 ~ 2005. 08	上海融泰投资管理有限公司	总经理	总经理		

（2）投研团队。林成栋：国内阳光私募基金行业第一批参与者，是国内知名阳光私募基金公司上海朱雀投资发展中心（有限合伙）的创始合伙人之一。上海交通大学安泰管理学院金融工程博士毕业，西安交通大学系统工程硕士学位，中欧国际工商管理学院 EMBA，西安交通大学电气工程学士。攻读博士期间对中国股市的特征、价值策略、反转策略、机构投资者行为等进行过深入研究，是国内较早从事金融工程研究的专业人士之一。目前全面负责富善投资的管理和投资工作。

（3）投资业绩。投资业绩如图 5 - 183、图 5 - 184 所示。

2018 年管理规模：20 亿 ~ 50 亿元。

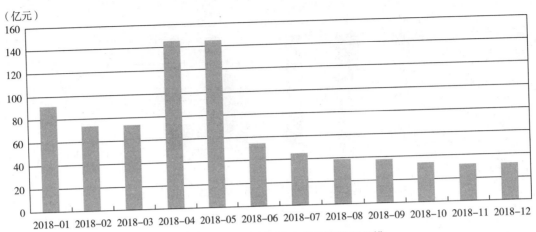

（亿元）

图 5 – 183　上海富善投资有限公司管理规模

产品数量：累计 236 只。

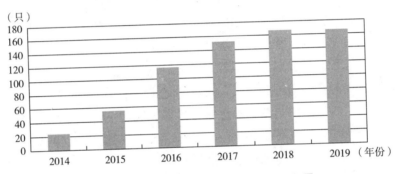

（只）

图 5 – 184　上海富善投资有限公司产品数量

10. 绍兴市新宇资产管理有限公司

新宇资产拥有一批优秀的期货操盘手，交易风格稳健，实战能力强。多年的累积，使得新宇团队拥有了对期货市场深刻的判断力与丰富的操盘经验；多年的历练，使团队具备了过硬的投资实力与诚信的运营风格；多年的磨合，塑造了独特的新宇文化。新宇投资运营至今，在投资业务中通过对投资方案进行评估筛选，为客户带来了丰厚的投资回报，业绩骄人；在程序化交易领域，开发了"新宇商品吉祥三宝"，"新宇股指短线王"与"股指无风险套利"等多款套利和趋势追踪投资产品，现已投入实战。在业内引起了广泛关注。诚信、务实、专业、创新、共赢。交易注重宏观和全局把握，良好的资金管理和风控制度。在低风险下逐步积累利润，实现资金稳步增长，杜绝重仓暴利思想。树立以客户利益至上的经营宗旨，以品牌和影响力取得长期竞争优势。

（1）公司信息。公司信息如表 5 – 161 所示。

（2）投研团队。应时雨：1967 年出生，毕业于武汉大学。1994 年进入期货行业，曾任期货公司高管和营业部负责人，后转型从事期货交易，有丰富的期货实战经验和成熟的投资理念，擅长把握趋势性投资机会。

董剑光：1967 年出生，毕业于浙江大学。有 18 年的期货从业经历，曾任期货公司高管和营业部负责人，擅长股市和期市两栖操作，以趋势跟踪系统为基本操作理念，信奉宏观哲学思考，系统简捷的交易理念，管理上注重仓位和风险控制。

表 5 - 161　绍兴市新宇资产管理有限公司信息

简　　称	新宇资产			
登记编号	P1002917	组织机构代码	76867114 - 3	
成立时间	2004 - 11 - 05	登记时间	2014 - 06 - 04	
企业性质	内资企业	机构类型	私募证券投资 基金管理人	
注册资本（万元） （人民币）	1000	实缴资本（万元）（人民币）	1000	
注册资本 实缴比例	100%	是否为符合提供投资建议 条件的第三方机构	否	
注册地址	浙江省绍兴市越城区延安路 261 号 6 楼			
办公地址	浙江省绍兴市越城区解放北路 186 号 6 楼			
员工人数	7	机构网址	www. xyfund88. com	电话　0575 - 85120075
法定代表人/ 执行事务合伙人	俞华			
法定代表人/ 执行事务合伙人 （委派代表） 工作履历	时间	任职单位	任职部门	职务
	2016. 10 ~ 2016. 11	绍兴市新宇资产管理有限公司	总经理	董事长兼总经理， 兼任法定代表人
	2014. 06 ~ 2016. 09	绍兴市新宇资产管理有限公司	交易部	投资专员
	2008. 09 ~ 2013. 09	中信期货杭州营业部	金融一部部门	经理

曹春伟：1978 年出生，毕业于浙江财经学院。10 年期货从业经历，曾任浙江大越期货信息部经理，金融事业部副总经理，中金所金融期货高级分析师，绍兴电视台《财富 18》特约评论员。自创盘中交易，均线趋势交易法。风格短中结和，收益稳定。

葛屹立：1978 年出生，毕业于上海对外贸易学院。5 年期货从业经历，曾在浙江大越期货金融事业部工作。2010 年加入新宇资产管理有限公司从事投资和研究工作，现任新宇资产管理公司投资部经理。有敏锐的金融眼光，能较好地把握市场的主要旋律。

（3）投资业绩。投资业绩如图 5 - 185、图 5 - 186 所示。

2018 年管理规模：1 亿 ~ 5 亿元。

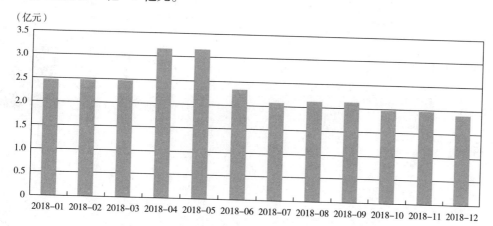

图 5 - 185　绍兴市新宇资产管理有限公司管理规模

产品数量：累计 36 只。

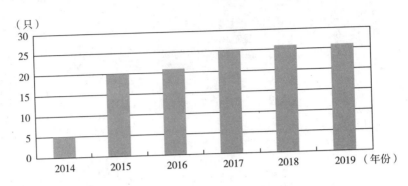

图 5－186　绍兴市新宇资产管理有限公司产品数量

11. 上海品责资产管理中心（有限合伙）

上海品责资产管理中心（有限合伙）（以下简称"品责资产"）2015 年 1 月于上海正式成立，主要团队成员来自布朗大学、耶鲁大学、复旦大学等国内外知名学府。同年 8 月品责资产在中国证券投资基金业协会完成私募投资管理人登记，并于 2017 年成为协会观察会员。

品责资产专注于全方位的资产管理研发，在量化交易和资产配置上具备一流水平。公司旗下产品涵盖多样性的策略组合，如 CTA 策略、基本面商品套利、股指期货趋势策略、股票 Alpha 量化对冲组合等，为客户提供符合其收益与风险偏好的产品，并以稳健实现持续的收益为立身之本。品责资产是专注于全方位资产配置的资产管理公司，在风险对冲和风险分散的投资基础上捕捉各种投资机会，为客户在不同的市场周期中谋求长期稳定的投资收益。一方面，我们致力于借助统计学和数学方法，通过数据分析以及基本面逻辑筛选策略和产品；另一方面，我们专注于复合投资理论，兼具多元化、分散化、全面化，最终获得持续的稳定的收益。同时，我们不懈于策略库和数据库的周期性检验和实时的更新迭代，以不断适应市场的前行和变化。

（1）公司信息。公司信息如表 5－162 所示。

表 5－162　上海品责资产管理中心（有限合伙）信息

简　　称	品责资产		
登记编号	P1020138	组织机构代码	33277901－4
成立时间	2015－02－25	登记时间	2015－08－06
企业性质	内资企业	机构类型	私募证券投资基金管理人
注册资本（万元）（人民币）	1000	实缴资本（万元）（人民币）	1000
注册资本实缴比例	100%	是否为符合提供投资建议条件的第三方机构	否
注册地址	上海市青浦区青浦区公园路 348 号 7 层 C 区 748 室		
办公地址	上海市黄浦区黄浦区打浦路 1 号金玉兰广场 1105 室		
员工人数	10	机构网址	www.pinzeasset.com　电话　021－33310031

续表

法定代表人/执行事务合伙人	黄凯			
法定代表人/执行事务合伙人（委派代表）	时间	任职单位	任职部门	职务
	2015.02～2017.04	上海品责资产管理中心（有限合伙）	投资交易部	执行合伙人
工作履历	2013.04～2015.02	上海东证期货有限公司	投研事业总部	高级经理

（2）投研团队。黄凯：上海大学高分子材料与科学专业学士，美国福特汉姆大学工商管理硕士（MBA）。曾任职于交通银行、GE CAPITAL、福特汉姆商学院等。具备丰富的资本市场和咨询及数据分析的经验，专注于商品期货套利和CTA策略的研究，拥有长期稳定的实盘业绩。2015年创立上海品责资产管理中心（有限合伙），任执行合伙人兼投资总监，全面负责公司的管理和投资工作。

张岸星：莫纳什大学会计及金融专业学士。曾任职于Credit Asset Management、数库（上海）及江阴翱达特种化纤有限公司。拥有多年金融大数据从业经历，擅长数据库和技术平台建设及丰富的财务分析经验，同时在化工等行业有着深厚的现货企业工作经验。

（3）投资业绩。投资业绩如图5-187、图5-188所示。

2018年管理规模：5亿～10亿元。

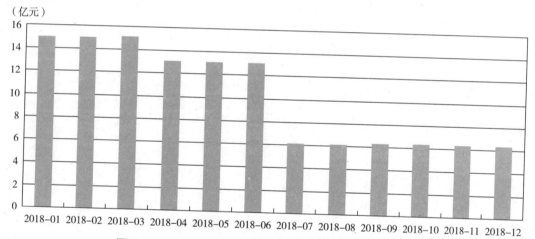

图5-187　上海品责资产管理中心（有限合伙）管理规模

产品数量：累计10只。

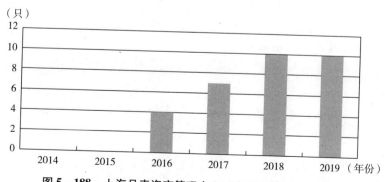

图5-188　上海品责资产管理中心（有限合伙）产品数量

12. 新余中鼎创富投资管理中心（有限合伙）

新余中鼎创富投资管理中心（有限合伙）是一家专业投资管理机构，主要合伙人、管理人员及决策委员会成员具有丰富的证券市场、期货市场投资及管理经验。中鼎创富投资管理中心专注于国内股指期货的量化交易，致力成为国内领先的量化交易投资管理人，企业的使命是使每一位客户获得稳健的正向投资回报。

（1）公司信息。公司信息如表5－163所示。

表5－163　新余中鼎创富投资管理中心（有限合伙）信息

简　　称	中鼎创富投资		
登记编号	P1001436	组织机构代码	05442565－3
成立时间	2012－09－28	登记时间	2014－04－29
企业性质	内资企业	机构类型	私募证券投资基金管理人
注册资本（万元）（人民币）	1200	实缴资本（万元）（人民币）	1200
注册资本实缴比例	100%	是否为符合提供投资建议条件的第三方机构	否
注册地址	江西省新余市渝水区孔目江生态经济区管理委员会太阳城		
办公地址	广东省广州市天河区珠江东路12号高德置地冬广场H座3003单元		
员工人数	6	机构网址	www.zdcf.com.cn　电话　400－833－9688
法定代表人/执行事务合伙人	张文辉		
法定代表人/执行事务合伙人（委派代表）工作履历	时间	任职单位	任职部门	职务
	2016.06～2017.11	广州中鼎创富资产管理有限公司	法人代表、董事长兼总经理	总经理
	2013.09～2016.06	新余中鼎创富投资管理中心（有限合伙）	执行事务合伙人	执行事务合伙人
	2009.03～2013.07	广发证券股份有限公司	财富管理部	执行董事

（2）投研团队。刘岩松：12年证券投资经验，从2004年开始进行香港恒生指数期货、期权、外汇、原油等交易，2007年转入国内商品期货交易，2010年进行国内股指期货交易。从业十余年，拥有较强的技术分析能力和实战运转能力，具有丰富的证券市场、期货市场投资经验及管理经验。近年来，致力于股指期货的量化交易策略应用与研究，自主研发的股指期货CF系列量化交易策略体系，在沪深300股指期货市场的实战和全程回测中，任意连续12个月的交易皆取得了良好且稳定的收益。

（3）投资业绩。投资业绩如图5－189、图5－190所示。

2018年管理规模：1亿～5亿元。

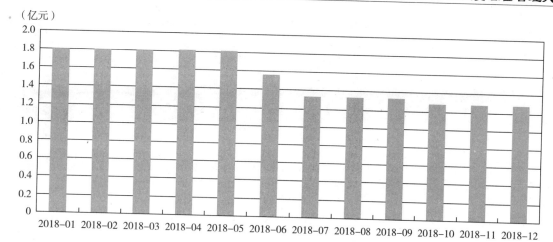

图 5-189 新余中鼎创富投资管理中心（有限合伙）管理规模

产品数量：累计 7 只。

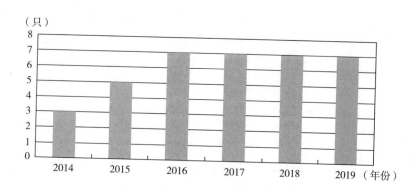

图 5-190 新余中鼎创富投资管理中心（有限合伙）产品数量

13. 上海雄愉投资管理有限公司

上海雄愉投资管理有限公司于 2014 年在上海自贸区成立，是专注于国内外资本市场投资的全球宏观私募基金。形成了基于安全边际下的多类资产轮动、跨资产套利的投资理念和宏观多策略投资风格，并在实践中形成了全天候、立体化、牛市熊市都能获得较好绝对收益的投资能力。目前，雄愉资本是投资领域涉及债券、货币、股票、大宗商品及其衍生品等跨类别资产的私募基金。

（1）公司信息。公司信息如表 5-164 所示。

（2）投研团队。李军：现任公司基金经理，工商管理硕士毕业，25 年金融从业经历，中国第一代期货红马甲，中国量化投资学会理事，香港量化投资学会会长，山东 FOF 研究会专家顾问委员，第一财经《解码财商》特邀嘉宾，曾任期货公司高管，公募基金投资总监，私募基金投资总监，境外券商高管，精通全球股票，商品期货，外汇，债券等衍生品交易。

游学军：现任公司投资顾问，复旦大学应用数学理学学士，复旦大学 MBA。曾任中国人民银行四川省分行职员，四川省证券股份有限公司驻上海证券交易所场内交易员，中国国防军工物资总公司上海期货部国债交易部经理，兴业银行上海分行国债交易负责人等。

表 5 - 164　上海雄愉投资管理有限公司信息

简　　称		雄愉资本		
登记编号	P1004778	组织机构代码		30164903 - 0
成立时间	2014 - 05 - 04	登记时间		2014 - 10 - 13
企业性质	外资企业	机构类型		私募证券投资基金管理人
注册资本（万元）（人民币）	5000	实缴资本（万元）（人民币）		1218.3191
注册资本实缴比例	24.36%	是否为符合提供投资建议条件的第三方机构		否
注册地址	中国上海自由贸易试验区加枫路 26 号 108 室			
办公地址	上海市浦东新区浦建路 78 号 1701 室			
员工人数	8	机构网址	www. hunlicar. cn	电话　021 - 63350033
法定代表人/执行事务合伙人		李民		

法定代表人/执行事务合伙人（委派代表）工作履历	时间	任职单位	任职部门	职务
	2014.08 ~ 2017.08	上海雄愉投资管理有限公司		总经理
	2014.03 ~ 2016.03	前海盛源股权投资基金管理有限公司		副总经理
	2011.10 ~ 2014.02	深圳市大山典当有限公司		副总经理
	2005.12 ~ 2011.09	深圳市优博网络科技有限公司		市场总监
	2002.09 ~ 2005.11	深圳市深业工贸有限公司		财务总监
	1993.07 ~ 2002.08	澳门南光集团有限公司		财务

（3）投资业绩。投资业绩如图 5 - 191、图 5 - 192 所示。

2018 年管理规模：2 亿~5 亿元。

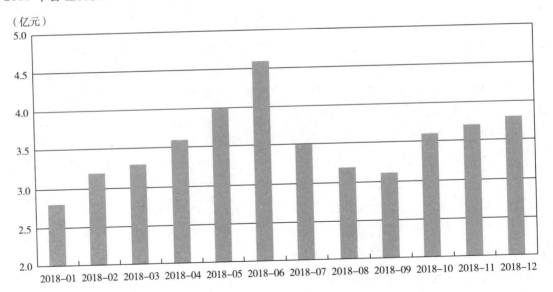

图 5 - 191　上海雄愉投资管理有限公司管理规模

产品数量：累计 5 只。

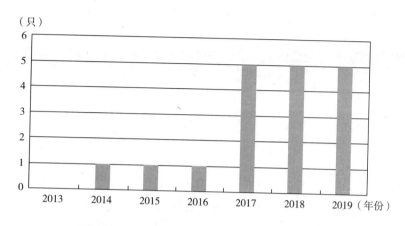

图 5 – 192 上海雄愉投资管理有限公司产品数量

14. 北京冲和资产管理有限公司

北京冲和资产管理有限公司是中国第一批基于量化交易的对冲基金，公司视投资为科学，专注于将数学模型和电脑自动交易紧密结合，开发出多风格、多层次的数量化投资策略，并采用多空对冲交易手段进行组合管理，形成了成熟的投资盈利模式。公司使用自主研发的智能化交易系统和风控管理系统，以客观、准确的数据化进行交易和风险控制，不断强化收益的客观性和可持续性。

公司成立至今，始终将投资者利益放在首位，秉承"诚信""稳健""精专""理性"的理念，坚持科学投资，致力于为广大投资者带来长期、稳定、可观的收益回报。公司立志成为中国量化对冲基金的佼佼者，通过不断努力，为投资者创造更高、更持续的收益。

（1）公司信息。公司信息如表 5 – 165 所示。

表 5 – 165 北京冲和资产管理有限公司信息

简 称		冲和资产		
登记编号	P1026274	组织机构代码	91110102584445184A	
成立时间	2011 – 10 – 17	登记时间	2015 – 11 – 04	
企业性质	内资企业	机构类型	私募证券投资基金管理人	
注册资本（万元）（人民币）	1200	实缴资本（万元）（人民币）	1200	
注册资本实缴比例	100%	是否为符合提供投资建议条件的第三方机构	是	
注册地址	北京市西城区裕民路 18 号 207			
办公地址	北京市西城区裕民路 18 号 207			
员工人数	7	机构网址	www. chancehunt. cn	电话	010 – 52468236
法定代表人/执行事务合伙人		刘清洪		

	时间	任职单位	任职部门	职务
法定代表人/ 执行事务合伙人 （委派代表） 工作履历	2015.09～2017.06	北京冲和资产管理有限公司	投资交易部	执行董事、法定代表人、 总经理、首席投资官
	2011.10～2015.09	互腾世纪（北京） 科技有限公司	公司总部	总经理
	2000.09～2011.09	自由职业	自由职业	自由职业
	1996.09～2000.09	中国国际期货有限公司	研究管理部	研究员

（2）投研团队。刘清洪：首席投资官，1996年毕业于南开大学陈省身数学研究所，师从史树中教授，中国第一批金融数学硕士。曾任中国国际期货有限公司任研究员，私募基金经理，二十余年金融市场投资经验，长期致力于金融市场量化交易。累计交纳手续费超过1亿元人民币，长期研究交易策略的风险量化，操作稳健，持续盈利能力突出。目前，管理规模超过7亿元，从2003～2015年年化收益率平均超过30%，期间所有账户所有年度全部盈利，最近5年所有账户最大回撤基本不超过3%。2015年夏季，旗下中低频量化交易基金创下连续47工作日持续盈利纪录。

付春光：首席技术官，1996年毕业于南开大学陈省身数学研究所，计算数学硕士。曾任用友软件股份有限公司研发经理、企业管理软件产品总设计师、商务智能总监，国资委信息化专家，银河证券算法交易系统总架构师。二十年的IT系统设计经验和丰富的大数据管理经验，擅长运用数学模型发掘价值信息，搭建高效稳定的量化投资系统。

林宙辰：首席科学家，2000年于北京大学数学学院获理学博士学位。曾任微软亚洲研究院主管研究员，现任北京大学信息科学技术学院智能科学系博士生导师。主要研究机器学习和大数据技术在金融市场交易技术的应用。发展和研究新的量化策略。

（3）投资业绩。投资业绩如图5-193、图5-194所示。

2018年管理规模：1亿～5亿元。

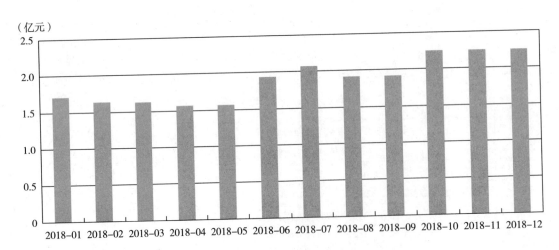

图5-193　北京冲和资产管理有限公司管理规模

产品数量：累计 43 只。

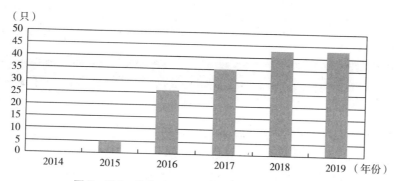

图 5 - 194　北京冲和资产管理有限公司产品数量

（二）1 亿元以下

1. 北京量信投资管理有限公司

北京量信投资管理有限公司成立于 2015 年 9 月，是一家在中国基金业协会备案登记的专业私募基金管理人，由证券投研、数学算法、机器学习和信息技术各领域的资深专家构成。通过对传统投资流程进行工业化改造，量信投资以机器替代人力，集成并一体化管理投资风险，为投资人创造可持续的高性价比风险收益。未来量信投资将聚焦于二级市场交易，业务涉及资本市场主要大类资产。通过对传统投资流程进行工业化改造，量信投资以机器替代人力，集成并一体化管理投资风险，为投资人创造可持续的高性价比风险收益。

（1）公司信息。公司信息如表 5 - 166 所示。

表 5 - 166　北京量信投资管理有限公司信息

简　　称	量信投资				
登记编号	P1034574	组织机构代码	91110105MA00125R0B		
成立时间	2015 - 9 - 30	登记时间	2016 - 11 - 11		
企业性质	有限责任公司	机构类型			
注册资本（万元）（人民币）	1285.7143	实缴资本（万元）（人民币）	552.9395		
注册资本实缴比例	13.58%	是否为符合提供投资建议条件的第三方机构			
注册地址	北京市朝阳区五里桥二街 2 号院 2 号楼 10 层 1012				
办公地址	北京市朝阳区北苑路 13 号院 3 号楼 203				
员工人数	9	机构网址	www. liang - xin. com	电话	010 - 56013848
法定代表人／执行事务合伙人	任重				
法定代表人／执行事务合伙人（委派代表）工作履历	时间	任职单位	任职部门	职务	
	2005.7 ~ 2007.2	毕马威华振会计师事务所	审计部门	审计师	
	2007.2 ~ 2014.6	中国国际金融有限公司	研究部门	研究部副总裁	
	2014.6 ~ 2015.8	北京双子汇融科技有限公司	总经办	CEO	
	2015.9 ~	北京量信投资管理有限公司	总经办	CEO	

（2）投研团队。任重：量信投资 CEO。毕业于中国人民大学，获商学院学士学位。从业期间，投研能力被市场广泛认可。创立量信投资之前，任重先生历任北京双子汇融科技有限公司 CEO，中国国际金融有限公司研究部副总裁，毕马威华振会计师事务所审计师，拥有 12 年金融市场从业经历和 10 年证券投研经验。

高嵩：量信投资 CTO。拥有清华大学计算机学士及硕士学位。带领技术部完成量信投资数据服务平台、量化策略回测平台、自动化交易系统以及信息化系统的自主研发；主导投资品定价模型、风险控制模型以及股票、期货、衍生品等各类量化投资策略、算法交易策略的落地实施；构建了量信投资公司完善的全信息化量化投资流程。

石川：首席科学家。清华大学工学硕士、美国麻省理工学院博士。精通各种概率模型和统计建模方法，研究成果多次发表于 European Journal of Operational Research，International Journal of Production Economics，Computers & Industrial Engineering 等国际顶级期刊。现担任知名期刊 Computers in Industry 编委会委员和十余家国际期刊的审稿人。擅于以金融数学分析为手段进行资产配置、投资组合风险管理、量化多因子选股以及衍生品 CTA 策略的开发，并对行为金融学有独到的见解。曾就职美国 Citigroup、Oracle 及 P&G，从事数据分析、统计建模以及数据仓库的设计和搭建等工作，服务的客户既有《财富》500 强公司又包括政府机构。

（3）投资业绩。投资业绩如图 5-195、图 5-196 所示。

2018 年管理规模：0~1 亿元。

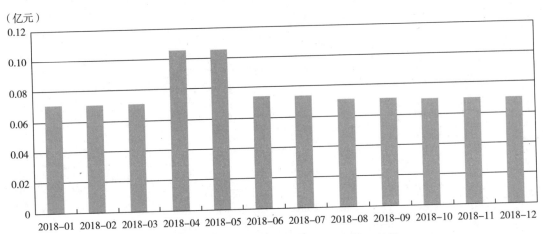

图 5-195　北京量信投资管理有限公司管理规模

产品数量：累计 12 只。

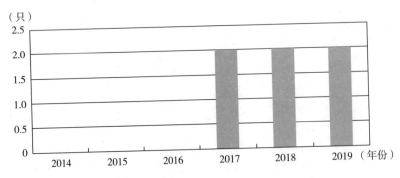

图 5-196　北京量信投资管理有限公司产品数量

2. 浙江和熙资产管理有限公司

浙江和熙资产管理有限公司是一家以数据量化为投资基础，以机器学习作为投资策略风险控制管理的科技创新型私募公司。投研团队由来自世界顶尖学府的海归学者组成，多位成员受邀成为当地高校的客座教授以及广播电视台的评论员嘉宾，同时公司也与当地高校在国家教育部备案创立金融大数据实验室。和熙旗下多支产品在证券时报、私募排排网、万得资讯（Wind）、私募梦工场等平台取得过同类型产品全国前十名的优异成绩。以"全面量化、数据支撑"为企业投资文化，以"人和年丰，民熙物阜"为己任，全力实现客户、合作伙伴以及企业员工良性、可持续的健康共同成长。

（1）公司信息。公司信息如表 5 – 167 所示。

表 5 – 167　浙江和熙资产管理有限公司信息

简　称	和熙资产				
登记编号	P1033444	组织机构代码	91330302MA285TAKIN		
成立时间	2016 – 06 – 28	登记时间	2016 – 09 – 08		
企业性质	内资企业	机构类型	私募证券投资基金管理人		
注册资本（万元）（人民币）	1000	实缴资本（万元）（人民币）	250		
注册资本实缴比例	25%	是否为符合提供投资建议条件的第三方机构	否		
注册地址	浙江省温州市平阳县南麂镇美龄宫（南麂柳成山庄 521 室）				
办公地址	浙江省温州市鹿城区南汇街道车站大道时代商住广场南幢 5C2 室				
员工人数	8	机构网址	zjhxgs.com/sy	电话	0577 – 88735559
法定代表人/执行事务合伙人	金帆				
法定代表人/执行事务合伙人（委派代表）工作履历	时间	任职单位	任职部门	职务	
	2016. 06 ~ 2017. 06	浙江和熙资产管理有限公司	总经办	总经理	
	2011. 06 ~ 2016. 06	宝城期货温州营业部	营业部	营销岗	
	2009. 07 ~ 2011. 06	渤海交易所温州服务部	温州服务部	营销岗	

（2）投研团队。韩婷侠：现任浙江和熙资产管理有限公司基金经理职位，具备良好的经济理论基础和扎实的证券研究经验和投资管理经验，管理业绩持续表现良好。

姜适中：先后在渤海期货、浙江和熙资产管理有限公司等公司工作，现任浙江和熙资产管理有限公司公司基金经理职位。姜适中先生具备良好的经济理论基础和扎实的证券研究经验和投资管理经验，管理业绩持续表现良好。

金帆：拥有多年的券商从业经历，强调"防守决定高度，只有先立于不败才可言求胜。"坚持组合资产，严格控制风险；在深入运用数据挖掘、量化分析等技术的基础上，专注科学投资；注重团队合作，充分发挥集体智慧的投资风格。

（3）投资业绩。投资业绩如图 5 – 197、图 5 – 198 所示。

2018 年管理规模：0 ~ 1 亿元。

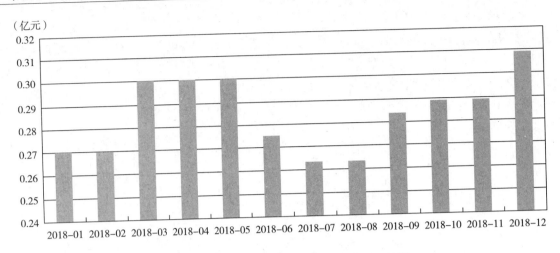

图 5 - 197　浙江和熙资产管理有限公司管理规模

产品数量：累计 9 只。

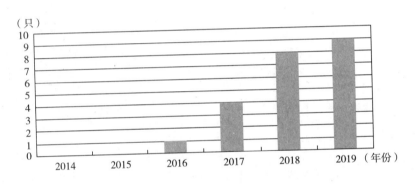

图 5 - 198　浙江和熙资产管理有限公司产品数量

3. 上海宣夜投资管理有限公司

上海宣夜投资管理有限公司主要通过程序化交易的方式，经营投资管理和资产管理业务。公司拥有业内经验丰富的量化交易研究分析团队，拥有长期完整的中国金融市场大数据库，创立了完善的投资理念，研发了成熟的量化交易模型并在二级市场和固定收益领域取得成功投资的经验。

（1）公司信息。公司信息如表 5 - 168 所示。

表 5 - 168　上海宣夜投资管理有限公司信息

简　　称	宣夜投资		
登记编号	P1060042	组织机构代码	913101093419984115
成立时间	2016 - 11 - 01	登记时间	2015 - 06 - 05
企业性质	内资企业	机构类型	私募证券投资基金管理人
注册资本（万元）（人民币）	1000	实缴资本（万元）（人民币）	500
注册资本实缴比例	50%	是否为符合提供投资建议条件的第三方机构	否

注册地址	上海市虹口区四平路421弄107号Q164室			
办公地址	上海市虹口区物华路288号（爱家国际）4号楼302室			
员工人数	9	机构网址	www.xuanyeinvest.com	电话 021-65080256
法定代表人/ 执行事务合伙人	郭首一			

法定代表人/ 执行事务合伙人 （委派代表） 工作履历	时间	任职单位	任职部门	职务
	2016.03~2016.09	上海宣夜投资管理有限公司	无	总经理
	2014.08~2016.02	Tower Research Capital PTE. LTD	投资部	基金经理
	2012.03~2014.07	国泰君安证券资产管理公司	量化投资部	研究员
	2010.05~2012.02	德邦证券股份有限公司	量化投资部	研究主管
	2006.04~2010.05	上海复芯微电子技术咨询有限公司	产品部	产品经理
	2004.06~2006.03	业实集成电路（上海）有限公司	产品部	产品经理
	2003.11~2004.05	上海复芯微电子技术咨询有限公司	产品部	产品经理
	2002.07~2003.09	上海奇码数字信息有限公司	工程部	资深工程师

（2）投研团队。无。

（3）投资业绩。投资业绩如图5-199、图5-200所示。

2018年管理规模：0~1亿元。

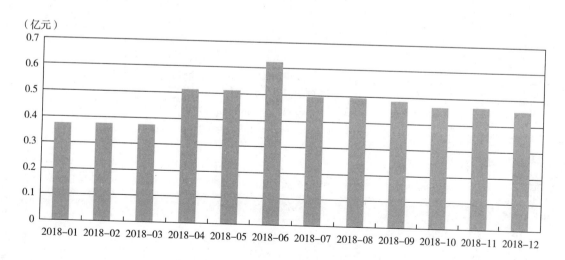

图5-199 上海宣夜投资管理有限公司管理规模

产品数量：累计6只。

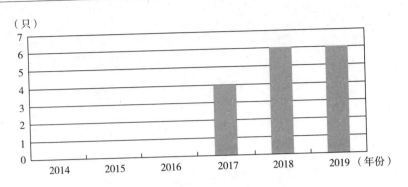

图 5 - 200　上海宣夜投资管理有限公司产品数量

4. 固利资产管理（上海）有限公司

公司拥有一支经验丰富的专业投资团队，朝气蓬勃，锐意进取。这支团队在多年的投资业务中积累了成熟的投资理念和完善的风控措施，捕获瞬息万变的投资机会，从容面对金融市场的大幅动荡。研究范围囊括商品期货、证券、外汇、金融衍生品等多个领域，宽广的研究视角使公司可以通过多领域投资组合来分散风险，并能够站在宏观层面准确把握市场运行方向，保证公司的长远稳健发展。

（1）公司信息。公司信息如表 5 - 169 所示。

表 5 - 169　固利资产管理（上海）有限公司信息

简　　称	固利资产		
登记编号	P1006135	组织机构代码	30172353 - 6
成立时间	2014 - 06 - 11	登记时间	2015 - 01 - 07
企业性质	内资企业	机构类型	私募证券投资基金管理人
注册资本（万元）（人民币）	2000	实缴资本（万元）（人民币）	2000
注册资本实缴比例	100%	是否为符合提供投资建议条件的第三方机构	否
注册地址	上海市崇明县长兴镇潘园公路 152 号 641 室（上海泰和经济发展区）		
办公地址	上海市浦东新区南洋泾路 555 号《星空间》内 806 室		
员工人数	9	机构网址	www. gulifund. com	电话	021 - 68589213
法定代表人/执行事务合伙人	王兵		
法定代表人/执行事务合伙人（委派代表）工作履历	时间	任职单位	任职部门	职务
	2014.06 ~ 2017.05	固利资产管理（上海）有限公司	交易部	总经理
	上海保高国际贸易有限公司	上海保高国际贸易有限公司	国际贸易部	总经理

（2）投研团队。王兵：总经理，起始于经营实业，主营矿石产品进口，是国外多家跨国矿产企业产品中国市场独家代理商。自2008年以自由投资人的身份进入投资市场，结识众多金融圈资源。擅长基本面，产业链，宏观经济分析。目前，主要负责宏观产业研究，公司运营管理及整体交易风控管理。股票和期货的两栖选手；参与过股票、权证、外盘交易，2008年进入期货市场，现以中长线交易为主。期货荣誉：第三届（2010～2011）蓝海密剑期货实盘大赛少校晋衔奖，获取七禾网2013年第一季度最佳赢利奖。股票经历：1995年单位改制职工股上市成为股民，2005～2007年股票大牛市，大幅盈利。2008～2009年股灾时，股市资金跟随市场出现较大回撤。2013年1月重进入股票市场，思考出独特的股票的逻辑并进行实践，至2014年12月31日实现业绩7倍增长。期货业绩获得第二届"国海良时"杯期货实盘交易大赛年度第3名；获得第三届"国海良时"杯期货实盘交易大赛年度第5名；2013年第五届蓝海密剑实盘大赛海军组第1名（晋"上校"军衔）。2014年七禾网1季度最佳赢利奖。

黄平：毕业于四川大学MBA。具有19年投资管理经验，资深的全球金融市场分析研究和风险控制能力，熟悉各种金融投资工具，对价值投资具深刻理解，擅长从宏观政策上把握全球金融市场经济动态。

陈琛：毕业于上海金融学院国际金融系。先后就职于中国工商银行上海分行国际部十多年金融投资从业经验，对实体经济有深入接触和研究，具备丰富的投资和管理经验。

（3）投资业绩。投资业绩如图5-201、图5-202所示。

2018年管理规模：0～1亿元。

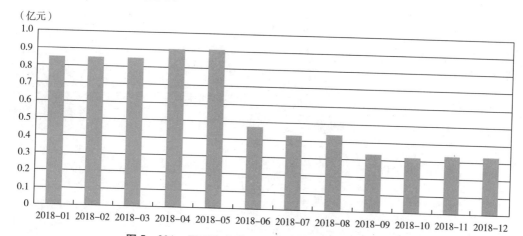

图5-201 固利资产管理（上海）有限公司管理规模

产品数量：累计26只。

图5-202 固利资产管理（上海）有限公司产品数量

5. 南通演绎美好投资管理有限公司

南通演泽美好投资管理有限公司是一家主要从事投资理财、资产管理、信息咨询等服务的专业投资公司。公司拥有务实、高效、开拓、创新的领导集体和敬业奉献的高素质员工队伍。公司秉承"诚信、专业"的服务理念，注重团队的力量，以规范化的操作赢得最佳的业绩，并借助先进的电脑技术将优秀操盘手的交易经验进行固化、升级形成一种智能、自动、稳定、持续、低风险严谨完整的管理制度及控制风险、高回报的理财模式；建立高效可行评估体系。公司致力于为客户提供全方位理财服务和最优质的服务平台。多年的实盘经验及骄人的投资业绩在苏南、苏中一带拥有极佳的理财口碑。美好投资热切期望与社会各界同仁携手合作，共谋发展，共创辉煌。

公司坚持"严控风险，稳定盈利，严格对客户负责"的投资理念。公司的性质决定我们不以交易手续费为目的，而是全力追求"双赢"即客户盈利带动公司盈利。公司主要交易模式为中长线交易。采用"宏观为主、微观为辅、价值投资、趋势运作"的方式。公司有多套趋势系统和震荡系统。并结合一套严格的资金管理和风险控制措施，确保客户利益稳定、可持续的增长。为民间资本的保值、增值作出了应有的贡献。在为客户理财的同时把公司做大做强，将公司打造成实力雄厚、专业高效的投资理财型管理公司。

（1）公司信息。公司信息如表 5 - 170 所示。

表 5 - 170　南通演绎美好投资管理有限公司信息

简　　　称	演绎美好投资		
登记编号	P1001048	组织机构代码	69549594 - 2
成立时间	2009 - 10 - 13	登记时间	2014 - 04 - 22
企业性质	内资企业	机构类型	私募证券投资基金管理人
注册资本（万元）（人民币）	1000	实缴资本（万元）（人民币）	202
注册资本实缴比例	20.2%	是否为符合提供投资建议条件的第三方机构	否
注册地址	江苏省南通市崇川区南大街 28 号 807 室		
办公地址	江苏省南通市崇川区南大街 28 号金树银花大厦 807 - B		
员工人数	9	机构网址	www. goodgold9999. com. cn	电话	0513 - 85585200
法定代表人/执行事务合伙人	张毅		
法定代表人/执行事务合伙人（委派代表）工作履历	时间	任职单位	任职部门	职务
	2009.10 ~ 2016.10	南通美好投资管理有限公司	投委会	董事长、总经理
	2008.04 ~ 2009.05	国联期货南通营业部	管理	副总经理

（2）投研团队。张毅：金融学学士，18 年证券期货从业经历。曾任苏州商品交易所出市代表，国联期货南通营业部副总经理。2009 年 10 月组建南通美好投资管理有限公司，法人代表，总经理。

期货从业资格证：S2005001445。具证券从业资格证。

陈洪阳：20年证券期货从业经历，曾任苏州商品交易所出市代表，2009年10月参与组建南通美好投资管理有限公司，任公司投资总监。主要负责公司期货量化策略研发和交易。2016年成立演绎投资（控股）。

（3）投资业绩。投资业绩如图5-203、图5-204所示。

2018年管理规模：0~1亿元。

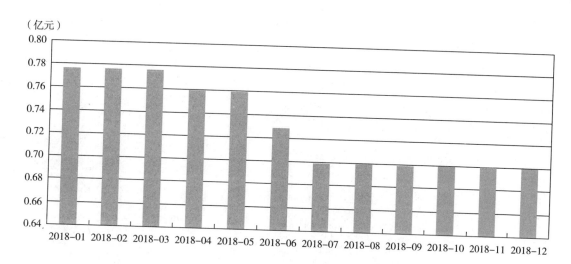

图5-203 南通演绎美好投资管理有限公司管理规模

产品数量：累计13只。

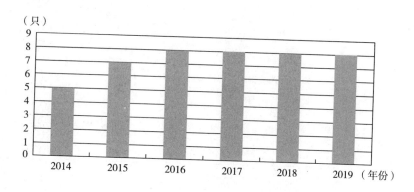

图5-204 南通演绎美好投资管理有限公司产品数量

6. 江西彼得明奇资产管理有限公司

彼得明奇公司创立于2016年，公司注册地在江西，核心团队分布在广州和上海。彼得明奇公司的使命是"投资让生活更美好"。通过量化投资的方式，为投资人获取回报，为投资人在不确定的世界中提供确定性，为投资人节省时间和青春。公司和核心投资理念是提供穿越牛熊的长期稳健回报，立志于做中国量化投资领域的常青树。彼得明奇的核心团队，在量化领域有十年研发经验，五年量化实盘交易经验，历史业绩出色。重视数据但不迷信数据。公司所有的量化策略，都讲究数据与逻辑的双重证据。所有的策略研发都是从市场的底层规律出发，然后编写策略，然后历史验证，进行面向未来的测试。整个策略研发流程非常严谨和科学。如果某些策略仅仅有数据方面的良好表现而没有过硬的逻辑根基，这样的策略是无法进入公司策略库的。核心团队自 2008 年开始进入量化研发领域，有十年的研发经验，累积研发模型上千个。自 2012 年开始有五年的量化实盘交易经验，每年均实现稳定盈利，历史业绩出色。长期来看，所有的胜利都是价值观的胜利。公司的价值观是永远敬畏市场，尊重趋势；永远量化，绝不人为主观干预底层交易；永远坚持长期利益重于短期利益。

（1）公司信息。公司信息如表 5 - 171 所示。

表 5 - 171　江西彼得明奇资产管理有限公司信息

简　称	彼得明奇资产		
登记编号	P1033723	组织机构代码	91360503MA35GTYP4E
成立时间	2016 - 03 - 16	登记时间	2016 - 09 - 12
企业性质	内资企业	机构类型	私募证券投资基金管理人
注册资本（万元）（人民币）	1000	实缴资本（万元）（人民币）	260
注册资本实缴比例	26%	是否为符合提供投资建议条件的第三方机构	否
注册地址	江西省新余市渝水区仙女湖区仰天岗国际生态城		
办公地址	广东省广州市番禺区洛浦街洛溪北环路自编 11 号 F 区 201 二楼		
员工人数	5	机构网址　bidemingqi.com	电话　020 - 31062045
法定代表人/执行事务合伙人	谭昊		
法定代表人/执行事务合伙人（委派代表）工作履历	时间	任职单位	任职部门	职务
	2016.03 ~ 2018.08	江西彼得明奇资产管理有限公司	投资部	执行董事、总经理、投资总监
	2002.12 ~ 2016.03	21 世纪经济报道	编辑部	编辑、总监、副主编
	1999.10 ~ 2002.12	湖南电视台	编辑部	记者

（2）投研团队。谭昊：公司创始人，为国内第一批证券期货专业毕业。1999 年毕业于东北财经大学证券期货行情分析专业，对资产管理行业有深刻理解。从 20 世纪 90 年代手画 K 线图开始，进入资本市场近 20 年，曾任知名财经媒体执行主编，新浪财经《对话私募掌门人》特邀专家，"投资家下午茶"专栏曾在意见领袖专栏排名第一，"优势投资"体系创造者，畅销书《优势投资法则》作者。已连续多年稳定盈利，量化交易曾创造年化收益率 91%。公司的核心团队为金融与科技的跨界团队，团队成员毕业于中山大学、北京师范大学等，曾在爱立信、唯品会、清华同方、万得等企业有丰富工作经验。

（3）投资业绩。投资业绩如图 5 - 205、图 5 - 206 所示。

2018 年管理规模：0 ~ 1 亿元。

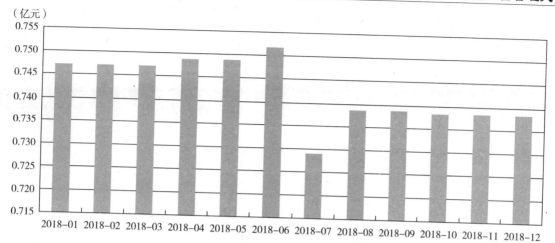

图 5 – 205 江西彼得明奇资产管理有限公司管理规模

产品数量：累计 3 只。

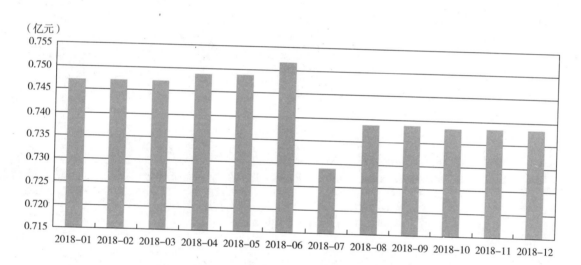

图 5 – 206 江西彼得明奇资产管理有限公司产品数量

7. 苏州海证投资管理有限公司

苏州海证投资管理有限公司是一家专业从事国内外期货套利、对冲，量化组合投资，证券市场 ALPHA 策略，及组合证券管理的综合性金融投资企业。公司员工 50% 以上具有硕士及以上学历，并且整合行业内知名基金经理，结合自身多年资产管理实践，为高净值客户提供个性化的资产管理保值增值服务。公司套利、对冲交易在国内处于最全面、最前沿之一，连续多年取得持续稳健业绩，受到行业内客户的一致好评。公司同时推出量化交易平台，该平台采用量化组合投资模式，系统化、科学化地进行全自动下单，结合证券市场策略管理实现资金的多元化配置和长期稳健获利。

（1）公司信息。公司信息如表 5 – 172 所示。

（2）投研团队。曹恒润：海证投资董事长，管理学博士，牛津大学 EMBA，具有国际化投资视野、丰富的大资金管理经验。担任国内多家大型企业金融顾问，所管理的基金多次获得行业内"年度最佳套利对冲基金""五星级基金"等殊荣。

表 5-172　苏州海证投资管理有限公司信息

简　　称	海证投资		
登记编号	P1003712	组织机构代码	55122055-2
成立时间	2010-03-04	登记时间	2014-06-04
企业性质	内资企业	机构类型	私募证券投资基金管理人
注册资本（万元）（人民币）	2000	实缴资本（万元）（人民币）	1000
注册资本实缴比例	50%	是否为符合提供投资建议条件的第三方机构	是
注册地址	江苏省苏州市姑苏区南园北路 118 号 6-301/305/306		
办公地址	江苏省苏州市姑苏区南园北路 118 号 6-301/305/306		
员工人数	18	机构网址	www.zgqhtzw.com　电话　0512-86887089
法定代表人/执行事务合伙人	居科		

法定代表人/执行事务合伙人（委派代表）工作履历	时间	任职单位	任职部门	职务
	2018.03~2018.03	苏州海证投资管理有限公司	量化工程部	总经理兼基金经理
	2015.05~2018.02	苏州海证投资管理有限公司	量化工程部	基金经理
	2014.06~2015.04	无	无	无
	2012.07~2014.05	中交集团第三航务工程局	工程部	部门经理

居科：海证投资基金经理，参与过多个私募基金的策略构建及运行并取得优异的业绩。致力于证券和期货市场的量化策略研究，擅长以数量化分析为基础的选股策略及多种 Alpha 对冲策略的构建。

（3）投资业绩。投资业绩如图 5-207、图 5-208 所示。

2018 年管理规模：0~1 亿元。

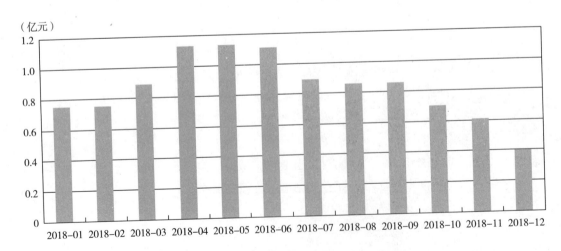

图 5-207　苏州海证投资管理有限公司管理规模

产品数量：累计 16 只。

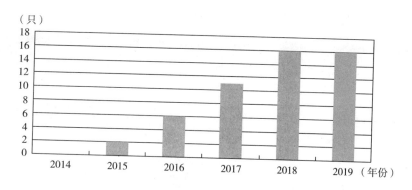

图 5-208　苏州海证投资管理有限公司产品数量

8. 上海金吾资产管理有限公司

上海金吾资产管理有限公司核心团队拥有深厚的数学理论基础，潜心研究证券、期货量化投资策略多年，在实战中取得了较好的成绩。公司将秉持"专业、守信、共赢"的经营理念，在有效控制投资风险的前提下，力争为投资人长期创造超越市场的良好收益，并实现公司自身的稳健发展。

公司立足量化研究的思想，根据 A 股市场多年来形成的行业轮动情况，综合考虑宏观面、市场偏好、估值等因素，精选强势行业布局投资；同时，根据股指期货和商品期货的运行特点，综合考虑市场面、技术面等因素，进行多品种、多周期、多市场特征的策略组合，严格以量化思想进行期货交易，规避人为主观判断操作可能带来的不利影响。

（1）公司信息。公司信息如表 5-173 所示。

表 5-173　上海金吾资产管理有限公司信息

简　　称	金吾资产				
登记编号	P1009402	组织机构代码	33277913-7		
成立时间	2015-02-28	登记时间	2015-03-19		
企业性质	内资企业	机构类型	私募证券投资基金管理人		
注册资本（万元）（人民币）	1000	实缴资本（万元）（人民币）	500		
注册资本实缴比例	50%	是否为符合提供投资建议条件的第三方机构	否		
注册地址	上海市虹口区飞虹路 360 弄 9 号 3607K 室				
办公地址	上海市杨浦区大连路 950 号 403 室				
员工人数	5	机构网址	无	电话	无
法定代表人/执行事务合伙人	董义荣				

	时间	任职单位	任职部门	职务
法定代表人／执行事务合伙人（委派代表）工作履历	2015.02～2017.05	上海金吾资产管理有限公司	办公室	首席风险官
	2014.07～2015.02	中海集团资产经营管理有限公司	办公室	工会主席
	2006.07～2014.06	中国海运（集团）总公司战略发展部	发展部	高级经理

（2）投研团队。董义荣：上海金吾资产管理有限公司执行董事、总经理。具有20年的企业管理、投资管理从业经历，先后在中国海运（集团）总公司总部及所属企业工作。2015年4月加入本公司。上海海事大学交通运输管理硕士，安徽大学应用数学学士。具备丰富的项目投资论证经验，对期货量化交易模型和投资策略有深入研究，通过多品种、多策略的组合，力求追求基金资产的长期稳健的超额收益。

（3）投资业绩。投资业绩如图5－209、图5－210所示。

2018年管理规模：0～1亿元。

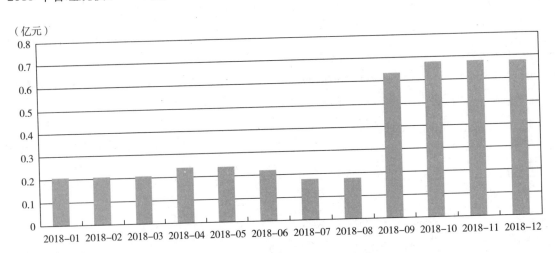

图5－209　上海金吾资产管理有限公司管理规模

产品数量：累计5只。

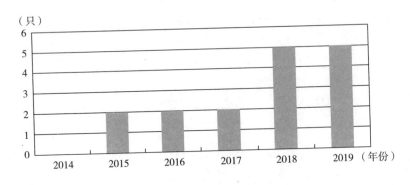

图5－210　上海金吾资产管理有限公司产品数量

9. 华安瑞成（北京）国际投资基金管理有限公司

华安瑞成（北京）国际投资基金管理有限公司 2015 年成立于北京，是一家创新型的资产管理公司。有着成熟的业务模式和骄人的过往业绩，基础实力雄厚，业务模式领先，技术处于业内领先水平。公司作为新创立的专业投资管理机构，起点高，创新能力强，专业水平高，团队实力强大。公司致力于开发全自动、半自动及手动交易策略，为投资人提供稳健的绝对回报。

（1）公司信息。公司信息如表 5-174 所示。

表 5-174 华安瑞成（北京）国际投资基金管理有限公司信息

简 称	华安瑞成投资			
登记编号	P1016126	组织机构代码	34433090-0	
成立时间	2015-05-28	登记时间	2015-06-17	
企业性质	内资企业	机构类型	私募证券投资基金管理人	
注册资本（万元）（人民币）	3000	实缴资本（万元）（人民币）	1000	
注册资本实缴比例	33.333%	是否为符合提供投资建议条件的第三方机构	否	
注册地址	北京市房山区天星街 1 号院 14 号楼 12 层 1507			
办公地址	北京市房山区长阳路天星街 14 楼 1506			
员工人数	8	机构网址	www.harcfund.com	电话 010-83805583
法定代表人/执行事务合伙人	程双双			
法定代表人/执行事务合伙人（委派代表）工作履历	时间	任职单位	任职部门	职务
	2015.05~	华安瑞成（北京）国际投资基金管理有限公司		总经理
	2012.09~2015.05	北京木子启明投资咨询有限公司		总经理
	2004.07~2012.08	中国航天科工集团第三研究院 304 所		信息化负责人

（2）投研团队。程双双：专业从事期货投资十余年，资金曲线稳定。

罗明：毕业于英国约克大学计算机系，曾获得 FXCM 外汇自动交易大赛冠军。跟随多位世界交易大赛冠军学习，交易系统为多品种多策略的量化交易。

刘健：毕业于北京航空航天大学。量化领域多年从业经验，擅长软件架构、策略开发、框架设计及搭建等。

（3）投资业绩。投资业绩如图 5-211、图 5-212 所示。

2018 年管理规模：0~1 亿元。

（亿元）

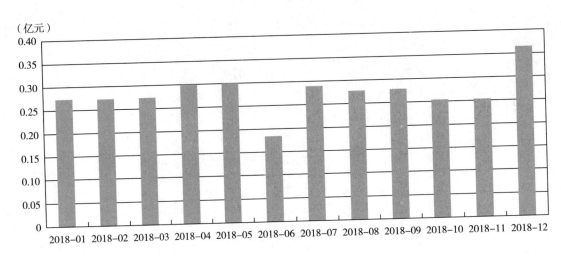

图 5 - 211 华安瑞成（北京）国际投资基金管理有限公司管理规模

产品数量：累计 6 只。

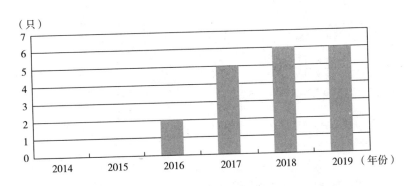

图 5 - 212 华安瑞成（北京）国际投资基金管理有限公司产品数量

10. 智信融科投资管理（北京）有限公司

创始人毕业于清华大学等院校，已从事对冲基金行业及参与交易多年，专注研究中国市场的量化投资模型并已取得极佳的投资业绩。我们志在建立一支优秀的量化交易团队，我们将提供极有竞争力的薪酬体系和愉悦平和的工作氛围，希望能成为中国市场上领先的专业化量化投资服务的提供者。当前的金融市场潜力无限，机遇无限，我们诚邀有能力有抱负的年轻人一起共创未来。

（1）公司信息。公司信息如表 5 - 175 所示。

（2）投研团队。武征鹏：长期致力于中国市场的量化交易策略研究，在过去的投资经历中取得了极佳的业绩。期望公司能够成为中国市场上领先的专业化量化投资服务的提供者。

表 5 – 175　智信融科投资管理（北京）有限公司信息

简　　称	智信融科投资				
登记编号	P1034183	组织机构代码		06491552 – 5	
成立时间	2013 – 03 – 22	登记时间		2016 – 10 – 09	
企业性质	内资企业	机构类型		私募证券投资 基金管理人	
注册资本（万元） （人民币）	1000	实缴资本（万元）（人民币）		640	
注册资本 实缴比例	64%	是否为符合提供投资建议 条件的第三方机构		否	
注册地址	北京市海淀区北清路 164 号 17 – 27 号院 623 号				
办公地址	上海市杨浦区纪念路 8 号 1 号楼 208E				
员工人数	5	机构网址		无	电话	无
法定代表人/ 执行事务合伙人	武征鹏				
法定代表人/ 执行事务合伙人 （委派代表） 工作履历	时间	任职单位	任职部门	职务	
	2013. 03 ~ 2016. 09	智信融科投资管理（北京） 有限公司	投资部	总经理	
	2011. 09 ~ 2013. 03	智信融科期货交易工作室	投资部	创始人	
	2010. 09 ~ 2011. 08	世坤投资咨询（北京） 有限公司	投资部	高级研究员	

（3）投资业绩。投资业绩如图 5 – 213、图 5 – 214 所示。

2018 年管理规模：0 ~ 1 亿元。

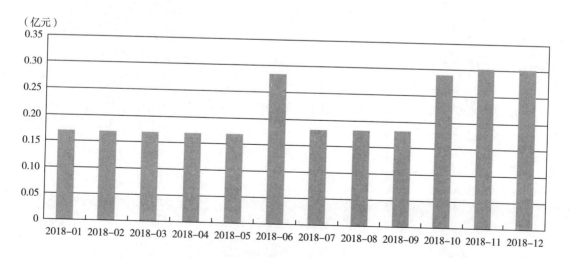

图 5 – 213　智信融科投资管理（北京）有限公司管理规模

产品数量：累计 6 只。

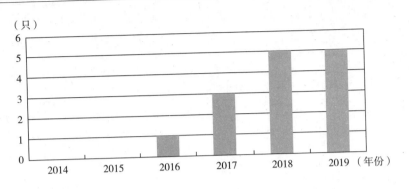

图 5 - 214　智信融科投资管理（北京）有限公司产品数量

11. 白石资产管理（上海）有限公司

白石资产管理（上海）有限公司（简称白石资产）是一家国内领先的专业资产管理公司。

公司成立以后，不断丰富业务模式，完善多标的、多周期的投资策略，探索多维度下的金融资产定价机制，形成四个一体化、六个研投团队的内部机制，并形成严密的管控体系。公司聘请知名经济学家作为投研团队总监，管理层由原期货、证券、上市公司精英管理人组成，公司核心拥有近20 年的投资交易实践经历，团队成员具备 CFA、高级理财规划师、期货从业资格、证券从业资格、期货投资咨询等专业资质。目前，公司形成了完整的资产管理运作体系，并取得了持续的较高收益和较小回撤的骄人业绩。公司通过实行 DNA 业务管理模式，建立起健全的投资结构，以实现抗周期、抗冲击的资产管理均衡结构。通过借鉴先进理念和不断创新，使公司资产管理业务结构不断优化，以适应投资生态的变化要求，保障管理资产稳健增长。

（1）公司信息。公司信息如表 5 - 176 所示。

（2）投研团队。王智宏：1992 年进入外汇行业，是中国最早的外盘交易参与者之一。1993 年进入期货行业，曾任中国期货业协会首届理事，上海期货交易所理事会财务委员会主任，郑州商品交易所理事会资格委员会委员，上海市期货同业公会副会长，现任白石资产管理（上海）有限公司总经理。拥有长达20 多年的期现货投资从业经历，丰富的大型商品对冲基金管理经验，深谙宏观经济发展脉络，擅长全球格局下的大类资产配置，深刻理解大宗商品的市场规律，熟悉相关期货品种的上下游产业链，在产融双驱研投理念下，从资产轮动中寻找稳健的投资机会，广泛参与期现货交易，严格控制和管理风险，在相关领域得到市场高度认可，连续多年获得佳绩。

牟国华：应用数学博士，白石资产管理（上海）有限公司副总经理、基金经理。曾任知名期货公司金融工程主管，2012 年入职白石资产，专注于主客观投资研究领域，具有丰富的头寸管理、策略开发和主客观结合交易经验，策略涉及趋势交易、期现套利、跨期套利、跨商品对冲等，善于运用系统工程、物理和数理统计中的技术和方法来挖掘宏观、中观、产业等市场数据，分析市场状态，为投资者提供专业的资产组合解决方案和风险管理方案等，曾在核心国际期刊发表多篇研究论文。

侯大纬：产业投资部部门经理、基金经理，物理学本科学历。负责公司产业策略的整合、筛选。曾就职于某期货公司研究部四年，八年天然橡胶及化工类期货品种研究和交易经验，对天然橡胶、PTA、LLDPE、PP、PVC、甲醇等品种均较为熟悉，对行情有一套自己的判断方式，具备跨板块、跨品种研究能力，并形成有效的操作策略。交易上中短线波段及套利为主，收益率稳定、可观，且持续获得正收益。

表 5 - 176　白石资产管理（上海）有限公司信息

简　　称	白石资产			
登记编号	P1000686	组织机构代码	57415272 - 4	
成立时间	2011 - 05 - 09	登记时间	2014 - 04 - 01	
企业性质	内资企业	机构类型	私募证券投资 基金管理人	
注册资本（万元） （人民币）	2217	实缴资本（万元） （人民币）	2217	
注册资本 实缴比例	100%	是否为符合提供投资建议 条件的第三方机构	是	
注册地址	上海市浦东新区航头镇沪南路 5278 号 2 层 211 室			
办公地址	上海市浦东新区东方路 18 号保利广场 E 座 603 室			
员工人数	16	机构网址	www. whiterock. cn	电话	021 - 68875280
法定代表人/执行 事务合伙人	王智宏			
法定代表人/ 执行事务合伙人 （委派代表） 工作履历	时间	任职单位	任职部门	职务
	2011. 05 ~ 2017. 02	白石资产管理（上海）有限公司	总经办	总经理
	2007. 12 ~ 2011. 05	上海通联期货有限公司	总经办	常务副总经理
	2001. 07 ~ 2007. 12	上海金鹏期货经纪有限公司	总经办	总经理

（3）投资业绩。投资业绩如图 5 - 215、图 5 - 216 所示。

2018 年管理规模：0 ~ 1 亿元。

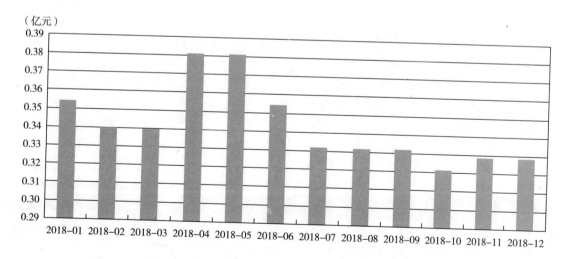

图 5 - 215　白石资产管理（上海）有限公司管理规模

产品数量：累计 39 只。

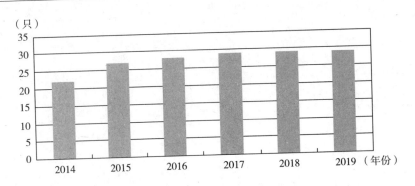

图 5 - 216　白石资产管理（上海）有限公司产品数量

12. 上海匹克辛亚投资管理有限公司

上海匹克辛亚投资管理有限公司运营团队初创于 2010 年 1 月，实到注册资金为 2000 万元，是一家国内合资的专业投资管理公司，经营范围为投资管理、资产管理、投资管理咨询、资产管理咨询、商务咨询。同时也是大型的大宗商品投资机构及现货贸易商。公司规范诚信、风控严格、形象健康、信誉良好。深入市场，专注特长，分散风险，严控流程。

（1）公司信息。公司信息如表 5 - 177 所示。

表 5 - 177　上海匹克辛亚投资管理有限公司信息

简　　称	匹克辛亚投资				
登记编号	P1060036	组织机构代码		91310000MA1K37635L	
成立时间	2016 - 11 - 01	登记时间		2016 - 11 - 01	
企业性质	内资企业	机构类型		私募证券投资基金管理人	
注册资本（万元）（人民币）	2000	实缴资本（万元）（人民币）		2000	
注册资本实缴比例	100%	是否为符合提供投资建议条件的第三方机构		否	
注册地址	上海市浦东新区自由贸易试验区耀华路 251 号一幢一层				
办公地址	上海市浦东新区浦东大道 1200 号巨洋大厦 705 - 708 室				
员工人数	20	机构网址	无	电话	无
法定代表人/执行事务合伙人	许志谦				
法定代表人/执行事务合伙人（委派代表）工作履历	时间	任职单位		任职部门	职务
	2016.02 ~ 2018.04	上海匹克辛亚投资管理有限公司		管理部	法定代表人兼总经理
	2009.07 ~ 2015.07	成志（江西）包装有限公司		管理部	法定代表人兼总经理

（2）投研团队。严强：董事总经理，英国金融管理学硕士并拥有英国证券监管局 FSA 交易牌照及英国 Lloyds 交易牌照；历任美国 SEMPRA 商品能源集团，英国皇家苏格兰银行，日本三菱商品期货集团的大中华区总监以及吉虎 Jiger Capital 董事总经理，对全球大宗商品有近 20 年的丰富交易

管理经验。

（3）投资业绩。投资业绩如图 5-217、图 5-218 所示。

2018 年管理规模：0~1 亿元。

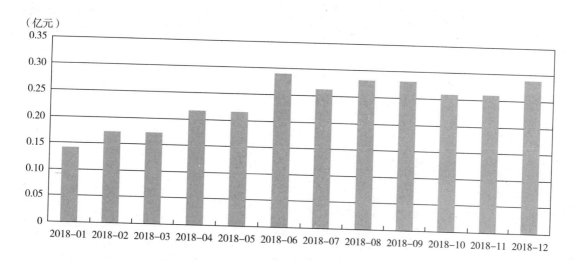

图 5-217　上海匹克辛亚投资管理有限公司管理规模

产品数量：累计 8 只。

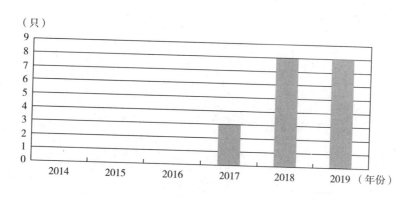

图 5-218　上海匹克辛亚投资管理有限公司产品数量

13. 深圳西北环球基金管理有限公司

西北环球基金管理有限公司 2015 年成立于深圳。主要从事大中华区的证券及股权投资活动。已取得中国证券投资基金业协会颁发的私募投资基金管理人资格证书（编号：P1026664）被认定为可以开展私募证券投资、股权投资等私募基金业务的金融机构。目前，香港 H 股上市公司西北实业拥有本公司 30% 的股权。通过中性化市场风险，利用证券之间相对价格的变化来谋求绝对收益。

（1）公司信息。公司信息如表 5-178 所示。

（2）投研团队。王祯：量化投资专家。EMBA in the University of Texas at Arlington，CFA3 级。自 2003 年起曾先后担任 Unise Capital 合伙人；太古汇发展有限公司 REITS 负责人；西安荣华集团有限公司金融部总裁，深圳西北环球基金管理有限公司执行董事等职务。

表5-178 深圳西北环球基金管理有限公司信息

简　称	西北环球基金		
登记编号	P1026664	组织机构代码	356427822
成立时间	2015-08-31	登记时间	2015-11-12
企业性质	内资企业	机构类型	私募证券投资基金管理人
注册资本（万元）（人民币）	3000	实缴资本（万元）（人民币）	990
注册资本实缴比例	33%	是否为符合提供投资建议条件的第三方机构	否
注册地址	广东省深圳市南山区前海深港合作区前湾一路1号A栋201室（入驻深圳市前海商务秘书有限公司）		
办公地址	陕西省西安市雁塔区二环南路西段64号凯德广场220108		
员工人数	12	机构网址	www.nwscapital.com	电话	029-87875100
法定代表人/执行事务合伙人	王祯		
法定代表人/执行事务合伙人（委派代表）工作履历	时间	任职单位	任职部门	职务
	2014.02~2015.09	西安荣华集团有限公司	战略投资部	公司金融部总裁
	2012.01~2014.01	太古汇（广州）发展有限公司	投资分析部	REITS专员
	2006.01~2012.01	Unise Capital 环信投资	投资银行	普通合伙人

（3）投资业绩。投资业绩如图5-219、图5-220所示。

2018年管理规模：0~1亿元。

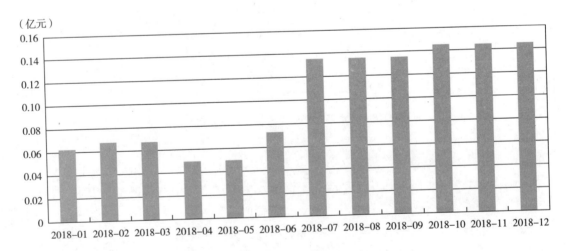

图5-219 深圳西北环球基金管理有限公司管理规模

产品数量：累计4只。

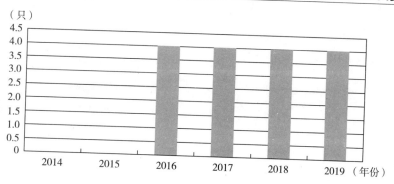

图 5-220 深圳西北环球基金管理有限公司产品数量

14. 深圳市金域蓝湾投资管理有限公司

公司自成立以来，秉承"简单专注，知行合一"的经营理念，合规运营、稳健发展，致力于为投资者及社会创造价值，与您共享中国财富成长。

2008 年的股灾大熊，迫使我们深度思考，到底路在何方？2008 年 5 月，我们从价值投资彻底转型为趋势投资，专注"指数基金·中期趋势·量化投资"。

历尽 8 年精心设计，5 年规模实战磨砺，公司核心竞争力——"金域量化·中期趋势跟踪系统"日趋成熟。针对中期系统的两大缺陷——中期横盘回撤和尾盘交易滞后问题，历尽 5 年规模实战探究，成功开发出基于中期系统的波段交易系统，主要功能是调整仓位和盘中交易，可有效降低中期系统的回撤，增加收益。

2014 年 4 月，公司取得阳光私募基金管理牌照后，开始步入黄金高速成长期。随着公司产品业绩的持续稳定增长，受到了全国各类投资者的高度关注，我们独一无二的投资风格，穿越牛熊的盈利模式，备受各类专业投资者青睐，包括但不限于 FOF 和 MOM。

公司秉承"简单专注，知行合一"的经营理念，简单唯一地围绕趋势建立投资系统，固化投资理念，量化交易信号，简化实际操作，做到三一原则，用一辈子的时间，朝着一个正确的方向，做好一件最简单的事情。

（1）公司信息。公司信息如表 5-179 所示。

（2）投研团队。欧阳先铭：1980 年，13 岁考取湖南大学机械工程系，获工程学士学位。1986 年，考取上海同济大学经济管理学院留德博士预备班，获经济学硕士学位。1989 年，出任深圳金威啤酒有限公司德语首席翻译。1990 年，先后考取入职招商银行、深圳发展银行信贷员。1995 年，先后出任君安证券（国泰君安）多家营业部总经理 9 年。1996 年，国债 393 回购无风险套利，一个半月获利 42 倍，享誉业内。2006～2007 年，坚持价值投资，幸运获利 12 倍。2007 年 4 月，创办深圳市金域蓝湾投资管理有限公司。2008 年 5 月，放弃价值投资，专注指数量化投资。2015 年 11 月，创办深圳市前海金域量化基金管理合伙企业（有限合伙）。2016 年 10 月，创办长兴金域量化基金管理合伙企业（有限合伙）。现任公司董事长、总经理，公司绝对控股人。26 年证券投资经验，对资本市场有深刻理解，风险意识强烈，专业研究和投资功底深厚，系"金域蓝湾·中期趋势跟踪·投资管理系统"开发人。

赵阳：2007 年，考取武汉大学计算机系，获本科学位。2011 年，进入深圳市金域蓝湾投资管理有限公司至今。

表5-179 深圳市金域蓝湾投资管理有限公司信息

简　　称	金域蓝湾		
登记编号	P1001059	组织机构代码	66101644-8
成立时间	2007-04-11	登记时间	2014-04-22
企业性质	内资企业	机构类型	私募证券投资基金管理人
注册资本（万元）（人民币）	1000	实缴资本（万元）（人民币）	1000
注册资本实缴比例	100%	是否为符合提供投资建议条件的第三方机构	否
注册地址	广东省深圳市福田区沙头街道深南大道6019号金润大厦24楼E1		
办公地址	广东省深圳市福田区沙头街道深南大道6019号金润大厦24楼E1		
员工人数	5	机构网址	www.k-view.com	电话 0755-2399-2391
法定代表人/执行事务合伙人	欧阳先铭		

法定代表人/执行事务合伙人（委派代表）工作履历	时间	任职单位	任职部门	职务
	2017.04~2017.07	深圳市金域蓝湾投资管理有限公司	法人/董事长/总经理	法人/董事长/总经理
	2007.04~2016.04	深圳市金域蓝湾投资管理有限公司	法人/总经理	法人/总经理
	1995.07~2007.02	君安证券	营业部	总经理

（3）投资业绩。投资业绩如图5-221、图5-222所示。

2018年管理规模：0~1亿元。

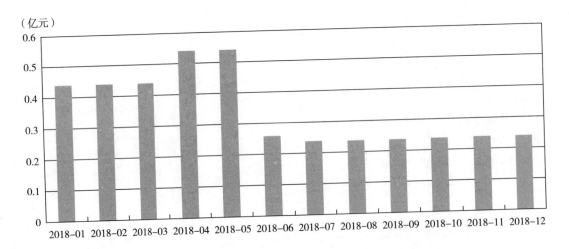

图5-221 深圳市金域蓝湾投资管理有限公司管理规模

产品数量：累计7只。

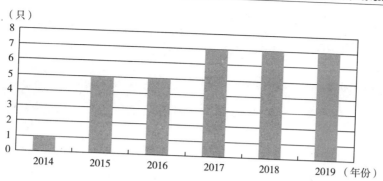

图 5-222 深圳市金域蓝湾投资管理有限公司产品数量

15. 北京朗宥资产管理有限公司

朗宥资产是专注于数量化投资方法的私募基金管理人。在商品期货、金融期货市场上，我们的管理期货策略依靠数量化、系统化的方法积极管理捕捉"阿尔法"。对于大类资产配置策略，我们也同样贯彻数量化、系统化的配置原则，使策略的投资表现在长时期内稳健可靠。我们专业、严谨、勤奋，在金融市场摸爬滚打多年，对于各类资产标的都积累了丰富的投资经验。经验有以下几点：

第一，积极管理：通过积极管理与基于技能的策略来增值，拒绝传统的投资模式。我们相信市场没有正确地标价所有资产，可以采取特定的策略来利用这些低效率。

第二，寻找概率优势：有句古话"先求胜而后求战"，与之同理，在交易中我们通过对历史数据挖掘并提取规律，在确信自己取得盈利的概率优势后才进入市场。

第三，系统化交易："谋定而后动"，我们的所有交易都遵循我们事先设定的体系，我们有完善的交易体系和 IT 系统，确保了我们能将概率优势稳定地转化为交易利润。

第四，放眼长期：追求可持续的、长期有效的交易策略与交易方式。我们构造策略并使其最大限度地不受宏观政策、交易规则税费、黑天鹅事件等外部扰动因素的影响。

（1）公司信息。公司信息如表 5-180 所示。

表 5-180 北京朗宥资产管理有限公司信息

简 称	朗宥资产		
登记编号	P1030553	组织机构代码	91110108MA0015NY02
成立时间	2015-10-13	登记时间	2016-01-21
企业性质	内资企业	机构类型	私募证券投资基金管理人
注册资本（万元）（人民币）	1000	实缴资本（万元）（人民币）	163
注册资本实缴比例	16.3%	是否为符合提供投资建议条件的第三方机构	否
注册地址	北京市海淀区远大西路 29 号二层 2080 室		

办公地址	北京市朝阳区望京 SOHO – T1 – A – 1103				
员工人数	5	机构网址	www. lyam. cn	电话	010 – 62680552
法定代表人/执行事务合伙人	陈一翔				
法定代表人/执行事务合伙人（委派代表）工作履历	时间	任职单位	任职部门		职务
	2012. 07 ~ 2013. 06	浙江省瑞安市水利局	防汛防旱指挥部办公室		职员

（2）投研团队。陈一翔：朗宥资产董事长兼投资总监，具有基金从业资格。毕业于中国地质大学（北京），从事股票、期货投资十余年，擅长期货 CTA 量化投资。从业至今，在期货市场取得了 20 余倍的投资收益。2015 年，创立北京朗宥资产管理有限公司，任董事长兼投资总监。公司专注于量化投资，致力于在可控风险下为投资者创造最大收益。

（3）投资业绩。投资业绩如图 5 – 223、图 5 – 224 所示。

2018 年管理规模：0 ~ 1 亿元。

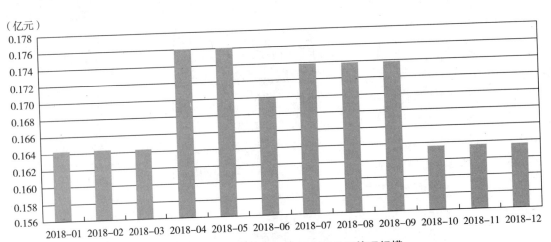

图 5 – 223　北京朗宥资产管理有限公司管理规模

产品数量：累计 3 只。

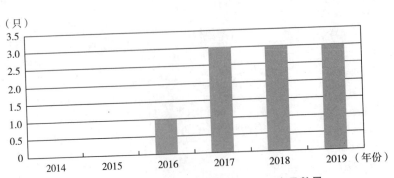

图 5 – 224　北京朗宥资产管理有限公司产品数量

16. 北京尚艺文化投资管理有限公司

北京尚艺文化投资管理有限公司与各类投资机构开展长期战略合作，为投资人提供专业的资产管理、私人顾问服务，主要聚焦于基金管理、资产配置、产业投资等几方面。以专业团队采取有效灵活的方式帮助客户进行基金咨询、管理服务以及资产配置咨询服务，以长短线结合、多品类组合的操作策略为投资人进行投资，力争达成高收益和低风险的投资成果。风险控制是第一要素，在稳定盈利的前提下适当追求高风险带来的额外收益。

（1）公司信息。公司信息如表 5 - 181 所示。

表 5 - 181　北京尚艺文化投资管理有限公司信息

简 称	尚艺文化投资		
登记编号	P1006152	组织机构代码	08288460 - 3
成立时间	2013 - 11 - 07	登记时间	2015 - 01 - 07
企业性质	内资企业	机构类型	私募证券投资基金管理人
注册资本（万元）（人民币）	1000	实缴资本（万元）（人民币）	430
注册资本实缴比例	43%	是否为符合提供投资建议条件的第三方机构	否
注册地址	北京市朝阳区南湖西园 203 号楼 1 至 2 层 26 内 2 层		
办公地址	北京市朝阳区望京湖光中街 1 号鹏景阁大厦 1001		
员工人数	9	机构网址	www. sunny - capital. com 电话
法定代表人/执行事务合伙人	权英		

法定代表人/执行事务合伙人（委派代表）工作履历	时间	任职单位	任职部门	职务
	2013.11 ~ 2018.12	北京尚艺文化投资管理有限公司	投资部	董事长
	1998.09 ~ 2013.11	天津瑞捷货运代理有限公司	总经理办	总经理
	1994.07 ~ 1998.09	天津亚真电子有限公司	贸易部	管理部经理

（2）投研团队。权英：毕业于南开大学。证监会首批私募基金高管人。对长期价值投资、宏观风险对冲等不同类型投资理念有着深刻理解。曾任私募基金高级经理，在任期间有优异表现。

王峥：清华大学硕士。证监会首批私募基金高管人。对长期价值投资、宏观风险对冲等不同类型投资理念有着深刻理解。曾任私募基金高级经理，在任期间有优异表现。

（3）投资业绩。投资业绩如图 5 - 225、图 5 - 226 所示。

2018 年管理规模：0 ~ 1 亿元。

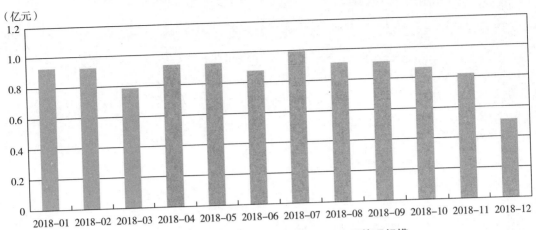

图5-225 北京尚艺文化投资管理有限公司管理规模

产品数量：累计22只。

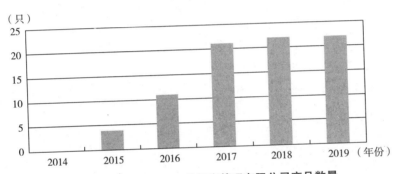

图5-226 北京尚艺文化投资管理有限公司产品数量

17. 北京蓝色天际投资有限责任公司

北京蓝色天际投资有限责任公司专注于量化投资和程序化交易领域，以技术提升投资的效率和科学性。2014年8月成为中国证监会下属基金业协会的备案私募基金管理人，秉承"量化对冲、绝对收益"的投资理念，发行和管理过多支私募基金产品，总规模过亿，业绩优良。自主研发了量化交易软件平台，以数量化的研究方式挖掘金融市场的内在规律，构建科学有效的交易模型库。Tick级别的历史数据回测，确保策略研发的精准有效；多年实盘交易的检验，系统安全可靠、高速稳定；内置合规和风控模块，实时为交易保驾护航。研发团队积极拓展量化投资策略，涉猎广泛，持续的策略研发与自主软件平台一起，为基金产品的多策略组合投资提供坚实的引擎动力。

（1）公司信息。公司信息如表5-182所示。

（2）投研团队。陆敏杰：2005年获北京邮电大学计算机硕士学位，后在通信领域从事7年软件研发工作，于2012年初加入北京蓝色天际投资有限责任公司，主要负责自有量化投资软件平台的研发，程序化交易策略的研发，以及实盘自营资金的运营管理。2015年担任投资总监，代领团队不断丰富量化策略，以丰富的量化投资经验为投资人和股东带来满意的业绩回报。

陈小康：毕业于长沙理工大学物理学专业，擅长期权类策略的开发，负责量化策略的研究和交易。

孟波：毕业于武汉大学，多年股票投资交易实战经验，风格稳健，目前管理的股票1号业绩稳定，交易模式是以股票多头期货对冲为主。

表 5-182 北京蓝色天际投资有限责任公司信息

简 称	蓝色天际投资			
登记编号	P1004206	组织机构代码	05563604-9	
成立时间	2012-09-14	登记时间	2014-08-14	
企业性质	内资企业	机构类型	私募证券投资 基金管理人	
注册资本（万元） （人民币）	1000	实缴资本（万元）（人民币）	1000	
注册资本 实缴比例	100%	是否为符合提供投资建议 条件的第三方机构	否	
注册地址	北京市朝阳区曙光西里甲 6 号院 1 号楼 2502 室			
办公地址	北京市朝阳区曙光西里甲 6 号院 1 号楼 2502 室			
员工人数	10	机构网址	www.azurefunds.com	电话 010-58677123
法定代表人/ 执行事务合伙人	常文敏			
法定代表人/ 执行事务合伙人 （委派代表） 工作履历	时间	任职单位	任职部门	职务
	2013.08~2017.04	北京蓝色天际投资 有限责任公司	总经办	副总经理
	2004.08~2013.07	海润创建房地产开发 有限责任公司	总经办	总经理助理
	2002.12~2004.07	海润创建投资有限责任公司	总经办	总经理助理
	1997.08~2002.11	奥地利禾美北京代表处	总经办	总经理助理

任毅：毕业于北京邮电大学计算机科学硕士研究生，曾就职于微软等知名公司从事计算机软件开发高级工程师，2013 年参与蓝色天际投资量化策略研发并管理单账户实现稳定的超额收益。本投资经理不仅在量化策略和投资方面经验丰富，同时在 2018 年参与了人工智能金融工程方面的研究。

（3）投资业绩。投资业绩如图 5-227、图 5-228 所示。

2018 年管理规模：0~1 亿元。

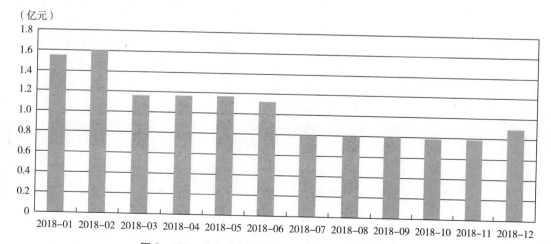

图 5-227 北京蓝色天际投资有限责任公司管理规模

产品数量：累计 12 只。

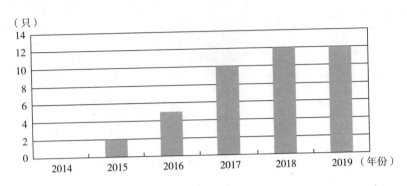

图 5－228　北京蓝色天际投资有限责任公司产品数量

四、期货套利策略

（一）1 亿元以上

1. 中量投资产管理有限公司

中量投资产管理有限公司创始人团队在华尔街、香港和中国资本市场深耕十余年，管理资产规模数十亿元。中量投资产始终专注于保持量化投资核心策略和交易系统的核心竞争力，投资决策是在其擅长的投资领域，依据先进的量化模型和投资管理人丰富的交易经验制定的最优策略，利用领先的科技快速有效地捕捉到市场机会在市场竞争中获得更好的价格和进一步降低交易成本。中量投资产始终将风险防范置于首位，在此基础上兼顾组合的盈利空间和流动性。在严格控制风险的基础之上，为客户创造稳定的、高于市场基准的超额收益和长期投资回报最大化。

（1）公司信息。公司信息如表 5－183 所示。

表 5－183　中量投资产管理有限公司信息

简　　称	中量投资产		
登记编号	P1066068	组织机构代码	91440400MA4WTAJ932
成立时间	2017－07－07	登记时间	2017－12－05
企业性质	内资企业	机构类型	私募证券投资 基金管理人
注册资本（万元） （人民币）	11000	实缴资本（万元） （人民币）	2000
注册资本 实缴比例	18.182%	是否为符合提供投资建议 条件的第三方机构	否
注册地址	广东省珠海市香洲区横琴新区宝华路 6 号 105 室－32880（集中办公区）		
办公地址	广东省深圳市福田区金田路 4028 号荣超经贸中心 20 楼 2009 室		
员工人数	22	机构网址	www.quantcn.com　电话　0755－82557851
法定代表人/执行 事务合伙人	董江文		

续表

	时间	任职单位	任职部门	职务
法定代表人／执行事务合伙人（委派代表）工作履历	2017.07～2017.09	中量投资产管理有限公司	投研部	投研负责人
	2012.05～2016.06	西南证券股份有限公司	量化投资部	量化投资部组建人、总经理
	2007.11～2012.04	招商证券股份有限公司	衍生投资部	衍生投资部负责人
	2006.05～2007.11	贝尔交易量化交易平台	投资交易部	高级交易经理
	2005.01～2006.05	巴克莱资本	投研部	分析员

（2）投研团队。董江文：美国弗吉尼亚大学化学工程硕士、佛罗里达州立大学金融数学硕士。2005 年初毕业后进入华尔街，先后在巴克莱资本、贝尔交易从事衍生品套利策略开发、投资与交易。2007 年回国加入招商自营衍生投资部，负责搭建和管理国内外权益类衍生品投资。2012 年转战西南证券，创立自营量化投资部，负责国内外各种衍生品投资。期间，其团队深度参与了国内所有主要创新金融产品上市初期的投资交易，包括权证创设、股指期货、国债期货、股票期权、国债 ETF、黄金 ETF，并连续 8 年为其所在机构创造了可观的绝对收益。

冉德超：工商管理硕士，MBA，历任易供国际（香港）董事总经理，方阵控股（开曼）有限公司董事长。深耕实业与股权投资 10 余年，带领的团队曾从无到有打造了一个国际化电商平台，在行业内连续 3 年都维持前三的位置。历年来，亲自设计并主导了公司在各个不同发展阶段的组织变革，实现了企业的股权化、国际化和平台化。对企业经营、战略管理和跨国投资有着丰富的理论素养和实战经验。

（3）投资业绩。投资业绩如图 5-229、图 5-230 所示。

2018 年管理规模：1 亿～5 亿元。

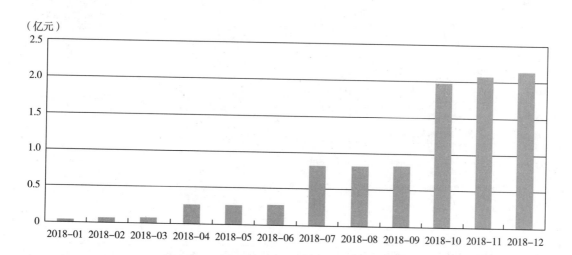

图 5-229 中量投资产管理有限公司管理规模

产品数量：总计 13 只。

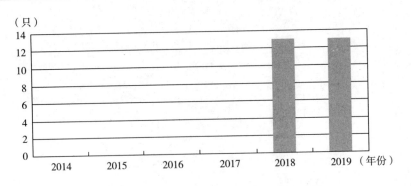

图 5-230　中量投资产管理有限公司产品数量

2. 滨海天地（天津）投资管理有限公司

滨海天地（天津）投资管理有限公司成立于 2008 年，实缴注册资本为 1000 万元，私募基金管理人登记编码为 P1001046，是天津大型综合类国有独资投资集团天津一德投资集团有限公司下属子公司。公司八年如一日专注于商品套利交易和包括一德期货研究院在内的数家研究结构合作，将机构研究和策略交易有效结合，真正实现投研一体化。商品套利交易策略自 2012 年以来已结束产品的收益均为正向收益。2018 年业绩连续上榜。

（1）公司信息。公司信息如表 5-184 所示。

表 5-184　滨海天地（天津）投资管理有限公司信息

简　称	滨海天地			
登记编号	P1001046	组织机构代码	67944139-7	
成立时间	2008-10-20	登记时间	2014-04-23	
企业性质	国企独资	机构类型		
注册资本（万元）（人民币）	1000	实缴资本（万元）（人民币）	1000	
注册资本实缴比例	1:1	是否为符合提供投资建议条件的第三方机构		
注册地址	天津市自贸试验区（空港经济区）环河北路空港商务园东区 8 号楼 B318 房间			
办公地址	天津市和平区解放北路 165 号			
员工人数	15	机构网址	http://www.binhaitiandi.com.cn	电话	022-23320878
法定代表人/执行事务合伙人	常建良			
定代表人/执行事务合伙人（委派代表）工作履历	时间	任职单位	任职部门	职务
	1985.08~1993	国家物资局	物资部国内贸易部	科员副主任科员主任科员
	1993.05~1999.05	天津市政府共同领导组建的北洋（天津）钢材批发交易市场	国内贸易部冶金部	理事长助理副总裁
	1999.05~2010.04	天津一德投资集团有限公司		董事
	2010.05	天津一德投资集团有限公司		董事副总裁

（2）投资理念。通过资产和策略的多样化配置，降低系统风险，把握在经济变化周期内出现的各资产类别投资及套利机会，力求保持稳定的资产管理规模，并取得长期稳定的绝对收益。

（3）投研团队。郭铁铮：总经理、投资经理，中国人民大学财政金融学院硕士研究生，曾长期任职于国内多家期货公司及私募投资机构，拥有十余年的金融行业从业经验，对金融行业尤其资管行业有深刻认知。

龙芳：投资总监，毕业于天津师范大学，曾任职于天津—德期货研究院研究员、团队负责人。对期货品种尤其农产品和化工产品有深刻研究和认知，擅长通过基本面研究把握市场走向和套利交易机会。十余年专注于商品期货套利对冲交易策略研发，其主持开发的套利对冲交易系统实现连续6年以上的稳定投资收益。

陈文立：投资经理，毕业于南开大学，曾长期执教于南开大学、天津大学，一直从事金融投资相关教学研究工作，并有国内多家金融机构、投资公司从业经历，投教结合，对市场宏观走势有极强的认知和把控能力。

唐毅：投资经理，曾任职于国家粮食局、路易达孚、新加坡聚龙集团等公司，是新加坡聚龙集团在华交易决策人和首席交易员，拥有近20年的现货从业经验，开发"幽灵法则"在内的多套量化交易系统，擅长依托基本面通过量化的方式把握市场节奏和交易机会。

3. 上海骐骏投资发展有限公司

上海骐骏投资发展有限公司是一家以资本为纽带，提供投资银行、资产管理、风险管理等金融服务为一体的创新型综合金融服务平台。内部形成了四大管理体系，即投资管理体系、风控管理体系、市场营销体系、运营服务体系；在资产管理方面运用了流程化管理的方法，使的资产管理业务像流水线一样标准且清晰。公司还运用信息技术来保障流程化管理的便捷实施，其中办公自动化系统、资产管理系统、风险控制系统（自主研发）、基金结算系统（自主研发）是公司的核心系统。

（1）公司信息。公司信息如表5-185所示。

表5-185 上海骐骏投资发展有限公司信息

简 称	骐骏投资				
登记编号	P1005608	组织机构代码	73901522-7		
成立时间	2002-05-17	登记时间	2014-12-24		
企业性质	内资企业	机构类型	私募证券投资基金管理人		
注册资本（万元）（人民币）	6000	实缴资本（万元）（人民币）	6000		
注册资本实缴比例	100%	是否为符合提供投资建议条件的第三方机构	否		
注册地址	上海市闵行区沪青平公路277号2楼C15室				
办公地址	上海市普陀区光复西路2899-2-501				
员工人数	24	机构网址	www.qijungroup.com	电话	021—63258787
法定代表人/执行事务合伙人	夏达明				

法定代表人/	时间	任职单位	任职部门	职务
执行事务合伙人	2018.07~2018.08	上海骐骏投资发展有限公司	管理部	总经理
（委派代表）	2008.06~2018.07	上海摩域商业管理有限公司	管理部	副总
工作履历	2006.07~2008.05	上海威盛国际贸易有限公司	IT部	IT开发

（2）投研团队。李红锐：毕业于中南财经政法大学，工商管理硕士，金融行业20年从业经历，曾任期货公司副总经理、大型投资公司副总裁、股份制公司总经理等职务，负责市场营销、机构渠道、项目管理等业务。多年的经营管理工作实践，对公募基金及阳光私募的不同投资方式进行分析，形成了以金融工程量化研究为架构的投资风格，及以多元化策略组合、资金管理为基础的产品开发及运营能力，对结合金融衍生工具对冲风险的资产配置有独特见解。

张鹏：曾就职于华泰证券，从事分级基金套利和量化投资的研究，现负责分级基金套利基金经理。

（3）投资业绩。投资业绩如图5-231、图5-232所示。

2018年管理规模：1亿~5亿元。

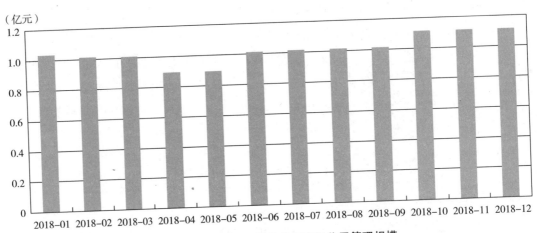

图5-231　上海骐骏投资发展有限公司管理规模

产品数量：累计16只。

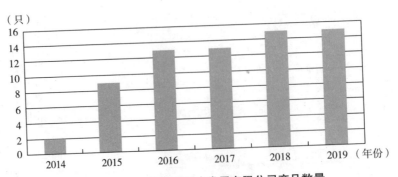

图5-232　上海骐骏投资发展有限公司产品数量

4. 上海汇艾资产管理有限公司

汇艾资产的投资理念是追求低风险持续盈利，做复利成长的践行者。汇艾资产主要在证券期货市场进行套利、对冲等低风险投资，通过精细的基本面研究，辅以量化执行工具，将投资变成了系统的科学工程，并全程嵌入精细化风控体系，力争打造成为中国本土最专业的稳健投资专家，让投资者获取持续稳定的复利收益。

汇艾资产产品曾获得国内私募评估机构多项大奖，其中包括 2016 央证私募风云榜最佳管理期货策略奖、资管网 2016 年度最佳 CTA 主观策略奖、2017 年度证券时报金长江卓越风控奖以及连续两年获得朝阳永续主办的中国私募基金风云榜年度最受欢迎对冲类理财产品套利策略十强等。

（1）公司信息。公司信息如表 5 – 186 所示。

表 5 – 186　上海汇艾资产管理有限公司信息

简　　　称	汇艾资产				
登记编号	P1014027	组织机构代码	32469767 – 6		
成立时间	2014 – 12 – 05	登记时间	2015 – 05 – 21		
企业性质	内资企业	机构类型	私募证券投资基金管理人		
注册资本（万元）（人民币）	1000	实缴资本（万元）（人民币）	300		
注册资本实缴比例	30%	是否为符合提供投资建议条件的第三方机构	否		
注册地址	上海市虹口区广纪路 173 号 1001 – 1007 室 106W				
办公地址	上海市浦东新区福山路 458 号同盛大厦 2004 – 2005 室				
员工人数	7	机构网址	www. haasset. com/	电话	021 – 68959623
法定代表人/执行事务合伙人	杨晓荣				
法定代表人/执行事务合伙人（委派代表）工作履历	时间	任职单位	任职部门	职务	
	2015. 04 ~ 2017. 11	上海汇艾资产管理有限公司	高管	法定代表人董事长	
	2008. 08 ~ 2015. 04	中信期货有限公司	营业部	营业部经理	
	2001. 07 ~ 2008. 07	深圳金牛期货经纪有限公司	营业部	研究员营业部经理	
	1999. 06 ~ 2001. 06	河南中银投资咨询有限公司	研究部	研究员	

（2）投研团队。杨晓荣：董事长，20 多年期货从业经历，先后任职于广东万通期货、广东粤海期货、河南中银投资咨询公司、深圳金牛期货公司、中信期货公司，从市场营销、信息研究到营业部总经理、公司总经理助理，有着扎实的理论基础、丰富的实践经验和较强的管理能力。对市场产业链有着较深刻的了解和认识，通过多年的摸索和积累，形成一套独到的跨期、跨品种套利的实战战术。

黄崇彦：总经理，地学硕士学位，于 1994 年开始从事期货品种产业研发，先后担任金牛期货经纪公司副总经理、金鹏期货经纪公司总经理、西部矿业股份有限公司上海公司总经理、天鸿期货经纪公司总经理，有丰富的期货套期保值、套利对冲经验与管理经验。2006 年被评为上海期货交易所有色品种十位优秀分析师，2009 年其负责的有色金属套期保值成功经验被上海期货交易所列入经典教案。精通概率统计在金融衍生品中的运用，有近15年的量化交易及风控策略研发经验。

毕奎学：首席风险官，1995年开始涉足期货交易，此前曾供职于中国五矿总公司六年，从事有色金属进出口业务，先后在深圳金牛期货公司从事品种研究，在金龙铜管集团公司主管套期保值业务；2008年开始在宁波神通能源科技有限公司和上海神凯投资管理有限公司任职，主要从事国内外有色金属的跨市套利业务，有丰富的风险管理经验。

（3）投资业绩。投资业绩如图5-233、图5-234所示。

2018年管理规模：1亿~5亿元。

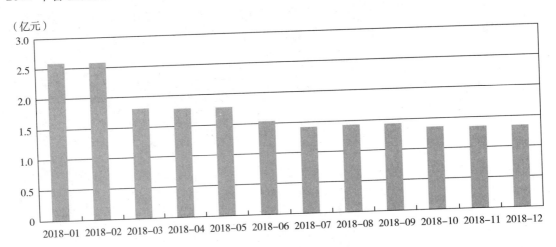

图5-233　上海汇艾资产管理有限公司管理规模

产品数量：累计8只。

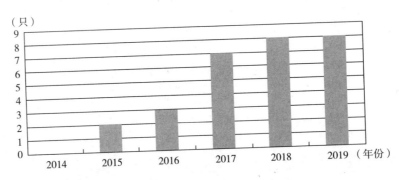

图5-234　上海汇艾资产管理有限公司产品数量

5. 广东厚方投资管理有限公司

广东厚方投资管理有限公司由潘文盛、张良、张家颖等国内资本市场资深专业人士和北京睿谷投资有限公司共同发起成立，具备中国证券投资基金业协会备案的私募投资基金管理资格。公司专注于期货、证券投资，致力于成为中国对冲基金领域的常青树，为客户提供长期可持续的绝对投资回报。以低风险稳健投资为根本出发点，以专业研究为基础，以长期可持续的绝对收益为目标，勤勉尽职地管理客户资产；在合法、合规的前提下，为客户创造价值，为股东创造效益，并实现员工、客户、股东和公司的共生、共赢、共荣。

（1）公司信息。公司信息如表5-187所示。

表5-187 广东厚方投资管理有限公司信息

简 称	厚方投资			
登记编号	P1019245	组织机构代码	34024593-6	
成立时间	2015-06-09	登记时间	2015-07-30	
企业性质	内资企业	机构类型	私募证券投资基金管理人	
注册资本（万元）（人民币）	3000	实缴资本（万元）（人民币）	3000	
注册资本实缴比例	100%	是否为符合提供投资建议条件的第三方机构	否	
注册地址	广东省广州市越秀区越秀区环市东路334号市政中环大厦3301、3302、3307、3308、3309			
办公地址	广东省广州市越秀区环市东路334号市政中环大厦3301、3302、3307、3308、3309			
员工人数	21	机构网址	www.gdhf-inv.com	电话 020-83030258
法定代表人/执行事务合伙人	潘文盛			
法定代表人/执行事务合伙人（委派代表）工作履历	时间	任职单位	任职部门	职务
	2015.06~2018.04	广东厚方投资管理有限公司	公司管理层	执行董事
	2015.03~2015.06	广东厚方投资管理有限公司	筹建办公室	执行董事
	2009.06~2015.02	华泰长城期货有限公司	公司管理层	副总经理

（2）投研团队。潘文盛：公司董事长，大学毕业于北京物资学院，曾在职修读清华大学经管学院企业管理专业研究生，国内第一届期货专业本科毕业生，21年来一直从事期货业务和管理工作。历任期货公司市场部经理、研发部经理、公司副总经理等职，2003年8月至2007年8月任中天期货副总经理，2007年9月至2015年2月任华泰长城期货副总裁，曾兼任广东省粮食行业协会副会长、期货专业委员会主任，广州仲裁委员会证券期货仲裁员，北京物资学院兼职教授。多年指导客户期货投资交易、取得持续20年不败的佳绩，近年来核心客户平均年化投资收益率30%以上；曾辅助国内多家大型龙头企业、上市公司的期货套期保值操作，参与指导操作的保证金规模数亿元。

张良：公司总经理，合伙创始人，湖南大学金融学硕士。2003年从业，曾历任东凌集团植之元油脂有限公司采购部总经理助理及期货专员、东凌集团总裁助理，华泰长城期货有限公司投资咨询部副总经理。中央电视台证券资讯频道特邀嘉宾，《上海证券报》《中国证券报》期货专栏特约评论员。具有多年国内大型龙头油脂压榨企业现货采购、期货套保工作经验，熟悉国际大宗原材料商品采购定价和风险管理，利用境内外期货及期权等衍生品工具为现货企业构建套期保值及套利方面积累了丰富经验，并结合量化基本面研究方法构建投资策略，取得优异的投资成绩。

张家颖：公司副总经理，合伙创始人，兼任华南理工大学工商管理学院校外导师，2007年华南理工大学经济与贸易学院硕士研究生毕业；2008年4月至2015年3月就职于华泰长城期货有限公司机构事业部，任总经理助理，2011年以华泰期货前三名的成绩通过期货业协会组织的首次投资咨询资格考试。具有多品种研究经历，2009年开始专注于黑色产业研究，7年来将研究与指导客户交易融合在一起，取得优异成绩。

（3）投资业绩。投资业绩如图5-235、图5-236所示。

2018 年管理规模：1 亿 ~ 5 亿元。

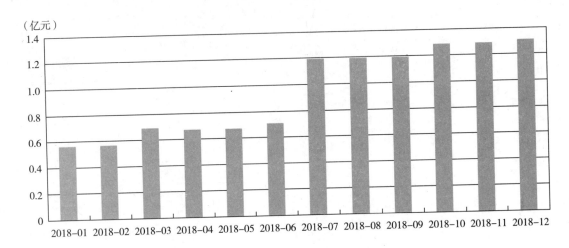

图 5 - 235　广东厚方投资管理有限公司管理规模

产品数量：累计 10 只。

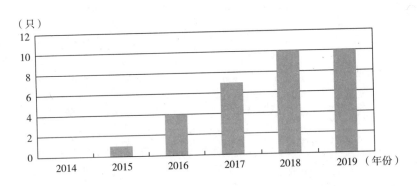

图 5 - 236　广东厚方投资管理有限公司产品数量

6. 广州众智基金管理有限公司

广州众智基金管理有限公司成立于 2004 年，注册资金为 3000 万元，是一家专业化程度极强的投资公司。公司核心业务为投资管理服务。2015 年 5 月 8 日，众智基金正式在中国证券投资基金业协会备案。2018 年 4 月 27 日，公司入会成功，正式成为观察会员。

广州众智基金管理有限公司发展至今已经经历了十五年的历史。这十五年的发展历程，是创业、发展、进取、硕果累累的十五年。过去的十五年可分为两个阶段：2004 年至 2014 年十年，2015 年起至今。第一个阶段，是吴鹏、丁乐、张军三人努力拼搏，发挥聪明才智创造辉煌的十年，在业内打造了极高的知名度和美誉。第二个阶段，公司开始打造队伍、发掘人才、完善平台，目前已设立农产品部、化工品部、工业品部、宏观研究部、合规风控部、综合部等部门，员工十三人，本科或硕士学历，大部分人员深耕行业数年，对期、现货市场的结合程度很高，多已具备基金从业资格证。

（1）公司信息。公司信息如表 5 - 188 所示。

表 5 – 188　广州众智基金管理有限公司信息

简　　称	众智基金				
登记编号	P1012858	组织机构代码	76404913 – 8		
成立时间	2004 – 08 – 01	登记时间	2015 – 05 – 08		
企业性质	内资企业	机构类型	私募证券投资基金管理人		
注册资本（万元）（人民币）	1000	实缴资本（万元）（人民币）	300		
注册资本实缴比例	30%	是否为符合提供投资建议条件的第三方机构	否		
注册地址	广东省广州市天河区林和西路 3 – 15 号 3811 房				
办公地址	广东省广州市天河区林和西路 3 – 15 号 3811 房				
员工人数	12	机构网址	无	电话	无
法定代表人/执行事务合伙人	张军				
法定代表人/执行事务合伙人（委派代表）	时间	任职单位	任职部门	职务	
	2017.01 ~ 2018.01	广州众智基金管理有限公司	总经理	总经理	
工作履历	2004.08 ~ 2017.01	广州众智投资咨询有限公司	总经理	总监	

（2）投研团队。肖祖星副总经理兼工业品部经理，7 年期货投资从业经历，在上下游产业、数据梳理和行业研究方面颇有深度。

丁乐副总经理兼农产品总监，14 年期货投资从业经历，资深油脂油料板块研究专家，专注于农产品粕类油脂的供求分析和实证调研操作。在上下游产业、数据梳理和行业研究上具有深度前瞻性。

温雪琴副总经理兼化工部经理，7 年期货投资从业经历，负责化工部的研发工作。研究细致入微，善于把实证研判与行情走势相对接。

（3）投资业绩。投资业绩如图 5 – 237、图 5 – 238 所示。

2018 年管理规模：1 亿 ~ 5 亿元。

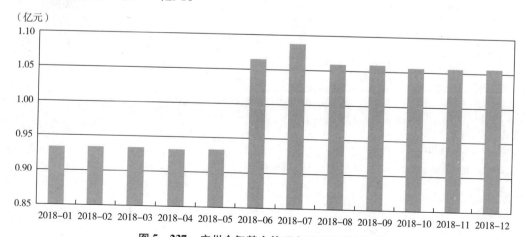

图 5 – 237　广州众智基金管理有限公司管理规模

产品数量：累计 11 只。

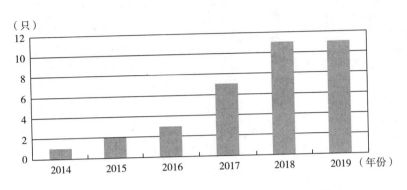

图 5 - 238　广州众智基金管理有限公司产品数量

（二）1 亿元以下

1. 北京时代复兴投资管理有限公司

北京时代复兴投资管理有限公司是业内领先的全资产组合管理机构，致力于为客户提供有效的全资产组合管理方案。在股票、债券、商品、外汇、另类投资、量化及程序化交易领域拥有核心竞争力。研究团队汇集了来自知名投行、国有银行、国际贸易商、政府部门、国际专业协会等机构的优秀一线核心交易人员及分析师。时代复兴投资自行开发了完备而领先的量化交易系统，并基于10TB 级的数据积累及强大数据分析能力，提供卓有成效的行为金融策略开发和集成解决方案。投资理念：从资产和策略两位维度进行有效分散投资，摒弃情绪影响，将人机协同的真正智能集成作为努力目标，升华投资艺术。

（1）公司信息。公司信息如表 5 - 189 所示。

表 5 - 189　北京时代复兴投资管理有限公司信息

简　　称	时代复兴投资		
登记编号	P1016372	组织机构代码	33037910 - 5
成立时间	2015 - 03 - 06	登记时间	2015 - 06 - 29
企业性质	内资企业	机构类型	私募证券投资基金管理人
注册资本（万元）（人民币）	2500	实缴资本（万元）（人民币）	2500
注册资本实缴比例	100%	是否为符合提供投资建议条件的第三方机构	否
注册地址	北京市朝阳区光华东里 8 号院 3 号楼 11 层 1101 号 030 室		
办公地址	北京市海淀区中关村南大街甲 18 号北京国际大厦 A 座 6 层		
员工人数	11	机构网址	www. Bjsdfx. com　电话　010 - 62194688
法定代表人/执行事务合伙人	周侥		

续表

	时间	任职单位	任职部门	职务
法定代表人/ 执行事务合伙人 （委派代表） 工作履历	2016.12～2018.11	宁波梅山保税港区元贞铭至 投资管理有限公司	无	法定代表人、 执行董事、总经理
	2015.12～2016.12	北京元贞铭至咨询有限公司	无	法定代表人、 执行董事、总经理
	2015.03～2018.11	北京时代复兴投资管理有限公司	无	董事长
	2014.11～2015.03	海通证券股份有限公司	新三板与结构融资部	高级副总裁
	2012.03～2014.11	中信资产管理有限公司	基金业务二部	高级经理

（2）投研团队。周俟：董事长、淳信投资董事总经理、红山基金董事。具备丰富的金融从业履历，跨越境内外衍生品交易、量化对冲基金经理、结构融资及投资银行业务，涉及一级和二级市场的一线实务，对全资产投资工具的创建及整合的系统设计工程具备独特的理解，具备优秀的全资产逻辑整合能力。

柯邵伟：具备精深的前沿金融理论科研经验。作为国内为数不多的能够跻身世界顶级行为金融学研究机构的华人学者，率先提出了"有限理性"及"有限信息"假设下的行为金融理论，并在行为金融学领域首次提出内生决定有限步数的博弈模型，其研究成果曾发表于 Econometrica，Theoretical Economics 等顶级学术期刊。

赵斌：合伙人、董事总经理。毕业于北京航天航空大学，全栈工程师，曾就职于腾讯研究院，有丰富的互联网应用开发、分布式系统设计以及高性能计算经验。

（3）投资业绩。投资业绩如图5-239、图5-240所示。

2018年管理规模：0～1亿元。

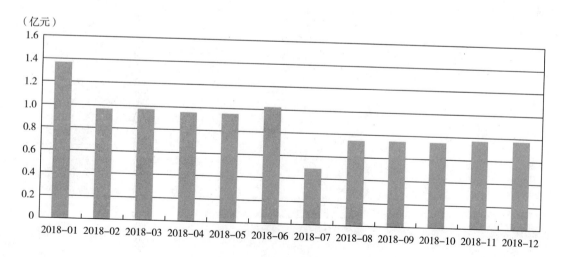

图5-239 北京时代复兴投资管理有限公司管理规模

产品数量：总计10只。

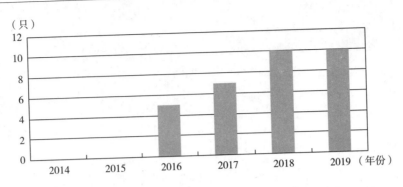

图5-240　北京时代复兴投资管理有限公司产品数量

2. 武汉优稳资产管理有限公司

武汉优稳资产管理有限公司主要从事证券投资、资产管理等业务。投资方向主要为股票、基金、债券、股指期货、国债期货等。目前，公司与多家银行、券商等金融机构建立了良好的合作关系。公司投研团队核心成员均具有大学以上学历和多年券商、银行等大型金融公司工作经验，均拥有丰富的全品种的投资经验。优选资产，稳健管理，多元配置，穿越牛熊。并且曾经以量化研发团队的形式长期共同工作，相互建立了较强的信任关系和默契度。因此公司的主要投资策略以量化对冲＋套利为主，同时兼具主动管理型策略。优稳资产作为一家量化投资背景深厚、重视研发力量的资产管理公司，投资策略多样化。但是基于对宏观经济、市场环境的综合判断，首期产品和二期产品明显侧重于稳健型投资策略。

主要荣誉：2018年2月获中国私募风云榜套利组冠军、私募排排网相对价值组第二名，一季度获中国私募风云榜套利组第六名，5月获中国私募风云榜套利组第三名、私募排排网相对价值组第五名。11月东方证券杯"创锦绣奖"。2019年1～2月中国私募风云榜套利组冠军。

（1）公司信息。公司信息如表5-190所示。

表5-190　武汉优稳资产管理有限公司信息

简　称	优稳资产		
登记编号	P1063485	组织机构代码	91420100MA4KRYDQ8E
成立时间	2017-03-23	登记时间	2017-07-12
企业性质	内资企业	机构类型	私募证券投资基金管理人
注册资本（万元）（人民币）	1000	实缴资本（万元）（人民币）	300
注册资本实缴比例	30%	是否为符合提供投资建议条件的第三方机构	否
注册地址	湖北省武汉市汉南区武汉经济技术开发区神龙大道18号太子湖文化数字创意产业园创谷启动区B1054号		
办公地址	湖北省武汉市洪山区百老汇资讯广场（群光中心）1310室		
员工人数	8	机构网址	www.youwenzichan.com　电话　027-87631018
法定代表人/执行事务合伙人	黄丰年		

续表

	时间	任职单位	任职部门	职务
法定代表人/ 执行事务合伙人 （委派代表） 工作履历	2017.03～2017.05	武汉优稳资产管理有限公司	总经理	总经理/投资总监
	2016.07～2017.03	武汉市武昌区拜高堂茶行	个体工商企业	负责人
	2015.04～2016.06	武汉中青鼎欣投资管理有限公司	风控部	风控总监
	1999.10～2015.01	哈尔滨哈里投资股份有限公司	投资部	投资总监宏观趋势研究员
	1997.01～1999.07	海南港澳国际信托投资有限公司	武汉证券交易营业部	副总经理
	1994.03～1996.12	海南港澳国际信托投资有限公司	资金部	业务主任

（2）投研团队。李劲：2005年毕业于对外经济贸易大学MBA，具有丰富的海内外投资经验。中国第一批对冲套利交易的投资者。有10年以上的对冲套利的实战经验，过去数年，运用多年的专业知识积累和实践经验，取得了较好的投资业绩，投资领域涵盖了股票、基金、期货等市场。自2017年起担任武汉优稳资产管理公司投资总监，管理产品多次进入各大私募排行榜策略全国前十，获得各项荣誉。

潘伟：本科学历，管理学学士，民盟盟员，高级国家理财规划师（CHFP）。具备全部证券从业资格及期货从业资格。10年券商工作经历，曾任职证券营业部业务总监，证券分公司部门负责人、投资顾问，券商公司总部条线业务管理等。具有丰富的证券业务经验，擅长从宏观基本面出发进行研究，具有清醒的宏观经济判断逻辑和体系。自2010年4月起曾挖掘并后期组建一支券商量化基金研究团队，到2014年10月4年间，将IF程序化交易年化收益率做到50%，最大回撤控制在20%以内。

（3）投资业绩。投资业绩如图5-241、图5-242所示。

2018年管理规模：0～1亿元。

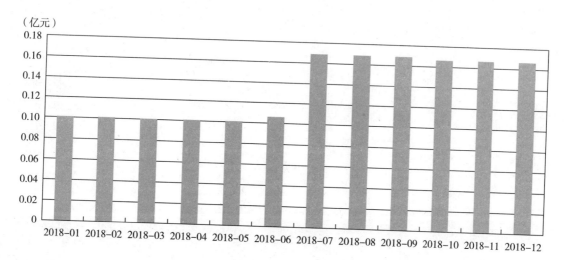

图5-241　武汉优稳资产管理有限公司管理规模

产品数量：累计2只。

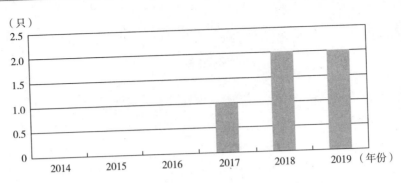

图 5 - 242　武汉优稳资产管理有限公司产品数量

3. 上海大墉资产管理有限公司

上海大墉资产管理有限公司是一家从事资产管理、投资管理、投资信息咨询、商务信息咨询等的私募管理公司。公司核心领导具有长期的证券投资经历，公司团队对资本市场有着长期、深刻的理解，团队以基本面分析为立足点，以量化分析为补充，衡量商品的价格驱动与价值错估，对套利、对冲有着独到的视角，形成了一套完善的投研体系，在严格执行风险控制制度的前提下，采取积极灵活的对冲交易策略，同时捕捉各类低风险套利机会，从而实现长期稳健的投资回报。从基本面产业逻辑出发构建数据量化信号系统，采用量化手段监测交易机会，擅长黑色、农产品、能化等板块的对冲套利交易。公司始终坚持"规范管理，专业研究，踏实稳健，严控风险"的投资原则，成立至今一直以期货对冲套利策略为主。

（1）公司信息。公司信息如表 5 - 191 所示。

表 5 - 191　上海大墉资产管理有限公司信息

简　　称	大墉资产		
登记编号	P1026498	组织机构代码	91310120MA1HK08UXB
成立时间	2015 - 09 - 22	登记时间	2015 - 11 - 05
企业性质	内资企业	机构类型	私募证券投资基金管理人
注册资本（万元）（人民币）	1500	实缴资本（万元）（人民币）	375
注册资本实缴比例	25%	是否为符合提供投资建议条件的第三方机构	否
注册地址	上海市奉贤区岚丰路 1150 号 2 幢 1144 室		
办公地址	上海市浦东新区浦东南路 1088 号中融大厦 1212		
员工人数	10	机构网址	www.dayongfund.com　电话　021 - 58958991
法定代表人/执行事务合伙人	唐楠楠		
法定代表人/执行事务合伙人（委派代表）工作履历	时间	任职单位	任职部门	职务
	2015.09 ~ 2017.04	上海大墉资产管理有限公司	综合部	总经理

（2）投研团队。常宗琪：在金融行业拥有 10 年以上的风险投资和资产管理从业经历。多年来一直专注于大宗商品产业链研究，对商品的估值与驱动有深刻理解，多年交易经验沉淀在对冲套利领域。主要负责公司内部投资研究及策略制定。

鲍瑞海：从事期货投资超过 8 年，长期跟踪黑色产业链高频数据，善于把握产业矛盾变化，对黑色套利组合具有深入的认识。投资风格稳健，寻找具有安全边际的策略进行交易。

武宾：多年证券投资经历，先后在东方证券、东证期货担任部门高级分析师、部门副总经理等职务，投资风格较为稳健，对风险管理有深刻的认识和丰富的实践经验。研究黑色，多年黑色从业经验，对黑色产业有深入的理解，尤其在价差交易等实战交易中连续多年取得了稳定的收益。

（3）投资业绩。投资业绩如图 5 - 243、图 5 - 244 所示。

2018 年管理规模：0 ~ 1 亿元。

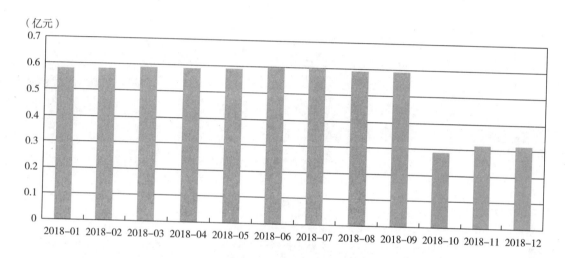

图 5 - 243　上海大埔资产管理有限公司管理规模

产品数量：总计 16 只。

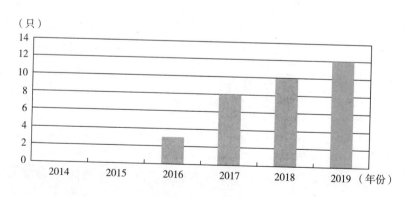

图 5 - 244　上海大埔资产管理有限公司产品数量

4. 深圳市金祥盈基金管理有限公司

金祥盈基金管理有限公司是适应当代中国金融体制改革发展需要及私募基金发展要求而设立的营利性金融机构，逐步形成了适应市场变化的产业对冲投资理念和宏观多策略投资风格。源于实体，服务实体，秉承金融服务实体的指导思想，扎根于广佛地区肥沃的现货土壤。公司在珠三角地区拥有深厚的产业背景，对煤炭、塑料、钢材、农产品等行业有深入的了解，熟悉产业的现货贸易模式、成品套保以及期现套利，结合产业链基本面的深入研究，将期现基差研究方法以及策略运用到基金产品中，期现结合理念，产业链套利对冲策略，组合丰富，收益稳健。

公司坚持风控至上的原则，把风控的理念上升到公司战略的高度，经营策略重点突出"稳健"两个字。设有独立的风险控制组织，针对每一账户资产管理进行细化风控，合理规范行使风控制度。设置套利条件预警、价格预警，根据产品特征有针对性地进行风险管理，建立"风险防范至上"的理念。

（1）公司信息。公司信息如表 5 – 192 所示。

表 5 – 192 深圳市金祥盈基金管理有限公司信息

简　　　称	金祥盈基金		
登记编号	P1022917	组织机构代码	30597287 – 1
成立时间	2014 – 06 – 1	登记时间	2015 – 09 – 10
企业性质	内资企业	机构类型	私募证券投资基金管理人
注册资本（万元）（人民币）	1000	实缴资本（万元）（人民币）	1000
注册资本实缴比例	100%	是否为符合提供投资建议条件的第三方机构	否
注册地址	广东省深圳市南山区前海深港合作区前湾一路 1 号 A 栋 201 室		
办公地址	广东省佛山市禅城区季华西路 133 号金盈绿岛国际中心 4 座 603		
员工人数	8	机构网址	无　　电话　　无
法定代表人/执行事务合伙人	黄钊华		

	时间	任职单位	任职部门	职务
法定代表人/执行事务合伙人（委派代表）工作履历	2014.06 ~ 2017.04	深圳市金祥盈基金管理有限公司	风险管理部	总经理、风控总监
	2014.06 ~ 2015.08	深圳市金祥盈基金管理有限公司	行政部	总经理
	2012.08 ~ 2014.05	"金祥盈"工作室	投资部	投资总监
	2008.05 ~ 2015.08	翔鹰陶瓷有限公司	行政部	行政主管
	2002.02 ~ 2009.12	祥盈水煤浆实业有限公司	行政部	行政主管

（2）投研团队。投研核心成员曾在国内知名机构担任主要负责人，如永安期货、珠江期货、南储集团等，具备丰富的投资经验以及国际品种研究视野，尤其在期现套利、基本金属内外盘套利领域专业素养较强。投资负责人在永安任职超过 10 年，将永安期货、永安资本的先进经营理念，结合广佛地区产业的背景，指导公司的投资以及经营管理。

（3）投资业绩。投资业绩如图 5 – 245、图 5 – 246 所示。

2018 年管理规模：0 ~ 1 亿元。

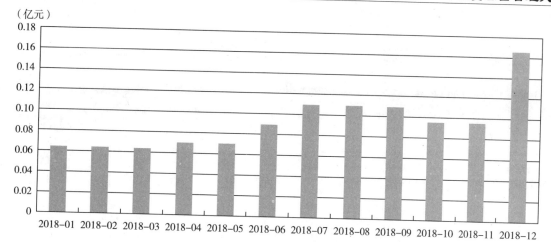

图 5 - 245　深圳市金祥盈基金管理有限公司管理规模

产品数量：总计 3 只。

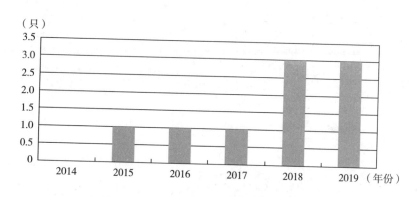

图 5 - 246　深圳市金祥盈基金管理有限公司产品数量

5. 上海橡杉资产管理有限公司

橡杉资产扎根于量化对冲投资领域，借助强大的数据挖掘、数理统计和软件开发能力，构建了覆盖全市场、多品种的量化资产管理平台。拥有经验丰富的金融产品管理团队，核心成员均有着多年的国内外资产管理和量化基金的投资管理经历，对金融证券市场有深刻理解，具有丰富的投资管理经验和良好的职业道德。

团队成员都是具备团队精神和创新意识的资深投资管理人才，涵盖市场分析、策略开发、资产配置、风险管理及系统开发。在宏观及技术分析、行情判断、交易策略、资金使用及风险控制各方面具有较高的能力和水平，擅长跨期套利、跨品种对冲、跨市场套利、趋势投资等各种投资策略。

（1）公司信息。公司信息如表 5 - 193 所示。

（2）投研团队。王丽明：毕业于哈尔滨工业大学软件工程专业，本科学历，从 2006 年开始从事与量化交易系统开发设计，2010 年开始从事量化交易，目前担任公司董事长兼总经理一职。拥有多年的内外盘交易经验，包括外汇，股票，期货套利，趋势交易等，具有深厚的理论功底和丰富的操盘经验，在极低的风险回撤率下，连续 7 年创造稳定的投资回报，拥有国内外著名金融机构长期工作经验。

表 5 - 193   上海橡杉资产管理有限公司信息

简　　称	橡杉资产				
登记编号	P1060103	组织机构代码	91310115MA1H7EE0XJ		
成立时间	2016 - 01 - 27	登记时间	2016 - 11 - 11		
企业性质	内资企业	机构类型	私募证券投资基金管理人		
注册资本（万元）（人民币）	1000	实缴资本（万元）（人民币）	1000		
注册资本实缴比例	100%	是否为符合提供投资建议条件的第三方机构	否		
注册地址	上海市浦东新区泥城镇云汉路 979 号 2 楼				
办公地址	上海市杨浦区国宾路 36 号 2203				
员工人数	11	机构网址	无	电话	无
法定代表人/执行事务合伙人	王丽明				
法定代表人/执行事务合伙人（委派代表）工作履历	时间	任职单位	任职部门		职务
	2016.01 ~ 2016.09	上海橡杉资产管理有限公司	总经办		总经理
	2013.04 ~ 2016.01	上海宽特信息技术有限公司	总经办		总经理
	2009.06 ~ 2013.04	上海乾隆高科有限公司	研发部		软件工程师
	2007.07 ~ 2009.06	上海西尼斯软件科技有限公司	研发部		软件工程师

（3）投资业绩。投资业绩如图 5 - 247、图 5 - 248 所示。

2018 年管理规模：0 ~ 1 亿元。

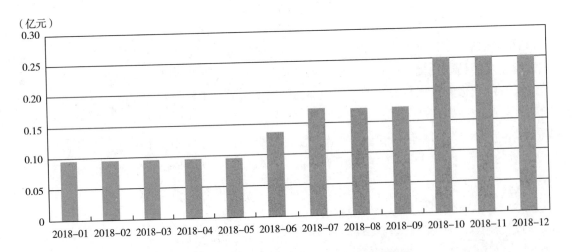

图 5 - 247   上海橡杉资产管理有限公司管理规模

产品数量：总计 5 只。

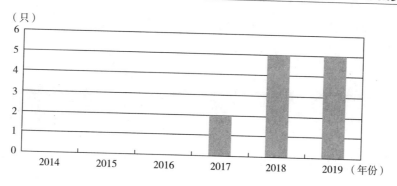

图 5 - 248　上海橡杉资产管理有限公司产品数量

五、固定收益策略

（一）50 亿元以上

1. 友山基金管理有限公司

友山基金管理有限公司是中国证券投资基金业协会会员、贵州证券期货业协会会员、中国银行间市场交易商协会 CDS 类会员。主要股东为中天城投集团（股票代码 000540）以及创始人何炫先生。下设两个投资中心、一个直属业务中心和一个研究中心。其中北京投资中心主要负责固定收益投资和类投行业务管理；上海投资中心主要负责权益类投资。两个投资中心，分别耕值于不同业务领域，构成公司完整的业务线，涉及固定收益基金、混合型基金、量化对冲基金、FOF 组合基金、产品设计与风险控制、创新业务、机构渠道销售等业务。公司秉承"渊渟泽汇、信而有征"的文化理念，以"追求稳定的绝对正收益"为目标，投资策略涵盖固收类投资策略、股票多头（A 股 + 港股）、指数增强、量化对冲、量化 CTA 以及各类金融衍生品套利策略。

（1）公司信息。公司信息如表 5 - 194 所示。

（2）投研团队。石岳：投资总监，中国人民银行研究生部博士，北京大学光华管理学院硕士，2006 年通过 CFA 三级考试获得资质认证。现任友山基金管理有限公司投资总监、投资决策委员会主席，负责私募基金资产管理业务投资体系的构建及权限范围内的投资事项决策。投资经历覆盖 VC，PE，并购，股票二级市场，债券一、二级市场，非标债权，衍生品等全投资领域，熟悉证券市场各类投资，对投资组合管理有丰富经验。承担公司全部自有资金的投资业务，制订资产配置计划，构建证券投资组合，投向银行间债券市场、沪深 A 股、各类公募基金、信托产品、银行理财产品、委托贷款等，同时研究探索各类金融机构的股权投资，投资业绩连年超额完成股东下达的投资任务指标。

陶俊杰：固定收益总监，清华大学工商管理硕士，北京大学经济学硕士，拥有 14 年金融及相关从业经验。对宏观经济走势及大类资产配置有深刻理解，熟悉货币、债券、权益、房地产及非标等类别资产投资，管理资产规模总额超过 1800 亿元，其中债券类资产规模总额超过 1200 亿元。该行资产管理业务综合能力，曾连续获评全国农商银行系统第 1 名。

黄达：基金经理，清华大学环境工程学博士，美国华盛顿圣路易斯大学化学工程硕士，清华大学环境工程学学士，擅长逻辑分析、数理建模。拥有多年资本市场实际投资经验，对市场运行特征有着深入的认识。

表5－194　友山基金管理有限公司信息

简　　称	友山基金		
登记编号	P1000551	组织机构代码	06308510－1
成立时间	2013－03－21	登记时间	2014－03－17
企业性质	内资企业	机构类型	私募证券投资基金管理人
注册资本（万元）（人民币）	20705.6	实缴资本（万元）（人民币）	18193.92
注册资本实缴比例	87.87%	是否为符合提供投资建议条件的第三方机构	是
注册地址	贵州省贵阳市南明区新华路110－134号富中国际广场23层0号		
办公地址	贵州省贵阳市南明区南明区新华路富中国际广场17楼A座		
员工人数	108	机构网址　www.ushinef.com	电话　0851－85532799
法定代表人/执行事务合伙人	何炫		
法定代表人/执行事务合伙人（委派代表）工作履历	时间	任职单位	任职部门	职务
	2013.03～2017.08	友山基金管理有限公司	领导办	董事长
	2011.11～2013.02	恒天财富贵州分公司	领导办	总经理
	2005.07～2011.10	华创证券	上海分公司	高级经理
	2004.07～2005.06	上海市社会保险基金管理中心	稽核部	稽核员

（3）投资业绩。投资业绩如图5－249、图5－250所示。

2018年管理规模：100亿元以上。

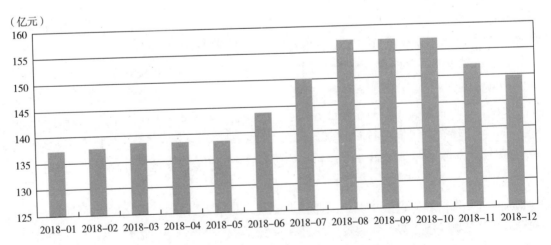

（亿元）

图5－249　友山基金管理有限公司管理规模

产品数量：累计67只。

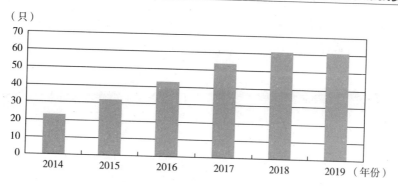

图 5 – 250 友山基金管理有限公司产品数量

2. 明毅博厚投资有限公司

明毅博厚投资有限公司是一家专注固定收益证券投资的私募证券基金管理人，打造了以宏观资产配置和流动性管理为核心的投资交易和研究分析团队，依托团队的经验和专业，为客户提供精细化、差异化和定制化的资产管理和投资顾问服务，为客户谋求长期、稳定、持续的绝对收益。致力于依靠核心团队的历史管理经验和专业服务水平，为客户提供专业化的资产管理和投资顾问服务，以资产配置和流动性管理为核心。

（1）公司信息。公司信息如表 5 – 195 所示。

表 5 – 195 明毅博厚投资有限公司信息

简　　称	明毅博厚投资				
登记编号	P1005542	组织机构代码	59606083 – 9		
成立时间	2012 – 05 – 14	登记时间	2014 – 12 – 24		
企业性质	内资企业	机构类型	私募证券投资基金管理人		
注册资本（万元）（人民币）	5000	实缴资本（万元）（人民币）	3000		
注册资本实缴比例	60%	是否为符合提供投资建议条件的第三方机构	是		
注册地址	北京市西城区红莲南路 28 号 6 – 1 幢 5 层 5063				
办公地址	北京市朝阳区朝阳门东三环北路 38 号院 1 号楼泰康金融大厦 32 层				
员工人数	13	机构网址		电话	010 – 65973318
法定代表人/执行事务合伙人	梁文飞				
法定代表人/执行事务合伙人（委派代表）工作履历	时间	任职单位	任职部门	职务	
	2014. 11 ~ 2017. 07	明毅兄弟投资（北京）有限公司	总经理	总经理	
	2014. 06 ~ 2014. 11	平安银行北京分行	结构金融部	结构金融部副总经理	
	2013. 08 ~ 2014. 06	平安银行总行	投资银行部	投资银行部投行专家	
	2012. 06 ~ 2013. 08	大通证券股份有限公司	固定收益部	固定收益部投资主管	
	2009. 02 ~ 2012. 06	中信证券股份有限公司	固定收益部	固定收益部交易员	

（2）投研团队。刘灿、李元丰、高雄帅。

（3）投资业绩。投资业绩如图5－251、图5－252所示。

2018年管理规模：100亿元以上。

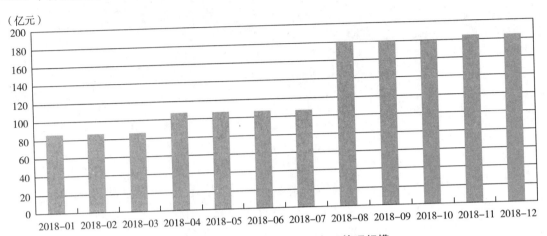

图5－251　明毅博厚投资有限公司管理规模

产品数量：累计29只。

图5－252　明毅博厚投资有限公司产品数量

3. 西藏暖流资产管理有限公司

暖流资产致力为机构客户和高净值人群，提供跨越经济周期的综合资产管理服务；为企业客户，尤其是代表未来发展方向的、符合产业结构转型和升级的优质企业，提供从种子期到成熟期的全生命周期的综合金融服务。固定收益业务作为公司的核心业务，主要为固定收益类资管产品进行产品设计、制定投资策略、配置标的资产、构建投资组合，并在资管产品限定的投资范围内做出投资建议。凭借投研团队强大的专业能力、行业经验以及自主研发的信用分析决策支持系统，公司产品收益持续超越大势和同业。经过多年的发展，公司积累了大批的客户资源和良好的业内声誉，获得了客户的广泛认可。股票投资业务依托于暖流资产全方位、立体式的资产管理体系，专注于股票及其衍生品领域的投资机遇。公司以可持续、专业化为核心理念，一方面为高净值人士及机构投资者提供稳健、卓越的财富管理服务，另一方面从资源整合、产融互动等方面为暖流资产践行"全产品、全生命周期的综合金融服务"模式提供闭环式的协同支持。暖流创投是暖流资产旗下进行创业企业股权投资的业务板块，其重点投资的企业包括初创期和创投期企业。公司紧紧抓住"创新"这个核心主题，战略性地投资未来十年最具创新性甚至颠覆性的企业，充分分享未来十年由创新爆发带来的红利。

（1）公司信息。公司信息如表 5 - 196 所示。

表 5 - 196　西藏暖流资产管理有限公司信息

简　　称	暖流资产			
登记编号	P1004058	组织机构代码	09959586 - 7	
成立时间	2014 - 05 - 30	登记时间	2014 - 07 - 22	
企业性质	内资企业	机构类型	私募证券投资 基金管理人	
注册资本（万元） （人民币）	5000	实缴资本（万元） （人民币）	1250	
注册资本 实缴比例	25%	是否为符合提供投资建议 条件的第三方机构	是	
注册地址	西藏自治区拉萨市城关区经济技术开发区格桑路 5 号总部经济基地大楼 B 栋 2 单元 504 号			
办公地址	北京市朝阳区朝阳公园路 19 号佳隆国际大厦 1005			
员工人数	14	机构网址	www. genial - flow. com	电话	010 - 65390699
法定代表人/执行 事务合伙人	程鹏			
法定代表人/ 执行事务合伙人 （委派代表） 工作履历	时间	任职单位	任职部门	职务
	2013.01 ~ 2018.01	暖流资产管理股份有限公司	投资部	总经理、投资总监
	2004.07 ~ 2013.03	建设银行	金融市场部	副处长

（2）投研团队。姜雷：2001 年 7 月至 2004 年 4 月在海淀区上地办事处任宣传部干事；2004 年 5 月至 2006 年 9 月在《财经时报》任记者；2006 年 9 月至 2007 年 2 月在《国际商报》任编辑；2007 年 3 月至 2011 年 10 月在《经济观察报》任高级记者；2011 年 12 月至 2014 年 6 月在暖流（天津）资产管理有限公司任副总经理。

（3）投资业绩。投资业绩如图 5 - 253、图 5 - 254 所示。

2018 年管理规模：50 亿 ~ 100 亿元。

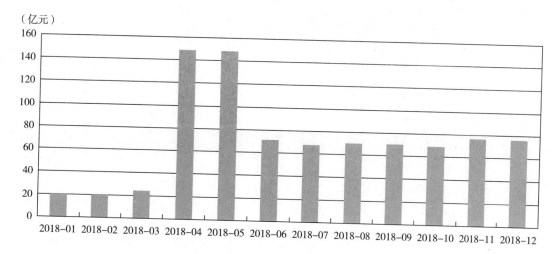

图 5 - 253　西藏暖流资产管理有限公司管理规模

产品数量：累计 63 只。

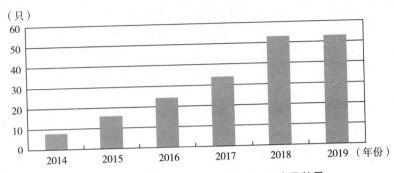

图 5-254　西藏暖流资产管理有限公司产品数量

4. 北京千为投资管理有限公司

北京千为投资管理有限公司（简称"千为投资"）是一家专注于固定收益及低风险组合投资的阳光私募基金管理公司，是中国证券投资基金业协会会员。公司由国内知名债券投资团队发起创立，其投资团队为业内首支连续三届获得"债券策略金牛奖"的团队（2012~2014 年私募基金金牛奖）。自公司成立以来，始终秉持"千世界，大作为"的发展理念，恪守人才为本、诚信立业、合法合规经营、稳健持续发展的经营宗旨，倡导严谨、求实、创新的管理作风，致力于打造诚信、规范、勤勉、高效的专业化团队。

（1）公司信息。公司信息如表 5-197 所示。

表 5-197　北京千为投资管理有限公司信息

简　称		千为投资		
登记编号	P1023038	组织机构代码	59964060-1	
成立时间	2012-06-28	登记时间	2015-09-18	
企业性质	内资企业	机构类型	私募证券投资 基金管理人	
注册资本（万元） （人民币）	3000	实缴资本（万元） （人民币）	3000	
注册资本 实缴比例	100%	是否为符合提供投资建议 条件的第三方机构	否	
注册地址	北京市东城区灯市口大街 33 号（1201）			
办公地址	北京市丰台区双营路 9 号亿达丽泽中心 707			
员工人数	23	机构网址	www.1000for.com	电话	400-004-9951
法定代表人/执行 事务合伙人		王林		
法定代表人/ 执行事务合伙人 （委派代表） 工作履历	时间	任职单位	任职部门	职务
	2015.06~2017.06	北京千为投资管理有限公司	投资部	执行董事投资总监
	2011.06~2015.06	北京佑瑞持投资管理有限公司	投资部	副总经理固定收益投资总监
	2007.06~2011.06	民生人寿保险股份有限公司	固定收益池	固定收益部总经理
	2005.09~2007.06	大公国际资信评估有限公司	工商企业部	信用评审委员会委员、 高级信用分析师
	1993.09~2005.09	安徽省统计局	计算中心	主任科员

（2）投研团队。王林：执行董事兼投资总监，中国人民大学硕士，2015 年加入千为投资，2011 ～ 2015 年，在北京佑瑞持投资管理有限公司任副总经理兼投资总监，负责组建固定收益投研团队，管理固定收益及低风险组合资产规模 150 亿元。2012 ～ 2014 年带领固定收益团队连续三年获得"债券策略金牛奖"（第四、五、六届中国私募基金金牛奖）。2007 ～ 2011 年，在民生人寿保险股份有限公司资产管理中心任投资决策委员会委员兼固定收益部总经理，管理固定收益类资产超过 300 亿元。2009 ～ 2010 年债券熊市中，管理的资产收益率均大幅超越业绩比较基准，中债综合收益率排名位列前 10%；2008 年固定收益类资产综合收益率超过 10%，其中交易和可供出售类债券累积收益率 16.73%，而同期债券型基金冠军收益率为 12.72%；并在《国债与金融》杂志 2008 年第四期理论研究栏目（国债协会主办）公开发表论文《信用利差分析以及信用产品配置策略》。2005 ～ 2007 年，在大公国际资信评估有限公司北京总部任信用评审委员会委员兼工商企业部经理，负责信用评级工作，涉及银行间以及交易所发债金额超过 400 亿元。

肖茜：总经理，拥有 10 年以上金融从业经验。2012 ～ 2015 年成为千为投资高级合伙人。2010 ～ 2012 年任某大型私募基金公司项目经理。2006 ～ 2010 年任联合证券策略分析师。

（3）投资业绩。投资业绩如图 5 - 255、图 5 - 256 所示。

2018 年管理规模：50 亿 ～ 100 亿元。

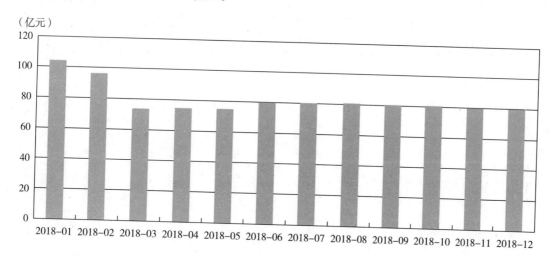

图 5 - 255　北京千为投资管理有限公司管理规模

产品数量：累计 44 只。

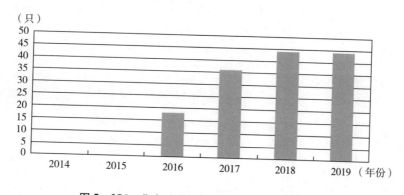

图 5 - 256　北京千为投资管理有限公司产品数量

5. 暖流资产管理股份有限公司

暖流资产管理有限公司是一家专注于固定收益市场的私募基金管理公司，由原中信证券资深管理人员创立。暖流资产以其专业性迅速赢得中国和海外主流金融机构的认同，不到一年时间管理规模已超过20亿元，成为国内私募基金第一阵营的重要成员。

暖流资产管理有限公司主要业务：企业现金管理、固定收益类产品自有投资、夹层基金募集投资、高净值个人财富管理、受托或委托资产管理业务；与资产管理业务相关的咨询业务；国家法律法规允许的其他资产管理业务。

（1）公司信息。公司信息如表5-198所示。

表5-198　暖流资产管理股份有限公司信息

简　　　称	暖流资产		
登记编号	P1000363	组织机构代码	58642663-0
成立时间	2011-12-05	登记时间	2014-04-01
企业性质	内资企业	机构类型	私募证券投资基金管理人
注册资本（万元）（人民币）	5312.5	实缴资本（万元）（人民币）	5312.5
注册资本实缴比例	100%	是否为符合提供投资建议条件的第三方机构	否
注册地址	天津市滨海新区津汉公路13888号滨海高新区滨海科技园日新道188号1号楼1117号		
办公地址	北京市朝阳区朝阳公园路19号1001		
员工人数	23	机构网址	www.genial-flow.com/	电话	010-65390699
法定代表人/执行事务合伙人	黄柏乔		
法定代表人/执行事务合伙人（委派代表）工作履历	时间	任职单位	任职部门	职务
	2012.01~2017.12	暖流资产管理股份有限公司	高管	董事长
	2004.07~2012.01	中信证券	固定收益部	高级副总裁
	2001.07~2002.08	待业	无	无

（2）投研团队。黄柏乔：原来中信证券债务与结构融资部与固定收益部总监。曾主持和设计包括铁道部、中国电网、招商局集团、中国港中旅游集团等众多企业的债务融资，融资规模过千亿元；参与中国固定收益平台建设，负责金融机构和高净值个人财富增值方案的产品设计。曾借调银行间交易商协会创新部主持工作，参与推动中国私募债券和政府平台贷款证券化的制度与细则建设。拥有人民大学金融学硕士学位。

黄俊：曾就职于诺和诺德、康明斯等大型跨国企业，从事财务会计和财务分析工作，后进入明天集团从事项目经理等工作，曾参与航海整体上市PE投资、中华燃气收购。2011年底加盟暖流资产，专注于产品设计、结构融资和渠道开发，对固定收益产品具有丰富经验。拥有对外经贸大学管理学学士学位和CPA资格证书。

杨雯婷：曾就职于汇丰银行（中国）股份有限公司，财富管理部高级经理，熟悉国内外各类私人财富管理工具，近6年为近千位中外籍高净值客户提供理财咨询和财富管理服务，多次获得汇丰中国各类财富管理奖项及荣誉。现负责暖流资产的销售渠道开发和产品营销。拥有中国人民大学法学学士学位。

（3）投资业绩。投资业绩如图5-257、图5-258所示。

2018年管理规模：50亿~100亿元。

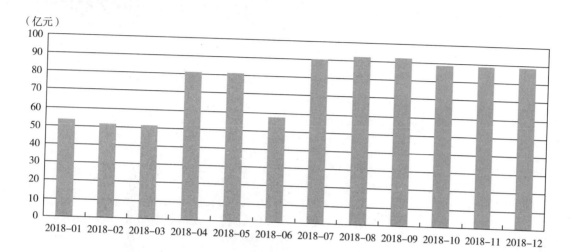

图5-257 暖流资产管理股份有限公司管理规模

产品数量：累计80只。

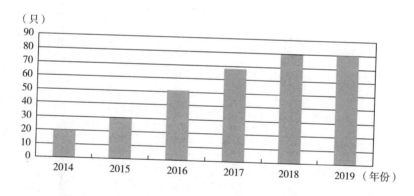

图5-258 暖流资产管理股份有限公司产品数量

6. 上海汇势通投资管理有限公司

上海汇势通投资管理有限公司注册在上海浦东新区，拥有卓越的投资理念、独特资源背景和丰富投资经验，专注于证券投资和产业投资。通过运用各种规范的金融工具为客户管理金融财富，以管理资产的可持续成长为己任，致力于成为一家可持续有竞争力的专业资产管理公司。

（1）公司信息。公司信息如表5-199所示。

（2）投研团队。谢华鹏：中国人民大学经济学学士，新加坡国立大学管理研究生学院MBA。管理股票和债券投资组合经验13年，管理央企股票账户、保险分红、万能和投连账户、结构化债券信托专户、基金现金管理账户规模超过50亿。擅长在股票、基金、债券等市场的投资运作，熟悉中国特色的企业债和可转债市场。

表 5 - 199　上海汇势通投资管理有限公司信息

简　称	汇势通投资		
登记编号	P1001198	组织机构代码	56310591 - 4
成立时间	2010 - 10 - 20	登记时间	2014 - 04 - 23
企业性质	内资企业	机构类型	私募证券投资基金管理人
注册资本（万元）（人民币）	1000	实缴资本（万元）（人民币）	1000
注册资本实缴比例	100%	是否为符合提供投资建议条件的第三方机构	是
注册地址	上海市浦东新区上南路 3365 号 333 室		
办公地址	上海市浦东新区民生路 1199 号证大五道口广场 1 号楼 2102、2103、2105		
员工人数	20	机构网址	www. hst - am. com/ ｜ 电话　021 - 50803997
法定代表人/执行事务合伙人	谢华鹏		

法定代表人/执行事务合伙人（委派代表）工作履历	时间	任职单位	任职部门	职务
	2017.07 ~ 2018.08	上海觉尊企业管理咨询中心（有限合伙）	无	执行事务合伙人
	2013.10 ~ 2018.08	上海相德投资管理中心（有限合伙）	无	执行事务合伙人
	2011.09 ~ 2018.08	上海汇势通投资管理有限公司	无	法定代表人及执行董事
	2007.07 ~ 2018.08	上海万行投资管理有限公司	无	董事
	2005.03 ~ 2011.07	国泰人寿保险有限责任公司	无	资产管理部总经理
	2001.01 ~ 2005.03	上海恒盛投资管理有限公司	无	投资部总经理

　　杨欢：毕业于中南财经政法大学经济管理学院，具有丰富的企业运营分析与固定收益品种投资经验，擅长行业类企业财务分析、宏观经济趋势分析和债券投资策略。管理债券投资组合经验 5 年，银行间债券市场累计交易额达人民币 150 亿元以上，年投资收益率超 10%。

　　欧阳立群：北京航空航天大学飞行器制造工程学士和上海交通大学管理学院系统工程硕士，加拿大 UBC 大学商学院高级经理研究生班毕业，副研究员职称。投资经验超过 10 年，曾任航空工业部云马飞机制造厂、上海智力开发研究所系统工程研究室副主任、中国华源集团上海恒生投资发展有限公司董事总经理。先后作为核心技术员之一参与歼教七试制总装，担任联合国儿童基金会远距离教育对华援助项目评估专家组组长，上海浦东新区社会发展规划研究小组核心成员。1994 年开始专业从事证券期货业至今，期间策划参与数起涉及大型国企和上市公司的重大收购重组案，在成长型股票选择和公司研究领域积累了长期丰富的 H 股和 A 股大型资金成功投资经验。

　　（3）投资业绩。投资业绩如图 5 - 259、图 5 - 260 所示。

　　2018 年管理规模：50 亿 ~ 100 亿元。

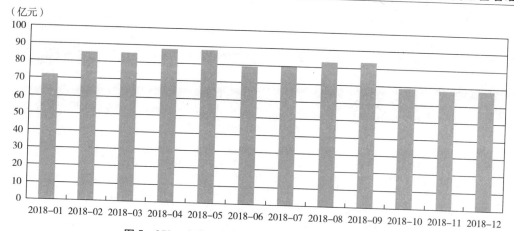

图 5 – 259 上海汇势通投资管理有限公司管理规模

产品数量：累计 59 只。

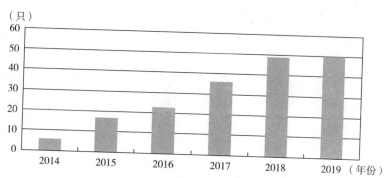

图 5 – 260 上海汇势通投资管理有限公司产品数量

7. 上海合晟资产管理股份有限公司

上海合晟资产管理股份有限公司于 2014 年成为国内首批（50 家）基金业协会登记的私募基金管理人之一，是国内规模领先的信用债研究与投资机构。公司员工具有良好的教育背景、国内资本市场的长期从业经验、崇高的职业操守和对资管事业的高度热情。合晟资产拥有精准的行业公司分析能力、敏锐的个券信用风险识别能力以及完善的全程风险管理体系，通过动态优选组合为委托人创造超额收益。目前已与国内数家知名金融机构合作。

（1）公司信息。公司信息如表 5 – 200 所示。

表 5 – 200 上海合晟资产管理股份有限公司信息

简 称	合晟资产		
登记编号	P1000450	组织机构代码	P1000450
成立时间	2011 – 03 – 28	登记时间	2014 – 03 – 17
企业性质	内资企业	机构类型	私募证券投资基金管理人
注册资本（万元）（人民币）	21000	实缴资本（万元）（人民币）	21000
注册资本实缴比例	100%	是否为符合提供投资建议条件的第三方机构	是
注册地址	上海市浦东新区中国（上海）自由贸易试验区世纪大道 1600 号 1 幢 2101 室		

办公地址	上海市浦东新区世纪大道1600号1幢2101室				
员工人数	37		机构网址	www. hs. fund	电话	400 - 160 - 7070
法定代表人/执行事务合伙人	胡远川				
法定代表人/执行事务合伙人（委派代表）工作履历	时间	任职单位	任职部门	职务
	2018.02~2018.04	上海合晟资产管理股份有限公司	总部	董事长
	2011.03~2018.02	上海合晟资产管理股份有限公司	总部	总经理兼董事长
	2009.07~2011.01	兴业证券股份有限公司	研发中心	研发中心副总经理
	2004.09~2009.07	兴业证券股份有限公司	证券投资部	证券投资部总经理助理

（2）投研团队。胡远川：清华大学理学博士，现任合晟资产董事长，主管公司的投资和研究。曾任兴业证券研究所副总经理、兴业证券证券投资部总经理助理。

苏李丹：清华大学管理学学士、美国华盛顿大学经济学硕士，现任合晟资产研究总监，主管公司固定收益投资的信用评价体系。曾任兴业证券研究所研究员。

（3）投资业绩。投资业绩如图5-261、图5-262所示。

2018年管理规模：100亿元以上。

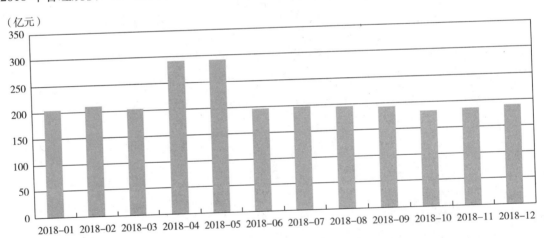

图5-261　上海合晟资产管理股份有限公司管理规模

产品数量：累计223只。

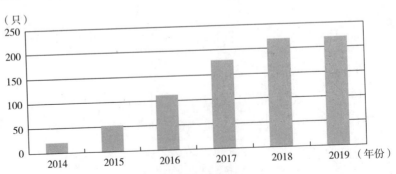

图5-262　上海合晟资产管理股份有限公司产品数量

8. 北京乐瑞资产管理有限公司

北京乐瑞资产管理有限公司（以下简称"乐瑞资产"）专注于低风险投资之道，立志成为中国债券领域和宏观对冲领域业绩卓越的顶级资产管理公司。乐瑞资产注获中关村高新技术企业认证，是中国基金业协会首批资产管理类特别会员和私募证券投资基金专业委员会成员单位，也是首批获准进入中国银行间市场的私募基金管理公司。乐瑞资产管理（香港）有限公司（以下简称"乐瑞资产（香港）"）持有香港证监会颁发的证券投资咨询牌照和资产管理牌照，并于 2017 年 7 月成为中国债券通首批备案的境外投资机构。

（1）公司信息。公司信息如表 5 - 201 所示。

表 5 - 201　北京乐瑞资产管理有限公司信息

简　　称	乐瑞资产			
登记编号	P1000270	组织机构代码	57323310 - 0	
成立时间	2011 - 04 - 11	登记时间	2014 - 03 - 25	
企业性质	内资企业	机构类型	私募证券投资基金管理人	
注册资本（万元）（人民币）	10000	实缴资本（万元）（人民币）	2500	
注册资本实缴比例	25%	是否为符合提供投资建议条件的第三方机构	是	
注册地址	北京市石景山区实兴大街 30 号院 3 号楼 2 层 D - 0470 房间			
办公地址	北京市东城区和平里西街 51 号雍和宫壹中心 A5 座 3F			
员工人数	45	机构网址	www.lowrisk.com.cn	电话	无
法定代表人/执行事务合伙人	唐毅亭			
法定代表人/执行事务合伙人（委派代表）工作履历	时间	任职单位	任职部门	职务
	2014.12 ~ 2018.12	深圳乐瑞全球管理有限公司	高级管理组	执行董事、法定代表人
	2011.10 ~ 2018.12	北京乐瑞资产管理有限公司	高级管理组	执行董事、法定代表人
	2007.10 ~ 2011.07	安信证券股份有限公司	固定收益部	总裁助理
	1995.09 ~ 2007.10	中国农业银行股份有限公司	总行资金交易中心	处长

（2）投研团队。唐毅亭：中国人民大学硕士，宏观投资专家，中国市场第一代债券投资人，培养了多名基金经理和固定收益总监，2011 年创办乐瑞资产，任公司董事长。从事固定收益投资业务 18 年，曾在中国农业银行总行全面负责债券投资交易业务，管理债券资产规模数万亿元。在此期间，农行团队创下市场综合排名五连冠的佳绩。2008 年组建安信证券固定收益部，并取得国债、金融债券承销团成员资格，当年债券自营投资收益率达 30%；2004 ~ 2005 年，农业银行债券结算代理业务连续 2 年排名第一。

张煜：北京大学硕士，固定收益投资专家，2012 年加盟乐瑞资产，任公司总经理。从事固定收益投资业务 12 年，投资风格稳健，擅长资产轮换，历年投资业绩持续优异。2011 年获评"朝阳永续最佳伯乐奖"、安信证券十佳业务明星，2012 年获安信证券五周年最佳管理奖。任职安信理财 1 号投资经理期间（2009.5.22 ~ 2011.2.17），产品年化收益率高达 9.27%，在全市场 17 只债券型券商理财产品中排名第 2, 获评"第四届中国私募基金风云榜新秀奖"。

(3) 投资业绩。投资业绩如图 5-263、图 5-264 所示。

2018 年管理规模: 100 亿元以上。

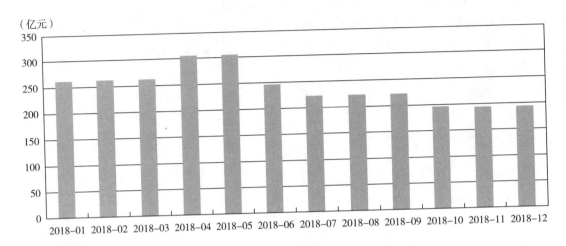

图 5-263　北京乐瑞资产管理有限公司管理规模

产品数量: 累计 90 只。

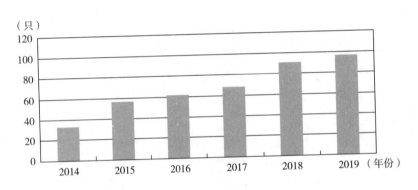

图 5-264　北京乐瑞资产管理有限公司产品数量

(二) 50 亿元以下

1. 深圳正前方金融服务有限公司

深圳正前方金融服务有限公司是一家在大资管时代浪潮中成长起来的创新型综合金融服务机构。公司下设基金管理公司、商业保理公司、新媒体公司等子公司,公司和下属基金管理公司拥有阳光私募管理牌照,业务涵盖量化对冲基金管理、固定收益基金投资管理、一级半市场定增以及非标资产投资与管理等领域。公司由潇湘资本、宝德控股、方德智联等国内知名企业协同管理人团队联合投资,管理团队由拥有良好行业背景和高度专业化知识的精英构成,具备强大的投资银行、债券基金以及二级市场对冲基金等领域的管理能力。与此同时,公司特别重视以人工智能/机器学习为主要手段的大数据处理模式,重点突出在量化对冲基金领域和企业级征信系统的应用,在此基础上形成具备独特风格的债券基金与量化对冲基金管理能力,在稳健的基础上为客户提供持续、稳定的投资回报。秉承"科学、公允、开放、分享"的理念，不断深化与金融行业机构的交流与合作，整合资源，以自有投资能力结合全球化的投顾资源采购能力，以先进的 FOF 资产管理模式为核心，通过专业的"择时、择机、择势、择人"的投顾筛选及投资策略拟合能力，构建多元化的产品组合。

（1）公司信息。公司信息如表 5 - 202 所示。

表 5 - 202 深圳正前方金融服务有限公司信息

简 称	正前方金服			
登记编号	P1009650	组织机构代码	32650376 - 7	
成立时间	2015 - 01 - 29	登记时间	2015 - 03 - 25	
企业性质	内资企业	机构类型	私募证券投资基金管理人	
注册资本（万元）（人民币）	12000	实缴资本（万元）（人民币）	12000	
注册资本实缴比例	100%	是否为符合提供投资建议条件的第三方机构	否	
注册地址	广东省深圳市前海深港合作区前湾一路 1 号 A 栋 201 室			
办公地址	广东省深圳市福田区深南大道 6033 号金运世纪大厦 26A			
员工人数	36	机构网址	www.zhengqf.com	电话 0755 - 23968930
法定代表人/执行事务合伙人	禹荣刚			
法定代表人/执行事务合伙人（委派代表）工作履历	时间	任职单位	任职部门	职务
	2016.05 ~ 2017.06	深圳潇湘君宜资产管理有限公司	总裁办公室	法人
	2015.02 ~ 2017.06	深圳正前方金融服务有限公司	总裁办公室	董事长
	2013.08 ~ 2015.02	广东智易东方资产管理有限公司	总裁办公室	总裁
	2005.11 ~ 2013.07	湖南同道投资有限公司	总裁办公室	董事长
	2002.12 ~ 2005.10	财富证券有限公司	总裁办公室	副总裁
	2001.08 ~ 2002.11	湖南天晴投资有限公司	总裁办公室	总裁

（2）投研团队。禹荣刚：毕业于湖南财经学院，历任湖南财经学院会计系主任，张家界股份董事长、总裁，财富证券副总裁，同道能源投资有限公司董事长等职；拥有十余年的金融从业经验，投资风格稳健，系会计学及管理软件工程资深专家，对宏观经济发展趋势及资本市场的变革创新有着深入研究及独到的见解。

尹路：拥有 8 年的量化投资实战经验，曾先后于国泰君安，招商证券等公司担任基金分析师、金融工程研究员、基金经理等职位，精通各种量化分析工具及方法，对金融市场的价格波动有独特理解和深入的量化分析，在量化对冲策略领域有长期的研究经验。目前，担任正前方机器虎系列基金产品的基金经理；擅长各类型量化投资策略创新发掘、交易执行以及评估总结，善于将以大数据的分析为驱动的交易投资策略开发理念融入量化投资策略，现已协同团队研发出十余种特色鲜明、可持续盈利且市场容量大的量化对冲投资策略。

（3）投资业绩。投资业绩如图 5 - 265、图 5 - 266 所示。

2018 年管理规模：10 亿 ~ 20 亿元。

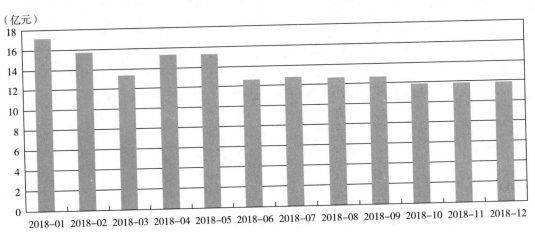

图 5 - 265 深圳正前方金融服务有限公司管理规模

产品数量：累计 60 只。

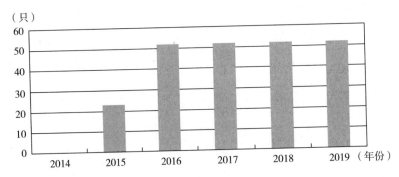

图 5 - 266 深圳正前方金融服务有限公司产品数量

2. 北京信合诚投资管理有限公司

北京信合诚投资管理有限公司，专注于固收及类固收领域的阳光私募基金管理机构，致力于在风险可控的前提下为客户获取持续稳定可观的绝对收益，实现资产的长期复利增长。公司秉承"精耕细作，稳中求进"的投资理念和"专业勤勉，敬业守信，合作共赢，热情诚恳"的服务理念，专注于固收及类固收领域，坚持安全、稳健的投资风格，获取长期、稳定的收益。公司采用以久期免疫的信用债配置为主，覆盖基础收益，同时在产品产生内生安全垫后，积极根据市场变化运用信用挖掘、收益率曲线及久期偏离策略为辅的债券多策略，在追求稳定收益的同时，注重把握投资风险，力求在风险与收益的适度平衡中实现组合预期回报。

（1）公司信息。公司信息如表 5 - 203 所示。

（2）投研团队。杨春妍：总经理，毕业于对外经济贸易大学，金融学研究生学历，注册会计师，注册审计师，现任公司总经理。10 年以上金融从业经验，国内三大评级公司从业经历和多年的审计和资产评级工作背景，熟悉各类企业的主要业务流程、财务核算及企业内控管理，对企业财务风险及潜在的经营风险具有较强的识别能力。擅长公司信用风险识别和财务分析，对债券市场、信用债券及信用衍生品种具有深入研究。

表5-203 北京信合诚投资管理有限公司信息

简 称	信合诚投资		
登记编号	P1064606	组织机构代码	91110105MA008NDKX3
成立时间	2016-10-10	登记时间	2017-09-07
企业性质	内资企业	机构类型	私募证券投资基金管理人
注册资本（万元）（人民币）	2000	实缴资本（万元）（人民币）	1000
注册资本实缴比例	50%	是否为符合提供投资建议条件的第三方机构	否
注册地址	北京市朝阳区望京街10号院2号楼7层709		
办公地址	北京市朝阳区望京街10号院2号楼7层709		
员工人数	9	机构网址	www.crediblepartners.com.cn
		电话	010-68546809
法定代表人/执行事务合伙人	杨春妍		

法定代表人/执行事务合伙人（委派代表）工作履历	时间	任职单位	任职部门	职务
	2016.12~2017.07	北京信合诚投资管理有限公司	总经理办公会	法人总经理/执行执行董事
	2014.12~2016.12	中融景诚（北京）投资管理有限公司	投资管理部	信用评级部门负责人
	2014.06~2014.11	北京东方华昱股权投资基金管理有限公司	运管管理部	部门经理
	2012.10~2014.04	北京佑瑞持投资管理有限公司	投资部	信用评级部门负责人
	2010.12~2012.09	民生人寿保险股份有限公司	资产管理中心	高级信用分析师
	2008.07~2010.12	大公国际资信评估公司	工商企业部	高级信用分析师

（3）投资业绩。投资业绩如图5-267、图5-268所示。

2018年管理规模：10亿~20亿元。

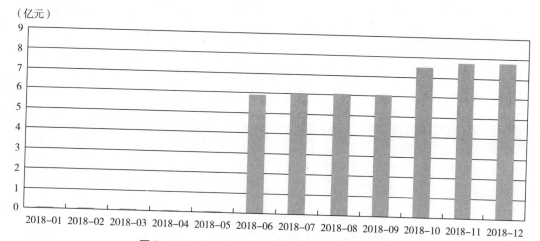

图5-267 北京信合诚投资管理有限公司管理规模

产品数量：累计 13 只。

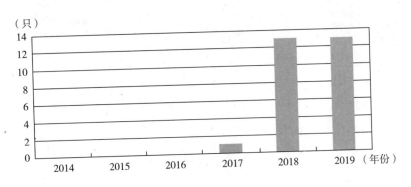

图 5-268　北京信合诚投资管理有限公司产品数量

3. 杭州莱茵映雪投资管理有限公司

杭州莱茵映雪投资管理有限公司秉承"稳健、持续"的理念，将公司定位于为金融机构、国有企业、大中型民营企业和高净值人群提供全方位财富管理和现金管理服务的专业资产管理机构。莱茵映雪的投资经验涵盖股票投资、债券投资、金融期货投资、美股港股投资、中性对冲策略投资、私募股权投资等资本市场诸多领域。莱茵映雪投资信奉自下而上，基本面研究创造价值的投资理念，通过对逐个企业进行研究与评估，构建适度集中的股票以及债券投资组合来获取长期良好的投资回报。

（1）公司信息。公司信息如表 5-204 所示。

表 5-204　杭州莱茵映雪投资管理有限公司信息

简　　称	莱茵映雪投资		
登记编号	P1015878	组织机构代码	33803007-1
成立时间	2015-04-09	登记时间	2015-06-11
企业性质	内资企业	机构类型	私募证券投资基金管理人
注册资本（万元）（人民币）	1000	实缴资本（万元）（人民币）	500
注册资本实缴比例	50%	是否为符合提供投资建议条件的第三方机构	否
注册地址	浙江省杭州市萧山区湘湖金融小镇二期中区块南岸 3 号楼 194 室		
办公地址	浙江省杭州市拱墅区余杭塘路 515 号矩阵国际 5-401		
员工人数	5	机构网址	www.lsl-invest.com　电话　0571-86510119
法定代表人/执行事务合伙人	郑宇		

	时间	任职单位	任职部门	职务
法定代表人/ 执行事务合伙人 （委派代表） 工作履历	2015.06~2018.12	深圳雪杉基金管理有限公司	投资部	董事长/投资总监
	2012.04~2018.12	上海映雪投资管理中心 （普通合伙）	投资交易部	投资总监
	2009.02~2012.04	上海德晖投资管理有限公司	办公室	执行总裁
	2007.12~2009.02	自由职业	自由职业	无
	2003.04~2007.12	国盛证券投资管理总部	自营部	副总经理
	2001.02~2003.04	闽发证券证券投资总部	投资部	投资部副经理

（2）投研团队。郑宇：中欧国际工商学院 EMBA，厦门大学经济学学士，十三年投资经验；曾任国盛证券自营部门负责人，在股票，债券，私募股权投资，金融期货等各投资领域均有丰富经验。

（3）投资业绩。投资业绩如图 5 - 269、图 5 - 270 所示。

2018 年管理规模：1 亿 ~ 5 亿元。

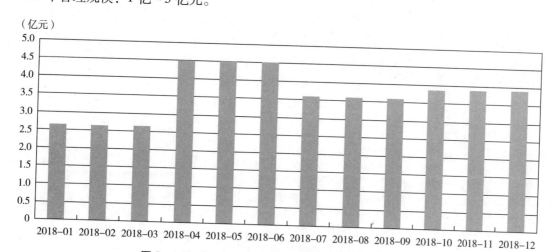

图 5 - 269　杭州莱茵映雪投资管理有限公司管理规模

产品数量：累计 12 只。

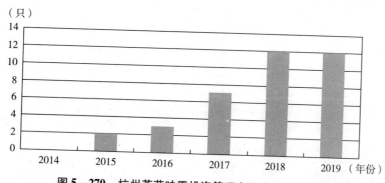

图 5 - 270　杭州莱茵映雪投资管理有限公司产品数量

4. 深圳市长流资本管理有限公司

深圳市长流资本管理有限公司专注于债券市场、分级基金 A 类等低风险领域投资，公司逐步结盟多名低风险领域投资专才，帮助投资者在承担有限风险的前提下获取持续稳定的可观收益，实现资产的保值增值。注重战略性资产配置机会，奉行"由上至下"的投资方法，以分析投资人期望收益、风险承受能力和投资期限为基础，结合分析和研究大类资产配置机会，对主要资产做出事前的、整体性的规划和安排，资产配置力求达到期望收益和风险。根据基金经理的投资经验，做出战术性调整和动态再平衡，追求主动管理收益。

（1）公司信息。公司信息如表 5-205 所示。

表 5-205 深圳市长流资本管理有限公司信息

简　称	长流资本		
登记编号	P1013272	组织机构代码	33533848-4
成立时间	2015-05-04	登记时间	2015-05-14
企业性质	内资企业	机构类型	私募证券投资基金管理人
注册资本（万元）（人民币）	300	实缴资本（万元）（人民币）	110
注册资本实缴比例	36.667%	是否为符合提供投资建议条件的第三方机构	否
注册地址	广东省深圳市福田区莲花街道红荔西路 7001 号华茂欣园银杏阁 18C		
办公地址	上海市浦东新区祖冲之路 2288 弄展讯中心 2 号楼 1026 室		
员工人数	6	机构网址	无	电话	无
法定代表人/执行事务合伙人	向梅		

法定代表人/执行事务合伙人（委派代表）工作履历	时间	任职单位	任职部门	职务
	2015.05~2017.12	深圳市长流资本管理有限公司	高级管理人员	法定代表人，执行董事，信息填报负责人
	2012.05~2017.12	好时（中国）投资管理有限公司	供应链管理	区域性加工商管理经理
	2011.09~2012.05	德国科隆大学	学生	中山大学交换留学生
	2007.06~2011.09	庄臣泰华施贸易（上海）有限公司	采购部	采购经理
	2003.06~2007.06	亨斯迈先进材料（广州）有限公司	采购部	采购专员

（2）投研团队。刘义清：毕业于中山大学，注册金融分析师（CFA）、注册国际投资分析师（CIIA）、高级经济师、证券从业资格专业二级，长期从事资产管理、资本运作和投资管理工作，有较深厚的财务、投资功底，精通各类低风险投资品种，熟悉实业运作，善于从企业经营管理、财务等多纬度分析研究和配置资产。

朱力超：中国科学技术大学统计与金融系本科，新加坡国立大学经济学硕士，具有证券从业资格、期货从业资格和基金从业资格。曾先后就职于海通证券、兴业银行等大型金融机构，长期从事企业融资尽职调查和信用分析工作，加入深圳市长流资本管理有限公司后，主要从事基金投资管理工作，擅长资产配置，投资风格稳健，回撤控制能力强。

李婧，具有基金从业资格，7年证券投资经验，有多年资产管理实战经验且业绩突出，对债券、分级基金 A 类、可转债、封闭式基金等有较深研究。

（3）投资业绩。投资业绩如图 5–271、图 5–272 所示。

2018 年管理规模：1 亿~5 亿元。

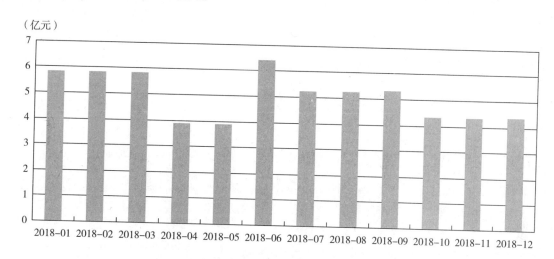

图 5–271　深圳市长流资本管理有限公司管理规模

产品数量：累计 19 只。

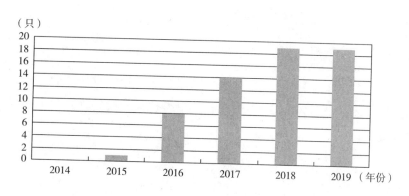

图 5–272　深圳市长流资本管理有限公司产品数量

5. 上海复利投资管理有限公司

上海复利投资管理有限公司是由中欧国际工商学院 EMBA 诸位校友及投资界资深专业人士联合发起，专注于股权投资、债券投资、大宗交易等金融领域，是一家开展私募证券投资、股权投资、创业投资等私募基金业务的金融机构。主要针对债券等固定收益类产品，股权类的新三板定增投资和二级市场打新基金等。公司高管团队均毕业于著名高校，具有多年资本市场从业经历，借助投研优势，主动承担一定的信用风险以增厚收益，分散持券以严控风险敞口，平衡资产和负债期限以确保产品的流动性，同时辅以网下打新等策略来增强收益，最后为客户实现预期收益并创造超额收益，成为客户财富的金融市场守夜人。

（1）公司信息。公司信息如表 5–206 所示。

表5-206　上海复利投资管理有限公司信息

简　称	复利投资		
登记编号	P1020564	组织机构代码	56481560-0
成立时间	2010-11-16	登记时间	2015-08-13
企业性质	内资企业	机构类型	私募证券投资基金管理人
注册资本（万元）（人民币）	1000	实缴资本（万元）（人民币）	1000
注册资本实缴比例	100%	是否为符合提供投资建议条件的第三方机构	否
注册地址	上海市宝山区宝林八村101号5519室		
办公地址	上海市浦东新区向城路15号锦城大厦10C		
员工人数	9	机构网址	www.fulicaifu.com　电话　4006898848
法定代表人/执行事务合伙人	张碧云		
法定代表人/执行事务合伙人（委派代表）工作履历	时间	任职单位	任职部门	职务
	2010.11~2018.06	上海复利投资管理有限公司	总经办	执行董事
	2000.07~2010.10	顶点国际贸易有限公司	财务部	财务经理

（2）投研团队。张文贵：总经理，毕业于南开大学，经济学学士，中欧工商学院EMBA，是上海复利投资管理有限公司，创始人和上海淘利资产管理有限公司，联合创始人，具有10年投资经验，擅长价值投资和低风险套利投资。

张兵：风控合规经理，毕业于南京大学大学，法学硕士，中欧工商学院EMBA，是上海复利投资管理有限公司联合创始人和北京高朋律师事务所高级合伙人，擅长并购和房地产类的法律事务和私募基金投资的合规事务。

（3）投资业绩。投资业绩如图5-273、图5-274所示。

2018年管理规模：1亿~5亿元。

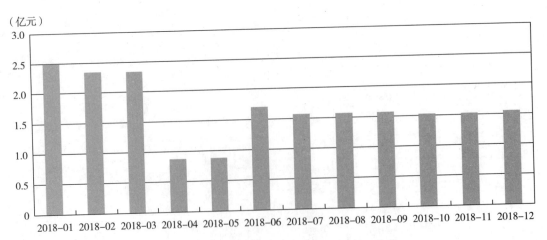

图5-273　上海复利投资管理有限公司管理规模

产品数量：累计 14 只。

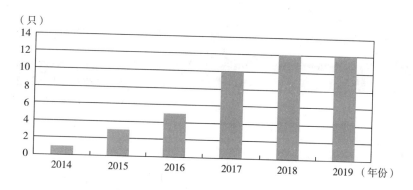

图 5 - 274　上海复利投资管理有限公司产品数量

6. 深圳市冠石资产管理有限公司

深圳市冠石资产管理有限公司专注于债券投资的阳光私募类金融机构，公司始终坚持规范化、专业化的管理风格，逐步建立起一支实力强劲的债券投资管理团队，主要成员来自华尔街，具备至少 15 年以上的相关从业经历；公司始终坚持安全、稳健的投资风格，投资业绩历经牛、熊市考验，在同类基金中名列前茅。遵循价值投资的理念，以严谨的研究分析为基础，采取利率预期策略、信用策略和时机策略相结合的积极性投资方法，把握好债券的流动性，关注交易性投资机会，合理控制组合久期和杠杆，研究个券的信用风险，力求获得债券投资的绝对收益。

（1）公司信息。公司信息如表 5 - 207 所示。

表 5 - 207　深圳市冠石资产管理有限公司信息

简　　称	冠石资产				
登记编号	P1004172	组织机构代码	06025232 - 2		
成立时间	2012 - 12 - 28	登记时间	2014 - 07 - 22		
企业性质	内资企业	机构类型	私募证券投资基金管理人		
注册资本（万元）（人民币）	1000	实缴资本（万元）（人民币）	1000		
注册资本实缴比例	100%	是否为符合提供投资建议条件的第三方机构	否		
注册地址	广东省深圳市南山区前海深港合作区前湾一路 1 号 A 栋 201 室（入驻深圳市前海商务秘书有限公司）				
办公地址	广东省深圳市福田区深圳深南大道 6007 号创展中心 15 楼 1520 房				
员工人数	10	机构网址	无	电话	0755 - 83867006
法定代表人/执行事务合伙人	文勇军				
法定代表人/执行事务合伙人（委派代表）工作履历	时间	任职单位	任职部门	职务	
	2012. 12 ~ 2014. 07	深圳市冠石资产管理有限公司	市场部，投资部	总经理	
	2009. 12 ~ 2012. 12	北京市西木投资顾问有限公司	投资部	投资总监	
	2002. 03 ~ 2009. 12	Office Essental，香港	金融部	投资总监	
	1998. 07 ~ 2002. 03	Office Depot，美国	全球采购部	全球采购总监	

（2）投研团队。汝平：1996年2月至2010年12月担任摩根士丹利投资管理公司投资分析师、执行董事与固定收益投资部投资经理，2011年1月至2012年10月担任摩根士丹利华鑫基金公司固定收益投资部副总监、总监兼基金经理等职务。2012年10月加入景顺长城基金管理有限公司。

罗智：韦恩州立大学计算机硕士，耶鲁大学MBA。1997～2002年担任美国BMC系统公司系统分析师；2004～2006年担任AlianceBerstein高级分析师；2006～2007年担任美国银行副总裁、基金经理；2009～2012年担任贝祥投资集团执行董事；2013～2015年担任中融景城投资管理公司投资总监。

（3）投资业绩。投资业绩如图5-275、图5-276所示。

2018年管理规模：20亿~50亿元。

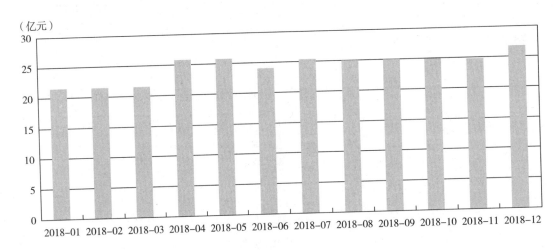

图5-275 深圳市冠石资产管理有限公司管理规模

产品数量：累计35只。

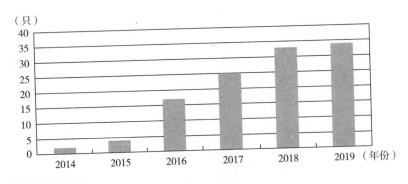

图5-276 深圳市冠石资产管理有限公司产品数量

7. 领睿资产管理有限公司

领睿资产坚守锐意进取，严控风险，稳健共赢的投资理念，长期以来坚持对市场和公司基本面进行深入研究，在投资策略的制定上，遵循通过前瞻的宏观研究，深入细致的行业和公司研究，定量与定性相结合的方法，自下而上执行投资策略。核心团队均毕业于国内外顶尖大学，曾长期任职于国内大中型券商、基金公司、保险公司等金融机构，并为所在机构取得了卓越的业绩，拥有多年的资产管理和销售交易经验。依托强大的投研团队及市场资源，领睿对宏观经济及公司信用的把握均领先于同业，投研部拥有完善的信用评价及宏观研究模型、定向投资部对资产标的具有丰富尽职的调查经验及议价能力、交易部积累了丰富的金融机构资源。

（1）公司信息。公司信息如表 5 - 208 所示。

表 5 - 208　领睿资产管理有限公司信息

简　　称	领睿资产				
登记编号	P1018963	组织机构代码		34433177 - 8	
成立时间	2015 - 05 - 29	登记时间		2015 - 07 - 23	
企业性质	内资企业	机构类型		私募证券投资基金管理人	
注册资本（万元）（人民币）	15000	实缴资本（万元）（人民币）		4000	
注册资本实缴比例	26.667%	是否为符合提供投资建议条件的第三方机构		是	
注册地址	北京市西城区西直门外大街 1 号院 1 号楼 7 层 7B6 - 02 室				
办公地址	上海市虹口区东大名路 501 号白玉兰广场 1901、1908				
员工人数	20	机构网址	www. leadwayamc.com	电话	021 - 65065019
法定代表人/执行事务合伙人	郑君				
法定代表人/执行事务合伙人（委派代表）工作履历	时间	任职单位	任职部门	职务	
	2015.05 ~ 2017.04	领睿资产管理有限公司	综合管理部	监事	
	2015.02 ~ 2015.05	无	无	无	
	2009.09 ~ 2015.01	海通证券股份有限公司	债券融资部	高级副总裁	
	2008.08 ~ 2009.07	中建投租赁股份有限公司	业务部	业务经理	
	2006.07 ~ 2008.07	中国华电集团资本控股有限公司	财务部	财务会计	

（2）投研团队。夏睿：联合创始人，英国伦敦帝国理工大学硕士，曾任海通证券固定收益资本市场部总经理、西部证券固定收益部副总经理（主管固定收益投资及销售交易）、江海证券固定收益部总经理等职。

郑君：联合创始人，中央财经大学金融学硕士，先后供职于华电资本、中联租赁、海通证券等知名金融机构，拥有近 10 年债务性直接融资工具经验，熟悉各类固定收益业务品种操作。

樊炜：投资主办，华中科技大学经济学院数量经济学硕士，师从国内计量经济学泰斗林少宫先生，并取得香港中文大学高级会计专业硕士（EMPAcc）。先后就职于君安证券、国泰君安证券等。

梁久玮：交易部总经理，3 年销售交易经验。历任西部证券固定收益销售交易部销售交易经理，独立搭建西部证券销售交易体系及操作流程，曾任法国 Natixis 集团纽约分部 CMBS 研究员。

（3）投资业绩。投资业绩如图 5 - 277、图 5 - 278 所示。

2018 年管理规模：20 亿 ~ 50 亿元。

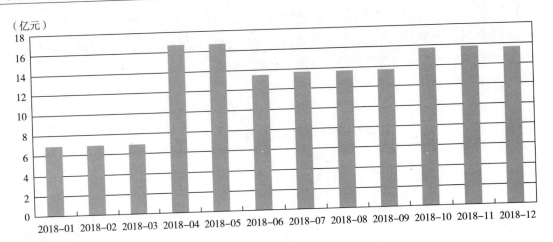

图 5 - 277　领睿资产管理有限公司管理规模

产品数量：累计 15 只。

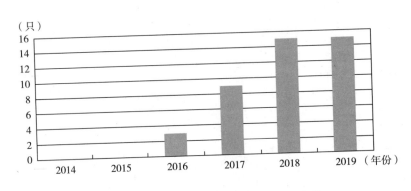

图 5 - 278　领睿资产管理有限公司产品数量

8. 北京凯世富乐资产管理股份有限公司

北京凯世富乐资产管理股份有限公司专注于中国债券市场，并以专业、严谨、前瞻、独立的研究为基础，为广大客户提供了有效的金融解决方案及稳健的固定收益类投资产品，一直以经营稳健，管理规范著称，这不仅得益于公司所选择的标准化投资标的——债券，更得益于健全的内部管理体系和完善的风险防范机制。高管人员大部分从事金融行业 10 年以上，全部具有经济学或管理学背景，研究主导，投研结合，强调研究在投资中的主导作用，要求研究人员在坚持独立性的前提下不断追求研究的深度和前瞻性，公司已自主建立起一支具有蓬勃朝气的高素质的研究队伍，注重深度挖掘，实地调研，持续跟踪，投资与研究相互促进、良性互动。

（1）公司信息。公司信息如表 5 - 209 所示。

（2）投研团队。赵静明先生：董事长，清华大学经济管理学院 EMBA 毕业，作为发起人发起创立北京国泰创业投资有限公司与北京凯世富乐资产管理股份有限公司，在投资及证券行业有超过 15 年的从业经验。

杨友良：执行总裁，毕业于北京工商大学商学院，曾任职银河证券、第一创业证券，拥有多年管理经验。

表 5 - 209 北京凯世富乐资产管理股份有限公司信息

简　称	凯世富乐资产		
登记编号	P1001391	组织机构代码	56745413 - 4
成立时间	2011 - 01 - 04	登记时间	2014 - 04 - 29
企业性质	内资企业	机构类型	私募证券投资基金管理人
注册资本（万元）（人民币）	3000	实缴资本（万元）（人民币）	3000
注册资本实缴比例	100%	是否为符合提供投资建议条件的第三方机构	是
注册地址	北京市西城区阜成门外大街 2 号 16 层 B1607 室		
办公地址	北京市西城区阜成门外大街 2 号 16 层 B1607 室		
员工人数	8	机构网址	www.cashflowcap.com　电话　400 - 698 - 1818
法定代表人/执行事务合伙人	赵静明		

法定代表人/执行事务合伙人（委派代表）工作履历	时间	任职单位	任职部门	职务
	2013. 04 ~ 2018. 02	北京凯世富乐资产管理股份有限公司	无	董事长
	1999. 04 ~ 2014. 03	北京国泰创业投资有限公司	无	总经理
	1993. 09 ~ 1999. 04	国营大众机械厂	销售部	职员

赵冉：投资总监，毕业于北京工商大学，曾任职于第一创业证券股份有限公司，现任北京凯世富乐资产管理股份有限公司投资总监。赵冉先生负责债券市场研究、投资策略研究工作，作为投资决策委员会成员，参与公司产品投资决策；负责基金产品设计及实施方案；实施投资并达成投资目标，跟踪资产组合情况，适时调整投资策略及资产组合；负责公司重点产品投资运作及账户管理；债券内部评级系统实施与完善。

（3）投资业绩。投资业绩如图 5 - 279、图 5 - 280 所示。

2018 年管理规模：20 亿 ~ 50 亿元。

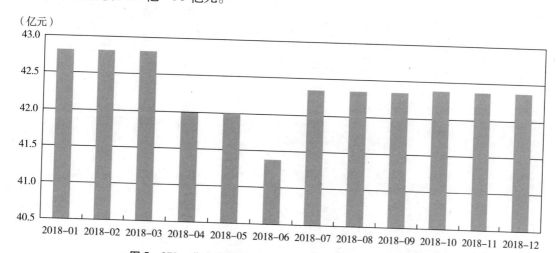

图 5 - 279 北京凯世富乐资产管理股份有限公司管理规模

产品数量：累计 45 只。

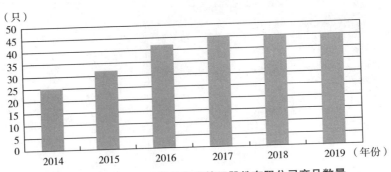

图 5 - 280　北京凯世富乐资产管理股份有限公司产品数量

9. 深圳市万杉资本管理有限公司

深圳市万杉资本管理有限公司在深圳前海注册成立，海翔投资管理集团为股东之一。公司拥有长期国内外私募、公募基金投资管理的实践经验的优秀团队，下设股票、量化、债券 3 个投研团队。结合国内实业家的成功智慧，综合海外和本土市场特征而形成的先进的立体式投资策略和八重风险管理体系、持续学习发展的能力，立志成为中国领先的财富管理专家。公司高度重视风控，重视产品净值回撤管理，各类产品均有相对严格的回撤控制目标，在获取良好业绩的同时保持了较低的回撤波动。

（1）公司信息。公司信息如表 5 - 210 所示。

表 5 - 210　深圳市万杉资本管理有限公司信息

简　　称	万杉资本			
登记编号	P1018780	组织机构代码	34284366 - 5	
成立时间	2015 - 06 - 29	登记时间	2015 - 07 - 23	
企业性质	内资企业	机构类型	私募证券投资 基金管理人	
注册资本（万元） （人民币）	3000	实缴资本（万元） （人民币）	2888	
注册资本 实缴比例	96.267%	是否为符合提供投资建议 条件的第三方机构	是	
注册地址	广东省深圳市南山区前海深港合作区前湾一路鲤鱼门街一号前海深港合作区管理局综合办公楼 A 栋 201 室			
办公地址	广东省深圳市罗湖区宝安南路 1036 号鼎丰大厦 1510#			
员工人数	21	机构网址	www.sprucap.com/	电话	0755 - 82940098
法定代表人/执行 事务合伙人	许建平			
法定代表人/ 执行事务合伙人 （委派代表） 工作履历	时间	任职单位	任职部门	职务
	2015.06 ~ 2017.05	深圳市万杉资本管理有限公司	总经理办公室	总经理
	2014.11 ~ 2015.06	深圳市创海富信资产 管理有限公司	固定收益部	基金经理
	2011.09 ~ 2014.11	第一创业证券	固定收益部	总经理
	2009.09 ~ 2011.09	南方基金	固定收益部	基金经理

（2）投研团队。许建平：美国哥伦比亚大学理学硕士，北京大学本科；1997年进入华尔街，曾先后任职于投行苏格兰皇家银行、雷曼兄弟公司，对冲基金相对价值国际有限公司，负责固定收益产品及其衍生品的投资、交易工作，2008年加入南方基金管理公司，担任投资经理管理年金以及社保等基金，2011～2014年，担任第一创业证券股份有限公司董事总经理，负责固定收益部投资交易工作。在近17年的投资生涯中，先后经历了1998年亚洲金融风暴、2000年互联网泡沫、美国"9·11"恐怖事件和2008年全球金融海啸，具有丰富的投资管理和风险管理经验。

李英华：中央财经大学经济学硕士、对外经济贸易大学经济学学士、中国农业大学工学士，拥有15年基金从业经验，对宏观经济、市场趋势、投资策略、资产配置、风险控制和基金产品均有深入研究；2003～2015年期间，分别任职于融通基金、南方基金，历任高级产品经理、基金投资分析师、产品副总监、策略部执行总监、市场执行总监。

崔岩2008年开始于海翔投资集团负责商品期货投资、交易，对大宗商品有深入理解，在期货、期权对冲和套利方面有丰富的投资管理经验。2015年开始担任万杉资本交易总监，市场感觉敏锐，对于组合投资管理和产品风险管理有深入的理解，现任万杉资本基金经理。

（3）投资业绩。投资业绩如图5-281、图5-282所示。

2018年管理规模：5亿～10亿元。

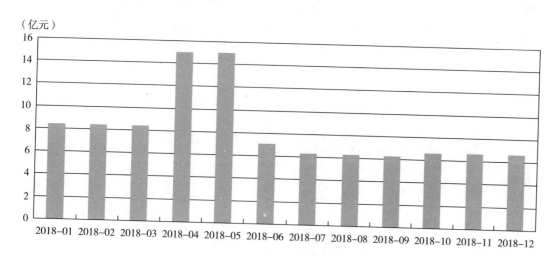

图5-281 深圳市万杉资本管理有限公司管理规模

产品数量：累计45只。

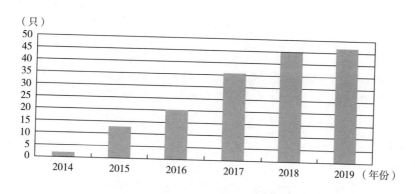

图5-282 深圳市万杉资本管理有限公司产品数量

10. 深圳市前海征途投资管理有限公司

深圳市前海征途投资管理有限公司是一家专注于债券量化投资的专业机构，公司只服务于机构客户、各大银行、财务公司、家族资金资产增值服务，"量化风险，稳健收益"是本公司一贯秉承地投资宗旨。

（1）公司信息。公司信息如表5-211所示。

表5-211　深圳市前海征途投资管理有限公司信息

简　称	征途投资				
登记编号	P1006195	组织机构代码	39840290-6		
成立时间	2014-06-19	登记时间	2015-01-07		
企业性质	内资企业	机构类型	私募证券投资基金管理人		
注册资本（万元）（人民币）	1000	实缴资本（万元）（人民币）	1000		
注册资本实缴比例	100%	是否为符合提供投资建议条件的第三方机构	否		
注册地址	广东省深圳市南山区前海深港合作区前湾一路1号A栋201室				
办公地址	广东省深圳市南山区科技园科苑北路11号深圳金融科技大厦A座10楼1008				
员工人数	8	机构网址	www.etpcn.com	电话	0755-82542581
法定代表人/执行事务合伙人	龙瑛				
法定代表人/执行事务合伙人（委派代表）工作履历	时间	任职单位	任职部门	职务	
	2017.06~2017.06	深圳市前海征途投资管理有限公司	风险控制部	合规风控负责人	
	2014.06~2017.06	深圳市前海征途投资管理有限公司	董事会	董事	
	2008.10~2014.05	EXEMODE株式会社深圳办事处	深圳办事处	总裁助理	
	2003.10~2008.09	爱可信（北京）技术有限公司深圳办事处	营销部	总监助理	

（2）投研团队。沙波36岁，学士学位，2003年加入中国金谷国际信托投资有限责任公司，历任信息技术中心、清算部和风控部担任重要岗位，从事证券行业12年，拥有8年的债券市场投资经验和3年的债券量化交易投资经验，此前为信达量化基地技术负责人和Wind资讯-信达程序化交易联合实验室负责人，目前为征途投资债券类量化对冲产品核心决策人。

龙勇：具有5年债券投资经验、3年债券投资风控经验，2014年8月加入深圳市前海征途投资管理咨询有限公司，秉承"本金安全、稳健收益、风险可控"的操作理念，对宏观经济、利率、债券之间的关系有着独特的见解。

杨曼斐：具有10年证券投资、拥有6年的债券市场投资经验和2年的债券量化交易投资经验，具备证券交易、基金、投资分析、期货等资格。Wind资讯-信达程序化交易联合实验室创始人之一。

（3）投资业绩。投资业绩如图5-283、图5-284所示。

2018 年管理规模：1 亿~5 亿元。

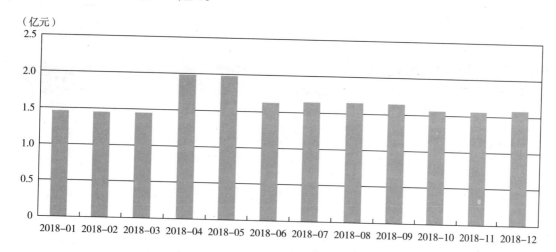

图 5 - 283　深圳市前海征途投资管理有限公司管理规模

产品数量：累计 16 只。

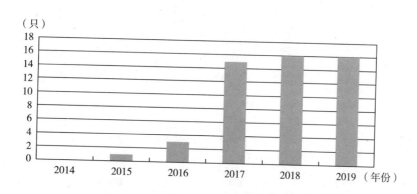

图 5 - 284　深圳市前海征途投资管理有限公司产品数量

11. 上海淳杨资产管理有限公司

上海淳杨资产管理有限公司专注于固定收益市场投资，是国内最早专业开展固定收益资产管理和投资顾问业务的私募机构之一，公司核心投研人员拥有超过 15 年从业经验，经历多轮市场周期考验，具有持续良好的投资业绩表现。公司业务人员分别来自于券商、保险、基金、评级公司等机构，整体具有较强的专业背景。目前已与中国银行、华润信托、中欧基金等知名金融机构合作发行了多期固定收益类产品，并拥有国泰君安证券、广发证券、华鑫证券、国泰基金等众多合作机构。

（1）公司信息。公司信息如表 5 - 212 所示。

（2）投研团队。张泳：1995 本科毕业于西南财经大学，拥有 19 年证券从业经验，曾任上海淳杨资产管理有限公司，在国泰君安证券历任固定收益部自营投资董事、执行董事、董事总经理、固定收益证券部副总经理，负责固定收益自营投资、国债期货、大宗商品外汇及跨境创新业务和公司流动性管理业务等，带领国泰君安固定收益业务团队连续多年取得骄人业绩，是国内固定收益领域的资深专业人士。

张东域：毕业于上海大学悉尼工商学院工商管理专业，曾在上海淳杨资产管理有限公司担任交易员，具备丰富的交易和投资经验，擅长分析市场资金面情况，寻找市场交易和投资机会。

表 5 - 212　上海淳杨资产管理有限公司信息

简　　称	淳杨资产		
登记编号	P1000463	组织机构代码	05304955 - 3
成立时间	2012 - 09 - 14	登记时间	2014 - 04 - 22
企业性质	内资企业	机构类型	私募证券投资 基金管理人
注册资本（万元） （人民币）	1000	实缴资本（万元） （人民币）	1000
注册资本 实缴比例	100%	是否为符合提供投资建议 条件的第三方机构	否
注册地址	上海市虹口区四平路 421 弄 107 号 P238 室		
办公地址	上海市浦东新区张杨路 560 号中融恒瑞国际大厦西塔 1806 室		
员工人数	9	机构网址	www. corise - sh. com/　电话　021 - 65797719
法定代表人/执行 事务合伙人	张泳		

法定代表人/ 执行事务合伙人 （委派代表） 工作履历	时间	任职单位	任职部门	职务
	2018.01 ~ 2018.09	上海淳杨投资管理中心 （有限合伙）	其他	执行事务合伙人
	2018.01 ~ 2018.09	上海淳杨资产管理有限公司	其他	法定代表人（兼）
	2017.04 ~ 2017.12	上海淳杨投资管理中心 （有限合伙）	投研部	投资总监
	2014.06 ~ 2017.03	上海淳杨资产管理有限公司	投研部	投资总监
	1999.08 ~ 2014.04	国泰君安证券股份有限公司	固定收益部	业务经理
	1995.07 ~ 1999.08	君安证券有限责任公司	投资部	高级交易员

李婷：上海国家会计学院审计硕士，研究方向财务审计、财务分析，理论基础扎实，财务分析框架清晰。曾在上海淳杨投资管理中心担任研究员，主要从事行业研究、公司的信用研究。通过行业和公司的研究，筛除信用风险，结合市场行情寻找投资机会。

（3）投资业绩。投资业绩如图 5 - 285、图 5 - 286 所示。

2018 年管理规模：1 亿 ~ 5 亿元。

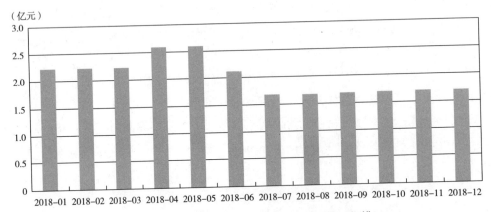

图 5 - 285　上海淳杨资产管理有限公司管理规模

产品数量：累计 9 只。

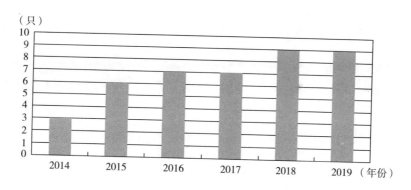

图 5 - 286　上海淳杨资产管理有限公司产品数量

12. 上海久期投资有限公司

上海久期投资有限公司主要投资策略为"固定收益＋"：固定收益包括银行间、交易所市场，套利，结构化产品，权益市场挂钩的类固定收益品种（如可转债、分级基金等）；"＋"为权益市场（A股、港股）以及金融衍生品市场。已成立量化子公司，上海久期量和投资有限公司，专注于量化、高频和对冲投资领域。

（1）公司信息。公司信息如表 5 - 213 所示。

表 5 - 213　上海久期投资有限公司信息

简　　称	久期投资			
登记编号	P1001239	组织机构代码	08621687 - 2	
成立时间	2013 - 12 - 23	登记时间	2014 - 04 - 23	
企业性质	内资企业	机构类型	私募证券投资 基金管理人	
注册资本（万元） （人民币）	1300	实缴资本（万元） （人民币）	1300	
注册资本 实缴比例	100%	是否为符合提供投资建议 条件的第三方机构	是	
注册地址	上海市虹口区四平路 710 号 7 层 742 - L 室			
办公地址	北京市西城区复兴门内大街 158 号远洋大厦 f201			
员工人数	16	机构网址	www. llinvestment. com. cn	电话	010 - 66492097
法定代表人/执行 事务合伙人	姜云飞			
法定代表人/ 执行事务合伙人 （委派代表） 工作履历	时间	任职单位	任职部门	职务
	2014. 09 ~ 2019. 01	上海久期投资有限公司	投资研究部	董事长兼总经理
	2013. 04 ~ 2014. 09	中国工商银行总行	资产管理部	部门专家
	2009. 04 ~ 2013. 03	中国工商银行总行	资产管理部	资本市场投资处处长
	2006. 09 ~ 2009. 04	中国工商银行总行	金融市场部	代理资金交易处副处长
	2005. 06 ~ 2006. 09	工银瑞信基金管理有限公司	投资管理部	副总经理
	1999. 07 ~ 2005. 06	中国工商银行总行	资金营运部	人民币交易室副处长

（2）投研团队。姜云飞：董事长兼投资总监，浙江大学经济学学士，1999 年起，历任中国工商银行资金部（金融市场部）人民币交易处副处长，工银瑞信基金管理有限公司投资部副总经理，中国工商银行资产管理部资本市场处副处长、处长，中国工商银行资产管理部专家。15 年债券市场、理财管理从业经验，管理逾千亿的商业银行自有资金，也曾负责商业银行理财产品设计和投资管理的全过程，在债券投资、资本市场一二级投资等方面积累了丰富经验。

程建涛：投资经理，上海久期量和投资有限公司投资总监，北京大学计算数学硕士、应用数学博士；2008～2013 年在工行资产管理部先后从事债券投资管理、量化投资模型研发及量化股票投资管理工作，为工行资管量化自主管理团队最早的创建人之一，2013～2015 年，深圳嘉石大岩资本管理有限公司合伙人，并担任量化投资总监、量化策略组负责人，2015 年加入上海久期量和投资有限公司。

吴旭：投资经理，中央财经大学金融数学学士、约翰霍普金斯大学金融数学硕士；2010～2012 年于花旗银行（中国）有限公司金融市场部从事外汇销售交易业务，负责外汇衍生品设计和销售工作，2012～2013 年于花旗银行（中国）有限公司北京分行从事企业客户信贷业务，2013～2014 年于平安证券有限责任公司固定收益事业部从事固定收益产品和互联网金融产品设计与市场开拓工作。

（3）投资业绩。投资业绩如图 5－287、图 5－288 所示。

2018 年管理规模：20 亿～50 亿元。

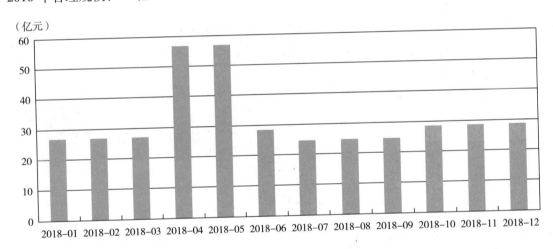

图 5－287 上海久期投资有限公司管理规模

产品数量：累计 62 只。

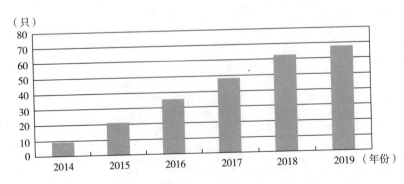

图 5－288 上海久期投资有限公司产品数量

13. 深圳艾汐资产管理有限公司

深圳艾汐资产管理有限公司立足成都、深耕本土、面向全国，致力于打造综合型资产管理机构，公司以资产管理、基金管理、投资管理、创新金融为核心业务平台，公司业务涵盖债券类固定收益基金、市场中性策略套利基金、量化对冲基金以及创新金融四大业务板块。公司专注于二级市场的对冲套利，投资范围包括国内依法上市的股票、债券、基金、期货、期权等灵活度高的标的物，并参与上市公司的定向增发、并购、重组、股权质押、二级市场市值管理等多元化金融投资。公司拥有经验丰富的量化对冲投研团队，拥有国内领新的技术平台与卓越的 IT 精英。凝聚来自银行、信托、券商、保险、第三方财富管理等领域的优秀人才，共同打造引领市场品牌的资产管理综合平台！

（1）公司信息。公司信息如表 5 - 214 所示。

表 5 - 214　深圳艾汐资产管理有限公司信息

简　　称	艾汐资产				
登记编号	P1062978	组织机构代码	914403003600259066		
成立时间	2016 - 02 - 14	登记时间	2017 - 06 - 05		
企业性质	内资企业	机构类型	私募证券投资基金管理人		
注册资本（万元）（人民币）	1000	实缴资本（万元）（人民币）	300		
注册资本实缴比例	30%	是否为符合提供投资建议条件的第三方机构	否		
注册地址	广东省深圳市南山区前海深港合作区前湾一路 1 号 A 栋 201 室（入驻深圳市前海商务秘书有限公司）				
办公地址	四川省成都市金牛区西体北路 5 号力博商务楼 10 楼				
员工人数	6	机构网址	无	电话	无
法定代表人/执行事务合伙人	刘琛				
法定代表人/执行事务合伙人（委派代表）工作履历	时间	任职单位	任职部门	职务	
	2017.06 ~ 2018.01	深圳艾汐资产管理有限公司	市场营销部	渠道专员	
	2016.06 ~ 2017.05	美国大都会保险有限公司	市场部	业务经理	
	2012.07 ~ 2016.05	四川好车汇汽车销售服务有限公司	总经办	总经理	

（2）投研团队。朱大磊：投资总监，曾就职于广东领新投资有限公司投资经理，其在广东领新投资有限公司担任投资管理部的投资经理期间，参与基金产品的策略研发，基金产品的交易和管理，领新投资的基金产品业绩在 2015 年、2016 年私募证券投资基金中连续两年的业绩表现稳定，在基金产品管理方面积累了丰富的经验，精通债券和回购交易、ETF 基金交易、股指期货、股票期权交易。参与制定和执行债券交易策略，股指期货和股票现货的对冲策略，ETF 基金的套利策略和股票期权的套利策略。

（3）投资业绩。投资业绩如图 5 - 289、图 5 - 290 所示。

2018 年管理规模：0～1 亿元。

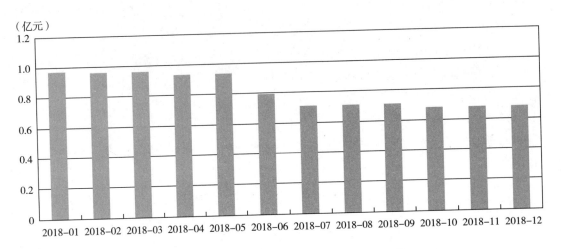

图 5－289 深圳艾汐资产管理有限公司管理规模

产品数量：累计 7 只。

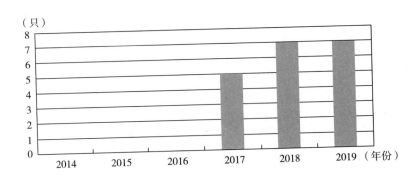

图 5－290 深圳艾汐资产管理有限公司产品数量

六、组合基金策略

　　该策略目前行业整体处于准备期和尝试期，FOF 产品大规模发行的盛况还未出现，领军式的管理机构仍在孕育之中。FOF 机构的投资管理体系不够成熟完善，从"选、配、调"的角度来说，真正意义上的 FOF 还未出现。因此，本小节仅对在 FOF 领域进行相关业务的知名私募基金管理人做简单列举。

　　天津盈诚投资管理有限公司；

　　上海新方程股权投资管理有限公司；

　　歌斐诺宝（上海）资产管理有限公司；

　　上海兴盾资产管理有限公司；

　　上海赞庚投资集团有限公司；

　　上海珠池资产管理有限公司；

　　杭州华软新动力资产管理有限公司；

资舟资产管理（深圳）有限公司；

西藏联海资产管理有限公司；

深圳果实资本管理有限公司；

广州市好投投资管理有限公司；

横琴广金美好基金管理有限公司；

中邮永安（上海）资产管理有限公司。

说明：以上资料来源：中国证券投资基金业协会、私募基金管理人官方网站。

附　录

附录一　2018 年私募行业大事记

◆ 2018 年 1 月

2018 年 1 月 5 日，银监会发布《商业银行委托贷款管理办法》（银监发〔2018〕2 号），规定商业银行不得接受"受托管理的他人资金"作为委托贷款的资金来源。从此，包括私募基金在内的任何资管产品募集的资金都不能再发放委托贷款。

2018 年 1 月 9 日，中国证券投资基金业协会（以下简称"协会"）已将北京东方财星国际资本管理有限公司等 319 家机构列入失联公告名单，并在协会官方网站（www.amac.org.cn）中予以列示。依据协会 2016 年 2 月 5 日发布的《关于进一步规范私募基金管理人登记若干事项的公告》以及协会关于"自失联机构公告发布之日起，列入失联机构的私募基金管理人，满三个月且未主动联系协会并提供有效证明材料的，协会将注销其私募基金管理人登记"之规定，上述 319 家机构中，有 92 家机构已被注销登记；有 9 家机构已自行申请注销登记。

2018 年 1 月 12 日，协会发布《中国证券投资基金业协会私募投资基金备案须知》，重申了资管业务要回归本源，私募基金要恪守本质，明确私募基金业务与经营性借贷业务有本质区别，私募基金的投资不应是借贷活动，私募基金不能搞"名基实贷"业务。协会于 2 月 12 日起停止办理通过委贷、信托贷款等方式变相从事借贷活动等不属于私募投资基金范围的基金产品备案。

2018 年 1 月 16 日，协会暂停办理其他类私募投资基金管理人（除 QDLP 试点机构）的实际控制人、控股股东和法定代表人的重大事项变更申请（自 2017 年 10 月起，协会已暂停了其他类私募基金管理人的登记申请）。

2018 年 1 月 23 日，协会在北京召开"类 REITs 业务专题研讨会"，会议明确了私募投资基金是参与类 REITs 业务的可行投资工具，提出参与类 REITs 业务的私募基金备案与交易所资产证券化产品备案和挂牌的流程优化和衔接安排。在私募基金投资端，私募基金可以综合运用股权、夹层、可转债、符合资本弱化限制的股东借款等工具投资到被投企业，形成权益资本。符合上述要求和《备案须知》的私募基金产品均可正常备案。

2018 年 1 月 23 日，协会提示基金管理人报送非居民金融账户涉税信息，协会在系统中转发

《非居民金融账户涉税信息报送规范》的通知，要求：

（1）私募基金管理人应当于 2018 年 5 月 31 日前登录金融账户涉税信息自动交换平台网页版完成注册，并完成第一次报送。当年无应申报账户的，也应办理零申报。

（2）今后，每年 5 月 31 日前都应完成当年申报。

（3）每年 6 月 30 日前，向税务总局报告前一年度本机构开展非居民金融账户涉税信息尽职调查和信息报送工作的情况、发现问题及相应整改措施、结果等。

◆ 2018 年 2 月

2018 年 2 月 8 日，中国证券投资基金业协会已将深圳市中鑫富盈基金管理有限公司等 326 家机构列入失联公告名单，并在协会官方网站中予以列示。依据协会 2016 年 2 月 5 日发布的《关于进一步规范私募基金管理人登记若干事项的公告》以及协会关于"自失联机构公告发布之日起，列入失联机构的私募基金管理人，满三个月且未主动联系协会并提供有效证明材料的，协会将注销其私募基金管理人登记"之规定，上述 326 家机构中，有 92 家机构已被注销登记；有 9 家机构已自行申请注销登记。

2018 年 2 月，各地证监会逐步公布其管辖区范围内的私募基金抽查名单，为 3 月的私募基金专项检查做准备。重点检查对象：

（1）涉集团化、跨辖区和兼营类金融业务的私募机构。

（2）管理非标债权的私募机构。

（3）其他存在问题风险线索的私募机构。

◆ 2018 年 3 月

2018 年 3 月 5 日，在第十三届全国人民代表大会第一次会议上国务院总理李克强作政府工作报告。国务院总理李克强在作政府工作报告时说，推动形成全面开放新格局。进一步拓展开放范围和层次，完善开放结构布局和体制机制，以高水平开放推动高质量发展。促进外商投资稳定增长。加强与国际通行经贸规则对接，建设国际一流营商环境。全面放开一般制造业，扩大电信、医疗、教育、养老、新能源汽车等领域开放。有序开放银行卡清算等市场，放开外资保险经纪公司经营范围限制，放宽或取消银行、证券、基金管理、期货、金融资产管理公司等外资股比限制，统一中、外资银行市场准入标准。实施境外投资者境内利润再投资递延纳税。

2018 年 3 月 10 日，中国证券投资基金业协会公布了今年 2 月的私募备案登记月报。数据显示，到 2 月底，私募基金总规模突破了 12 万亿，相比两年前增长了 172%，创造了新的历史纪录。同时，私募备案基金数量超出 7 万只，已登记私募管理人数量为 2.31 万家，私募员工总数达到 24.21 万人。

2018 年 3 月 23 日，协会在官网上发布《关于私募证券投资基金管理人提供投资建议服务线上提交材料功能上线的通知》，私募证券投资基金管理人需要同时符合以下条件，方可为证券期货经营机构提供投资建议服务：1. 在中国证券投资基金业协会登记满一年、无重大违法违规记录的会员；2. 具备 3 年以上连续可追溯证券、期货投资管理业绩的投资管理人员不少于 3 人、最近三年无不良从业记录。

2018 年 3 月 25 日，证监会副主席李超在第八届北外滩财富与文化论坛暨中国基金业 20 周年纪念活动致辞。中国基金业 20 年发展取得了令人瞩目的成就。20 年来，基金行业秉持信托精神和投资者利益优先理念，在服务财富管理和普惠金融、服务多层次资本市场建设和实体经济融资需求、树立资管行业制度标杆和培育科学理财观念等方面发挥了积极作用。

2018 年 3 月 27 日，协会发布《中国证券投资基金业协会关于进一步加强私募基金行业自律管理的决定》和《关于私募基金管理人在异常经营情形下提交专项法律意见书的公告》，强化私募管理人的自律监管水平，提高登记备案要求和管理人加入协会的标准，建立异常经营机构快速处理机制并首次提出了基金管理人出现异常经营情形下须聘请律所出具异常经营专项法律意见书的要求，此外特别强调充分发挥律师维护法律正确实施，维护社会公平和正义的法律服务作用，建立健全私募基金管理人登记法律意见书的责任追究机制，**出具登记法律意见书一年内，相关私募基金管理人被公告注销的，三年内不再接受相关律师事务所和律师出具的登记法律意见书。**

2018 年 3 月 30 日，协会发布《私募投资基金非上市股权投资估值指引（试行）》（2018 年 7 月 1 日起执行），引导私募投资基金非上市股权投资进行专业化估值，完善资产管理行业估值标准体系。

◆ 2018 年 4 月

2018 年 4 月 1 日，中国证券投资基金业协会（以下简称"协会"）已将中经汇金（北京）投资基金管理有限公司等 334 家机构列入失联公告名单，并在协会官方网站中予以列示。依据协会发布的《关于建立"失联（异常）"私募机构公示制度的通知》《关于进一步规范私募基金管理人登记若干事项的公告》以及协会关于"自失联机构公告发布之日起，列入失联机构的私募基金管理人，满三个月且未主动联系协会并提供有效证明材料的，协会将注销其私募基金管理人登记"之规定，上述 334 家机构中，有 113 家机构已被注销登记；有 9 家机构已自行申请注销登记。

2018 年 3 月 1 日，中国证监会发布《上市公司创业投资基金股东减持股份的特别规定》，对作为上市公司股东的创业投资基金（下称"创投基金"）减持上市公司股份作出了特别规定，以鼓励创投基金投资于早期中小企业或者高新技术企业，该规定定于 2018 年 6 月 2 日正式实施。为此，协会于 4 月 3 日在其微信公众号上转载了证监会于 2017 年 7 月发布的《私募基金监管问答——关于享受税收试点政策的创业投资基金标准及申请流程》（下称"监管问答"），从而为拟设立创投基金的机构提供有益参考。

2018 年 4 月 21 日，协会洪磊会长在 2018 年母基金百人论坛上致辞，从私募基金自律管理的逻辑出发，阐明了股权融资、债权融资和收益权融资的联系与区别，鼓励私募基金大力发展股权投资，同时也在一定程度上肯定了债权和收益权的积极作用，并提出债权和收益权的投资可以实行，但是要有度。同时，表示协会将进一步完善私募基金信息公示、查询和投诉体系建设，与人民网和人民创投合作，推出私募基金信息公示平台，形成协会官网、私募地图、人民网协同立体化公示、查询、投诉体系。

2018 年 4 月 13 日，中国证券投资基金业协会在其官网上发布了《关于不再接受江苏东方之光律师事务所等三家律师事务所出具的私募基金管理人登记法律意见书的公告》（下称"公告"），称中源诚信（北京）资产管理有限公司等两家私募基金管理人（下称"管理人"）因失联和/或非法吸收公众存款被协会注销管理人登记，而深圳恩力集昌基金管理有限公司则被投诉在申请管理人登记时提交虚假资料。协会在核查上述违法违规管理人的登记备案信息时，发现为其出具初始登记法律意见书的三家律师事务所未能勤勉尽责，存在虚假记载、误导性陈述或者重大遗漏。因此，协会依据《关于进一步规范私募基金管理人登记若干事项的公告》《关于进一步加强私募基金行业自律管理的决定》的有关规定，决定自 2018 年 4 月 12 日起，三年内不再接受前述三家律师事务所出具的私募基金管理人登记法律意见书。

2018 年 4 月 16 日，协会在其官网上发布了修订后的会费办法。协会根据《关于进一步规范行业协会商会收费管理的意见》中"要合理设置会费档次，一般不超过 4 级，对同一会费档次不得再细分不同收费标准""集中公示并定期更新收费项目、收费性质、服务内容、收费标准及依据等信息"等要求对会费办法进行了修订，并于其中，除对会员服务进行详细规定之外，还将各类会员入会费统一调整为 2 万元；在保持年会费计算方式不变的前提下，将普通会员年会费调整为 4 档，各档次的固定年会费分别为 2 万元、10 万元、20 万元和 60 万元；在保持年会费计算方式不变的前提下，将联席会员年会费调整为 3 档，各档次的固定年会费分别为 2 万元、10 万元和 20 万元。此外，协会在会费办法的修订说明中指出，将在修订后对观察会员的入会费给予适度优惠和减免，以保证所有会员会费均不增加。

2018 年 4 月 27 日，中国人民银行、中国银行保险监督管理委员会、中国证券监督管理委员会、国家外汇管理局共同发布《关于规范金融机构资产管理业务的指导意见》（银发〔2018〕106 号）（俗称"资管新规"），对整个资管行业均产生了重大影响。

◆ 2018 年 5 月

2018 年 5 月 7 日，协会发布《关于私募证券投资基金管理人会员信用信息报告功能上线的通知》，自 2018 年 5 月 7 日起，私募证券投资基金管理人会员可通过协会资产管理业务综合报送平台（https：//ambers.amac.org.cn）按季度自行查阅本会员的信用信息报告。

2018 年 5 月 8 日，中国证券投资基金业协会（以下简称"协会"）已将中经汇金（北京）投资基金管理有限公司等 354 家机构列入失联公告名单，并在协会官方网站中予以列示。依据协会发布的《关于建立"失联（异常）"私募机构公示制度的通知》《关于进一步规范私募基金管理人登记若干事项的公告》以及协会关于"自失联机构公告发布之日起，列入失联机构的私募基金管理人，满三个月且未主动联系协会并提供有效证明材料的，协会将注销其私募基金管理人登记"之规定，上述 354 家机构中，有 128 家机构已被注销登记；有 9 家机构已自行申请注销登记。

2018 年 5 月 14 日，财政部和国家税务总局发布《关于创业投资企业和天使投资个人有关税收政策的通知》（财税〔2018〕55 号）将 2017 年 5 月在 8 个试点地区的创投、天使投资税收优惠政策扩大到全国范围内。具体税收优惠：对于直接投资于种子期和初创期的科技型企业的创投企业或天使投资个人，在投资期满两年的时候可以按照 70% 的投资额抵扣应纳税所得额。

2018 年 5 月 15 日，协会在其微信公众号上登载了冒用提示，称有不法分子冒用协会会员机构以及在协会登记的私募基金管理人的公司名称、注册商标，盗用从业人员肖像伪造非法 APP、非法网站并实施违法宣传和违法募集资金等活动。因此，协会郑重提示广大投资者对此类违法活动加强防范、注意辨别，建议登录协会官方网站查询私募基金管理人公示信息，保护自身合法权益不受侵害。并且，协会要求各会员机构、私募基金管理人密切注意相关侵权行为，一经发现，及时收集保存证据，向公安机关、监管部门举报，并向协会报告。

2018 年 5 月 24 日，协会在官方公众号发布《严正声明》表达了对倒壳卖壳的态度，其中指出针对私募基金管理人法定代表人、实际控制人或控股股东的重大事项变更申请，协会将比照新申请机构登记要求和程序办理，并相应核查存续产品的合规性及信息披露情况。同时强调合格投资者应以自有资金出资，不得使用贷款、发行债券等筹集的非自有资金出资，不能为了"保壳"搞各种花式手段。

2018 年 5 月 31 日，协会在其官方网站上发布公告，规定了已获取台湾地区证券投信投顾业务资格的台湾同胞，只需通过协会在大陆组织的《基金法律法规、职业道德与业务规范》考试，即可申请注册大陆基金从业资格，而无需参加专业知识考试。

◆ 2018 年 6 月

2018 年 6 月 1 日，协会发布《基金经营机构及其工作人员廉洁从业管理实施细则（征求意见稿）》，为促进基金行业健康发展，保护投资者合法权益，切实加强对基金经营机构及其工作人员廉洁从业的自律管理，促进基金经营机构及其工作人员廉洁从业。

2018 年 6 月，协会在 AMBERS 系统发布《外商独资和合资私募证券投资基金管理人登记备案填报说明（2018 年 6 月）》，指导外资企业进行私募证券基金管理人登记备案工作。

2018 年 6 月 6 日，证监会发布机构监管综合信息系统资管月报填报指引（第 4 号），在既有《资管月报》模板的基础上，新增了 ZGYB2_2、ZGYB2_3 等两张报表，主要针对的是投资非标准化资产规模占比超过 30% 的一对多产品。具体产品类型包括证券公司集合资产管理计划、证券公司私募子公司"其他类"私募基金、基金专户子公司一对多专户。而这一规定同样影响到狭义的私募基金。

2018 年 6 月 9 日，证监会副主席李超在中国风险投资论坛表示，近些年来，随着多层次资本市场的不断丰富完善，特别是创业板、新三板的推出，我国私募股权投资基金行业快速发展。截至目前，全国登记的私募股权投资基金和创业投资基金管理人约 1.4 万家，管理基金规模 7.8 万亿元。私募股权投资基金已经发展成为多层次资本市场的一支重要力量，特别是对于促进长期资本形成、支持创新创业具有不可替代的重要作用。

2018 年 6 月 20 日，中国证券投资基金业协会已将中投融信（北京）基金管理有限公司等 477 家机构列入失联公告名单，并在协会官方网站中予以列示。依据协会发布的《关于建立"失联（异常）"私募机构公示制度的通知》《关于进一步规范私募基金管理人登记若干事项的公告》以及协会关于"自失联机构公告发布之日起，列入失联机构的私募基金管理人，满三个月且未主动联系协会并提供有效证明材料的，协会将注销其私募基金管理人登记"之规定，上述 477 家机构中，有 128 家机构已被注销登记；有 9 家机构已自行申请注销登记。

2018 年 6 月 21 日，协会在其微信公众号上发布了《关于合格境内有限合伙人（QDLP）在协会进行管理人登记的特别说明》指出根据《证券投资基金法》《私募投资基金监督管理暂行办法》以及相关地方政府发布的合格境内有限合伙人（QDLP）试点实施办法，QDLP 的管理机构在中国境内开展私募投资基金业务，应当在中国证券投资基金业协会登记为私募基金管理人。鉴于此类跨境私募基金投资业务试点的投资范围涉及境外的证券、股权和另类投资等多个领域，按照《私募基金登记备案相关问题解答（十三）》规定的专业化经营原则，目前，QDLP 管理机构可登记为其他私募投资基金管理人。

◆ 2018 年 7 月

2018 年 7 月 13 日，协会发布《关于上海意隆等 4 家私募基金管理人风险事件的公告》，指出上海意隆财富投资管理有限公司、上海西尚投资管理有限公司、上海郁泰投资管理有限公司和易财行财富资产管理有限公司等4家私募基金管理人的实际控制人失联以来，相关私募基金管理人经营中断，严重扰乱了私募基金行业秩序，给投资者合法权益造成重大影响。协会要求平安银行、恒丰银行、上海银行、光大银行、浦发银行、浙商银行、招商银行等托管银行要按照《基金法》和基金合同的约定，切实履行托管人职责，建立应急工作机制，统一登记相关私募基金投资者情况，做好投资者接待工作。在私募基金管理人无法正常履行职责的情况下，托管银行要按照《基金法》和基金合同的约定，切实履行共同受托职责，通过召集基金份额持有人会议和保全基金财产等措施，尽最大可能维护投资者权益。

2018年7月13日，协会钟蓉萨副会长在招商银行托管大数据平台发布会上再次强调基金托管人的核心职责。要求基金托管人"持续关注投资标的资产情况，督促基金管理人及时按照投资账目办理工商登记等法定确权变更，防止发生资产被非法转移或者灭失等损害投资者利益的情形"，并明确提出要求申请备案的契约型私募基金应当确保由获得托管资格的基金托管人独立托管。

2018年7月，中国证券投资基金业协会（下称"协会"）连续多日在其微信公众号上发布郑重提醒称，协会近日发现有公众媒体公开报道和宣传某些私募基金产品的业绩和业绩排名，因而提醒广大投资者警惕违规公开报道、宣传私募基金业绩的行为，包括但不限于：通过各种方式向不特定对象公开宣传推介或公开披露私募基金业绩等基金信息；使用夸大的误导性措辞和陈述；以及在公众媒体上公开披露私募基金业绩/发布私募基金排名或评级结果等。同时，协会在郑重提醒中再次重申了私募基金合格投资者的标准，呼吁公众媒体坚持从保护投资者合法权益角度出发进行涉及私募基金的报道和宣传，并号召投资者通过协会微信公众号和官方网站了解相关法律法规，核实私募基金管理人和基金产品的公示信息，以保护自身合法权益。

◆ 2018 年 8 月

2018年8月7日，中国证券投资基金业协会（以下简称"协会"）已将高通盛融财富投资集团有限公司等482家机构列入失联公告名单，并在协会官方网站（www.amac.org.cn）中予以列示。依据协会发布的《关于建立"失联（异常）"私募机构公示制度的通知》《关于进一步规范私募基金管理人登记若干事项的公告》以及协会关于"自失联机构公告发布之日起，列入失联机构的私募基金管理人，满三个月且未主动联系协会并提供有效证明材料的，协会将注销其私募基金管理人登记"之规定，上述482家机构中，有135家机构已被注销登记；有10家机构已自行申请注销登记。

2018年8月29日，协会发布私募基金登记备案相关问题解答（十五），明确了第四类私募基金管理人即"私募资产配置基金管理人"的登记、变更及私募资产配置基金的备案要求。申请机构可于9月10日起通过AMBERS系统在线提交申请。私募资产配置基金主要采取FOF基金的投资方式，可以跨越多种底层资产，实现大类资产配置。

2018年8~9月期间，基金业协会AMBERS系统发生多次修改和更新：

【双管理人模式】被叫停，以往实践中很常见的双管理人私募产品的备案通道被关闭，对于非GP担任管理人的合伙型私募基金，协会Ambers系统要求提交管理人与GP存在关联关系的证明文件，否则无法提交产品备案。管理人借通道模式被进一步打压。

【关联方变更】划入重大变更事项。更新后的AMBERS系统中，"关联方更新"模块从原先"管理人信息更新"板块迁移至"管理人重大变更"板块。这意味着今后关联方变更属于私募管理人的重大变更事项，需要协会审核才能通过，必要情况下协会还可将关联方变更认定为"其他重大事项"并要求管理人出具重大事项变更专项法律意见书。

【管理人重大事项变更】 难度再次升级：首次提交后6个月内仍未办理通过或退回补正次数超过5次将无法备案新产品。

【商业计划书单独列示】 自2018年9月起，AMBERS系统里的管理人登记页面，在"机构基本信息"项下新增了上传《商业计划书》的入口，并且为必填项。对于拟申请私募基金管理人登记的机构也因此新增了一项硬性要求。证券类管理人应详细说明未来如何开展私募证券投资基金业务，未来拟发行产品的相关介绍和业务开展方式，并说明如何切实做好各项制度的落实和履行（可包括产品设计、产品架构、产品内容、投资方向，拟投资人群等详细信息，投资类型，投资标的，如何募集，如何选择投资对象等）；股权类管理人应详述公司未来发展方向、运作规划及当前业务需求（储备项目）等信息，并提供可以证明公司业务发展需求的证明文件（建议就拟投项目、项目储备情况上传尽调报告、投资意向书、投资框架、募集流程等相关证明材料）。

◆ 2018年9月

2018年9月6日，李克强总理主持召开的国务院常务会议上，国务院针对8月底创投类基金个人所得税问题的风波进行了回应，明确了创投基金税收政策会继续保持稳定，按照不溯及既往的原则，确保总体税负不增。

2018年9月10日，第20届中国国际投资贸易洽谈会私募股权投资基金与国家科技创新峰会在厦门举办。协会会长洪磊在该峰会上以"私募股权与创业投资基金的作用与发展"为题致辞。洪会长认为，信义义务是私募基金健康发展的基石，基金管理人、托管人和相关服务机构应当忠实于投资者利益，恪尽谨慎勤勉之责。他还提到，税收制度是私募基金健康发展的保障，应当坚持税收法定原则，在私募基金税收征管过程中，应当明确区分作为管理人的合伙企业和作为基金产品的合伙企业，依合伙企业不同收入的性质，准确适用税种和税率。

2018年9月20日，约400多家私募基金管理人收到协会的《关于限期提交自查报告的通知》（协会字〔2018〕277号），列出了15项自查事项，要求管理人在2018年10月31日之前完成提交书面自查报告，若管理人无法提交自查报告，将会被纳入异常经营程序。若管理人公司实际经营中存在违规行为的，管理人需要提出详细整改安排，并且在2019年3月31日之前整改完成。

2018年9月26日，洪磊会长在首届"中小投资者服务论坛"上的讲话中指出，维护投资者合法权益是协会的首要职责，协会需要通过建立健全自律管理制度，不断完善投诉处理机制，以及多渠道多角度开展投资者教育保护工作来实现这一目标。不仅如此，协会还要围绕落实信义义务来加强投资者保护工作，具体来说，应推动《基金法》成为统领资管行业的根本大法；积极行使协会职责，完善落实信义义务的自律规则体系；以及弘扬行业信义文化，加强投资者教育和保护。

2018年9月26日，在协会官网和微信公众号上发布《关于失联私募机构最新情况及公示第二十四批疑似失联私募机构的公告》称，截至2018年9月25日，协会已将承辉宏（北京）资产管理有限公司等489家机构列入失联公告名单，并在协会官网予以列示，其中有157家机构已被注销登记，有10家机构已自行申请注销登记。此外，协会在自律核查工作中发现19家疑似失联机构，如该等机构于公告发出后5个工作日内仍未与协会联系，将被认定为失联机构并按"失联（异常）"私募机构公示制度等规定进行处理。

2018 年 9 月 30 日，协会发布《关于加强私募基金信息披露自律管理相关事项的通知》，私募基金管理人应当按照规定通过中国证券投资基金业协会指定的私募基金信息披露备份平台报送信息。私募基金管理人未按时在信披备份系统备份信息披露报告累计达两次的，协会将其列入异常机构名单，自 2018 年 11 月 1 日起，已登记私募基金管理人未按要求履行上述私募基金信息披露备份义务的，在私募基金管理人完成相应整改要求前，协会将暂停受理该机构的私募基金产品备案申请。

◆ 2018 年 10 月

2018 年 10 月 13 日，中国证券投资基金业协会会长洪磊在中国财富管理 50 人论坛致辞表示，一是完善信用公示、信用管理，建立公允透明的行业评价体系和评价机制，让信用记录良好、内部治理稳健、历史业绩优秀的私募机构有机会脱颖而出，获得更低的展业成本，更大的展业空间，积极推动优秀的私募基金管理人获得开展公募业务、养老金管理业务的机会，促进优胜劣汰。二是进一步完善登记备案的须知，明确登记备案的关注要点，优化登记备案的流程，提高信息的透明度。在完善信用义务要求的同时，提高信用记录良好、内部治理稳健的私募机构产品审核时效。三是切实配合国家有关部门优惠政策和监管的要求，做好创业投资基金登记备案和标准认定工作，为创业投资提供更加便利的服务。四是强化行业监督和自律检查，对违反自律规则和协会章程的行为，严格自律执纪。

2018 年 10 月 19 日，刘鹤主席就当前经济金融热点问题接受采访表示，一是在稳定市场方面，允许银行理财子公司对资本市场进行投资，要求金融机构科学合理做好股权质押融资业务风险管理，鼓励地方政府管理的基金、私募股权基金帮助有发展前景的公司纾解股权质押困难。二是在市场基本制度改革方面，制定《证券期货经营机构私募资产管理业务管理办法》，完善上市公司股份回购制度，深化并购重组市场化改革，推进新三板制度改革，加大对科技创新企业上市的支持力度等。三是在鼓励市场长期资金来源方面，加大保险资金财务性和战略性投资优质上市公司力度，壮大机构投资者力量，巩固市场长期投资的基础。

2018 年 10 月 19 日，易纲行长就近期股市情况接受金融时报采访表示，推进民营企业股权融资支持计划，支持符合条件的私募基金管理人发起设立民营企业发展支持基金，为出现资金困难的民营企业提供股权融资支持。

2018 年 10 月 19 日，证监会主席刘士余接受新华社采访时表示，鼓励地方政府管理的各类基金、合格私募股权投资基金、券商资管产品分别或联合组织新的基金，帮助有发展前景但暂时陷入经营困难的上市公司纾解股票质押困境，促进其健康发展。鼓励私募股权基金通过参与非公开发行、协议转让、大宗交易等方式，购买已上市公司股票，参与上市公司并购重组。

2018 年 10 月 19 日，银保监会发布《商业银行理财子公司管理办法（征求意见稿）》其中对商业银行理财子公司开展的理财与私募机构的合作是放开的，在征求意见稿中给予了明确肯定。

2018 年 10 月 22 日，证监会主席刘士余在中国基金业 20 周年论坛上的致辞。中国证监会主席刘士余致辞中表示，近些年来私募股权投资基金快速发展，为促进长期资本形成、支持科技创新和国企改革发挥了重要作用。在推动基金行业健康发展方面，将重点做好以下工作：一是鼓励私募股权与创投基金积极参与企业并购重组、债转股以及股权融资；二是充分发挥私募基金积极作用，激发市场活力，推动完善相应的财税政策，进一步支持私募股权基金投向高新技术企业与产业。

2018 年 10 月 22 日，全国人大常委会委员、全国人大宪法和法律委员会主任委员李飞中国基金业 20 周年论坛上表示，一是《基金法》以信托关系与信义义务为基础，搭建了保护投资者利益的"安全网"，奠定了行业健康发展的基石。二是私募基金纳入《基金法》为基金行业增加了活力，为丰富直接融资体系、完善多层次资本市场贡献了力量。

2018 年 10 月 22 日，证监会再出重磅消息，发布了《证券期货经营机构私募资产管理业务管理办法》及《证券期货经营机构私募资产管理计划运作管理规定》。

2018 年 10 月 24 日，中国基金业协会在官网上发布《关于注销期间届满未提交专项法律意见书私募基金管理人登记的公告》，对于上海岩成资产管理有限公司等 6 家未能在书面通知发出后 3 个月内提交符合规定的专项法律意见书的私募机构，协会注销这 6 家机构的私募基金管理人登记。

2018 年 10 月 26 日，银保监会发布《保险资金投资股权管理办法（征求意见稿）》，允许保险公司投资股权投资基金，但同时也对基金管理人注册资本、风险准备金制度、管理团队人员、股权投资经验和管理资产规模等各方面提出了较高的要求。

2018 年 10 月 26 日，协会再次发布《关于限期提交自查报告的通知》（协会字〔2018〕415号），其中自查内容比 9 月 20 日通知要求的自查范围更广，自查截止时间为 2018 年 11 月 30 日，若管理人未能在 2018 年 11 月 30 日前提交自查报告，将被纳入异常经营。若需要整改的，整改时限不得晚于 2019 年 3 月 31 日。

◆ 2018 年 11 月

2018 年 11 月 13 日，国家发展改革委会同央行、财政部、银保监会和证监会五部委联合发布《关于鼓励相关机构参与市场化债转股的通知》（下称"通知"）。通知重点鼓励私募股权投资基金（下称"股权基金"）参与债转股：首先，在资金募集和使用符合相关监管要求的前提下，鼓励股权基金管理人独立或与其他机构联合开展债转股业务；其次，允许符合条件的商业银行单独或联合或与其他社会资本发起设立金融资产投资公司开展债转股业务；最后，支持外资设立股权基金开展债转股业务。

2018 年 11 月 14 日，中基协会长洪磊在《财经》年会 2019 上的讲话：一是进一步完善登记备案须知，优化登记备案流程，为市场合理展业提供清晰标准。二是出台行业尽职调查指引，建立尽调行为标准，强化展业过程的规范性和透明度。三是全面实施信用信息报告制度，推动建立多维度市场化信用制衡机制。

2018 年 11 月 19 日，发改委发文《关于鼓励相关机构参与市场化债转股的通知》（发改办财金〔2018〕1442 号文）。其中指出：

（1）允许符合条件的保险集团（控股）公司、保险公司、保险资产管理机构设立专门实施机构从事市场化债转股，允许保险业实施机构设立私募股权投资基金开展市场化债转股。

（2）鼓励私募股权投资基金开展市场化债转股业务。

（3）鼓励银行、信托公司、证券公司、基金管理公司等依法依规发行资产管理产品参与市场化债转股。

（4）鼓励暂未设立实施机构的商业银行利用现有机构开展市场化债转股，允许符合条件的商业银行单独或联合或与其他社会资本发起设立金融资产投资公司。

（5）支持外资设立私募股权投资基金开展市场化债转股业务。

2018 年 11 月 20 日，协会发布《私募基金命名指引》，对各类组织形式募集设立的私募投资基金命名事宜作出具体规定，要求私募基金名称应体现投资业务类型，契约型基金要包含"私募"、"基金"字样，并列明管理人全称或简称。自 2019 年 1 月 1 日起，新申请备案的契约型私募投资基金相关命名事宜应当按照本指引执行，新设立的合伙型、公司型私募投资基金（以营业执照中"成立日期"为准）命名事宜应当按照新的命名指引执行。

◆ 2018 年 12 月

2018 年 12 月 2 日，《理财子公司管理办法》发布，其文件中规定银行理财子公司可以选择符合以下条件的私募投资基金管理人担任理财投资合作机构：

（1）在中国证券投资基金业协会登记满一年、无重大违法违规记录的会员；

（2）担任银行理财子公司投资顾问的，应当为私募证券投资基金管理人，其具备三年以上连续可追溯证券、期货投资管理业绩且无不良从业记录的投资管理人员应当不少于三人；

（3）金融监督管理部门规定的其他条件。

2018 年 12 月 7 日，协会发布《私募基金管理人登记须知》更新版，新版《登记须知》丰富细化为十二项，不但进一步明确了管理人登记的内控、资本金、办公地、财务、高管及从业人员、出资人及实际控制人等基本要求，更是对管理人完成登记后的持续展业、重大事项变更等提出更为明确的规范性要求。此外，新版《登记须知》要求各机构加强内控管理，强化过程自律，加强高管及从业人员合规性、专业性要求；同时特别强调股东真实性、稳定性要求，引入中止办理流程、新增不予登记情形。

2018 年 12 月 12 日，国务院总理李克强主持召开国务院常务会议。决定实施所得税优惠促进创业投资发展，加大对创业创新支持力度；部署加快推进农业机械化和农机装备产业升级，助力乡村振兴、"三农"发展；通过 2018 年度国家科学技术奖励评审结果。为进一步落实党中央、国务院加大对创业创新支持的部署，鼓励发展创业投资，用市场力量汇聚更多要素，提升创业创新效能，促进扩大就业和科技成果转化、产业升级，会议决定，在今年已在全国对创投企业投向种子期、初创期科技型企业实行按投资额 70% 抵扣应纳税所得额的优惠政策基础上，从明年 1 月 1 日起，对依法备案的创投企业，可选择按单一投资基金核算，其个人合伙人从该基金取得的股权转让和股息红利所得，按 20% 税率缴纳个人所得税；或选择按创投企业年度所得整体核算，其个人合伙人从企业所得，按 5%～35% 超额累进税率计算个人所得税。上述政策实施期限暂定 5 年。使创投企业个人合伙人税负有所下降、只减不增。

资料来源：中国证券投资基金业协会官网、中国证券投资基金业协会微信公众号、中国证券投资基金业协会 AMBERS 系统、中国政府网、中国人民银行中国银行保险监督管理委员会中国证券监督管理委员会国家外汇管理局官网、财政部和国家税务总局官网、中国证监会官网、国家发展改革委会等。

附录二　私募基金综合政策法规汇编

中华人民共和国证券投资基金法

（2003 年 10 月 28 日第十届全国人民代表大会常务委员会第五次会议通过。2012 年 12 月 28 日第十一届全国人民代表大会常务委员会第三十次会议修订。根据 2015 年 4 月 24 日第十二届全国人民代表大会常务委员会第十四次会议《关于修改〈中华人民共和国港口法〉等七部法律的决定》修正）

第一章　总则

第一条　为了规范证券投资基金活动，保护投资人及相关当事人的合法权益，促进证券投资基金和资本市场的健康发展，制定本法。

第二条　在中华人民共和国境内，公开或者非公开募集资金设立证券投资基金（以下简称基金），由基金管理人管理，基金托管人托管，为基金份额持有人的利益，进行证券投资活动，适用本法；本法未规定的，适用《中华人民共和国信托法》《中华人民共和国证券法》和其他有关法律、行政法规的规定。

第三条　基金管理人、基金托管人和基金份额持有人的权利、义务，依照本法在基金合同中约定。

基金管理人、基金托管人依照本法和基金合同的约定，履行受托职责。

通过公开募集方式设立的基金（以下简称公开募集基金）的基金份额持有人按其所持基金份额享受收益和承担风险，通过非公开募集方式设立的基金（以下简称非公开募集基金）的收益分配和风险承担由基金合同约定。

第四条　从事证券投资基金活动，应当遵循自愿、公平、诚实信用的原则，不得损害国家利益和社会公共利益。

第五条　基金财产的债务由基金财产本身承担，基金份额持有人以其出资为限对基金财产的债务承担责任。但基金合同依照本法另有约定的，从其约定。

基金财产独立于基金管理人、基金托管人的固有财产。基金管理人、基金托管人不得将基金财产归入其固有财产。

基金管理人、基金托管人因基金财产的管理、运用或者其他情形而取得的财产和收益，归入基金财产。

基金管理人、基金托管人因依法解散、被依法撤销或者被依法宣告破产等原因进行清算的，基金财产不属于其清算财产。

第六条　基金财产的债权，不得与基金管理人、基金托管人固有财产的债务相抵销；不同基金财产的债权债务，不得相互抵销。

第七条　非因基金财产本身承担的债务，不得对基金财产强制执行。

第八条　基金财产投资的相关税收，由基金份额持有人承担，基金管理人或者其他扣缴义务人按照国家有关税收征收的规定代扣代缴。

第九条　基金管理人、基金托管人管理、运用基金财产，基金服务机构从事基金服务活动，应当恪尽职守，履行诚实信用、谨慎勤勉的义务。

基金管理人运用基金财产进行证券投资，应当遵守审慎经营规则，制定科学合理的投资策略和风险管理制度，有效防范和控制风险。

基金从业人员应当具备基金从业资格，遵守法律、行政法规，恪守职业道德和行为规范。

第十条　基金管理人、基金托管人和基金服务机构，应当依照本法成立证券投资基金行业协会（以下简称基金行业协会），进行行业自律，协调行业关系，提供行业服务，促进行业发展。

第十一条　国务院证券监督管理机构依法对证券投资基金活动实施监督管理；其派出机构依照授权履行职责。

第二章　基金管理人

第十二条　基金管理人由依法设立的公司或者合伙企业担任。

公开募集基金的基金管理人，由基金管理公司或者经国务院证券监督管理机构按照规定核准的其他机构担任。

第十三条　设立管理公开募集基金的基金管理公司，应当具备下列条件，并经国务院证券监督管理机构批准：

（一）有符合本法和《中华人民共和国公司法》规定的章程；

（二）注册资本不低于一亿元人民币，且必须为实缴货币资本；

（三）主要股东应当具有经营金融业务或者管理金融机构的良好业绩、良好的财务状况和社会信誉，资产规模达到国务院规定的标准，最近三年没有违法记录；

（四）取得基金从业资格的人员达到法定人数；

（五）董事、监事、高级管理人员具备相应的任职条件；

（六）有符合要求的营业场所、安全防范设施和与基金管理业务有关的其他设施；

（七）有良好的内部治理结构、完善的内部稽核监控制度、风险控制制度；

（八）法律、行政法规规定的和经国务院批准的国务院证券监督管理机构规定的其他条件。

第十四条　国务院证券监督管理机构应当自受理基金管理公司设立申请之日起六个月内依照本法第十三条规定的条件和审慎监管原则进行审查，作出批准或者不予批准的决定，并通知申请人；不予批准的，应当说明理由。

基金管理公司变更持有百分之五以上股权的股东，变更公司的实际控制人，或者变更其他重大事项，应当报经国务院证券监督管理机构批准。国务院证券监督管理机构应当自受理申请之日起六十日内作出批准或者不予批准的决定，并通知申请人；不予批准的，应当说明理由。

第十五条　有下列情形之一的，不得担任公开募集基金的基金管理人的董事、监事、高级管理人员和其他从业人员：

（一）因犯有贪污贿赂、渎职、侵犯财产罪或者破坏社会主义市场经济秩序罪，被判处刑罚的；

（二）对所任职的公司、企业因经营不善破产清算或者因违法被吊销营业执照负有个人责任的董事、监事、厂长、高级管理人员，自该公司、企业破产清算终结或者被吊销营业执照之日起未逾五年的；

（三）个人所负债务数额较大，到期未清偿的；

（四）因违法行为被开除的基金管理人、基金托管人、证券交易所、证券公司、证券登记结算机构、期货交易所、期货公司及其他机构的从业人员和国家机关工作人员；

（五）因违法行为被吊销执业证书或者被取消资格的律师、注册会计师和资产评估机构、验证机构的从业人员、投资咨询从业人员；

（六）法律、行政法规规定不得从事基金业务的其他人员。

第十六条 公开募集基金的基金管理人的董事、监事和高级管理人员，应当熟悉证券投资方面的法律、行政法规，具有三年以上与其所任职务相关的工作经历；高级管理人员还应当具备基金从业资格。

第十七条 公开募集基金的基金管理人的董事、监事、高级管理人员和其他从业人员，其本人、配偶、利害关系人进行证券投资，应当事先向基金管理人申报，并不得与基金份额持有人发生利益冲突。

公开募集基金的基金管理人应当建立前款规定人员进行证券投资的申报、登记、审查、处置等管理制度，并报国务院证券监督管理机构备案。

第十八条 公开募集基金的基金管理人的董事、监事、高级管理人员和其他从业人员，不得担任基金托管人或者其他基金管理人的任何职务，不得从事损害基金财产和基金份额持有人利益的证券交易及其他活动。

第十九条 公开募集基金的基金管理人应当履行下列职责：

（一）依法募集资金，办理基金份额的发售和登记事宜；

（二）办理基金备案手续；

（三）对所管理的不同基金财产分别管理、分别记账，进行证券投资；

（四）按照基金合同的约定确定基金收益分配方案，及时向基金份额持有人分配收益；

（五）进行基金会计核算并编制基金财务会计报告；

（六）编制中期和年度基金报告；

（七）计算并公告基金资产净值，确定基金份额申购、赎回价格；

（八）办理与基金财产管理业务活动有关的信息披露事项；

（九）按照规定召集基金份额持有人大会；

（十）保存基金财产管理业务活动的记录、账册、报表和其他相关资料；

（十一）以基金管理人名义，代表基金份额持有人利益行使诉讼权利或者实施其他法律行为；

（十二）国务院证券监督管理机构规定的其他职责。

第二十条 公开募集基金的基金管理人及其董事、监事、高级管理人员和其他从业人员不得有下列行为：

（一）将其固有财产或者他人财产混同于基金财产从事证券投资；

（二）不公平地对待其管理的不同基金财产；

（三）利用基金财产或者职务之便为基金份额持有人以外的人牟取利益；

（四）向基金份额持有人违规承诺收益或者承担损失；

（五）侵占、挪用基金财产；

（六）泄露因职务便利获取的未公开信息、利用该信息从事或者明示、暗示他人从事相关的交易活动；

（七）玩忽职守，不按照规定履行职责；

（八）法律、行政法规和国务院证券监督管理机构规定禁止的其他行为。

第二十一条　公开募集基金的基金管理人应当建立良好的内部治理结构，明确股东会、董事会、监事会和高级管理人员的职责权限，确保基金管理人独立运作。

公开募集基金的基金管理人可以实行专业人士持股计划，建立长效激励约束机制。

公开募集基金的基金管理人的股东、董事、监事和高级管理人员在行使权利或者履行职责时，应当遵循基金份额持有人利益优先的原则。

第二十二条　公开募集基金的基金管理人应当从管理基金的报酬中计提风险准备金。

公开募集基金的基金管理人因违法违规、违反基金合同等原因给基金财产或者基金份额持有人合法权益造成损失，应当承担赔偿责任的，可以优先使用风险准备金予以赔偿。

第二十三条　公开募集基金的基金管理人的股东、实际控制人应当按照国务院证券监督管理机构的规定及时履行重大事项报告义务，并不得有下列行为：

（一）虚假出资或者抽逃出资；

（二）未依法经股东会或者董事会决议擅自干预基金管理人的基金经营活动；

（三）要求基金管理人利用基金财产为自己或者他人牟取利益，损害基金份额持有人利益；

（四）国务院证券监督管理机构规定禁止的其他行为。

公开募集基金的基金管理人的股东、实际控制人有前款行为或者股东不再符合法定条件的，国务院证券监督管理机构应当责令其限期改正，并可视情节责令其转让所持有或者控制的基金管理人的股权。

在前款规定的股东、实际控制人按照要求改正违法行为、转让所持有或者控制的基金管理人的股权前，国务院证券监督管理机构可以限制有关股东行使股东权利。

第二十四条　公开募集基金的基金管理人违法违规，或者其内部治理结构、稽核监控和风险控制管理不符合规定的，国务院证券监督管理机构应当责令其限期改正；逾期未改正，或者其行为严重危及该基金管理人的稳健运行、损害基金份额持有人合法权益的，国务院证券监督管理机构可以区别情形，对其采取下列措施：

（一）限制业务活动，责令暂停部分或者全部业务；

（二）限制分配红利，限制向董事、监事、高级管理人员支付报酬、提供福利；

（三）限制转让固有财产或者在固有财产上设定其他权利；

（四）责令更换董事、监事、高级管理人员或者限制其权利；

（五）责令有关股东转让股权或者限制有关股东行使股东权利。

公开募集基金的基金管理人整改后，应当向国务院证券监督管理机构提交报告。国务院证券监督管理机构经验收，符合有关要求的，应当自验收完毕之日起三日内解除对其采取的有关措施。

第二十五条　公开募集基金的基金管理人的董事、监事、高级管理人员未能勤勉尽责，致使基金管理人存在重大违法违规行为或者重大风险的，国务院证券监督管理机构可以责令更换。

第二十六条　公开募集基金的基金管理人违法经营或者出现重大风险，严重危害证券市场秩序、损害基金份额持有人利益的，国务院证券监督管理机构可以对该基金管理人采取责令停业整顿、指定其他机构托管、接管、取消基金管理资格或者撤销等监管措施。

第二十七条 在公开募集基金的基金管理人被责令停业整顿、被依法指定托管、接管或者清算期间，或者出现重大风险时，经国务院证券监督管理机构批准，可以对该基金管理人直接负责的董事、监事、高级管理人员和其他直接责任人员采取下列措施：

（一）通知出境管理机关依法阻止其出境；

（二）申请司法机关禁止其转移、转让或者以其他方式处分财产，或者在财产上设定其他权利。

第二十八条 有下列情形之一的，公开募集基金的基金管理人职责终止：

（一）被依法取消基金管理资格；

（二）被基金份额持有人大会解任；

（三）依法解散、被依法撤销或者被依法宣告破产；

（四）基金合同约定的其他情形。

第二十九条 公开募集基金的基金管理人职责终止的，基金份额持有人大会应当在六个月内选任新基金管理人；新基金管理人产生前，由国务院证券监督管理机构指定临时基金管理人。

公开募集基金的基金管理人职责终止的，应当妥善保管基金管理业务资料，及时办理基金管理业务的移交手续，新基金管理人或者临时基金管理人应当及时接收。

第三十条 公开募集基金的基金管理人职责终止的，应当按照规定聘请会计师事务所对基金财产进行审计，并将审计结果予以公告，同时报国务院证券监督管理机构备案。

第三十一条 对非公开募集基金的基金管理人进行规范的具体办法，由国务院金融监督管理机构依照本章的原则制定。

第三章　基金托管人

第三十二条 基金托管人由依法设立的商业银行或者其他金融机构担任。商业银行担任基金托管人的，由国务院证券监督管理机构会同国务院银行业监督管理机构核准；其他金融机构担任基金托管人的，由国务院证券监督管理机构核准。

第三十三条 担任基金托管人，应当具备下列条件：

（一）净资产和风险控制指标符合有关规定；

（二）设有专门的基金托管部门；

（三）取得基金从业资格的专职人员达到法定人数；

（四）有安全保管基金财产的条件；

（五）有安全高效的清算、交割系统；

（六）有符合要求的营业场所、安全防范设施和与基金托管业务有关的其他设施；

（七）有完善的内部稽核监控制度和风险控制制度；

（八）法律、行政法规规定的和经国务院批准的国务院证券监督管理机构、国务院银行业监督管理机构规定的其他条件。

第三十四条 本法第十五条、第十七条、第十八条的规定，适用于基金托管人的专门基金托管部门的高级管理人员和其他从业人员。

本法第十六条的规定，适用于基金托管人的专门基金托管部门的高级管理人员。

第三十五条 基金托管人与基金管理人不得为同一机构，不得相互出资或者持有股份。

第三十六条 基金托管人应当履行下列职责：

（一）安全保管基金财产；

（二）按照规定开设基金财产的资金账户和证券账户；

（三）对所托管的不同基金财产分别设置账户，确保基金财产的完整与独立；

（四）保存基金托管业务活动的记录、账册、报表和其他相关资料；

（五）按照基金合同的约定，根据基金管理人的投资指令，及时办理清算、交割事宜；

（六）办理与基金托管业务活动有关的信息披露事项；

（七）对基金财务会计报告、中期和年度基金报告出具意见；

（八）复核、审查基金管理人计算的基金资产净值和基金份额申购、赎回价格；

（九）按照规定召集基金份额持有人大会；

（十）按照规定监督基金管理人的投资运作；

（十一）国务院证券监督管理机构规定的其他职责。

第三十七条 基金托管人发现基金管理人的投资指令违反法律、行政法规和其他有关规定，或者违反基金合同约定的，应当拒绝执行，立即通知基金管理人，并及时向国务院证券监督管理机构报告。

基金托管人发现基金管理人依据交易程序已经生效的投资指令违反法律、行政法规和其他有关规定，或者违反基金合同约定的，应当立即通知基金管理人，并及时向国务院证券监督管理机构报告。

第三十八条 本法第二十条、第二十二条的规定，适用于基金托管人。

第三十九条 基金托管人不再具备本法规定的条件，或者未能勤勉尽责，在履行本法规定的职责时存在重大失误的，国务院证券监督管理机构、国务院银行业监督管理机构应当责令其改正；逾期未改正，或者其行为严重影响所托管基金的稳健运行、损害基金份额持有人利益的，国务院证券监督管理机构、国务院银行业监督管理机构可以区别情形，对其采取下列措施：

（一）限制业务活动，责令暂停办理新的基金托管业务；

（二）责令更换负有责任的专门基金托管部门的高级管理人员。

基金托管人整改后，应当向国务院证券监督管理机构、国务院银行业监督管理机构提交报告；经验收，符合有关要求的，应当自验收完毕之日起三日内解除对其采取的有关措施。

第四十条 国务院证券监督管理机构、国务院银行业监督管理机构对有下列情形之一的基金托管人，可以取消其基金托管资格：

（一）连续三年没有开展基金托管业务的；

（二）违反本法规定，情节严重的；

（三）法律、行政法规规定的其他情形。

第四十一条 有下列情形之一的，基金托管人职责终止：

（一）被依法取消基金托管资格；

（二）被基金份额持有人大会解任；

（三）依法解散、被依法撤销或者被依法宣告破产；

（四）基金合同约定的其他情形。

第四十二条 基金托管人职责终止的，基金份额持有人大会应当在六个月内选任新基金托管人；新基金托管人产生前，由国务院证券监督管理机构指定临时基金托管人。

基金托管人职责终止的，应当妥善保管基金财产和基金托管业务资料，及时办理基金财产和基金托管业务的移交手续，新基金托管人或者临时基金托管人应当及时接收。

第四十三条 基金托管人职责终止的，应当按照规定聘请会计师事务所对基金财产进行审计，并将审计结果予以公告，同时报国务院证券监督管理机构备案。

第四章 基金的运作方式和组织

第四十四条 基金合同应当约定基金的运作方式。

第四十五条 基金的运作方式可以采用封闭式、开放式或者其他方式。采用封闭式运作方式的基金（以下简称封闭式基金）是指基金份额总额在基金合同期限内固定不变，基金份额持有人不得申请赎回的基金；采用开放式运作方式的基金（以下简称开放式基金）是指基金份额总额不固定，基金份额可以在基金合同约定的时间和场所申购或者赎回的基金。

采用其他运作方式的基金的基金份额发售、交易、申购、赎回的办法，由国务院证券监督管理机构另行规定。

第四十六条 基金份额持有人享有下列权利：

（一）分享基金财产收益；

（二）参与分配清算后的剩余基金财产；

（三）依法转让或者申请赎回其持有的基金份额；

（四）按照规定要求召开基金份额持有人大会或者召集基金份额持有人大会；

（五）对基金份额持有人大会审议事项行使表决权；

（六）对基金管理人、基金托管人、基金服务机构损害其合法权益的行为依法提起诉讼；

（七）基金合同约定的其他权利。

公开募集基金的基金份额持有人有权查阅或者复制公开披露的基金信息资料；非公开募集基金的基金份额持有人对涉及自身利益的情况，有权查阅基金的财务会计账簿等财务资料。

第四十七条 基金份额持有人大会由全体基金份额持有人组成，行使下列职权：

（一）决定基金扩募或者延长基金合同期限；

（二）决定修改基金合同的重要内容或者提前终止基金合同；

（三）决定更换基金管理人、基金托管人；

（四）决定调整基金管理人、基金托管人的报酬标准；

（五）基金合同约定的其他职权。

第四十八条 按照基金合同约定，基金份额持有人大会可以设立日常机构，行使下列职权：

（一）召集基金份额持有人大会；

（二）提请更换基金管理人、基金托管人；

（三）监督基金管理人的投资运作、基金托管人的托管活动；

（四）提请调整基金管理人、基金托管人的报酬标准；

（五）基金合同约定的其他职权。

前款规定的日常机构，由基金份额持有人大会选举产生的人员组成；其议事规则，由基金合同约定。

第四十九条　基金份额持有人大会及其日常机构不得直接参与或者干涉基金的投资管理活动。

第五章　基金的公开募集

第五十条　公开募集基金，应当经国务院证券监督管理机构注册，未经注册，不得公开或者变相公开募集基金。

前款所称公开募集基金，包括向不特定对象募集资金、向特定对象募集资金累计超过二百人，以及法律、行政法规规定的其他情形。

公开募集基金应当由基金管理人管理，基金托管人托管。

第五十一条　注册公开募集基金，由拟任基金管理人向国务院证券监督管理机构提交下列文件：

（一）申请报告；

（二）基金合同草案；

（三）基金托管协议草案；

（四）招募说明书草案；

（五）律师事务所出具的法律意见书；

（六）国务院证券监督管理机构规定提交的其他文件。

第五十二条　公开募集基金的基金合同应当包括下列内容：

（一）募集基金的目的和基金名称；

（二）基金管理人、基金托管人的名称和住所；

（三）基金的运作方式；

（四）封闭式基金的基金份额总额和基金合同期限，或者开放式基金的最低募集份额总额；

（五）确定基金份额发售日期、价格和费用的原则；

（六）基金份额持有人、基金管理人和基金托管人的权利、义务；

（七）基金份额持有人大会召集、议事及表决的程序和规则；

（八）基金份额发售、交易、申购、赎回的程序、时间、地点、费用计算方式，以及给付赎回款项的时间和方式；

（九）基金收益分配原则、执行方式；

（十）基金管理人、基金托管人报酬的提取、支付方式与比例；

（十一）与基金财产管理、运用有关的其他费用的提取、支付方式；

（十二）基金财产的投资方向和投资限制；

（十三）基金资产净值的计算方法和公告方式；

（十四）基金募集未达到法定要求的处理方式；

（十五）基金合同解除和终止的事由、程序以及基金财产清算方式；

（十六）争议解决方式；

（十七）当事人约定的其他事项。

第五十三条　公开募集基金的基金招募说明书应当包括下列内容：

（一）基金募集申请的准予注册文件名称和注册日期；

（二）基金管理人、基金托管人的基本情况；

（三）基金合同和基金托管协议的内容摘要；

（四）基金份额的发售日期、价格、费用和期限；

（五）基金份额的发售方式、发售机构及登记机构名称；

（六）出具法律意见书的律师事务所和审计基金财产的会计师事务所的名称和住所；

（七）基金管理人、基金托管人报酬及其他有关费用的提取、支付方式与比例；

（八）风险警示内容；

（九）国务院证券监督管理机构规定的其他内容。

第五十四条 国务院证券监督管理机构应当自受理公开募集基金的募集注册申请之日起六个月内依照法律、行政法规及国务院证券监督管理机构的规定进行审查，作出注册或者不予注册的决定，并通知申请人；不予注册的，应当说明理由。

第五十五条 基金募集申请经注册后，方可发售基金份额。

基金份额的发售，由基金管理人或者其委托的基金销售机构办理。

第五十六条 基金管理人应当在基金份额发售的三日前公布招募说明书、基金合同及其他有关文件。

前款规定的文件应当真实、准确、完整。

对基金募集所进行的宣传推介活动，应当符合有关法律、行政法规的规定，不得有本法第七十七条所列行为。

第五十七条 基金管理人应当自收到准予注册文件之日起六个月内进行基金募集。超过六个月开始募集，原注册的事项未发生实质性变化的，应当报国务院证券监督管理机构备案；发生实质性变化的，应当向国务院证券监督管理机构重新提交注册申请。

基金募集不得超过国务院证券监督管理机构准予注册的基金募集期限。基金募集期限自基金份额发售之日起计算。

第五十八条 基金募集期限届满，封闭式基金募集的基金份额总额达到准予注册规模的百分之八十以上，开放式基金募集的基金份额总额超过准予注册的最低募集份额总额，并且基金份额持有人人数符合国务院证券监督管理机构规定的，基金管理人应当自募集期限届满之日起十日内聘请法定验资机构验资，自收到验资报告之日起十日内，向国务院证券监督管理机构提交验资报告，办理基金备案手续，并予以公告。

第五十九条 基金募集期间募集的资金应当存入专门账户，在基金募集行为结束前，任何人不得动用。

第六十条 投资人交纳认购的基金份额的款项时，基金合同成立；基金管理人依照本法第五十八条的规定向国务院证券监督管理机构办理基金备案手续，基金合同生效。

基金募集期限届满，不能满足本法第五十八条规定的条件的，基金管理人应当承担下列责任：

（一）以其固有财产承担因募集行为而产生的债务和费用；

（二）在基金募集期限届满后三十日内返还投资人已交纳的款项，并加计银行同期存款利息。

第六章 公开募集基金的基金份额的交易、申购与赎回

第六十一条 申请基金份额上市交易，基金管理人应当向证券交易所提出申请，证券交易所依

法审核同意的，双方应当签订上市协议。

第六十二条　基金份额上市交易，应当符合下列条件：

（一）基金的募集符合本法规定；

（二）基金合同期限为五年以上；

（三）基金募集金额不低于二亿元人民币；

（四）基金份额持有人不少于一千人；

（五）基金份额上市交易规则规定的其他条件。

第六十三条　基金份额上市交易规则由证券交易所制定，报国务院证券监督管理机构批准。

第六十四条　基金份额上市交易后，有下列情形之一的，由证券交易所终止其上市交易，并报国务院证券监督管理机构备案：

（一）不再具备本法第六十二条规定的上市交易条件；

（二）基金合同期限届满；

（三）基金份额持有人大会决定提前终止上市交易；

（四）基金合同约定的或者基金份额上市交易规则规定的终止上市交易的其他情形。

第六十五条　开放式基金的基金份额的申购、赎回、登记，由基金管理人或者其委托的基金服务机构办理。

第六十六条　基金管理人应当在每个工作日办理基金份额的申购、赎回业务；基金合同另有约定的，从其约定。

投资人交付申购款项，申购成立；基金份额登记机构确认基金份额时，申购生效。

基金份额持有人递交赎回申请，赎回成立；基金份额登记机构确认赎回时，赎回生效。

第六十七条　基金管理人应当按时支付赎回款项，但是下列情形除外：

（一）因不可抗力导致基金管理人不能支付赎回款项；

（二）证券交易场所依法决定临时停市，导致基金管理人无法计算当日基金资产净值；

（三）基金合同约定的其他特殊情形。

发生上述情形之一的，基金管理人应当在当日报国务院证券监督管理机构备案。

本条第一款规定的情形消失后，基金管理人应当及时支付赎回款项。

第六十八条　开放式基金应当保持足够的现金或者政府债券，以备支付基金份额持有人的赎回款项。基金财产中应当保持的现金或者政府债券的具体比例，由国务院证券监督管理机构规定。

第六十九条　基金份额的申购、赎回价格，依据申购、赎回日基金份额净值加、减有关费用计算。

第七十条　基金份额净值计价出现错误时，基金管理人应当立即纠正，并采取合理的措施防止损失进一步扩大。计价错误达到基金份额净值百分之零点五时，基金管理人应当公告，并报国务院证券监督管理机构备案。

因基金份额净值计价错误造成基金份额持有人损失的，基金份额持有人有权要求基金管理人、基金托管人予以赔偿。

第七章　公开募集基金的投资与信息披露

第七十一条　基金管理人运用基金财产进行证券投资，除国务院证券监督管理机构另有规定外，应当采用资产组合的方式。

资产组合的具体方式和投资比例，依照本法和国务院证券监督管理机构的规定在基金合同中约定。

第七十二条 基金财产应当用于下列投资：

（一）上市交易的股票、债券；

（二）国务院证券监督管理机构规定的其他证券及其衍生品种。

第七十三条 基金财产不得用于下列投资或者活动：

（一）承销证券；

（二）违反规定向他人贷款或者提供担保；

（三）从事承担无限责任的投资；

（四）买卖其他基金份额，但是国务院证券监督管理机构另有规定的除外；

（五）向基金管理人、基金托管人出资；

（六）从事内幕交易、操纵证券交易价格及其他不正当的证券交易活动；

（七）法律、行政法规和国务院证券监督管理机构规定禁止的其他活动。运用基金财产买卖基金管理人、基金托管人及其控股股东、实际控制人或者与其有其他重大利害关系的公司发行的证券或承销期内承销的证券，或者从事其他重大关联交易的，应当遵循基金份额持有人利益优先的原则，防范利益冲突，符合国务院证券监督管理机构的规定，并履行信息披露义务。

第七十四条 基金管理人、基金托管人和其他基金信息披露义务人应当依法披露基金信息，并保证所披露信息的真实性、准确性和完整性。

第七十五条 基金信息披露义务人应当确保应予披露的基金信息在国务院证券监督管理机构规定时间内披露，并保证投资人能够按照基金合同约定的时间和方式查阅或者复制公开披露的信息资料。

第七十六条 公开披露的基金信息包括下列内容：

（一）基金招募说明书、基金合同、基金托管协议；

（二）基金募集情况；

（三）基金份额上市交易公告书；

（四）基金资产净值、基金份额净值；

（五）基金份额申购、赎回价格；

（六）基金财产的资产组合季度报告、财务会计报告及中期和年度基金报告；

（七）临时报告；

（八）基金份额持有人大会决议；

（九）基金管理人、基金托管人的专门基金托管部门的重大人事变动；

（十）涉及基金财产、基金管理业务、基金托管业务的诉讼或者仲裁；

（十一）国务院证券监督管理机构规定应予披露的其他信息。

第七十七条 公开披露基金信息，不得有下列行为：

（一）虚假记载、误导性陈述或者重大遗漏；

（二）对证券投资业绩进行预测；

（三）违规承诺收益或者承担损失；

（四）诋毁其他基金管理人、基金托管人或者基金销售机构；

（五）法律、行政法规和国务院证券监督管理机构规定禁止的其他行为。

第八章　公开募集基金的基金合同的变更、终止与基金财产清算

第七十八条　按照基金合同的约定或者基金份额持有人大会的决议，基金可以转换运作方式或者与其他基金合并。

第七十九条　封闭式基金扩募或者延长基金合同期限，应当符合下列条件，并报国务院证券监督管理机构备案：

（一）基金运营业绩良好；

（二）基金管理人最近二年内没有因违法违规行为受到行政处罚或者刑事处罚；

（三）基金份额持有人大会决议通过；

（四）本法规定的其他条件。

第八十条　有下列情形之一的，基金合同终止：

（一）基金合同期限届满而未延期；

（二）基金份额持有人大会决定终止；

（三）基金管理人、基金托管人职责终止，在六个月内没有新基金管理人、新基金托管人承接；

（四）基金合同约定的其他情形。

第八十一条　基金合同终止时，基金管理人应当组织清算组对基金财产进行清算。

清算组由基金管理人、基金托管人以及相关的中介服务机构组成。

清算组作出的清算报告经会计师事务所审计，律师事务所出具法律意见书后，报国务院证券监督管理机构备案并公告。

第八十二条　清算后的剩余基金财产，应当按照基金份额持有人所持份额比例进行分配。

第九章　公开募集基金的基金份额持有人权利行使

第八十三条　基金份额持有人大会由基金管理人召集，基金份额持有人大会设立日常机构的，由该日常机构召集；该日常机构未召集的，由基金管理人召集。基金管理人未按规定召集或者不能召集的，由基金托管人召集。

代表基金份额百分之十以上的基金份额持有人就同一事项要求召开基金份额持有人大会，而基金份额持有人大会的日常机构、基金管理人、基金托管人都不召集的，代表基金份额百分之十以上的基金份额持有人有权自行召集，并报国务院证券监督管理机构备案。

第八十四条　召开基金份额持有人大会，召集人应当至少提前三十日公告基金份额持有人大会的召开时间、会议形式、审议事项、议事程序和表决方式等事项。

基金份额持有人大会不得就未经公告的事项进行表决。

第八十五条　基金份额持有人大会可以采取现场方式召开，也可以采取通信等方式召开。

每一基金份额具有一票表决权，基金份额持有人可以委托代理人出席基金份额持有人大会并行使表决权。

第八十六条　基金份额持有人大会应当有代表二分之一以上基金份额的持有人参加，方可召开。

参加基金份额持有人大会的持有人的基金份额低于前款规定比例的，召集人可以在原公告的基金份额持有人大会召开时间的三个月以后、六个月以内，就原定审议事项重新召集基金份额持有人大会。重新召集的基金份额持有人大会应当有代表三分之一以上基金份额的持有人参加，方可召开。

基金份额持有人大会就审议事项作出决定，应当经参加大会的基金份额持有人所持表决权的二分之一以上通过；但是，转换基金的运作方式、更换基金管理人或者基金托管人、提前终止基金合同、与其他基金合并，应当经参加大会的基金份额持有人所持表决权的三分之二以上通过。

基金份额持有人大会决定的事项，应当依法报国务院证券监督管理机构备案，并予以公告。

第十章　非公开募集基金

第八十七条　非公开募集基金应当向合格投资者募集，合格投资者累计不得超过200人。

前款所称合格投资者，是指达到规定资产规模或者收入水平，并且具备相应的风险识别能力和风险承担能力、其基金份额认购金额不低于规定限额的单位和个人。

合格投资者的具体标准由国务院证券监督管理机构规定。

第八十八条　除基金合同另有约定外，非公开募集基金应当由基金托管人托管。

第八十九条　担任非公开募集基金的基金管理人，应当按照规定向基金行业协会履行登记手续，报送基本情况。

第九十条　未经登记，任何单位或者个人不得使用"基金"或者"基金管理"字样或者近似名称进行证券投资活动；但是，法律、行政法规另有规定的除外。

第九十一条　非公开募集基金，不得向合格投资者之外的单位和个人募集资金，不得通过报刊、电台、电视台、互联网等公众传播媒体或者讲座、报告会、分析会等方式向不特定对象宣传推介。

第九十二条　非公开募集基金，应当制定并签订基金合同。基金合同应当包括下列内容：

（一）基金份额持有人、基金管理人、基金托管人的权利、义务；

（二）基金的运作方式；

（三）基金的出资方式、数额和认缴期限；

（四）基金的投资范围、投资策略和投资限制；

（五）基金收益分配原则、执行方式；

（六）基金承担的有关费用；

（七）基金信息提供的内容、方式；

（八）基金份额的认购、赎回或者转让的程序和方式；

（九）基金合同变更、解除和终止的事由、程序；

（十）基金财产清算方式；

（十一）当事人约定的其他事项。

基金份额持有人转让基金份额的，应当符合本法第八十七条、第九十一条的规定。

第九十三条　按照基金合同约定，非公开募集基金可以由部分基金份额持有人作为基金管理人负责基金的投资管理活动，并在基金财产不足以清偿其债务时对基金财产的债务承担无限连带责任。

前款规定的非公开募集基金，其基金合同还应载明：

（一）承担无限连带责任的基金份额持有人和其他基金份额持有人的姓名或者名称、住所；

（二）承担无限连带责任的基金份额持有人的除名条件和更换程序；

（三）基金份额持有人增加、退出的条件、程序以及相关责任；

（四）承担无限连带责任的基金份额持有人和其他基金份额持有人的转换程序。

第九十四条　非公开募集基金募集完毕，基金管理人应当向基金行业协会备案。对募集的资金总额或者基金份额持有人的人数达到规定标准的基金，基金行业协会应当向国务院证券监督管理机构报告。

非公开募集基金财产的证券投资，包括买卖公开发行的股份有限公司股票、债券、基金份额以及国务院证券监督管理机构规定的其他证券及其衍生品种。

第九十五条　基金管理人、基金托管人应当按照基金合同的约定，向基金份额持有人提供基金信息。

第九十六条　专门从事非公开募集基金管理业务的基金管理人，其股东、高级管理人员、经营期限、管理的基金资产规模等符合规定条件的，经国务院证券监督管理机构核准，可以从事公开募集基金管理业务。

第十一章　基金服务机构

第九十七条　从事公开募集基金的销售、销售支付、份额登记、估值、投资顾问、评价、信息技术系统服务等基金服务业务的机构，应当按照国务院证券监督管理机构的规定进行注册或者备案。

第九十八条　基金销售机构应当向投资人充分揭示投资风险，并根据投资人的风险承担能力销售不同风险等级的基金产品。

第九十九条　基金销售支付机构应当按照规定办理基金销售结算资金的划付，确保基金销售结算资金安全、及时划付。

第一百条　基金销售结算资金、基金份额独立于基金销售机构、基金销售支付机构或者基金份额登记机构的自有财产。基金销售机构、基金销售支付机构或者基金份额登记机构破产或者清算时，基金销售结算资金、基金份额不属于其破产财产或者清算财产。非因投资人本身的债务或者法律规定的其他情形，不得查封、冻结、扣划或者强制执行基金销售结算资金、基金份额。

基金销售机构、基金销售支付机构、基金份额登记机构应当确保基金销售结算资金、基金份额的安全、独立，禁止任何单位或者个人以任何形式挪用基金销售结算资金、基金份额。

第一百零一条　基金管理人可以委托基金服务机构代为办理基金的份额登记、核算、估值、投资顾问等事项，基金托管人可以委托基金服务机构代为办理基金的核算、估值、复核等事项，但基金管理人、基金托管人依法应当承担的责任不因委托而免除。

第一百零二条　基金份额登记机构以电子介质登记的数据，是基金份额持有人权利归属的根据。基金份额持有人以基金份额出质的，质权自基金份额登记机构办理出质登记时设立。

基金份额登记机构应当妥善保存登记数据，并将基金份额持有人名称、身份信息及基金份额明细等数据备份至国务院证券监督管理机构认定的机构。其保存期限自基金账户销户之日起不得少于二十年。

基金份额登记机构应当保证登记数据的真实、准确、完整，不得隐匿、伪造、篡改或者毁损。

第一百零三条 基金投资顾问机构及其从业人员提供基金投资顾问服务，应当具有合理的依据，对其服务能力和经营业绩进行如实陈述，不得以任何方式承诺或者保证投资收益，不得损害服务对象的合法权益。

第一百零四条 基金评价机构及其从业人员应当客观公正，按照依法制定的业务规则开展基金评价业务，禁止误导投资人，防范可能发生的利益冲突。

第一百零五条 基金管理人、基金托管人、基金服务机构的信息技术系统，应当符合规定的要求。国务院证券监督管理机构可以要求信息技术系统服务机构提供该信息技术系统的相关资料。

第一百零六条 律师事务所、会计师事务所接受基金管理人、基金托管人的委托，为有关基金业务活动出具法律意见书、审计报告、内部控制评价报告等文件，应当勤勉尽责，对所依据的文件资料内容的真实性、准确性、完整性进行核查和验证。其制作、出具的文件有虚假记载、误导性陈述或者重大遗漏，给他人财产造成损失的，应当与委托人承担连带赔偿责任。

第一百零七条 基金服务机构应当勤勉尽责、恪尽职守，建立应急等风险管理制度和灾难备份系统，不得泄露与基金份额持有人、基金投资运作相关的非公开信息。

第十二章　基金行业协会

第一百零八条 基金行业协会是证券投资基金行业的自律性组织，是社会团体法人。

基金管理人、基金托管人应当加入基金行业协会，基金服务机构可以加入基金行业协会。

第一百零九条 基金行业协会的权力机构为全体会员组成的会员大会。基金行业协会设理事会。理事会成员依章程的规定由选举产生。

第一百一十条 基金行业协会章程由会员大会制定，并报国务院证券监督管理机构备案。

第一百一十一条 基金行业协会履行下列职责：

（一）教育和组织会员遵守有关证券投资的法律、行政法规，维护投资人合法权益；

（二）依法维护会员的合法权益，反映会员的建议和要求；

（三）制定和实施行业自律规则，监督、检查会员及其从业人员的执业行为，对违反自律规则和协会章程的，按照规定给予纪律处分；

（四）制定行业执业标准和业务规范，组织基金从业人员的从业考试、资质管理和业务培训；

（五）提供会员服务，组织行业交流，推动行业创新，开展行业宣传和投资人教育活动；

（六）对会员之间、会员与客户之间发生的基金业务纠纷进行调解；

（七）依法办理非公开募集基金的登记、备案；

（八）协会章程规定的其他职责。

第十三章　监督管理

第一百一十二条 国务院证券监督管理机构依法履行下列职责：

（一）制定有关证券投资基金活动监督管理的规章、规则，并行使审批、核准或者注册权；

（二）办理基金备案；

（三）对基金管理人、基金托管人及其他机构从事证券投资基金活动进行监督管理，对违法行为进行查处，并予以公告；

（四）制定基金从业人员的资格标准和行为准则，并监督实施；

（五）监督检查基金信息的披露情况；

（六）指导和监督基金行业协会的活动；

（七）法律、行政法规规定的其他职责。

第一百一十三条　国务院证券监督管理机构依法履行职责，有权采取下列措施：

（一）对基金管理人、基金托管人、基金服务机构进行现场检查，并要求其报送有关的业务资料；

（二）进入涉嫌违法行为发生场所调查取证；

（三）询问当事人和与被调查事件有关的单位和个人，要求其对与被调查事件有关的事项作出说明；

（四）查阅、复制与被调查事件有关的财产权登记、通讯记录等资料；

（五）查阅、复制当事人和与被调查事件有关的单位和个人的证券交易记录、登记过户记录、财务会计资料及其他相关文件和资料；对可能被转移、隐匿或者毁损的文件和资料，可以予以封存；

（六）查询当事人和与被调查事件有关的单位和个人的资金账户、证券账户和银行账户；对有证据证明已经或者可能转移或者隐匿违法资金、证券等涉案财产或者隐匿、伪造、毁损重要证据的，经国务院证券监督管理机构主要负责人批准，可以冻结或者查封；

（七）在调查操纵证券市场、内幕交易等重大证券违法行为时，经国务院证券监督管理机构主要负责人批准，可以限制被调查事件当事人的证券买卖，但限制的期限不得超过十五个交易日；案情复杂的，可以延长十五个交易日。

第一百一十四条　国务院证券监督管理机构工作人员依法履行职责，进行调查或者检查时，不得少于二人，并应当出示合法证件；对调查或者检查中知悉的商业秘密负有保密的义务。

第一百一十五条　国务院证券监督管理机构工作人员应当忠于职守，依法办事，公正廉洁，接受监督，不得利用职务牟取私利。

第一百一十六条　国务院证券监督管理机构依法履行职责时，被调查、检查的单位和个人应当配合，如实提供有关文件和资料，不得拒绝、阻碍和隐瞒。

第一百一十七条　国务院证券监督管理机构依法履行职责，发现违法行为涉嫌犯罪的，应当将案件移送司法机关处理。

第一百一十八条　国务院证券监督管理机构工作人员在任职期间，或者离职后在《中华人民共和国公务员法》规定的期限内，不得在被监管的机构中担任职务。

第十四章　法律责任

第一百一十九条　违反本法规定，未经批准擅自设立基金管理公司或者未经核准从事公开募集基金管理业务的，由证券监督管理机构予以取缔或者责令改正，没收违法所得，并处违法所得一倍以上五倍以下罚款，没有违法所得或者违法所得不足一百万元的，并处十万元以上一百万元以下罚款。对直接负责的主管人员和其他直接责任人员给予警告，并处三万元以上三十万元以下罚款。

基金管理公司违反本法规定，擅自变更持有百分之五以上股权的股东、实际控制人或者其他重大事项的，责令改正，没收违法所得，并处违法所得一倍以上五倍以下罚款；没有违法所得或者违法所得不足五十万元的，并处五万元以上五十万元以下罚款。对直接负责的主管人员给予警告，并处三万元以上十万元以下罚款。

第一百二十条 基金管理人的董事、监事、高级管理人员和其他从业人员，基金托管人的专门基金托管部门的高级管理人员和其他从业人员，未按照本法第十七条第一款规定申报的，责令改正，处三万元以上十万元以下罚款。

基金管理人、基金托管人违反本法第十七条第二款规定的，责令改正，处十万元以上一百万元以下罚款；对直接负责的主管人员和其他直接责任人员给予警告，暂停或者撤销基金从业资格，并处三万元以上三十万元以下罚款。

第一百二十一条 基金管理人的董事、监事、高级管理人员和其他从业人员，基金托管人的专门基金托管部门的高级管理人员和其他从业人员违反本法第十八条规定的，责令改正，没收违法所得，并处违法所得一倍以上五倍以下罚款；没有违法所得或者违法所得不足一百万元的，并处十万元以上一百万元以下罚款；情节严重的，撤销基金从业资格。

第一百二十二条 基金管理人、基金托管人违反本法规定，未对基金财产实行分别管理或者分账保管，责令改正，处五万元以上五十万元以下罚款；对直接负责的主管人员和其他直接责任人员给予警告，暂停或者撤销基金从业资格，并处三万元以上三十万元以下罚款。

第一百二十三条 基金管理人、基金托管人及其董事、监事、高级管理人员和其他从业人员有本法第二十条所列行为之一的，责令改正，没收违法所得，并处违法所得一倍以上五倍以下罚款，没有违法所得或者违法所得不足一百万元的，并处十万元以上一百万元以下罚款；基金管理人、基金托管人有上述行为的，还应当对其直接负责的主管人员和其他直接责任人员给予警告，暂停或者撤销基金从业资格，并处三万元以上三十万元以下罚款。

基金管理人、基金托管人及其董事、监事、高级管理人员和其他从业人员侵占、挪用基金财产而取得的财产和收益，归入基金财产。但是，法律、行政法规另有规定的，依照其规定。

第一百二十四条 基金管理人的股东、实际控制人违反本法第二十三条规定的，责令改正，没收违法所得，并处违法所得一倍以上五倍以下罚款；没有违法所得或者违法所得不足一百万元的，并处十万元以上一百万元以下罚款；对直接负责的主管人员和其他直接责任人员给予警告，暂停或者撤销基金或证券从业资格，并处三万元以上三十万元以下罚款。

第一百二十五条 未经核准，擅自从事基金托管业务的，责令停止，没收违法所得，并处违法所得一倍以上五倍以下罚款；没有违法所得或者违法所得不足一百万元的，并处十万元以上一百万元以下罚款；对直接负责的主管人员和其他直接责任人员给予警告，并处三万元以上三十万元以下罚款。

第一百二十六条 基金管理人、基金托管人违反本法规定，相互出资或者持有股份的，责令改正，可以处十万元以下罚款。

第一百二十七条 违反本法规定，擅自公开或者变相公开募集基金的，责令停止，返还所募资金和加计的银行同期存款利息，没收违法所得，并处所募资金金额百分之一以上百分之五以下罚款。对直接负责的主管人员和其他直接责任人员给予警告，并处五万元以上五十万元以下罚款。

第一百二十八条 违反本法第五十九条规定，动用募集的资金的，责令返还，没收违法所得，并处违法所得一倍以上五倍以下罚款；没有违法所得或者违法所得不足五十万元的，并处五万元以上五十万元以下罚款；对直接负责的主管人员和其他直接责任人员给予警告，并处三万元以上三十万元以下罚款。

第一百二十九条　基金管理人、基金托管人有本法第七十三条第一款第一项至第五项和第七项所列行为之一，或者违反本法第七十三条第二款规定的，责令改正，处十万元以上一百万元以下罚款；对直接负责的主管人员和其他直接责任人员给予警告，暂停或者撤销基金从业资格，并处三万元以上三十万元以下罚款。

基金管理人、基金托管人有前款行为，运用基金财产而取得的财产和收益，归入基金财产。但是，法律、行政法规另有规定的，依照其规定。

第一百三十条　基金管理人、基金托管人有本法第七十三条第一款第六项规定行为的，除依照《中华人民共和国证券法》的有关规定处罚外，对直接负责的主管人员和其他直接责任人员暂停或者撤销基金从业资格。

第一百三十一条　基金信息披露义务人不依法披露基金信息或者披露的信息有虚假记载、误导性陈述或者重大遗漏的，责令改正，没收违法所得，并处十万元以上一百万元以下罚款；对直接负责的主管人员和其他直接责任人员给予警告，暂停或者撤销基金从业资格，并处三万元以上三十万元以下罚款。

第一百三十二条　基金管理人或者基金托管人不按照规定召集基金份额持有人大会的，责令改正，可以处五万元以下罚款；对直接负责的主管人员和其他直接责任人员给予警告，暂停或者撤销基金从业资格。

第一百三十三条　违反本法规定，未经登记，使用"基金"或者"基金管理"字样或者近似名称进行证券投资活动的，没收违法所得，并处违法所得一倍以上五倍以下罚款；没有违法所得或者违法所得不足一百万元的，并处十万元以上一百万元以下罚款。对直接负责的主管人员和其他直接责任人员给予警告，并处三万元以上三十万元以下罚款。

第一百三十四条　违反本法规定，非公开募集基金募集完毕，基金管理人未备案的，处十万元以上三十万元以下罚款。对直接负责的主管人员和其他直接责任人员给予警告，并处三万元以上十万元以下罚款。

第一百三十五条　违反本法规定，向合格投资者之外的单位或者个人非公开募集资金或者转让基金份额的，没收违法所得，并处违法所得一倍以上五倍以下罚款；没有违法所得或者违法所得不足一百万元的，并处十万元以上一百万元以下罚款。对直接负责的主管人员和其他直接责任人员给予警告，并处三万元以上三十万元以下罚款。

第一百三十六条　违反本法规定，擅自从事公开募集基金的基金服务业务的，责令改正，没收违法所得，并处违法所得一倍以上五倍以下罚款；没有违法所得或者违法所得不足三十万元的，并处十万元以上三十万元以下罚款。对直接负责的主管人员和其他直接责任人员给予警告，并处三万元以上十万元以下罚款。

第一百三十七条　基金销售机构未向投资人充分揭示投资风险并误导其购买与其风险承担能力不相当的基金产品的，处十万元以上三十万元以下罚款；情节严重的，责令其停止基金服务业务。对直接负责的主管人员和其他直接责任人员给予警告，撤销基金从业资格，并处三万元以上十万元以下罚款。

第一百三十八条　基金销售支付机构未按照规定划付基金销售结算资金的，处十万元以上三十万元以下罚款；情节严重的，责令其停止基金服务业务。对直接负责的主管人员和其他直接责任人员给予警告，撤销基金从业资格，并处三万元以上十万元以下罚款。

第一百三十九条 挪用基金销售结算资金或者基金份额的，责令改正，没收违法所得，并处违法所得一倍以上五倍以下罚款；没有违法所得或者违法所得不足一百万元的，并处十万元以上一百万元以下罚款。对直接负责的主管人员和其他直接责任人员给予警告，并处三万元以上三十万元以下罚款。

第一百四十条 基金份额登记机构未妥善保存或者备份基金份额登记数据的，责令改正，给予警告，并处十万元以上三十万元以下罚款；情节严重的，责令其停止基金服务业务。对直接负责的主管人员和其他直接责任人员给予警告，撤销基金从业资格，并处三万元以上十万元以下罚款。

基金份额登记机构隐匿、伪造、篡改、毁损基金份额登记数据的，责令改正，处十万元以上一百万元以下罚款，并责令其停止基金服务业务。对直接负责的主管人员和其他直接责任人员给予警告，撤销基金从业资格，并处三万元以上三十万元以下罚款。

第一百四十一条 基金投资顾问机构、基金评价机构及其从业人员违反本法规定开展投资顾问、基金评价服务的，处十万元以上三十万元以下罚款；情节严重的，责令其停止基金服务业务。对直接负责的主管人员和其他直接责任人员给予警告，撤销基金从业资格，并处三万元以上十万元以下罚款。

第一百四十二条 信息技术系统服务机构未按照规定向国务院证券监督管理机构提供相关信息技术系统资料，或者提供的信息技术系统资料虚假、有重大遗漏的，责令改正，处三万元以上十万元以下罚款。对直接负责的主管人员和其他直接责任人员给予警告，并处一万元以上三万元以下罚款。

第一百四十三条 会计师事务所、律师事务所未勤勉尽责，所出具的文件有虚假记载、误导性陈述或者重大遗漏的，责令改正，没收业务收入，暂停或者撤销相关业务许可，并处业务收入一倍以上五倍以下罚款。对直接负责的主管人员和其他直接责任人员给予警告，并处三万元以上十万元以下罚款。

第一百四十四条 基金服务机构未建立应急等风险管理制度和灾难备份系统，或者泄露与基金份额持有人、基金投资运作相关的非公开信息的，处十万元以上三十万元以下罚款；情节严重的，责令其停止基金服务业务。对直接负责的主管人员和其他直接责任人员给予警告，撤销基金从业资格，并处三万元以上十万元以下罚款。

第一百四十五条 违反本法规定，给基金财产、基金份额持有人或者投资人造成损害的，依法承担赔偿责任。

基金管理人、基金托管人在履行各自职责的过程中，违反本法规定或者基金合同约定，给基金财产或者基金份额持有人造成损害的，应当分别对各自的行为依法承担赔偿责任；因共同行为给基金财产或者基金份额持有人造成损害的，应当承担连带赔偿责任。

第一百四十六条 证券监督管理机构工作人员玩忽职守、滥用职权、徇私舞弊或者利用职务上的便利索取或者收受他人财物的，依法给予行政处分。

第一百四十七条 拒绝、阻碍证券监督管理机构及其工作人员依法行使监督检查、调查职权未使用暴力、威胁方法的，依法给予治安管理处罚。

第一百四十八条 违反法律、行政法规或者国务院证券监督管理机构的有关规定，情节严重的，国务院证券监督管理机构可以对有关责任人员采取证券市场禁入的措施。

第一百四十九条　违反本法规定，构成犯罪的，依法追究刑事责任。

第一百五十条　违反本法规定，应当承担民事赔偿责任和缴纳罚款、罚金，其财产不足以同时支付时，先承担民事赔偿责任。

第一百五十一条　依照本法规定，基金管理人、基金托管人、基金服务机构应当承担的民事赔偿责任和缴纳的罚款、罚金，由基金管理人、基金托管人、基金服务机构以其固有财产承担。

依法收缴的罚款、罚金和没收的违法所得，应当全部上缴国库。

第十五章　附则

第一百五十二条　在中华人民共和国境内募集投资境外证券的基金以及合格境外投资者在境内进行证券投资，应当经国务院证券监督管理机构批准，具体办法由国务院证券监督管理机构会同国务院有关部门规定，报国务院批准。

第一百五十三条　公开或者非公开募集资金，以进行证券投资活动为目的设立的公司或者合伙企业，资产由基金管理人或者普通合伙人管理的，其证券投资活动适用本法。

第一百五十四条　本法自 2013 年 6 月 1 日起施行。

私募投资基金监督管理暂行办法

第一章　总则

第一条　为了规范私募投资基金活动，保护投资者及相关当事人的合法权益，促进私募投资基金行业健康发展，根据《证券投资基金法》《国务院关于进一步促进资本市场健康发展的若干意见》，制定本办法。

第二条　本办法所称私募投资基金（以下简称私募基金），是指在中华人民共和国境内，以非公开方式向投资者募集资金设立的投资基金。

私募基金财产的投资包括买卖股票、股权、债券、期货、期权、基金份额及投资合同约定的其他投资标的。

非公开募集资金，以进行投资活动为目的设立的公司或者合伙企业，资产由基金管理人或者普通合伙人管理的，其登记备案、资金募集和投资运作适用本办法。

证券公司、基金管理公司、期货公司及其子公司从事私募基金业务适用本办法，其他法律法规和中国证券监督管理委员会（以下简称中国证监会）有关规定对上述机构从事私募基金业务另有规定的，适用其规定。

第三条　从事私募基金业务，应当遵循自愿、公平、诚实信用原则，维护投资者合法权益，不得损害国家利益和社会公共利益。

第四条　私募基金管理人和从事私募基金托管业务的机构（以下简称私募基金托管人）管理、运用私募基金财产，从事私募基金销售业务的机构（以下简称私募基金销售机构）及其他私募服务机构从事私募基金服务活动，应当恪尽职守，履行诚实信用、谨慎勤勉的义务。

私募基金从业人员应当遵守法律、行政法规，恪守职业道德和行为规范。

第五条 中国证监会及其派出机构依照《证券投资基金法》、本办法和中国证监会的其他有关规定，对私募基金业务活动实施监督管理。

设立私募基金管理机构和发行私募基金不设行政审批，允许各类发行主体在依法合规的基础上，向累计不超过法律规定数量的投资者发行私募基金。建立健全私募基金发行监管制度，切实强化事中事后监管，依法严厉打击以私募基金为名的各类非法集资活动。

建立促进经营机构规范开展私募基金业务的风险控制和自律管理制度以及各类私募基金的统一监测系统。

第六条 中国证券投资基金业协会（以下简称基金业协会）依照《证券投资基金法》、本办法、中国证监会其他有关规定和基金业协会自律规则，对私募基金业开展行业自律，协调行业关系，提供行业服务，促进行业发展。

第二章 登记备案

第七条 各类私募基金管理人应当根据基金业协会的规定，向基金业协会申请登记，报送以下基本信息：

（一）工商登记和营业执照正副本复印件；

（二）公司章程或者合伙协议；

（三）主要股东或者合伙人名单；

（四）高级管理人员的基本信息；

（五）基金业协会规定的其他信息。

基金业协会应当在私募基金管理人登记材料齐备后的 20 个工作日内，通过网站公告私募基金管理人名单及其基本情况的方式，为私募基金管理人办结登记手续。

第八条 各类私募基金募集完毕，私募基金管理人应当根据基金业协会的规定，办理基金备案手续，报送以下基本信息：

（一）主要投资方向及根据主要投资方向注明的基金类别。

（二）基金合同、公司章程或者合伙协议。资金募集过程中向投资者提供基金招募说明书的，应当报送基金招募说明书；以公司、合伙等企业形式设立的私募基金，还应当报送工商登记和营业执照正副本复印件。

（三）采取委托管理方式的，应当报送委托管理协议；委托托管机构托管基金财产的，还应当报送托管协议。

（四）基金业协会规定的其他信息。

基金业协会应当在私募基金备案材料齐备后的 20 个工作日内，通过网站公告私募基金名单及其基本情况的方式，为私募基金办结备案手续。

第九条 基金业协会为私募基金管理人和私募基金办理登记备案不构成对私募基金管理人投资能力、持续合规情况的认可；不作为对基金财产安全的保证。

第十条 私募基金管理人依法解散、被依法撤销、或者被依法宣告破产的，其法定代表人或者普通合伙人应当在20个工作日内向基金业协会报告，基金业协会应当及时注销基金管理人登记并通过网站公告。

第三章　合格投资者

第十一条　私募基金应当向合格投资者募集，单只私募基金的投资者人数累计不得超过《证券投资基金法》《公司法》《合伙企业法》等法律规定的特定数量。

投资者转让基金份额的，受让人应当为合格投资者且基金份额受让后投资者人数应当符合前款规定。

第十二条　私募基金的合格投资者是指具备相应风险识别能力和风险承担能力，投资于单只私募基金的金额不低于 100 万元且符合下列相关标准的单位和个人：

（一）净资产不低于 1000 万元的单位；

（二）金融资产不低于 300 万元或者最近三年个人年均收入不低于 50 万元的个人。

前款所称金融资产包括银行存款、股票、债券、基金份额、资产管理计划、银行理财产品、信托计划、保险产品、期货权益等。

第十三条　下列投资者视为合格投资者：

（一）社会保障基金、企业年金等养老基金，慈善基金等社会公益基金；

（二）依法设立并在基金业协会备案的投资计划；

（三）投资于所管理私募基金的私募基金管理人及其从业人员；

（四）中国证监会规定的其他投资者。

以合伙企业、契约等非法人形式，通过汇集多数投资者的资金直接或者间接投资于私募基金的，私募基金管理人或者私募基金销售机构应当穿透核查最终投资者是否为合格投资者，并合并计算投资者人数。但是，符合本条第（一）（二）（四）项规定的投资者投资私募基金的，不再穿透核查最终投资者是否为合格投资者和合并计算投资者人数。

第四章　资金募集

第十四条　私募基金管理人、私募基金销售机构不得向合格投资者之外的单位和个人募集资金，不得通过报刊、电台、电视、互联网等公众传播媒体或者讲座、报告会、分析会和布告、传单、手机短信、微信、博客和电子邮件等方式，向不特定对象宣传推介。

第十五条　私募基金管理人、私募基金销售机构不得向投资者承诺投资本金不受损失或者承诺最低收益。

第十六条　私募基金管理人自行销售私募基金的，应当采取问卷调查等方式，对投资者的风险识别能力和风险承担能力进行评估，由投资者书面承诺符合合格投资者条件；应当制作风险揭示书，由投资者签字确认。

私募基金管理人委托销售机构销售私募基金的，私募基金销售机构应当采取前款规定的评估、确认等措施。

投资者风险识别能力和承担能力问卷及风险揭示书的内容与格式指引，由基金业协会按照不同类别私募基金的特点制定。

第十七条　私募基金管理人自行销售或者委托销售机构销售私募基金，应当自行或者委托第三方机构对私募基金进行风险评级，向风险识别能力和风险承担能力相匹配的投资者推介私募基金。

第十八条　投资者应当如实填写风险识别能力和承担能力问卷，如实承诺资产或者收入情况，并对其真实性、准确性和完整性负责。填写虚假信息或者提供虚假承诺文件的，应当承担相应责任。

第十九条　投资者应当确保投资资金来源合法，不得非法汇集他人资金投资私募基金。

第五章　投资运作

第二十条　募集私募证券基金，应当制定并签订基金合同、公司章程或者合伙协议（以下统称基金合同）。基金合同应当符合《证券投资基金法》第九十三条、第九十四条规定。

募集其他种类私募基金，基金合同应当参照《证券投资基金法》第九十三条、第九十四条规定，明确约定各方当事人的权利、义务和相关事宜。

第二十一条　除基金合同另有约定外，私募基金应当由基金托管人托管。基金合同约定私募基金不进行托管的，应当在基金合同中明确保障私募基金财产安全的制度措施和纠纷解决机制。

第二十二条　同一私募基金管理人管理不同类别私募基金的，应当坚持专业化管理原则；管理可能导致利益输送或者利益冲突的不同私募基金的，应当建立防范利益输送和利益冲突的机制。

第二十三条　私募基金管理人、私募基金托管人、私募基金销售机构及其他私募服务机构及其从业人员从事私募基金业务，不得有以下行为：

（一）将其固有财产或者他人财产混同于基金财产从事投资活动；

（二）不公平地对待其管理的不同基金财产；

（三）利用基金财产或者职务之便，为本人或者投资者以外的人牟取利益，进行利益输送；

（四）侵占、挪用基金财产；

（五）泄露因职务便利获取的未公开信息，利用该信息从事或者明示、暗示他人从事相关的交易活动；

（六）从事损害基金财产和投资者利益的投资活动；

（七）玩忽职守，不按照规定履行职责；

（八）从事内幕交易、操纵交易价格及其他不正当交易活动；

（九）法律、行政法规和中国证监会规定禁止的其他行为。

第二十四条　私募基金管理人、私募基金托管人应当按照合同约定，如实向投资者披露基金投资、资产负债、投资收益分配、基金承担的费用和业绩报酬、可能存在的利益冲突情况以及可能影响投资者合法权益的其他重大信息，不得隐瞒或者提供虚假信息。信息披露规则由基金业协会另行制定。

第二十五条　私募基金管理人应当根据基金业协会的规定，及时填报并定期更新管理人及其从业人员的有关信息、所管理私募基金的投资运作情况和杠杆运用情况，保证所填报内容真实、准确、完整。发生重大事项的，应当在10个工作日内向基金业协会报告。

私募基金管理人应当于每个会计年度结束后的4个月内，向基金业协会报送经会计师事务所审计的年度财务报告和所管理私募基金年度投资运作基本情况。

第二十六条　私募基金管理人、私募基金托管人及私募基金销售机构应当妥善保存私募基金投资决策、交易和投资者适当性管理等方面的记录及其他相关资料，保存期限自基金清算终止之日起不得少于10年。

第六章　行业自律

第二十七条　基金业协会应当建立私募基金管理人登记、私募基金备案管理信息系统。

基金业协会应当对私募基金管理人和私募基金信息严格保密。除法律法规另有规定外，不得对外披露。

第二十八条　基金业协会应当建立与中国证监会及其派出机构和其他相关机构的信息共享机制，定期汇总分析私募基金情况，及时提供私募基金相关信息。

第二十九条　基金业协会应当制定和实施私募基金行业自律规则，监督、检查会员及其从业人员的执业行为。

会员及其从业人员违反法律、行政法规、本办法规定和基金业协会自律规则的，基金业协会可以视情节轻重，采取自律管理措施，并通过网站公开相关违法违规信息。会员及其从业人员涉嫌违法违规的，基金业协会应当及时报告中国证监会。

第三十条　基金业协会应当建立投诉处理机制，受理投资者投诉，进行纠纷调解。

第七章　监督管理

第三十一条　中国证监会及其派出机构依法对私募基金管理人、私募基金托管人、私募基金销售机构及其他私募服务机构开展私募基金业务情况进行统计监测和检查，依照《证券投资基金法》第一百一十四条规定采取有关措施。

第三十二条　中国证监会将私募基金管理人、私募基金托管人、私募基金销售机构及其他私募服务机构及其从业人员诚信信息记入证券期货市场诚信档案数据库；根据私募基金管理人的信用状况，实施差异化监管。

第三十三条　私募基金管理人、私募基金托管人、私募基金销售机构及其他私募服务机构及其从业人员违反法律、行政法规及本办法规定，中国证监会及其派出机构可以对其采取责令改正、监管谈话、出具警示函、公开谴责等行政监管措施。

第八章　关于创业投资基金的特别规定

第三十四条　本办法所称创业投资基金，是指主要投资于未上市创业企业普通股或者依法可转换为普通股的优先股、可转换债券等权益的股权投资基金。

第三十五条　鼓励和引导创业投资基金投资创业早期的小微企业。

享受国家财政税收扶持政策的创业投资基金，其投资范围应当符合国家相关规定。

第三十六条　基金业协会在基金管理人登记、基金备案、投资情况报告要求和会员管理等环节，对创业投资基金采取区别于其他私募基金的差异化行业自律，并提供差异化会员服务。

第三十七条　中国证监会及其派出机构对创业投资基金在投资方向检查等环节，采取区别于其他私募基金的差异化监督管理；在账户开立、发行交易和投资退出等方面，为创业投资基金提供便利服务。

第九章　法律责任

第三十八条　私募基金管理人、私募基金托管人、私募基金销售机构及其他私募服务机构及其从业人员违反本办法第七条、第八条、第十一条、第十四条至第十七条、第二十四条至第二十六条规定的以及有本办法第二十三条第一项至第七项和第九项所列行为之一的，责令改正，给予警告并处三万元以下罚款；对直接负责的主管人员和其他直接责任人员，给予警告并处三万元以下罚款；有本办法第二十三条第八项行为的，按照《证券法》和《期货交易管理条例》的有关规定处罚；构成犯罪的，依法移交司法机关追究刑事责任。

第三十九条 私募基金管理人、私募基金托管人、私募基金销售机构及其他私募服务机构及其从业人员违反法律法规和本办法规定，情节严重的，中国证监会可以依法对有关责任人员采取市场禁入措施。

第四十条 私募证券基金管理人及其从业人员违反《证券投资基金法》有关规定的，按照《证券投资基金法》有关规定处罚。

第十章 附则

第四十一条 本办法自公布之日起施行。

证券期货投资者适当性管理办法

第一条 为了规范证券期货投资者适当性管理，维护投资者合法权益，根据《证券法》《证券投资基金法》《证券公司监督管理条例》《期货交易管理条例》及其他相关法律、行政法规，制定本办法。

第二条 向投资者销售公开或者非公开发行的证券、公开或者非公开募集的证券投资基金和股权投资基金（包括创业投资基金，以下简称基金）、公开或者非公开转让的期货及其他衍生产品，或者为投资者提供相关业务服务的，适用本办法。

第三条 向投资者销售证券期货产品或者提供证券期货服务的机构（以下简称经营机构）应当遵守法律、行政法规、本办法及其他有关规定，在销售产品或者提供服务的过程中，勤勉尽责，审慎履职，全面了解投资者情况，深入调查分析产品或者服务信息，科学有效评估，充分揭示风险，基于投资者的不同风险承受能力以及产品或者服务的不同风险等级等因素，提出明确的适当性匹配意见，将适当的产品或者服务销售或者提供给适合的投资者，并对违法违规行为承担法律责任。

第四条 投资者应当在了解产品或者服务情况，听取经营机构适当性意见的基础上，根据自身能力审慎决策，独立承担投资风险。经营机构的适当性匹配意见不表明其对产品或者服务的风险和收益做出实质性判断或者保证。

第五条 中国证券监督管理委员会（以下简称中国证监会）及其派出机构依照法律、行政法规、本办法及其他相关规定，对经营机构履行适当性义务进行监督管理。证券期货交易场所、登记结算机构及中国证券业协会、中国期货业协会、中国证券投资基金业协会（以下统称行业协会）等自律组织对经营机构履行适当性义务进行自律管理。

第六条 经营机构向投资者销售产品或者提供服务时，应当了解投资者的下列信息：

（一）自然人的姓名、住址、职业、年龄、联系方式，法人或者其他组织的名称、注册地址、办公地址、性质、资质及经营范围等基本信息；

（二）收入来源和数额、资产、债务等财务状况；

（三）投资相关的学习、工作经历及投资经验；

（四）投资期限、品种、期望收益等投资目标；

（五）风险偏好及可承受的损失；

（六）诚信记录；

（七）实际控制投资者的自然人和交易的实际受益人；

（八）法律法规、自律规则规定的投资者准入要求相关信息；

（九）其他必要信息。

第七条　投资者分为普通投资者与专业投资者。普通投资者在信息告知、风险警示、适当性匹配等方面享有特别保护。

第八条　符合下列条件之一的是专业投资者：

（一）经有关金融监管部门批准设立的金融机构，包括证券公司、期货公司、基金管理公司及其子公司、商业银行、保险公司、信托公司、财务公司等；经行业协会备案或者登记的证券公司子公司、期货公司子公司、私募基金管理人。

（二）上述机构面向投资者发行的理财产品，包括但不限于证券公司资产管理产品、基金管理公司及其子公司产品、期货公司资产管理产品、银行理财产品、保险产品、信托产品、经行业协会备案的私募基金。

（三）社会保障基金、企业年金等养老基金，慈善基金等社会公益基金，合格境外机构投资者（QFII）、人民币合格境外机构投资者（RQFII）。

（四）同时符合下列条件的法人或者其他组织：

1. 最近1年末净资产不低于2000万元；

2. 最近1年末金融资产不低于1000万元；

3. 具有2年以上证券、基金、期货、黄金、外汇等投资经历。

（五）同时符合下列条件的自然人：

1. 金融资产不低于500万元，或者最近3年个人年均收入不低于50万元；

2. 具有2年以上证券、基金、期货、黄金、外汇等投资经历，或者具有2年以上金融产品设计、投资、风险管理及相关工作经历，或者属于本条（一）项规定的专业投资者的高级管理人员、获得职业资格认证的从事金融相关业务的注册会计师和律师。

前款所称金融资产，是指银行存款、股票、债券、基金份额、资产管理计划、银行理财产品、信托计划、保险产品、期货及其他衍生产品等。

第九条　经营机构可以根据专业投资者的业务资格、投资实力、投资经历等因素，对专业投资者进行细化分类和管理。

第十条　专业投资者之外的投资者为普通投资者。经营机构应当按照有效维护投资者合法权益的要求，综合考虑收入来源、资产状况、债务、投资知识和经验、风险偏好、诚信状况等因素，确定普通投资者的风险承受能力，对其进行细化分类和管理。

第十一条　普通投资者和专业投资者在一定条件下可以互相转化。

符合本办法第八条第（四）（五）项规定的专业投资者，可以书面告知经营机构选择成为普通投资者，经营机构应当对其履行相应的适当性义务。符合下列条件之一的普通投资者可以申请转化成为专业投资者，但经营机构有权自主决定是否同意其转化：

（一）最近1年末净资产不低于1000万元，最近1年末金融资产不低于500万元，且具有1年以上证券、基金、期货、黄金、外汇等投资经历的除专业投资者外的法人或其他组织；

（二）金融资产不低于300万元或者最近3年个人年均收入不低于30万元，且具有1年以上证券、基金、期货、黄金、外汇等投资经历或者1年以上金融产品设计、投资、风险管理及相关工作经历的自然人投资者。

第十二条 普通投资者申请成为专业投资者应当以书面形式向经营机构提出申请并确认自主承担可能产生的风险和后果，提供相关证明材料。经营机构应当通过追加了解信息、投资知识测试或者模拟交易等方式对投资者进行谨慎评估，确认其符合前条要求，说明对不同类别投资者履行适当性义务的差别，警示可能承担的投资风险，告知申请的审查结果及其理由。

第十三条 经营机构应当告知投资者，其根据本办法第六条规定所提供的信息发生重要变化、可能影响分类的，应及时告知经营机构。经营机构应当建立投资者评估数据库并及时更新，充分使用已了解信息和已有评估结果，避免重复采集，提高评估效率。

第十四条 中国证监会、自律组织在针对特定市场、产品或者服务制定规则时，可以考虑风险性、复杂性以及投资者的认知难度等因素，从资产规模、收入水平、风险识别能力和风险承担能力、投资认购最低金额等方面，规定投资者准入要求。投资者准入要求包含资产指标的，应当规定投资者在购买产品或者接受服务前一定时期内符合该指标。现有市场、产品或者服务规定投资者准入要求的，应当符合前款规定。

第十五条 经营机构应当了解所销售产品或者所提供服务的信息，根据风险特征和程度，对销售的产品或者提供的服务划分风险等级。

第十六条 划分产品或者服务风险等级时应当综合考虑以下因素：

（一）流动性；

（二）到期时限；

（三）杠杆情况；

（四）结构复杂性；

（五）投资单位产品或者相关服务的最低金额；

（六）投资方向和投资范围；

（七）募集方式；

（八）发行人等相关主体的信用状况；

（九）同类产品或者服务过往业绩；

（十）其他因素。

涉及投资组合的产品或者服务，应当按照产品或者服务整体风险等级进行评估。

第十七条 产品或者服务存在下列因素的，应当审慎评估其风险等级：

（一）存在本金损失的可能性，因杠杆交易等因素容易导致本金大部分或者全部损失的产品或者服务；

（二）产品或者服务的流动变现能力，因无公开交易市场、参与投资者少等因素导致难以在短期内以合理价格顺利变现的产品或者服务；

（三）产品或者服务的可理解性，因结构复杂、不易估值等因素导致普通人难以理解其条款和特征的产品或者服务；

（四）产品或者服务的募集方式，涉及面广、影响力大的公募产品或者相关服务；

（五）产品或者服务的跨境因素，存在市场差异、适用境外法律等情形的跨境发行或者交易的产品或者服务；

（六）自律组织认定的高风险产品或者服务；

（七）其他有可能构成投资风险的因素。

第十八条　经营机构应当根据产品或者服务的不同风险等级，对其适合销售产品或者提供服务的投资者类型作出判断，根据投资者的不同分类，对其适合购买的产品或者接受的服务作出判断。

第十九条　经营机构告知投资者不适合购买相关产品或者接受相关服务后，投资者主动要求购买风险等级高于其风险承受能力的产品或者接受相关服务的，经营机构在确认其不属于风险承受能力最低类别的投资者后，应当就产品或者服务风险高于其承受能力进行特别的书面风险警示，投资者仍坚持购买的，可以向其销售相关产品或者提供相关服务。

第二十条　经营机构向普通投资者销售高风险产品或者提供相关服务，应当履行特别的注意义务，包括制定专门的工作程序，追加了解相关信息，告知特别的风险点，给予普通投资者更多的考虑时间，或者增加回访频次等。

第二十一条　经营机构应当根据投资者和产品或者服务的信息变化情况，主动调整投资者分类、产品或者服务分级以及适当性匹配意见，并告知投资者上述情况。

第二十二条　禁止经营机构进行下列销售产品或者提供服务的活动：

（一）向不符合准入要求的投资者销售产品或者提供服务；

（二）向投资者就不确定事项提供确定性的判断，或者告知投资者有可能使其误认为具有确定性的意见；

（三）向普通投资者主动推介风险等级高于其风险承受能力的产品或者服务；

（四）向普通投资者主动推介不符合其投资目标的产品或者服务；

（五）向风险承受能力最低类别的投资者销售或者提供风险等级高于其风险承受能力的产品或者服务；

（六）其他违背适当性要求，损害投资者合法权益的行为。

第二十三条　经营机构向普通投资者销售产品或者提供服务前，应当告知下列信息：

（一）可能直接导致本金亏损的事项；

（二）可能直接导致超过原始本金损失的事项；

（三）因经营机构的业务或者财产状况变化，可能导致本金或者原始本金亏损的事项；

（四）因经营机构的业务或者财产状况变化，影响客户判断的重要事由；

（五）限制销售对象权利行使期限或者可解除合同期限等全部限制内容；

（六）本办法第二十九条规定的适当性匹配意见。

第二十四条　经营机构对投资者进行告知、警示，内容应当真实、准确、完整，不存在虚假记载、误导性陈述或者重大遗漏，语言应当通俗易懂；告知、警示应当采用书面形式送达投资者，并由其确认已充分理解和接受。

第二十五条　经营机构通过营业网点向普通投资者进行本办法第十二条、第二十条、第二十一条和第二十三条规定的告知、警示，应当全过程录音或者录像；通过互联网等非现场方式进行的，经营机构应当完善配套留痕安排，由普通投资者通过符合法律、行政法规要求的电子方式进行确认。

第二十六条　经营机构委托其他机构销售本机构发行的产品或者提供服务，应当审慎选择受托方，确认受托方具备代销相关产品或者提供服务的资格和落实相应适当性义务要求的能力，应当制定并告知代销方所委托产品或者提供服务的适当性管理标准和要求，代销方应当严格执行，但法律、行政法规、中国证监会其他规章另有规定的除外。

第二十七条　经营机构代销其他机构发行的产品或者提供相关服务，应当在合同中约定要求委托方提供的信息，包括本办法第十六条、第十七条规定的产品或者服务分级考虑因素等，自行对该信息进行调查核实，并履行投资者评估、适当性匹配等适当性义务。委托方不提供规定的信息、提供信息不完整的，经营机构应当拒绝代销产品或者提供服务。

第二十八条　对在委托销售中违反适当性义务的行为，委托销售机构和受托销售机构应当依法承担相应法律责任，并在委托销售合同中予以明确。

第二十九条　经营机构应当制定适当性内部管理制度，明确投资者分类、产品或者服务分级、适当性匹配的具体依据、方法、流程等，严格按照内部管理制度进行分类、分级，定期汇总分类、分级结果，并对每名投资者提出匹配意见。经营机构应当制定并严格落实与适当性内部管理有关的限制不匹配销售行为、客户回访检查、评估与销售隔离等风控制度，以及培训考核、执业规范、监督问责等制度机制，不得采取鼓励不适当销售的考核激励措施，确保从业人员切实履行适当性义务。

第三十条　经营机构应当每半年开展一次适当性自查，形成自查报告。发现违反本办法规定的问题，应当及时处理并主动报告住所地中国证监会派出机构。

第三十一条　鼓励经营机构将投资者分类政策、产品或者服务分级政策、自查报告在公司网站或者指定网站进行披露。

第三十二条　经营机构应当按照相关规定妥善保存其履行适当性义务的相关信息资料，防止泄露或者被不当利用，接受中国证监会及其派出机构和自律组织的检查。对匹配方案、告知警示资料、录音录像资料、自查报告等的保存期限不得少于20年。

第三十三条　投资者购买产品或者接受服务，按规定需要提供信息的，所提供的信息应当真实、准确、完整。投资者根据本办法第六条规定所提供的信息发生重要变化、可能影响其分类的，应当及时告知经营机构。投资者不按照规定提供相关信息，提供信息不真实、不准确、不完整的，应当依法承担相应法律责任，经营机构应当告知其后果，并拒绝向其销售产品或者提供服务。

第三十四条　经营机构应当妥善处理适当性相关的纠纷，与投资者协商解决争议，采取必要措施支持和配合投资者提出的调解。经营机构履行适当性义务存在过错并造成投资者损失的，应当依法承担相应法律责任。经营机构与普通投资者发生纠纷的，经营机构应当提供相关资料，证明其已向投资者履行相应义务。

第三十五条　中国证监会及其派出机构在监管中应当审核或者关注产品或者服务的适当性安排，对适当性制度落实情况进行检查，督促经营机构严格落实适当性义务，强化适当性管理。

第三十六条　证券期货交易场所应当制定完善本市场相关产品或者服务的适当性管理自律规则。行业协会应当制定完善会员落实适当性管理要求的自律规则，制定并定期更新本行业的产品或者服务风险等级名录以及本办法第十九条、第二十二条规定的风险承受能力最低的投资者类别，供经营机构参考。经营机构评估相关产品或者服务的风险等级不得低于名录规定的风险等级。证券期货交易场所、行业协会应当督促、引导会员履行适当性义务，对备案产品或者相关服务应当重点关注高风险产品或者服务的适当性安排。

第三十七条　经营机构违反本办法规定的，中国证监会及其派出机构可以对经营机构及其直接负责的主管人员和其他直接责任人员，采取责令改正、监管谈话、出具警示函、责令参加培训等监督管理措施。

第三十八条　证券公司、期货公司违反本办法规定，存在较大风险或者风险隐患的，中国证监会及其派出机构可以按照《证券公司监督管理条例》第七十条、《期货交易管理条例》第五十五条的规定，采取监督管理措施。

第三十九条　违反本办法第六条、第十八条、第十九条、第二十条、第二十一条、第二十二条第（三）项至第（六）项、第二十三条、第二十四条、第三十三条规定的，按照《证券投资基金法》第一百三十七条、《证券公司监督管理条例》第八十四条、《期货交易管理条例》第六十七条予以处理。

第四十条　违反本办法第二十二条第（一）项至第（二）项、第二十六条、第二十七条规定的，按照《证券投资基金法》第一百三十五条、《证券公司监督管理条例》第八十三条、《期货交易管理条例》第六十六条予以处理。

第四十一条　经营机构有下列情形之一的，给予警告，并处以 3 万元以下罚款；对直接负责的主管人员和其他直接责任人员，给予警告，并处以 3 万元以下罚款：

（一）违反本办法第十条，未按规定对普通投资者进行细化分类和管理的；

（二）违反本办法第十一条、第十二条，未按规定进行投资者类别转化的；

（三）违反本办法第十三条，未建立或者更新投资者评估数据库的；

（四）违反本办法第十五条，未按规定了解所销售产品或者所提供服务信息或者履行分级义务的；

（五）违反本办法第十六条、第十七条，未按规定划分产品或者服务风险等级的；

（六）违反本办法第二十五条，未按规定录音录像或者采取配套留痕安排的；

（七）违反本办法第二十九条，未按规定制定或者落实适当性内部管理制度和相关制度机制的；

（八）违反本办法第三十条，未按规定开展适当性自查的；

（九）违反本办法第三十二条，未按规定妥善保存相关信息资料的；

（十）违反本办法第六条、第十八条至第二十四条、第二十六条、第二十七条、第三十三条规定，未构成《证券投资基金法》第一百三十五条、第一百三十七条，《证券公司监督管理条例》第八十三条、第八十四条，《期货交易管理条例》第六十六条、第六十七条规定情形的。

第四十二条　经营机构从业人员违反相关法律法规和本办法规定，情节严重的，中国证监会可以依法采取市场禁入的措施。

第四十三条　本办法自 2017 年 7 月 1 日起施行。

关于规范金融机构资产管理业务的指导意见

近年来，我国资产管理业务快速发展，在满足居民和企业投融资需求、改善社会融资结构等方面发挥了积极作用，但也存在部分业务发展不规范、多层嵌套、刚性兑付、规避金融监管和宏观调控等问题。按照党中央、国务院决策部署，为规范金融机构资产管理业务，统一同类资产管理产品监管标准，有效防控金融风险，引导社会资金流向实体经济，更好地支持经济结构调整和转型升级，经国务院同意，现提出以下意见：

一、规范金融机构资产管理业务主要遵循以下原则：

（一）坚持严控风险的底线思维。把防范和化解资产管理业务风险放到更加重要的位置，减少存量风险，严防增量风险。

（二）坚持服务实体经济的根本目标。既充分发挥资产管理业务功能，切实服务实体经济投融资需求，又严格规范引导，避免资金脱实向虚在金融体系内部自我循环，防止产品过于复杂，加剧风险跨行业、跨市场、跨区域传递。

（三）坚持宏观审慎管理与微观审慎监管相结合、机构监管与功能监管相结合的监管理念。实现对各类机构开展资产管理业务的全面、统一覆盖，采取有效监管措施，加强金融消费者权益保护。

（四）坚持有的放矢的问题导向。重点针对资产管理业务的多层嵌套、杠杆不清、套利严重、投机频繁等问题，设定统一的标准规制，同时对金融创新坚持趋利避害、一分为二，留出发展空间。

（五）坚持积极稳妥审慎推进。正确处理改革、发展、稳定关系，坚持防范风险与有序规范相结合，在下决心处置风险的同时，充分考虑市场承受能力，合理设置过渡期，把握好工作的次序、节奏、力度，加强市场沟通，有效引导市场预期。

二、资产管理业务是指银行、信托、证券、基金、期货、保险资产管理机构、金融资产投资公司等金融机构接受投资者委托，对受托的投资者财产进行投资和管理的金融服务。金融机构为委托人利益履行诚实信用、勤勉尽责义务并收取相应的管理费用，委托人自担投资风险并获得收益。金融机构可以与委托人在合同中事先约定收取合理的业绩报酬，业绩报酬计入管理费，须与产品一一对应并逐个结算，不同产品之间不得相互串用。

资产管理业务是金融机构的表外业务，金融机构开展资产管理业务时不得承诺保本保收益。出现兑付困难时，金融机构不得以任何形式垫资兑付。金融机构不得在表内开展资产管理业务。

私募投资基金适用私募投资基金专门法律、行政法规，私募投资基金专门法律、行政法规中没有明确规定的适用本意见，创业投资基金、政府出资产业投资基金的相关规定另行制定。

三、资产管理产品包括但不限于人民币或外币形式的银行非保本理财产品，资金信托、证券公司、证券公司子公司、基金管理公司、基金管理子公司、期货公司、期货公司子公司、保险资产管理机构、金融资产投资公司发行的资产管理产品等。依据金融管理部门颁布规则开展的资产证券化业务，依据人力资源社会保障部门颁布规则发行的养老金产品，不适用本意见。

四、资产管理产品按照募集方式的不同，分为公募产品和私募产品。公募产品面向不特定社会公众公开发行。公开发行的认定标准依照《中华人民共和国证券法》执行。私募产品面向合格投资者通过非公开方式发行。

资产管理产品按照投资性质的不同，分为固定收益类产品、权益类产品、商品及金融衍生品类产品和混合类产品。固定收益类产品投资于存款、债券等债权类资产的比例不低于80%，权益类产品投资于股票、未上市企业股权等权益类资产的比例不低于80%，商品及金融衍生品类产品投资于商品及金融衍生品的比例不低于80%，混合类产品投资于债权类资产、权益类资产、商品及金融衍生品类资产且任一资产的投资比例未达到前三类产品标准。非因金融机构主观因素导致突破前述比例限制的，金融机构应当在流动性受限资产可出售、可转让或者恢复交易的15个交易日内调整至符合要求。

金融机构在发行资产管理产品时，应当按照上述分类标准向投资者明示资产管理产品的类型，并按照确定的产品性质进行投资。在产品成立后至到期日前，不得擅自改变产品类型。混合类产品投资债权类资产、权益类资产和商品及金融衍生品类资产的比例范围应当在发行产品时予以确定并向投资者明示，在产品成立后至到期日前不得擅自改变。产品的实际投向不得违反合同约定，如有改变，除高风险类型的产品超出比例范围投资较低风险资产外，应当先行取得投资者书面同意，并履行登记备案等法律法规以及金融监督管理部门规定的程序。

五、资产管理产品的投资者分为不特定社会公众和合格投资者两大类。合格投资者是指具备相应风险识别能力和风险承担能力，投资于单只资产管理产品不低于一定金额且符合下列条件的自然人和法人或者其他组织。

（一）具有2年以上投资经历，且满足以下条件之一：家庭金融净资产不低于300万元，家庭金融资产不低于500万元，或者近3年本人年均收入不低于40万元；

（二）最近1年末净资产不低于1000万元的法人单位；

（三）金融管理部门视为合格投资者的其他情形。

合格投资者投资于单只固定收益类产品的金额不低于30万元，投资于单只混合类产品的金额不低于40万元，投资于单只权益类产品、单只商品及金融衍生品类产品的金额不低于100万元。投资者不得使用贷款、发行债券等筹集的非自有资金投资资产管理产品。

六、金融机构发行和销售资产管理产品，应当坚持"了解产品"和"了解客户"的经营理念，加强投资者适当性管理，向投资者销售与其风险识别能力和风险承担能力相适应的资产管理产品。禁止欺诈或者误导投资者购买与其风险承担能力不匹配的资产管理产品。金融机构不得通过拆分资产管理产品的方式，向风险识别能力和风险承担能力低于产品风险等级的投资者销售资产管理产品。金融机构应当加强投资者教育，不断提高投资者的金融知识水平和风险意识，向投资者传递"卖者尽责、买者自负"的理念，打破刚性兑付。

七、金融机构开展资产管理业务，应当具备与资产管理业务发展相适应的管理体系和管理制度，公司治理良好，风险管理、内部控制和问责机制健全。

金融机构应当建立健全资产管理业务人员的资格认定、培训、考核评价和问责制度，确保从事资产管理业务的人员具备必要的专业知识、行业经验和管理能力，充分了解相关法律法规、监管规定以及资产管理产品的法律关系、交易结构、主要风险和风险管控方式，遵守行为准则和职业道德标准。对于违反相关法律法规以及本意见规定的金融机构资产管理业务从业人员，依法采取处罚措施直至取消从业资格，禁止其在其他类型金融机构从事资产管理业务。

八、金融机构运用受托资金进行投资，应当遵守审慎经营规则，制定科学合理的投资策略和风险管理制度，有效防范和控制风险。

金融机构应当履行以下管理人职责：

（一）依法募集资金，办理产品份额的发售和登记事宜；

（二）办理产品登记备案或者注册手续；

（三）对所管理的不同产品受托财产分别管理、分别记账，进行投资；

（四）按照产品合同的约定确定收益分配方案，及时向投资者分配收益；

（五）进行产品会计核算并编制产品财务会计报告；

（六）依法计算并披露产品净值或者投资收益情况，确定申购、赎回价格；

（七）办理与受托财产管理业务活动有关的信息披露事项；

（八）保存受托财产管理业务活动的记录、账册、报表和其他相关资料；

（九）以管理人名义，代表投资者利益行使诉讼权利或者实施其他法律行为；

（十）在兑付受托资金及收益时，金融机构应当保证受托资金及收益返回委托人的原账户、同名账户或者合同约定的受益人账户；

（十一）金融监督管理部门规定的其他职责。

金融机构未按照诚实信用、勤勉尽责原则切实履行受托管理职责，造成投资者损失的，应当依法向投资者承担赔偿责任。

九、金融机构代理销售其他金融机构发行的资产管理产品，应当符合金融监督管理部门规定的资质条件。未经金融监督管理部门许可，任何非金融机构和个人不得代理销售资产管理产品。

金融机构应当建立资产管理产品的销售授权管理体系，明确代理销售机构的准入标准和程序，明确界定双方的权利与义务，明确相关风险的承担责任和转移方式。

金融机构代理销售资产管理产品，应当建立相应的内部审批和风险控制程序，对发行或者管理机构的信用状况、经营管理能力、市场投资能力、风险处置能力等开展尽职调查，要求发行或者管理机构提供详细的产品介绍、相关市场分析和风险收益测算报告，进行充分的信息验证和风险审查，确保代理销售的产品符合本意见规定并承担相应责任。

十、公募产品主要投资标准化债权类资产以及上市交易的股票，除法律法规和金融管理部门另有规定外，不得投资未上市企业股权。公募产品可以投资商品及金融衍生品，但应当符合法律法规以及金融管理部门的相关规定。

私募产品的投资范围由合同约定，可以投资债权类资产、上市或挂牌交易的股票、未上市企业股权（含债转股）和受（收）益权以及符合法律法规规定的其他资产，并严格遵守投资者适当性管理要求。鼓励充分运用私募产品支持市场化、法治化债转股。

十一、资产管理产品进行投资应当符合以下规定：

（一）标准化债权类资产应当同时符合以下条件：

1. 等分化，可交易；

2. 信息披露充分；

3. 集中登记，独立托管；

4. 公允定价，流动性机制完善；

5. 在银行间市场、证券交易所市场等经国务院同意设立的交易市场交易。

标准化债权类资产的具体认定规则由中国人民银行会同金融监督管理部门另行制定。

标准化债权类资产之外的债权类资产均为非标准化债权类资产。金融机构发行资产管理产品投资于非标准化债权类资产的，应当遵守金融监督管理部门制定的有关限额管理、流动性管理等监管标准。金融监督管理部门未制定相关监管标准的，由中国人民银行督促根据本意见要求制定监管标准并予以执行。

金融机构不得将资产管理产品资金直接投资于商业银行信贷资产。商业银行信贷资产受（收）益权的投资限制由金融管理部门另行制定。

（二）资产管理产品不得直接或者间接投资法律法规和国家政策禁止进行债权或股权投资的行业和领域。

（三）鼓励金融机构在依法合规、商业可持续的前提下，通过发行资产管理产品募集资金投向符合国家战略和产业政策要求、符合国家供给侧结构性改革政策要求的领域。鼓励金融机构通过发行资产管理产品募集资金支持经济结构转型，支持市场化、法治化债转股，降低企业杠杆率。

（四）跨境资产管理产品及业务参照本意见执行，并应当符合跨境人民币和外汇管理有关规定。

十二、金融机构应当向投资者主动、真实、准确、完整、及时披露资产管理产品募集信息、资金投向、杠杆水平、收益分配、托管安排、投资账户信息和主要投资风险等内容。国家法律法规另有规定的，从其规定。

对于公募产品，金融机构应当建立严格的信息披露管理制度，明确定期报告、临时报告、重大事项公告、投资风险披露要求以及具体内容、格式。在本机构官方网站或者通过投资者便于获取的方式披露产品净值或者投资收益情况，并定期披露其他重要信息：开放式产品按照开放频率披露，封闭式产品至少每周披露一次。

对于私募产品，其信息披露方式、内容、频率由产品合同约定，但金融机构应当至少每季度向投资者披露产品净值和其他重要信息。

对于固定收益类产品，金融机构应当通过醒目方式向投资者充分披露和提示产品的投资风险，包括但不限于产品投资债券面临的利率、汇率变化等市场风险以及债券价格波动情况，产品投资每笔非标准化债权类资产的融资客户、项目名称、剩余融资期限、到期收益分配、交易结构、风险状况等。

对于权益类产品，金融机构应当通过醒目方式向投资者充分披露和提示产品的投资风险，包括产品投资股票面临的风险以及股票价格波动情况等。

对于商品及金融衍生品类产品，金融机构应当通过醒目方式向投资者充分披露产品的挂钩资产、持仓风险、控制措施以及衍生品公允价值变化等。

对于混合类产品，金融机构应当通过醒目方式向投资者清晰披露产品的投资资产组合情况，并根据固定收益类、权益类、商品及金融衍生品类资产投资比例充分披露和提示相应的投资风险。

十三、主营业务不包括资产管理业务的金融机构应当设立具有独立法人地位的资产管理子公司开展资产管理业务，强化法人风险隔离，暂不具备条件的可以设立专门的资产管理业务经营部门开展业务。

金融机构不得为资产管理产品投资的非标准化债权类资产或者股权类资产提供任何直接或间接、显性或隐性的担保、回购等代为承担风险的承诺。

金融机构开展资产管理业务，应当确保资产管理业务与其他业务相分离，资产管理产品与其代销的金融产品相分离，资产管理产品之间相分离，资产管理业务操作与其他业务操作相分离。

十四、本意见发布后，金融机构发行的资产管理产品资产应当由具有托管资质的第三方机构独立托管，法律、行政法规另有规定的除外。

过渡期内，具有证券投资基金托管业务资质的商业银行可以托管本行理财产品，但应当为每只产品单独开立托管账户，确保资产隔离。过渡期后，具有证券投资基金托管业务资质的商业银行应当设立具有独立法人地位的子公司开展资产管理业务，该商业银行可以托管子公司发行的资产管理产品，但应当实现实质性的独立托管。独立托管有名无实的，由金融监督管理部门进行纠正和处罚。

十五、金融机构应当做到每只资产管理产品的资金单独管理、单独建账、单独核算，不得开展或者参与具有滚动发行、集合运作、分离定价特征的资金池业务。

金融机构应当合理确定资产管理产品所投资资产的期限，加强对期限错配的流动性风险管理，金融监督管理部门应当制定流动性风险管理规定。

为降低期限错配风险，金融机构应当强化资产管理产品久期管理，封闭式资产管理产品期限不得低于90天。资产管理产品直接或者间接投资于非标准化债权类资产的，非标准化债权类资产的终止日不得晚于封闭式资产管理产品的到期日或者开放式资产管理产品的最近一次开放日。

资产管理产品直接或者间接投资于未上市企业股权及其受（收）益权的，应当为封闭式资产管理产品，并明确股权及其受（收）益权的退出安排。未上市企业股权及其受（收）益权的退出日不得晚于封闭式资产管理产品的到期日。

金融机构不得违反金融监督管理部门的规定，通过为单一融资项目设立多只资产管理产品的方式，变相突破投资人数限制或者其他监管要求。同一金融机构发行多只资产管理产品投资同一资产的，为防止同一资产发生风险波及多只资产管理产品，多只资产管理产品投资该资产的资金总规模合计不得超过300亿元。如果超出该限额，需经相关金融监督管理部门批准。

十六、金融机构应当做到每只资产管理产品所投资资产的风险等级与投资者的风险承担能力相匹配，做到每只产品所投资资产构成清晰，风险可识别。

金融机构应当控制资产管理产品所投资资产的集中度：

（一）单只公募资产管理产品投资单只证券或者单只证券投资基金的市值不得超过该资产管理产品净资产的10%。

（二）同一金融机构发行的全部公募资产管理产品投资单只证券或者单只证券投资基金的市值不得超过该证券市值或者证券投资基金市值的30%。其中，同一金融机构全部开放式公募资产管理产品投资单一上市公司发行的股票不得超过该上市公司可流通股票的15%。

（三）同一金融机构全部资产管理产品投资单一上市公司发行的股票不得超过该上市公司可流通股票的30%。

金融监督管理部门另有规定的除外。

非因金融机构主观因素导致突破前述比例限制的，金融机构应当在流动性受限资产可出售、可转让或者恢复交易的10个交易日内调整至符合相关要求。

十七、金融机构应当按照资产管理产品管理费收入的10%计提风险准备金，或者按照规定计量操作风险资本或相应风险资本准备。风险准备金余额达到产品余额的1%时可以不再提取。风险准备金主要用于弥补因金融机构违法违规、违反资产管理产品协议、操作错误或者技术故障等给资产管理产品财产或者投资者造成的损失。金融机构应当定期将风险准备金的使用情况报告金融管理部门。

十八、金融机构对资产管理产品应当实行净值化管理，净值生成应当符合企业会计准则规定，及时反映基础金融资产的收益和风险，由托管机构进行核算并定期提供报告，由外部审计机构进行审计确认，被审计金融机构应当披露审计结果并同时报送金融管理部门。

金融资产坚持公允价值计量原则，鼓励使用市值计量。符合以下条件之一的，可按照企业会计准则以摊余成本进行计量：

（一）资产管理产品为封闭式产品，且所投金融资产以收取合同现金流量为目的并持有到期；

（二）资产管理产品为封闭式产品，且所投金融资产暂不具备活跃交易市场，或者在活跃市场中没有报价、也不能采用估值技术可靠计量公允价值。

金融机构以摊余成本计量金融资产净值，应当采用适当的风险控制手段，对金融资产净值的公允性进行评估。当以摊余成本计量已不能真实公允反映金融资产净值时，托管机构应当督促金融机构调整会计核算和估值方法。金融机构前期以摊余成本计量的金融资产的加权平均价格与资产管理产品实际兑付时金融资产的价值的偏离度不得达到5%或以上，如果偏离5%或以上的产品数超过所发行产品总数的5%，金融机构不得再发行以摊余成本计量金融资产的资产管理产品。

十九、经金融管理部门认定，存在以下行为的视为刚性兑付：

（一）资产管理产品的发行人或者管理人违反真实公允确定净值原则，对产品进行保本保收益；

（二）采取滚动发行等方式，使得资产管理产品的本金、收益、风险在不同投资者之间发生转移，实现产品保本保收益；

（三）资产管理产品不能如期兑付或者兑付困难时，发行或者管理该产品的金融机构自行筹集资金偿付或者委托其他机构代为偿付；

（四）金融管理部门认定的其他情形。

经认定存在刚性兑付行为的，区分以下两类机构进行惩处：

（一）存款类金融机构发生刚性兑付的，认定为利用具有存款本质特征的资产管理产品进行监管套利，由国务院银行保险监督管理机构和中国人民银行按照存款业务予以规范，足额补缴存款准备金和存款保险保费，并予以行政处罚；

（二）非存款类持牌金融机构发生刚性兑付的，认定为违规经营，由金融监督管理部门和中国人民银行依法纠正并予以处罚。

任何单位和个人发现金融机构存在刚性兑付行为的，可以向金融管理部门举报，查证属实且举报内容未被相关部门掌握的，给予适当奖励。

外部审计机构在对金融机构进行审计时，如果发现金融机构存在刚性兑付行为的，应当及时报告金融管理部门。外部审计机构在审计过程中未能勤勉尽责的，依法追究其相应责任或依法依规给予行政处罚，并将相关信息纳入全国信用信息共享平台，建立联合惩戒机制。

二十、资产管理产品应当设定负债比例（总资产/净资产）上限，同类产品适用统一的负债比例上限。每只开放式公募产品的总资产不得超过该产品净资产的140%，每只封闭式公募产品、每只私募产品的总资产不得超过该产品净资产的200%。计算单只产品的总资产时应当按照穿透原则合并计算所投资资产管理产品的总资产。

金融机构不得以受托管理的资产管理产品份额进行质押融资，放大杠杆。

二十一、公募产品和开放式私募产品不得进行份额分级。

分级私募产品的总资产不得超过该产品净资产的140％。分级私募产品应当根据所投资资产的风险程度设定分级比例（优先级份额/劣后级份额，中间级份额计入优先级份额）。固定收益类产品的分级比例不得超过3：1，权益类产品的分级比例不得超过1：1，商品及金融衍生品类产品、混合类产品的分级比例不得超过2：1。发行分级资产管理产品的金融机构应当对该资产管理产品进行自主管理，不得转委托给劣后级投资者。

分级资产管理产品不得直接或者间接对优先级份额认购者提供保本保收益安排。

本条所称分级资产管理产品是指存在一级份额以上的份额为其他级份额提供一定的风险补偿，收益分配不按份额比例计算，由资产管理合同另行约定的产品。

二十二、金融机构不得为其他金融机构的资产管理产品提供规避投资范围、杠杆约束等监管要求的通道服务。

资产管理产品可以再投资一层资产管理产品，但所投资的资产管理产品不得再投资公募证券投资基金以外的资产管理产品。

金融机构将资产管理产品投资于其他机构发行的资产管理产品，从而将本机构的资产管理产品资金委托给其他机构进行投资的，该受托机构应当为具有专业投资能力和资质的受金融监督管理部门监管的机构。公募资产管理产品的受托机构应当为金融机构，私募资产管理产品的受托机构可以为私募基金管理人。受托机构应当切实履行主动管理职责，不得进行转委托，不得再投资公募证券投资基金以外的资产管理产品。委托机构应当对受托机构开展尽职调查，实行名单制管理，明确规定受托机构的准入标准和程序、责任和义务、存续期管理、利益冲突防范机制、信息披露义务以及退出机制。委托机构不得因委托其他机构投资而免除自身应当承担的责任。

金融机构可以聘请具有专业资质的受金融监督管理部门监管的机构作为投资顾问。投资顾问提供投资建议指导委托机构操作。

金融监督管理部门和国家有关部门应当对各类金融机构开展资产管理业务实行平等准入、给予公平待遇。资产管理产品应当在账户开立、产权登记、法律诉讼等方面享有平等的地位。金融监督管理部门基于风险防控考虑，确实需要对其他行业金融机构发行的资产管理产品采取限制措施的，应当充分征求相关部门意见并达成一致。

二十三、运用人工智能技术开展投资顾问业务应当取得投资顾问资质，非金融机构不得借助智能投资顾问超范围经营或者变相开展资产管理业务。

金融机构运用人工智能技术开展资产管理业务应当严格遵守本意见有关投资者适当性、投资范围、信息披露、风险隔离等一般性规定，不得借助人工智能业务夸大宣传资产管理产品或者误导投资者。金融机构应当向金融监督管理部门报备人工智能模型的主要参数以及资产配置的主要逻辑，为投资者单独设立智能管理账户，充分提示人工智能算法的固有缺陷和使用风险，明晰交易流程，强化留痕管理，严格监控智能管理账户的交易头寸、风险限额、交易种类、价格权限等。金融机构因违法违规或者管理不当造成投资者损失的，应当依法承担损害赔偿责任。

金融机构应当根据不同产品投资策略研发对应的人工智能算法或者程序化交易，避免算法同质化加剧投资行为的顺周期性，并针对由此可能引发的市场波动风险制定应对预案。因算法同质化、编程设计错误、对数据利用深度不够等人工智能算法模型缺陷或者系统异常，导致羊群效应、影响金融市场稳定运行的，金融机构应当及时采取人工干预措施，强制调整或者终止人工智能业务。

二十四、金融机构不得以资产管理产品的资金与关联方进行不正当交易、利益输送、内幕交易和操纵市场，包括但不限于投资于关联方虚假项目、与关联方共同收购上市公司、向本机构注资等。

金融机构的资产管理产品投资本机构、托管机构及其控股股东、实际控制人或者与其有其他重大利害关系的公司发行或者承销的证券，或者从事其他重大关联交易的，应当建立健全内部审批机制和评估机制，并向投资者充分披露信息。

二十五、建立资产管理产品统一报告制度。中国人民银行负责统筹资产管理产品的数据编码和综合统计工作，会同金融监督管理部门拟定资产管理产品统计制度，建立资产管理产品信息系统，规范和统一产品标准、信息分类、代码、数据格式，逐只产品统计基本信息、募集信息、资产负债信息和终止信息。中国人民银行和金融监督管理部门加强资产管理产品的统计信息共享。金融机构应当将含债权投资的资产管理产品信息报送至金融信用信息基础数据库。

金融机构于每只资产管理产品成立后 5 个工作日内，向中国人民银行和金融监督管理部门同时报送产品基本信息和起始募集信息；于每月 10 日前报送存续期募集信息、资产负债信息，于产品终止后 5 个工作日内报送终止信息。

中央国债登记结算有限责任公司、中国证券登记结算有限公司、银行间市场清算所股份有限公司、上海票据交易所股份有限公司、上海黄金交易所、上海保险交易所股份有限公司、中保保险资产登记交易系统有限公司于每月 10 日前向中国人民银行和金融监督管理部门同时报送资产管理产品持有其登记托管的金融工具的信息。

在资产管理产品信息系统正式运行前，中国人民银行会同金融监督管理部门依据统计制度拟定统一的过渡期数据报送模板；各金融监督管理部门对本行业金融机构发行的资产管理产品，于每月 10 日前按照数据报送模板向中国人民银行提供数据，及时沟通跨行业、跨市场的重大风险信息和事项。

中国人民银行对金融机构资产管理产品统计工作进行监督检查。资产管理产品统计的具体制度由中国人民银行会同相关部门另行制定。

二十六、中国人民银行负责对资产管理业务实施宏观审慎管理，会同金融监督管理部门制定资产管理业务的标准规制。金融监督管理部门实施资产管理业务的市场准入和日常监管，加强投资者保护，依照本意见会同中国人民银行制定出台各自监管领域的实施细则。

本意见正式实施后，中国人民银行会同金融监督管理部门建立工作机制，持续监测资产管理业务的发展和风险状况，定期评估标准规制的有效性和市场影响，及时修订完善，推动资产管理行业持续健康发展。

二十七、对资产管理业务实施监管遵循以下原则：

（一）机构监管与功能监管相结合，按照产品类型而不是机构类型实施功能监管，同一类型的资产管理产品适用同一监管标准，减少监管真空和套利；

（二）实行穿透式监管，对于多层嵌套资产管理产品，向上识别产品的最终投资者，向下识别产品的底层资产（公募证券投资基金除外）；

（三）强化宏观审慎管理，建立资产管理业务的宏观审慎政策框架，完善政策工具，从宏观、逆周期、跨市场的角度加强监测、评估和调节；

（四）实现实时监管，对资产管理产品的发行销售、投资、兑付等各环节进行全面动态监管，建立综合统计制度。

二十八、金融监督管理部门应当根据本意见规定，对违规行为制定和完善处罚规则，依法实施处罚，并确保处罚标准一致。资产管理业务违反宏观审慎管理要求的，由中国人民银行按照法律法规实施处罚。

二十九、本意见实施后，金融监督管理部门在本意见框架内研究制定配套细则，配套细则之间应当相互衔接，避免产生新的监管套利和不公平竞争。按照"新老划断"原则设置过渡期，确保平稳过渡。过渡期为本意见发布之日起至2020年底，对提前完成整改的机构，给予适当监管激励。过渡期内，金融机构发行新产品应当符合本意见的规定；为接续存量产品所投资的未到期资产，维持必要的流动性和市场稳定，金融机构可以发行老产品对接，但应当严格控制在存量产品整体规模内，并有序压缩递减，防止过渡期结束时出现断崖效应。金融机构应当制定过渡期内的资产管理业务整改计划，明确时间进度安排，并报送相关金融监督管理部门，由其认可并监督实施，同时报备中国人民银行。过渡期结束后，金融机构的资产管理产品按照本意见进行全面规范（因子公司尚未成立而达不到第三方独立托管要求的情形除外），金融机构不得再发行或存续违反本意见规定的资产管理产品。

三十、资产管理业务作为金融业务，属于特许经营行业，必须纳入金融监管。非金融机构不得发行、销售资产管理产品，国家另有规定的除外。

非金融机构违反上述规定，为扩大投资者范围、降低投资门槛，利用互联网平台等公开宣传、分拆销售具有投资门槛的投资标的、过度强调增信措施掩盖产品风险、设立产品二级交易市场等行为，按照国家规定进行规范清理，构成非法集资、非法吸收公众存款、非法发行证券的，依法追究法律责任。非金融机构违法违规开展资产管理业务的，依法予以处罚；同时承诺或进行刚性兑付的，依法从重处罚。

三十一、本意见自发布之日起施行。

本意见所称"金融管理部门"是指中国人民银行、国务院银行保险监督管理机构、国务院证券监督管理机构和国家外汇管理局。"发行"是指通过公开或者非公开方式向资产管理产品的投资者发出认购邀约，进行资金募集的活动。"销售"是指向投资者宣传推介资产管理产品，办理产品申购、赎回的活动。"代理销售"是指接受合作机构的委托，在本机构渠道向投资者宣传推介、销售合作机构依法发行的资产管理产品的活动。

附录三　私募基金自律规则汇编

私募投资基金管理人登记和基金备案办法（试行）

第一章　总则

第一条　为规范私募投资基金业务，保护投资者合法权益，促进私募投资基金行业健康发展，根据《证券投资基金法》《中央编办关于私募股权基金管理职责分工的通知》和中国证券监督管理委员会（以下简称中国证监会）有关规定，制定本办法。

第二条　本办法所称私募投资基金（以下简称私募基金），系指以非公开方式向合格投资者募集资金设立的投资基金，包括资产由基金管理人或者普通合伙人管理的以投资活动为目的设立的公司或者合伙企业。

第三条　中国证券投资基金业协会（以下简称基金业协会）按照本办法规定办理私募基金管理人登记及私募基金备案，对私募基金业务活动进行自律管理。

第四条　私募基金管理人应当提供私募基金登记和备案所需的文件和信息，保证所提供文件和信息的真实性、准确性、完整性。

第二章　基金管理人登记

第五条　私募基金管理人应当向基金业协会履行基金管理人登记手续并申请成为基金业协会会员。

第六条　私募基金管理人申请登记，应当通过私募基金登记备案系统，如实填报基金管理人基本信息、高级管理人员及其他从业人员基本信息、股东或合伙人基本信息、管理基金基本信息。

第七条　登记申请材料不完备或不符合规定的，私募基金管理人应当根据基金业协会的要求及时补正。

申请登记期间，登记事项发生重大变化的，私募基金管理人应当及时告知基金业协会并变更申请登记内容。

第八条　基金业协会可以采取约谈高级管理人员、现场检查、向中国证监会及其派出机构、相关专业协会征询意见等方式对私募基金管理人提供的登记申请材料进行核查。

第九条　私募基金管理人提供的登记申请材料完备的，基金业协会应当自收齐登记材料之日起20个工作日内，以通过网站公示私募基金管理人基本情况的方式，为私募基金管理人办结登记手续。网站公示的私募基金管理人基本情况包括私募基金管理人的名称、成立时间、登记时间、住所、联系方式、主要负责人等基本信息以及基本诚信信息。

公示信息不构成对私募基金管理人投资管理能力、持续合规情况的认可，不作为基金资产安全的保证。

第十条 经登记后的私募基金管理人依法解散、被依法撤销或者被依法宣告破产的，基金业协会应当及时注销基金管理人登记。

第三章 基金备案

第十一条 私募基金管理人应当在私募基金募集完毕后20个工作日内，通过私募基金登记备案系统进行备案，并根据私募基金的主要投资方向注明基金类别，如实填报基金名称、资本规模、投资者、基金合同（基金公司章程或者合伙协议，以下统称基金合同）等基本信息。

公司型基金自聘管理团队管理基金资产的，该公司型基金在作为基金履行备案手续同时，还需作为基金管理人履行登记手续。

第十二条 私募基金备案材料不完备或者不符合规定的，私募基金管理人应当根据基金业协会的要求及时补正。

第十三条 私募基金备案材料完备且符合要求的，基金业协会应当自收齐备案材料之日起20个工作日内，以通过网站公示私募基金基本情况的方式，为私募基金办结备案手续。网站公示的私募基金基本情况包括私募基金的名称、成立时间、备案时间、主要投资领域、基金管理人及基金托管人等基本信息。

第十四条 经备案的私募基金可以申请开立证券相关账户。

第四章 人员管理

第十五条 私募基金管理人应当按照规定向基金业协会报送高级管理人员及其他基金从业人员基本信息及变更信息。

第十六条 从事私募基金业务的专业人员应当具备私募基金从业资格。

具备以下条件之一的，可以认定为具有私募基金从业资格：

（一）通过基金业协会组织的私募基金从业资格考试；

（二）最近三年从事投资管理相关业务；

（三）基金业协会认定的其他情形。

第十七条 私募基金管理人的高级管理人员应当诚实守信，最近三年没有重大失信记录，未被中国证监会采取市场禁入措施。

前款所称高级管理人员指私募基金管理人的董事长、总经理、副总经理、执行事务合伙人（委派代表）、合规风控负责人以及实际履行上述职务的其他人员。

第十八条 私募基金从业人员应当定期参加基金业协会或其认可机构组织的执业培训。

第五章 信息报送

第十九条 私募基金管理人应当在每月结束之日起5个工作日内，更新所管理的私募证券投资基金相关信息，包括基金规模、单位净值、投资者数量等。

第二十条 私募基金管理人应当在每季度结束之日起10个工作日内，更新所管理的私募股权投资基金等非证券类私募基金的相关信息，包括认缴规模、实缴规模、投资者数量、主要投资方向等。

第二十一条 私募基金管理人应当于每年度结束之日起20个工作日内，更新私募基金管理人、股东或合伙人、高级管理人员及其他从业人员、所管理的私募基金等基本信息。

私募基金管理人应当于每年度四月底之前，通过私募基金登记备案系统填报经会计师事务所审计的年度财务报告。

受托管理享受国家财税政策扶持的创业投资基金的基金管理人，还应当报送所受托管理创业投资基金投资中小微企业情况及社会经济贡献情况等报告。

第二十二条　私募基金管理人发生以下重大事项的，应当在 10 个工作日内向基金业协会报告：

（一）私募基金管理人的名称、高级管理人员发生变更；

（二）私募基金管理人的控股股东、实际控制人或者执行事务合伙人发生变更；

（三）私募基金管理人分立或者合并；

（四）私募基金管理人或高级管理人员存在重大违法违规行为；

（五）依法解散、被依法撤销或者被依法宣告破产；

（六）可能损害投资者利益的其他重大事项。

第二十三条　私募基金运行期间，发生以下重大事项的，私募基金管理人应当在 5 个工作日内向基金业协会报告：

（一）基金合同发生重大变化；

（二）投资者数量超过法律法规规定；

（三）基金发生清盘或清算；

（四）私募基金管理人、基金托管人发生变更；

（五）对基金持续运行、投资者利益、资产净值产生重大影响的其他事件。

第二十四条　基金业协会每季度对私募基金管理人、从业人员及私募基金情况进行统计分析，向中国证监会报告。

第六章　自律管理

第二十五条　基金业协会根据私募基金管理人所管理的基金类型设立相关专业委员会，实施差别化的自律管理。

第二十六条　基金业协会可以对私募基金管理人及其从业人员实施非现场检查和现场检查，要求私募基金管理人及其从业人员提供有关的资料和信息。私募基金管理人及其从业人员应当配合检查。

第二十七条　基金业协会建立私募基金管理人及其从业人员诚信档案，跟踪记录其诚信信息。

第二十八条　基金业协会接受对私募基金管理人或基金从业人员的投诉，可以对投诉事项进行调查、核实，并依法进行处理。

第二十九条　基金业协会可以根据当事人平等、自愿的原则对私募基金业务纠纷进行调解，维护投资者合法权益。

第三十条　私募基金管理人、高级管理人员及其他从业人员存在以下情形的，基金业协会视情节轻重可以对私募基金管理人采取警告、行业内通报批评、公开谴责、暂停受理基金备案、取消会员资格等措施，对高级管理人员及其他从业人员采取警告、行业内通报批评、公开谴责、取消从业资格等措施，并记入诚信档案。情节严重的，移交中国证监会处理：

（一）违反《证券投资基金法》及本办法规定；

（二）在私募基金管理人登记、基金备案及其他信息报送中提供虚假材料和信息，或者隐瞒重要事实；

（三）法律法规、中国证监会及基金业协会规定的其他情形。

第三十一条 私募基金管理人未按规定及时填报业务数据或者进行信息更新的，基金业协会责令改正；一年累计两次以上未按时填报业务数据、进行信息更新的，基金业协会可以对主要责任人员采取警告措施，情节严重的向中国证监会报告。

第七章 附则

第三十二条 本办法自 2014 年 2 月 7 日起施行，由基金业协会负责解释。

私募投资基金募集行为管理办法

第一章 总则

第一条 为了规范私募投资基金（以下简称私募基金）的募集行为，促进私募基金行业健康发展，保护投资者及相关当事人的合法权益，根据《证券投资基金法》《私募投资基金监督管理暂行办法》（以下简称《私募办法》）等法律法规的规定，制定本办法。

第二条 私募基金管理人、在中国证监会注册取得基金销售业务资格并已成为中国证券投资基金业协会会员的机构（以下统称募集机构）及其从业人员以非公开方式向投资者募集资金的行为适用本办法。

在中国证券投资基金业协会（以下简称中国基金业协会）办理私募基金管理人登记的机构可以自行募集其设立的私募基金，在中国证监会注册取得基金销售业务资格并已成为中国基金业协会会员的机构（以下简称基金销售机构）可以受私募基金管理人的委托募集私募基金。其他任何机构和个人不得从事私募基金的募集活动。

本办法所称募集行为包含推介私募基金，发售基金份额（权益），办理基金份额（权益）认/申购（认缴）、赎回（退出）等活动。

第三条 基金业务外包服务机构就其参与私募基金募集业务的环节适用本办法。

本办法所称基金业务外包服务机构包括为私募基金管理人提供募集服务的基金销售机构，为私募基金募集机构提供支付结算服务、私募基金募集结算资金监督、份额登记等与私募基金募集业务相关服务的机构。前述基金业务外包服务机构应当遵守中国基金业协会基金业务外包服务相关管理办法。

第四条 从事私募基金募集业务的人员应当具有基金从业资格（包含原基金销售资格），应当遵守法律、行政法规和中国基金业协会的自律规则，恪守职业道德和行为规范，应当参加后续执业培训。

第五条 中国基金业协会依照法律法规、中国证监会相关规定及中国基金业协会自律规则，对私募基金募集活动实施自律管理。

第二章　一般规定

第六条　募集机构应当恪尽职守、诚实信用、谨慎勤勉，防范利益冲突，履行说明义务、反洗钱义务等相关义务，承担特定对象确定、投资者适当性审查、私募基金推介及合格投资者确认等相关责任。

募集机构及其从业人员不得从事侵占基金财产和客户资金、利用私募基金相关的未公开信息进行交易等违法活动。

第七条　私募基金管理人应当履行受托人义务，承担基金合同、公司章程或者合伙协议（以下统称基金合同）的受托责任。委托基金销售机构募集私募基金的，不得因委托募集免除私募基金管理人依法承担的责任。

第八条　私募基金管理人委托基金销售机构募集私募基金的，应当以书面形式签订基金销售协议，并将协议中关于私募基金管理人与基金销售机构权利义务划分以及其他涉及投资者利益的部分作为基金合同的附件。基金销售机构负责向投资者说明相关内容。

基金销售协议与作为基金合同附件的关于基金销售的内容不一致的，以基金合同附件为准。

第九条　任何机构和个人不得为规避合格投资者标准，募集以私募基金份额或其收益权为投资标的的金融产品，或者将私募基金份额或其收益权进行非法拆分转让，变相突破合格投资者标准。募集机构应当确保投资者已知悉私募基金转让的条件。

投资者应当以书面方式承诺其为自己购买私募基金，任何机构和个人不得以非法拆分转让为目的购买私募基金。

第十条　募集机构应当对投资者的商业秘密及个人信息严格保密。除法律法规和自律规则另有规定的，不得对外披露。

第十一条　募集机构应当妥善保存投资者适当性管理以及其他与私募基金募集业务相关的记录及其他相关资料，保存期限自基金清算终止之日起不得少于 10 年。

第十二条　募集机构或相关合同约定的责任主体应当开立私募基金募集结算资金专用账户，用于统一归集私募基金募集结算资金、向投资者分配收益、给付赎回款项以及分配基金清算后的剩余基金财产等，确保资金原路返还。

本办法所称私募基金募集结算资金是指由募集机构归集的，在投资者资金账户与私募基金财产账户或托管资金账户之间划转的往来资金。募集结算资金从投资者资金账户划出，到达私募基金财产账户或托管资金账户之前，属于投资者的合法财产。

第十三条　募集机构应当与监督机构签署账户监督协议，明确对私募基金募集结算资金专用账户的控制权、责任划分及保障资金划转安全的条款。监督机构应当按照法律法规和账户监督协议的约定，对募集结算资金专用账户实施有效监督，承担保障私募基金募集结算资金划转安全的连带责任。

取得基金销售业务资格的商业银行、证券公司等金融机构，可以在同一私募基金的募集过程中同时作为募集机构与监督机构。符合前述情形的机构应当建立完备的防火墙制度，防范利益冲突。

本办法所称监督机构指中国证券登记结算有限责任公司、取得基金销售业务资格的商业银行、证券公司以及中国基金业协会规定的其他机构。监督机构应当成为中国基金业协会的会员。

私募基金管理人应当向中国基金业协会报送私募基金募集结算资金专用账户及其监督机构

信息。

第十四条 涉及私募基金募集结算资金专用账户开立、使用的机构不得将私募基金募集结算资金归入其自有财产。禁止任何单位或者个人以任何形式挪用私募基金募集结算资金。私募基金管理人、基金销售机构、基金销售支付机构或者基金份额登记机构破产或者清算时，私募基金募集结算资金不属于其破产财产或者清算财产。

第十五条 私募基金募集应当履行下列程序：

（一）特定对象确定；

（二）投资者适当性匹配；

（三）基金风险揭示；

（四）合格投资者确认；

（五）投资冷静期；

（六）回访确认。

第三章 特定对象的确定

第十六条 募集机构仅可以通过合法途径公开宣传私募基金管理人的品牌、发展战略、投资策略、管理团队、高管信息以及由中国基金业协会公示的已备案私募基金的基本信息。

私募基金管理人应确保前述信息真实、准确、完整。

第十七条 募集机构应当向特定对象宣传推介私募基金。未经特定对象确定程序，不得向任何人宣传推介私募基金。

第十八条 在向投资者推介私募基金之前，募集机构应当采取问卷调查等方式履行特定对象确定程序，对投资者风险识别能力和风险承担能力进行评估。投资者应当以书面形式承诺其符合合格投资者标准。

投资者的评估结果有效期最长不得超过3年。募集机构逾期再次向投资者推介私募基金时，需重新进行投资者风险评估。同一私募基金产品的投资者持有期间超过3年的，无需再次进行投资者风险评估。

投资者风险承担能力发生重大变化时，可主动申请对自身风险承担能力进行重新评估。

第十九条 募集机构应建立科学有效的投资者问卷调查评估方法，确保问卷结果与投资者的风险识别能力和风险承担能力相匹配。募集机构应当在投资者自愿的前提下获取投资者问卷调查信息。问卷调查主要内容应包括但不限于以下方面：

（一）投资者基本信息，其中个人投资者基本信息包括身份信息、年龄、学历、职业、联系方式等信息；机构投资者基本信息包括工商登记中的必备信息、联系方式等信息；

（二）财务状况，其中个人投资者财务状况包括金融资产状况、最近三年个人年均收入、收入中可用于金融投资的比例等信息；机构投资者财务状况包括净资产状况等信息；

（三）投资知识，包括金融法律法规、投资市场和产品情况、对私募基金风险的了解程度、参加专业培训情况等信息；

（四）投资经验，包括投资期限、实际投资产品类型、投资金融产品的数量、参与投资的金融市场情况等；

（五）风险偏好，包括投资目的、风险厌恶程度、计划投资期限、投资出现波动时的焦虑状态等。

《私募基金投资者问卷调查内容与格式指引（个人版)》详见附件一。

第二十条　募集机构通过互联网媒介在线向投资者推介私募基金之前，应当设置在线特定对象确定程序，投资者应承诺其符合合格投资者标准。前述在线特定对象确定程序包括但不限于：

（一）投资者如实填报真实身份信息及联系方式；

（二）募集机构应通过验证码等有效方式核实用户的注册信息；

（三）投资者阅读并同意募集机构的网络服务协议；

（四）投资者阅读并主动确认其自身符合《私募办法》第三章关于合格投资者的规定；

（五）投资者在线填报风险识别能力和风险承担能力的问卷调查；

（六）募集机构根据问卷调查及其评估方法在线确认投资者的风险识别能力和风险承担能力。

第四章　私募基金推介

第二十一条　募集机构应当自行或者委托第三方机构对私募基金进行风险评级，建立科学有效的私募基金风险评级标准和方法。

募集机构应当根据私募基金的风险类型和评级结果，向投资者推介与其风险识别能力和风险承担能力相匹配的私募基金。

第二十二条　私募基金推介材料应由私募基金管理人制作并使用。私募基金管理人应当对私募基金推介材料内容的真实性、完整性、准确性负责。

除私募基金管理人委托募集的基金销售机构可以使用推介材料向特定对象宣传推介外，其他任何机构或个人不得使用、更改、变相使用私募基金推介材料。

第二十三条　募集机构应当采取合理方式向投资者披露私募基金信息，揭示投资风险，确保推介材料中的相关内容清晰、醒目。私募基金推介材料内容应与基金合同主要内容一致，不得有任何虚假记载、误导性陈述或者重大遗漏。如有不一致的，应当向投资者特别说明。私募基金推介材料内容包括但不限于：

（一）私募基金的名称和基金类型；

（二）私募基金管理人名称、私募基金管理人登记编码、基金管理团队等基本信息；

（三）中国基金业协会私募基金管理人以及私募基金公示信息（含相关诚信信息)；

（四）私募基金托管情况（如无，应以显著字体特别标注)、其他服务提供商（如律师事务所、会计师事务所、保管机构等)，是否聘用投资顾问等；

（五）私募基金的外包情况；

（六）私募基金的投资范围、投资策略和投资限制概况；

（七）私募基金收益与风险的匹配情况；

（八）私募基金的风险揭示；

（九）私募基金募集结算资金专用账户及其监督机构信息；

（十）投资者承担的主要费用及费率，投资者的重要权利（如认购、赎回、转让等限制、时间和要求等)；

（十一）私募基金承担的主要费用及费率；

（十二）私募基金信息披露的内容、方式及频率；

（十三）明确指出该文件不得转载或给第三方传阅；

（十四）私募基金采取合伙企业、有限责任公司组织形式的，应当明确说明入伙（股）协议不能替代合伙协议或公司章程。说明根据《合伙企业法》或《公司法》，合伙协议、公司章程依法应当由全体合伙人、股东协商一致，以书面形式订立。申请设立合伙企业、公司或变更合伙人、股东的，并应当向企业登记机关履行申请设立及变更登记手续；

（十五）中国基金业协会规定的其他内容。

第二十四条 募集机构及其从业人员推介私募基金时，禁止有以下行为：

（一）公开推介或者变相公开推介；

（二）推介材料虚假记载、误导性陈述或者重大遗漏；

（三）以任何方式承诺投资者资金不受损失，或者以任何方式承诺投资者最低收益，包括宣传"预期收益""预计收益""预测投资业绩"等相关内容；

（四）夸大或者片面推介基金，违规使用"安全""保证""承诺""保险""避险""有保障""高收益""无风险"等可能误导投资人进行风险判断的措辞；

（五）使用"欲购从速""申购良机"等片面强调集中营销时间限制的措辞；

（六）推介或片面节选少于6个月的过往整体业绩或过往基金产品业绩；

（七）登载个人、法人或者其他组织的祝贺性、恭维性或推荐性的文字；

（八）采用不具有可比性、公平性、准确性、权威性的数据来源和方法进行业绩比较，任意使用"业绩最佳""规模最大"等相关措辞；

（九）恶意贬低同行；

（十）允许非本机构雇用的人员进行私募基金推介；

（十一）推介非本机构设立或负责募集的私募基金；

（十二）法律、行政法规、中国证监会和中国基金业协会禁止的其他行为。

第二十五条 募集机构不得通过下列媒介渠道推介私募基金：

（一）公开出版资料；

（二）面向社会公众的宣传单、布告、手册、信函、传真；

（三）海报、户外广告；

（四）电视、电影、电台及其他音像等公共传播媒体；

（五）公共、门户网站链接广告、博客等；

（六）未设置特定对象确定程序的募集机构官方网站、微信朋友圈等互联网媒介；

（七）未设置特定对象确定程序的讲座、报告会、分析会；

（八）未设置特定对象确定程序的电话、短信和电子邮件等通信媒介；

（九）法律、行政法规、中国证监会规定和中国基金业协会自律规则禁止的其他行为。

第五章 合格投资者确认及基金合同签署

第二十六条 在投资者签署基金合同之前，募集机构应当向投资者说明有关法律法规，说明投资冷静期、回访确认等程序性安排以及投资者的相关权利，重点揭示私募基金风险，并与投资者签署风险揭示书。

风险揭示书的内容包括但不限于：

（一）私募基金的特殊风险，包括基金合同与中国基金业协会合同指引不一致所涉风险、基金未托管所涉风险、基金委托募集所涉风险、外包事项所涉风险、聘请投资顾问所涉风险、未在中国基金业协会登记备案的风险等；

（二）私募基金的一般风险，包括资金损失风险、基金运营风险、流动性风险、募集失败风险、投资标的的风险、税收风险等；

（三）投资者对基金合同中投资者权益相关重要条款的逐项确认，包括当事人权利义务、费用及税收、纠纷解决方式等。

《私募投资基金风险揭示书内容与格式指引》详见附件二。

第二十七条　在完成私募基金风险揭示后，募集机构应当要求投资者提供必要的资产证明文件或收入证明。

募集机构应当合理审慎地审查投资者是否符合私募基金合格投资者标准，依法履行反洗钱义务，并确保单只私募基金的投资者人数累计不得超过《证券投资基金法》《公司法》《合伙企业法》等法律规定的特定数量。

第二十八条　根据《私募办法》，私募基金的合格投资者是指具备相应风险识别能力和风险承担能力，投资于单只私募基金的金额不低于100万元且符合下列相关标准的机构和个人：

（一）净资产不低于1000万元的机构；

（二）金融资产不低于300万元或者最近三年个人年均收入不低于50万元的个人。

前款所称金融资产包括银行存款、股票、债券、基金份额、资产管理计划、银行理财产品、信托计划、保险产品、期货权益等。

第二十九条　各方应当在完成合格投资者确认程序后签署私募基金合同。

基金合同应当约定给投资者设置不少于二十四小时的投资冷静期，募集机构在投资冷静期内不得主动联系投资者。

（一）私募证券投资基金合同应当约定，投资冷静期自基金合同签署完毕且投资者交纳认购基金的款项后起算；

（二）私募股权投资基金、创业投资基金等其他私募基金合同关于投资冷静期的约定可以参照前款对私募证券投资基金的相关要求，也可以自行约定。

第三十条　募集机构应当在投资冷静期满后，指令本机构从事基金销售推介业务以外的人员以录音电话、电邮、信函等适当方式进行投资回访。回访过程不得出现诱导性陈述。募集机构在投资冷静期内进行的回访确认无效。

回访应当包括但不限于以下内容：

（一）确认受访人是否为投资者本人或机构；

（二）确认投资者是否为自己购买了该基金产品以及投资者是否按照要求亲笔签名或盖章；

（三）确认投资者是否已经阅读并理解基金合同和风险揭示的内容；

（四）确认投资者的风险识别能力及风险承担能力是否与所投资的私募基金产品相匹配；

（五）确认投资者是否知悉投资者承担的主要费用及费率，投资者的重要权利、私募基金信息披露的内容、方式及频率；

（六）确认投资者是否知悉未来可能承担投资损失；

（七）确认投资者是否知悉投资冷静期的起算时间、期间以及享有的权利；

（八）确认投资者是否知悉纠纷解决安排。

第三十一条 基金合同应当约定，投资者在募集机构回访确认成功前有权解除基金合同。出现前述情形时，募集机构应当按合同约定及时退还投资者的全部认购款项。

未经回访确认成功，投资者交纳的认购基金款项不得由募集账户划转到基金财产账户或托管资金账户，私募基金管理人不得投资运作投资者交纳的认购基金款项。

第三十二条 私募基金投资者属于以下情形的，可以不适用本办法第十七条至第二十一条、第二十六条至第三十一条的规定：

（一）社会保障基金、企业年金等养老基金，慈善基金等社会公益基金；

（二）依法设立并在中国基金业协会备案的私募基金产品；

（三）受国务院金融监督管理机构监管的金融产品；

（四）投资于所管理私募基金的私募基金管理人及其从业人员；

（五）法律法规、中国证监会和中国基金业协会规定的其他投资者。

投资者为专业投资机构的，可不适用本办法第二十九条、第三十条、第三十一条的规定。

第六章　自律管理

第三十三条 中国基金业协会可以按照相关自律规则，对会员及登记机构的私募基金募集行为合规性进行定期或不定期的现场和非现场自律检查，会员及登记机构应当予以配合。

第三十四条 私募基金管理人委托未取得基金销售业务资格的机构募集私募基金的，中国基金业协会不予办理私募基金备案业务。

第三十五条 募集机构在开展私募基金募集业务过程中违反本办法第六条至第十四条、第十七条至第二十条、第二十二条至第二十三条、第二十六条的规定，中国基金业协会可以视情节轻重对募集机构采取要求限期改正、行业内谴责、加入黑名单、公开谴责、暂停受理或办理相关业务、撤销管理人登记等纪律处分；对相关工作人员采取要求参加强制培训、行业内谴责、加入黑名单、公开谴责、认定为不适当人选、暂停基金从业资格、取消基金从业资格等纪律处分。

第三十六条 募集机构在开展私募基金募集业务过程中违反本办法第二十九条至第三十一条的规定，中国基金业协会视情节轻重对私募基金管理人、募集机构采取暂停私募基金备案业务、不予办理私募基金备案业务等措施。

第三十七条 募集机构在开展私募基金募集业务过程中违反本办法第十六条、第二十一条、第二十四条、第二十五条、第二十七条、第二十八条的规定，中国基金业协会可以视情节轻重对募集机构采取加入黑名单、公开谴责、撤销管理人登记等纪律处分；对相关工作人员采取行业内谴责、加入黑名单、公开谴责、取消基金从业资格等纪律处分。情节严重的，移送中国证监会处理。

第三十八条 募集机构在一年之内两次被采取谈话提醒、书面警示、要求限期改正等纪律处分的，中国基金业协会可对其采取加入黑名单、公开谴责等纪律处分；在两年之内两次被采取加入黑名单、公开谴责等纪律处分的，中国基金业协会可以采取撤销管理人登记等纪律处分，并移送中国证监会处理。

第三十九条 在中国基金业协会登记的基金业务外包服务机构就其参与私募基金募集业务的环节违反本办法有关规定，中国基金业协会可以采取相关自律措施。

第四十条 投资者可以按照规定向中国基金业协会投诉或举报募集机构及其从业人员的违规募

集行为。

第四十一条　募集机构、基金业务外包服务机构及其从业人员因募集过程中的违规行为被中国基金业协会采取相关纪律处分的，中国基金业协会可视情节轻重记入诚信档案。

第四十二条　募集机构、基金业务外包服务机构及其从业人员涉嫌违反法律、行政法规、中国证监会有关规定的，移送中国证监会或司法机关处理。

第七章　附则

第四十三条　本办法自 2016 年 7 月 15 日起实施。

第四十四条　本办法由中国基金业协会负责解释。

私募投资基金信息披露管理办法

第一章　总则

第一条　为保护私募基金投资者合法权益，规范私募投资基金的信息披露活动，根据《证券投资基金法》《私募投资基金监督管理暂行办法》《私募投资基金管理人登记和基金备案办法（试行）》等法律法规及相关自律规则，制定本办法。

第二条　本办法所称的信息披露义务人，指私募基金管理人、私募基金托管人以及法律、行政法规、中国证券监督管理委员会（以下简称中国证监会）和中国证券投资基金业协会（以下简称中国基金业协会）规定的具有信息披露义务的法人和其他组织。

同一私募基金存在多个信息披露义务人时，应在相关协议中约定信息披露相关事项和责任义务。

信息披露义务人委托第三方机构代为披露信息的，不得免除信息披露义务人法定应承担的信息披露义务。

第三条　信息披露义务人应当按照中国基金业协会的规定以及基金合同、公司章程或者合伙协议（以下统称基金合同）约定向投资者进行信息披露。

第四条　信息披露义务人应当保证所披露信息的真实性、准确性和完整性。

第五条　私募基金管理人应当按照规定通过中国基金业协会指定的私募基金信息披露备份平台报送信息。

私募基金管理人过往业绩以及私募基金运行情况将以私募基金管理人向私募基金信息披露备份平台报送的数据为准。

第六条　投资者可以登录中国基金业协会指定的私募基金信息披露备份平台进行信息查询。

第七条　信息披露义务人、投资者及其他相关机构应当依法对所获取的私募基金非公开披露的全部信息、商业秘密、个人隐私等信息负有保密义务。

中国基金业协会应当对私募基金管理人和私募基金信息严格保密。除法律法规另有规定外，不得对外披露。

第八条 中国基金业协会依据本办法对私募基金的信息披露活动进行自律管理。

第二章 一般规定

第九条 信息披露义务人应当向投资者披露的信息包括以下内容：

（一）基金合同；

（二）招募说明书等宣传推介文件；

（三）基金销售协议中的主要权利义务条款（如有）；

（四）基金的投资情况；

（五）基金的资产负债情况；

（六）基金的投资收益分配情况；

（七）基金承担的费用和业绩报酬安排；

（八）可能存在的利益冲突；

（九）涉及私募基金管理业务、基金财产、基金托管业务的重大诉讼、仲裁；

（十）中国证监会以及中国基金业协会规定的影响投资者合法权益的其他重大信息。

第十条 私募基金进行托管的，私募基金托管人应当按照相关法律法规、中国证监会以及中国基金业协会的规定和基金合同的约定，对私募基金管理人编制的基金资产净值、基金份额净值、基金份额申购赎回价格、基金定期报告和定期更新的招募说明书等向投资者披露的基金相关信息进行复核确认。

第十一条 信息披露义务人披露基金信息，不得存在以下行为：

（一）公开披露或者变相公开披露；

（二）虚假记载、误导性陈述或者重大遗漏；

（三）对投资业绩进行预测；

（四）违规承诺收益或者承担损失；

（五）诋毁其他基金管理人、基金托管人或者基金销售机构；

（六）登载任何自然人、法人或者其他组织的祝贺性、恭维性或推荐性的文字；

（七）采用不具有可比性、公平性、准确性、权威性的数据来源和方法进行业绩比较，任意使用"业绩最佳""规模最大"等相关措辞；

（八）法律、行政法规、中国证监会和中国基金业协会禁止的其他行为。

第十二条 向境内投资者募集的基金信息披露文件应当采用中文文本，应当尽量采用简明、易懂的语言进行表述。同时采用外文文本的，信息披露义务人应当保证两种文本内容一致。两种文本发生歧义时，以中文文本为准。

第三章 基金募集期间的信息披露

第十三条 私募基金的宣传推介材料（如招募说明书）内容应当如实披露基金产品的基本信息，与基金合同保持一致。如有不一致，应当向投资者特别说明。

第十四条 私募基金募集期间，应当在宣传推介材料（如招募说明书）中向投资者披露如下信息：

（一）基金的基本信息：基金名称、基金架构（是否为母子基金、是否有平行基金）、基金类型、基金注册地（如有）、基金募集规模、最低认缴出资额、基金运作方式（封闭式、开放式或者其他方式）、基金的存续期限、基金联系人和联系信息、基金托管人（如有）；

（二）基金管理人基本信息：基金管理人名称、注册地/主要经营地址、成立时间、组织形式、基金管理人在中国基金业协会的登记备案情况；

（三）基金的投资信息：基金的投资目标、投资策略、投资方向、业绩比较基准（如有）、风险收益特征等；

（四）基金的募集期限：应载明基金首轮交割日以及最后交割日事项（如有）；

（五）基金估值政策、程序和定价模式；

（六）基金合同的主要条款：出资方式、收益分配和亏损分担方式、管理费标准及计提方式、基金费用承担方式、基金业务报告和财务报告提交制度等；

（七）基金的申购与赎回安排；

（八）基金管理人最近三年的诚信情况说明；

（九）其他事项。

第四章　基金运作期间的信息披露

第十五条　基金合同中应当明确信息披露义务人向投资者进行信息披露的内容、披露频度、披露方式、披露责任以及信息披露渠道等事项。

第十六条　私募基金运行期间，信息披露义务人应当在每季度结束之日起 10 个工作日以内向投资者披露基金净值、主要财务指标以及投资组合情况等信息。

单只私募证券投资基金管理规模金额达到 5000 万元以上的，应当持续在每月结束之日起 5 个工作日以内向投资者披露基金净值信息。

第十七条　私募基金运行期间，信息披露义务人应当在每年结束之日起 4 个月以内向投资者披露以下信息：

（一）报告期末基金净值和基金份额总额；

（二）基金的财务情况；

（三）基金投资运作情况和运用杠杆情况；

（四）投资者账户信息，包括实缴出资额、未缴出资额以及报告期末所持有基金份额总额等；

（五）投资收益分配和损失承担情况；

（六）基金管理人取得的管理费和业绩报酬，包括计提基准、计提方式和支付方式；

（七）基金合同约定的其他信息。

第十八条　发生以下重大事项的，信息披露义务人应当按照基金合同的约定及时向投资者披露：

（一）基金名称、注册地址、组织形式发生变更的；

（二）投资范围和投资策略发生重大变化的；

（三）变更基金管理人或托管人的；

（四）管理人的法定代表人、执行事务合伙人（委派代表）、实际控制人发生变更的；

（五）触及基金止损线或预警线的；

（六）管理费率、托管费率发生变化的；

（七）基金收益分配事项发生变更的；

（八）基金触发巨额赎回的；

（九）基金存续期变更或展期的；

（十）基金发生清盘或清算的；

（十一）发生重大关联交易事项的；

（十二）基金管理人、实际控制人、高管人员涉嫌重大违法违规行为或正在接受监管部门或自律管理部门调查的；

（十三）涉及私募基金管理业务、基金财产、基金托管业务的重大诉讼、仲裁；

（十四）基金合同约定的影响投资者利益的其他重大事项。

第五章　信息披露的事务管理

第十九条　信息披露义务人应当建立健全信息披露管理制度，指定专人负责管理信息披露事务，并按要求在私募基金登记备案系统中上传信息披露相关制度文件。

第二十条　信息披露事务管理制度应当至少包括以下事项：

（一）信息披露义务人向投资者进行信息披露的内容、披露频度、披露方式、披露责任以及信息披露渠道等事项；

（二）信息披露相关文件、资料的档案管理；

（三）信息披露管理部门、流程、渠道、应急预案及责任；

（四）未按规定披露信息的责任追究机制，对违反规定人员的处理措施。

第二十一条　信息披露义务人应当妥善保管私募基金信息披露的相关文件资料，保存期限自基金清算终止之日起不得少于10年。

第六章　自律管理

第二十二条　中国基金业协会定期发布行业信息披露指引，指导信息披露义务人做好信息披露相关事项。

第二十三条　中国基金业协会可以对信息披露义务人披露基金信息的情况进行定期或者不定期的现场和非现场自律检查，信息披露义务人应当予以配合。

第二十四条　私募基金管理人违反本办法第十五条规定，未在基金合同约定信息披露事项的，基金备案过程中由中国基金业协会责令改正。

第二十五条　信息披露义务人违反本办法第五条、第九条、第十六条至第十八条的，投资者可以向中国基金业协会投诉或举报，中国基金业协会可以要求其限期改正。逾期未改正的，中国基金业协会可以视情节轻重对信息披露义务人及主要负责人采取谈话提醒、书面警示、要求参加强制培训、行业内谴责、加入黑名单等纪律处分。

第二十六条　信息披露义务人管理信息披露事务，违反本办法第十九条至第二十一条的规定，中国基金业协会可以要求其限期改正。逾期未改正的，中国基金业协会可以视情节轻重对信息披露义务人及主要负责人采取谈话提醒、书面警示、要求参加强制培训、行业内谴责、加入黑名单等纪律处分。

第二十七条　私募基金管理人在信息披露中存在本办法第十一条（一）、（二）、（三）、（四）、

（七）所述行为的，中国基金业协会可视情节轻重对基金管理人采取公开谴责、暂停办理相关业务、撤销管理人登记或取消会员资格等纪律处分；对直接负责的主管人员和其他直接责任人员，中国基金业协会可采取要求参加强制培训、行业内谴责、加入黑名单、公开谴责、认为不适当人选、暂停或取消基金从业资格等纪律处分，并记入诚信档案。情节严重的，移交中国证监会处理。

第二十八条　私募基金管理人在一年之内两次被采取谈话提醒、书面警示、要求限期改正等纪律处分的，中国基金业协会可对其采取加入黑名单、公开谴责等纪律处分；在两年之内两次被采取加入黑名单、公开谴责等纪律处分的，由中国基金业协会移交中国证监会处理。

第七章　附则

第二十九条　本办法自公布之日起施行。

第三十条　本办法所称以上、以内，包括本数。

第三十一条　本办法由中国基金业协会负责解释。

私募投资基金服务业务管理办法（试行）

第一章　总则

第一条【立法依据】为促进私募投资基金（以下简称私募基金）行业健康发展，规范私募基金服务业务，保护投资者及相关当事人合法权益，根据《中华人民共和国证券投资基金法》《私募投资基金监督管理暂行办法》等有关规定，制定本办法。

第二条【适用范围】私募基金管理人委托私募基金服务机构（以下简称服务机构），为私募基金提供基金募集、投资顾问、份额登记、估值核算、信息技术系统等服务业务，适用本办法。服务机构开展私募基金服务业务及私募基金管理人、私募基金托管人就其参与私募基金服务业务的环节适用本办法。

私募基金管理人应当委托在中国证券投资基金业协会（以下简称协会）完成登记并已成为协会会员的服务机构提供私募基金服务业务。私募基金管理人委托服务机构从事私募基金募集、投资顾问等业务的相关规定，由协会另行规定。

第三条【服务机构权利义务】服务机构及其从业人员从事私募基金服务业务，应当遵循有关法律法规和行业规范，依照服务协议、操作备忘录或各方认可的其他法律文本的约定，诚实信用、勤勉尽责、恪尽职守，防止利益冲突，保护私募基金财产和投资者财产安全，维护投资者合法权益。

服务机构不得将已承诺的私募基金服务业务转包或变相转包。

第四条【财产独立】私募基金服务所涉及的基金财产和投资者财产应当独立于服务机构的自有财产。服务机构破产或者清算时，私募基金服务所涉及的基金财产和投资者财产不属于其破产或清算财产。

第五条【管理人权利义务】私募基金管理人委托服务机构开展业务，应当制定相应的风险管理框架及制度，并根据审慎经营原则制定业务委托实施规划，确定与其经营水平相适宜的委托服务范围。

私募基金管理人委托服务机构开展服务前，应当对服务机构开展尽职调查，了解其人员储备、业务隔离措施、软硬件设施、专业能力、诚信状况等情况；并与服务机构签订书面服务协议，明确双方的权利义务及违约责任。私募基金管理人应当对服务机构的运营能力和服务水平进行持续关注和定期评估。

私募基金管理人委托服务机构提供私募基金服务的，私募基金管理人依法应当承担的责任不因委托而免除。

第六条【行业自律】协会依据法律法规和自律规则，对服务机构及其私募基金服务业务进行自律管理。

第二章 服务机构的登记

第七条【风险提示】协会为服务机构办理登记不构成对服务机构服务能力、持续合规情况的认可，不作为对基金财产和投资者财产安全的保证。服务机构在协会完成登记之后连续6个月没有开展基金服务业务的，协会将注销其登记。

第八条【登记要求】申请开展私募基金份额登记服务、基金估值核算服务、信息技术系统服务的机构，应当具备下列条件：

（一）经营状况良好，其中开展私募基金份额登记服务和信息技术系统服务的机构实缴资本不低于人民币5000万元；

（二）公司治理结构完善，内部控制有效；

（三）经营运作规范，最近3年内无重大违法违规记录；

（四）组织架构完整，设有专门的服务业务团队和分管服务业务的高管，服务业务团队的设置能够保证业务运营的完整与独立，服务业务团队有满足营业需要的固定场所和安全防范措施；

（五）配备相应的软硬件设施，具备安全、独立、高效、稳定的业务技术系统，且所有系统已完成包括协会指定的中央数据交换平台在内的业务联网测试；

（六）负责私募基金服务业务的部门负责人、独立第三方服务机构的法定代表人等应当具备基金从业资格。所有从业人员应当自从事私募基金服务业务之日起6个月内具备基金从业资格，并参加后续执业培训；

（七）申请机构应当评估业务是否存在利益冲突并设置相应的防火墙制度；

（八）申请机构的信息技术系统应当符合法律法规、中国证监会及协会的规定及相关标准，建立网络隔离、安全防护与应急处理等风险管理制度和灾难备份系统；

（九）申请开展信息技术服务的机构应当具有国家有关部门规定的资质条件或者取得相关资质认证，拥有同类应用服务经验，具有开展业务所有需要的人员、设备、技术、知识产权以及良好的安全运营记录等条件；

（十）协会规定的其他条件。

第九条【登记材料】申请登记的机构提交的材料包括但不限于：

（一）诚信及合法合规承诺函；

（二）内控管理制度、业务隔离措施以及应急处理方案；

（三）信息系统配备情况及系统运行测试报告；

（四）私募基金服务业务团队设置和岗位职责规定及包括分管领导、业务负责人、业务人员等在内的人员基本情况；

（五）与私募基金管理人签订的约定双方权利义务的服务协议或意向合作协议清单；

（六）涉及募集结算资金的，应当包括相关账户信息、募集销售结算资金安全保障机制的说明材料以及协会指定的中央数据交换平台的测试报告等；

（七）法律意见书；

（八）开展私募基金服务业务的商业计划书；

（九）协会规定的其他材料。

第十条【登记流程】登记材料不完备或不符合规定的，协会告知需要补正的内容。服务机构提交的登记材料完备且登记材料符合要求的，协会自受理之日起2个月内出具登记函并公示。

第三章　基本业务规范

第十一条【协议签署】私募基金管理人与服务机构应当依据基金合同签订书面服务协议。协议应当至少包括以下内容：服务范围、服务内容、双方的权利和义务、收费方式和业务费率、保密义务等。除基金合同约定外，服务费用应当由私募基金管理人自行支付。

第十二条【备忘录签署】私募基金管理人、私募基金托管人、服务机构、经纪商等相关方，应当就账户信息、交易数据、估值对账数据、电子划款指令、投资者名册等信息的交互时间及交互方式、对接人员、对接方式、业务实施方案、应急预案等内容签订操作备忘录或各方认可的其他法律文本，对私募基金服务事项进行单独约定。其中，数据交互应当遵守协会的相关标准。

第十三条【公平竞争】服务机构在开展业务过程中应当执行贯彻国家有关反不正当竞争行为的各项规定，设定合理、清晰的费用结构和费率标准，不得以低于成本的收费标准提供服务。

第十四条【基金财产和投资者财产安全】服务机构应当对提供服务业务所涉及的基金财产和投资者财产实行严格的分账管理，确保基金财产和投资者财产的安全，任何单位或者个人不得以任何形式挪用基金财产和投资者财产。

第十五条【风险防范】服务机构应当具备开展服务业务的营运能力和风险承受能力，审慎评估私募基金服务的潜在风险与利益冲突，建立严格的防火墙制度与业务隔离制度，有效执行信息隔离等内部控制制度，切实防范利益输送。

第十六条【基金服务与托管隔离】私募基金托管人不得被委托担任同一私募基金的服务机构，除该托管人能够将其托管职能和基金服务职能进行分离，恰当的识别、管理、监控潜在的利益冲突，并披露给投资者。

第十七条【档案管理】服务机构应当建立健全档案管理制度，妥善保管服务所涉及的资料。服务机构提供份额登记服务的，登记数据保存期限自基金账户销户之日起不得少于20年。

第十八条【专项审计】服务机构每年应当聘请具有证券业务资格的会计师事务所对私募基金服务业务的内部控制与业务实施情况进行审计并出具审计报告。经国务院金融监督管理机构核准的金融机构，每年可以选择由该机构内部审计部门出具私募基金服务业务评估报告。

第十九条【责任分担】服务机构在开展业务的过程中，因违法违规、违反服务协议、技术故障、操作错误等原因给基金财产造成的损失，应当由私募基金管理人先行承担赔偿责任。私募基金管理人再按照服务协议约定与服务机构进行责任分配与损失追偿。

第四章 基金份额登记服务业务规范

第二十条【基本职责】 从事私募基金份额登记服务的机构（以下简称基金份额登记机构）的基本职责包括建立并管理投资者的基金账户、负责基金份额的登记及资金结算、基金交易确认、代理发放红利、保管投资者名册、法律法规或服务协议规定的其他职责。基金份额登记机构登记的数据，是投资者权利归属的根据。

第二十一条【募集结算资金】 基金募集结算资金是指由基金募集机构归集的，基金份额登记机构进行资金清算，在合格投资者资金账户与基金财产资金账户或托管资金账户之间划转的往来资金。

第二十二条【资金账户安全保障】 基金募集结算资金专用账户包括募集机构开立的募集结算资金归集账户和基金份额登记机构开立的注册登记账户。基金募集结算资金专用账户应当由监督机构负责实施有效监督，监督协议中应当明确监督机构保障投资者资金安全的连带责任条款。其中，监督机构指中国证券登记结算有限责任公司、取得基金销售业务资格的商业银行、证券公司、公募基金管理公司以及协会规定的其他机构。监督机构和服务机构为同一机构的，应当做好内部风险防范。

私募基金管理人应当向协会报送私募基金募集结算资金专用账户及其监督机构信息。

第二十三条【内部控制机制】 基金份额登记机构和监督机构应当建立健全内部控制机制，将划款指令的生成与复核相分离，对系统重要参数的设置和修改建立多层审核机制，切实保障募集结算资金安全。

第二十四条【基金账户开立要求】 基金份额登记机构办理账户类业务（如开立、变更、销户等）时，应当就投资者信息的真实性和准确性与募集机构进行书面约定。

投资者是其他基金的，基金份额登记机构应当与募集机构约定，采取将该基金的托管资金账户或者专门的基金财产资金账户作为收付款的唯一指定账户等方式保障投资者财产安全。

第二十五条【份额确认】 基金份额登记机构应当根据募集机构提供的认购、申购、认缴、实缴、赎回、转托管等数据和自身资金结算结果，办理投资者名册的初始登记或者变更登记。基金份额登记机构应当向私募基金托管人提供投资者名册。

第二十六条【资金交收风险】 基金份额登记机构在进行份额登记时，如果与资金交收存在时间差，应当充分评估资金交收风险。法律授权下执行担保交收的，应当动态评估交收风险，提取足额备付金；在非担保交收的情况下，应当与管理人或管理人授权的募集机构书面约定资金交收过程中不得截留、挪用交易资金或者将资金做内部非法轧差处理以及在发生损失情况下的责任承担。

第二十七条【募集结算资金划付】 基金份额登记机构应当严格按照服务协议约定的资金交收路径进行募集结算资金划付。募集结算资金监督机构未按照约定进行汇款或提交正确的汇款指令，基金份额登记机构应当拒绝操作执行。

第二十八条【份额变更】 基金份额以协议继承、捐赠、强制执行、转让等方式发生变更的，基金份额登记机构应当在募集机构履行合格投资者审查、反洗钱等义务的基础上，根据相关法律证明文件及资金清算结果，结合自身业务规则变更基金账户余额，相应办理投资者名册的变更登记。

第二十九条【关于计提业绩报酬】 基金合同约定由基金份额登记机构负责计提业绩报酬的，基金份额登记机构应当保证业绩报酬计算过程及结果的准确性，不得损害投资者利益。

第三十条【数据备份】基金份额登记机构应当妥善保存登记数据，并根据协会的规定将投资者名称、身份信息及基金份额明细等数据在发生变更的 T＋1 日内备份至协会指定数据备份平台。

第三十一条【自行办理份额登记】私募基金管理人自行办理份额登记业务的，应当参考本章规定执行。

第五章　基金估值核算服务业务规范

第三十二条【基本职责】从事私募基金估值核算服务的机构（以下简称基金估值核算机构）的基本职责包括开展基金会计核算、估值、报表编制，相关业务资料的保存管理，配合私募基金管理人聘请的会计师事务所进行审计以及法律法规及服务协议规定的其他职责。

第三十三条【估值依据】基金估值核算机构开展估值核算服务，应当遵守《企业会计准则》《证券投资基金会计核算业务指引》以及协会的估值规则等相关法律法规的规定。基金估值核算机构应当按照基金合同和服务协议规定的估值方法、估值频率、估值流程对基金财产进行估值核算。

第三十四条【估值频率】基金估值核算机构应当至少保证在开放式基金申赎，封闭式基金扩募、增减资等私募基金份额（权益）发生变化时进行估值。

第三十五条【与托管人对账】基金估值核算机构应当按照服务协议、操作备忘录或各方认可的其他法律文本的约定与私募基金托管人核对账务，由私募基金托管人对估值结果进行复核。

第三十六条【差错处理】当份额净值计算出现错误时，基金估值核算机构应当及时纠正，采取合理措施防止损失进一步扩大，并根据服务协议约定通知私募基金管理人依法履行披露及报告义务。

第三十七条【信息披露】基金估值核算机构应当配合私募基金管理人按照服务协议的约定，及时、准确地披露基金产品净值，编制和提供定期报告等基金产品运作信息。

第三十八条【附属服务】在协会完成基金估值核算登记的服务机构可以提供基金绩效分析、数据报送支持等附属服务。

第六章　信息技术系统服务业务规范

第三十九条【信息技术系统服务定义】信息技术系统服务是指为私募基金管理人、私募基金托管人和其他服务机构提供私募基金业务核心应用系统、信息系统运营维护及安全保障等服务。其中，私募基金业务核心应用系统包括销售系统、投资交易管理系统、份额登记系统、资金清算系统、估值核算系统等。

第四十条【提供系统要求】服务机构提供基金业务核心应用系统的，不得从事与其所提供系统相对应的私募基金服务业务，不得直接进行相关业务操作，可以提供信息系统运营维护及安全保障等服务。

第四十一条【风控要求】提供投资交易管理系统的服务机构应当保证单只基金开立独立证券账户，单个证券账户不得下设子账户、分账户、虚拟账户；不得直接进行投资业务操作，不得代为行使私募基金管理人的平仓和交易职责。

第四十二条【风控检查】提供投资交易管理系统的服务机构应当建立公平交易机制，公平对待同一私募基金管理人管理的私募基金及不同私募基金管理人管理的私募基金，防范私募基金之间进行利益输送。指令在发送到交易场所之前应当经过投资交易管理系统的风控检查，不得绕过风控检查直接下单到交易场所。

第四十三条【销售系统服务要求】提供销售系统的服务机构应与私募基金管理人签署书面服务协议明确双方的权利和义务。销售系统涉及基金电子合同平台的，私募基金管理人在基金募集中应依法承担的投资者适当性和真实性核查等责任不因签署电子合同平台的外包协议而免除。

第四十四条【接口管理】服务机构提供核心应用系统的，应当保证数据通讯接口符合中国证监会及协会颁布的接口规范标准要求；无接口规范标准的，数据接口应当具备可兼容性，不得随意变更。服务机构应当向客户提供开发接口和完整的数据库表结构设计，开发接口应当能够覆盖客户的全部数据读写。

第四十五条【执行程序和源代码的安全】服务机构应当对信息技术系统相关的执行程序和源代码设置有效的安全措施，切实保障执行程序和源代码的安全。在所有信息技术系统发布前对执行程序和源代码进行严格的审查和充分的测试，并积极协助客户进行上线前的验收工作。

第四十六条【信息技术系统架构】信息技术系统架构设计应当实现接入层、网络层、应用层分离，方便进行网络防火墙建设管理。信息技术系统架构应当能够支持系统负载均衡和性能线性扩张，通过增加硬件设备可以简单实现产品性能的扩充。

第四十七条【信息技术系统管理】服务机构应当保证其信息技术系统有足够的业务容量和技术容量，并能够满足市场可能出现的峰值压力需求，并根据市场的发展变化和客户的需求及时提供系统的升级、维护服务。服务机构应当对信息技术系统缺陷实施应急管理机制，一旦发现缺陷，应当立即通知信息技术系统使用人并及时提供解决方案。

第四十八条【数据安全】服务机构应当确保其主要业务信息系统持续稳定运行，其中涉及核心业务处理的信息系统应当部署在中华人民共和国境内，并配合监管部门、司法机关现场检查及调查取证。

服务机构在业务开展过程中所获取的客户信息、业务资料等数据的存储与备份应当在中华人民共和国境内完成，相关数据的保密管理应当符合国家相关规定。服务机构及其从业人员应当恪尽职守，保护客户隐私，严守客户机密。

第七章　自律管理

第四十九条【报告义务】服务机构应当在每个季度结束之日起15个工作日内向协会报送服务业务情况表，每个年度结束之日起三个月内向协会报送运营情况报告。服务机构应当在每个年度结束之日起四个月内向协会报送审计报告。服务机构的注册资本、注册地址、法定代表人、分管基金服务业务的高级管理人员等重大信息发生变更的，应当自变更发生之日起10个工作日内向协会更新登记信息。

独立第三方服务机构通过一次或多次股权变更，整体构成变更持股5%以上股东或变更股东持股比例超过5%的，应当及时向协会报告；整体构成变更持股20%以上股东或变更股东持股比例超过20%，或实际控制人发生变化的，应当自董事会或者股东（大）会做出决议之日起10个工作日内向协会提交重大信息变更申请。

发生重大事件时，私募基金管理人、私募基金托管人、服务机构应当及时向协会报告。关于服务机构需要报送的投资者信息和产品运作信息的规范，由协会另行规定。

第五十条【协会职责】协会对服务机构从事私募基金服务业务进行定期或者不定期的现场和非

现场自律检查，服务机构应当予以配合。

第五十一条【投诉举报】私募基金管理人、托管人可以按照规定向协会投诉或举报服务机构及其从业人员的违规行为。

服务机构可以按照规定向协会投诉或举报私募基金管理人、托管人及其从业人员的违规行为。

第五十二条【一般违规责任】服务机构违反本办法第二章第七条至第十条、第三章第十一条至第十三条、第十七条至第十九条、第四章第二十条、第二十四条、第二十五条、第二十八条至第三十一条、第五章第三十二条、第三十四条至第三十八条、第六章第四十三条至第四十七条、第七章第四十九条第一款、第三款的规定，协会可以要求服务机构限期改正。逾期未改正的，协会可以视情节轻重对服务机构主要负责人采取谈话提醒、书面警示、要求强制参加培训、行业内谴责、加入黑名单等纪律处分。

第五十三条【严重违规责任】服务机构违反本办法第三章第十四条至第十六条、第四章第二十一条至第二十三条、第二十六条及第二十七条、第五章第三十三条、第六章第四十条至第四十二条、第四十八条、第四十九条第二款的规定，协会可视情节轻重对服务机构采取公开谴责、暂停办理相关业务、撤销服务机构登记或取消会员资格等纪律处分；对服务机构主要负责人，协会可采取加入黑名单、公开谴责、暂停或取消基金从业资格等纪律处分，并加入诚信档案。

第五十四条【多次违规处分】一年之内服务机构两次被要求限期改正，服务机构主要负责人两次被采取谈话提醒、书面警示等纪律处分的，协会可对其采取加入黑名单、公开谴责等纪律处分；服务机构及其主要负责人在两年之内两次被采取加入黑名单、公开谴责等纪律处分的，协会可以采取撤销服务机构登记或取消会员资格，暂停或取消服务机构主要负责人基金从业资格等纪律处分。

第五十五条【诚信记录】服务机构及其从业人员因违规行为被协会采取相关纪律处分的，协会可视情节轻重计入诚信档案。

第五十六条【行政与刑事责任】服务机构及其从业人员涉嫌违反法律、行政法规、证监会有关规定的，移送中国证监会或司法机关处理。

第八章　附则

第五十七条【适用】服务机构为证券期货经营机构私募资产管理计划提供服务业务的，适用本办法。

第五十八条【生效】本规范自公布之日起实施，原《基金业务外包服务指引（试行）》同时废止。

第五十九条【解释】本办法由协会负责解释。

关于发布私募投资基金合同指引的通知

各私募投资基金管理人：

根据《证券投资基金法》《私募投资基金监督管理暂行办法》有关规定，经中国基金业协会理事会表决通过，现予以发布私募投资基金合同指引1号（契约型私募投资基金合同内容与格式指引）、私募投资基金合同指引 2 号（公司章程必备条款指引）、私募投资基金合同指引 3 号（合伙协议必备条款指引）。上述指引自 2016 年 7 月 15 日起施行。

特此通知。

《私募投资基金合同指引》起草说明

一、指引制定的背景

（一）私募投资基金的组织形式及登记备案

《证券投资基金法》（以下简称《基金法》）第二条规定，"在中华人民共和国境内，公开或者非公开募集资金设立证券投资基金，由基金管理人管理，基金托管人托管，为基金份额持有人的利益，进行证券投资活动，适用本法"。在此基础上，《私募投资基金监督管理私募办法》（以下简称《私募办法》）第二条进一步规定，"非公开募集资金，以进行投资活动为目的设立的公司或者合伙企业，资产由基金管理人或者普通管理人管理的，其登记备案、资金募集和投资运作适用本办法"。据此，根据组织形式不同，目前私募基金可以分为契约型基金、公司型基金、合伙型基金。

上述三种不同组织形式的私募基金均已有在私募登记备案系统备案。根据目前的基金备案情况，私募证券投资基金以契约型为主，私募股权基金和创业投资基金以合伙型为主。

契约型基金本身不具备法律实体地位，其与基金管理人的关系为信托关系，因此契约型基金无法采用自我管理，且需由基金管理人代其行使相关民事权利。根据基金合同的规定，基金管理人可以承担有限责任也可以承担无限责任。基金管理人须先登记为私募基金管理人，再由已登记的私募基金管理人履行契约型基金备案手续。

公司型基金本身是一个独立的法人实体，公司股东/投资人以其出资额为限承担有限责任，并共同参与公司治理。因此，公司型基金多采用自我管理，由公司董事会自聘管理团队进行管理。公司型基金也可以委托专业基金管理机构作为受托人具体负责投资运作，采取受托管理的，其管理机构须先登记为私募基金管理人，再由已登记的私募基金管理人履行公司型基金备案手续。公司型基金自聘管理团队进行管理，按照协会的《私募基金管理人登记和基金备案办法（试行）》，该自我管理的公司型基金应作为私募基金管理人登记手续，其后由其履行私募基金备案手续。

合伙型基金本身也不是一个法人主体，其执行事务合伙人为普通合伙人（GP），GP 负责合伙事务并对基金承担无限责任。从基金管理方式上，GP 可以自任为私募基金管理人，也可以另行委托专业私募基金管理机构作为管理人具体负责投资管理运作。GP 担任基金管理人的，由 GP 来进行私募基金管理人登记，再由已登记的管理人进行合伙型基金备案；另行委托专业基金管理机构作为受托人具体负责投资运作的，该专业基金管理机构应先登记为私募基金管理人，并由其履行私募基金备案手续。

实践中不同组织形式私募基金的客观存在具有历史合理性。契约型基金具有易标准化、设立简便、份额转让便利等优势，对决策效率要求高的证券类基金较为适用；公司型基金具有投资者参与基金治理和投资决策程度高，法律保障充分等优势，实践中股权型特别是创投基金也较常采用该组织形式；有限合伙型基金与美元基金等国际通行做法接轨、具有"先分后税"的税收政策、区域化的税收减免、对未上市企业投资工商确权清晰等优势，较适合股权类基金。

考虑到不同组织形式基金的特点，本指引分别制定了 1 号《契约型私募投资基金合同内容与格式指引》、2 号《公司章程必备条款指引》以及 3 号《合伙协议必备条款指引》。

（二）指引制定的意义及依据

随着私募基金的不断发展，作为私募基金的核心文件基金合同一直缺少专业指引，特别是一些中小基金或者新成立的基金，基金合同的制定较为随意容易产生争议。同时，私募基金行业鱼龙混杂，部分机构借"私募"之名从事违法违规活动而投资者无法从合同文本层面进行甄别。因此，为了能够更好地防范和控制风险，保护投资人的权益，有必要在基金合同方面为私募基金设置必要的指引。

中国基金业协会在反复调研论证的基础上，将制定本指引纳入工作计划，并广泛征求行业意见。

本指引根据《基金法》《私募办法》《公司法》《合伙企业法》以及《信托法》等相关法律法规制定，参考了其他资产管理产品的合同文本规范性文件，并按照私募投资基金的组织形式划分，分为适用于契约型、公司型、合伙型私募投资基金的合同指引。

本指引的出台，一方面能够为私募证券投资基金、股权投资基金、创业投资基金等私募类产品提供统一、标准的合同文本参照，另一方面，也能为下一步大资管时代下私募类产品的统一监管奠定基础。

二、指引的主要内容

本指引根据私募基金的组织形式不同，分为 1 号《契约型私募投资基金合同内容与格式指引》、2 号《公司章程必备条款指引》以及 3 号《合伙协议必备条款指引》。

其中，《契约型私募投资基金合同内容与格式指引》适用于契约型基金，即指未成立法律实体，而是通过契约的形式设立私募基金，基金管理人、投资者和其他基金参与主体按照契约约定行使相应权利，承担相应义务和责任。鉴于证券与股权相区分的原则，对于契约型私募证券投资基金，应当按照《契约型私募投资基金合同内容与格式指引》制定基金合同，而对于契约型私募股权或其他类型投资基金，应当参考《契约型私募投资基金合同内容与格式指引》制定基金合同。

《公司章程必备条款指引》适用于公司型基金，即指投资者依据《公司法》，通过出资形成一个独立的公司法人实体，由公司自行或者通过委托专门的基金管理人机构进行管理，投资者既是基金份额持有者又是基金公司股东，按照公司章程行使相应权利、承担相应义务和责任。

《合伙协议必备条款指引》适用于合伙型基金，即指投资者依据《合伙企业法》成立投资基金有限合伙企业，由普通合伙人对合伙企业的债务承担无限连带责任，由基金管理人具体负责投资运作（普通合伙人可以自任基金管理人，也可以另行委托专业机构作为受托人具体负责投资运作）。

（一）《契约型私募投资基金合同内容与格式指引》的主要内容

本指引共三章，六十三条。

第一章总则，主要规定了本指引的制定依据、适用范围、基金合同的名称、基本原则、禁止虚假陈述、基金托管事项等内容。

第二章基金合同正文，共二十三节。包括前言；释义；声明与承诺；私募基金的基本情况；私募基金的募集；私募基金的成立与备案；私募基金的申购、赎回与转让；当事人及权利义务；私募基金份额持有人大会及日常机构；私募基金份额的登记；私募基金的投资；私募基金的财产；交易及清算交收安排；私募基金财产的估值与会计核算；私募基金的费用与税收；私募基金的收益分配；信息披露与报告；风险揭示；私募基金合同的效力、变更、解除与终止；私募基金的清算；违约责任；争议的处理；其他事项等。

其中，《契约型私募投资基金合同内容与格式指引》第五节私募基金的募集，共两条。订明私募基金募集的有关事项，如募集机构、募集对象、募集方式、募集期限、认购金额、付款期限以及《私募投资基金募集行为管理办法（试行）》中的相关规定等（第十二条），同时，私募基金管理人应当将私募基金募集期间客户的资金存放于私募基金募集结算专用账户（第十三条）。根据《基金法》第五十九条的规定，基金募集期间募集的资金应当存入专门账户，在基金募集行为结束前，任何人不得动用。本条参照了公募基金资金专用账户的相关规定，也符合《私募办法》第二十三条关于不得将固有财产或者他人财产混同于基金财产的规定。

《契约型私募投资基金合同内容与格式指引》第七节私募基金的申购、赎回与转让。根据《基金法》第九十二条第（八）项的规定，应当在基金合同中订明基金份额的认购、赎回或者转让的程序和方式。基金必须向合格投资者转让，且转让后基金份额持有人累计不得超过法定人数。

《契约型私募投资基金合同内容与格式指引》第九节私募基金份额持有人大会及日常机构，订明召开基金份额持有人大会的情形、日常机构职权、召集人和召集方式、出席会议方式、决议形成的程序等内容（第二十八条到第三十一条）。本节为根据《基金法》第四十七条、第四十八条要求编写。

《契约型私募投资基金合同内容与格式指引》第十九节私募基金合同的效力、变更、解除与终止，订明私募基金合同效力、变更、解除与终止等问题（第五十二条至第五十六条）。除合同另有约定外，私募基金合同自签署之日起生效，基金是否备案不影响合同效力；关于私募基金合同的变更，属于重大事项变更的，指引要求私募基金管理人应当向中国基金业协会报告。关于基金合同的解除，指引要求订明基金合同解除的情形。关于私募基金合同的终止，指引列举了合同期限届满未延期、基金份额持有人大会决定终止及基金管理人、基金托管人职责终止六个月内没有承接三种情形。

《契约型私募投资基金合同内容与格式指引》第二十节私募基金的清算，订明私募基金财产清算的相关事宜，如财产清算小组、清算程序、清算费用、剩余资产分配、清算报告文件保存等（第五十七条），同时，基金合同也需要对私募基金财产相关账户的注销问题进行约定（第五十八条）。《基金法》第八十一条、第八十二条规定了基金的清算事宜，包括组织清算组、清算报告及剩余财产分配等，指引提示基金合同对相关问题进行进一步约定。

第三章附则，规定指引的解释权和生效时间。

（二）《公司章程必备条款指引》的主要内容

本指引共六条。

第一条至第四条，主要规定了本指引的制定依据、适用范围、公司型基金的定义、管理人和投资者的声明与承诺。

第五条主要规定了公司型基金章程的必备条款，对《基金法》和《公司法》要求的条款和对投资人有重大影响的条款进行了重点提示。具体包括基本情况；股东出资；股东的权利义务；入股、退股及转让；股东（大）会；高级管理人员；投资事项；管理方式；托管事项；利润分配及亏损分担；税务承担；费用和支出；财务会计制度；信息披露制度；终止、解散及清算；章程的修订；一致性；份额信息备份；报送披露信息共 19 项。

第六条，规定了指引的解释权和生效时间。

（三）《合伙协议必备条款指引》的主要内容

本指引共六条。

第一条至第四条，主要规定了本指引的制定依据、适用范围、合伙型基金的定义、管理人和投资者的声明与承诺。

第五条主要规定了合伙型基金合伙协议的必备条款，对《基金法》和《合伙企业法》要求的条款和对投资人有重大影响的条款进行了重点提示。具体包括基本情况；合伙人及其出资；合伙人的权利义务；执行事务合伙人；有限合伙人；合伙人会议；管理方式；托管事项；入伙、退伙、合伙权益转让和身份转变；投资事项；利润分配及亏损分担；税务承担；费用和支出；财务会计制度；信息披露制度；终止、解散与清算；合伙协议的修订；争议解决；一致性；份额信息备份；报送披露信息共 21 项。

第六条，规定了指引的解释权生效时间。

三、指引的主要特点

本指引在制定上主要体现了如下几个特点：

（一）体现"公募与私募相区别"的监管原则

与公募基金面向不特定公众且适用较为严格的监管标准不同，私募基金仅面向合格投资者募集，由于私募基金的投资者具有较高风险识别能力和承受能力，且重在内部自治，因此不宜实行严格监管，而应当通过原则性监管以及行业自律的形式维护市场主体的创新活力。

鉴于私募基金可能出现管理人利用信息不对称侵害投资者权益或者风险外溢的情形，为了在规范行业秩序、保护投资人利益以及促进行业健康创新发展之间找到更好的平衡，本指引采用了指引的方式而非固化的标准合同文本。目的就是在于能在保护投资者利益和规范行业秩序的前提下最大限度地给予私募基金自治的权利。

（二）体现不同组织形式基金的差异化监管原则

本指引针对不同组织形式私募基金的特点与实际情况制定了不同的合同指引。

考虑到契约型基金不具备法律主体地位，缺少相关治理结构以及工商行政管理部门的监督，信息透明度低，道德风险较大，我们着重对契约型基金的基金合同进行了规范性指引，除了遵照目前《基金法》要求的强制性条款，也参考了行业内的最佳实践范例，目的在于对契约型基金进行指导和规范，保护投资者利益。

对于公司型以及合伙型基金，考虑到其有独立的法律主体地位且在一定程度上已经受到工商行政管理部门等其他部门的监管，且其拥有法律规定的治理机构，有高度自治性，我们仅就法律法规要求或者实践中对投资者有重大影响的必备条款进行了指引。

总体而言，契约型基金、合伙型基金、公司型基金的内部治理上由弱到强，在监管力度上从公司型基金、合伙型基金、契约性基金也越来越强。

（三）体现私募证券投资基金和私募股权投资基金的差异化监管原则

不同投资标的的私募基金对组织形式有不同的偏好。本指引在制定契约型基金的基金合同指引过程中，主要参照了私募证券投资基金的特点；在制定合伙型基金的合伙协议以及公司型基金的公司章程指引过程中，主要参照了私募股权投资基金和私募创业投资基金的特点。实践中，也出现私募股权投资基金和私募创业投资基金采用契约型基金组织形式的趋势，考虑目前法律层面上还有许多待解决的问题，这类基金在适用契约型基金合同指引时需要特别根据私募股权投资基金和私募创业投资基金的特点进行相应补充。

四、关于《契约型私募投资基金合同内容与格式指引》的特别说明

契约型基金目前在设立程序、运作成本、基金份额转让及税收等方面均存在一定制度红利。但是，现阶段契约型私募基金在法律主体、权利确认、退出环节等方面也存在一些问题。我国的信托计划、资产管理计划等虽然属于契约型，但由于发行主体为金融机构，有较为严格的监管、内控和资本金要求，容易控制风险。然而对于准入门槛较低的私募基金，为了能够更好地防范风险和保护投资人权益，有必要在合同方面为契约型基金设置比公司型、合伙型基金更为严格的标准。

相较于公司型基金和合伙型基金，契约型基金有其自身特点。为了更好地体现契约型基金的独特性，我们特别就《契约型私募投资基金合同内容与格式指引》中的重要内容进行说明。

（一）契约型基金的成立与备案

公募基金及基金专户产品经注册后基金合同方可生效，为了体现公募与私募监管有别的思路，私募基金的备案不影响基金合同的效力。根据《基金法》及《登记备案办法》的规定，未经登记，任何单位或个人不得使用"基金"或者"基金管理"字样或者近似名称进行证券投资活动；经备案的私募基金可以申请开立证券相关账户。为了更好地引导私募基金的发展，防范和控制风险，顺应市场要求，平衡私募基金管理人与私募基金托管人之间的关系，中国基金业协会拟通过本指引进一步理顺基金设立、备案、投资运作的关系。《契约型私募投资基金合同内容与格式指引》第十五条要求基金合同中应约定私募基金在中国基金业协会完成备案后方可进行投资运作，基金募集完成设立后应到中国基金业协会进行基金备案，备案不影响基金合同的效力以及基金的设立，但未经备案不能进行投资运作。一方面，中国基金业协会不做事前审查，备案所需时间较短，对私募基金运作的影响不大；另一方面，私募基金在中国基金业协会备案也有助于更好地保护私募基金投资者的利益。

（二）契约型基金财产的独立性

由于契约型基金本身并不是法律主体，因此，如何妥善保管投资人的出资显得尤为重要。根据《基金法》第五条的规定，基金财产独立于基金管理人、基金托管人的固有财产。基金管理人、基金托管人不得将基金财产归入其固有财产。基金管理人、基金托管人因基金财产的管理、运用或者其他情形而取得的财产和收益，归入基金财产。基金管理人、基金托管人因依法解散、被依法撤销或者被依法宣告破产等原因进行清算的，基金财产不属于其清算财产。《基金法》第七条进一步规定，非因基金财产本身承担的债务，不得对基金财产强制执行。

《契约型私募投资基金合同指引》第十二节也专门就基金财产的保管和处分做出了相关规定，明确《基金法》上述条款所确立的基金财产独立性原则。此外，为了更进一步的保护投资人的利益，《契约型私募投资基金合同指引》第十二节还进一步规定了私募基金财产相关账户的开立和管理，明确基金财产账户与基金管理人、基金托管人和基金份额登记机构自有财产账户以及其他基金财产账户相独立。

（三）风险提示

《契约型私募投资基金合同指引》第二十一条规定了私募基金管理人制作风险揭示书向投资者充分揭示相关风险的义务，第二十七条规定了投资者认真阅读并签署风险揭示书的义务，并设专节

第十八节风险揭示规定私募基金管理人应当重点揭示的风险，规定私募基金管理人应单独编制风险揭示书，投资者签订基金合同前应认真阅读并签署。

除了资金损失风险、基金运营风险、流动性风险、募集失败风险、投资标的风险及税收风险等一般风险外，特别规定应对基金未托管风险、聘请投资顾问所涉风险、外包事项所涉风险以及未在中国基金业协会备案的风险进行特别揭示。

（四）管理人、托管人、投资者三方共同签署基金合同

《契约型私募投资基金合同指引》第六条明确规定，私募基金进行托管的，私募基金管理人、基金托管人以及投资者三方应当共同签订基金合同；基金合同明确约定不托管的，应当在基金合同中明确保障私募基金财产安全的制度措施和纠纷解决机制。

考虑到契约型基金不具备法律主体资格，对于资金财产的安全性要求较高，托管人承担的托管责任也较合伙型和公司型基金更大。因此，为了让托管人的权责义务更明晰，《契约型私募投资基金合同指引》要求基金的托管人也作为合同一方签订基金合同。在此安排下，作为合同一方的托管人，也需要对基金的投资人承担相应责任，这与管理人委托托管人，托管人直接向管理人承担责任有较大的区别。

（五）私募基金份额持有人大会及其日常机构

《契约型私募投资基金合同指引》第九节订明了召开基金份额持有人大会的情形、日常机构职权、召集人和召集方式、出席会议方式、决议形成的程序等内容。

一方面，设立基金份额持有人大会及其日常机构是《基金法》的要求；另一方面，基金份额持有人大会及其日常机构的设立有助于加强基金治理，有助于保护投资者利益。

根据指引规定，除指引列明的事项之外，合同各方当事人也可以根据实际情况，约定基金份额持有人大会及其日常机构的其他职权。

私募投资基金合同指引1号（契约型私募基金内容与格式指引）

第一章　总则

第一条　根据《证券投资基金法》（以下简称《基金法》）、《私募投资基金监督管理暂行办法》（以下简称《私募办法》）、《私募投资基金管理人登记和基金备案办法（试行）》及其他相关规定，制定本指引。

第二条　私募基金管理人通过契约形式募集设立私募证券投资基金的，应当按照本指引制定私募投资基金合同（以下简称基金合同）；私募基金管理人通过契约形式募集设立私募股权投资基金、创业投资基金和其他类型投资基金应当参考本指引制定私募投资基金合同。

第三条　基金合同的名称中须标识"私募基金""私募投资基金"字样。

第四条　基金合同当事人应当遵循平等自愿、诚实信用、公平原则订立基金合同，维护投资者合法权益，不得损害国家利益和社会公共利益。

第五条　基金合同不得含有虚假内容或误导性陈述。

第六条 私募基金进行托管的，私募基金管理人、基金托管人以及投资者三方应当根据本指引要求共同签订基金合同；基金合同明确约定不托管的，应当根据本指引要求在基金合同中明确保障私募基金财产安全的制度措施、保管机制和纠纷解决机制。

第七条 对于本指引有明确要求的，基金合同中应当载明本指引规定的相关内容。在不违反《基金法》《私募办法》以及相关法律法规的前提下，基金合同当事人可以根据实际情况约定本指引规定内容之外的事项。本指引某些具体要求对当事人确不适用的，当事人可对相应内容做出合理调整和变动，但管理人应在《风险揭示书》中向投资者进行特别揭示，并在基金合同报送中国基金业协会备案时出具书面说明。

第二章 基金合同正文

第一节 前言

第八条 基金合同应订明订立基金合同的目的、依据和原则。

第二节 释义

第九条 应对基金合同中具有特定法律含义的词汇作出明确的解释和说明。

第三节 声明与承诺

第十条 订明私募基金管理人、私募基金托管人及私募基金投资者的声明与承诺，并用加粗字体在合同中列明，包括但不限于：

私募基金管理人保证在募集资金前已在中国基金业协会登记为私募基金管理人，并列明管理人登记编码。私募基金管理人应当向投资者进一步声明，中国基金业协会为私募基金管理人和私募基金办理登记备案不构成对私募基金管理人投资能力、持续合规情况的认可；不作为对基金财产安全的保证。私募基金管理人保证已在签订本合同前揭示了相关风险；已经了解私募基金投资者的风险偏好、风险认知能力和承受能力。私募基金管理人承诺按照恪尽职守、诚实信用、谨慎勤勉的原则管理运用基金财产，不对基金活动的盈利性和最低收益作出承诺。

私募基金托管人承诺按照恪尽职守、诚实信用、谨慎勤勉的原则安全保管基金财产，并履行合同约定的其他义务。

私募基金投资者声明其为符合《私募办法》规定的合格投资者，保证财产的来源及用途符合国家有关规定，并已充分理解本合同条款，了解相关权利义务，了解有关法律法规及所投资基金的风险收益特征，愿意承担相应的投资风险；私募基金投资者承诺其向私募基金管理人提供的有关投资目的、投资偏好、投资限制、财产收入情况和风险承受能力等基本情况真实、完整、准确、合法，不存在任何重大遗漏或误导。前述信息资料如发生任何实质性变更，应当及时告知私募基金管理人或募集机构。私募基金投资者知晓，私募基金管理人、私募基金托管人及相关机构不应对基金财产的收益状况做出任何承诺或担保。

第四节 私募基金的基本情况

第十一条 订明私募基金的基本情况：

（一）私募基金的名称；

（二）私募基金的运作方式，具体载明封闭式、开放式或者其他方式；

（三）私募基金的计划募集总额（如有）；

（四）私募基金的投资目标和投资范围；

（五）私募基金的存续期限；

（六）私募基金份额的初始募集面值；

（七）私募基金的结构化安排（如有）；

（八）私募基金的托管事项（如有）；

（九）私募基金的外包事项，订明外包机构的名称和在中国基金业协会登记的外包业务登记编码（如有）；

（十）其他需要订明的内容。

第五节　私募基金的募集

第十二条　订明私募基金募集的有关事项，包括但不限于：

（一）私募基金的募集机构、募集对象、募集方式、募集期限；

（二）私募基金的认购事项，包括私募基金合格投资者人数上限、认购费用、认购申请的确认、认购份额的计算方式、初始认购资金的管理及利息处理方式等；

（三）私募基金份额认购金额、付款期限等；

（四）《私募投资基金募集行为管理办法》规定的投资冷静期、回访确认等内容。

第十三条　订明私募基金管理人应当将私募基金募集期间客户的资金存放于私募基金募集结算专用账户，订明账户开户行、账户名称、账户号码、监督机构等。

第六节　私募基金的成立与备案

第十四条　私募基金成立的有关事项，包括但不限于：

（一）订明私募基金合同签署的方式；

（二）私募基金成立的条件；

（三）私募基金募集失败的处理方式。

第十五条　私募基金应当按照规定向中国基金业协会履行基金备案手续。基金合同中应约定私募基金在中国基金业协会完成备案后方可进行投资运作。

第七节　私募基金的申购、赎回与转让

第十六条　订明私募基金运作期间，私募基金投资者申购和赎回私募基金的有关事项，包括但不限于：

（一）申购和赎回的开放日及时间。

（二）申购和赎回的方式、价格、程序、确认及办理机构等。

（三）申购和赎回的金额限制。投资者在私募基金存续期开放日购买私募基金份额的，首次购买金额应不低于100万元人民币（不含认/申购费）且符合合格投资者标准，已持有私募基金份额的投资者在资产存续期开放日追加购买基金份额的除外。投资者持有的基金资产净值高于100万元时，可以选择部分赎回基金份额，投资者在赎回后持有的基金资产净值不得低于100万元，投资者申请赎回基金份额时，其持有的基金资产净值低于100万元的，必须选择一次性赎回全部基金份额，投资者没有一次性全部赎回持有份额的，管理人应当将该基金份额持有人所持份额做全部赎回处理。《私募办法》第十三条列明的投资者可不适用本项。

（四）申购和赎回的费用。

（五）申购份额的计算方式、赎回金额的计算方式。

（六）巨额赎回的认定及处理方式。

（七）拒绝或暂停申购、赎回的情形及处理方式。

第十七条 基金合同中可以约定基金份额持有人之间以及基金份额持有人向其他合格投资者转让基金份额的方式、程序和私募基金管理人的相关职责。基金份额转让须按照中国基金业协会要求进行份额登记。转让期间及转让后，持有基金份额的合格投资者数量合计不得超过法定人数。

第八节 当事人及权利义务

第十八条 订明私募基金管理人、私募基金托管人的基本情况，包括但不限于姓名/名称、住所、联系人、通信地址、联系电话等信息。投资者基本情况可在基金合同签署页列示。

第十九条 说明私募基金应当设定为均等份额。除私募基金合同另有约定外，每份份额具有同等的合法权益。

第二十条 根据《私募办法》及其他有关规定订明私募基金管理人的权利，包括但不限于：

（一）按照基金合同约定，独立管理和运用基金财产；

（二）按照基金合同约定，及时、足额获得私募基金管理人管理费用及业绩报酬（如有）；

（三）按照有关规定和基金合同约定行使因基金财产投资所产生的权利；

（四）根据基金合同及其他有关规定，监督私募基金托管人，对于私募基金托管人违反基金合同或有关法律法规规定、对基金财产及其他当事人的利益造成重大损失的，应当及时采取措施制止；

（五）私募基金管理人为保护投资者权益，可以在法律法规规定范围内，根据市场情况对本基金的认购、申购业务规则（包括但不限于基金总规模、单个基金投资者首次认购、申购金额、每次申购金额及持有的本基金总金额限制等）进行调整；

（六）以私募基金管理人的名义，代表私募基金与其他第三方签署基金投资相关协议文件、行使诉讼权利或者实施其他法律行为。

第二十一条 根据《私募办法》及其他有关规定订明私募基金管理人的义务，包括但不限于：

（一）履行私募基金管理人登记和私募基金备案手续；

（二）按照诚实信用、勤勉尽责的原则履行受托人义务，管理和运用基金财产；

（三）制作调查问卷，对投资者的风险识别能力和风险承担能力进行评估，向符合法律法规规定的合格投资者非公开募集资金；

（四）制作风险揭示书，向投资者充分揭示相关风险；

（五）配备足够的具有专业能力的人员进行投资分析、决策，以专业化的经营方式管理和运作基金财产；

（六）建立健全内部制度，保证所管理的私募基金财产与其管理的其他基金财产和私募基金管理人的固有财产相互独立，对所管理的不同财产分别管理，分别记账、分别投资；

（七）不得利用基金财产或者职务之便，为本人或者投资者以外的人牟取利益，进行利益输送；

（八）自行担任或者委托其他机构担任基金的基金份额登记机构，委托其他基金份额登记机构办理注册登记业务时，对基金份额登记机构的行为进行必要的监督；

（九）按照基金合同约定接受投资者和私募基金托管人的监督；

（十）按照基金合同约定及时向托管人提供非证券类资产凭证或股权证明（包括股东名册和工商部门出具并加盖公章的权利证明文件）等重要文件（如有）；

（十一）按照基金合同约定负责私募基金会计核算并编制基金财务会计报告；

（十二）按照基金合同约定计算并向投资者报告基金份额净值；

（十三）根据法律法规与基金合同的规定，对投资者进行必要的信息披露，揭示私募基金资产运作情况，包括编制和向投资者提供基金定期报告；

（十四）确定私募基金份额申购、赎回价格，采取适当、合理的措施确定基金份额交易价格的计算方法符合法律法规的规定和基金合同的约定；

（十五）保守商业秘密，不得泄露私募基金的投资计划或意向等，法律法规另有规定的除外；

（十六）保存私募基金投资业务活动的全部会计资料，并妥善保存有关的合同、交易记录及其他相关资料，保存期限自私募基金清算终止之日起不得少于10年；

（十七）公平对待所管理的不同基金财产，不得从事任何有损基金财产及其他当事人利益的活动；

（十八）按照基金合同的约定确定私募基金收益分配方案，及时向投资者分配收益；

（十九）组织并参加基金财产清算小组，参与基金财产的保管、清理、估价、变现和分配；

（二十）建立并保存投资者名册；

（二十一）面临解散、依法被撤销或者被依法宣告破产时，及时报告中国基金业协会并通知私募基金托管人和基金投资者。

第二十二条　存在两个以上（含两个）管理人共同管理私募基金的，所有管理人对投资者承担连带责任。管理人之间的责任划分由基金合同进行约定，合同未约定或约定不清的，各管理人按过错承担相应的责任。

第二十三条　私募基金管理人聘用其他私募基金管理人担任投资顾问的，应当通过投资顾问协议明确约定双方权利义务和责任。私募基金管理人不得因委托而免去其作为基金管理人的各项职责。

投资顾问的条件和遴选程序，应符合法律法规和行业自律规则的规定和要求。基金合同中已订明投资顾问的，应列明因私募基金管理人聘请投资顾问对基金合同各方当事人权利义务产生影响的情况。私募基金运作期间，私募基金管理人提请聘用、更换投资顾问或调整投资顾问报酬的，应取得基金份额持有人大会的同意。

第二十四条　根据《私募办法》及其他有关规定订明私募基金托管人的权利，包括但不限于：

（一）按照基金合同的约定，及时、足额获得私募基金托管费用；

（二）依据法律法规规定和基金合同约定，监督私募基金管理人对基金财产的投资运作，对于私募基金管理人违反法律法规规定和基金合同约定、对基金财产及其他当事人的利益造成重大损失的情形，有权报告中国基金业协会并采取必要措施；

（三）按照基金合同约定，依法保管私募基金财产。

第二十五条　根据《私募办法》及其他有关规定订明私募基金托管人的义务，包括但不限于：

（一）安全保管基金财产；

（二）具有符合要求的营业场所，配备足够的、合格专职人员，负责基金财产托管事宜；

（三）对所托管的不同基金财产分别设置账户，确保基金财产的完整与独立；

（四）除依据法律法规规定和基金合同的约定外，不得为私募基金托管人及任何第三人谋取利益，不得委托第三人托管基金财产；

（五）按规定开立和注销私募基金财产的托管资金账户、证券账户、期货账户等投资所需账户

（私募基金管理人和私募基金托管人另有约定的，可以按照约定履行本项义务；如果基金合同约定不托管的，由私募基金管理人履行本项义务）；

（六）复核私募基金份额净值；

（七）办理与基金托管业务有关的信息披露事项；

（八）根据相关法律法规和基金合同约定复核私募基金管理人编制的私募基金定期报告，并定期出具书面意见；

（九）按照基金合同约定，根据私募基金管理人或其授权人的资金划拨指令，及时办理清算、交割事宜；

（十）根据法律法规规定，妥善保存私募基金管理业务活动有关合同、协议、凭证等文件资料；

（十一）公平对待所托管的不同基金财产，不得从事任何有损基金财产及其他当事人利益的活动；

（十二）保守商业秘密，除法律法规规定和基金合同约定外，不得向他人泄露本基金的有关信息；

（十三）根据相关法律法规要求的保存期限，保存私募基金投资业务活动的全部会计资料，并妥善保存有关的合同、交易记录及其他相关资料；

（十四）监督私募基金管理人的投资运作，发现私募基金管理人的投资指令违反法律法规的规定及基金合同约定的，应当拒绝执行，立即通知私募基金管理人；发现私募基金管理人依据交易程序已经生效的投资指令违反法律法规的规定及基金合同约定的，应当立即通知私募基金管理人；

（十五）按照私募基金合同约定制作相关账册并与基金管理人核对。

第二十六条 根据《私募办法》及其他有关规定订明投资者的权利，包括但不限于：

（一）取得基金财产收益；

（二）取得清算后的剩余基金财产；

（三）按照基金合同的约定申购、赎回和转让基金份额；

（四）根据基金合同的约定，参加或申请召集基金份额持有人大会，行使相关职权；

（五）监督私募基金管理人、私募基金托管人履行投资管理及托管义务的情况；

（六）按照基金合同约定的时间和方式获得基金信息披露资料；

（七）因私募基金管理人、私募基金托管人违反法律法规或基金合同的约定导致合法权益受到损害的，有权得到赔偿。

第二十七条 根据《私募办法》及其他有关规定订明投资者的义务，包括但不限于：

（一）认真阅读基金合同，保证投资资金的来源及用途合法；

（二）接受合格投资者确认程序，如实填写风险识别能力和承担能力调查问卷，如实承诺资产或者收入情况，并对其真实性、准确性和完整性负责，承诺为合格投资者；

（三）以合伙企业、契约等非法人形式汇集多数投资者资金直接或者间接投资于私募基金的，应向私募基金管理人充分披露上述情况及最终投资者的信息，但符合《私募办法》第十三条规定的除外；

（四）认真阅读并签署风险揭示书；

（五）按照基金合同约定缴纳基金份额的认购、申购款项，承担基金合同约定的管理费、托管费及其他相关费用；

（六）按照基金合同约定承担基金的投资损失；

（七）向私募基金管理人或私募基金募集机构提供法律法规规定的信息资料及身份证明文件，配合私募基金管理人或其募集机构的尽职调查与反洗钱工作；

（八）保守商业秘密，不得泄露私募基金的投资计划或意向等；

（九）不得违反基金合同的约定干涉基金管理人的投资行为；

（十）不得从事任何有损基金及其投资者、基金管理人管理的其他基金及基金托管人托管的其他基金合法权益的活动。

第九节　私募基金份额持有人大会及日常机构

第二十八条　列明应当召开基金份额持有人大会的情形，并订明其他可能对基金份额持有人权利义务产生重大影响需要召开基金份额持有人大会的情形：

（一）决定延长基金合同期限；

（二）决定修改基金合同的重要内容或者提前终止基金合同；

（三）决定更换基金管理人、基金托管人；

（四）决定调整基金管理人、基金托管人的报酬标准；

（五）基金合同约定的其他情形。

针对前款所列事项，基金份额持有人以书面形式一致表示同意的，可以不召开基金份额持有人大会直接作出决议，并由全体基金份额持有人在决议文件上签名、盖章。

第二十九条　按照基金合同的约定，基金份额持有人大会可以设立日常机构，行使下列职权：

（一）召集基金份额持有人大会；

（二）提请更换基金管理人、基金托管人；

（三）监督基金管理人的投资运作、基金托管人的托管活动；

（四）提请调整基金管理人、基金托管人的报酬标准；

（五）基金合同约定的其他职权。

第三十条　基金份额持有人大会日常机构应当由基金份额持有人大会选举产生。基金份额持有人大会日常机构的人员构成和更换程序应由基金合同约定。

第三十一条　根据《基金法》和其他有关规定订明基金份额持有人大会及/或日常机构的下列事项：

（一）召集人和召集方式；

（二）召开会议的通知时间、通知内容、通知方式；

（三）出席会议的方式（基金份额持有人大会可以采取现场方式召开，也可以采取通信等方式召开）；

（四）议事内容与程序；

（五）决议形成的条件、表决方式、程序；

（六）基金合同约定的其他事项。

第三十二条　基金份额持有人大会及其日常机构不得直接参与或者干涉基金的投资管理活动。

第十节　私募基金份额的登记

第三十三条　订明私募基金管理人办理份额登记业务的各项事宜。说明私募基金管理人委托可办理私募基金份额登记业务的其他机构代为办理私募基金份额登记业务的，应当与有关机构签订委托代理协议，并订明份额登记机构的名称、外包业务登记编码、代为办理私募基金份额登记机构的权限和职责等。

第三十四条 订明全体基金份额持有人同意私募基金管理人、份额登记机构或其他份额登记义务人应当按照中国基金业协会的规定办理基金份额登记数据的备份。

第十一节 私募基金的投资

第三十五条 说明私募基金财产投资的有关事项，包括但不限于：

（一）投资目标；

（二）投资范围；

（三）投资策略；

（四）投资限制，订明按照《私募办法》、自律规则及其他有关规定和基金合同约定禁止或限制的投资事项；

（五）对于基金合同、交易行为中存在的或可能存在利益冲突的情形及处理方式进行说明；

（六）业绩比较基准（如有）；

（七）参与融资融券及其他场外证券业务的情况（如有）。

第三十六条 根据基金合同约定，可以订明私募基金管理人负责指定私募基金投资经理或投资关键人士，订明投资经理或投资关键人士的基本情况、变更条件和程序。

第三十七条 私募基金采用结构化安排的，不得违背"利益共享，风险共担"基本原则，直接或间接对结构化私募基金的持有人提供保本、保收益安排。

第十二节 私募基金的财产

第三十八条 订明与私募基金财产有关的事项，包括但不限于：

（一）私募基金财产的保管与处分

1. 说明私募基金财产应独立于私募基金管理人、私募基金托管人的固有财产，并由私募基金托管人保管。私募基金管理人、私募基金托管人不得将私募基金财产归入其固有财产。

2. 说明私募基金管理人、私募基金托管人因私募基金财产的管理、运用或者其他情形而取得的财产和收益归入私募基金财产。

3. 说明私募基金管理人、私募基金托管人可以按照合同的约定收取管理费用、托管费用以及基金合同约定的其他费用。私募基金管理人、私募基金托管人以其固有财产承担法律责任，其债权人不得对私募基金财产行使请求冻结、扣押和其他权利。私募基金管理人、私募基金托管人因依法解散、被依法撤销或者被依法宣告破产等原因进行清算的，私募基金财产不属于其清算财产。

4. 说明私募基金管理人、私募基金托管人不得违反法律法规的规定和基金合同约定擅自将基金资产用于抵押、质押、担保或设定任何形式的优先权或其他第三方权利。

5. 说明私募基金财产产生的债权不得与不属于私募基金财产本身的债务相互抵消。非因私募基金财产本身承担的债务，私募基金管理人、私募基金托管人不得主张其债权人对私募基金财产强制执行。上述债权人对私募基金财产主张权利时，私募基金管理人、私募基金托管人应明确告知私募基金财产的独立性。

（二）私募基金财产相关账户的开立和管理

私募基金管理人或私募基金托管人按照规定开立私募基金财产的托管资金账户、证券账户和期货账户等投资所需账户。证券账户和期货账户的持有人名称应当符合证券、期货登记结算机构的有关规定。开立的上述基金财产账户与私募基金管理人、私募基金托管人、私募基金募集机构和私募基金份额登记机构自有的财产账户以及其他基金财产账户相独立。

（三）私募基金未托管的，应当在本节明确保障私募基金财产安全的制度措施和纠纷解决机制。

第十三节　交易及清算交收安排

第三十九条　参照中国证监会关于证券投资基金募集结算资金管理相关规定，具体订明下列事项：

（一）选择证券、期货经纪机构的程序（如需要）；

（二）清算交收安排；

（三）资金、证券账目及交易记录的核对；

（四）申购或赎回的资金清算；

（五）其他事项。

第四十条　私募基金由基金托管人托管的，应当具体订明私募基金管理人在运用基金财产时向基金托管人发送资金划拨及其他款项收付的投资指令的事项：

（一）交易清算授权；

（二）投资指令的内容；

（三）投资指令的发送、确认及执行时间与程序；

（四）私募基金托管人依法暂缓、拒绝执行指令的情形和处理程序；

（五）私募基金管理人发送错误指令的情形和处理程序；

（六）更换被授权人的程序；

（七）指令的保管；

（八）相关的责任。

第十四节　私募基金财产的估值和会计核算

第四十一条　根据国家有关规定订明私募基金财产估值的相关事项，包括但不限于：

（一）估值目的；

（二）估值时间；

（三）估值方法；

（四）估值对象；

（五）估值程序；

（六）估值错误的处理；

（七）暂停估值的情形；

（八）基金份额净值的确认；

（九）特殊情况的处理。

第四十二条　订明私募基金的会计政策。

参照现行政策或按照基金合同约定执行，并订明以下事项，包括但不限于：

（一）会计年度、记账本位币、会计核算制度等事项；

（二）私募基金应独立建账、独立核算；私募基金管理人或其委托的外包服务机构应保留完整的会计账目、凭证并进行日常的会计核算，编制会计报表；私募基金托管人应定期与私募基金管理人就私募基金的会计核算、报表编制等进行核对。

第十五节　私募基金的费用与税收

第四十三条　订明私募基金费用的有关事项：

（一）订明私募基金财产运作过程中，从私募基金财产中支付的费用种类、费率、费率的调整、计提标准、计提方式与支付方式等；

（二）订明可列入私募基金财产费用的项目，订明私募基金管理人和私募基金托管人因未履行或未完全履行义务导致的费用支出或私募基金财产的损失以及处理与私募基金财产运作无关的事项发生的费用等不得列入私募基金的费用；

（三）订明私募基金的管理费率和托管费率。私募基金管理人可以与私募基金投资者约定，根据私募基金的管理情况提取适当的业绩报酬；

（四）订明业绩报酬（如有）的计提原则和计算及支付方法；

（五）为基金募集、运营、审计、法律顾问、投资顾问等提供服务的基金服务机构从基金中列支相应服务费；

（六）其他费用的计提原则和计算方法。

第四十四条　根据国家有关税收规定，订明基金合同各方当事人缴税安排。

第十六节　私募基金的收益分配

第四十五条　订明私募基金收益分配政策依据现行法律法规以及基金合同约定执行，并订明有关事项，包括但不限于：

（一）收益分配原则，包括订明收益分配的基准、次数、比例、时间等；

（二）收益分配方案的确定与通知；

（三）收益分配的执行方式。

第十七节　信息披露与报告

第四十六条　订明私募基金管理人向投资者披露信息的种类、内容、频率和方式等有关事项。

第四十七条　订明私募基金管理人、私募基金托管人应当按照《私募投资基金信息披露管理办法》的规定及基金合同约定如实向投资者披露以下事项：

（一）基金投资情况；

（二）资产负债情况；

（三）投资收益分配；

（四）基金承担的费用和业绩报酬（如有）；

（五）可能存在的利益冲突、关联交易以及可能影响投资者合法权益的其他重大信息；

（六）法律法规及基金合同约定的其他事项。

第四十八条　订明私募基金管理人定期应向投资者报告经私募基金托管人复核的基金份额净值。

第四十九条　订明全体份额持有人同意私募基金管理人或其他信息披露义务人应当按照中国基金业协会的规定对基金信息披露信息进行备份。

第十八节　风险揭示

第五十条　私募基金管理人应当单独编制《风险揭示书》，私募基金投资者应充分了解并谨慎评估自身风险承受能力，并做出自愿承担风险的陈述和声明。

第五十一条　私募基金管理人应当在基金合同中向投资者说明有关法律法规，须重点揭示管理人在管理、运用或处分财产过程中，私募基金可能面临的风险，包括但不限于：

（一）私募基金的特殊风险，包括基金合同与中国基金业协会合同指引不一致所涉风险、基金未托管所涉风险、基金委托募集所涉风险、外包事项所涉风险、聘请投资顾问所涉风险、未在中国基金业协会登记备案的风险等；

（二）私募基金的一般风险，包括资金损失风险、基金运营风险、流动性风险、募集失败风险、投资标的风险、税收风险等。

第十九节　私募基金合同的效力、变更、解除与终止

第五十二条　说明基金合同自签署之日起生效，合同另有约定的除外。基金合同自生效之日起对私募基金管理人、私募基金托管人、投资者具有同等的法律约束力。

第五十三条　说明基金合同的有效期限。基金合同的有效期限可为不定期或合同当事人约定的其他期限。

第五十四条　说明基金合同变更的条件、程序等。

（一）需要变更基金合同重要内容的，可由全体投资者、私募基金管理人和私募基金托管人协商一致变更；或按照基金合同的约定召开基金份额持有人大会决议通过；或按照相关法律法规规定和基金合同约定的其他方式进行变更。

（二）订明基金合同重大事项发生变更的，私募基金管理人应按照中国基金业协会要求及时向中国基金业协会报告。

第五十五条　订明基金合同解除的情形。基金合同应当根据《私募投资基金募集行为管理办法》的规定在合同中约定投资者的解除权。

第五十六条　订明基金合同终止的情形，包括但不限于下列事项：

（一）基金合同期限届满而未延期；

（二）基金份额持有人大会决定终止；

（三）基金管理人、基金托管人职责终止，在六个月内没有新基金管理人、新基金托管人承接。

第二十节　私募基金的清算

第五十七条　订明私募基金财产清算的有关事项：

（一）私募基金财产清算小组

1. 私募基金财产清算小组组成。说明私募基金财产清算小组成员由私募基金管理人和私募基金托管人组成。清算小组可以聘用必要的工作人员。

2. 私募基金财产清算小组职责。说明私募基金财产清算小组负责私募基金财产的保管、清理、估价、变现和分配。私募基金财产清算小组可以依法进行必要的民事活动。

（二）订明私募基金财产清算的程序。

（三）订明清算费用的来源和支付方式。

（四）订明私募基金财产清算剩余资产的分配，依据私募基金财产清算的分配方案，将私募基金财产清算后的全部剩余资产扣除私募基金财产清算费用后，按私募基金的份额持有人持有的计划份额比例进行分配；基金合同另有约定的除外。

（五）订明私募基金财产清算报告的告知安排。

（六）私募基金财产清算账册及文件的保存。说明私募基金财产清算账册及文件由私募基金管理人保存10年以上。

第五十八条 私募基金财产相关账户的注销。

订明私募基金财产清算完毕后，当事人在私募基金财产相关账户注销中的职责及相应的办理程序。

第二十一节 违约责任

第五十九条 订明基金合同当事人违反基金合同应当承担的违约赔偿责任。基金合同能够继续履行的应当继续履行。

第二十二节 争议的处理

第六十条 订明发生纠纷时，当事人可以通过协商或者调解予以解决。当事人不愿通过协商、调解解决或者协商、调解不成的，可以根据基金合同的约定或者事后达成的书面仲裁条款向仲裁机构申请仲裁，或向人民法院起诉。

第二十三节 其他事项

第六十一条 订明基金合同需要约定的其他事项。

第三章　附则

第六十二条 本指引由中国基金业协会负责解释。

第六十三条 本指引自 2016 年 7 月 15 日起施行。

私募投资基金合同指引 2 号（公司章程必备条款指引）

一、根据《证券投资基金法》（以下简称《基金法》）、《公司法》《公司登记管理条例》《私募投资基金监督管理暂行办法》（以下简称《私募办法》）、《私募投资基金管理人登记和基金备案办法（试行）》（以下简称《登记备案办法》）及其他相关规定，制定本指引。

二、私募基金管理人通过有限责任公司或股份有限公司形式募集设立私募投资基金的，应当按照本指引制定公司章程。章程中应当载明本指引规定的必备条款，本指引必备条款未尽事宜，可以参考私募投资基金合同指引 1 号的相关内容。投资者签署的公司章程应当满足相关法律、法规对公司章程的法定基本要求。

三、本指引所称公司型基金是指投资者依据《公司法》，通过出资形成一个独立的公司法人实体（以下简称公司），由公司自行或者通过委托专门的基金管理人机构进行管理的私募投资基金。公司型基金的投资者既是基金份额持有者又是公司股东，按照公司章程行使相应权利、承担相应义务和责任。

四、私募基金管理人及私募基金投资者应在公司章程首页用加粗字体进行如下声明与承诺，包括但不限于：

私募基金管理人保证在募集资金前已在中国基金业协会登记为私募基金管理人，并列明管理人登记编码。私募基金管理人应当向投资者进一步声明，中国基金业协会为私募基金管理人和私募基金办理登记备案不构成对私募基金管理人投资能力、持续合规情况的认可；不作为对基金财产安全的保证。私募基金管理人保证已在签订本合同前揭示了相关风险；已经了解私募基金投资者的风险偏好、风险认知能力和承受能力。私募基金管理人承诺按照恪尽职守、诚实信用、谨慎勤勉的原则管理运用基金财产，不对基金活动的盈利性和最低收益作出承诺。

私募基金投资者声明其为符合《私募办法》规定的合格投资者，保证财产的来源及用途符合国家有关规定，并已充分理解本合同条款，了解相关权利义务，了解有关法律法规及所投资基金的风险收益特征，愿意承担相应的投资风险；私募基金投资者承诺其向私募基金管理人提供的有关投资目的、投资偏好、投资限制、财产收入情况和风险承受能力等基本情况真实、完整、准确、合法，不存在任何重大遗漏或误导。

五、公司型基金的章程应当具备如下条款：

（一）【基本情况】章程应列明公司的基本信息，包括但不限于公司的名称、住所、注册资本、存续期限、经营范围（应含有"基金管理""投资管理""资产管理""股权投资""创业投资"等能体现私募投资基金性质的字样）、股东姓名/名称、住所、法定代表人等，同时可以对变更该等信息的条件作出说明。

（二）【股东出资】章程应列明股东的出资方式、数额、比例和缴付期限。

（三）【股东的权利义务】章程应列明股东的基本权利、义务及股东行使知情权的具体方式。

（四）【入股、退股及转让】章程应列明股东增资、减资、入股、退股及股权转让的条件及程序。

（五）【股东（大）会】章程应列明股东（大）会的职权、召集程序及议事规则等。

（六）【高级管理人员】章程应列明董事会或执行董事、监事（会）及其他高级管理人员的产生办法、职权、召集程序、任期及议事规则等。

（七）【投资事项】章程应列明本公司型基金的投资范围、投资策略、投资运作方式、投资限制、投资决策程序、关联方认定标准及对关联方投资的回避制度、投资后对被投资企业的持续监控、投资风险防范、投资退出等。

（八）【管理方式】公司型基金可以采取自我管理，也可以委托其他私募基金管理机构管理。采取自我管理方式的，章程中应当明确管理架构和投资决策程序；采取委托管理方式的，章程中应当明确管理人的名称，并列名管理人的权限及管理费的计算和支付方式。

（九）【托管事项】公司财产进行托管的，应在章程中明确托管机构的名称或明确全体股东在托管事宜上对董事会/执行董事的授权范围，包括但不限于挑选托管人、签署托管协议等。

（十）公司全体股东一致同意不托管的，应在章程中明确约定本公司型基金不进行托管，并明确保障投资基金财产安全的制度措施和纠纷解决机制。

（十一）【利润分配及亏损分担】章程应列明公司的利润分配和亏损分担原则及执行方式。

（十二）【税务承担】章程应列明公司的税务承担事项。

（十三）【费用和支出】章程应列明公司承担的有关费用（包括税费）、受托管理人和托管机构报酬的标准及计提方式。

（十四）【财务会计制度】章程应对公司的财务会计制度作出规定，包括记账、会计年度、经会计师事务所审计的年度财务报告、公司年度投资运作基本情况及重大事件报告的编制与提交、查阅会计账簿的条件等。

（十五）【信息披露制度】章程应对本公司型基金信息披露的内容、方式、频度等内容作出规定。

（十六）【终止、解散及清算】章程应列明公司的终止、解散事由及清算程序。

（十七）【章程的修订】章程应列明章程的修订事由及程序。

（十八）【一致性】章程应明确规定当章程的内容与股东之间的出资协议或其他文件内容相冲突的，以章程为准。若章程有多个版本且内容相冲突的，以在中国基金业协会备案的版本为准。

（十九）【份额信息备份】订明全体股东同意私募基金管理人、份额登记机构或其他份额登记义务人应当按照中国基金业协会的规定办理基金份额登记（公司股东）数据的备份。

（二十）【报送披露信息】订明全体股东同意私募基金管理人或其他信息披露义务人应当按照中国基金业协会的规定对基金信息披露信息进行备份。

六、本指引由中国基金业协会负责解释，自2016年7月15日起施行。

私募投资基金合同指引3号（合伙协议必备条款指引）

一、根据《证券投资基金法》（以下简称《基金法》）、《合伙企业法》《合伙企业登记管理办法》《私募投资基金监督管理暂行办法》（以下简称《私募办法》）、《私募投资基金管理人登记和基金备案办法（试行）》（以下简称《登记备案办法》）及其他相关规定，制定本指引。

二、私募基金管理人通过有限合伙形式募集设立私募投资基金的，应当按照本指引制定有限合伙协议（以下简称合伙协议）。合伙协议中应当载明本指引规定的必备条款，本指引必备条款未尽事宜，可以参考私募投资基金合同指引1号的相关内容。协议当事人订立的合伙协议应当满足相关法律法规对合伙协议的法定基本要求。

三、本指引所称合伙型基金是指投资者依据《合伙企业法》成立有限合伙企业（以下简称合伙企业），由普通合伙人对合伙债务承担无限连带责任，由基金管理人具体负责投资运作的私募投资基金。

四、私募基金管理人及私募基金投资者应在合伙协议首页用加粗字体进行如下声明与承诺，包括但不限于：

私募基金管理人保证在募集资金前已在中国基金业协会登记为私募基金管理人，并列明管理人登记编码。私募基金管理人应当向投资者进一步声明，中国基金业协会为私募基金管理人和私募基金办理登记备案不构成对私募基金管理人投资能力、持续合规情况的认可；不作为对基金财产安全的保证。私募基金管理人保证已在签订本合同前揭示了相关风险；已经了解私募基金投资者的风险偏好、风险认知能力和承受能力。私募基金管理人承诺按照恪尽职守、诚实信用、谨慎勤勉的原则管理运用基金财产，不对基金活动的盈利性和最低收益作出承诺。

私募基金投资者声明其为符合《私募办法》规定的合格投资者，保证财产的来源及用途符合国家有关规定，并已充分理解本合同条款，了解相关权利义务，了解有关法律法规及所投资基金的风险收益特征，愿意承担相应的投资风险；私募基金投资者承诺其向私募基金管理人提供的有关投资目的、投资偏好、投资限制、财产收入情况和风险承受能力等基本情况真实、完整、准确、合法，不存在任何重大遗漏或误导。

五、合伙型基金的合伙协议应当具备如下条款：

（一）【基本情况】合伙协议应列明如下信息，同时可以对变更该等信息的条件作出说明：

1. 合伙企业的名称（标明"合伙企业"字样）；

2. 主要经营场所地址；

3. 合伙目的和合伙经营范围（应含有"基金管理""投资管理""资产管理""股权投资""创业投资"等能体现私募投资基金性质的字样）；

4. 合伙期限。

（二）【合伙人及其出资】合伙协议应列明普通合伙人和有限合伙人的姓名或名称、住所、出资方式、出资数额、出资比例和缴付期限，同时可以对合伙人相关信息发生变更时应履行的程序作出说明。

（三）【合伙人的权利义务】合伙协议应列明有限合伙人与普通合伙人的基本权利和义务。

（四）【执行事务合伙人】合伙协议应约定由普通合伙人担任执行事务合伙人，执行事务合伙人有权对合伙企业的财产进行投资、管理、运用和处置，并接受其他普通合伙人和有限合伙人的监督。合伙协议应列明执行事务合伙人应具备的条件及选择程序、执行事务合伙人的权限及违约处理办法、执行事务合伙人的除名条件和更换程序，同时可以对执行事务合伙人执行事务的报酬（包括绩效分成）及报酬提取方式、利益冲突及关联交易等事项做出约定。

（五）【有限合伙人】有限合伙人不执行合伙事务，不得对外代表合伙企业。但有限合伙人的下列行为，不视为执行合伙事务：

1. 参与决定普通合伙人入伙、退伙；

2. 对企业的经营管理提出建议；

3. 参与选择承办合伙企业审计业务的会计师事务所；

4. 获取经审计的合伙企业财务会计报告；

5. 对涉及自身利益的情况，查阅合伙企业财务会计账簿等财务资料；

6. 在合伙企业中的利益受到侵害时，向有责任的合伙人主张权利或者提起诉讼；

7. 执行事务合伙人怠于行使权利时，督促其行使权利或者为了合伙企业的利益以自己的名义提起诉讼；

8. 依法为合伙企业提供担保。

合伙协议可以对有限合伙人的权限及违约处理办法做出约定，但是不得做出有限合伙人以任何直接或间接方式，参与或变相参与超出前款规定的八种不视为执行合伙事务行为的约定。

（六）【合伙人会议】合伙协议应列明合伙人会议的召开条件、程序及表决方式等内容。

（七）【管理方式】合伙型基金的管理人可以是合伙企业执行事务合伙人，也可以委托给其他私募基金管理机构。合伙协议中应明确管理人和管理方式，并列明管理人的权限及管理费的计算和支付方式。

（八）【托管事项】合伙企业财产进行托管的，应在合伙协议中明确托管机构的名称或明确全体合伙人在托管事宜上对执行事务合伙人的授权范围，包括但不限于挑选托管人、签署托管协议等。全体合伙人一致同意不托管的，应在合伙协议中明确约定本合伙型基金不进行托管，并明确保障投资基金财产安全的制度措施和纠纷解决机制。

（九）【入伙、退伙、合伙权益转让和身份转变】合伙协议应列明合伙人入伙、退伙、合伙权益转让的条件、程序及相关责任及有限合伙人和普通合伙人相互转变程序。

（十）【投资事项】合伙协议应列明本合伙型基金的投资范围、投资运作方式、投资限制、投资决策程序、关联方认定标准及关联方投资的回避制度以及投资后对被投资企业的持续监控、投资风险防范、投资退出、所投资标的担保措施、举债及担保限制等作出约定。

（十一）【利润分配及亏损分担】合伙协议应列明与合伙企业的利润分配及亏损分担方式有关的事项，具体可以包括利润分配原则及顺序、利润分配方式、亏损分担原则及顺序等。

（十二）【税务承担】合伙协议应列明合伙企业的税务承担事项。

（十三）【费用和支出】合伙协议应列明与合伙企业费用的核算和支付有关的事项，具体可以包括合伙企业费用的计提原则、承担费用的范围、计算及支付方式、应由普通合伙人承担的费用等。

（十四）【财务会计制度】合伙协议应对合伙企业的记账、会计年度、审计、年度报告、查阅会计账簿的条件等事项作出约定。

（十五）【信息披露制度】合伙协议应对本合伙型基金信息披露的内容、方式、频度等内容作出约定。

（十六）【终止、解散与清算】合伙协议应列明合伙企业终止、解散与清算有关的事项，具体可以包括合伙企业终止、解散的条件、清算程序、清算人及任命条件、清偿及分配等。

（十七）【合伙协议的修订】合伙协议应列明协议的修订事由及程序。

（十八）【争议解决】合伙协议应列明争议的解决方式。

（十九）【一致性】合伙协议应明确规定当合伙协议的内容与合伙人之间的其他协议或文件内容相冲突的，以合伙协议为准。若合伙协议有多个版本且内容相冲突的，以在中国基金业协会备案的版本为准。

（二十）【份额信息备份】订明全体合伙人同意私募基金管理人、份额登记机构或其他份额登记义务人应当按照中国基金业协会的规定办理基金份额登记（全体合伙人）数据的备份。

（二十一）【报送披露信息】订明全体合伙人同意私募基金管理人或其他信息披露义务人应当按照中国基金业协会的规定对基金信息披露信息进行备份。

六、本指引由中国基金业协会负责解释，自 2016 年 7 月 15 日起施行。

私募投资基金管理人内部控制指引

第一章　总则

第一条　为了引导私募基金管理人加强内部控制，促进合法合规、诚信经营，提高风险防范能力，推动私募基金行业规范发展，根据《证券投资基金法》《私募投资基金监督管理暂行办法》《私募投资基金管理人登记和基金备案办法（试行）》，制定本指引。

第二条　私募基金管理人内部控制是指私募基金管理人为防范和化解风险，保证各项业务的合法合规运作，实现经营目标，在充分考虑内外部环境的基础上，对经营过程中的风险进行识别、评价和管理的制度安排、组织体系和控制措施。

第三条　私募基金管理人应当按照本指引的要求，结合自身的具体情况，建立健全内部控制机制，明确内部控制职责，完善内部控制措施，强化内部控制保障，持续开展内部控制评价和监督。

私募基金管理人最高权力机构对建立内部控制制度和维持其有效性承担最终责任，经营层对内部控制制度的有效执行承担责任。

第二章　目标和原则

第四条　私募基金管理人内部控制总体目标是：

（一）保证遵守私募基金相关法律法规和自律规则。

（二）防范经营风险，确保经营业务的稳健运行。

（三）保障私募基金财产的安全、完整。

（四）确保私募基金、私募基金管理人财务和其他信息真实、准确、完整、及时。

第五条　私募基金管理人内部控制应当遵循以下原则：

（一）全面性原则。内部控制应当覆盖包括各项业务、各个部门和各级人员，并涵盖资金募集、投资研究、投资运作、运营保障和信息披露等主要环节。

（二）相互制约原则。组织结构应当权责分明、相互制约。

（三）执行有效原则。通过科学的内控手段和方法，建立合理的内控程序，维护内控制度的有效执行。

（四）独立性原则。各部门和岗位职责应当保持相对独立，基金财产、管理人固有财产、其他财产的运作应当分离。

（五）成本效益原则。以合理的成本控制达到最佳的内部控制效果，内部控制与私募基金管理人的管理规模和员工人数等方面相匹配，契合自身实际情况。

（六）适时性原则。私募基金管理人应当定期评价内部控制的有效性，并随着有关法律法规的调整和经营战略、方针、理念等内外部环境的变化同步适时修改或完善。

第三章　基本要求

第六条　私募基金管理人建立与实施有效的内部控制，应当包括下列要素：

（一）内部环境：包括经营理念和内控文化、治理结构、组织结构、人力资源政策和员工道德素质等，内部环境是实施内部控制的基础。

（二）风险评估：及时识别、系统分析经营活动中与内部控制目标相关的风险，合理确定风险应对策略。

（三）控制活动：根据风险评估结果，采用相应的控制措施，将风险控制在可承受范围之内。

（四）信息与沟通：及时、准确地收集、传递与内部控制相关的信息，确保信息在内部、企业与外部之间进行有效沟通。

（五）内部监督：对内部控制建设与实施情况进行周期性监督检查，评价内部控制的有效性，发现内部控制缺陷或因业务变化导致内控需求有变化的，应当及时加以改进、更新。

第七条　私募基金管理人应当牢固树立合法合规经营的理念和风险控制优先的意识，培养从业人员的合规与风险意识，营造合规经营的制度文化环境，保证管理人及其从业人员诚实信用、勤勉尽责、恪尽职守。

第八条　私募基金管理人应当遵循专业化运营原则，主营业务清晰，不得兼营与私募基金管理无关或存在利益冲突的其他业务。

第九条　私募基金管理人应当健全治理结构，防范不正当关联交易、利益输送和内部人控制风险，保护投资者利益和自身合法权益。

第十条　私募基金管理人组织结构应当体现职责明确、相互制约的原则，建立必要的防火墙制度与业务隔离制度，各部门有合理及明确的授权分工，操作相互独立。

第十一条　私募基金管理人应当建立有效的人力资源管理制度，健全激励约束机制，确保工作人员具备与岗位要求相适应的职业操守和专业胜任能力。私募基金管理人应具备至少 2 名高级管理人员。

第十二条　私募基金管理人应当设置负责合规风控的高级管理人员。负责合规风控的高级管理人员，应当独立地履行对内部控制监督、检查、评价、报告和建议的职能，对因失职渎职导致内部控制失效造成重大损失的，应承担相关责任。

第十三条　私募基金管理人应当建立科学的风险评估体系，对内外部风险进行识别、评估和分析，及时防范和化解风险。

第十四条　私募基金管理人应当建立科学严谨的业务操作流程，利用部门分设、岗位分设、外包、托管等方式实现业务流程的控制。

第十五条　授权控制应当贯穿于私募基金管理人资金募集、投资研究、投资运作、运营保障和信息披露等主要环节的始终。私募基金管理人应当建立健全授权标准和程序，确保授权制度的贯彻执行。

第十六条　私募基金管理人自行募集私募基金的，应设置有效机制，切实保障募集结算资金安全；私募基金管理人应当建立合格投资者适当性制度。

第十七条　私募基金管理人委托募集的，应当委托获得中国证监会基金销售业务资格且成为中国证券投资基金业协会（以下简称中国基金业协会）会员的机构募集私募基金，并制定募集机构遴选制度，切实保障募集结算资金安全；确保私募基金向合格投资者募集以及不变相进行公募。

第十八条　私募基金管理人应当建立完善的财产分离制度，私募基金财产与私募基金管理人固有财产之间、不同私募基金财产之间、私募基金财产和其他财产之间要实行独立运作，分别核算。

第十九条　私募基金管理人应建立健全相关机制，防范管理的各私募基金之间的利益输送和利益冲突，公平对待管理的各私募基金，保护投资者利益。

第二十条　私募基金管理人应当建立健全投资业务控制，保证投资决策严格按照法律法规规定，符合基金合同所规定的投资目标、投资范围、投资策略、投资组合和投资限制等要求。

第二十一条　除基金合同另有约定外，私募基金应当由基金托管人托管，私募基金管理人应建立健全私募基金托管人遴选制度，切实保障资金安全。基金合同约定私募基金不进行托管的，私募基金管理人应建立保障私募基金财产安全的制度措施和纠纷解决机制。

第二十二条　私募基金管理人开展业务外包应制定相应的风险管理框架及制度。私募基金管理人根据审慎经营原则制定其业务外包实施规划，确定与其经营水平相适宜的外包活动范围。

第二十三条　私募基金管理人应建立健全外包业务控制，并至少每年开展一次全面的外包业务风险评估。在开展业务外包的各个阶段，关注外包机构是否存在与外包服务相冲突的业务以及外包机构是否采取有效的隔离措施。

第二十四条　私募基金管理人自行承担信息技术和会计核算等职能的，应建立相应的信息系统和会计系统，保证信息技术和会计核算等的顺利运行。

第二十五条　私募基金管理人应当建立健全信息披露控制，维护信息沟通渠道的畅通，保证向投资者、监管机构及中国基金业协会所披露信息的真实性、准确性、完整性和及时性，不存在虚假记载、误导性陈述或重大遗漏。

第二十六条　私募基金管理人应当保存私募基金内部控制活动等方面的信息及相关资料，确保信息的完整、连续、准确和可追溯，保存期限自私募基金清算终止之日起不得少于10年。

第二十七条　私募基金管理人应对内部控制制度的执行情况进行定期和不定期的检查、监督及评价，排查内部控制制度是否存在缺陷及实施中是否存在问题，并及时予以改进，确保内部控制制度的有效执行。

第四章　检查和监督

第二十八条　中国基金业协会对私募基金管理人内部控制的建立及执行情况进行监督。

第二十九条　私募基金管理人应当按照本指引要求制定相关内部控制制度，并在中国基金业协会私募基金登记备案系统填报及上传相关内部控制制度。

第三十条　中国基金业协会按照相关自律规则，对私募基金管理人的人员、内部控制、业务活动及信息披露等合规情况进行业务检查，业务检查可通过现场或非现场方式进行，私募基金管理人及相关人员应予以配合。

第三十一条　私募基金管理人未按本指引建立健全内部控制，或内部控制存在重大缺陷，导致违反相关法律法规及自律规则的，中国基金业协会可以视情节轻重对私募基金管理人及主要负责人采取书面警示、行业内通报批评、公开谴责等措施。

第五章　附则

第三十二条　本指引由中国基金业协会负责解释。

第三十三条　本指引自2016年2月1日起施行。

基金管理公司风险管理指引（试行）

第一章　总则

第一条　为促进基金管理公司（以下简称公司）强化风险意识，增强风险防范能力，建立全面的风险管理体系，促进公司和行业持续、健康、稳定发展，保护投资者利益，根据基金相关法律法规和自律规则，制定本指引。

第二条　本指引所称风险管理是指公司围绕总体经营战略，董事会、管理层到全体员工全员参与，在日常运营中，识别潜在风险，评估风险的影响程度，并根据公司风险偏好制定风险应对策略，有效管理公司各环节风险的持续过程。在进行全面风险管理时，公司应根据公司经营情况重点监测、防范和化解对公司经营有重要影响的风险。

第三条　公司风险管理的目标是通过建立健全风险管理体系，确保经营管理合法合规、受托资产安全、财务报告和相关信息真实、准确、完整，不断提高经营效率，促进公司实现发展战略。

第四条 公司风险管理应当遵循以下基本原则：

（一）全面性原则。公司风险管理必须覆盖公司的所有部门和岗位，涵盖所有风险类型，并贯穿于所有业务流程和业务环节。

（二）独立性原则。公司应设立相对独立的风险管理职能部门或岗位，负责评估、监控、检查和报告公司风险管理状况，并具有相对独立的汇报路线。

（三）权责匹配原则。公司的董事会、管理层和各个部门应当明确各自在风险管理体系中享有的职权及承担的责任，做到权责分明，权责对等。

（四）一致性原则。公司在建立全面风险管理体系时，应确保风险管理目标与战略发展目标的一致性。

（五）适时有效原则。公司应当根据公司经营战略方针等内部环境和国家法律法规、市场环境等外部环境的变化及时对风险进行评估，并对其管理政策和措施进行相应的调整。

第五条 公司应当建立合理有效的风险管理体系，包括完善的组织架构，全面覆盖公司投资、研究、销售和运营等主要业务流程、环节的风险管理制度，完备的风险识别、评估、报告、监控和评价体系，营造良好的风险管理文化。

第六条 公司应当在维护子公司独立法人经营自主权的前提下，建立覆盖整体的风险管理和内部审计体系，提高整体运营效率和风险防范能力。

第二章　风险管理的组织架构和职责

第七条 公司应当构建科学有效、职责清晰的风险管理组织架构，建立和完善与其业务特点、规模和复杂程度相适应的风险管理体系，董事会、监事会、管理层依法履行职责，形成高效运转、有效制衡的监督约束机制，保证风险管理的贯彻执行。

第八条 董事会应对有效的风险管理承担最终责任，履行以下风险管理职责：

（一）确定公司风险管理总体目标，制定公司风险管理战略和风险应对策略；

（二）审议重大事件、重大决策的风险评估意见，审批重大风险的解决方案，批准公司基本风险管理制度；

（三）审议公司风险管理报告；

（四）可以授权董事会下设的风险管理委员会或其他专门委员会履行相应风险管理和监督职责。

第九条 公司管理层应对有效的风险管理承担直接责任，履行以下风险管理职责：

（一）根据董事会的风险管理战略，制定与公司发展战略、整体风险承受能力相匹配的风险管理制度，并确保风险管理制度得以全面、有效执行；

（二）在董事会授权范围内批准重大事件、重大决策的风险评估意见和重大风险的解决方案，并按章程或董事会相关规定履行报告程序；

（三）根据公司风险管理战略和各职能部门与业务单元职责分工，组织实施风险解决方案；

（四）组织各职能部门和各业务单元开展风险管理工作；

（五）向董事会或董事会下设专门委员会提交风险管理报告。

第十条 公司管理层可以设立履行风险管理职能的委员会，协助管理层履行以下职责：

（一）指导、协调和监督各职能部门和各业务单元开展风险管理工作；

（二）制订相关风险控制政策，审批风险管理重要流程和风险敞口管理体系，并与公司整体业务发展战略和风险承受能力相一致；

（三）识别公司各项业务所涉及的各类重大风险，对重大事件、重大决策和重要业务流程的风险进行评估，制定重大风险的解决方案；

（四）识别和评估新产品、新业务的新增风险，并制定控制措施；

（五）重点关注内控机制薄弱环节和那些可能给公司带来重大损失的事件，提出控制措施和解决方案；

（六）根据公司风险管理总体策略和各职能部门与业务单元职责分工，组织实施风险应对方案。

第十一条　公司应设立独立于业务体系汇报路径的风险管理职能部门或岗位，并配备有效的风险管理系统和足够专业的人员。风险管理职能部门或岗位对公司的风险管理承担独立评估、监控、检查和报告职责。

风险管理职能部门或岗位的职责应当包括：

（一）执行公司的风险管理战略和决策，拟定公司风险管理制度，并协同各业务部门制定风险管理流程、评估指标；

（二）对风险进行定性和定量评估，改进风险管理方法、技术和模型，组织推动建立、持续优化风险管理信息系统；

（三）对新产品、新业务进行独立监测和评估，提出风险防范和控制建议；

（四）负责督促相关部门落实公司管理层或其下设风险管理职能委员会的各项决策和风险管理制度，并对风险管理决策和风险管理制度执行情况进行检查、评估和报告；

（五）组织推动风险管理文化建设。

第十二条　各业务部门应当执行风险管理的基本制度流程，定期对本部门的风险进行评估，对其风险管理的有效性负责。

业务部门应当承担如下职责：

（一）遵循公司风险管理政策，研究制定本部门或业务单元业务决策和运作的各项制度流程并组织实施，具体制定本部门业务相关的风险管理制度和相关应对措施、控制流程、监控指标等，或与风险管理职能部门（或岗位）协作制定相关条款，将风险管理的原则与要求贯穿业务开展的全过程；

（二）随着业务的发展，对本部门或业务单元的主要风险进行及时的识别、评估、检讨、回顾，提出应对措施或改进方案，并具体实施；

（三）严格遵守风险管理制度和流程，及时、准确、全面、客观地将本部门的风险信息和监测情况向管理层和风险管理职能部门或岗位报告；

（四）配合和支持风险管理职能部门或岗位的工作。

第十三条　各部门负责人是其部门风险管理的第一责任人，基金经理（投资经理）是相应投资组合风险管理的第一责任人。公司所有员工是本岗位风险管理的直接责任人，负责具体风险管理职责的实施。员工应当牢固树立内控优先和全员风险管理理念，加强法律法规和公司规章制度培训学习，增强风险防范意识，严格执行法律法规、公司制度、流程和各项管理规定。

第十四条　公司应当将风险管理纳入各部门和所有员工年度绩效考核范围。

第三章　风险管理主要环节

第十五条　风险识别、风险评估、风险应对、风险报告和监控及风险管理体系的评价是风险管理中的主要环节。每一环节应当相互关联、相互影响、循环互动，并依据内部环境、市场环境、法规环境等内外部因素的变化及时更新完善。

第十六条　风险识别应当覆盖公司各个业务环节，涵盖所有风险类型。公司应当对已识别的风险进行定期回顾，并针对新法规、新业务、新产品、新的金融工具等及时进行了解和研究。

第十七条　公司应在风险识别过程中，对业务流程进行梳理和评估，并对业务流程中的主要风险点，建立相应的控制措施，明确相应的控制人员，不断完善业务流程。

第十八条　公司可采取定量和定性相结合的方法进行风险评估，应保持评估方法的一致性，协调好整体风险和单个风险、长期风险和中短期风险的关系。

第十九条　公司应当建立清晰的风险事件登记制度和风险应对考评管理制度，明确风险事件的等级、责任追究机制和跟踪整改要求。

第二十条　公司应当建立清晰的报告监测体系，对风险指标进行系统和有效的监控，根据风险事件发生频率和事件的影响来确定风险报告的频率和路径。风险报告应明确风险等级、关键风险点、风险后果及相关责任、责任部门、责任人、风险处理建议和责任部门反馈意见等，确保公司管理层能够及时获得真实、准确、完整的风险动态监控信息，明确并落实各相关部门的监控职责。

第二十一条　公司应当对风险管理体系进行定期评价，对风险管理系统的安全性、合理性、适用性和成本与效益进行分析、检查、评估和修正，以提高风险管理的有效性，并根据检验结果、外部环境的变化和公司新业务的开展情况进行调整、补充、完善或重建。

第四章　风险分类及应对

第二十二条　公司应当重点关注市场风险、信用风险、流动性风险、操作风险、合规风险、声誉风险和子公司管控风险等各类主要风险。

第二十三条　市场风险指因受各种因素影响而引起的证券及其衍生品市场价格不利波动，使投资组合资产、公司资产面临损失的风险。市场风险管理的控制目标是严格遵循谨慎、分散风险的原则，充分考虑客户财产的安全性和流动性，实行专业化管理和控制，防范、化解市场风险。

市场风险管理主要措施包括如下内容：

（一）密切关注宏观经济指标和趋势，重大经济政策动向，重大市场行动，评估宏观因素变化可能给投资带来的系统性风险，定期监测投资组合的风险控制指标，提出投资调整应对策略；

（二）密切关注行业的周期性、市场竞争、价格、政策环境和个股的基本面变化，构造股票投资组合，分散非系统性风险。公司应特别加强禁止投资证券的管理，对于市场风险较大的股票建立内部监督、快速评估机制和定期跟踪机制；

（三）关注投资组合的收益质量风险，可以采用夏普（Sharp）比率、特雷诺（Treynor）比率和詹森（Jensen）比率等指标衡量；

（四）加强对场外交易（包括价格、对手、品种、交易量、其他交易条件）的监控，确保所有交易在公司的管理范围之内；

（五）加强对重大投资的监测，对基金重仓股、单日个股交易量占该股票持仓显著比例、个股交易量占该股流通值显著比例等进行跟踪分析；

（六）可运用定量风险模型和优化技术，分析各投资组合市场风险的来源和暴露。可利用敏感性分析，找出影响投资组合收益的关键因素。可运用情景分析和压力测试技术，评估投资组合对于大幅和极端市场波动的承受能力。

第二十四条　信用风险是指包括债券发行人出现拒绝支付利息或到期时拒绝支付本息的违约风险，或由于债券发行人信用质量降低导致债券价格下跌的风险及因交易对手违约而产生的交割风险。信用风险管理的控制目标是对交易对手、投资品种的信用风险进行有效的评估和防范，将信用风险控制于可接受范围内的前提下，获得最高的风险调整收益。

信用风险管理主要措施包括以下内容：

（一）建立针对债券发行人的内部信用评级制度，结合外部信用评级，进行发行人信用风险管理；

（二）建立交易对手信用评级制度，根据交易对手的资质、交易记录、信用记录和交收违约记录等因素对交易对手进行信用评级，并定期更新；

（三）建立严格的信用风险监控体系，对信用风险及时发现、汇报和处理。公司可对其管理的所有投资组合与同一交易对手的交易集中度进行限制和监控。

第二十五条　流动性风险是指包括因市场交易量不足，导致不能以合理价格及时进行证券交易的风险，或投资组合无法应付客户赎回要求所引起的违约风险。流动性风险管理的控制目标是通过建立适时、合理、有效的风险管理机制，将流动性风险控制在可承受的范围之内。

流动性风险管理主要措施包括如下内容：

（一）制定流动性风险管理制度，平衡资产的流动性与盈利性，以适应投资组合日常运作需要；

（二）及时对投资组合资产进行流动性分析和跟踪，包括计算各类证券的历史平均交易量、换手率和相应的变现周期，关注投资组合内的资产流动性结构、投资组合持有人结构和投资组合品种类型等因素的流动性匹配情况；

（三）建立流动性预警机制。当流动性风险指标达到或超出预警阀值时，应启动流动性风险预警机制，按照既定投资策略调整投资组合资产结构或剔出个别流动性差的证券，以使组合的流动性维持在安全水平；

（四）进行流动性压力测试，分析投资者申赎行为，测算当面临外部市场环境的重大变化或巨额赎回压力时，冲击成本对投资组合资产流动性的影响，并相应调整资产配置和投资组合。

第二十六条　操作风险是指由于内部程序、人员和系统的不完备或失效，或外部事件而导致的直接或间接损失的风险，主要包括制度和流程风险、信息技术风险、业务持续风险、人力资源风险、新业务风险和道德风险。操作风险管理的控制目标是建立有效的内部控制机制，尽量减少因人为错误、系统失灵和内部控制的缺陷所产生的操作风险，保障内部风险控制体系有序规范运行。

第二十七条　制度和流程风险是指由于日常运作，尤其是关键业务操作缺乏制度、操作流程和授权，或制度流程设计不合理带来的风险，或由于上述制度、操作流程和授权没有得到有效执行带来的风险及业务操作的差错率超过可承受范围带来的风险。

制度和流程风险管理主要措施包括如下内容：

（一）建立合规、适用、清晰的日常运作制度体系，包括制度、日常操作流程，尤其是关键业务操作的制约机制；

（二）制定严格的投资工作流程、授权机制、制约机制，明确投资决策委员会、投资总监和基金经理的职责权限，建立健全绩效考核机制；

（三）加强公司印章使用、合同签署及印章和合同保管的管理，投资部门所有交易合同签署与印章使用都要经过后台部门并交由后台备案；

（四）加强对员工业务操作技巧的培训，加强程序的控制，以确保日常操作的差错率能在预先设定的、可以承受的范围内；

（五）建立前、后台或关键岗位间职责分工和制约机制。

第二十八条 信息技术风险是指信息技术系统不能提供正常服务，影响公司正常运行的风险；信息技术系统和关键数据的保护、备份措施不足，影响公司业务持续性的风险；重要信息技术，系统不使用监管机构或市场通行的数据交互接口影响公司业务正常运行的风险；重要信息技术系统提供商不能提供技术系统生命周期内持续支持和服务的风险。

信息技术风险管理主要措施包括如下内容：

（一）信息技术系统尤其是重要信息技术系统具有确保各种情况下业务持续运作的冗余能力，包括电力及通信系统的持续供应、系统和重要数据的本地备份、异地备份和关键设备的备份等；

（二）信息技术人员具有及时判断、处理各种信息技术事故、恢复系统运行的专业能力，信息技术部门应建立各种紧急情况下的信息技术应急预案，并定期演练；

（三）系统程序变更、新系统上线前应经过严格的业务测试和审批，确保系统的功能性、安全性符合公司风险管理要求；

（四）对网络、重要系统、核心数据库的安全保护、访问和登录进行严格的控制，关键业务需要双人操作或相互复核，应有多种备份措施来确保数据安全和对备份数据准确性的验证措施；

（五）以权限最小化和集中化为原则，严格公司投研、交易、客户等各类核心数据的管理，防止数据泄露；

（六）选择核心信息技术系统服务商应将服务商在系统生命周期内的长期支持和服务能力、应急响应能力和与公司运行相关的其他系统兼容性列为重点考核内容。

第二十九条 业务持续风险是指由于公司危机处理机制、备份机制准备不足，导致危机发生时公司不能持续运作的风险。

业务持续风险管理措施主要包括如下内容：

（一）建立危机处理决策、执行及责任机构，制定各种可预期极端情况下的危机处理制度，包括危机认定、授权和责任、业务恢复顺序、事后检讨和完善等内容，并根据严重程度对危机进行分级归类和管理；

（二）建立危机预警机制，包括信息监测及反馈机制；

（三）危机处理与业务持续制度应重点保证危机情况下公司业务的持续；

（四）业务持续管理机制演习至少每年进行一次。

第三十条 人力资源风险是指缺少符合岗位专业素质要求的员工、过高的关键人员流失率、关键岗位缺乏适用的储备人员和激励机制不当带来的风险。

人力资源风险管理主要措施包括如下内容：

（一）确保关键岗位的人员具有足够的专业资格和能力，并保持持续业务学习和培训；

（二）建立适当的人力资源政策，避免核心人员流失；

（三）建立关键岗位人员的储备机制；

（四）建立权责匹配、科学长效的考核和激励约束机制。

第三十一条 新业务风险是指由于对新产品、新系统、新项目和新机构等论证不充分或资源配置不足导致的风险。

新业务风险管理主要措施包括如下内容：

（一）制订严密的新业务的论证和决策程序；

（二）新业务的风险评估应包括政策环境、市场环境、客户需求、后台支持能力、供应商和人员储备等方面；

（三）针对新业务的主要操作部门和对新业务开展的支持部门进行业务培训，及时制定针对新业务的管理制度和业务流程。

第三十二条　道德风险是指员工违背法律法规、公司制度和职业道德，通过不法手段谋取利益所带来的风险。

道德风险管理主要措施包括如下内容：

（一）制订员工守则，使员工行为规范有所依据；

（二）防范员工利用内幕信息或其他非公开信息牟利，防范商业贿赂，通过制度流程、系统监控、核查检查等控制措施加强员工管理；

（三）倡导良好的职业道德文化，定期开展员工职业道德培训。

第三十三条　合规风险是指因公司及员工违反法律法规、基金合同和公司内部规章制度等而导致公司可能遭受法律制裁、监管处罚、重大财务损失和声誉损失的风险。合规风险的控制目标是确保遵守法律法规、监管规则和基金合同或独立账户投资方针的规定，审慎经营。本指引所指合规风险主要包括投资合规性风险、销售合规性风险、信息披露合规性风险和反洗钱合规性风险。

第三十四条　投资合规性风险管理主要措施包括如下内容：

（一）建立有效的投资流程和投资授权制度；

（二）通过在交易系统中设置风险参数，对投资的合规风险进行自动控制，对于无法在交易系统自动控制的投资合规限制，应通过加强手工监控、多人复核等措施予以控制；

（三）重点监控投资组合投资中是否存在内幕交易、利益输送和不公平对待不同投资者等行为；

（四）对交易异常行为进行定义，并通过事后评估对基金经理、交易员和其他人员的交易行为（包括交易价格、交易品种、交易对手、交易频度、交易时机等）进行监控，加强对异常交易的跟踪、监测和分析；

（五）每日跟踪评估投资比例、投资范围等合规性指标执行情况，确保投资组合投资的合规性指标符合法律法规和基金合同的规定；

（六）关注估值政策和估值方法隐含的风险，定期评估第三方估值服务机构的估值质量，对于以摊余成本法估值的资产，应特别关注影子价格及两者的偏差带来的风险，进行情景压力测试并及时制定风险管理情景应对方案。

第三十五条　销售合规性风险管理主要措施包括如下内容：

（一）对宣传推介材料进行合规审核；

（二）对销售协议的签订进行合规审核，对销售机构签约前进行审慎调查，严格选择合作的基金销售机构；

（三）制定适当的销售政策和监督措施，防范销售人员违法违规和违反职业操守；

（四）加强销售行为的规范和监督，防止延时交易、商业贿赂、误导、欺诈和不公平对待投资者等违法违规行为的发生。

第三十六条 信息披露合规性风险管理主要措施包括如下内容：

（一）建立信息披露风险责任制，将应披露的信息落实到各相关部门，并明确其对提供的信息的真实、准确、完整和及时性负全部责任；

（二）信息披露前应经过必要的合规性审查。

第三十七条 反洗钱合规性风险管理措施主要包括如下内容：

（一）建立风险导向的反洗钱防控体系，合理配置资源；

（二）制定严格有效的开户流程，规范对客户的身份认证和授权资格的认定，对有关客户身份证明材料予以保存；

（三）从严监控客户核心资料信息修改、非交易过户和异户资金划转；

（四）严格遵守资金清算制度，对现金支付进行控制和监控；

（五）建立符合行业特征的客户风险识别和可疑交易分析机制。

第三十八条 声誉风险是指由公司经营和管理、员工个人违法违规行为或外部事件导致利益相关方对公司负面评价的风险。声誉风险管理的控制目标是通过建立与自身业务性质、规模和复杂程度相适应的声誉风险管理体系，防范、化解声誉风险对公司利益的损害。

声誉风险主要管理措施包括如下内容：

（一）建立有效的公司治理架构、声誉风险管理政策、制度和流程，对声誉风险事件进行有效管理；

（二）建立声誉风险情景分析，评估重大声誉风险事件可能产生的影响和后果，并根据情景分析结果制定可行的应急预案，开展演练；

（三）对于已经识别的声誉风险，应尽可能评估由声誉风险所导致的流动性风险和信用风险等其他风险的影响，并视情况展开应对措施。

第三十九条 子公司管控风险是指由于子公司违法违规或重大经营风险，造成母公司财产、声誉等受到损失和影响的风险。子公司管控风险管理的控制目标是通过建立覆盖整体的风险管理体系和完善的风险隔离制度，防范可能出现的风险传递和利益冲突。

子公司管控风险管理主要措施包括如下内容：

（一）根据整体发展战略、公司风险管控能力和子公司经营需求，指导子公司建立健全治理结构；

（二）建立与子公司之间有效的风险隔离制度，严格禁止利益输送行为，防范可能出现的风险传递和利益冲突；

（三）建立关联交易管理制度，规范与子公司间的关联交易行为；

（四）定期评估子公司发展方向和经营计划的执行情况；

（五）公司管理的投资组合与子公司管理的投资组合之间，不得违反有关规定进行交易。

第五章　附则

第四十条 本指引是中国证券投资基金业协会（以下简称基金业协会）评价公司风险管理水平的主要标准，并作为各公司经营管理中风险管理的参考。各公司可根据自身战略规划、业务发展实际情况和风险偏好确定本公司的具体风险管理机制、规则和流程，以使风险管理更加有效。

第四十一条 经中国证监会［微博］核准开展公开募集证券投资基金管理业务的其他资产管理

机构，参照本指引执行。

第四十二条　本指引由基金业协会负责解释。

第四十三条　本指引自发布之日起施行。

私募投资基金非上市股权投资估值指引（试行）

一、总则

（一）为引导私募投资基金（以下简称私募基金）专业化估值，保护基金持有人的利益，根据《证券投资基金法》《企业会计准则》《私募投资基金监督管理暂行办法》《证券期货经营机构私募资产管理业务运作管理暂行规定》等法律法规及《私募投资基金信息披露管理办法》《私募投资基金服务业务管理办法（试行）》等自律规则，制定本指引。

（二）本指引所称的私募基金，包括基金管理公司及其子公司管理的特定客户资产管理计划、证券公司及其子公司管理的资产管理计划、期货公司及其子公司管理的资产管理计划以及经中国证券投资基金业协会登记的私募基金管理人管理的私募投资基金。

（三）本指引所称的非上市股权投资，是指私募基金对未上市企业进行的股权投资。对于已在全国中小企业股份转让系统挂牌但交易不活跃的企业，其股权估值参考本指引执行。

（四）私募基金管理人（以下简称基金管理人）和基金服务机构对私募基金持有的非上市股权进行估值时，参照本指引执行。其他类型的投资基金在对其持有的非上市股权进行估值时，参考本指引执行。

（五）如果基金管理人未按照第（三）（四）条进行估值，应当在相关的合同或协议中进行约定并依据相关法律法规、会计准则及自律规则履行相应的信息披露义务。

（六）基金管理人作为估值的第一责任人，应当对估值方法和估值参数等承担最终责任，并定期对估值结论进行检验，防范可能出现的重大偏差。

（七）本指引自2018年7月1日起施行。

二、估值原则

（一）基金管理人应当在估值日估计各单项投资的公允价值。具有相同资产特征的投资每个估值日采用的估值技术应当保持一致。只有在变更估值技术或其应用能使计量结果在当前情况下同样或者更能代表公允价值的情况下，基金管理人方可采用不同的估值技术，并依据相关法律法规、会计准则及自律规则履行相应的信息披露义务。本指引中所指估值技术与《企业会计准则第39号——公允价值计量》中的估值技术含义相同，估值方法是指对估值技术的具体应用。

（二）如果非上市股权投资采用的货币与私募基金的记账货币不同，基金管理人应当使用估值日的即期汇率将投资货币转换为记账货币。

（三）在确定非上市股权的公允价值时，基金管理人应当遵循实质重于形式的原则，对于可能影响公允价值的具体投资条款做出相应的判断。

（四）由于通常不存在为非上市股权提供活跃报价的交易市场，因此，在估计非上市股权公允价值时，无论该股权是否准备于近期出售，基金管理人都应假定估值日发生了出售该股权的交易，并以此假定交易的价格为基础计量该股权的公允价值。

（五）私募基金投资于同一被投资企业发行的不同轮次的股权，若各轮次股权之间的权利与义务存在差异，基金管理人需考虑各轮次股权不同的权利和义务对公允价值的影响并对其分别进行估值。

（六）在估计某项非上市股权的公允价值时，基金管理人应从该股权的自身情况和市场环境出发，谨慎选择使用多种分属不同估值技术的方法，在可合理取得市场参与者假设的前提下采用合理的市场数据。基金管理人应当对各种估值方法形成的估值结果之间的差异进行分析，结合各种估值方法的适用条件、重要参数的选取依据、估值方法的运用过程等相关因素，综合判断后确定最合理的估值结果。

（七）基金管理人可以采用情景分析的方式综合运用多种估值方法。基金管理人可以从非上市股权投资的各种潜在退出方式出发，在不同退出方式下采用不同的估值方法，并结合各退出方式的可实现概率对非上市股权的公允价值进行综合分析。

（八）非上市股权成功上市后的公允价值或采用其他退出方式实现的退出价格与私募基金持有非上市股权期间的公允价值估计之间可能存在重大差异，基金管理人必须对此差异予以关注并进行分析，即通过分析下列问题提升基金管理人今后的估值水平：

1. 在估值日，确认哪些信息是已知的或可获取的；

2. 上述信息是如何反映在最近的公允价值估计中的；

3. 以上市后的公允价值或退出价格为参照，之前的公允价值估值过程是否恰当地反映了上述信息。

三、估值方法

基金管理人应当充分考虑市场参与者在选择估值方法时考虑的各种因素，并结合自己的判断，采用多种分属不同估值技术的方法对非上市股权进行估值。

（一）市场法

在估计非上市股权的公允价值时，通常使用的市场法包括参考最近融资价格法、市场乘数法、行业指标法。

1. 参考最近融资价格法

（1）基金管理人可采用被投资企业最近一次融资的价格对私募基金持有的非上市股权进行估值。由于初创企业通常尚未产生稳定的收入或利润，但融资活动一般比较频繁，因此，参考最近融资价格法在此类企业的估值中应用较多。

（2）在运用参考最近融资价格法时，基金管理人应当对最近融资价格的公允性做出判断。如果没有主要的新投资人参与最近融资，或最近融资金额对被投资企业而言并不重大，或最近交易被认为是非有序交易（如被迫出售股权或对被投资企业陷入危机后的拯救性投资），则该融资价格一般不作为被投资企业公允价值的最佳估计使用。此外，基金管理人还应当结合最近融资的具体情况，考虑是否需要对影响最近融资价格公允性的因素进行调整，相关因素包括但不限于如下内容：①最近融资使用的权益工具与私募基金持有的非上市股权在权利和义务上是否相同。②被投资企业的关联方或其他第三方是否为新投资人提供各种形式的投资回报担保。③新投资人的投资是否造成对原股东的非等比例摊薄。④最近融资价格中是否包括了新投资人可实现的特定协同效应，或新投资人是否可享有某些特定投资条款，或新投资人除现金出资外是否还投入了其他有形或无形的资源。

（3）特定情况下，伴随新发股权融资，被投资企业的现有股东会将其持有的一部分股权（以下简称老股）出售给新投资人，老股的出售价格往往与新发股权的价格不同。针对此价格差异，基金管理人需要分析差异形成的原因，如老股与新发股权是否对应了不同的权利和义务、是否面临着不同的限制以及老股出售的动机等。基金管理人应当结合价格差异形成原因，综合考虑其他可用信息，合理确定公允价值的取值依据。

（4）估值日距离融资完成的时间越久，最近融资价格的参考意义越弱。基金管理人在后续估值日运用最近融资价格法时，应当根据市场情况及被投资企业自身情况的变化判断最近融资价格是否仍可作为公允价值的最佳估计。基金管理人在后续估值日通常需要对最近融资价格进行调整的情形包括但不限于以下内容：①被投资企业的经营业绩与财务预算或预设业绩指标之间出现重大差异。②被投资企业实现原定技术突破的预期发生了重大变化。③被投资企业面对的宏观经济环境、市场竞争格局、产业政策等发生了重大变化。④被投资企业的主营业务或经营战略发生了重大变化。⑤被投资企业的可比公司的业绩或者市场估值水平出现重大变化。⑥被投资企业内部发生欺诈、争议或诉讼等事件，管理层或核心技术人员发生重大变动。

（5）若基金管理人因被投资企业在最近融资后发生了重大变化而判定最近融资价格无法直接作为公允价值的最佳估计，同时也无法找到合适的可比公司或可比交易案例以运用市场乘数法进行估值，基金管理人可以根据被投资企业主要业务指标自融资时点至估值日的变化，对最近融资价格进行调整。主要业务指标包括但不限于有代表性的财务指标、技术发展阶段、市场份额等，在选择主要业务指标时，应重点考虑被投资企业所处行业特点及其自身的特点，选择最能反映被投资企业价值变化的业务指标。

2. 市场乘数法

（1）根据被投资企业所处发展阶段和所属行业的不同，基金管理人可运用各种市场乘数（如市盈率、市净率、企业价值/销售收入、企业价值/息税折摊前利润等）对非上市股权进行估值。市场乘数法通常在被投资企业相对成熟，可产生持续的利润或收入的情况下使用。

（2）在运用市场乘数法时，基金管理人应当从市场参与者角度出发，参照下列步骤完成估值工作：①选择被投资企业可持续的财务指标（如利润、收入）为基础的市场乘数类型，查找在企业规模、风险状况和盈利增长潜力等方面与被投资企业相似的可比上市公司或可比交易案例，计算获得可比市场乘数，并将其与被投资企业相应的财务指标结合得到股东全部权益价值（调整前）或企业价值。②若市场乘数法计算结果为企业价值，基金管理人应当扣除企业价值中需要支付利息的债务，得到股东全部权益价值（调整前）。基金管理人应当在股东全部权益价值（调整前）基础上，针对被投资企业的溢余资产或负债、或有事项、流动性、控制权、其他权益工具（如期权）可能产生的摊薄影响及其他相关因素等进行调整，得到被投资企业的股东全部权益价值（调整后）。③如果被投资企业的股权结构复杂，各轮次股权的权利和义务存在明显区别，基金管理人应当采用合理方法将股东全部权益价值（调整后）分配至私募基金持有部分的股权。如果被投资企业的股权结构简单（即同股同权），则可按照私募基金的持股比例计算持有部分的股权价值。

（3）市场乘数的分子可以采用股东权益价值（股票市值或股权交易价格）或企业价值，基金管理人应当基于估值日的价格信息和相关财务信息得出，若估值日无相关信息，可采用距离估值日最近的信息并作一定的调整后进行计算。市场乘数的分母可采用特定时期的收入、利润等指标，也可以采用特定时点的净资产等指标，上述时期或时点指标可以是历史数据，也可采用预期数据。基金管理人应确保估值时采用的被投资企业的利润、收入或净资产等指标与市场乘数的分母在对应的时期或时点方面保持完全一致。

（4）在估值实践中各种市场乘数均有应用，如市盈率（P/E）、市净率（P/B）、企业价值/销售收入（EV/Sales）、企业价值/息税折摊前利润（EV/EBITDA）、企业价值/息税前利润（EV/EBIT）等。基金管理人应当从市场参与者角度出发，根据被投资企业的特点选择合适的市场乘数。

（5）在使用各种市场乘数时，应当保证分子与分母的口径一致，如市盈率中的盈利指标应为归属于母公司的净利润，而非全部净利润；市净率中的净资产应为归属于母公司的所有者权益，而非全部所有者权益。一般不采用市销率（P/Sales）、市值/息税折摊前利润（P/EBITDA）、市值/息税前利润（P/EBIT）等市场乘数，除非可比公司或交易与被投资企业在财务杠杆和资本结构上非常接近。

（6）考虑被投资企业可能存在不同的财务杠杆和资本结构，在 EV/EBITDA 适用的情况下，通常可考虑优先使用 EV/EBITDA。在 EV/EBITDA 不适用的情况下，可考虑采用市盈率进行估值，但需要注意被投资企业应具有与可比公司或可比交易案例相似的财务杠杆和资本结构，并对净利润中包括的特殊事项导致的利润或亏损通常应进行正常化调整，同时考虑不同的实际税率对市盈率的影响。如果被投资企业尚未达到可产生可持续利润的阶段，基金管理人可以考虑采用销售收入市场乘数（EV/Sales），在确定被投资企业的收入指标时，可以考虑市场参与者收购被投资企业时可能实现的收入。

（7）市场乘数通常可通过分析计算可比上市公司或可比交易案例相关财务和价格信息获得。基金管理人应当关注通过可比上市公司和可比交易案例两种方式得到的市场乘数之间的差异并对其进行必要的调整，对于通过可比交易案例得到的市场乘数，在应用时应注意按照估值日与可比交易发生日市场情况的变化对其进行校准。

（8）基金管理人应充分考虑上市公司股票与非上市股权之间的流动性差异。对于通过可比上市公司得到的市场乘数，通常需要考虑一定的流动性折扣后才能将其应用于非上市股权估值。流动性折扣可通过经验研究数据或者看跌期权等模型，并结合非上市股权投资实际情况综合确定。

（9）对市场乘数进行调整的其他因素包括企业规模和抗风险能力、利润增速、财务杠杆水平等。上述调整不应包括由于计量单位不一致导致的溢价和折扣，如大宗交易折扣。

3. 行业指标法

（1）行业指标法是指某些行业中存在特定的与公允价值直接相关的行业指标，此指标可作为被投资企业公允价值估值的参考依据。行业指标法通常只在有限的情况下运用，此方法一般被用于检验其他估值法得出的估值结论是否相对合理，而不作为主要的估值方法单独运用。

（2）并非所有行业的被投资企业都适用行业指标法，通常在行业发展比较成熟及行业内各企业差别较小的情况下，行业指标才更具代表意义。

（二）收益法

在估计非上市股权的公允价值时，通常使用的收益法为现金流折现法。

1. 基金管理人可采用合理的假设预测被投资企业未来现金流及预测期后的现金流终值，并采用合理的折现率将上述现金流及终值折现至估值日得到被投资企业相应的企业价值，折现率的确定应当能够反映现金流预测的内在风险。基金管理人还应参照市场乘数法中提及的调整或分配方法将企业价值调整至私募基金持有部分的股权价值。

2. 现金流折现法具有较高灵活性，在其他估值方法受限制之时仍可使用。

3. 基金管理人在确定此方法采用的财务预测、预测期后终值以及经过合理风险调整的折现率时，需要大量的主观判断，折现结果对上述输入值的变化较为敏感，因此，现金流折现法的结果易受各种因素干扰。特别是当被投资企业处于初创、持续亏损、战略转型、扭亏为盈、财务困境等阶段时，基金管理人通常难以对被投资企业的现金流进行可靠预测，应当谨慎评估运用现金流折现法的估值风险。

（三）成本法

在估计非上市股权的公允价值时，通常使用的成本法为净资产法。

1. 基金管理人可使用适当的方法分别估计被投资企业的各项资产和负债的公允价值（在适用的情况下需要对溢余资产和负债、或有事项、流动性、控制权及其他相关因素进行调整），综合考虑后得到股东全部权益价值，进而得到私募基金持有部分的股权价值。如果被投资企业股权结构复杂，基金管理人还应参照市场乘数法中提及的分配方法得到持有部分的股权价值。

2. 净资产法适用于企业的价值主要来源于其占有的资产的情况，如重资产型的企业或者投资控股企业。此外，此方法也可以用于经营情况不佳，可能面临清算的被投资企业。

关于进一步规范私募基金管理人登记若干事项的公告

根据《证券投资基金法》《私募投资基金监督管理暂行办法》和中央编办相关通知要求，中国证券投资基金业协会（以下简称中国基金业协会）自 2014 年 2 月 7 日起正式开展私募基金管理人登记、私募基金备案和自律管理工作。两年来，私募基金登记备案制度得到行业和社会的广泛认同，私募基金行业发展迅速，初步形成了以信息披露为核心，诚实信用为基础的自律监管体制。

一段时间以来，私募基金行业存在的问题倍受社会各界和监管机构关注。私募基金管理人数量众多、鱼龙混杂、良莠不齐，一些机构滥用登记备案信息非法自我增信，一些机构合规运作和信息报告意识淡薄，一些机构甚至从事公开募集、内幕交易、以私募基金为名的非法集资等违法违规活动。从上述问题和两年来私募基金管理人登记的工作实践出发，为切实保护投资者合法权益，督促私募基金管理人履行诚实信用、谨慎勤勉的受托人义务，促进私募基金行业规范健康发展，现就进一步规范私募基金管理人登记相关事项公告如下：

一、关于取消私募基金管理人登记证明

鉴于私募基金登记备案信息共享机制已基本建成，为加强对私募基金行业的社会监督，实现对私募基金管理人登记的有效、动态管理，自本公告发布之日起，中国基金业协会不再出具私募基金管理人登记电子证明。中国基金业协会此前发放的纸质私募基金管理人登记证书、私募基金管理人登记电子证明不再作为办理相关业务的证明文件。根据《私募投资基金监督管理暂行办法》和《私募投资基金管理人登记和基金备案办法（试行)》的规定，中国基金业协会以通过协会官方网站公示私募基金管理人基本情况的方式，为私募基金管理人办结登记手续。

私募基金管理人登记备案最新情况，以中国基金业协会网站"私募基金管理人公示平台"（http://gs.amac.org.cn）和"私募汇"手机 APP 客户端公示的私募基金管理人登记的实时基本情况为准。社会公众和投资者可通过上述两个官方渠道查询相关信息。

二、关于加强信息报送的相关要求

（一）私募基金管理人应当依法及时备案私募基金

为实现对私募基金管理人的有效监管，督促已登记的私募基金管理人依法展业，及时备案私募基金产品，中国基金业协会对私募基金管理人依法及时备案私募基金提出以下要求：

1. 自本公告发布之日起，新登记的私募基金管理人在办结登记手续之日起6个月内仍未备案首只私募基金产品的，中国基金业协会将注销该私募基金管理人登记。

2. 自本公告发布之日起，已登记满12个月且尚未备案首只私募基金产品的私募基金管理人，在2016年5月1日前仍未备案私募基金产品的，中国基金业协会将注销该私募基金管理人登记。

3. 自本公告发布之日起，已登记不满12个月且尚未备案首只私募基金产品的私募基金管理人，在2016年8月1日前仍未备案私募基金产品的，中国基金业协会将注销该私募基金管理人登记。

被注销登记的私募基金管理人若因真实业务需要，可按要求重新申请私募基金管理人登记。对符合要求的申请机构，中国基金业协会将以在官方网站公示私募基金管理人基本情况的方式，为该申请机构再次办结登记手续。

（二）私募基金管理人应当及时履行信息报送义务

按照《私募投资基金监督管理暂行办法》和《私募投资基金管理人登记和基金备案办法（试行)》的规定，私募基金管理人应当通过私募基金登记备案系统及时履行私募基金管理人及其管理的私募基金的季度、年度和重大事项信息报送更新等信息报送义务。

1. 自本公告发布之日起，按照《私募投资基金管理人登记和基金备案办法（试行)》和中国基金业协会的相关规定，已登记的私募基金管理人未按时履行季度、年度和重大事项信息报送更新义务的，在私募基金管理人完成相应整改要求之前，中国基金业协会将暂停受理该机构的私募基金产品备案申请。

2. 私募基金管理人未按时履行季度、年度和重大事项信息报送更新义务累计达2次的，中国基金业协会将其列入异常机构名单，并通过私募基金管理人公示平台（http：//gs. amac. org. cn）对外公示。一旦私募基金管理人作为异常机构公示，即使整改完毕，至少6个月后才能恢复正常机构公示状态。

3. 自本公告发布之日起，已登记的私募基金管理人因违反《企业信息公示暂行条例》相关规定，被列入企业信用信息公示系统严重违法企业公示名单的，在私募基金管理人完成相应整改要求之前，中国基金业协会将暂停受理该机构的私募基金产品备案申请。同时，中国基金业协会将其列入异常机构名单，并通过私募基金管理人公示平台（http：//gs. amac. org. cn）对外公示。一旦私募基金管理人作为异常机构公示，即使整改完毕，至少6个月后才能恢复正常机构公示状态。

新申请私募基金管理人登记的机构被列入企业信用信息公示系统严重违法企业公示名单的，中国基金业协会将不予登记。

（三）私募基金管理人应当按时提交经审计的年度财务报告

根据《私募投资基金管理人登记和基金备案办法（试行)》第21条规定，私募基金管理人应当于每年度四月底之前，通过私募基金登记备案系统填报经会计师事务所审计的年度财务报告。

1. 自本公告发布之日起，已登记的私募基金管理人未按要求提交经审计的年度财务报告的，在私募基金管理人完成相应整改要求之前，中国基金业协会将暂停受理该机构的私募基金产品备案申请。同时，中国基金业协会将其列入异常机构名单，并通过私募基金管理人公示平台（http：// gs. amac. org. cn）对外公示。一旦私募基金管理人作为异常机构公示，即使整改完毕，至少6个月后才能恢复正常机构公示状态。

2. 新申请私募基金管理人登记的机构成立满一年但未提交经审计的年度财务报告的，中国基金业协会将不予登记。

三、关于提交法律意见书的相关要求

自本公告发布之日起，新申请私募基金管理人登记、已登记的私募基金管理人发生部分重大事项变更，需通过私募基金登记备案系统提交中国律师事务所出具的法律意见书。法律意见书对申请机构的登记申请材料、工商登记情况、专业化经营情况、股权结构、实际控制人、关联方及分支机构情况、运营基本设施和条件、风险管理制度和内部控制制度、外包情况、合法合规情况、高管人员资质情况等逐项发表结论性意见。

私募基金管理人登记法律意见书具体适用情形如下：

（一）自本公告发布之日起，新申请私募基金管理人登记机构，需通过私募基金登记备案系统提交《私募基金管理人登记法律意见书》作为必备申请材料。对于本公告发布之日前已提交申请但尚未办结登记的私募基金管理人申请机构，应按照上述要求提交《私募基金管理人登记法律意见书》。

（二）已登记且尚未备案私募基金产品的私募基金管理人，应当在首次申请备案私募基金产品之前按照上述要求补提《私募基金管理人登记法律意见书》。

（三）已登记且备案私募基金产品的私募基金管理人，中国基金业协会将视具体情形要求其补提《私募基金管理人登记法律意见书》。

（四）已登记的私募基金管理人申请变更控股股东、变更实际控制人、变更法定代表人/执行事务合伙人等重大事项或中国基金业协会审慎认定的其他重大事项的，应提交《私募基金管理人重大事项变更专项法律意见书》。

《私募基金管理人登记法律意见书指引》，详见附件。

四、关于私募基金管理人高管人员基金从业资格相关要求

从事私募证券投资基金业务的各类私募基金管理人，其高管人员（包括法定代表人/执行事务合伙人（委派代表）、总经理、副总经理、合规/风控负责人等）均应当取得基金从业资格。从事非私募证券投资基金业务的各类私募基金管理人，至少2名高管人员应当取得基金从业资格，其法定代表人/执行事务合伙人（委派代表）、合规/风控负责人应当取得基金从业资格。各类私募基金管理人的合规/风控负责人不得从事投资业务。

私募基金管理人的高管人员符合以下条件之一的，可取得基金从业资格：

（一）通过基金从业资格考试。基金从业资格考试的考试科目含科目一《基金法律法规、职业道德与业务规范》及科目二《证券投资基金基础知识》。根据中国基金业协会《关于基金从业资格考试有关事项的通知》（中基协字〔2015〕112号），符合相关考试成绩认可规定情形的，可视为通过基金从业资格考试。

（二）最近三年从事投资管理相关业务并符合相关资格认定条件。此类情形主要指最近三年从事资产管理相关业务，且管理资产年均规模1000万元以上。

（三）已通过证券从业资格考试、期货从业资格考试、银行从业资格考试并符合相关资格认定条件；或者通过注册会计师资格考试、法律职业资格考试、资产评估师职业资格考试等金融相关资

格考试并符合相关资格认定条件。

（四）中国基金业协会资格认定委员会认定的其他情形。

拟通过上述第（二）（三）情形的认定方式取得基金从业资格的私募基金管理人的高管人员，还应通过基金从业资格考试科目一《基金法律法规、职业道德与业务规范》考试，方可认定取得基金从业资格。

已取得基金从业资格的私募基金管理人的高管人员，应当按照《私募投资基金管理人登记和基金备案办法（试行)》及《关于基金从业资格考试有关事项的通知》的要求，每年度完成15学时的后续培训方可维持其基金从业资格。

已登记的私募基金管理人应当按照上述规定，自查相关高管人员取得基金从业资格情况，并于2016年12月31日前通过私募基金登记备案系统提交高管人员资格重大事项变更申请，以完成整改。逾期仍未整改的，中国基金业协会将暂停受理该机构的私募基金产品备案申请及其他重大事项变更申请。中国基金业协会将持续在私募基金管理人公示平台（http: //gs. amac. org. cn）对外公示该机构相关高管人员的基金从业资格相关情况。

中国基金业协会已发布的有关规定和解释与本公告不一致的，以本公告为准。

特此公告。

关于建立"失联"（异常）私募机构公示制度的通知

各私募基金管理人：

为了加强私募基金管理人的自律管理工作，基金业协会从本通知发布之日起实施"失联"（异常）私募机构公示制度，具体情况通知如下：

出现以下情形的私募基金管理人，将被认定为"失联（异常)"私募机构：通过在私募基金登记备案系统预留的电话无法取得联系，同时协会以电子邮件、短信形式通知机构在限定时间内未获回复。存在上述情形时，协会通过网站发布"失联公告"催促相关机构主动与协会联系，公告发出后5个工作日内仍未与协会联系的，认定为"失联"（异常）私募机构。

针对上述机构，基金业协会将在官方网站的"私募基金管理人分类公示"栏目中予以公示。同时在私募基金管理人公示信息的将"失联"（异常）情况予以列示。若私募基金管理人在3个月之内主动与协会联系并按照要求提供相关资料并说明情况的，经研究同意，可将其从"失联"（异常）机构名单中移除。私募基金管理人被列入"失联"（异常）名单3个月之内未主动与协会联系的，基金业协会将按照《私募投资基金监督管理暂行办法》《私募投资基金管理人登记和基金备案办法》（试行）、《中国基金业协会纪律处分实施办法》（试行）等法规及自律规则的相关规定，采取后续的自律措施，将"失联"（异常）情况记入相关机构诚信档案，并报告证监会。

特此通知。

中国基金业协会

2015年9月29日

关于私募基金管理人在异常经营情形下
提交专项法律意见书的公告

为了加强私募基金行业自律管理，建立健全行业诚信约束机制，维护投资者合法权益，促进行业健康发展，充分发挥律师事务所的法律专业服务作用，根据《证券投资基金法》《私募投资基金监督管理暂行办法》《私募基金管理人登记和基金备案办法（试行)》《中国证券投资基金业协会纪律处分实施办法（试行)》等法律法规和自律规则，现将私募基金管理人在异常经营情形下提交专项法律意见书的有关制度安排进一步明确如下：

一、提交专项法律意见书的异常经营情形

私募基金管理人及其法定代表人、高级管理人员、实际控制人或主要出资人出现以下情形，可能影响私募基金管理人持续符合登记规定时，应当向中国证券投资基金业协会（以下简称协会）提交专项法律意见书：

（一）被公安、检察、监察机关立案调查的；

（二）被行政机关列为严重失信人以及被人民法院列为失信被执行人的；

（三）被证券监管部门给予行政处罚或被交易所等自律组织给予自律处分，情节严重的；

（四）拒绝、阻碍监管人员或者自律管理人员依法行使监督检查、调查职权或者自律检查权的；

（五）因严重违法违规行为，证券监管部门向协会建议采取自律管理措施的；

（六）多次受到投资者实名投诉，涉嫌违反法律法规、自律规则，侵害投资者合法权益，未能向协会和投资者合理解释被投诉事项的；

（七）经营过程中出现《私募基金登记备案问答十四》规定的不予登记情形的；

（八）其他严重违反法律法规和《私募基金管理人内部控制指引》等自律规则的相关规定，经营管理失控，出现重大风险，损害投资者利益的。

二、提交专项法律意见书的程序和要求

（一）私募基金管理人及其法定代表人、高级管理人员、实际控制人或主要出资人出现上述规定的异常经营情形的，协会将书面通知私募基金管理人委托律师事务所对有关事项进行查验，并在3个月内提交专项法律意见书。

（二）协会的书面通知无法送达私募基金管理人的，私募基金管理人将被认定为失联机构，并按照相关程序办理，直至注销。

（三）私募基金管理人的异常经营情形影响到潜在投资者的判断，或者涉及社会公众利益时，协会的书面通知、私募基金管理人的说明和提交的专项法律意见书将在协会网站公示。

私募基金管理人应当向所在地证券监管部门派出机构报告其异常经营情形，并报备其委托律师事务所出具专项法律意见书的情况。

出现被公安机关、检察、监察机关立案侦查以及被责令停止相关展业资质、强制措施等严重情形的，协会将自书面通知发出之日起暂停受理该私募基金管理人的基金备案申请、该私募基金管理人相关重大事项变更申请以及相关关联方新设私募基金管理人的登记申请。

三、对出具专项法律意见书的律师事务所和签字律师的要求

出具专项法律意见书的律师事务所和签字律师应当具备相应的执业能力，符合如下条件：

（一）未曾为该私募基金管理人出具登记、备案法律意见书；

（二）内部管理规范，合规风控健全，执业水准高，恪守职业道德和执业纪律；

（三）签字律师证券基金法律业务执业经验丰富；

（四）律师事务所和签字律师最近三年未受到证券监管部门的行政处罚或者被采取行政监管措施，也未被协会列入不予接受法律意见书的限制性名单。

四、关于专项法律意见书的要求

（一）法律意见书声明事项应当载明："本所及经办律师依据《证券法》《证券投资基金法》以及中国证券监督管理委员会和中国证券投资基金业协会的要求，严格履行了法定职责，遵循了勤勉尽责和诚实信用原则，进行了充分的核查验证，保证本法律意见所认定的事实真实、准确、完整，所发表的结论性意见合法、准确，不存在虚假记载、误导性陈述或者重大遗漏，并承担《证券法》和《证券投资基金法》及其他相应的法律责任。"

（二）法律意见书正文应当载明相关事实材料、查验原则、查验方式、查验内容、查验过程、查验结果、所依据的法律法规和自律规则、结论性意见以及所涉及的必要文件资料等。

（三）法律意见书正文应当载明，如其出具的法律意见书存在虚假记载、误导性陈述或者重大遗漏，给他人财产造成损失的，是否与私募基金管理人承担连带赔偿责任。

（四）法律意见书应当说明私募基金管理人是否配合律师事务所的专项核查工作。律师事务所应当将发现的私募基金管理人隐匿、阻碍、故意遗漏等不配合情形如实描述。

（五）法律意见书应当对协会要求的查验事项逐一发表明确的结论性意见，对查验事项是否合法合规、是否真实有效给予明确说明，对结论性意见进行充分论证、分析并说明查验过程，不得使用"基本符合""未发现"等含糊措辞。

（六）法律意见书按照《关于进一步规范私募基金管理人登记若干事项的公告》的有关规定对私募基金管理人在发生异常经营情形后是否符合登记要求进行重新核查。

五、协会对专项法律意见书的处理

（一）私募基金管理人未能在书面通知发出后的3个月内提交符合规定的专项法律意见书的，协会将按照《关于进一步规范私募基金管理人登记若干事项的公告》的有关规定予以注销，注销后不得重新登记。私募基金管理人的法定代表人、高级管理人员及其他从业人员按照不配合自律管理予以纪律处分，情节严重的取消基金从业资格，加入黑名单。私募基金管理人被注销后，有关机构不得募集设立私募基金，已备案的私募基金应当按照法律法规和合同约定妥善处置，维护好投资者的合法权益。

（二）对于会员律师事务所出具的专项法律意见书，认定私募基金管理人符合登记规定的，协会将恢复私募基金管理人的正常业务办理。认定不再符合登记规定的，予以注销。

（三）对于非会员律师事务所出具的专项法律意见书，情况复杂的，协会可提交协会自律监察委员会参照《纪律处分实施办法（试行）》进行审核。协会自律监察委员会审核认为私募基金管理人出现的异常经营情形不影响其符合登记规定的，恢复私募基金管理人的正常业务办理，否则予以注销。

（四）为私募基金管理人出具专项法律意见书的律师事务所未能勤勉尽责，法律意见书存在虚假记载、误导性陈述或者重大遗漏的，协会将不再接受相关律师事务所的法律意见书，依法移送中

国证监会和相关司法行政部门及律师协会查处，并在协会网站公示。

特此公告。

关于改进私募基金管理人登记备案相关工作的通知

各私募基金管理人：

为促进私募基金行业持续健康发展，加强以信息披露为核心的私募行业自律管理，进一步提高登记备案电子化水平和工作效率，便利私募基金管理人办理登记备案事项，中国证券投资基金业协会（简称基金业协会）现就私募基金登记备案相关工作安排通知如下：

一、提供私募基金登记备案电子证明

自本通知发布之日起，基金业协会私募基金登记备案系统开设私募基金管理人登记备案电子证明功能。已登记的私募基金管理人可根据业务需要，自行下载或打印"私募基金管理人登记证明"及"私募投资基金备案证明"，不必再到协会现场领取。基金业协会自2015年1月1日起不再发放纸质的私募投资基金管理人登记证书和私募基金备案证明。

私募基金登记备案不是行政许可，基金业协会对私募基金登记备案信息不做实质性事前审查。相关登记备案仅作为对私募投资基金管理人登记备案情况的确认。私募基金登记备案不构成对其投资能力、持续合规情况的认可，不作为对基金财产安全的保证。投资者进行私募基金投资时须谨慎判断和识别风险。

基金业协会在自律管理中如发现私募基金管理人利用登记备案证明不当增信或从事其他违法违规活动的，将按照《基金业协会自律处分实施办法》采取相应自律措施。涉嫌违法违规的，移送中国证监会处理。

二、推行私募基金管理人分类公示制度

为加强私募基金自律管理，推动行业诚信建设，基金业协会近期将实行私募基金管理人分类公示制度，主要按照私募基金管理人填报的管理规模、运作合规情况、诚信情况等信息，对私募基金管理人进行分类公示。

三、重申私募基金登记备案工作要求

根据《证券投资基金法》和《私募投资基金监督管理暂行办法》，各类私募基金管理人在开展私募投资基金业务前，应当在基金业协会完成私募基金管理人登记手续；各类私募基金募集完毕后应当向基金业协会履行备案手续。未履行登记备案义务的，按照《私募投资基金监督管理暂行办法》第三十八条处理。

正在申请管理人登记和基金备案的机构应确保填报信息及更新信息的及时、真实、准确、完整，报送其正在运作的所有私募基金情况，并根据基金业协会要求及时补正、定期更新相关登记备案信息。私募基金管理人应当对其填报的登记备案信息承担法律责任。

特此通知。

中国证券投资基金业协会

2014年12月31日

私募基金管理人登记须知

尊敬的私募基金管理人及申请机构：

为提高私募基金管理人登记工作效率，中国证券投资基金业协会（以下简称协会）在此温馨提示私募基金管理人登记及登记完成后需要注意以下重点事项：

一、申请机构总体性要求

（一）【总体要求】申请机构在申请私募基金管理人登记、基金备案及持续信息更新中所提供的所有材料及信息（含资产管理业务综合报送平台填报信息，资产管理业务综合报送平台以下简称AMBERS系统）应真实、准确、完整，不存在任何虚假记载、误导性陈述或重大遗漏。

（二）【核查方式】根据《私募投资基金管理人登记和备案办法（试行）》第八条的要求，协会可以采取约谈高级管理人员、现场检查、向中国证监会及其派出机构、相关专业协会征询意见等方式对私募基金管理人提供的登记申请材料进行核查，申请机构应当予以配合。

（三）【法律依据】申请机构在申请私募基金管理人登记、基金备案及持续信息更新中，本机构及其从业人员应严格遵守《中华人民共和国证券投资基金法》《私募投资基金监督管理暂行办法》《私募投资基金管理人登记和基金备案办法（试行）》《私募投资基金信息披露管理办法》《私募投资基金管理人内部控制指引》《私募投资基金募集行为管理办法》《私募投资基金合同指引》等私募基金相关法律法规和自律规则的相关规定，自愿接受协会自律管理，配合协会自律检查。

（四）【向证监局报告】根据现行监管要求，请新登记完成的私募基金管理人自登记完成后的10个工作日内主动与注册地所属地方证监局取得联系。

（五）【信息更新】申请机构在申请私募基金管理人登记、基金备案及持续信息更新中，应认真阅读AMBERS系统相关提示，申请材料在真实、准确、完整的前提下应保持与系统填报信息（AMBERS系统和从业人员管理平台 http://person.amac.org.cn/jump.html）一致，填报材料和系统信息应前后自洽，重要章程、制度文件、说明材料应签章齐全。

二、申请机构应当按规定具备开展私募基金管理业务所需的从业人员、营业场所、资本金等运营基本设施和条件，并建立基本管理制度

（一）【内控基本要求】根据《私募投资基金管理人内部控制指引》及私募基金登记备案相关问题解答的要求，申请机构应当建立健全内部控制机制，明确内部控制职责，完善内部控制措施，强化内部控制保障，持续开展内部控制评价和监督。申请机构的工作人员应当具备与岗位要求相适应的职业操守和专业胜任能力。

（二）【资本金满足运营】作为必要合理的机构运营条件，申请机构应根据自身运营情况和业务发展方向，确保有足够的实缴资本金保证机构有效运转。相关资本金应覆盖一段时间内机构的合理人工薪酬、房屋租金等日常运营开支。律师事务所应当对私募基金管理人是否具备从事私募基金业务所需的资本金、资本条件等进行尽职调查并出具专业法律意见。

针对私募基金管理人的实收资本/实缴资本未达到注册资本/认缴资本的25%的情况，协会将在私募基金管理人公示信息中予以特别提示，并在私募基金管理人分类公示中予以公示。

（三）【办公地要求】申请机构的办公场所应当具备独立性。申请机构工商注册地和实际经营场所不在同一个行政区域的，应充分说明分离的合理性。申请机构应对有关事项如实填报，律师事务所需做好相关事实性尽职调查，说明申请机构的经营地、注册地分别所在地点，是否确实在实际经营地经营等事项。

（四）【财务清晰】根据《私募投资基金管理人内部控制指引》的要求，申请机构应建立健全财务制度。申请机构提交私募登记申请时，不应存在到期未清偿债务、资产负债比例较高、大额或有负债等可能影响机构正常运作的情形。申请机构与关联方存在资金往来的，应保证资金往来真实合理。

（五）【已展业情况】申请机构提交私募基金管理人登记申请前已实际展业的，应当说明展业的具体情况，并对此事项可能存在影响今后展业的风险进行特别说明。若已存在使用自有资金投资的，应确保私募基金财产与私募基金管理人自有财产之间独立运作，分别核算。

（六）【特殊目的载体】已登记私募基金管理人为某只基金的设立或投资目的，出资或派遣员工专门设立的无管理人员、无实际办公场所或不履行完整管理人职责的特殊目的载体（包括出于类似目的为某只有限合伙型基金设立的普通合伙人机构），无需申请私募基金管理人登记，但应当在私募基金管理人关联方中如实填报相关信息。

三、高级管理人员及其他从业人员相关要求

（一）【高管定义】根据《关于进一步规范私募基金管理人登记若干事项的公告》等的要求，从事私募证券投资基金业务的各类私募基金管理人，其高管人员（包括法定代表人/执行事务合伙人（委派代表）、总经理、副总经理、合规/风控负责人等）均应当取得基金从业资格。从事非私募证券投资基金业务的各类私募基金管理人，至少2名高管人员应当取得基金从业资格，其法定代表人/执行事务合伙人（委派代表）、合规/风控负责人应当取得基金从业资格。各类私募基金管理人的合规/风控负责人不得从事投资业务。

（二）【资格认定】根据《私募基金登记备案相关问题解答（九）》的要求，高管人员通过协会资格认定委员会认定的基金从业资格，仅适用于私募股权投资基金管理人（含创业投资基金管理人）。

（三）【竞业禁止】私募基金管理人的从业人员、出资人应当遵守竞业禁止原则，恪尽职守、勤勉尽责，不应当同时从事与私募业务可能存在利益冲突的活动。

（四）【高管任职要求】根据《私募基金登记备案相关问题解答（十二）》的要求，为维护投资者利益，严格履行"受人之托、代人理财"义务，防范利益输送及道德风险，私募基金管理人的高管人员应当勤勉尽责、恪尽职守，合理分配工作精力，在私募基金管理人登记及相关高管人员提出变更申请时，应当遵守以下要求：

1. 不得在非关联的私募机构兼职。

2. 不得在与私募业务相冲突业务的机构兼职。

3. 除法定代表人外，私募基金管理人的其他高管人员原则上不应兼职；若有兼职情形，应当提供兼职合理性相关证明材料（包括但不限于兼职的合理性、胜任能力、如何公平对待服务对象、是否违反竞业禁止规定等材料），同时兼职高管人员数量应不高于申请机构全部高管人员数量的1/2。

4. 私募基金管理人的兼职高管人员应当合理分配工作精力，协会将重点关注在多家机构兼职的高管人员任职情况。

5. 对于在一年内变更 2 次以上任职机构的私募高管人员，协会将重点关注其变更原因及诚信情况。

6. 私募基金管理人的高管人员应当与任职机构签署劳动合同。在私募基金管理人登记、提交高管人员重大事项变更申请时，应上传所涉高管的劳动合同及社保证明。

已登记机构应当按照上述规定自查私募基金管理人相关高管人员的兼职情况。协会将按照有关规定对私募基金管理人高管人员的兼职情况进行核查，逐步要求不符合规范的机构整改。

（五）【专业胜任能力】根据《私募投资基金管理人内部控制指引》的要求，从事私募基金管理业务相关工作人员应具备与岗位要求相适应的职业操守和专业胜任能力。负责私募合规/风控的高管人员，应当独立地履行对内部控制监督、检查、评价、报告和建议的职能，对因失职渎职导致内部控制失效造成重大损失的，应当承担相关责任。申请机构负责投资的高管人员，应当具备相应的投资能力。

（六）【员工人数】根据《私募投资基金管理人内部控制指引》的要求，申请机构员工总人数不应低于 5 人，申请机构的一般员工不得兼职。

四、机构名称及经营范围相关要求

（一）【经营范围】根据《私募基金登记备案相关问题解答（七）》的要求，为落实《私募投资基金监督管理暂行办法》关于私募基金管理人的专业化管理要求，私募基金管理人的名称和经营范围中应当包含"基金管理""投资管理""资产管理""股权投资""创业投资"等相关字样。

（二）【冲突业务】为落实《私募投资基金监督管理暂行办法》关于私募基金管理人防范利益冲突的要求，对于兼营民间借贷、民间融资、融资租赁、配资业务、小额理财、小额借贷、P2P/P2B、众筹、保理、担保、房地产开发、交易平台等业务的申请机构，因上述业务与私募基金属性相冲突，为防范风险，协会对从事冲突业务的机构将不予登记。

（三）【专业化运营】根据《私募投资基金管理人内部控制指引》和《私募基金登记备案相关问题解答（十三）》的要求，私募基金管理人应当遵循专业化运营原则，主营业务清晰，不得兼营与私募基金管理无关或存在利益冲突的其他业务。

五、机构出资人及实际控制人相关要求

（一）【严禁股权代持】申请机构出资人应当以货币财产出资。出资人应当保证资金来源真实合法且不受制于任何第三方。申请机构应保证股权结构清晰，不应当存在股权代持情形。

出资人应具备与其认缴资本金额相匹配的出资能力，并提供相应的证明材料。

（二）【股权架构要求】申请机构应确保股权架构简明清晰，不应出现股权结构层级过多、循环出资、交叉持股等情形。协会将加大股权穿透核查力度，并重点关注其合法合规性。

（三）【股权稳定性要求】申请机构应当专注主营业务，确保股权的稳定性。对于申请登记前一年内发生股权变更的，申请机构应详细说明变更原因。如申请机构存在为规避出资人相关规定而进行特殊股权设计的情形，协会根据实质重于形式原则，审慎核查。

申请机构的出资人、实际控制人不得为资产管理产品。

（四）【实控定义】实际控制人应一致追溯到最后自然人、国资控股企业或集体企业、上市公司、受国外金融监管部门监管的境外机构。在没有实际控制人情形下，应由其第一大股东承担实际控制人相应责任。

六、机构关联方相关要求

（一）【关联方定义】申请机构若存在子公司（持股5%以上的金融机构、上市公司及持股20%以上的其他企业）、分支机构、关联方（受同一控股股东/实际控制人控制的金融机构、私募基金管理人、投资类企业、冲突业务企业、投资咨询及金融服务企业等），法律意见书应明确说明相关子公司、分支机构和关联方工商登记信息等基本资料、相关机构业务开展情况、相关机构是否已登记为私募基金管理人、与申请机构是否存在业务往来等。

（二）【关联方同业竞争】申请机构的子公司、分支机构或关联方中有私募基金管理人的，申请机构应在子公司、分支机构或关联方中的私募基金管理人实际展业并完成首只私募基金备案后，再提交申请机构私募基金管理人登记申请。

（三）【关联方为投资类公司】申请机构的子公司、分支机构或关联方存在已从事私募基金业务但未登记为私募基金管理人的情形，申请机构应先办理其子公司、分支机构或关联方私募基金管理人登记。

（四）【严禁规避关联方】申请机构存在为规避关联方相关规定而进行特殊股权设计的情形，协会根据实质重于形式原则，审慎核查。

（五）【同质化要求】同一实际控制人项下再有新申请机构的，应当说明设置多个私募基金管理人的目的与合理性、业务方向区别、如何避免同业化竞争等问题。该实际控制人及其控制的已登记关联私募基金管理人需书面承诺，在新申请机构展业中出现违法违规情形时，应当承担相应的合规连带责任和自律处分后果。

同一实际控制人项下再有新申请机构的，申请机构的第一大股东及实际控制人应当书面承诺在完成私募基金管理人登记后，继续持有申请机构股权或实际控制不少于三年。

七、法律意见书相关要求

（一）【私募登记法律意见书】按照《关于进一步规范私募基金管理人登记若干事项的公告》要求，新申请私募基金管理人登记、已登记的私募基金管理人发生部分重大事项变更，需通过AM-BERS系统提交由律师事务所出具的法律意见书。法律意见书应按照《私募基金管理人登记法律意见书指引》对申请机构的登记申请材料、工商登记情况、专业化经营情况、股权结构、实际控制人、关联方及分支机构情况、运营基本设施和条件、风险管理制度和内部控制制度、外包情况、合法合规情况、高管人员资质情况等逐项发表结论性意见。

（二）【重大事项法律意见书】已登记的私募基金管理人申请变更控股股东、变更实际控制人、变更法定代表人/执行事务合伙人（委派代表）等重大事项或协会审慎认定的其他重大事项的，应提交私募基金管理人重大事项变更专项法律意见书，对私募基金管理人重大事项变更的相关事项逐项明确发表结论性意见，还应当提供相关证明材料，充分说明变更事项缘由及合理性；已按基金合同、基金公司章程或者合伙协议的相关约定，履行基金份额持有人大会、股东大会或合伙人会议的相关表决程序；已按照《私募投资基金信息披露管理办法》相关规定和基金合同、基金公司章程或者合伙协议的相关约定，向私募基金投资者及时、准确、完整地进行了信息披露。

（三）【勤勉尽责要求】按照《私募基金管理人登记法律意见书指引》和《私募基金登记备案相关问题解答（八）》的要求，出具法律意见书的经办律师及律师事务所应当勤勉尽责，根据相关法律法规、《律师事务所从事证券法律业务管理办法》《律师事务所证券法律业务执业规则（试行）》及协会的相关规定，在尽职调查的基础上对指引规定的内容发表明确的法律意见，制作工作底稿并留存，独立、客观、公正地出具法律意见书，保证法律意见书不存在瞒报信息、虚假记载、误导性陈述及重大遗漏。

参照《律师事务所从事证券法律业务管理办法》和《律师事务所证券法律业务执业规则（试行）》的相关要求，律师事务所及其经办律师出具的法律意见书内容应当包含完整的尽职调查过程描述，对有关事实、法律问题作出认定和判断的适当证据和理由。

法律意见书的陈述文字应当逻辑严密、论证充分，所涉指代主体名称、出具的专业法律意见应具体明确。法律意见书所涉内容应当与申请机构系统填报的信息保持一致，若系统填报信息与尽职调查情况不一致的，应当做出特别说明。

八、中止办理情形

申请机构出现下列两项及以上情形的，协会将中止办理该类机构私募基金管理人登记申请6个月：

（一）申请机构名称不突出私募基金管理主业，与知名机构重名或名称相近的，名称带有"集团""金控"等存在误导投资者字样的；

（二）申请机构办公场所不稳定或者不独立的；

（三）申请机构展业计划不具备可行性的；

（四）申请机构不符合专业化经营要求，偏离私募基金主业的；

（五）申请机构存在大额未清偿负债，或负债超过净资产50%的；

（六）申请机构股权代持或股权结构不清晰的；

（七）申请机构实际控制关系不稳定的；

（八）申请机构通过构架安排规避关联方或实际控制人要求的；

（九）申请机构员工、高管人员挂靠，或者专业胜任能力不足的；

（十）申请机构在协会反馈意见后6个月内未补充提交登记申请材料的；

（十一）中国证监会、中国证券投资基金业协会认定的其他情形。

九、私募基金管理人不予登记情形

根据《中华人民共和国证券投资基金法》《私募投资基金监督管理暂行办法》《私募投资基金管理人登记和基金备案办法（试行）》《关于进一步规范私募基金管理人登记若干事项的公告》及相关自律规则，申请登记私募基金管理人的机构存在以下情形的，协会将不予办理登记，且自该机构不予登记之日起一年内不接受办理其高管人员担任私募基金管理人高管人员、作为私募基金管理人的出资人或实际控制人：

（一）申请机构违反《中华人民共和国证券投资基金法》《私募投资基金监督管理暂行办法》关于资金募集相关规定，在申请登记前违规发行私募基金，且存在公开宣传推介、向非合格投资者募集资金行为的；

（二）申请机构提供或申请机构与律师事务所、会计师事务所及其他第三方中介机构等串谋提供虚假登记信息或材料；提供的登记信息或材料存在误导性陈述、重大遗漏的；

（三）申请机构主要出资人、申请机构自身曾经从事过或目前仍兼营民间借贷、民间融资、融资租赁、配资业务、小额理财、小额借贷、P2P/P2B、众筹、保理、担保、房地产开发、交易平台等与私募基金业务相冲突业务的；

（四）申请机构被列入国家企业信用信息公示系统严重违法失信企业名单的；

（五）申请机构的高管人员最近三年存在重大失信记录或最近三年被中国证监会采取市场禁入措施的；

（六）中国证监会、中国证券投资基金业协会规定的其他情形。

十、被不予登记机构及所涉律师事务所、律师情况公示工作机制

为切实维护私募基金行业正常经营秩序，敦促私募基金管理人规范运营，督促律师事务所勤勉尽责，真正发挥法律意见书制度的市场化专业制衡作用，进一步提高私募基金管理人登记工作的透明度，促进私募基金行业健康发展，自《私募基金登记备案相关问题解答（十四）》发布之日起，在已登记的私募基金管理人公示制度基础上，协会将进一步公示不予登记申请机构及所涉律师事务所、律师情况，并建立以下工作机制：

（一）协会将定期对外公示不予登记的申请机构名称及不予登记的原因，同时公示为该机构出具法律意见书的律师事务所及经办律师名单。

（二）律师事务所及经办律师为一家被不予登记机构提供私募基金管理人登记相关法律服务，且出具了肯定性结论意见的，协会将通过电话沟通、现场约谈等多种途径及时提醒该律师事务所及经办律师相关业务的尽职、合规要求。

（三）律师事务所的经办律师累计为两家及以上被不予登记机构提供私募基金管理人登记相关法律服务，且出具了肯定性结论意见的，出于审慎考虑，自其服务的第二家被不予登记机构公示之日起三年内，协会将要求由该经办律师正在提供私募基金管理人登记相关法律服务的申请机构，提交现聘律师事务所的其他执业律师就申请机构私募基金管理人登记事项出具的复核意见；该申请机构也可以另行聘请其他律师事务所重新出具法律意见书。同时，协会将有关情况通报相关经办律师任职的律师事务所。

（四）律师事务所累计为三家及以上被不予登记机构提供私募基金管理人登记相关法律服务，且出具了肯定性结论意见的，出于审慎考虑，自其服务的第三家被不予登记机构公示之日起三年内，协会将要求由该律师事务所正在提供私募基金管理人登记相关法律服务的申请机构，重新聘请其他律师事务所就私募基金管理人登记事项另行出具法律意见书。同时，协会将有关情况通报所涉律师事务所所在地的司法行政机关和律师协会。

（五）律师事务所及经办律师为已登记的私募基金管理人出具入会法律意见书或者其他专项法律意见书，存在虚假记载、误导性陈述或者重大遗漏，且出具了肯定性结论意见的，参照第（二）（三）（四）条原则处理。

律师事务所及经办律师为申请机构就私募基金管理人登记事项出具的法律意见为否定性结论意见，但申请机构拒绝向协会提供的，律师事务所及经办律师可以将否定性结论意见及相关证明材料送达申请机构，同时抄送至协会邮箱：pflegal@ amac. org. cn（邮件以"申请机构名称－律师事务所名称/律师姓名－否定性结论意见"命名）。针对此种情形，相关机构经认定属于不予登记情形的，协会将对外公示该机构信息，并注明律师事务所及经办律师发表了否定性结论意见。此种情形，不计入前述公示机制的累计案例次数。

协会重申，私募基金管理人登记申请机构、律师事务所和其他中介服务机构，应当高度珍视自身信誉，审慎选择业务合作对象，评估合作对象的资质以及业务开展能力。在申请私募基金管理人登记和提供相关服务的过程中，诚实守信、勤勉尽责，不应损害自身、对方机构及投资者的合法权益。

十一、私募基金管理人登记完成后应特别知悉事项

（一）【持续展业要求】按照《关于进一步规范私募基金管理人登记若干事项的公告》（以下简称《公告》）要求，新登记的私募基金管理人在办结登记手续之日起6个月内仍未备案首只私募基金产品的，协会将注销该私募基金管理人登记。考虑在法律和实际运作中，在相关管理机构已完成资管产品备案或审批程序后，各类形式的顾问管理型私募基金产品是否在私募基金登记备案系统备案，不影响该产品的正常投资运作，为保证《公告》相关要求的有效实施，自2016年2月5日起，协会暂不办理新登记的私募基金管理人将顾问管理型基金作为其管理的首只私募基金产品的备案申请，同时暂不受理已登记且尚未备案私募基金的私募基金管理人将顾问管理型基金作为其管理的首只私募基金产品的备案申请。

（二）【持续内控要求】根据《私募投资基金监督管理暂行办法》《私募投资基金管理人内部控制指引》《私募投资基金合同指引》等相关要求，为保证新登记私募基金管理人的公司治理、组织架构和管理团队的稳定性，确保私募基金管理人持续有效执行登记申请时所提出的商业运作计划和内部控制制度，自《私募基金登记备案相关问题解答（十四）》发布之日起，申请私募基金管理人登记的机构应当书面承诺：申请登记机构保证其组织架构、管理团队的稳定性，在备案完成第一只基金产品前，不进行法定代表人、控股股东或实际控制人的重大事项变更；不随意更换总经理、合规风控负责人等高管人员。法律法规另有规定或发生不可抗力情形的除外。

已有管理规模的私募基金管理人在办理法定代表人、实际控制人或控股股东的重大事项变更申请时，除应按要求提交专项法律意见书外，还应当提供相关证明材料，充分说明变更事项缘由及合理性；已按基金合同、基金公司章程或者合伙协议的相关约定，履行基金份额持有人大会、股东大会或合伙人会议的相关表决程序；已按照《私募投资基金信息披露管理办法》相关规定和基金合同、基金公司章程或者合伙协议的相关约定，向私募基金投资者就所涉重大事项及时、准确、完整地进行了信息披露。

十二、重大事项变更相关要求

（一）【期限及整改次数要求】私募基金管理人进行主要出资人、实际控制人、法定代表人/执行事务合伙人（委派代表）等需提交重大事项变更法律意见书的重大事项变更申请，首次提交后6个月内仍未办理通过或退回补正次数超过5次的，协会将暂停申请机构新增产品备案直至办理通过。

（二）【发生实质性变化】已登记私募基金管理人1年内法定代表人/执行事务合伙人（委派代表）、主要出资人、实际控制人均发生变化的，应重新提交针对发生变更后私募基金管理人登记法律意见书，根据《私募基金管理人登记法律意见书指引》对申请机构整体情况逐项发表法律意见，同时提交变更的内部程序证明材料、向投资人就该事项信息披露材料，并详细说明变更的原因。对于上述类型重大事项变更，协会将视为新申请登记机构进行核查，并对变更缘由加大核查力度。

（三）【高管离职情形】私募基金管理人原高管人员离职后，私募基金管理人应在3个月内完成聘任具备与岗位要求相适应的专业胜任能力的高管人员。

协会之前发布的自律规则及问答与上述规定不一致的，以此《私募基金管理人登记须知》为准。

中国证券投资基金业协会

2018年12月7日

私募投资基金备案须知

尊敬的私募基金管理人：

为提高私募基金备案工作效率，中国证券投资基金业协会在此温馨提示，申请私募基金备案及备案完成后应当注意以下重点事项：

一、私募基金备案总体性要求

（一）私募基金在投资运作中，应严格遵守《中华人民共和国证券投资基金法》《私募投资基金监督管理暂行办法》《证券期货经营机构私募资产管理业务暂行规定》《私募投资基金管理人登记和基金备案办法（试行）》《关于进一步规范私募基金管理人登记若干事项的公告》《私募投资基金信息披露管理办法》《私募投资基金募集行为管理办法》《私募投资基金合同指引》《证券期货经营机构私募资产管理计划备案管理规范1~4号》《私募基金登记备案相关问题解答（1~14）》等法律法规和自律规则，不得向非合格投资者募集，严格落实投资者适当性管理制度，不得变相保底保收益，不得违反相关杠杆比例要求，严格履行相关信息披露要求。

（二）私募基金管理人应当在私募基金募集完毕后20个工作日内进行备案，并保证基金备案及持续信息更新中所提供的所有材料及信息（含系统填报信息）应真实、准确、完整，不存在任何虚假记载、误导性陈述或重大遗漏。

（三）私募基金管理人应认真阅读本须知和系统提示，保持所上传材料与系统填报信息（资产管理业务综合报送平台和从业人员管理平台）一致，上传私募基金备案承诺函、基金合同、风险揭示书、实缴出资证明等相关书面材料且签章齐全。

（四）私募基金管理人应结合私募基金投资运营实际，及时报送基金重大事项变更情况及清算信息，按时履行基金季度、年度更新义务。私募基金管理人未按时履行季度、年度和重大事项信息报送更新义务累计达2次的，中国证券投资基金业协会将其列入异常机构名单，并通过私募基金管理人公示平台（http：//gs.amac.org.cn）对外公示。

二、不属于私募基金范围的情形

私募投资基金是一种由基金和投资者承担风险，并通过主动风险管理，获取风险性投资收益的投资活动。私募基金财产债务由私募基金财产本身承担，投资者以其出资为限，分享投资收益和承担风险。私募基金的投资不应是借贷活动。下列不符合"投资"本质的经营活动不属于私募基金范围：

（一）底层标的为民间借贷、小额贷款、保理资产等《私募基金登记备案相关问题解答（七）》所提及的属于借贷性质的资产或其收（受）益权；

（二）通过委托贷款、信托贷款等方式直接或间接从事借贷活动的；

（三）通过特殊目的载体、投资类企业等方式变相从事上述活动的。

为促进私募投资基金回归投资本源，按照相关监管精神，中国证券投资基金业协会于2月12日起，不再办理不属于私募投资基金范围的产品的新增申请和在审申请。

三、涉及特殊风险的私募基金备案要求

（一）私募基金应当单独管理、单独建账、单独核算，不得开展或者参与任何形式的"资金池"业务，不得存在短募长投、期限错配、分离定价、滚动发行、集合运作等违规操作。

（二）私募基金涉及关联交易的，私募基金管理人应当在风险揭示书中向投资者披露关联关系情况，并提交证明底层资产估值公允的材料、有效实施的关联交易风险控制制度、不损害投资人合法权益的承诺函等相关文件。

（三）私募基金管理人应对投资人进行充分的风险揭示。根据《私募投资基金风险揭示书内容与格式指引》，私募基金管理人应当在风险揭示书的"特殊风险揭示"部分，重点对私募基金的资金流动性、关联交易、单一投资标的、产品架构、底层标的等所涉特殊风险进行披露。私募基金风险揭示书"投资者声明"部分所列的13类签字项，应当由全体投资人逐项签字确认。

中国证券投资基金业协会温馨提示：私募投资基金应当做到"非公开募集""向合格投资者募集"，私募基金管理人应当诚实信用，勤勉尽责，坚持"投资者利益优先"、做到"卖者尽责、买者自负"，投资者"收益自享、风险自担"的原则。私募基金产品备案不是"一备了之"，请私募基金管理人持续履行向协会报送基金运作信息的义务，主动接受协会对私募基金管理人及产品的自律管理，协会将持续监测私募基金产品投资运作情况。

私募基金登记备案相关问题解答（一）

问：外资私募基金管理机构是否纳入登记备案范围？

答：境内注册设立的私募基金管理机构，应当向基金业协会履行私募基金管理人登记手续。境外注册设立的私募基金管理机构暂不纳入登记范围。

问：自然人是否能登记为私募基金管理人？

答：根据《证券投资基金法》规定，基金管理人由依法设立的公司或者合伙企业担任。自然人不能登记为私募基金管理人。

问：实缴资本未到位的机构能否登记为私募基金管理人？

答：私募基金管理机构应当具备适当资本，以能够支持其基本运营。

问：私募基金是否可以承诺保底保收益？

答：私募基金不得违规承诺保底保收益。基金业协会正在制定私募基金相关业务规范。

问：私募基金管理机构是否必须履行登记手续？如不登记有何后果？

答：根据《证券投资基金法》和《私募投资基金管理人登记和基金备案办法（试行）》的规定，私募基金管理机构应当履行登记手续。否则，不得从事私募投资基金管理业务活动。基金业协会与中国证监会已建立私募基金登记备案信息共享和定期报告机制。已设立的私募基金管理机构应当在4月30日以前履行申请登记手续。对于已登记的私募基金管理人，基金业协会将提供各项服务。

私募基金登记备案相关问题解答（二）

问：合格投资者的认定标准是什么？

答：目前证监会正在制定合格投资者认定标准。在证监会有关规定出台之前，协会建议私募基金管理人向符合以下条件的投资者募集资金：

（一）个人投资者的金融资产不低于500万元人民币，机构投资者的净资产不低于1000万元人民币；

（二）具备相应的风险识别能力和风险承担能力；

（三）投资于单只私募基金的金额不低于100万元人民币。

问：没有管理过基金的机构可否在协会登记？

答：协会优先登记有管理基金经验的私募投资基金管理机构的申请。对于没有管理过基金的申请机构，协会除核对其是否如实填报申请材料、申请机构及其实际控制人、高管人员的诚信信息外，还将通过约谈高管人员、实地核查等方式进行核查。对于符合以下条件的此类机构，协会予以办理登记：一是高管人员具有相应的投资管理从业经历；二是基金管理人具备适当资本，以能够支持其基本运营；三是机构具备满足业务运营需要的场所、设施和基本管理制度。

私募基金登记备案相关问题解答（三）

问：经登记的私募基金管理人募集设立新的私募基金，在适用合格投资者标准时，针对合伙企业、契约等非法人形式的投资者类型，是否需要穿透核查最终投资者为合格投资者，并合并计算投资者数量？

答：目前，证监会正在制定私募投资基金合格投资者标准。现阶段，基金业协会建议，私募基金合格投资者数量累计不超过200人，以有限责任公司或者合伙企业形式设立的，投资者人数累计不超过50人。

投资者应当符合协会关于合格投资者建议标准：

（一）个人投资者的金融资产不低于500万元人民币，机构投资者的净资产不低于1000万元人民币；

（二）具备相应的风险识别能力和风险承担能力；

（三）投资于单只私募基金的金额不低于100万元人民币。

对于合伙企业、契约等非法人形式的投资者，应当穿透核查最终投资者是否为合格投资者，并合并计算投资者数量。但是，依法设立并经基金业协会备案的集合投资计划，视为单一合格投资者。

私募基金登记备案相关问题解答（四）

问：《基金管理公司投资管理人员管理指导意见》（证监会公告〔2009〕3号）关于基金经理"静默期"的要求是否适用私募基金行业？

答：是。根据《基金管理公司投资管理人员管理指导意见》（证监会公告〔2009〕3号）中第三十四条的规定："公司不得聘用从其他公司离任未满3个月的基金经理从事投资、研究、交易等相关业务"。根据该规定，基金经理变更就职的公募基金公司，需要有3个月的"静默期"，在这3个月内该基金经理不得在其他公募基金管理公司从事投资、研究、交易等相关业务。为维护基金行业的公平、公正，统一监管标准，对从公募基金管理公司离职，转而在私募基金管理公司任职的基金经理实行同样3个月的"静默期"要求，即私募基金管理人不得聘用从其他公募基金公司离职未满3个月的基金经理从事投资、研究、交易等相关业务。基金业协会将在私募基金管理人申请登记及高管人员持续定期信息更新中予以落实。

私募基金登记备案相关问题解答（五）

问：私募基金管理人登记后变更控股股东、实际控制人或者法定代表人（执行事务合伙人）的，应当在基金业协会履行什么手续？

答：根据《私募投资基金监督管理暂行办法》以及《私募投资基金管理人登记和基金备案办法（试行）》相关规定，私募基金管理人变更控股股东、实际控制人或者法定代表人（执行事务合伙人）的，属于重大事项变更。管理人应当依据合同约定，向投资者如实、及时、准确、完整地披露相关变更情况或获得投资者认可。对上述事项管理人应当在完成工商变更登记后的10个工作日内，通过私募基金登记备案系统向基金业协会进行重大事项变更备案。具体报送方式：将控股股东、实际控制人或法定代表人（执行事务合伙人）变更报告及相关证明文件发送至协会邮箱"pf@amac.org.cn"，并通过私募基金登记备案系统进行重大事项变更。基金业协会将依据《私募投资基金管理人登记和基金备案办法（试行）》进行核对办理。基金业协会强调，私募基金管理人登记证明只是对私募基金管理人履行完登记手续给予事实确认，不意味着对私募基金管理人实行牌照管理。私募基金登记备案不构成对其投资能力、持续合规情况的认可，不作为对基金财产安全的保证。对于利用私募基金登记备案证明不当增信或从事其他违法违规活动的，基金业协会将依法依规进行处理。

私募基金登记备案相关问题解答（六）

问：私募证券基金从业资格的取得方式？

答：根据《证券投资基金法》第九条"基金从业人员应当具备基金从业资格"的规定，私募证券基金从业人员应当具备私募证券基金从业资格。根据《私募投资基金管理人登记和基金备案办法（试行）》相关规定，现进一步明确取得私募证券基金从业资格的相关安排。

具备以下条件之一的，可以认定为具有私募证券基金从业资格：

（一）通过基金从业资格考试。

（二）最近三年从事投资管理相关业务；此类情形主要指最近三年从事相关资产管理业务，且管理资产年均规模1000万元以上；或者最近三年在金融监管机构及其监管的金融机构工作。

（三）基金业协会认定的其他情形。

此类情形主要指已通过证券从业资格考试或者期货从业资格考试，取得相关资格；或者已取得境内、外基金或资产管理、基金销售等相关从业资格等。

属于（二）（三）情形取得基金从业资格的，应提交相应证明资料。

私募基金登记备案相关问题解答（七）

问：开展民间借贷、小额理财、众筹等业务的机构，同时开展私募基金管理业务的，如何进行私募基金管理人登记？

答：根据《私募投资基金监督管理暂行办法》（以下简称《暂行办法》）关于私募基金管理人防范利益冲突的要求，对于兼营民间借贷、民间融资、配资业务、小额理财、小额借贷、P2P/P2B、众筹、保理、担保、房地产开发、交易平台等业务的申请机构，这些业务与私募基金的属性相冲突，容易误导投资者。为防范风险，中国基金业协会对从事与私募基金业务相冲突的上述机构将不予登记。上述机构可以设立专门从事私募基金管理业务的机构后申请私募基金管理人登记。经金融监管部门批准设立的机构在从事私募基金管理业务的同时也从事上述非私募基金业务的，应当相应建立业务隔离制度，防止利益冲突。同时，为落实《暂行办法》关于私募基金管理人的专业化管理要求，私募基金管理人的名称和经营范围中应当包含"基金管理""投资管理""资产管理""股权投资""创业投资"等相关字样，对于名称和经营范围中不含"基金管理""投资管理""资产管理""股权投资""创业投资"等相关字样的机构，中国基金业协会将不予登记。已登记私募基金管理人应按照上述要求进行整改，下一步协会将对不符合要求的私募基金管理人进行自律管理。

问：从事私募证券投资基金业务的高管人员以及基金经理有何资质要求？

答：根据《证券投资基金法》第九条的规定，从事私募证券投资基金业务的从业人员应当具有基金从业资格。基金从业资格的取得方式已在《私募基金登记备案相关问题解答（六）》中进行了解答。对于私募基金管理人首次申请私募证券投资基金管理人资格、私募股权基金管理人和创业投资基金管理人变更为私募证券基金管理人或者私募股权基金管理人和创业投资基金管理人同时从事私募证券投资基金业务类型等申请从事私募证券投资基金业务的，其从事私募证券投资基金业务的高管人员和基金经理应当具备基金从业资格。已登记机构应当按照规定自查从事私募证券投资基金业务的从业人员是否具备基金从业资格，下一步中国基金业协会将按照《证券投资基金法》的规定，对基金从业人员进行资质管理和业务培训，要求不符合规定的机构整改。

私募基金登记备案相关问题解答（八）

问：《私募基金管理人登记法律意见书》和《私募基金管理人重大事项变更专项法律意见书》的基本要求有哪些？

答：从已提交的《私募基金管理人登记法律意见书》和《私募基金管理人重大事项变更专项法律意见书》（以下简称《法律意见书》）情况看，总体上发挥了专业法律服务机构的尽职调查和中介制衡作用。但也存在《法律意见书》缺乏尽职调查过程描述和判断依据、多份《法律意见书》内容雷同、简单发表结论性意见、未核实申请机构系统填报信息等问题。现就律师事务所及其经办律师出具《法律意见书》的内容与格式的一般性要求说明如下：

（一）参照《律师事务所从事证券法律业务管理办法》和《律师事务所证券法律业务执业规则（试行）》的相关要求，律师事务所及其经办律师出具的《法律意见书》内容应当包含完整的尽职调查过程描述，对有关事实、法律问题作出认定和判断的适当证据和理由。

（二）律师事务所及其经办律师应当按照《私募基金管理人登记法律意见书指引》，就各具体事项逐项发表明确意见，并就私募基金管理人登记申请是否符合中国基金业协会的相关要求发表整体结论性意见。

（三）《法律意见书》的陈述文字应当逻辑严密，论证充分，所涉指代主体名称、出具的专业法律意见内容具体明确。《法律意见书》所涉内容应当与申请机构在私募基金登记备案系统填报的信息保持一致，若系统填报信息与尽职调查情况不一致的，应当做出特别说明。律师事务所及其经办律师在《法律意见书》中不得瞒报信息，应当确保《法律意见书》不存在虚假记载、误导性陈述及重大遗漏。

（四）律师事务所及其经办律师应当参照《律师事务所证券法律业务执业规则（试行）》，根据实际需要采取合理的方式和手段，获取适当的证据材料。律师事务所及其经办律师可采取的尽职调查查验方式包括但不限于审阅书面材料、实地核查、人员访谈、互联网及数据库搜索、外部访谈及向行政司法机关、具有公共事务职能的组织、会计师事务所询证等。律师事务所及其经办律师应当制作并保存相关尽职调查的工作记录及工作底稿。

（五）《法律意见书》应当包含律师事务所及其经办律师的承诺信息。示例：本所及经办律师依据《证券投资基金法》《律师事务所从事证券法律业务管理办法》和《律师事务所证券法律业务执业规则（试行）》等规定及本《法律意见书》出具日以前已经发生或者存在的事实，严格履行了法定职责，遵循了勤勉尽责和诚实信用原则，进行了充分的核查验证，保证本《法律意见书》所认定的事实真实、准确、完整，所发表的结论性意见合法、准确，不存在虚假记载、误导性陈述或者重大遗漏。本所及其经办律师同意将本《法律意见书》作为相关机构申请私募基金管理人登记或重大事项变更必备的法定文件，随其他在私募基金登记备案系统填报的信息一同上报，并愿意承担相应的法律责任。

（六）律师事务所及其经办律师在《法律意见书》上的签字签章齐全，出具日期清晰明确。《法律意见书》及私募基金登记备案系统中律师事务所就"私募基金管理人重要情况说明"出具的确认函，均需加盖律师事务所公章及骑缝章，列明经办律师的姓名及其执业证件号码并由经办律师签署。

（七）律师事务所及其经办律师应当恪尽职守，勤勉尽责地对私募基金管理人或申请机构相关情况进行尽职调查，根据《私募基金管理人登记法律意见书指引》，独立、客观、公正地出具《法律意见书》。私募基金管理人应当按照《关于进一步规范私募基金管理人登记若干事项的公告》相关要求，充分配合律师事务所及其经办律师工作，如实提供律师事务所开展尽职调查所需的全部信息和材料。

问：出具《法律意见书》的律师事务所及其经办律师应当符合哪些资质要求？

答：《中国基金业协会负责人就落实〈公告〉相关问题答记者问》已明确，凡在中国境内依法设立、可就中国法律事项发表专业意见的律师事务所及其中国执业律师，均可受聘按照《私募基金管理人登记法律意见书指引》的要求出具《法律意见书》。

中国基金业协会鼓励私募基金管理人选择符合《律师事务所从事证券法律业务管理办法》相关资质要求的律师事务所及其执业律师出具《法律意见书》。

根据《中国证券投资基金业协会章程》，作为基金服务机构的律师事务所可以申请成为中国基金业协会会员，但中国基金业协会未就律师事务所入会作出强制性要求。

问：律师事务所及其经办律师如何对私募基金管理人风险管理和内部控制制度进行尽职调查？

答：律师事务所及其经办律师在对申请机构的风险管理和内部控制制度开展尽职调查时，应当核查和验证包括但不限于以下内容：

（一）申请机构是否已制定《私募基金管理人登记法律意见书指引》第四条第（八）项所提及的完整的涉及机构运营关键环节的风险管理和内部控制制度；

（二）判断相关风险管理和内部控制制度是否符合中国基金业协会《私募投资基金管理人内部控制指引》的规定；

（三）评估上述制度是否具备有效执行的现实基础和条件。例如，相关制度的建立是否与机构现有组织架构和人员配置相匹配，是否满足机构运营的实际需求等。

考虑我国私募基金行业的发展现状，为支持私募基金管理人特色化、差异化发展，保障私募基金管理人风险管理和内部控制制度的有效执行，中国基金业协会鼓励私募基金管理人结合自身经营实际情况，通过选择在中国基金业协会备案的私募基金外包服务机构的专业外包服务，实现本机构风险管理和内部控制制度目标，降低运营成本，提升核心竞争力。

私募基金登记备案相关问题解答（九）

问：根据中国证券投资基金业协会2016年2月5日发布的《关于进一步规范私募基金管理人登记若干事项的公告》，符合哪些条件的私募基金管理人的高级管理人员可以通过资格认定委员会认定基金从业资格？需要提交哪些材料？

答：符合下列条件之一的私募股权投资基金管理人（含创业投资基金管理人）的高级管理人员，可以向中国证券投资基金业协会资格认定委员会申请认定基金从业资格：

（一）从事私募股权投资（含创业投资）6年及以上，且参与并成功退出至少两个项目；

（二）担任过上市公司或实收资本不低于10亿元人民币的大中型企业高级管理人员，且从业12年及以上；

（三）从事经济社会管理工作12年及以上的高级管理人员；

（四）在大专院校、研究机构从事经济、金融等相关专业教学研究12年及以上，并获得教授或研究员职称的。

符合上述条件之一的，由所在机构或个人向中国证券投资基金业协会提交以下材料：

1. 个人资格认定申请书；

2. 个人基本情况登记表；

3. 相关证明材料：

（1）符合上述条件（一）的，需提交参与项目成功退出证明和两份行业知名人士署名的推荐信，推荐信中应附有推荐人职务及联系方式；

（2）符合上述条件（二）的，需提交企业和个人的相关证明和两份行业知名人士署名的推荐信，推荐信中应附有推荐人职务及联系方式；

（3）符合上述条件（三）的，需提交有关组织部门出具的任职证明；

（4）符合上述条件（四）的，需要提交相关资格证书和两份行业知名人士署名的推荐信，推荐信中应附有推荐人职务及联系方式。

资格认定委员会构成及工作机制：资格认定委员会由中国证券投资基金业协会理事（不含非会员理事）、监事及私募基金相关专业委员会委员构成。每次从上述委员中随机抽取七人组成认定小组，小组成员对申请资格认定的人员以简单多数原则表决。参与资格认定的表决人、推荐人及资格认定结果将通过中国证券投资基金业协会网站的从业人员信息公示平台向社会公示。

上述申请资格认定的相关材料以电子版形式报送协会私募高级管理人员资格管理专用邮箱，邮箱地址：smrygl@amac.org.cn。

问：符合哪些条件的私募基金管理人的高级管理人员只需通过科目一《基金法律法规、职业道德与业务规范》考试可以申请认定基金从业资格？需要提交哪些材料？

答：符合下列条件之一的私募基金管理人的高级管理人员，并通过科目一考试的，可以申请认定基金从业资格：

（一）最近三年从事资产管理相关业务，且管理资产年均规模1000万元以上；

（二）已通过证券从业资格（不含《证券投资基金》和《证券发行与承销》科目）、期货从业资格、银行从业资格、特许金融分析师（CFA）等金融相关资格考试，或取得注册会计师资格、法律职业资格、资产评估师资格或担任上市公司董事、监事及高级管理人员等；

符合上述条件之一的，由所在机构或个人向中国证券投资基金业协会提交基金托管人（的托管部门）或基金服务机构出具的最近三年的资产管理规模证明或相关资格证书或证明。

上述申请资格认定的相关材料以电子版的形式通过私募基金登记备案系统资格认定文件上传端口报送。

问：私募股权投资基金管理人（含创业投资基金管理人）的高级管理人员，通过证券从业资格考试的哪些科目可以认定基金从业资格？

答：（一）根据《关于基金从业资格考试有关事项的通知》（中基协字〔2015〕112号）的规定，已于2015年12月份之前通过中国证券业协会组织的《证券投资基金》科目考试的，需再通过中国证券投资基金业协会的科目一《基金法律法规、职业道德与业务规范》考试，方可向中国证券投资基金业协会申请注册基金从业资格。

（二）已于2015年12月份之前通过中国证券业协会组织的《证券市场基础》和《证券投资基金》考试，或通过《证券市场基础》和《证券发行与承销》考试的，均可直接向中国证券投资基金业协会申请注册基金从业资格。

问：不符合上述三项资格认定条件的私募基金管理人的高级管理人员如何取得基金从业资格？

答：参加由中国证券投资基金业协会统一组织的科目一《基金法律法规、职业道德与业务规范》、科目二《证券投资基金基础知识》和科目三《股权投资基金基础知识》（2016年9月份推出）的考试。参加考试的人员通过科目一和科目二考试，或通过科目一和科目三考试成绩合格的，均可申请注册基金从业资格。

私募基金登记备案相关问题解答（十）

问：第八轮中美战略与经济对话政策成果中包括欢迎符合条件的外商独资和合资企业申请登记成为私募证券基金管理机构，按规定开展包括二级市场证券交易在内的私募证券基金管理业务。请问，外商独资和合资私募证券基金管理机构申请登记成为私募证券基金管理人有何要求？

答：根据第七轮、第八轮中美战略与经济对话以及第七次中英经济财金对话达成的政策成果，经中国证监会同意，外商独资和合资私募证券基金管理机构在中国境内开展私募证券基金管理业务，应当在中国证券投资基金业协会登记为私募证券基金管理人，并应当符合以下条件：

（一）该私募证券基金管理机构为在中国境内设立的公司；

（二）该私募证券基金管理机构的境外股东为所在国家或者地区金融监管当局批准或者许可的金融机构，且境外股东所在国家或者地区的证券监管机构已与中国证监会或者中国证监会认可的其他机构签订证券监管合作谅解备忘录；

（三）该私募证券基金管理机构及其境外股东最近三年没有受到监管机构和司法机构的重大处罚。

有境外实际控制人的私募证券基金管理机构，该境外实际控制人也应当符合上述第（二）（三）项条件。

外商独资和合资私募证券基金管理机构开展私募证券投资基金业务，除应当符合《证券投资基金法》《私募投资基金监督管理暂行办法》《私募投资基金管理人登记和基金备案办法（试行）》及其他法律法规规定外，还应当遵守以下规定：

（四）资本金及其结汇所得人民币资金的使用，应当符合国家外汇管理部门的相关规定；

（五）在境内从事证券及期货交易，应当独立进行投资决策，不得通过境外机构或者境外系统下达交易指令。中国证监会另有规定的除外。

问：外商独资和合资私募证券基金管理机构如何进行私募证券基金管理人登记？

答：外商独资和合资私募证券基金管理机构申请私募基金管理人登记，应当通过私募基金登记备案系统（https：//pf. amac. org. cn），如实填报以下信息：

（一）《私募投资基金管理人登记和基金备案办法（试行）》及中国证券投资基金业协会已出台的相关规定所要求的私募证券基金管理人相关登记信息，包括前述问答中所列条件证明材料；

（二）私募基金登记备案承诺函，承诺所提交的信息和材料真实、准确、完整，不存在任何虚假记载、误导性陈述或重大遗漏，承诺遵守中国法律法规及私募基金相关自律规则；

（三）中国律师事务所及其经办律师出具的《私募基金管理人登记法律意见书》。除《私募基金管理人登记法律意见书指引》的要求以外，相关律师事务所及其经办律师在法律意见书中，还应对该申请机构是否符合前述问答中所列登记条件和要求发表结论性意见。

外商独资和合资私募证券基金管理机构提供的登记申请材料完备的，中国证券投资基金业协会将自收齐材料之日起20个工作日内，以通过协会官方网站（http：//www. amac. org. cn）公示私募基金管理人基本情况的方式，为其办结登记手续。

外商独资和合资私募证券基金管理机构登记后，应当依法及时展业。其设立的私募证券投资基金募集完毕后，应当根据有关规定在中国证券投资基金业协会通过私募基金登记备案系统及时履行备案手续，按时履行私募基金管理人及其管理的私募基金的季度、年度和重大事项信息报送更新等义务。

外商独资和合资私募证券基金管理机构可通过中国证券投资基金业协会官网（http：//www. amac. org. cn）"私募基金登记备案系统"栏目了解私募基金管理人登记和私募基金备案系统操作指南及相关政策信息。如需进一步了解相关信息，可以通过中国证券投资基金业协会官方微信公众号、私募基金登记备案咨询邮箱（pf@ amac. org. cn）以及私募基金全国统一咨询热线（400 - 017 - 8200）进一步咨询。

私募基金登记备案相关问题解答（十一）

问：中国证券投资基金业协会2016年5月13日发布的《私募基金登记备案相关问题解答（九）》中，对申请通过资格认定委员会认定基金从业资格的私募股权投资基金管理人（含创业投资基金管理人）高级管理人员，其申请人和推荐人还应符合哪些条件？其推荐人有哪些需回避的情况？

答：根据前两批资格认定委员会表决情况，为使资格认定工作起到正面引导的作用，申请资格认定的人员及其推荐人，应具备一定行业地位或社会影响，且申请人应为行业资深人士。同时对其推荐人，有以下情况需要回避：

（一）同批表决中作为申请人的；

（二）申请人与其推荐人互相推荐的；

（三）与申请人任职同家机构，或关联方及分支机构的；

（四）因从事私募基金外包业务、审计或法律服务业务、评级业务等，与申请人存在商业利益关系的；

（五）现从事私募投资基金监管、自律管理工作的；

（六）一年内累计推荐人数3人次以上的；

（七）被推荐的申请人近三年内发生违法违规、被行政处罚、被采取监管措施等情形的。

表决结束后，资格认定结果和相关推荐人的姓名、职务将一并通过中国证券投资基金业协会网站"从业人员管理——资格平台"向社会公示。

问：《私募基金登记备案相关问题解答（九）》中对于"从事经济社会管理工作"，具体指的是什么？

答："从事经济社会管理工作"主要指在政府机关、事业单位等部门从事经济、金融相关工作的。为使资格认定委员会委员能够公平、公正判断申请人专业能力，建议符合上述条件的申请人提交两份行业知名人士署名的推荐信，推荐信中应附有推荐人职务及联系方式。

私募基金登记备案相关问题解答（十二）

问：私募基金管理人的高级管理人员以及一般从业人员如何取得基金从业资格？怎样进行基金从业资格注册？

答：私募基金管理人的高级管理人员基金从业资格取得有通过基金从业资格考试或者符合一定条件的资格认定等方式，具体请参照《私募基金登记备案相关问题解答（九）》及《私募基金登记备案相关问题解答（十一）》。私募基金管理人的一般从业人员需通过基金从业资格考试取得基金从业资格。

基金从业资格注册以机构统一注册为主，已在基金行业机构任职的，应由所在任职机构向中国证券投资基金业协会（以下简称协会）申请基金从业资格注册。对于已通过考试但未在基金行业机构任职的，不必找机构"挂靠"，可以先由个人直接向协会申请基金从业资格注册，在相关机构任职后，由所在任职机构向协会申请变更。协会从业人员管理系统正在完善相关功能，预计于2017年一季度完成系统升级，届时将全面开放办理私募基金管理机构的人员从业资格注册，具体注册流程另行通知。

根据《关于基金从业资格考试有关事项的通知》（中基协字〔2015〕112号）的有关规定，对已通过基金从业资格相关科目考试的，可以在考试通过后的4年内向协会申请基金从业资格注册。

对已通过基金从业资格相关科目考试超过4年的，在2017年7月1日前认可其考试成绩，并可在此时间前按规定向协会申请基金从业资格注册；对已通过基金从业资格相关科目考试，但满4年未注册基金从业资格的，在2017年7月1日之后，向协会申请基金从业资格注册需重新参加基金从业资格考试或补齐近两年的后续培训30个学时。

问：私募基金从业人员如何按规定完成后续培训学时？

答：私募基金从业人员应当遵守《证券投资基金法》及其他各类法律法规、自律规则和基本业务规范，遵循职业道德，掌握基金专业知识，了解创新业务、理论与技术前沿，并根据新业务、新形势及时更新技术知识和专业技能，提升其执业胜任能力。

按照协会2016年2月5日发布的《关于进一步规范私募基金管理人登记若干事项的公告》，已经取得基金从业资格的私募基金管理人的高级管理人员，每年度需完成15学时的后续培训方可维持基金从业资格。对在2015年12月31日之前取得基金从业资格的，需在2016年12月31日前完成15个学时的后续培训；对在2015年12月31日之后取得基金从业资格的，需自资格取得之日起一年内完成15个学时的后续培训。对已取得基金从业资格的私募基金一般从业人员，也应按照上述规定每年度完成15学时的后续培训。

后续培训有面授培训和远程培训两种形式。面授培训可关注协会官网或微信公众号发布的每年度培训计划和每期培训通知；远程培训可登录远程培训系统（http：//peixun. amac. org. cn）参加学习，机构用户或个人用户均可通过远程培训系统进行注册、选课、在线支付和课程学习。个人凭有效身份证件注册并完成相应的培训学时后，学时信息将被有效记录，可登录协会官网"从业人员管理—培训平台—培训学时查询"进行查询。

问：在私募基金管理人登记及相关高管人员提出变更申请时，对私募基金管理人的法定代表人、合规/风控负责人及其他高级管理人员有哪些要求？

答：为维护投资者利益，严格履行"受人之托、代人理财"义务，防范利益输送及道德风险，私募基金管理人的高级管理人员应当勤勉尽责、恪尽职守，合理分配工作精力，在私募基金管理人登记及相关高管人员提出变更申请时，应当遵守以下要求：

（一）不得在非关联的私募机构兼职；

（二）在关联私募机构兼职的，协会可以要求其说明在关联机构兼职的合理性、胜任能力、如何公平对待服务对象等，协会将重点关注在多家关联机构兼职的高级管理人员履职情况；

（三）对于在1年内变更2次以上任职机构的私募高级管理人员，协会将重点关注其变更原因及诚信情况；

（四）私募基金管理人的高级管理人员应当与任职机构签署劳动合同。在私募基金管理人登记及相关高管人员提出变更申请时，应上传法定代表人、合规/风控负责人及其他高级管理人员高管任职相关决议及劳动合同。

已登记机构应当按照上述规定自查私募基金管理人相关高级管理人员的兼职情况。下一步协会将按照有关规定对私募基金管理人高级管理人员的兼职情况进行核查，要求不符合规范的机构整改。

问：根据近期媒体报道，个别私募机构为完成其登记备案寻找具备基金从业资格的外部人员进行"挂靠"，协会如何评价？

答：私募基金行业的高级管理人员是私募基金行业的精英，也是重要的自律管理和行业服务对象。私募基金行业高级管理人员应充分珍视个人诚信记录，诚实守信，自觉加强自身诚信约束和自律约束，防范道德风险。

个别私募机构为完成其登记备案寻找具备基金从业资格的外部人员进行"挂靠"，这种行为违反了《私募投资基金管理人登记和基金备案办法（试行）》，属于"在私募基金管理人登记、基金备案及其他信息报送中提供虚假材料和信息"的行为。

根据《中国证券投资基金业协会纪律处分实施办法（试行）》，针对存在上述情况的个人，一经查实，协会将记入个人诚信档案，视情节严重程度，采取行业内谴责、加入黑名单、取消其基金从业资格等纪律处分；针对存在上述情况的私募基金管理人，一经查实，协会将公开谴责，并将虚假填报情况进行公示，情节严重的，将暂停受理其基金备案，撤销其管理人登记。此外，为私募基金管理人提供法律、会计、外包业务等的中介服务机构，不得误导、诱导私募基金管理人采取"挂靠"等方式，规避协会对私募高级管理人员从业资格管理的有关规定。若出现上述违规情形，一经查实，协会将对此类中介服务机构公开谴责，情节严重的，将暂停受理其相关业务并加入黑名单。

私募基金登记备案相关问题解答（十三）

问：私募基金管理人在申请登记、备案私募基金时，应当如何落实专业化管理原则？

答：根据《私募投资基金监督管理暂行办法》第二十二条以及中国证券投资基金业协会《私募投资基金管理人内部控制指引》等相关自律规则的规定，为进一步落实私募基金管理人专业化管理原则，切实建立有效机制以防范可能出现的利益输送和利益冲突，提升行业机构内部控制水平，私募基金管理人在申请登记时，应当在"私募证券投资基金管理人""私募股权、创业投资基金管理人"等机构类型以及与机构类型关联对应的业务类型中，仅选择一类机构类型及业务类型进行登记；私募基金管理人只可备案与本机构已登记业务类型相符的私募基金，不可管理与本机构已登记业务类型不符的私募基金；同一私募基金管理人不可兼营多种类型的私募基金管理业务。

若私募基金管理机构确有经营多类私募基金管理业务的实际、长期展业需要，可设立在人员团队、业务系统、内控制度等方面满足专业化管理要求的独立经营主体，分别申请登记成为不同类型的私募基金管理人。

问：已登记多类业务类型、兼营多类私募基金管理业务的私募基金管理人，应当如何按照上述专业化管理要求进行整改？

答：截至目前，已有2198家私募基金管理人通过协会"资产管理业务综合管理平台"（https://ambers.amac.org.cn），遵循专业化管理原则，完成登记备案。为协调统一行业自律管理标准，在"私募基金登记备案系统"（https://pf.amac.org.cn）中已登记多类业务类型的私募基金管理人，应当依照协会相关后续安排，通过"资产管理业务综合管理平台"进行专业化管理事项的整改。

此类私募基金管理人应当从已登记的多类业务类型中仅选择一类业务类型作为展业范围，确认自身机构类型，通过"资产管理业务综合管理平台"提交机构类型与业务类型变更申请，以落实专业化管理原则。此类私募基金管理人须在完成机构类型与业务类型的变更确认之后，方可提交新增私募基金备案申请。

针对此类私募基金管理人所管理的已备案且正在运作的存量私募基金，若存在基金类型与管理人在"资产管理业务综合管理平台"所选择业务类型不符情形的，在基金合同、公司章程或者合伙协议（以下统称基金合同）到期前仍可以继续投资运作，但不得在基金合同到期前开放申购或增加募集规模，基金合同到期后应予以清盘或清算，不得续期；同时协会将在相关私募基金公示信息中，对此情形予以特别提示。此类私募基金管理人应就此事项向相关私募基金投资者及时做好信息披露，维护投资者的合法权益。

私募基金登记备案相关问题解答（十四）

问：中国证券投资基金业协会办理私募基金管理人登记存在哪些不予登记的情形？中国证券投资基金业协会对此将如何处理？

答：根据《中华人民共和国证券投资基金法》《私募投资基金监督管理暂行办法》《私募投资基金管理人登记和基金备案办法（试行）》《关于进一步规范私募基金管理人登记若干事项的公告》及相关自律规则的规定，申请登记私募基金管理人的机构存在以下情形的，中国证券投资基金业协会将不予办理登记：

（一）申请机构违反《中华人民共和国证券投资基金法》《私募投资基金监督管理暂行办法》关于资金募集相关规定，在申请登记前违规发行私募基金，且存在公开宣传推介、向非合格投资者募集资金行为的。

（二）申请机构提供或申请机构与律师事务所、会计师事务所及其他第三方中介机构等串谋提供虚假登记信息或材料；提供的登记信息或材料存在误导性陈述、重大遗漏的。

（三）申请机构兼营民间借贷、民间融资、配资业务、小额理财、小额借贷、P2P/P2B、众筹、保理、担保、房地产开发、交易平台等《私募基金登记备案相关问题解答（七）》规定的与私募基金业务相冲突业务的。

（四）申请机构被列入国家企业信用信息公示系统严重违法失信企业名单的。

（五）申请机构的高级管理人员最近三年存在重大失信记录，或最近三年被中国证监会采取市场禁入措施的。

（六）中国证监会和中国证券投资基金业协会规定的其他情形。

为切实维护私募基金行业正常经营秩序，敦促私募基金管理人规范运营，督促律师事务所勤勉尽责，真正发挥法律意见书制度的市场化专业制衡作用，进一步提高私募基金管理人登记工作的透明度，促进私募基金行业健康发展，自本问答发布之日起，在已登记的私募基金管理人公示制度基础上，中国证券投资基金业协会将进一步公示不予登记申请机构及所涉律师事务所、律师情况，并建立以下工作机制：

（七）中国证券投资基金业协会将定期对外公示不予办理登记的申请机构名称及不予登记原因，同时公示为该机构出具法律意见书的律师事务所及经办律师名单。

（八）律师事务所及经办律师为一家被不予登记机构提供私募基金管理人登记相关法律服务，

且出具了肯定性结论意见的，中国证券投资基金业协会将通过电话沟通、现场约谈等多种途径及时提醒该律师事务所及经办律师相关业务的尽职、合规要求。

（九）律师事务所的经办律师累计为两家及以上被不予登记机构提供私募基金管理人登记相关法律服务，且出具了肯定性结论意见的，出于审慎考虑，自其服务的第二家被不予登记机构公示之日起三年内，中国证券投资基金业协会将要求由该经办律师正在提供私募基金管理人登记相关法律服务的申请机构，提交现聘律师事务所的其他执业律师就申请机构私募基金管理人登记事项出具的复核意见；该申请机构也可以另行聘请其他律师事务所重新出具法律意见书。同时，中国证券投资基金业协会将有关情况通报相关经办律师任职的律师事务所。

（十）律师事务所累计为三家及以上被不予登记机构提供私募基金管理人登记相关法律服务，且出具了肯定性结论意见的，出于审慎考虑，自其服务的第三家被不予登记机构公示之日起三年内，中国证券投资基金业协会将要求由该律师事务所正在提供私募基金管理人登记相关法律服务的申请机构，重新聘请其他律师事务所就私募基金管理人登记事项另行出具法律意见书。同时，中国证券投资基金业协会将有关情况通报所涉律师事务所所在地的司法行政机关和律师协会。

（十一）律师事务所及经办律师为已登记的私募基金管理人出具入会法律意见书或者其他专项法律意见书，存在虚假记载、误导性陈述或者重大遗漏，且出具了肯定性结论意见的，参照第二条、第三条、第四条原则处理。

律师事务所及经办律师为申请机构就私募基金管理人登记事项出具的法律意见为否定性结论意见，但申请机构拒绝向中国证券投资基金业协会提供的，律师事务所及经办律师可以将否定性结论意见及相关证明材料送达申请机构，同时抄送至中国证券投资基金业协会邮箱：pflegal@am-ac.org.cn（邮件以"申请机构名称—律师事务所名称/律师姓名—否定性结论意见"命名）。针对此种情形，相关机构经认定属于不予登记情形的，中国证券投资基金业协会将对外公示该机构信息，并注明律师事务所及经办律师发表了否定性结论意见。此种情形，不计入前述公示机制的累计案例次数。

中国证券投资基金业协会再次重申，私募基金管理人登记申请机构、律师事务所和其他中介服务机构，应当高度珍视自身信誉，审慎选择业务合作对象，评估合作对象的资质以及业务开展能力。在申请私募基金管理人登记和提供相关服务的过程中，诚实守信、勤勉尽责，不应损害自身、对方机构及投资者的合法权益。

问：未完成首只私募基金备案的私募基金管理人可否办理法定代表人、实际控制人或控股股东的重大事项变更？

答：根据《私募投资基金监督管理暂行办法》《私募投资基金管理人内部控制指引》《私募投资基金合同指引》等相关要求，为保证新登记私募基金管理人的公司治理、组织架构和管理团队的稳定性，确保私募基金管理人持续有效执行登记申请时所提出的商业运作计划和内部控制制度，自本问答发布之日起，申请私募基金管理人登记的机构应当书面承诺：申请登记机构保证其组织架构、管理团队的稳定性，在备案完成第一只基金产品前，不进行法定代表人、控股股东或实际控制人的重大事项变更；不随意更换总经理、合规风控负责人等高级管理人员。法律法规另有规定或发生不可抗力情形的除外。

中国证券投资基金业协会重申，已有管理规模的私募基金管理人在办理法定代表人、实际控制人或控股股东的重大事项变更申请时，除应按要求提交专项法律意见书外，还应当提供相关证明材料，充分说明变更事项缘由及合理性；已按基金合同、基金公司章程或者合伙协议的相关约定，履行基金份额持有人大会、股东大会或合伙人会议的相关表决程序；已按照《私募投资基金信息披露管理办法》相关规定和基金合同、基金公司章程或者合伙协议的相关约定，向私募基金投资者就所涉重大事项及时、准确、完整地进行了信息披露。

私募基金登记备案相关问题解答（十五）

问：私募基金管理人在申请登记、备案私募基金时，应当按照《私募基金登记备案相关问题解答（十三）》的要求，落实专业化管理原则。中国证券投资基金业协会（以下简称协会）私募基金管理人会员机构确有开展跨资产类别配置的投资业务需求的，申请私募基金管理人登记时还需要注意哪些事项？

答：自 2018 年 9 月 10 日起，拟申请私募资产配置基金管理人的机构，可以通过资产管理业务综合报送平台（https：//ambers. amac. org. cn）在线提交相关申请材料。

申请机构应当符合《证券投资基金法》《私募投资基金监督管理暂行办法》《私募投资基金管理人登记和基金备案办法（试行）》及相关法律法规和自律规则的规定。外商独资和合资的申请机构还应当符合《私募基金登记备案相关问题解答（十）》的相关规定。此外，申请机构还应当符合下列要求：

（一）实际控制人要求。受同一实际控制人控制的机构中至少一家已经成为协会普通会员；或者受同一实际控制人控制的机构中至少包括一家在协会登记三年以上的私募基金管理人，该管理人最近三年私募基金管理规模年均不低于 5 亿元，且已经成为协会观察会员。

（二）"一控"要求。同一实际控制人仅可控制或控股一家私募资产配置基金管理人。

（三）股权稳定性要求。申请机构的第一大股东及实际控制人应当秉承长期投资理念，书面承诺在完成私募资产配置基金管理人登记后，继续持有申请机构股权或实际控制不少于三年。

（四）高级管理人员要求。申请机构应具有不少于两名三年以上资产配置工作经历的全职高级管理人员，或者具有不少于两名五年以上境内外资产管理相关经验（如投资研究、市场营销、运营、合规风控或者资产管理监管机构或者自律组织工作经历等）的全职高级管理人员。

针对符合上述要求的已登记私募基金管理人，申请变更登记为私募资产配置基金管理人的，协会在办理通过后将变更公示该机构管理人类型。针对此类私募基金管理人此前所管理的已备案且正在运作的存量私募基金，在基金合同、公司章程或者合伙协议（以下统称基金合同）到期前仍可以继续投资运作，但不得在基金合同到期前开放申购或增加募集规模，基金合同到期后应予以清盘或清算；如有续期的，应符合基金合同约定。协会将在相关私募基金公示信息中，对此情形予以特别提示。此类私募基金管理人应就此事项向相关私募基金投资者及时做好信息披露，维护投资者的合法权益。

问：私募资产配置基金申请备案应当符合哪些要求？

答：私募资产配置基金申请备案时，应当符合《证券投资基金法》《私募投资基金监督管理暂行办法》《私募投资基金管理人登记和基金备案办法（试行）》及相关法律法规和自律规则的规定。

此外，申请备案的私募资产配置基金还应当符合下列要求：

（一）初始规模要求。私募资产配置基金初始募集资产规模应不低于5000万元人民币。

（二）封闭运作要求。私募资产配置基金合同应当约定合理的募集期，且自募集期结束后的存续期不少于两年。私募资产配置基金存续期内，应当封闭运作。

（三）组合投资要求。私募资产配置基金应当主要采用基金中基金的投资方式，80%以上的已投基金资产应当投资于已备案的私募基金、公募基金或者其他依法设立的资产管理产品。

私募资产配置基金投资于单一资产管理产品或标的的比例不得超过该基金资产规模的20%。

（四）杠杆倍数要求。结构化私募资产配置基金投资跨类别私募基金的，杠杆倍数（优先级份额／劣后级份额，中间级份额计入优先级份额）不得超过所投资的私募基金的最高杠杆倍数要求。

（五）基金托管要求。私募资产配置基金应当由依法设立并取得基金托管资格的基金托管人托管。基金托管人不得从事与其存在股权关系以及有内部人员兼任职务情况的基金管理人管理的基金托管业务。

（六）信息披露要求。私募资产配置基金进行信息披露时，应当符合《私募投资基金信息披露管理办法》及协会相关自律规则的规定，明确信息披露义务人向投资者进行信息披露的内容、披露频度、披露方式、披露责任以及信息披露渠道等事项。

（七）关联交易要求。私募资产配置基金管理人运用基金财产投资基金管理人、托管人及其控股股东、实际控制人、关联机构或者与其有重大利害关系的机构的权益性资产或者从事其他重大关联交易的，应当防范利益冲突，遵循持有人利益优先原则，建立健全内部审批机制和评估机制，符合基金的投资目标和投资策略，按照市场公允价值执行，并按照协会规定，履行信息披露义务。

（八）单一投资者的基金要求。仅向单一的个人或机构投资者（依法设立的资产管理产品除外）募集设立的私募资产配置基金，除投资比例、托管安排或者其他基金财产安全保障措施等由基金合同约定外，其他安排参照上述要求执行。

证券期货经营机构私募资产管理计划备案管理规范第1号
——备案核查与自律管理

一、证券期货经营机构开展私募资产管理业务，应当符合有关法律法规、部门规章及自律规则的规定，并按照中国证券投资基金业协会（以下简称协会）的要求，及时进行资产管理计划备案，接受协会备案管理和风险监测，真实、准确、完整地报送备案材料和风险监测报告，对备案材料和风险监测报告的真实性、合规性、准确性和完整性负责。

二、证券期货经营机构应当对资产管理计划的设立、变更、展期、终止等行为进行备案，按时提交备案材料。所有资产管理计划均应在协会完成备案并取得备案证明后，方可申请为其开立证券市场交易账户。

三、证券期货经营机构应当定期报送资产管理计划运行报告和风险监测报告，发生对资产管理计划有重大影响事件的，还应及时向协会进行报告。

四、协会接受资产管理计划备案不能免除证券期货经营机构按照规定真实、准确、完整、及时地披露产品信息的法律责任。

接受备案不代表协会对资产管理计划的合规性、投资价值及投资风险做出保证和判断。投资者应当自行识别产品投资风险并承担投资行为可能出现的损失。

五、协会将建立健全资产管理计划备案核查流程，按照"实质重于形式"原则，通过书面审阅、问询、约谈等方式对备案材料进行核查。资产管理计划合规性存疑的，协会可以向中国证监会进行咨询、报告，也可以对资产管理人出具备案关注函或进行现场检查，资产管理人应当予以配合。

六、协会将加强资产管理计划备案核查力度，对于违反法律法规及自律规则的证券期货经营机构，协会可以视情节轻重对其采取谈话提醒、书面警示、要求限期改正、加入黑名单、公开谴责、暂停备案等纪律处分。情节严重的，依法移送中国证监会处理。

七、协会对证券期货经营机构的自律管理接受中国证监会的指导和监督，并与中国证监会及中国证券业协会、中国期货业协会、中国证券登记结算有限责任公司、中国期货保证金监控中心等自律组织建立监管合作和信息共享机制。

证券期货经营机构私募资产管理计划备案管理规范第2号
——委托第三方机构提供投资建议服务

证券期货经营机构委托第三方机构为资产管理计划提供投资建议服务，应当严格遵守《证券期货经营机构私募资产管理业务运作管理暂行规定》（以下简称《暂行规定》）有关规定，并符合以下规范性要求：

一、证券期货经营机构应当委托符合《暂行规定》要求的第三方机构为资产管理计划提供投资建议服务。一对多（集合）资产管理计划委托人，不得通过发出投资建议或投资指令等方式直接或间接影响资产管理人投资运作，符合法定的资质条件并接受资产管理人委托提供投资建议的第三方机构除外。

二、证券期货经营机构应当制定第三方机构遴选机制和流程、风险管控机制、利益冲突防范机制，相关制度流程应当经公司有权机构审议通过后存档备查。未建立健全上述制度流程的，不得聘请第三方机构为资产管理计划提供投资建议服务。

三、证券期货经营机构应当对拟聘请的第三方机构进行尽职调查，要求其提供符合《暂行规定》第十四条第（八）项规定的资质证明文件（清单附后），并在设立资产管理计划时将尽职调查报告、资质证明文件等材料向中国证券投资基金业协会（以下简称协会）进行备案。拟聘请的第三方机构为私募证券投资基金管理人的，应当已加入协会，成为普通会员或观察会员。

私募证券投资基金管理人不得为主要投资于非标资产的资产管理计划提供投资建议服务。

四、证券期货经营机构应当严格按照《暂行规定》及内部制度流程选聘第三方机构，签订委托协议，披露第三方机构相关信息，清晰约定彼此权利义务。委托协议应当向协会进行备案。

五、证券期货经营机构应当妥善保管第三方机构出具的投资建议及相关文件，不得隐匿、伪造、篡改或者违规销毁。

附：证明文件清单

一、证券期货经营机构提供投资建议服务应提交以下经中国证监会认可的从事资产管理业务的资格证明文件。

二、私募证券投资基金管理人提供投资建议服务应提交以下文件

（一）私募证券投资基金管理人出具的承诺函

1. 承诺在协会登记满一年，已成为协会会员，经营期间无重大违法违规记录；

2. 承诺具备 3 年以上连续可追溯证券、期货投资管理业绩①的投资管理人员②不少于 3 名，且最近三年无不良从业记录③；

3. 承诺函应当加盖公司公章，3 名投资管理人员本人签字。

（二）资质证明文件

1. 协会官网公示的私募证券投资基金管理人公示信息截图；

2. 协会会员证书或协会官网公示的观察会员名单截图；

3. 全国企业信用信息公示系统中第三方机构违法违规记录查询结果截图；

4. 基金从业人员系统中 3 名投资管理人员不良从业记录查询结果截图或其他可验证可核查的证明材料。

（三）投资管理人员工作经历证明

包括 3 名投资管理人员的：

1. 曾任职单位出具的投资管理经历说明④或离任审计报告（应包括管理的基金/产品名称、期间、职责等），或担任投资顾问期间的委托管理协议；

2. 基金从业资格证明⑤文件，或海外基金从业人员曾就职的基金或投资管理公司出具的工作履历证明（中英文翻译件）；

3. 协会要求提供的其他证明材料。

（四）投资管理业绩⑥证明文件

提供以下一项即可：

1. 曾管理的基金/产品的托管机构或审计机构出具的，该名人员管理期间的基金/产品净值变化情况证明；

2. 第三方评价机构⑦出具的该名人员管理期间的基金/产品净值变化情况证明；

3. 曾管理的基金/产品在该名人员管理期间的定期报告复印件，并说明自己管理的业绩区间；

4. 曾任职单位出具的所管理的证券、期货自营账户净值变化情况证明；

5. 聘任私募证券投资基金管理人担任投资顾问的机构出具的，该名人员管理产品期间的产品净值变化情况证明；

6. 其他基金业协会认可的可核查可验证的基金/产品投资业绩证明文件。

（五）基金/产品投资业绩数据

投资管理人员曾管理的基金/产品的投资业绩数据（Excel 格式）。样表如附表 3-1 所示：

附表 3-1　投资管理人员曾管理的基金数据

估值日	单位净值	累计净值	现金分红	累计净值增长率（%）	业绩比较基准（%）（如有）

注：以表格中第一个估值日为基期，估值日可以按月度填写。如该名投资管理人员3年内连续管理多只产品，不同产品的业绩数据请分开上传。

投资管理人员：

曾管理基金/产品名称：

投资管理期间：

（1）3年以上连续投资管理业绩是指投资管理人员连续3年从事证券、期货投资管理工作所形成的投资业绩记录，中间未有中断，但因疾病、生育、法规限制或合同约定限制等客观原因中断从业经历且不超过1年的，可不重新计算连续年限。

（2）投资管理人员是指在受国务院金融监管部门监管的持牌机构或已在基金业协会登记的私募基金管理机构任职，具备证券、期货自营账户或受托账户投资管理工作经历的人员，包括基金经理、投资经理、投资决策委员会成员、投资总监以及经机构授权承担投资决策职能的其他人员。

（3）不良从业记录是指投资管理人员在从事证券、期货投资管理业务过程中，存在因违反法律法规或自律规则被采取行政监管措施或纪律处分，或因违反任职单位规定被辞退或开除的记录。

（4）如投资管理人员在现任单位具备3年以上连续可追溯证券、期货投资管理业绩，不需要过往任职单位出具工作经历证明文件。工作经历证明中应当包括该投资管理人员任职期间、职务、所管理产品/账户的名称及管理期间，并与提供的投资管理业绩证明相匹配。

（5）所有提供投资建议服务的投资管理人员均需要具备基金从业资格。

（6）投资管理业绩是指能够明确归属于投资管理人员本人且满足连续3年条件的投资管理业绩，不限于最近连续3年。

（7）第三方评价机构是指协会官网披露的基金评价机构。

证券期货经营机构私募资产管理计划备案管理规范第3号
——结构化资产管理计划

证券期货经营机构开展私募资产管理业务，设立、运作结构化资产管理计划，应当严格遵守《证券期货经营机构私募资产管理业务运作管理暂行规定》（以下称简《暂行规定》）有关要求，并符合以下规定：

一、严格按照"利益共享、风险共担、风险与收益相匹配"原则设计结构化资产管理计划。所谓利益共享、风险共担、风险与收益相匹配是指在结构化资产管理计划产生投资收益或出现投资亏损时，所有投资者均应当享受收益或承担亏损，但优先级投资者与劣后级投资者可以在合同中合理约定享受收益和承担亏损的比例，且该比例应当平等适用于享受收益和承担亏损两种情况。

二、结构化资产管理计划合同中不得约定劣后级投资者本金先行承担亏损、单方面提供增强资金等保障优先级投资者利益的内容。

三、结构化资产管理计划应当根据投资标的实际产生的收益进行计提或分配，出现亏损或未实际实现投资收益的，不得计提或分配收益。

四、资产管理人可以按照《暂行规定》要求，通过以自有资金认购的资产管理计划份额先行承担亏损的形式提供有限风险补偿，但不得以获取高于按份额比例计算的收益、提取业绩报酬或浮动管理费等方式变相获取超额收益。

五、结构化资产管理计划的投资者不得直接或间接影响资产管理人投资运作（提供投资建议服务的第三方机构同时认购优先级份额的情况除外），不得通过合同约定将结构化资产管理计划异化为优先级投资者为劣后级投资者变相提供融资的产品。

六、结构化资产管理计划合同中应明确其所属类别，约定相应投资范围及投资比例、杠杆倍数限制等内容。合同约定投资其他金融产品的，资产管理人应当依据勤勉尽责的受托义务要求，履行向下穿透审查义务，即向底层资金方向进行穿透审查，以确定受托资金的最终投资方向符合《暂行规定》在杠杆倍数等方面的限制性要求。

证券期货经营机构不得以规避《暂行规定》及本规范要求为目的，故意安排其他结构化金融产品作为委托资金，通过嵌套资产管理计划的形式，变相设立不符合规定的结构化资产管理计划，或明知委托资金属于结构化金融产品，仍配合其进行止损平仓等保本保收益操作。

七、结构化资产管理计划可以通过业绩比较基准形式向优先级投资者进行推介，但应同时说明业绩比较对象、业绩比较基准测算依据和测算过程等信息。结构化资产管理计划的业绩比较对象应当与其投资标的、投资策略直接相关。

证券期货经营机构私募资产管理计划备案管理规范第4号

——私募资产管理计划投资房地产开发企业、项目

证券期货经营机构设立私募资产管理计划投资房地产开发企业、项目，应符合国家相关产业政策要求，严格遵守《证券期货经营机构私募资产管理业务运作管理暂行规定》有关规定，并符合以下规范性要求：

一、证券期货经营机构设立私募资产管理计划，投资于房地产价格上涨过快热点城市①普通住宅地产项目②的，暂不予备案，包括但不限于以下方式：

（一）委托贷款；

（二）嵌套投资信托计划及其他金融产品；

（三）受让信托受益权及其他资产收（受）益权；

（四）以名股实债的方式③受让房地产开发企业股权；

（五）中国证券投资基金业协会根据审慎监管原则认定的其他债权投资方式。

二、资产管理人应当依据勤勉尽责的受托义务要求，履行向下穿透审查义务，即向底层资产进行穿透审查，以确定受托资金的最终投资方向符合本规范要求。

三、私募资产管理计划不得通过银行委托贷款、信托计划、受让资产收（受）益权等方式向房

地产开发企业④提供融资，用于支付土地出让价款或补充流动资金；不得直接或间接为各类机构发放首付贷等违法违规行为提供便利。

四、私募资产管理计划投资房地产开发企业、项目且不存在本规范第一、第二、第三条禁止情形的，资产管理人应当向投资者充分披露融资方、项目情况、担保措施等信息。

五、私募资产管理计划投资房地产开发企业、项目且不存在本规范第一、第二、第三条禁止情形的，资产管理人应当完善资金账户管理、支付管理流程，加强资金流向持续监控，防范资金被挪用于支付合同约定资金用途之外的其他款项。

目前包括北京、上海、广州、深圳、厦门、合肥、南京、苏州、无锡、杭州、天津、福州、武汉、郑州、济南、成都16个城市，将根据住房和城乡建设部相关规定适时调整范围。

根据深交所《关于试行房地产行业划分标准操作指引的通知》，房地产划分为普通住宅地产、保障性住宅地产、商业地产、工业地产和其他房地产。项目中同时包含多种类型住房的，计划募集资金不得用于项目中普通住宅地产建设。

本规范所称名股实债是指投资回报不与被投资企业的经营业绩挂钩，不是根据企业的投资收益或亏损进行分配，而是向投资者提供保本保收益承诺，根据约定定期向投资者支付固定收益，并在满足特定条件后由被投资企业赎回股权或者偿还本息的投资方式，常见形式包括回购、第三方收购、对赌、定期分红等。

上市公司原则上按照上市公司所属中国证监会行业分类结果作为判断依据；非上市公司，参照《上市公司行业分类》执行。即当公司最近一年经审计的房地产业务收入比重大于或等于50%，则将其划入房地产行业；当公司没有一类业务的营业收入比重大于或等于50%，但房地产业务的收入和利润均在所有业务中最高，而且均占到公司营业收入和利润的30%以上（包含本数），则该公司归属于房地产行业。其中，房地产业务收入包括从事普通住宅地产、商业地产、工业地产、保障性住宅地产和其他房地产所取得的收入。

中国证券投资基金业协会纪律处分实施办法（试行）

第一章　总则

第一条　为了保护投资者合法权益，规范中国证券投资基金业协会（以下简称基金业协会）对会员、在基金业协会登记机构、产品备案机构及其从业人员实施纪律处分，促进投资基金业可持续健康发展，依据《证券投资基金法》等相关法律、行政法规、中国证监会规定和基金业协会章程，制定本办法。

第二条　本办法适用于基金业协会对会员、在基金业协会登记机构、产品备案机构及其从业人员涉嫌违反基金业协会章程和自律规则（以下简称涉嫌违规）案件的立案、调查、审理、复核以及对违反自律规则的会员、在基金业协会登记机构、产品备案机构及其从业人员实施纪律处分。

第三条　基金业协会对涉嫌违规的会员、在基金业协会登记机构、产品备案机构及其从业人员实施纪律处分，采取查审分离原则。

基金业协会自律管理工作部门负责对会员、在基金业协会登记机构、产品备案机构及其从业人员涉嫌违规案件的立案及调查。

基金业协会设立自律监察专业委员会，负责对会员、在基金业协会登记机构、产品备案机构及其从业人员涉嫌违规的重大疑难案件的审理及复核。

事实清楚、证据充分、需及时处理的案件，会员、在基金业协会登记机构、产品备案机构及其从业人员可能受到本办法第五条第（一）至（三），第六条（一）至（三）项规定的纪律处分的，由会长办公会依据相关自律规则直接给予纪律处分。

第四条　会员、在基金业协会登记机构、产品备案机构及其从业人员应当积极配合基金业协会的自律管理工作，案件办理过程中，当事人有陈述和申辩的权利。

第二章　纪律处分类型

第五条　本办法规定的可以对会员、在基金业协会登记机构、产品备案机构实施的纪律处分包括如下内容：

（一）谈话提醒；

（二）书面警示；

（三）要求限期改正；

（四）缴纳违约金；

（五）行业内谴责；

（六）加入黑名单；

（七）公开谴责；

（八）暂停受理或办理相关业务；

（九）要求其他会员暂停与其的业务；

（十）暂停会员部分权利；

（十一）暂停会员资格；

（十二）撤销管理人登记；

（十三）取消会员资格；

（十四）基金业协会规定的其他纪律处分形式。

第六条　本办法规定的可以对会员、在基金业协会登记机构、产品备案机构从业人员实施的纪律处分包括以下内容：

（一）谈话提醒；

（二）书面警示；

（三）要求参加强制培训；

（四）缴纳违约金；

（五）行业内谴责；

（六）加入黑名单；

（七）公开谴责；

（八）认定为不适当人选；

（九）暂停基金从业资格；

（十）取消基金从业资格；

（十一）基金业协会规定的其他纪律处分形式。

第七条 本办法第五条、第六条规定的纪律处分形式可以单独适用，也可以合并适用。

第三章 立案

第八条 会员、在基金业协会登记机构、产品备案机构及其从业人员涉嫌违规案件的来源包括以下内容：

（一）中国证监会等行政机关、司法机关移交；

（二）基金业协会在日常自律管理中发现的；

（三）会员、在基金业协会登记机构、产品备案机构合规风控部门自查中发现的；

（四）举报、投诉；

（五）其他来源。

属于第八条第（一）项情形的，报基金业协会分管领导后立案；属于第八条（二）（三）（四）（五）项情形的，由基金业协会自律管理部门根据情况提出是否立案的书面建议，报协会分管领导决定。

立案过程中发现会员、在基金业协会登记机构、产品备案机构及其从业人员涉嫌违反法律、行政法规或规章，可能受到行政处罚或依法追究刑事责任的，报基金业协会分管领导后移送国家有关主管机关处理。

第九条 决定立案的，由基金业协会自律管理工作部门向涉嫌违规的当事人发出书面立案通知，立案通知中载明立案调查的原因、依据以及当事人权利义务。

第四章 调查

第十条 基金业协会自律管理工作部门负责对涉嫌违规案件开展调查。

第十一条 开展案件调查成立调查组，调查组由两名以上调查人员组成。调查时，调查人员应出示合法身份证件。案件调查可以采取以下措施：

（一）要求与被调查事项有关的单位或个人提供书面材料和相关证据；

（二）在涉嫌违规行为发生场所调查取证；

（三）询问与被调查事项有关的单位和个人；

（四）查阅、复制与被调查事项有关的材料；

（五）调查需要的其他措施。

第十二条 调查应制作调查笔录，经核对无误后，由被调查人和调查人员签名确认。提取书证和物证的，应当制作证据提取笔录，注明提取书证和物证的名称、地点和时间，并由被调查人签名。被调查人无法签名的，可由见证人签名。

第十三条 调查人员进行调查需制作调查工作底稿。调查工作底稿包括以下内容：

（一）被调查人名称；

（二）调查人员姓名；

（三）调查过程的记录；

（四）对重点调查事项的初步结论；

（五）被调查人的陈述、申辩；

（六）其他事项。

第十四条　调查工作结束后，调查组形成调查报告，根据调查结果提出处理建议，报协会领导同意，作出如下处理：

（一）未发现违反法律、行政法规、规章和相关自律规则的，予以结案；

（二）事实清楚、证据充分、需及时处理的案件，会员、在基金业协会登记机构、产品备案机构及其从业人员可能受到本办法第五条第（一）至（三），第六条（一）至（三）项规定的纪律处分的，提交会长办公会决定；

（三）涉嫌违反相关自律规则的重大疑难案件，会员、在基金业协会登记机构、产品备案机构及其从业人员可能受到本办法第五条第（四）至（十四），第六条（四）至（十一）项规定的纪律处分的，提出处理意见，并提交自律监察专业委员会审理；

（四）涉嫌违反法律、行政法规、规章，可能受行政处罚或依法追究刑事责任的，移送国家有关主管机关处理。

第五章　审理及纪律处分

第十五条　自律监察专业委员会组成审理小组审理会员、在基金业协会登记机构、产品备案机构及其从业人员涉嫌违规案件，审理小组由自律监察专业委员会主席指定三或五名委员组成。

第十六条　审理小组成员评议案件应当在充分讨论的基础上形成一致意见。

无法形成一致意见的，应当投票表决，表决结果由三分之二以上成员通过。审理小组成员有不同意见的，应当在审理记录中说明理由。

重大疑难案件或审理小组成员争议较大的案件，经主席同意，可提交自律监察专业委员会投票表决，表决须三分之二以上的委员出席，并由出席委员的过半数通过。其他不同意见也应当记录在案。

第十七条　审理小组作出暂停会员资格、撤销管理人登记、取消会员资格、暂停从业人员资格、取消从业人员资格纪律处分之前，应当告知当事人有要求举行听证的权利；当事人要求听证的，审理小组应当组织听证。听证程序参照《行政处罚法》相关规定。

第十八条　审理小组根据一致意见或表决结果作出如下处理意见：

（一）事实清楚、证据充分，应当予以纪律处分的，作出相应纪律处分意见。

（二）事实不清、证据不足的，作出不予纪律处分意见。如有需要，可以要求补充调查。

（三）违规情节轻微并已纠正，且未产生不良后果的，可以作出不予纪律处分意见。

（四）涉嫌违反法律、行政法规、规章的，移送国家有关主管机关处理。

第十九条　会员主动上报自查中发现的违规行为，可以减轻或免除纪律处分。

当事人积极且适当履行调解协议的，可以减轻或免除纪律处分。

会员、在基金业协会登记机构、产品备案机构及其从业人员拒绝、逃避调查或以其他方式阻挠案件办理人员调查的，可以加重纪律处分。

第二十条　自律监察专业委员会对会员作出暂停会员资格、取消基金从业资格、取消会员资格等纪律处分意见应经理事会表决决定。其他纪律处分意见，报会长办公会决定。

纪律处分决定作出后，由基金业协会自律管理工作部门制作纪律处分决定书，提交会长签发。

第二十一条　会员、在基金业协会登记机构、产品备案机构及其从业人员受到本办法第五条（三）至（十四）、第六条（三）至（十一）项规定的纪律处分的，应当记入其诚信档案，并向中国证监会报告。

第二十二条　会员、在基金业协会登记机构、产品备案机构及其从业人员受到本办法第五条（四）至（十四）、第六条（四）至（十一）项规定的纪律处分的，基金业协会可在其网站或认定的其他媒体上予以公布。

会员、在基金业协会登记机构、产品备案机构及其从业人员违反法律、行政法规或规章，受到中国证监会等监管部门行政处罚或司法机关追究刑事责任的，可以由基金业协会按照有关生效法律文书确认的事实，依据相关自律规则直接作出纪律处分。

第二十三条　案件办理过程中，当事人主动申请和解且涉嫌违规当事人承诺赔偿的，经协会同意，协会可与当事人达成和解协议。和解金直接用于补偿投资者受损权益。当事人按协议支付和解金的，应当减轻或免除其相关纪律处分。

第六章　复核

第二十四条　被实施纪律处分的会员、在基金业协会登记机构、产品备案机构及其从业人员对纪律处分决定有异议的，可以自纪律处分决定送达之日起二十个工作日内向基金业协会提出书面复核申请，说明申请复核的事实、理由和要求。

第二十五条　自律监察专业委员会组成复核小组对纪律处分决定进行复核。复核小组由主席指定三或五名委员组成。复核委员应未参与同一涉嫌违规案件的前期审理。

第二十六条　案件复核过程中，复核小组成员应当在充分讨论的基础上形成一致意见。

无法形成一致意见的，投票表决，表决意见应经三分之二以上成员通过。复核小组成员有不同意见的，应在复核记录中说明反对理由。

第二十七条　重大疑难案件或复核小组成员争议较大的案件，经主席同意，可提交自律监察专业委员会投票表决，表决须三分之二以上的委员出席，并由出席委员的过半数通过。其他不同意见也应当记录在案。

第二十八条　复核小组变更或撤销原决定而作出暂停会员资格、撤销管理人登记、取消会员资格、暂停从业人员资格、取消从业人员资格的复核意见之前，应当告知当事人有要求举行听证的权利；当事人要求听证的，复核小组应当组织听证。听证程序参照《行政处罚法》相关程序。

第二十九条　自律监察专业委员会根据复核情况形成以下复核意见：

（一）原决定认定事实清楚，适用法律、行政法规、规章及自律规则正确的，作出维持原决定的意见；

（二）原决定认定事实不清、证据不足的，撤销原决定，作出不予纪律处分的意见；

（三）原决定认定事实清楚，但适用法律、行政法规、规章或自律规则错误或不准确的，撤销原决定，重新作出复核意见。

第三十条　复核意见作出后，报理事会或会长办公会决定。由基金业协会自律管理工作部门制作复核决定书，提交会长签发。

第三十一条　复核期间，原纪律处分决定继续执行。

第七章　回避

第三十二条　参与案件立案、调查、审理、复核的相关人员，如果为案件当事人或其代理人的近亲属、与案件当事人有利害关系或者有可能影响案件公正办理的其他关系，应当回避。

第三十三条　参与案件立案、调查、审理、复核的相关人员，须忠于职守，廉洁公正，严格遵守基金业协会纪律守则，保守履行职责中获取的国家秘密、商业秘密、个人隐私及其他相关信息。对于违反纪律的相关人员，基金业协会将进行严肃处理。

第八章　附则

第三十四条　本办法自发布之日起施行。由基金业协会负责解释。

中国证券投资基金业协会自律检查规则（试行）

第一章　总则

第一条　为了规范中国证券投资基金业协会（以下简称基金业协会）的自律检查工作，保护投资者合法权益，促进投资基金业可持续健康发展，根据《证券投资基金法》等相关法律、行政法规、中国证监会规定及基金业协会章程，制定本规则。

第二条　基金业协会依照法律、行政法规、规章及自律规则对会员、在基金业协会登记机构、产品备案机构及其从业人员的投资基金相关执业情况以及私募基金登记备案情况进行自律检查。

第三条　自律检查可以采用非现场检查形式，也可采用现场检查形式。基金业协会根据自律管理需要以及收到的投诉、举报等情况，确定检查对象和选择适当的检查方式。

第四条　自律检查的主要包括以下内容：

（一）注册、登记、备案信息报送情况；

（二）检查对象的风险控制和合规管理机制；

（三）检查对象遵守有关法律法规、自律规则的情况。基金业协会自律管理工作部门负责实施自律检查工作，必要时可以聘请会计师事务所等中介机构专业人员参与自律检查。外聘人员应当遵守基金业协会对检查人员的管理规定。

第五条　基金业协会与证监会相关部门建立协作沟通机制，促进行业健康、合规发展。

第二章　现场检查

第六条　基金业协会建立年度现场检查计划，公布年度现场检查重点，有关实施方案应当立项并经会长办公会批准。

第七条　基金业协会鼓励检查对象对照年度检查重点开展自查并向基金业协会报送自查结果。对于自查认真且自查结果良好的检查对象，基金业协会可以免除对其的自律检查。

第八条　进行现场检查须组成检查工作组（以下简称检查组），由两名以上具备相应专业知识、业务经验的检查人员组成。

第九条 检查组进入检查现场五个工作日前，除特殊情况外，应向拟检查对象送达现场检查通知书，通知书内容可包括检查时间、检查内容、需要提供的文件资料、需要配合的人员等。

第十条 检查人员进入检查现场时应出示合法有效证件及现场检查通知书，向检查对象告知现场检查的目的、内容、方式以及检查对象的权利和义务，听取检查对象的情况介绍，并可根据实际情况调整现场检查方案。

第十一条 检查组可以采取以下检查方法进行现场检查：

（一）询问有关人员，要求其对有关检查事项做出说明；

（二）查阅有关制度、文件、凭证、账户信息等检查对象的资料或有关工作人员的相关个人资料；

（三）检查有关业务、财务、监控等信息管理系统、办公自动化系统、计算机软件和电子设备；

（四）对有关谈话、询问进行录音、录像，对获取的有关文件资料进行复印、照相，对获取的数据资料进行复制；

（五）其他必要的检查方法。

第十二条 检查对象应当根据检查组的要求，积极配合做好以下检查工作：

（一）指定专人做好与检查组的联络协调；

（二）为检查组提供必要的工作场所和办公条件；

（三）妥善安排有关人员接受检查组的询问，如实回答有关问题；

（四）及时提供检查组所需各项资料、系统账号和有关电子设备；

（五）其他必要的配合工作。

第十三条 实施现场检查时，检查组应当制作现场检查工作底稿，如实、准确、完整记录现场检查情况。

第十四条 现场检查结束后，检查组可以就检查中发现的问题与检查对象主要负责人沟通。

检查组根据现场检查情况认为有关事实需要检查对象予以确认的，可制作现场检查事实确认书，由检查对象相关人员签字确认。检查对象对现场检查事实确认书有异议的，可向检查组提出书面意见。

第十五条 检查组根据检查发现及沟通情况撰写现场检查报告。检查报告包括检查对象、检查时间、检查内容、检查基本情况、检查发现问题以及处理建议等。

第三章　非现场检查

第十六条 会员、从业人员及登记备案机构根据法律、行政法规、规章以及相关自律规则，向基金业协会报送、更新相关信息资料。

第十七条 会员、从业人员及登记备案机构未报送或未更新信息资料，基金业协会可以要求其报送或更新。报送的信息不完整或不正确，基金业协会可以要求其补充或更正。

第十八条 对于会员、从业人员及登记备案机构报送的信息资料，基金业协会可以采用电话询问、书面质询、约见高级管理人员谈话等方式进行核实。

第十九条 基金业协会对会员、从业人员及登记备案机构报送的信息资料分类管理，并进行监测、分析、评估。

第四章　检查结果

第二十条　检查结束，检查组向检查对象通报检查结果。检查对象及其从业人员在经营活动中存在违反法律、行政法规、规章和相关自律规则情形的，基金业协会可以根据《纪律处分实施办法》要求其限期改正或实施其他纪律处分。

第二十一条　检查结果，基金业协会可以根据检查情况发布自律检查公告，公布检查情况以及检查发现的普遍性问题，向投资者提示风险，加强市场诚信建设。

第二十二条　基金业协会持续关注检查对象整改情况，组织对检查对象的回访。

第二十三条　自律检查中发现检查对象涉嫌违反法律、行政法规、规章的，基金业协会应当按照有关规定向监管部门报告或移送国家有关主管机关处理。

第二十四条　基金业协会建立自律检查档案管理制度，妥善保存检查资料、检查报告及处理意见。

第五章　纪律与责任

第二十五条　检查对象应当配合检查组的自律检查，及时、真实、准确、完整地提供检查所需材料及相关信息。

对于不配合的检查对象，基金业协会可以根据《纪律处分实施办法》对其实施相应纪律处分。

第二十六条　检查人员应当忠于职守，廉洁公正，严格遵守检查纪律守则，保守自律检查中获悉的商业秘密和个人隐私。对于违反检查纪律的检查人员，基金业协会将进行严肃处理。

第六章　附则

第二十七条　本规则自发布之日起实施。由基金业协会负责解释。

中国证券投资基金业协会投资基金纠纷调解规则（试行）

第一条　为了保护投资者的合法权益，调解投资基金业务纠纷，促进证券投资基金业可持续健康发展，根据《证券投资基金法》等相关法律、行政法规、中国证监会规定和中国证券投资基金业协会（以下简称基金业协会）章程，制定本规则。

第二条　本规则适用于经纠纷各方当事人同意，基金业协会通过说服、疏导、调和等方式，促使当事人在平等协商基础上自愿达成调解协议，解决投资基金业务纠纷的活动。

第三条　基金业协会根据自愿合法的原则进行调解，不因调解而影响当事人依法通过仲裁、行政、司法等途径维护自己的合法权利。

第四条　基金业协会调解专业委员会负责研究、处理与行业纠纷调解工作相关的专业问题。

第五条　基金业协会调解工作部门具体组织实施调解工作，负责处理调解委员会的日常事务。

第六条　投资基金纠纷调解工作经费由基金业协会及其他来源提供，对投资者不收取费用。基金业协会根据需要可设立调解专项基金。

第七条　基金业协会调解投资基金业务纠纷案件的受理范围包括以下内容：

（一）基金业协会会员与投资者之间的投资基金业务纠纷；

（二）基金业协会会员之间的投资基金业务纠纷；

（三）基金业协会会员与其他利益相关者之间发生的投资基金业务纠纷。

第八条　调解申请可由当事人单方或共同向调解工作部门提出，申请时，应提交以下材料：

（一）调解申请书，其中应写明以下内容：

1. 申请人和被申请人名称（姓名）、地址、联系方式等；

2. 调解请求；

3. 争议事项；

4. 依据的事实和理由；

5. 其他应当写明的事项；

（二）身份证明文件；

（三）如聘请代理人参与调解程序，应提交书面授权委托书；

（四）当事人愿意提供的其他文件或证明材料，可以申明该部分文件或证明材料仅供调解员参阅。

第九条　对于会员提出的调解申请，有下列情形之一，不予受理：

（一）不属于本规则第七条规定的调解受理范围；

（二）调解申请无具体相对人、无具体争议事项；

（三）当事人明确拒绝调解或未同意调解；

（四）纠纷已经法院、仲裁机构或其他机构受理，或已有生效判决、仲裁裁决或其他处理结果。

第十条　各方当事人同意将争议提交基金业协会进行调解，且符合受理条件，基金业协会于受理之日起五个工作日内向当事人出具受理通知书。不予受理的，出具不予受理通知书，载明不予受理理由。

第十一条　基金业协会聘任金融、法律、经济等相关方面的专业人士及学者担任调解员。

第十二条　当事人可从基金业协会提供的备选调解员名册中选择调解员。备选调解员名册包括调解员的姓名、性别、年龄、籍贯、职业、专业背景、相关经验等基本情况。

第十三条　一般情况下，由独任调解员进行调解。纠纷情况复杂，基金业协会认为必要的，可由两名或三名调解员组成调解小组进行调解。

第十四条　由独任调解员调解的，当事人应在五个工作日内协商选定一名调解员。

由调解小组调解的，当事人应在五个工作日内协商选定两名调解员或各自指明一名调解员。首席调解员由当事人双方协商确定，协商不成的，由调解工作部门指定一名首席调解员。

规定期限内，当事人不能选定调解员的，由调解工作部门指定。当事人也可以直接委托调解工作部门代为选定调解员。

当事人不同意调解工作部门指定或代为选定的调解员的，视为不同意调解，调解程序终结。

第十五条　调解员应认真勤勉地履行自己的调解职责，充分尊重当事人意愿，协助当事人在规定的期限内尽快达成调解协议。

调解员不得有欺骗、胁迫、诱导等有违当事人真实意愿的情形发生。不得以任何直接或间接方式接受当事人或其代理人的请客、馈赠或提供的其他利益。不得利用参与调解工作之便谋取私利。

第十六条 调解员为本纠纷当事人或者代理人的近亲属、与当事人有利害关系、或者有可能影响调解员公正性、独立性的其他关系，应当自行申请回避，当事人也可以申请调解员回避，回避决定由基金业协会作出。

第十七条 调解原则上不公开进行，当事人另有约定的除外。

第十八条 调解员可以根据当事人意愿以及解决纠纷的需要采取适当的方式进行调解，包括但不限于下列方式：

（一）单独或同时会见当事人及其代理人；

（二）由当事人提出解决争议的建议；

（三）由调解员提出解决争议的建议和意见；

（四）采用书面、网络、电话等非现场方式。

第十九条 经过调解，当事人达成一致意见的，调解员应当拟订调解协议书，调解协议书由各方当事人、调解员和基金业协会签字或者盖章。调解协议书包括以下内容：

（一）当事人的基本情况；

（二）纠纷主要事实、争议事项及各方当事人的责任；

（三）调解达成协议的内容；

（四）调解协议书的履行方式、履行期限及签订时间等。

第二十条 经各方当事人和调解员签字或盖章的调解协议书，各方当事人可以共同申请有管辖权的人民法院确认其效力。

第二十一条 出现下列情形之一，调解程序终止：

（一）当事人达成调解协议；

（二）任何一方当事人书面声明退出调解或以其他方式表明拒绝调解的；

（三）任何一方当事人启动仲裁、诉讼或其他处理程序。

第二十二条 调解员、纠纷各方以及相关工作人员对调解协议书内容以及在调解期间知悉的商业秘密和个人隐私负有保密义务，法律、行政法规、规章另有规定的除外。

第二十三条 任何一方当事人不得在仲裁程序、司法程序或者其他程序中援引对方当事人或者调解员在调解过程中的陈述、意见、观点或建议以及材料作为其请求、答辩或者反请求的依据。

第二十四条 基金业协会建立调解档案及相关资料的存档及管理工作制度。

第二十五条 本规则自发布之日起施行。由基金业协会负责解释。

中国证券投资基金业协会投诉处理办法（试行）

第一章 总则

第一条 为了保护投资者合法权益，规范投资基金业投诉处理工作，促进证券投资基金业可持续健康发展，根据《证券投资基金法》等相关法律、行政法规、中国证监会规定及中国证券投资基金业协会（以下简称基金业协会）章程，制定本办法。

第二条　本办法适用于基金业协会处理投资者、机构、其他组织或个人（以下统称投诉人）采用书信、电子邮件、传真、电话、来访等形式，向基金业协会就投资基金自律管理工作反映情况、提出建议、意见或者投诉请求的工作。

第三条　基金业协会建立投诉处理监督工作制度，指派专人负责投诉处理事务。

第四条　基金业协会与证监会相关部门建立协调沟通机制，共同促进行业健康、合规发展。

第五条　基金业协会受理的投诉处理包括以下事项：

（一）举报会员、从业人员或相关当事人侵害其合法权益的行为；

（二）举报会员或者从业人员违反法律、行政法规、规章及基金业协会自律规则的行为；

（三）举报基金业协会工作人员的违法、违纪、失职、渎职行为；

（四）其他涉及投资基金业务的投诉事项。

第二章　投诉事项的接待

第六条　基金业协会向社会公布通信地址、电子信箱、投诉电话、投诉接待时间和地点等相关事项以方便投诉人进行投诉。

第七条　投诉人采用来访形式投诉的，基金业协会工作人员指导其填写《投诉人来访登记表》，记载投诉人姓名（名称）、单位、联系方式等基本信息及投诉内容。

第八条　采用来访形式的投诉人应该提供书面材料，提供书面材料确有困难，可以口头形式提出投诉事项。

第九条　对于口头提出的投诉事项，基金业协会工作人员应当认真、耐心听取其陈述，准确记录其姓名（名称）、住址、联系方式和请求、事实、理由，并由投诉人签字确认。

第十条　投诉人通过电话形式投诉的，协会工作人员应当认真填写《电话记录表》，记录投诉人的姓名（名称）、单位、联系电话和请求、事实、理由。

第十一条　投诉人通过书信、传真、电子邮件投诉的，基金业协会指定专人拆封、阅读、编号、登记。

第三章　投诉事项的受理

第十二条　对于能够当场答复是否受理的投诉事项，接待人员应当当场予以书面答复；不能当场予以答复的，应当在后五个工作日内就是否受理给予投诉人书面答复，并经内部工作程序转交有关部门办理。

第十三条　有下列情形之一的投诉，不予受理：

（一）投诉事项不属于基金业协会自律管理范围的；

（二）依法已经或者应当通过诉讼、仲裁、行政复议等法定途径解决的投诉请求的；

（三）投诉人提出投诉请求，但未说明投诉人姓名（名称）、未说明投诉事实、理由、请求或未按规定对其投诉材料进行确认的；

（四）投诉人对作出的答复不服，仍以同一事实和理由重复投诉的。

对于本条第（一）项规定的情形，基金业协会工作人员应当告知投诉人到有关承担法定职责的机构或部门提出投诉事项；对于本条第（二）项规定的情形，基金业协会工作人员应当告知投诉人依照有关法律、行政法规的规定办理；对于本条第（三）项规定的情形，基金业协会工作人员应告知投诉人补充相关信息及确认相关材料。

第十四条　办理投诉事项的人员应对投诉事项及其相关信息负有保密义务，除法律、行政法规另有规定外，不得将投诉人检举、揭发、控告的材料，有关领导对其作出的批示以及其他有关信息透露或者转给被检举、揭发、控告的人员或者单位，不得隐匿、销毁或者伪造投诉人的投诉材料。

第四章　投诉事项的办理

第十五条　基金业协会对受理投诉事项应当进行登记、调查、核实，依照有关法律、行政法规、规章及基金业协会自律规则办理：

（一）对举报、投诉类投诉事项，就举报、投诉内容对投诉人作出答复；

（二）对建议、意见类投诉事项，认真研究，有利于改进工作、促进投资基金业健康发展的，积极采纳。

第十六条　办理重大、敏感、复杂、疑难的投诉事项时，基金业协会可以组成检查组进行检查。

第十七条　检查、调查发现会员或从业人员有违反法律、行政法规、规章及相关自律规则情形的，依基金业协会《纪律处分实施办法》予以纪律处分。

第十八条　检查、调查发现会员或从业人员涉嫌违反法律、行政法规、规章，可能予以行政处罚或应依法追究刑事责任的，移送相关主管机关处理。

第五章　附则

第十九条　本办法自发布之日起实施。由基金业协会负责解释。

附录四 私募基金税收政策汇编

财政部 国家税务总局关于合伙企业合伙人所得税问题的通知

财税〔2008〕159号

各省、自治区、直辖市、计划单列市财政厅（局）、国家税务局、地方税务局，新疆生产建设兵团财务局：

根据《中华人民共和国企业所得税法》及其实施条例和《中华人民共和国个人所得税法》有关规定，现将合伙企业合伙人的所得税问题通知如下：

一、本通知所称合伙企业是指依照中国法律、行政法规成立的合伙企业。

二、合伙企业以每一个合伙人为纳税义务人。合伙企业合伙人是自然人的，缴纳个人所得税；合伙人是法人和其他组织的，缴纳企业所得税。

三、合伙企业生产经营所得和其他所得采取"先分后税"的原则。具体应纳税所得额的计算按照《关于个人独资企业和合伙企业投资者征收个人所得税的规定》（财税〔2000〕91号）及《财政部 国家税务总局关于调整个体工商户个人独资企业和合伙企业个人所得税税前扣除标准有关问题的通知》（财税〔2008〕65号）的有关规定执行。前款所称生产经营所得和其他所得，包括合伙企业分配给所有合伙人的所得和企业当年留存的所得（利润）。

四、合伙企业的合伙人按照下列原则确定应纳税所得额：

（一）合伙企业的合伙人以合伙企业的生产经营所得和其他所得，按照合伙协议约定的分配比例确定应纳税所得额。

（二）合伙协议未约定或者约定不明确的，以全部生产经营所得和其他所得，按照合伙人协商决定的分配比例确定应纳税所得额。

（三）协商不成的，以全部生产经营所得和其他所得，按照合伙人实缴出资比例确定应纳税所得额。

（四）无法确定出资比例的，以全部生产经营所得和其他所得，按照合伙人数量平均计算每个合伙人的应纳税所得额。

合伙协议不得约定将全部利润分配给部分合伙人。

五、合伙企业的合伙人是法人和其他组织的，合伙人在计算其缴纳企业所得税时，不得用合伙企业的亏损抵减其盈利。

六、上述规定自2008年1月1日起执行。此前规定与本通知有抵触的，以本通知为准。

财政部 国家税务总局

2008年12月23日

国家税务总局关于印发《关于个人独资企业和合伙企业投资者征收个人所得税的规定》执行口径的通知

国税函〔2001〕84号

各省、自治区、直辖市和计划单列市地方税务局：

为更好地贯彻落实财政部、国家税务总局《关于印发〈关于个人独资企业和合伙企业投资者征收个人所得税的规定〉执行口径的通知》（财税〔2000〕91号）（以下简称《通知》）精神，切实做好个人独资企业和合伙企业投资者个人所得税的征收管理工作，现对《通知》中有关规定的执行口径明确如下：

一、关于投资者兴办两个或两个以上企业，并且企业全部是独资性质的，其年度终了后汇算清缴时应纳税款的计算问题

投资者兴办两个或两个以上企业，并且企业性质全部是独资的，年度终了后汇算清缴时，应纳税款的计算按以下方法进行：汇总其投资兴办的所有企业的经营所得作为应纳税所得额，以此确定适用税率，计算出全年经营所得的应纳税额，再根据每个企业的经营所得占所有企业经营所得的比例，分别计算出每个企业的应纳税额和应补缴税额。计算公式如下：

应纳税所得额＝∑各个企业的经营所得

应纳税额＝应纳税所得额×税率－速算扣除数

本企业应纳税额＝应纳税额×本企业的经营所得/∑各个企业的经营所得

本企业应补缴的税额＝本企业应纳税额－本企业预缴的税额

二、关于个人独资企业和合伙企业对外投资分回利息、股息、红利的征税问题

个人独资企业和合伙企业对外投资分回的利息或者股息、红利，不并入企业的收入，而应单独作为投资者个人取得的利息、股息、红利所得，按"利息、股息、红利所得"应税项目计算缴纳个人所得税。以合伙企业名义对外投资分回利息或者股息、红利的，应按《通知》所附规定的第五条精神确定各个投资者的利息、股息、红利所得，分别按"利息、股息、红利所得"应税项目计算缴纳个人所得税。

三、关于个人独资企业和合伙企业由实行查账征税方式改为核定征税方式后，未弥补完的年度经营亏损是否允许继续弥补的问题

实行查账征税方式的个人独资企业和合伙企业改为核定征税方式后，在查账征税方式下认定的年度经营亏损未弥补完的部分，不得再继续弥补。

四、关于残疾人员兴办或参与兴办个人独资企业和合伙企业的税收优惠问题

残疾人员投资兴办或参与投资兴办个人独资企业和合伙企业的，残疾人员取得的生产经营所得符合各省、自治区、直辖市人民政府规定的减征个人所得税条件的，经本人申请、主管税务机关审核批准，可按各省、自治区、直辖市人民政府规定减征的范围和幅度，减征个人所得税。

国家税务总局

2001年1月17日

财政部 国家税务总局关于印发《关于个人独资企业和合伙企业投资者征收个人所得税的规定》的通知

财税〔2000〕91号

各省、自治区、直辖市、计划单列市财政厅（局）、地方税务局：

为了认真贯彻落实《国务院关于个人独资企业和合伙企业征收所得税问题的通知》（国发〔2000〕16号，以下简称通知）精神，切实做好个人独资企业和合伙企业投资者的个人所得税征管工作，财政部、国家税务总局制定了《关于个人独资企业和合伙企业投资者征收个人所得税的规定》（以下简称规定），现印发你们，并就有关事项通知如下：

一、各级领导要高度重视，确保政策调整和征收工作顺利进行

国务院通知对个人独资企业和合伙企业停征企业所得税，只对其投资者的经营所得征收个人所得税，是我国鼓励个人投资、公平税负和完善所得税制度的一次重大政策调整，既为个人独资企业和合伙企业的发展创造了条件，有利于国民经济持续、稳定、健康地发展，又是规范所得税制度的一项重要措施，有利于进一步加强所得税的征收管理。因此，各级税务机关的领导要给予高度重视、精心组织，切实做好贯彻、落实国务院通知精神的各项工作，掌握这项政策调整给征管和收入带来变化的有关情况，及时研究解决其中产生的有关问题，确保政策到位、征管到位。

二、做好政策调整的宣传解释工作

调整个人独资企业和合伙企业及其投资者的所得税政策涉及面广，政策性强，社会关注程度高，因此，应认真做好宣传解释工作。从事所得税工作的人员要首先学习和理解国务院通知的精神和意义，领会规定的内容，在此基础上，向广大个人投资者广泛宣传国务院通知对支持和鼓励个人投资办企业的重要意义、所得税政策调整的具体规定和征收管理的具体办法，为贯彻落实国务院通知精神、做好征收管理各项工作打下良好基础。

三、准确掌握个人投资者情况和税源状况

各主管税务机关要及时与工商管理部门联系，尽快摸清现有独资、合伙性质的企业及其投资者的基本情况，建立经常联系渠道，随时掌握个人独资企业和合伙企业的登记情况；要对已成立的个人独资企业和合伙企业限定时间办理变更税务登记；做好内部的管理衔接工作，建立个人投资者档案，对查账征收、核定征收、税源大户和一般户的个人投资者，要区分情况分类管理；对实行核定征收所得税的个人独资企业和合伙企业，改征个人所得税后，原则上应保持原所得税定额水平。

四、做好所得税优惠的衔接工作

个人独资企业和合伙企业停止征收企业所得税后，原有按照企业所得税有关规定享受的税收优惠、尚未执行到期的，可在2000年12月31日前继续执行。从2001年1月1日起，停止执行企业所得税优惠政策，统一按照个人所得税法的有关规定执行。

五、做好2000年年终的个人所得税汇算清缴工作

2000年年度终了后投资者进行个人所得税汇算清缴时，个人独资企业和合伙企业2000年已预缴的企业所得税税款可以抵扣投资者应缴纳的个人所得税税额。汇算清缴需要退税的，先退预缴的

企业所得税，不足部分再退预缴的个人所得税。

财政部　国家税务总局

2000 年 9 月 19 日

国家税务总局关于切实加强高收入者个人所得税征管的通知

国税发〔2011〕50 号

各省、自治区、直辖市和计划单列市国家税务局、地方税务局：

2010 年 5 月，国家税务总局下发了《关于进一步加强高收入者个人所得税征收管理的通知》（国税发〔2010〕54 号），各级税务机关采取有效措施，认真贯彻落实，取得积极成效。根据党的十七届五中全会通过的《中共中央关于制定国民经济和社会发展第十二个五年规划的建议》（以下简称《建议》）和十一届全国人大四次会议批准的《中华人民共和国国民经济和社会发展第十二个五年规划纲要》（以下简称《纲要》）对税收调节收入分配的有关要求，现就进一步做好高收入者个人所得税征管工作通知如下：

一、充分认识新形势下加强高收入者个人所得税征管的重要意义

党中央、国务院对收入分配问题高度重视，强调要合理调整收入分配关系。税收具有调节收入分配的重要功能，《建议》要求"加强税收对收入分配的调节作用，有效调节过高收入"。《纲要》提出要"完善个人所得税征管机制""加大对高收入者的税收调节力度"。做好高收入者个人所得税征管工作，对于有效地发挥税收调节收入分配的职能作用，促进社会公平正义与和谐稳定具有重要意义。各级税务机关要认真贯彻落实党中央、国务院的部署和要求，将加强高收入者个人所得税征管作为当前和今后一个时期的一项重点工作，进一步强化征管基础，完善征管手段，创新管理和服务方式，为加快形成合理有序的收入分配格局做出积极努力。

二、不断完善高收入者主要所得项目的个人所得税征管

各级税务机关要继续贯彻落实国税发〔2010〕54 号文件规定，以非劳动所得为重点，依法进一步加强高收入者主要所得项目征管。

（一）加强财产转让所得征管

1. 完善自然人股东股权（份）转让所得征管。

（1）积极与工商行政管理部门合作，加强对个人转让非上市公司股权所得征管。重点做好平价或低价转让股权的核定工作，建立电子台账，记录股权转让的交易价格和税费情况，强化财产原值管理。

（2）加强个人对外投资取得股权的税源管理，重点监管上市公司在上市前进行增资扩股、股权转让、引入战略投资者等行为的涉税事项，防止税款流失。

（3）与相关部门密切配合，积极做好个人转让上市公司限售股个人所得税征管工作。

2. 加强房屋转让所得和拍卖所得征管。

（1）搞好与相关部门的配合，加强房屋转让所得征管，符合查实征收条件的，坚持实行查实征

收；确实不符合查实征收条件的，按照有关规定严格核定征收。

（2）加强与本地区拍卖单位的联系，掌握拍卖所得税源信息，督促拍卖单位依法代扣代缴个人所得税。

3. 抓好其他形式财产转让所得征管。

重点是加强个人以评估增值的非货币性资产对外投资取得股权（份）的税源管理，完善征管链条。

（二）深化利息、股息、红利所得征管

1. 加强企业分配股息、红利的扣缴税款管理，重点关注以未分配利润、盈余公积和资产评估增值转增注册资本和股本的征管，堵塞征管漏洞。

2. 对投资者本人及其家庭成员从法人企业列支消费支出和借款的，应认真开展日常税源管理和检查，对其相关所得依法征税。涉及金额较大的，应核实其费用凭证的真实性、合法性。

3. 对连续盈利且不分配股息、红利或者核定征收企业所得税的企业，其个人投资者的股息、红利等所得应实施重点跟踪管理，制定相关征管措施。同时，加强企业注销时个人投资者税收清算管理。

4. 对企业及其他组织向个人借款并支付利息的，应通过核查相关企业所得税前扣除凭证等方式，督导企业或有关组织依法扣缴个人所得税。

（三）完善生产经营所得征管

1. 重点加强规模较大的个人独资、合伙企业和个体工商户的生产经营所得的查账征收管理；难以实行查账征收的，依法严格实行核定征收。对律师事务所、会计师事务所、税务师事务所、资产评估和房地产估价等鉴证类中介机构，不得实行核定征收个人所得税。

2. 对个人独资企业和合伙企业从事股权（票）、期货、基金、债券、外汇、贵重金属、资源开采权及其他投资品交易取得的所得，应全部纳入生产经营所得，依法征收个人所得税。

3. 将个人独资企业、合伙企业和个体工商户的资金用于投资者本人、家庭成员及其相关人员消费性支出和财产性支出的，严格按照相关规定计征个人所得税。

4. 加强个人独资、合伙企业和个体工商户注销登记管理，在其注销登记前，主管税务机关应主动采取有效措施处理好有关税务事项。

三、继续加强高收入行业和人群的个人所得税征管

（一）加强以非劳动所得为主要收入来源人群的征管

密切关注持有公司大量股权、取得大额投资收益以及从事房地产、矿产资源投资、私募基金、信托投资等活动的高收入人群，实行重点税源管理。

（二）做好高收入行业工薪所得征管工作

1. 深化高收入行业工薪所得扣缴税款管理。重点关注高收入行业企业的中高层管理人员各项工资、薪金所得，尤其是各类奖金、补贴、股票期权和限制性股票等激励所得。

2. 加强高收入行业企业扣缴个人所得税的工资、薪金所得总额与企业所得税申报表中工资费用支出总额的比对，强化企业所得税和个人所得税的联动管理。

3. 对以各种发票冲抵个人收入，从而偷逃个人所得税的行为，严格按照税收征管法的规定予以处罚。

（三）对纳税人从两处或两处以上取得工资、薪金所得，应通过明细申报数据等信息汇总比对，加强纳税人自行申报纳税管理

（四）完善数额较大的劳务报酬所得征管

1. 督促扣缴义务人依法履行扣缴义务，与有关部门密切合作，及时获取相关劳务报酬支付信息，重点加强数额较大劳务报酬所得的征管。

2. 加强对个人从事影视表演、广告拍摄及形象代言等获取所得的源泉控管，重点做好相关人员通过设立艺人工作室、劳务公司及其他形式的企业或组织取得演出收入的所得税征管工作。

（五）加强高收入外籍个人取得所得的征管

1. 进一步建立和充实外籍个人管理档案，掌握不同国家、不同行业、不同职位的薪酬标准，加强来源于中国境内、由境外机构支付所得的管理。充分利用税收情报交换和对外支付税务证明审核等信息，加强在中国境内无住所但居住超过 5 年的个人境外所得税收征管。

2. 加强外籍个人提供非独立劳务取得所得的征管，抓好对由常设机构或固定基地负担外籍个人报酬的监管，防范税收协定滥用。

四、建立健全高收入者应税收入监控体系

加强税务机关内部和外部涉税信息的获取与整合应用。通过各类涉税信息的分析、比对，掌握高收入者经济活动和税源分布特点、收入获取规律等情况，有针对性地加强高收入者个人所得税征管。

（一）强化税源管理基础

1. 按照税务总局的统一部署和要求，通过推广应用个人所得税管理信息系统等手段，加强扣缴义务人全员全额扣缴明细申报管理，建立健全个人纳税档案。

2. 推进年所得 12 万元以上纳税人自行纳税申报常态化管理，不断提高申报数据质量，加强申报补缴税款管理。

3. 逐步建立健全自行纳税申报和全员全额扣缴申报信息交叉稽核机制，完善高收入者税源管理措施。

4. 国税局和地税局密切配合，健全信息传递和反馈机制，形成征管工作合力。

（二）建立协税护税机制

1. 根据税收征管法的规定，加强税务机关与公安、工商、银行、证券、房管、外汇管理、人力资源和社会保障等相关部门与机构的协作，共享涉税信息，完善配套措施。

2. 积极争取地方政府的支持，建立健全政府牵头的涉税信息共享机制，明确相关部门协税护税的责任和义务。

五、深入开展纳税服务、纳税评估和专项检查

各级税务机关要通过改进纳税服务，深化纳税评估，加强专项检查，促进纳税人依法诚信纳税。

（1）不断优化纳税服务。

积极为纳税人提供多渠道、便捷化的申报纳税服务。了解纳税人的涉税诉求，提高咨询回复质量和效率。有针对性地对高收入者进行税法宣传和政策辅导，引导其主动申报、依法纳税。认真贯彻落实税务总局有关工作要求，继续做好为纳税人开具完税证明工作。严格执行为纳税人收入和纳税信息保密的有关规定，维护纳税人合法权益。

（2）切实加强日常税源管理和评估。

坚持开展高收入者个人所得税日常税源管理，充分利用相关信息，科学设定评估指标，创新评估方法，积极开展纳税评估。对纳税评估发现的疑点，应进行跟踪核查、约谈；发现纳税人涉嫌税收违法行为的，应及时移交稽查部门立案检查。

（3）扎实做好个人所得税专项检查工作。

按照税务总局的统一部署，认真开展个人所得税专项检查。同时，结合本地征管实际，选取部分高收入者比较集中的行业，切实搞好专项检查。加强税政、征管、稽查等部门的协调配合，及时提供违法线索，依法严厉查处。

各级税务机关要加强组织领导，认真做好高收入者个人所得税征管工作，并将其作为税收工作考核的重要内容。主动向地方政府汇报，加强与相关部门的沟通，争取各方面的支持和配合。根据本通知精神，结合实际制定具体实施方案。进一步研究强化基础工作、创新管理方式、完善征管手段、搞好税法宣传的有效措施，不断提高个人所得税征管水平。

国家税务总局

2011 年 4 月 15 日

关于创业投资企业和天使投资个人有关税收政策的通知

各省、自治区、直辖市、计划单列市财政厅（局）、国家税务局、地方税务局，新疆生产建设兵团财政局：

为进一步支持创业投资发展，现就创业投资企业和天使投资个人有关税收政策问题通知如下：

一、税收政策内容

（一）公司制创业投资企业采取股权投资方式直接投资于种子期、初创期科技型企业（以下简称初创科技型企业）满 2 年（24 个月，下同）的，可以按照投资额的 70% 在股权持有满 2 年的当年抵扣该公司制创业投资企业的应纳税所得额；当年不足抵扣的，可以在以后纳税年度结转抵扣。

（二）有限合伙制创业投资企业（以下简称合伙创投企业）采取股权投资方式直接投资于初创科技型企业满 2 年的，该合伙创投企业的合伙人分别按以下方式处理：

1. 法人合伙人可以按照对初创科技型企业投资额的 70% 抵扣法人合伙人从合伙创投企业分得的所得；当年不足抵扣的，可以在以后纳税年度结转抵扣。

2. 个人合伙人可以按照对初创科技型企业投资额的 70% 抵扣个人合伙人从合伙创投企业分得的经营所得；当年不足抵扣的，可以在以后纳税年度结转抵扣。

（三）天使投资个人采取股权投资方式直接投资于初创科技型企业满 2 年的，可以按照投资额的 70% 抵扣转让该初创科技型企业股权取得的应纳税所得额；当期不足抵扣的，可以在以后取得转让该初创科技型企业股权的应纳税所得额时结转抵扣。

天使投资个人投资多个初创科技型企业的，对其中办理注销清算的初创科技型企业，天使投资个人对其投资额的70%尚未抵扣完的，可自注销清算之日起36个月内抵扣天使投资个人转让其他初创科技型企业股权取得的应纳税所得额。

二、相关政策条件

（一）本通知所称初创科技型企业，应同时符合以下条件：

1. 在中国境内（不包括港、澳、台地区）注册成立、实行查账征收的居民企业；

2. 接受投资时，从业人数不超过200人，其中具有大学本科以上学历的从业人数不低于30%；资产总额和年销售收入均不超过3000万元；

3. 接受投资时设立时间不超过5年（60个月）；

4. 接受投资时以及接受投资后2年内未在境内外证券交易所上市；

5. 接受投资当年及下一纳税年度，研发费用总额占成本费用支出的比例不低于20%。

（二）享受本通知规定税收政策的创业投资企业，应同时符合以下条件：

1. 在中国境内（不含港、澳、台地区）注册成立、实行查账征收的居民企业或合伙创投企业，且不属于被投资初创科技型企业的发起人；

2. 符合《创业投资企业管理暂行办法》（发展改革委等10部门令第39号）规定或者《私募投资基金监督管理暂行办法》（证监会令第105号）关于创业投资基金的特别规定，按照上述规定完成备案且规范运作；

3. 投资后2年内，创业投资企业及其关联方持有被投资初创科技型企业的股权比例合计应低于50%。

（三）享受本通知规定的税收政策的天使投资个人，应同时符合以下条件：

1. 不属于被投资初创科技型企业的发起人、雇员或其亲属（包括配偶、父母、子女、祖父母、外祖父母、孙子女、外孙子女、兄弟姐妹，下同），且与被投资初创科技型企业不存在劳务派遣等关系；

2. 投资后2年内，本人及其亲属持有被投资初创科技型企业股权比例合计应低于50%。

（四）享受本通知规定的税收政策的投资，仅限于通过向被投资初创科技型企业直接支付现金方式取得的股权投资，不包括受让其他股东的存量股权。

三、管理事项及管理要求

（一）本通知所称研发费用口径，按照《财政部　国家税务总局科技部关于完善研究开发费用税前加计扣除政策的通知》（财税〔2015〕119号）等规定执行。

（二）本通知所称从业人数，包括与企业建立劳动关系的职工人员及企业接受的劳务派遣人员。从业人数和资产总额指标按照企业接受投资前连续12个月的平均数计算，不足12个月的，按实际月数平均计算。

本通知所称销售收入，包括主营业务收入与其他业务收入；年销售收入指标按照企业接受投资前连续12个月的累计数计算，不足12个月的，按实际月数累计计算。

本通知所称成本费用，包括主营业务成本、其他业务成本、销售费用、管理费用、财务费用。

（三）本通知所称投资额按照创业投资企业或天使投资个人对初创科技型企业的实缴投资额确定。

合伙创投企业的合伙人对初创科技型企业的投资额按照合伙创投企业对初创科技型企业的实缴

投资额和合伙协议约定的合伙人占合伙创投企业的出资比例计算确定。合伙人从合伙创投企业分得的所得按照《财政部　国家税务总局关于合伙企业合伙人所得税问题的通知》（财税〔2008〕159号）规定计算。

（四）天使投资个人、公司制创业投资企业、合伙创投企业、合伙创投企业法人合伙人、被投资初创科技型企业应按规定办理优惠手续。

（五）初创科技型企业接受天使投资个人投资满2年，在上海证券交易所、深圳证券交易所上市的，天使投资个人转让该企业股票时，按照现行限售股有关规定执行，其尚未抵扣的投资额，在税款清算时一并计算抵扣。

（六）享受本通知规定的税收政策的纳税人，其主管税务机关对被投资企业是否符合初创科技型企业条件有异议的，可以转请被投资企业主管税务机关提供相关材料。对纳税人提供虚假资料违规享受税收政策的，应按税收征管法相关规定处理，并将其列入失信纳税人名单，按规定实施联合惩戒措施。

四、执行时间

本通知规定的天使投资个人所得税政策自2018年7月1日起执行，其他各项政策自2018年1月1日起执行。执行日期前2年内发生的投资，在执行日期后投资满2年，且符合本通知规定的其他条件的，可以适用本通知规定的税收政策。

《财政部　国家税务总局关于创业投资企业和天使投资个人有关税收试点政策的通知》（财税〔2017〕38号）自2018年7月1日起废止，符合试点政策条件的投资额可按本通知的规定继续抵扣。

财政部　国家税务总局

2018年5月14

财政部　国家税务总局关于明确金融　房地产开发教育辅助服务等增值税政策的通知

财税〔2016〕140号

各省、自治区、直辖市、计划单列市财政厅（局）、国家税务局、地方税务局，新疆生产建设兵团财务局：

现将营改增试点期间有关金融、房地产开发、教育辅助服务等政策补充通知如下：

一、《销售服务、无形资产、不动产注释》（财税〔2016〕36号）第一条第（五）项第1点所称"保本收益、报酬、资金占用费、补偿金"是指合同中明确承诺到期本金可全部收回的投资收益。金融商品持有期间（含到期）取得的非保本的上述收益，不属于利息或利息性质的收入，不征收增值税。

二、纳税人购入基金、信托、理财产品等各类资产管理产品持有至到期，不属于《销售服务、无形资产、不动产注释》（财税〔2016〕36号）第一条第（五）项第4点所称的金融商品转让。

三、证券公司、保险公司、金融租赁公司、证券基金管理公司、证券投资基金以及其他经人民银行、银监会、证监会、保监会批准成立且经营金融保险业务的机构发放贷款后，自结息日起90天内发生的应收未收利息按现行规定缴纳增值税，自结息日起90天后发生的应收未收利息暂不缴纳增值税，待实际收到利息时按规定缴纳增值税。

四、资管产品运营过程中发生的增值税应税行为以资管产品管理人为增值税纳税人。

五、纳税人2016年1~4月份转让金融商品出现的负差，可结转下一纳税期，与2016年5~12月份转让金融商品销售额相抵。

六、《财政部　国家税务总局关于全面推开营业税改征增值税试点的通知》（财税〔2016〕36号）所称"人民银行、银监会或者商务部批准""商务部授权的省级商务主管部门和国家经济技术开发区批准"从事融资租赁业务（含融资性售后回租业务）的试点纳税人（含试点纳税人中的一般纳税人），包括经上述部门备案从事融资租赁业务的试点纳税人。

七、《营业税改征增值税试点有关事项的规定》（财税〔2016〕36号）第一条第（三）项第10点中"向政府部门支付的土地价款"，包括土地受让人向政府部门支付的征地和拆迁补偿费用、土地前期开发费用和土地出让收益等。

房地产开发企业中的一般纳税人销售其开发的房地产项目（选择简易计税方法的房地产老项目除外），在取得土地时向其他单位或个人支付的拆迁补偿费用也允许在计算销售额时扣除。纳税人按上述规定扣除拆迁补偿费用时，应提供拆迁协议、拆迁双方支付和取得拆迁补偿费用凭证等能够证明拆迁补偿费用真实性的材料。

八、房地产开发企业（包括多个房地产开发企业组成的联合体）受让土地向政府部门支付土地价款后，设立项目公司对该受让土地进行开发，同时符合下列条件的，可由项目公司按规定扣除房地产开发企业向政府部门支付的土地价款。

（一）房地产开发企业、项目公司、政府部门三方签订变更协议或补充合同，将土地受让人变更为项目公司；

（二）政府部门出让土地的用途、规划等条件不变的情况下，签署变更协议或补充合同时，土地价款总额不变；

（三）项目公司的全部股权由受让土地的房地产开发企业持有。

九、提供餐饮服务的纳税人销售的外卖食品，按照"餐饮服务"缴纳增值税。

十、宾馆、旅馆、旅社、度假村和其他经营性住宿场所提供会议场地及配套服务的活动，按照"会议展览服务"缴纳增值税。

十一、纳税人在游览场所经营索道、摆渡车、电瓶车、游船等取得的收入，按照"文化体育服务"缴纳增值税。

十二、非企业性单位中的一般纳税人提供的研发和技术服务、信息技术服务、鉴证咨询服务以及销售技术、著作权等无形资产，可以选择简易计税方法按照3%征收率计算缴纳增值税。

非企业性单位中的一般纳税人提供《营业税改征增值税试点过渡政策的规定》（财税〔2016〕36号）第一条第（二十六）项中的"技术转让、技术开发和与之相关的技术咨询、技术服务"，可以参照上述规定，选择简易计税方法按照3%征收率计算缴纳增值税。

十三、一般纳税人提供教育辅助服务，可以选择简易计税方法按照3%征收率计算缴纳增值税。

十四、纳税人提供武装守护押运服务，按照"安全保护服务"缴纳增值税。

十五、物业服务企业为业主提供的装修服务，按照"建筑服务"缴纳增值税。

十六、纳税人将建筑施工设备出租给他人使用并配备操作人员的，按照"建筑服务"缴纳增值税。

十七、自2017年1月1日起，生产企业销售自产的海洋工程结构物，或者融资租赁企业及其设立的项目子公司、金融租赁公司及其设立的项目子公司购买并以融资租赁方式出租的国内生产企业生产的海洋工程结构物应按规定缴纳增值税，不再适用《财政部 国家税务总局关于出口货物劳务增值税和消费税政策的通知》（财税〔2012〕39号）或者《财政部 国家税务总局关于在全国开展融资租赁货物出口退税政策试点的通知》（财税〔2014〕62号）规定的增值税出口退税政策，但购买方或者承租方为按实物征收增值税的中外合作油（气）田开采企业的除外。

2017年1月1日前签订的海洋工程结构物销售合同或者融资租赁合同，在合同到期前，可继续按现行相关出口退税政策执行。

十八、本通知除第十七条规定的政策外，其他均自2016年5月1日起执行。此前已征的应予免征或不征的增值税可抵减纳税人以后月份应缴纳的增值税。

财政部 国家税务总局
2016年12月21日

财政部 国家税务总局关于资管产品增值税有关问题的通知

财税〔2017〕56号

各省、自治区、直辖市、计划单列市财政厅（局）、国家税务局、地方税务局，新疆生产建设兵团财务局：

现将资管产品增值税有关问题通知如下：

一、资管产品管理人（以下称管理人）运营资管产品过程中发生的增值税应税行为（以下称资管产品运营业务），暂适用简易计税方法，按照3%的征收率缴纳增值税。

资管产品管理人，包括银行、信托公司、公募基金管理公司及其子公司、证券公司及其子公司、期货公司及其子公司、私募基金管理人、保险资产管理公司、专业保险资产管理机构、养老保险公司。

资管产品，包括银行理财产品、资金信托（包括集合资金信托、单一资金信托）、财产权信托、公开募集证券投资基金、特定客户资产管理计划、集合资产管理计划、定向资产管理计划、私募投资基金、债权投资计划、股权投资计划、股债结合型投资计划、资产支持计划、组合类保险资产管理产品、养老保障管理产品。

财政部和税务总局规定的其他资管产品管理人及资管产品。

二、管理人接受投资者委托或信托对受托资产提供的管理服务以及管理人发生的除本通知第一条规定的其他增值税应税行为（以下称其他业务）按照现行规定缴纳增值税。

三、管理人应分别核算资管产品运营业务和其他业务的销售额和增值税应纳税额。未分别核算的，资管产品运营业务不得适用本通知第一条规定。

四、管理人可选择分别或汇总核算资管产品运营业务销售额和增值税应纳税额。

五、管理人应按照规定的纳税期限，汇总申报缴纳资管产品运营业务和其他业务增值税。

六、本通知自 2018 年 1 月 1 日起施行。

对资管产品在 2018 年 1 月 1 日前运营过程中发生的增值税应税行为，未缴纳增值税的，不再缴纳；已缴纳增值税的，已纳税额从资管产品管理人以后月份的增值税应纳税额中抵减。

财政部　国家税务总局

2017 年 6 月 30 日

附录五 数据信息统计

附表5-1 2014~2018年私募基金备案数量变化情况
单位（只）

年份	基金管理人总数	增长比例（%）	新增备案基金数量	注销基金数量	年末基金数量
2018	24448	8.9	8224	877	74642
2017	22446	28.76	20749	836	66418
2016	17433	-30.28	22553	102	46505
2015	25005	400	16594	0	24054
2014	5000	9900	7459	0	7460
2014/3	50	—	1	0	1

附表5-2 2014~2018年私募基金管理人备案情况

年份	私募基金管理人	私募证券基金管理人	私募股权、创投基金管理人	其他类私募基金管理人	待定	合计
2018	24448	8989	14683	776	0	24448
2017	22446	8467	13200	779	0	22446
2016	17432	6788	9055	693	338	16874
2015	24669	5674	7077	576	321	13648
2014	5000	1280	2242	157	45	3724
2014/3	50	34	16	0	0	0

附表5-3 2018年不同基金类型私募基金发展情况

类型	管理人数量（家）	管理基金数量（只）	管理基金规模（亿元）
私募证券基金管理人	8989	35688	22391
私募股权基金管理人	14683	33684	86026
其他基金管理人	776	5270	19366
合计	24448	74642	127783

附表5-4 2018年月度私募基金发展情况

时间（年/月）	累计管理人数量（家）	累计备案基金数（只）	管理基金规模（万亿元）
2018/1	22879	69086	11.76
2018/2	23092	70802	12.01
2018/3	23400	71040	12.04
2018/4	23559	72500	12.48
2018/5	23703	73235	12.57
2018/6	23903	73854	12.6

续表

时间（年/月）	累计管理人数量（家）	累计备案基金数（只）	管理基金规模（万亿元）
2018/7	24093	74777	12.79
2018/8	24191	74701	12.8
2018/9	24255	74337	12.8
2018/10	24267	74979	12.77
2018/11	24418	75220	12.79
2018/12	24448	74642	12.78

附表5-5　2018年月度基金备案、注销情况

时间（年/月）	备案管理人数量（家）	注销管理人数量（家）	备案基金数（只）
2018/1	524	85	3185
2018/2	274	61	2576
2018/3	404	88	2095
2018/4	249	43	2065
2018/5	160	70	2284
2018/6	265	63	2024
2018/7	245	56	1726
2018/8	165	68	1323
2018/9	166	102	1380
2018/10	63	41	1037
2018/11	199	46	1458
2018/12	89	60	1372

附表5-6　2018年私募基金管理人按注册地分布情况（36辖区）

辖区名称	私募基金管理人数量（家）	管理基金数量（只）	管理基金规模（亿元）
上海	4806	20524	27378
深圳	4629	13523	17955
北京	4356	13561	29938
浙江	2071	6092	7442
广东	1662	4298	5624
江苏	1105	2948	5973
宁波	819	2172	3451
天津	476	1597	6725
四川	415	719	1921
湖北	372	642	1152
厦门	363	803	712
山东	296	545	1270
江西	244	539	1354

辖区名称	私募基金管理人数量（家）	管理基金数量（只）	管理基金规模（亿元）
湖南	239	480	514
青岛	236	414	640
陕西	233	402	959
西藏	231	1193	2625
福建	227	694	1392
重庆	224	491	1262
安徽	206	766	3199
新疆	159	348	1213
河北	137	254	416
河南	124	245	577
云南	100	161	885
大连	94	242	128
广西	84	134	389
贵州	78	183	1261
吉林	73	102	239
辽宁	68	96	64
黑龙江	65	101	59
山西	59	85	123
宁夏	58	97	285
海南	47	47	23
内蒙古	42	72	332
甘肃	33	43	167
青海	17	29	136
合计	24448	74642	127783

附表 5-7　合伙型、公司型私募基金按注册地分布情况（36 辖区）

辖区名称	管理基金数量（只）	管理基金规模（亿元）
浙江	3567	6953.31
深圳	3232	7364.27
宁波	2895	4890.44
上海	2612	9781.67
江苏	2483	6793.84
广东	2236	5998.01
北京	2066	12330.53
江西	1347	2191.69
安徽	765	3982.48
天津	742	3348.65
福建	433	1241.94

续表

辖区名称	管理基金数量（只）	管理基金规模（亿元）
山东	426	1641.91
厦门	426	544.55
四川	400	1761.44
湖北	397	1128.18
新疆	356	774.54
青岛	268	718.2
湖南	265	872
重庆	231	1162.6
西藏	217	543.83
陕西	207	1057.84
贵州	203	1963.3
河北	202	555.09
河南	148	1017.25
云南	136	1809.29
广西	136	990.73
宁夏	129	357.32
吉林	112	383.56
山西	96	205
内蒙古	79	1135.7
黑龙江	66	83.09
辽宁	65	239.02
大连	56	157.2
海南	45	282.39
青海	35	241.35
甘肃	29	91.23
未注明注册地	70	81.6
合计	27178	84675.04

附表5－8　不同类型私募基金管理人按注册地分布情况（36辖区）

行政地域	私募证券基金管理人（家）	占比（%）	私募股权、创投基金管理人	占比（%）	其他私募基金管理人	占比（%）
上海	2229	25.09	2319	15.95	203	26.57
深圳	1998	22.49	2430	16.72	149	19.50
北京	1367	15.39	2780	19.12	159	20.81
浙江	773	8.70	1217	8.37	66	8.64
广东	751	8.45	876	6.03	21	2.75
江苏	241	2.71	812	5.59	41	5.37
宁波	222	2.50	576	3.96	15	1.96
厦门	132	1.49	225	1.55	4	0.52

行政地域	私募证券基金管理人（家）	占比（%）	私募股权、创投基金管理人	占比（%）	其他私募基金管理人	占比（%）
湖北	108	1.22	251	1.73	5	0.65
四川	107	1.20	290	2	10	1.31
天津	101	1.14	353	2.43	16	2.09
福建	95	1.07	125	0.86	3	0.39
湖南	80	0.90	154	1.06	2	0.26
江西	78	0.88	155	1.07	8	1.05
青岛	72	0.81	158	1.09	3	0.39
山东	68	0.77	219	1.51	5	0.65
西藏	64	0.72	160	1.10	4	0.52
陕西	61	0.69	167	1.15	4	0.52
安徽	44	0.50	151	1.04	11	1.44
重庆	41	0.46	168	1.16	10	1.31
大连	41	0.46	50	0.34	3	0.39
河南	34	0.38	89	0.61	2	0.26
河北	25	0.28	106	0.73	2	0.26
广西	25	0.28	59	0.41	0	0
辽宁	19	0.21	48	0.33	1	0.13
黑龙江	17	0.19	47	0.32	0	0
云南	17	0.19	78	0.54	2	0.26
海南	15	0.17	30	0.21	2	0.26
吉林	13	0.15	59	0.41	0	0
新疆	12	0.14	142	0.98	4	0.52
山西	11	0.12	48	0.33	0	0
宁夏	10	0.11	47	0.32	1	0.13
甘肃	5	0.06	26	0.18	1	0.13
贵州	4	0.05	68	0.47	5	0.65
内蒙古	2	0.02	39	0.27	1	0.13
青海	2	0.02	14	0.10	1	0.13
合计	8884	100.00	14536	100.00	764	100.00

附表 5-9　不同企业性质私募基金管理人备案情况

企业性质	数量（家）	占比（%）
内资企业	24175	98.88
中外合资企业	102	0.42
外商独资企业	168	0.69
其他性质企业	3	0.01
合计	24448	100

附表 5 - 10　不同组织形式私募基金管理人备案情况

管理人组织形式	数量（家）	占比（%）
有限公司	22665	92.71
合伙企业	1774	7.26
其他组织形式	9	0.04
合计	24448	100

附表 5 - 11　私募基金管理规模分布情况

类型	管理规模（亿元）	数量（家）	占比（%）
私募证券基金（自主发行）	证券基金（自主发行）0 ~ 1	7122	82.53
	证券基金（自主发行）1 ~ 10	1231	14.26
	证券基金（自主发行）10 ~ 20	131	1.52
	证券基金（自主发行）20 ~ 50	99	1.15
	证券基金（自主发行）50 以上	46	0.53
	合计	8629	100
私募证券基金（顾问管理）	证券基金（顾问管理）0 ~ 1	442	53.64
	证券基金（顾问管理）1 ~ 10	268	32.52
	证券基金（顾问管理）10 ~ 20	49	5.95
	证券基金（顾问管理）20 ~ 50	42	5.10
	证券基金（顾问管理）50 以上	23	2.79
	合计	824	100
私募股权基金	私募股权 0 ~ 20	9734	92.76
	私募股权 20 ~ 50	436	4.15
	私募股权 50 ~ 100	183	1.74
	私募股权 100 以上	141	1.34
	合计	10494	100
私募创业投资基金	创业投资 0 ~ 2	2753	76.53
	创业投资 2 ~ 5	510	14.17
	创业投资 5 ~ 10	160	4.44
	创业投资 10 以上	175	4.86
	合计	3598	100
其他私募基金	其他私募 0 ~ 2	526	50.43
	其他私募 2 ~ 5	143	13.71
	其他私募 5 ~ 10	101	9.68
	其他私募 10 以上	273	26.17
	合计	1043	100

附表 5 - 12　2018 年私募基金从业人员整体情况

从业人员	人员数量	占比（%）
法定代表人	24448	7.27
高管	66040	19.64
员工	245679	73.08
合计	336167	100

附表 5 - 13　2018 年不同类别私募基金从业人员情况

机构类型	从业人员数量	占比（%）
私募证券投资基金管理人	116326	34.60
私募股权、创业投资基金管理人	199130	59.24
其他类私募基金管理人	15762	4.69
待定	4949	1.47
合计	336167	100

附表 5 - 14　私募基金托管机构信息查询表

序号	所属类型	托管人名称	注册地	取得托管业务资格时间（年/月）	官方网站	客服电话
1		中国工商银行股份有限公司	北京	2013/11	www.icbc.com.cn	95588
2		中国农业银行股份有限公司	北京	1998/5	www.abchina.com	95599
3		中国银行股份有限公司	北京	1998/7	www.boc.cn	95586
4		中国建设银行股份有限公司	北京	1998/3	www.ccb.com	95533
5		交通银行股份有限公司	上海	1998/7	www.bankcomm.com	95559
6		华夏银行股份有限公司	北京	2005/2	www.hxb.com.cn	95577
7		中国光大银行股份有限公司	北京	2002/10	www.cebbank.com	95595
8		招商银行股份有限公司	深圳	2002/11	www.cmbchina.com	95555
9		中信银行股份有限公司	北京	2004/8	http://bank.ecitic.com	95558
10		中国民生银行股份有限公司	北京	2004/7	www.cmbc.com.cn	95568
11		兴业银行股份有限公司	福建	2005/4	www.cib.com.cn	95561
12		上海浦东发展银行股份有限公司	上海	2003/9	www.spdb.com.cn	95528
13		北京银行股份有限公司	北京	2008/6	www.banko	95526
14	商业银行	平安银行股份有限公司	深圳	2008/8	http://bank.pingan.com	95511
15		广发银行股份有限公司	广东	2009/5	www.cgbchina.com.cn/	4008308003
16		中国邮政储蓄银行股份有限公司	北京	2009/7	www.psbc.com	95580
17		上海银行股份有限公司	上海	2009/8	www.bankofshanghai.com	95594
18		渤海银行股份有限公司	天津	2010/6	www.abhb.com.cn	4008888811
19		宁波银行股份有限公司	浙江	2012/10	www.nbcb.com.cn	95574
20		浙商银行股份有限公司	浙江	2013/11	www.czbank.com	95527
21		徽商银行股份有限公司	安徽	2014/1	www.hsbank.com.cn	4008896588
22		包商银行股份有限公司	内蒙古	2014/2	www.bsb.com.cn	95352
23		恒丰银行股份有限公司	山东	2014/2	www.hfbank.com.cn	95395
24		广州农村商业银行股份有限公司	广东	2009/11	www.grcbank.com	95313
25		南京银行股份有限公司	江苏	2014/4	www.njcb.com.cn	4008896400
26		杭州银行股份有限公司	浙江	2014/3	www.hzbank.com.cn	95398
27		江苏银行股份有限公司	江苏	2014/5	www.jsbchina.cn	95319

续表

序号	所属类型	托管人名称	注册地	取得托管业务资格时间（年/月）	官方网站	客服电话
28	证券公司	国信证券股份有限公司	深圳	2013/12	www. guosen. com. cn	95536
29		招商证券股份有限公司	深圳	2014/1	www. newone. com. cn	95565
30		广发证券股份有限公司	广东	2014/5	http：//new. gf. com. cn	95575
31		国泰君安证券股份有限公司	上海	2014/5	www. gtja. com	95521
32		海通证券股份有限公司	上海	2013/12	www. htsec. com	95553
33		中国银河证券股份有限公司	北京	2014/6	www. chinastock. com. cn	95551
34		华泰证券股份有限公司	江苏	2014/9	www. htsc. com. cn	95597
35		中信证券股份有限公司	深圳	2014/10	www. cs. ecitic. com	95566
36		兴业证券股份有限公司	福建	2014/11	www. xyzq. com. cn	95562
37		中信建投证券股份有限公司	北京	2015/2	www. csc108. com	95587
38		恒泰证券股份有限公司	内蒙古	2015/8	www. cnht. com. cn	4001966188
39		中泰证券股份有限公司	山东	2015/11	www. zts. com. cn	95538
40		国金证券股份有限公司	四川	2014/9	www. gjzq. com. cn	95310
41		中国国际金融股份有限公司	北京	2015/6	www. cicc. com	
42	其他金融机构	中国证券登记结算有限责任公司	北京	2011/5	www. chinaclear. cn	4008058058
43		中国证券金融股份有限公司	北京	2014/11	www. csf. com. cn	010 – 63211663

附表 5 – 15 基金销售支付机构信息查询表

序号	支付结算机构名称	首次在中国证监会备案时间（年/月/日）	网址	联系地址	电话	协会会员
1	汇付数据	2010/5/1	www. ttyfund. com	上海市虹梅路 1801 号凯科国际大厦 8 – 9 层	4008202819	联席会员
2	通联支付	2010/10/1	www. allinpay. com	上海浦东新区新金桥路 28 号新金桥大厦 10 楼	95156	联席会员
3	银联电子	2012/1/1	www. chinapay. com	上海市浦东新区东方路 800 号宝安大厦 29 楼	95516 – 5	联席会员
4	易宝支付	2012/3/1	www. yeepay. com	北京市朝阳区朝外大街甲 6 号万通中心 D 座 23 层	010 – 59370500	
5	财付通	2012/5/1	www. tenpay. com	深圳市南山区高新科技园科技中一路腾讯大厦 8 层	0755 – 86013860	
6	快钱支付	2012/5/1	www. 99bill. com	上海市浦东新区浦电路 360 号陆家嘴投资大厦 12 楼	025 – 68526799	
7	支付宝	2012/5/1	www. alipay. com	浙江省杭州市西湖区万塘路 18 号广厦黄龙时代中心 B 栋 3 – 21 层	0571 – 88156688	

序号	支付结算机构名称	首次在中国证监会备案时间（年/月/日）	网址	联系地址	电话	协会会员
8	北京新浪支付科技有限公司	2014/3/1	www. weibopay. com	北京市海淀区海淀北二街8号中关村sohoB座911	010 – 59732905	联席会员
9	南京苏宁易付宝网络科技有限公司	2011/1/1	www. suning. com	南京市玄武区玄武大道699号王庄湖	025 – 86701922	联席会员
10	上海得仕企业服务有限公司	2006/10/1	www. dayspass. com. cn	上海市徐汇区中山西路1800号10楼，200235	021 – 64400958	联席会员

附表5–16　私募基金评价机构信息查询表

序号	名称	业务核准时间（年/月/日）	网址	联系地址	电话	协会会员
1	晨星资讯（深圳）有限公司	2010/5/18	cn. morningstar. com	中国深圳市福田区深南大道7888号东海国际中心一期A栋3，4，5，6，7，8，9层	0755 – 33110988	联席会员
2	天相投资顾问有限公司	2010/5/18	www. txsec. com	北京市西城区金融街5号新盛大厦B座4层，100033	010 – 66045566	联席会员
3	北京济安金信科技有限公司	2010/5/18	www. jajx. com	北京市海淀区万柳东路25号5层507，100089	010 – 82551228	联席会员
4	中国银河证券股份有限公司	2010/5/18	www. chinastock. com. cn	北京市西城区金融大街35号国际企业大厦C座2 – 6层，100033	4008888888	联席会员
5	海通证券股份有限公司	2010/5/18	www. htsec. com	上海市广东路689号，200001	4008888001	联席会员
6	上海证券有限责任公司	2010/5/18	www. 962518. com	上海市西藏中路336号，200001	4008918918	联席会员
7	招商证券股份有限公司	2010/5/18	www. cmschina. com. cn	深圳市福田区益田路江苏大厦A座38 – 45楼，518026	40088 – 95565	联席会员
8	中国证券报社	2010/5/18	www. cs. com. cn	北京市西城区宣武门西大街甲97号，100031	010 – 63070233	联席会员
9	上海证券报社	2010/5/18	www. cnstock. com	上海市浦东新区杨高南路1100号	4008200277	联席会员
10	证券时报社	2010/5/18	www. stcn. com	深圳市福田区彩田路5015号中银大厦1楼	0755 – 83501827	联席会员

附表5–17　基金业协会备案律师事务所信息查询表

序号	律师事务所名称	成立时间（年）	网址	联系地址	电话	协会会员
1	北京市君泽君律师事务所	1995	www. junzejun. com	北京市西城区金融大街9号金融街中心南楼6层，100033	010 – 66523388	联席会员
2	上海市通力律师事务所	1998	www. llinkslaw. com	上海市浦东新区银城中路68号时代金融中心19楼，200120	021 – 31358666	联席会员

序号	律师事务所名称	成立时间（年）	网址	联系地址	电话	协会会员
3	竞天公诚律师事务所	1992	www. jingtian. com	北京市朝阳区建国路 77 号华贸中心 3 号写字楼 34 层，100025	010 - 58091000	联席会员
4	广东华瀚律师事务所	2000	/	深圳市罗湖区笋岗东路 1002 号宝安广场 A 座 16 楼 GH 室，518020	0755 - 82687860	联席会员
5	大成律师事务所	1992	www. dachenglaw. com	北京市东直门南大街 3 号国华投资大厦 12 层，100007	010 - 58137799	联席会员
6	天银律师事务所	2002	www. tianyinlawyer. com	北京市海淀区高粱桥斜街 59 号中坤大厦 15 层，100044	010 - 62159696	联席会员
7	北京市众一律师事务所	1999	www. zhongyilaw. com. cn	北京市东城区东四十条甲 22 号南新仓商务大厦 A 座 502	010 - 64096085	联席会员
8	北京德恒律师事务所	1993	www. dehenglaw. com	北京市西城区金融街 19 号富凯大厦 B 座 12 层	010 - 52682888	联席会员
9	国浩律师（北京）事务所	1998	www. grandall. com. cn	北京市朝阳区东三环北路 38 号泰康金融大厦 9 层，100026	010 - 65890680	联席会员
10	北京市兆源律师事务所	2001	www. zhaoyuanlawyer. com	北京市西城区宣武门西大街甲 129 号金隅大厦 1209 - 1211 室，100031	010 - 67614331	联席会员
11	北京中伦律师事务所	1993	www. zhonglun. com	北京市朝阳区建国门外大街甲 6 号 SK 大厦 36、37 层，100022	010 - 59572288	联席会员
12	上海源泰律师事务所	2004	www. yuantai. com. cn	上海市浦东南路 256 号华夏银行大厦 1405 室，200120	021 - 51150298	联席会员
13	北京君合律师事务所	1989	www. junhe. com	北京市东城区建国门北大街 8 号华润大厦 20 层，100005	010 - 85191378	联席会员
14	上海市方达律师事务所	1994	www. fangdalaw. com	北京市建国门外大街 1 号国贸大厦 21 层，100004	010 - 57695635	联席会员
15	北京市天元律师事务所	1994	www. tylaw. com. cn	北京市西城区丰盛胡同 28 号太平洋保险大厦 10 层，100032	010 - 57763801	联席会员
16	北京汉坤律师事务所	2004	www. hankunlaw. com	北京市东城区东长安街 1 号东方广场 C1 座 906，100738	010 - 85254613	联席会员
17	北京海问律师事务所	1992	www. haiwen - law. com	北京市朝阳区东三环中路 5 号财富金融中心 20 层	010 - 85606999	联席会员
18	北京市中伦文德律师事务所	2003	www. zhonglunwende. com	北京市朝阳区西坝河南路 1 号金泰大厦 19 层	010 - 64402915	联席会员

附表5-18 基金业协会备案会计师事务所信息查询表

序号	会计师事务所名称	成立时间	网址	联系地址	电话	协会会员
1	普华永道中天会计师事务所	1993年3月28日	www.pwccn.com	上海市浦东新区陆家嘴环路1318号星展银行大厦6楼，200120	021-23238888	联席会员
2	毕马威华振会计师事务所	2012年7月10日	www.kpmg.com/cn	北京市东城区东长安街1号东方广场东2座办公楼8层，100738	010-85085000	联席会员
3	安永华明会计师事务所（特殊普通合伙）	2012年8月1日	www.ey.com/cn	北京市东城区东长安街1号东方广场安永大楼17层01-12室，100738	010-58153000	联席会员
4	德勤华永会计师事务所（特殊普通合伙）	1917年	www.deloitte.com	上海市延安东路222号外滩中心30楼，200002	021-61411998	联席会员

附录六　中国私募基金系列指数简介

　　为更有效、更准确地跟踪各类投资策略的表现，以便能对大类资产配置提供更合理的参考建议，《中国私募基金年鉴》编委会借助多年尽职调查所积累的庞大成员单位和相关数据以及专业的投研优势，基于目前国内主流的有相当资金容量的投资标的、涉及面较广的投资策略、私募基金分化明显的管理规模三个维度进行分类并编制了不同标的、不同策略、不同规模量级的中国私募基金系列指数，旨在为各类投资策略的私募产品提供更准确的衡量标准，并对 FOF 产品被动跟踪分类资产下的投资策略提供更有效的依据。附图 6-1~附图 6-15 是各系列指数，详情请查阅第四章。

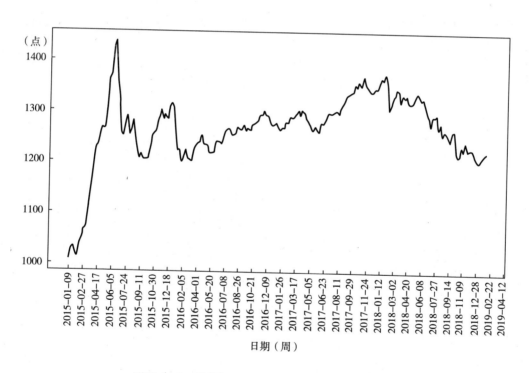

附图 6-1　股票多头策略指数（规模 0~10 亿元）

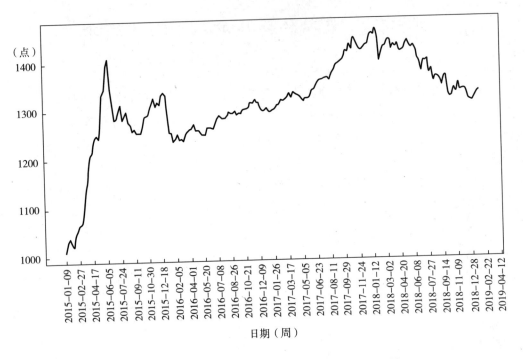

附图 6-2　股票多头策略指数（规模 10 亿～50 亿元）

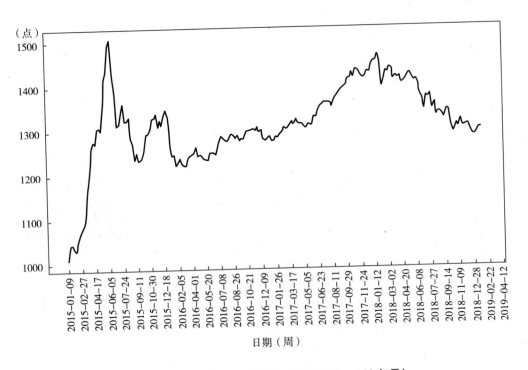

附图 6-3　股票多头策略指数（规模 50 亿～100 亿元）

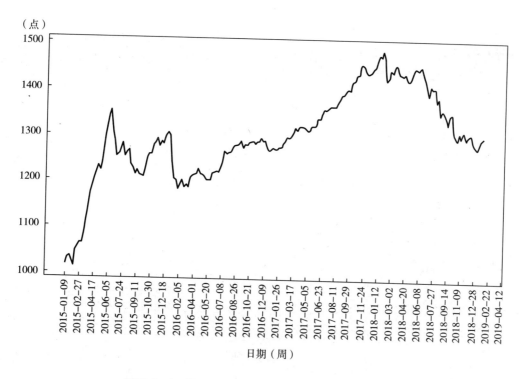

附图 6-4　股票多头策略指数（规模 100 亿元以上）

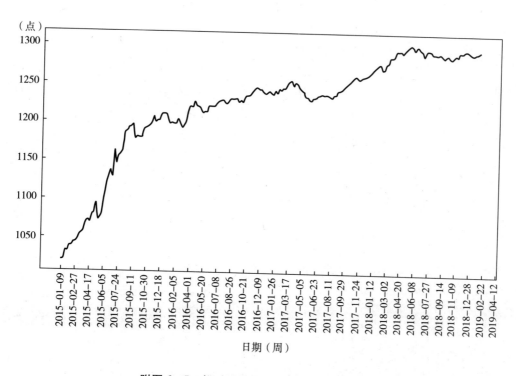

附图 6-5　相对价值策略（规模 0~5 亿元）

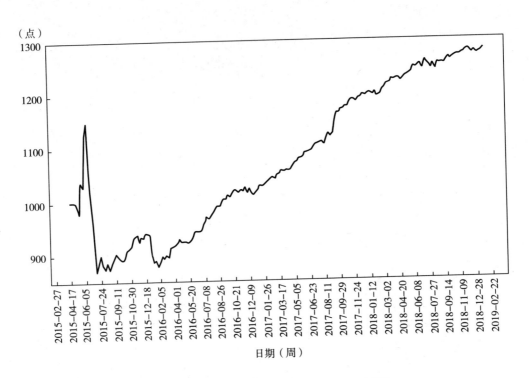

附图 6-6　相对价值策略（规模 5 亿~20 亿元）

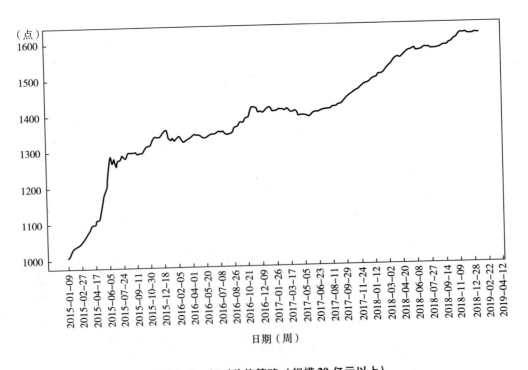

附图 6-7　相对价值策略（规模 20 亿元以上）

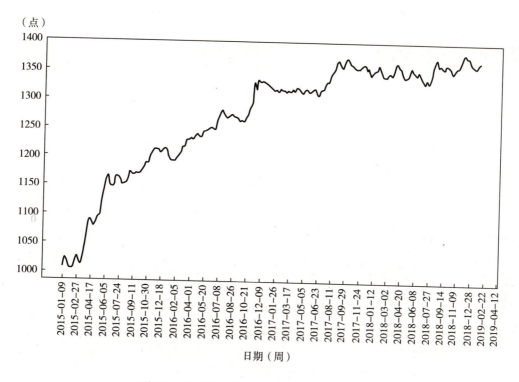

附图 6-8　CTA 趋势策略（规模 0~1 亿元）

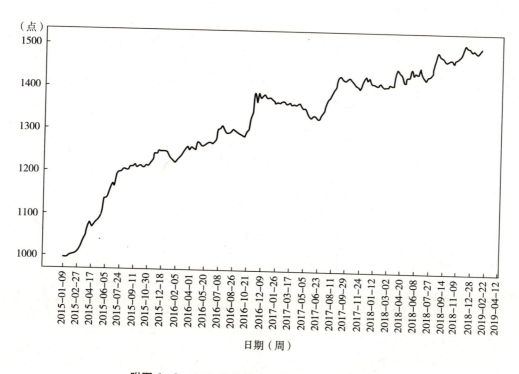

附图 6-9　CTA 趋势策略（规模 1 亿~10 亿元）

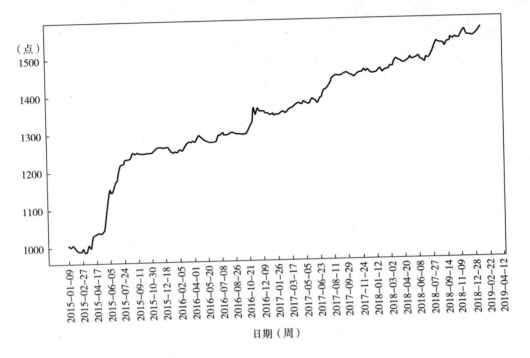

附图 6 - 10　CTA 趋势策略（规模 10 亿元以上）

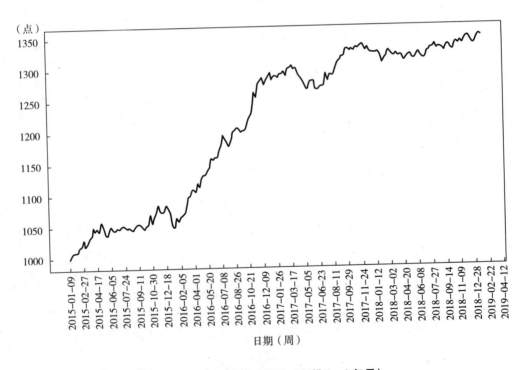

附图 6 - 11　套利对冲策略（规模 0 ~ 1 亿元）

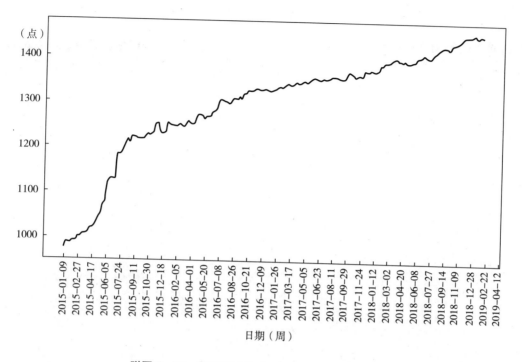

日期（周）

附图 6-12　套利对冲策略（规模 1 亿~10 亿元）

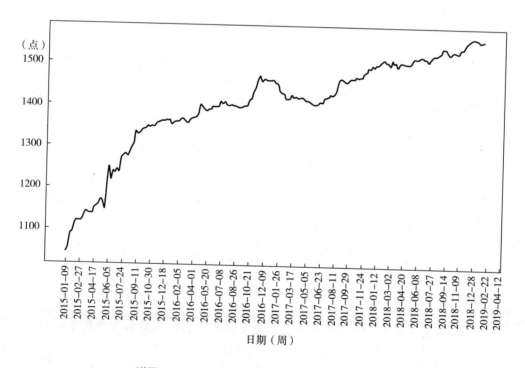

日期（周）

附图 6-13　套利对冲策略（规模 10 亿元以上）

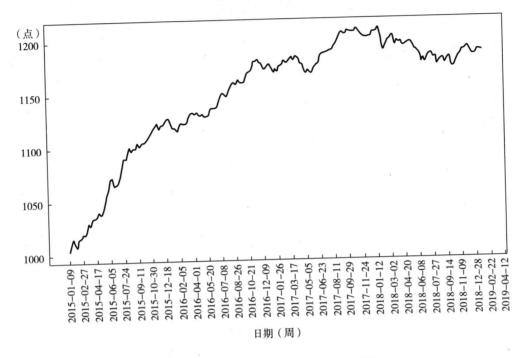

附图 6－14　债券基金（规模 0 ~ 50 亿元）

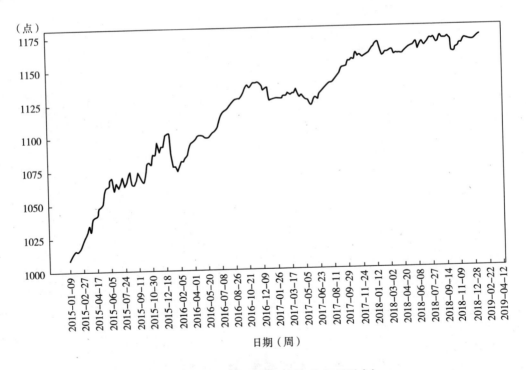

附图 6－15　债券基金（规模 50 亿元以上）